Jörg Walther
Lothar Schlömer

Nikon D3300/ D3400

für bessere Fotos von Anfang an

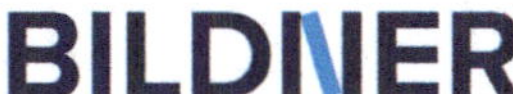

Verlag: BILDNER Verlag GmbH
Bahnhofstraße 8
94032 Passau
http://www.bildner-verlag.de
info@bildner-verlag.de
Tel.: + 49 851-6700
Fax: +49 851-6624

ISBN: 978-3-8328-0239-4

Covergestaltung: Christian Dadlhuber
Produktmanagement: Lothar Schlömer
Layout und Gestaltung: Astrid Stähr
Autoren: Jörg Walther, Lothar Schlömer
Herausgeber: Christian Bildner

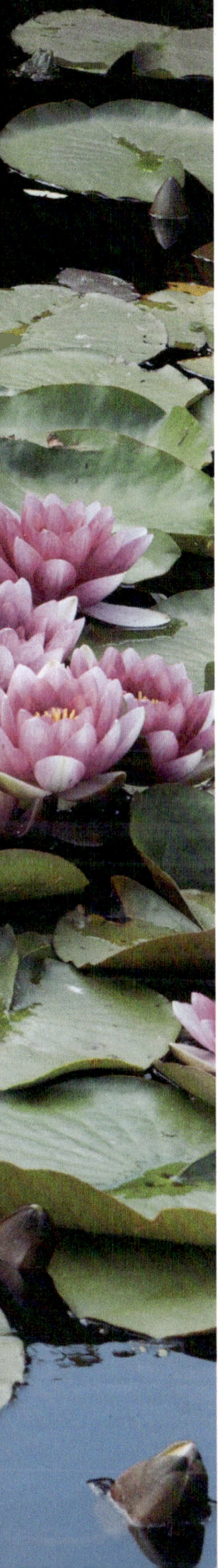

Inhaltsverzeichnis

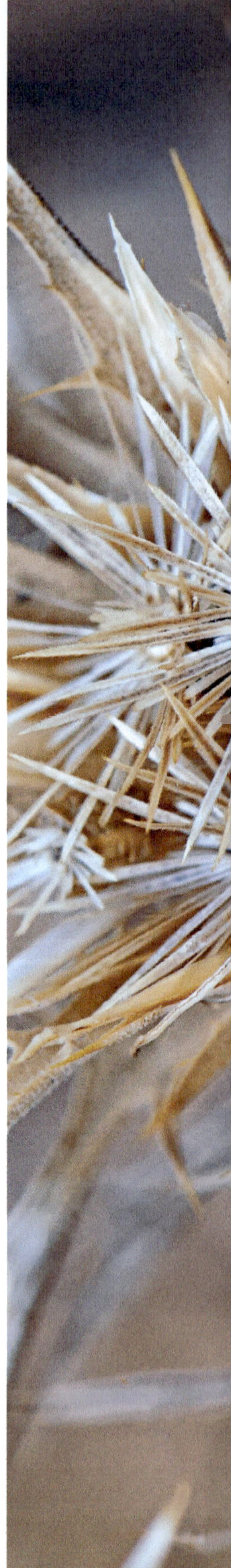

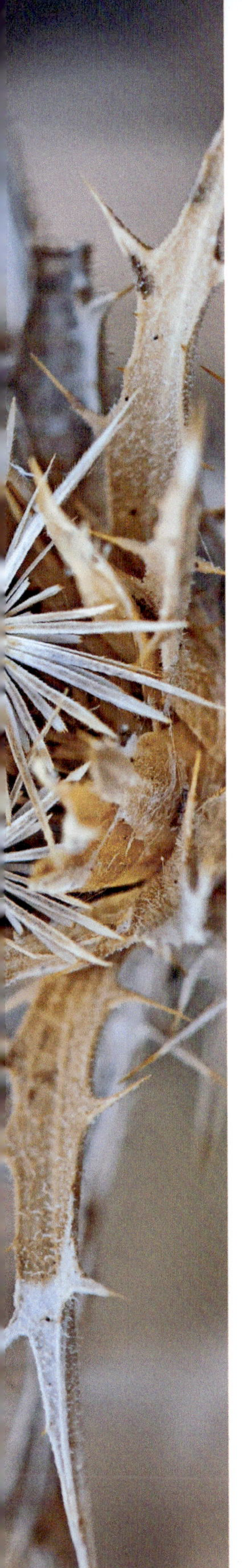

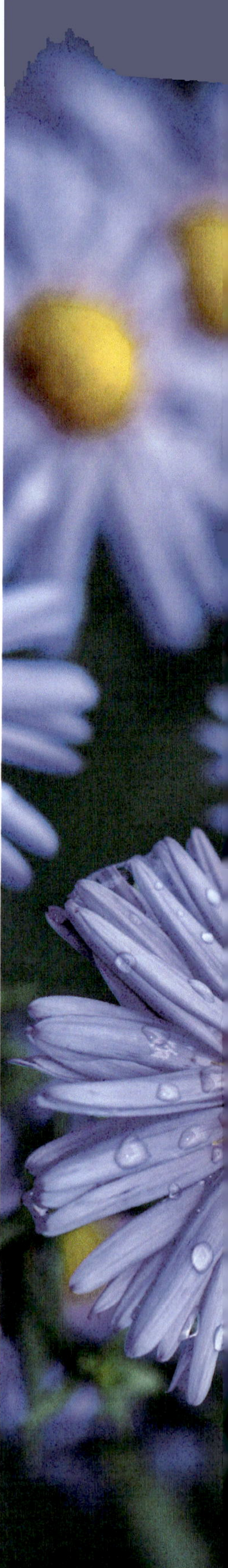

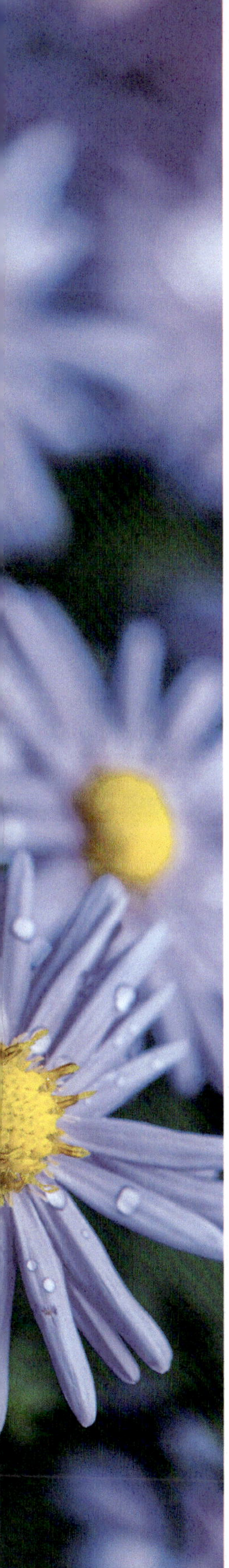

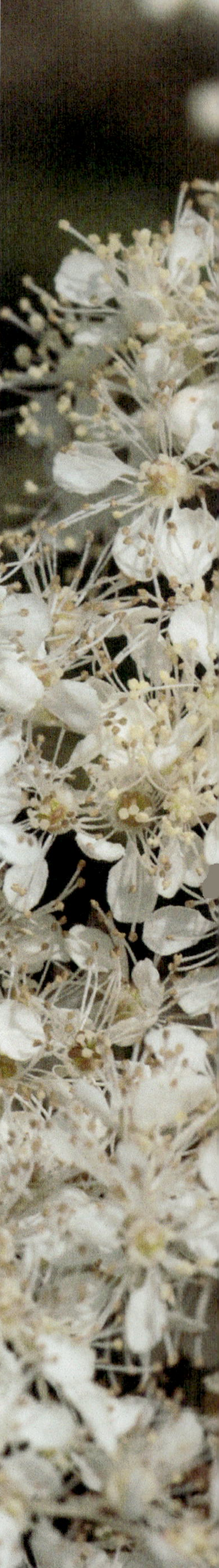

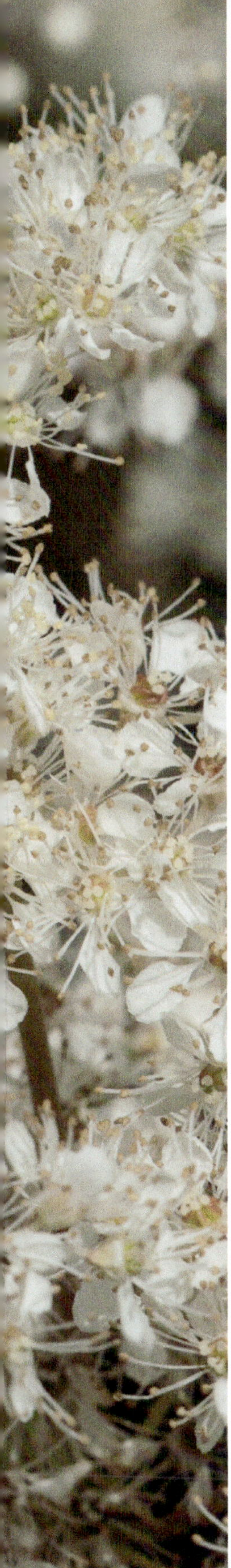

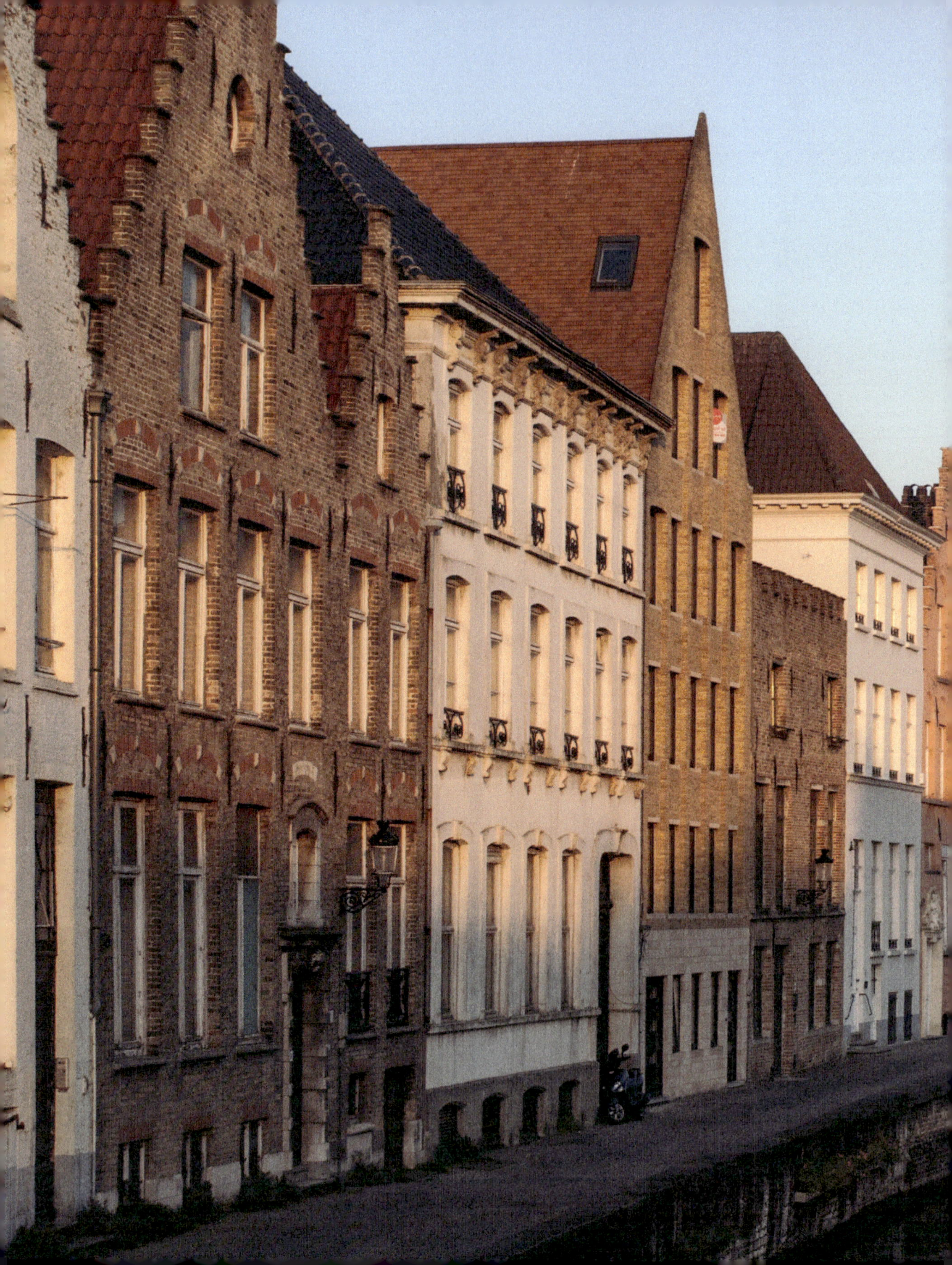

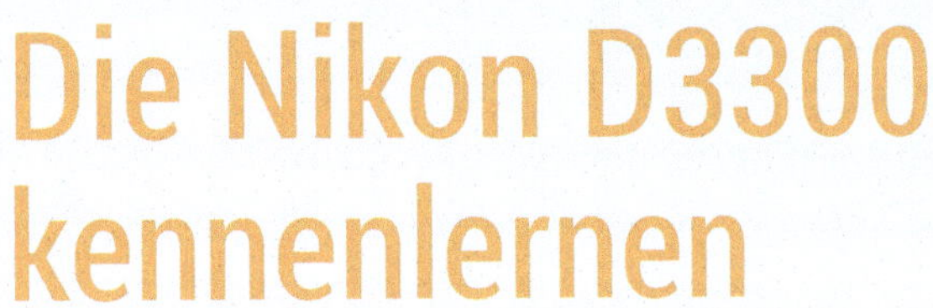

Die Nikon D3300 kennenlernen

Die Nikon D3300 erschließt Ihnen die fotografische Welt aller nur erdenklichen Motivsituationen. Ganz gleich, ob Sie nur einen Schnappschuss von der Familienfeier festhalten wollen oder anspruchsvolle Porträt- oder Makrofotos erstellen. Die Nikon D3300 ist all diesen Situationen gewachsen und liefert erstklassige Bilder. Mit einigen grundlegenden Einstellungen starten Sie unmittelbar zu Ihren ersten Aufnahmen.

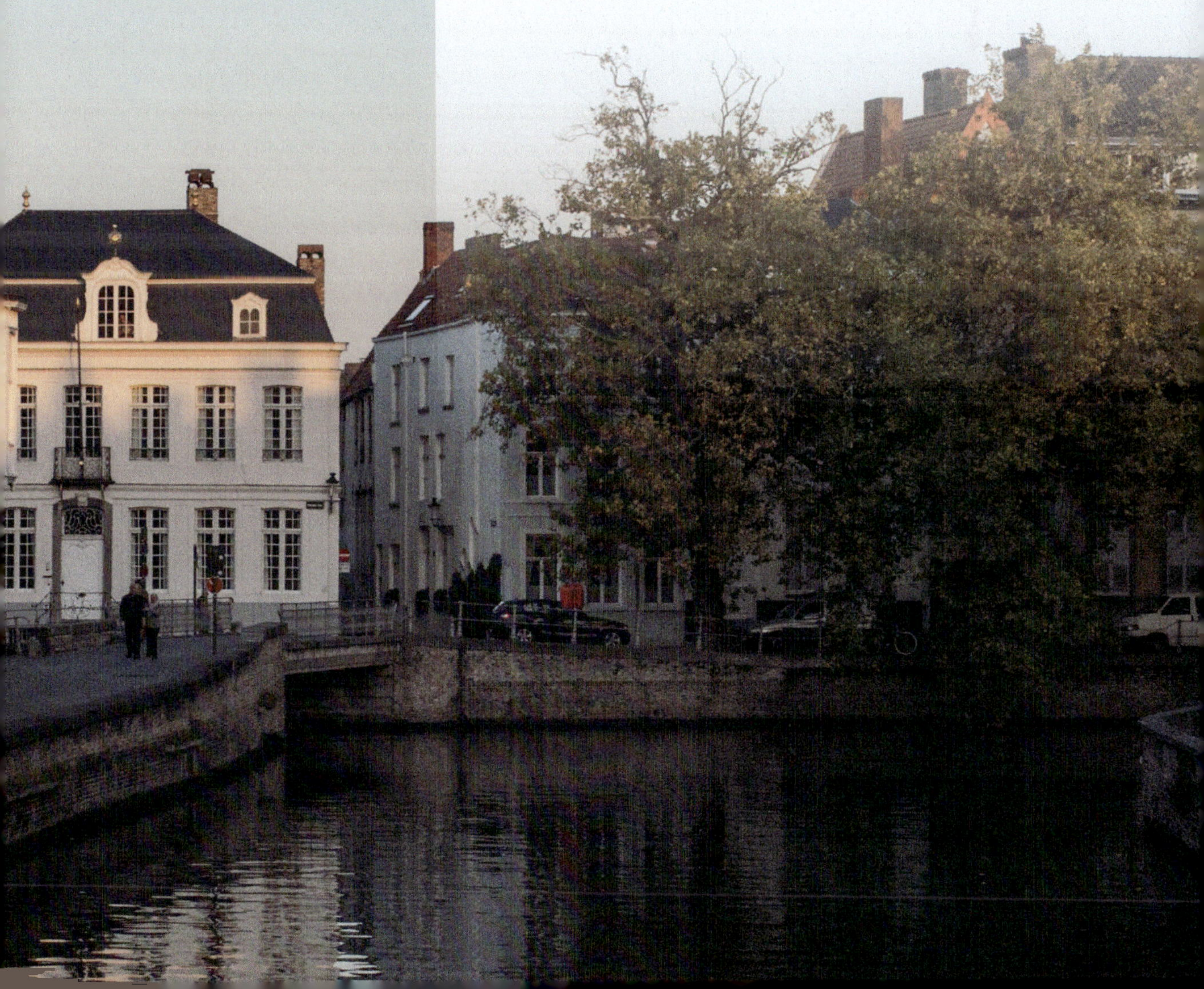

1.1 Die erste Inbetriebnahme der Nikon D3300

Im ersten Kapitel erfahren Sie, wie Sie die D3300 startklar machen, welche Bedienelemente sie besitzt und wie Sie erste Fotos mit der Kamera aufnehmen können. Vielleicht haben Sie Ihre neue Nikon D3300 noch in der Verpackung gerade vor sich liegen und freuen sich darauf, mit dem Fotografieren loszulegen?! Um die Kamera ein erstes Mal auszuprobieren, sollen zunächst kurz die Schritte zur Inbetriebnahme der Kamera durchgegangen werden. Ich gehe in dieser Einführung davon aus, dass Sie entweder eines der Kitobjektive vorliegen oder ein Objektiv Ihrer Wahl zu Ihrer D3300 hinzugekauft haben.

Als Erstes nehmen Sie bitte die weiße Abdeckung ❶ am hinteren Ende des Objektivs ab, unter der das Objektivbajonett zum Vorschein kommt. Bei anderen Objektiven kann es sich auch um schwarze Deckel handeln, die abgeschraubt werden müssen.

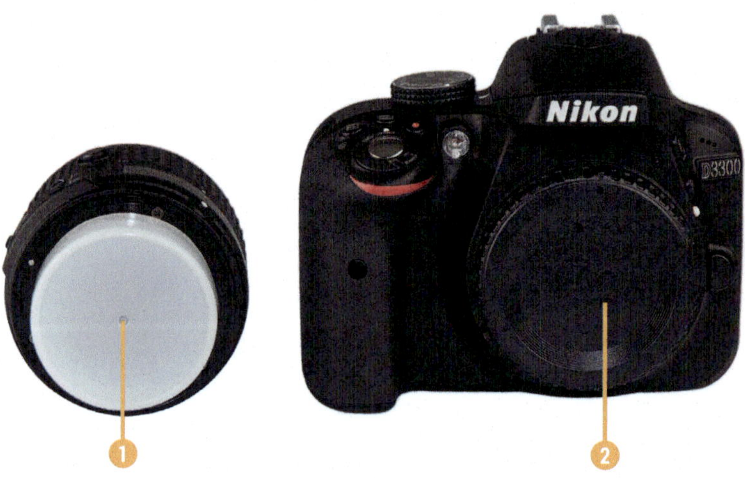

Als Nächstes wird mit einer Drehung im Uhrzeigersinn der Deckel auf der Kamera abgenommen ❷. Halten Sie die Kamera leicht nach unten geneigt, damit möglichst kein Staub in den Spiegelkasten eindringen kann. Nehmen Sie jetzt das Objektiv in die Hand und suchen Sie dann den weißen Punkt. Setzen Sie das Objektiv so an die Kamera an, dass sich die weißen Punkte 1 von Kamera und Objektiv gegenüberliegen. Mit einer leichten Drehung des Objektivs nach links (entgegen dem Uhrzeigersinn) rastet es hörbar ein.

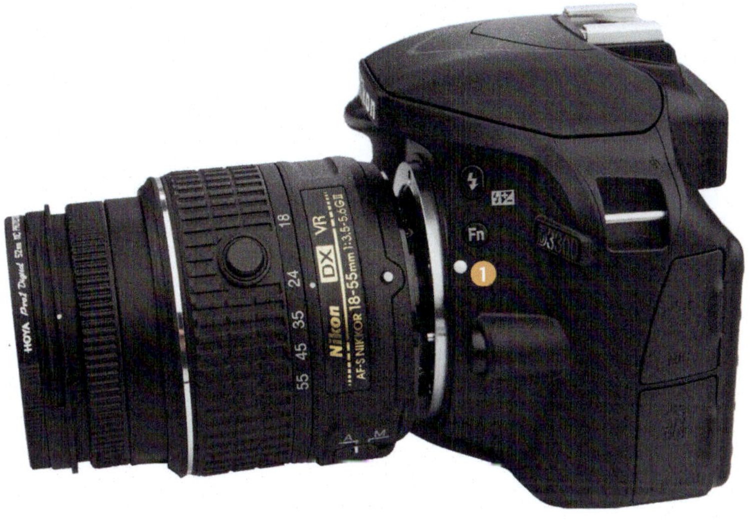

Aufsetzen des Objektivs

Ist man noch etwas ungeübt im Aufsetzen des Objektivs, sollte man einige Punkte beherzigen: Das Objektiv ist immer plan aufzusetzen. Wenn sich die beiden weißen Punkte auf Objektiv und Kamera genau gegenüberliegen, ist das sehr einfach.

Achten Sie auch in hektischen Situationen darauf, dass sich das Gewinde des Objektivs nicht verkantet. Ist alles in Ordnung, lassen sich die Objektive mit sehr geringem Kraftaufwand entgegen dem Uhrzeigersinn drehen, bis sie mit einem leichten Klick einrasten. Spüren Sie einen deutlichen Widerstand, kontrollieren Sie noch einmal den korrekten Sitz der Linse.

Ich habe in den Jahren als Fotograf sehr wenige Objektive kennengelernt, die sich nur relativ schwergängig aufsetzen ließen. Dazu gehörte z. B. das NIKKOR AF 50 mm f/1,8 D, bei seinem Nachfolger, dem f/1,8 G, lief alles wie gewohnt.

Akku und Speicherkarte einsetzen

An der unteren Seite der Kamera finden Sie in der Griffwulst die Klappe für das Akkufach. Öffnen Sie die Abdeckung und

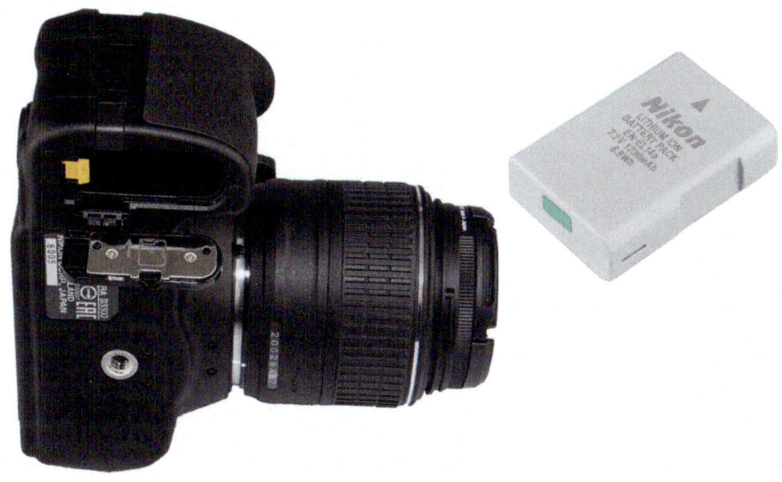

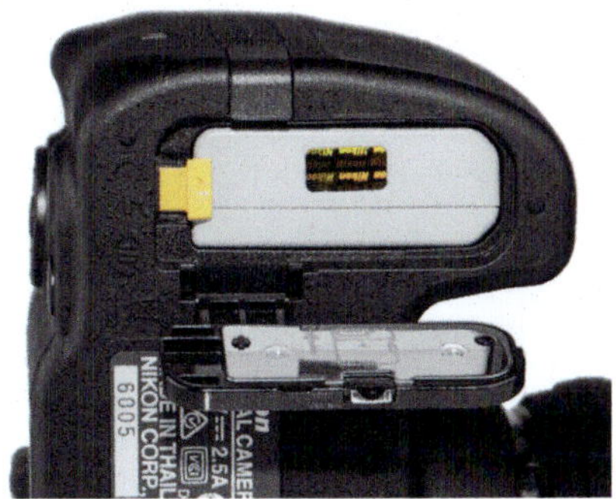

setzen Sie den Akku so ein, dass die Kontakte in Richtung Kamera zeigen. Beim Einsetzen des Akkus müssen Sie die kleine gelbe Nase mit dem Akku etwas zur Seite drücken. Schieben Sie den Akku soweit ins Fach, bis die gelbe Nase hinter dem Akku einrastet.

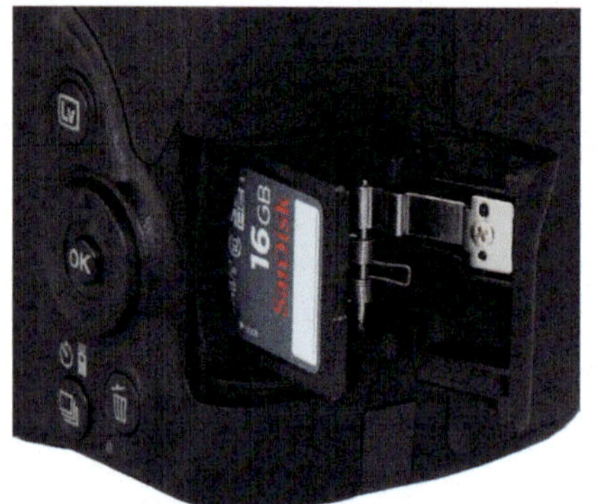

Als Letztes öffnen Sie an der rechten Seite der Kamera das Kartenfach, indem Sie es mit dem Finger leicht nach hinten ziehen. Eine Feder drückt das Fach dann vollständig auf. Leider werden die Speicherkarten nicht mitgeliefert, was ein ebenso angenehmer wie sinnvoller Service wäre.

Setzen Sie eine SD-Karte so ein, dass die schräge Kante nach oben in Richtung Kartenfach zeigt, und drücken Sie die Karte so tief ein, dass sie von allein einrastet.

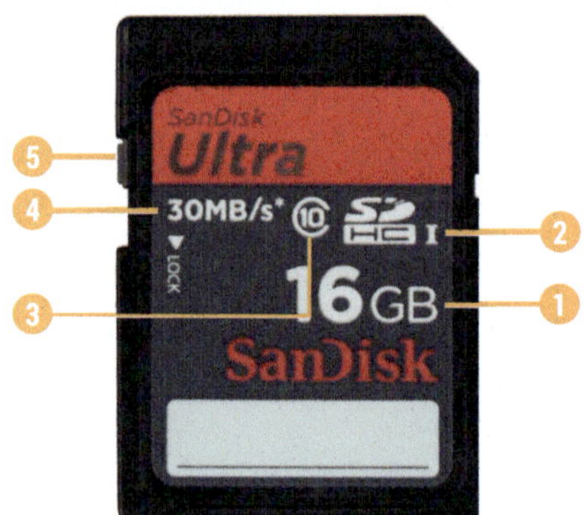

Auf dem Markt wird eine unüberschaubare Flut an Speicherkarten angeboten. Die D3300 benötigt SD-Speicherkarten bzw. UHS-I-kompatible SDHC- oder SDXC-Speicherkarten. Derzeit bieten SDHC-Speicherkarten mit 16 oder 32 GByte Speicherkapazität wohl das beste Preis-Leistungs-Verhältnis. Es empfiehlt sich, schnelle Speicherkarten zu bevorzugen (Class 10), sie sind, bis auf einige Spitzenmodelle, nur unwesentlich teurer als andere Modelle. Ich rate auch dazu, die Speicherkarten immer in der Kamera zu formatieren und nicht im Kartenleser am Computer oder Laptop.

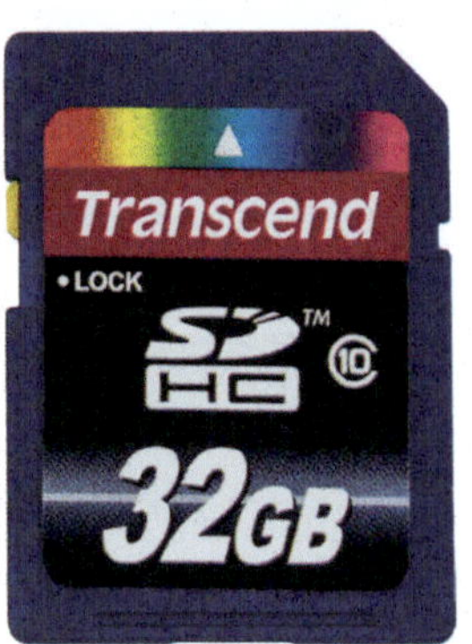

Einige der Speicherkarten liefern auf ihrem Etikett eine Fülle an Informationen: 1 Speicherkapazität, 2 genaue Typbezeichnung SDHC-I, 3 Geschwindigkeitsklasse (min. 10 MByte/s), 4 effektive Geschwindigkeit (30 MByte/s, bezieht sich oft auf die schnellere Lesegeschwindigkeit), 5 Schalter, um die Karte gegen Überschreiben zu schützen.

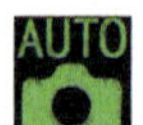

Zuletzt kontrollieren Sie, ob das Funktionswählrad auf der grünen AUTO-Markierung oder alternativ auf dem Programm P steht, und schalten die Kamera ein.

Datum und Sprache festlegen

Jetzt gilt es noch, einige notwendige Grundeinstellungen im Kameramenü vorzunehmen, bevor die Kamera das erste Mal in Gebrauch genommen wird.

Bei der ersten Inbetriebnahme erscheint das entsprechende Menü automatisch, ansonsten finden Sie die Einträge im Menü *System*. Zuerst stellen Sie die Landessprache ein. Wandern Sie mit dem rechten Steuerkreuz nach oben, sodass als Sprache *Deutsch* ausgewählt ist.

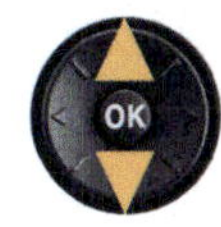

Anschließend geben Sie noch das aktuelle Datum und die Uhrzeit ein sowie das Datumsformat, die Zeitzone und die Umstellung auf die Sommerzeit.

Den Wiedergabeordner können Sie auf der Voreinstellung *D3300* stehen lassen. Bestätigen Sie Ihre Einstellungen und verlassen Sie das Menü durch einen kurzen Tipp auf den Auslöser.

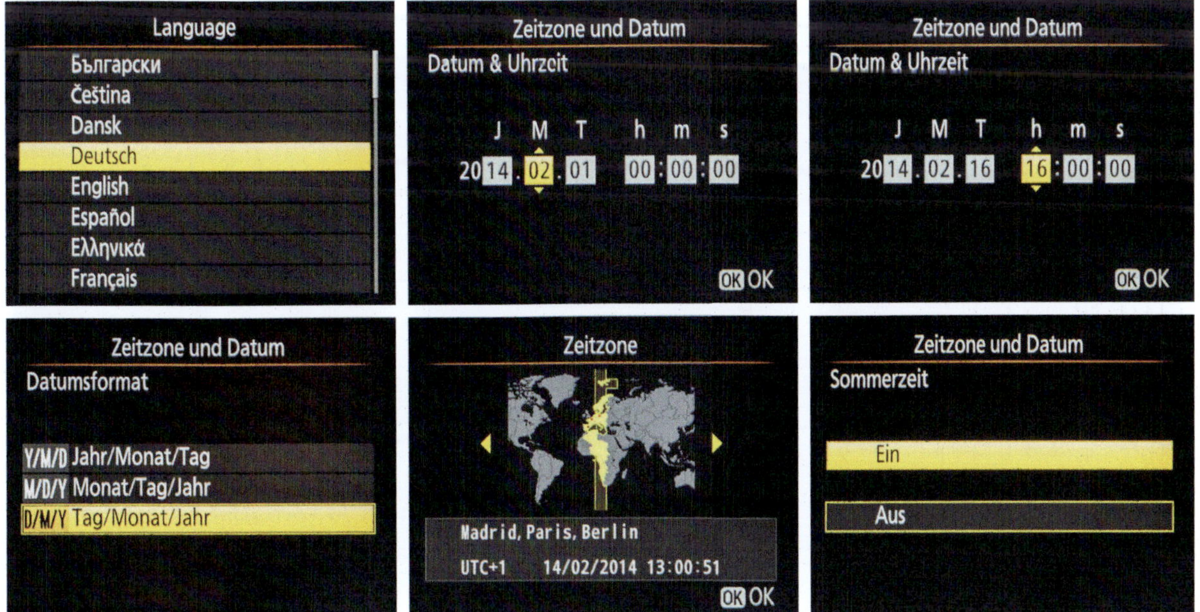

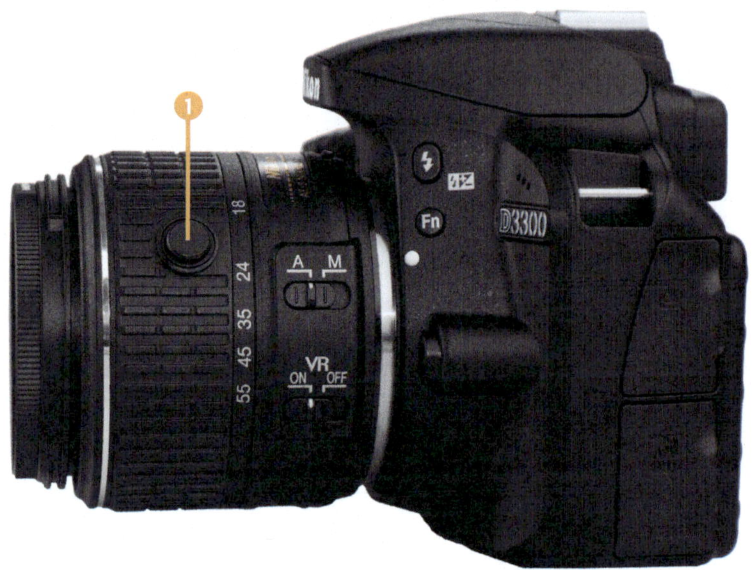

Objektiv entriegeln

Das Kitobjektiv der Nikon D3300 weist eine Besonderheit auf. Sie müssen den schwarzen Knopf am Objektiv 1 drücken und den Brennweitenring des Objektivs bei gedrückter Taste auf mindestens 18 mm drehen, um das Objektiv zu entriegeln.

Vergessen Sie nicht, die vordere Verschlusskappe vom Objektiv zu nehmen ;-).

Wenn Sie durch den Sucher blicken, können Sie einen Bildausschnitt und die Brennweite auswählen. Ihr erstes Bild erscheint auf dem Monitor.

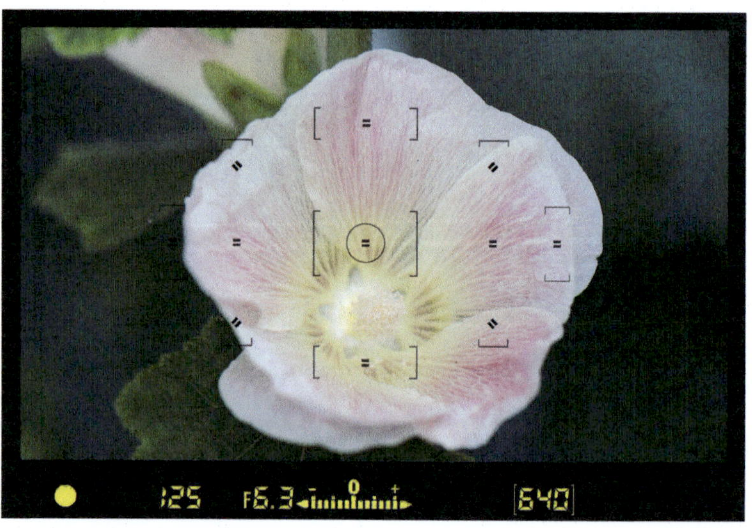

▶ *Wenn die Kamera das Motiv scharf stellen konnte, sehen Sie im unteren Sucherrand auf der linken Seite einen gelben Punkt und es ertönt ein kurzer Signalton.*

Erschrecken Sie nicht, wenn im Automatikmodus eventuell gleich der integrierte Kamerablitz aufspringt. Im vollautomatischen Modus der Kamera hat man leider keinen Einfluss darauf, wann sich der Blitz einschaltet und auslöst. Wenn Sie den Blitz nicht benötigen, können Sie ihn einfach mit der Hand wieder herunterdrücken, bis er einrastet.

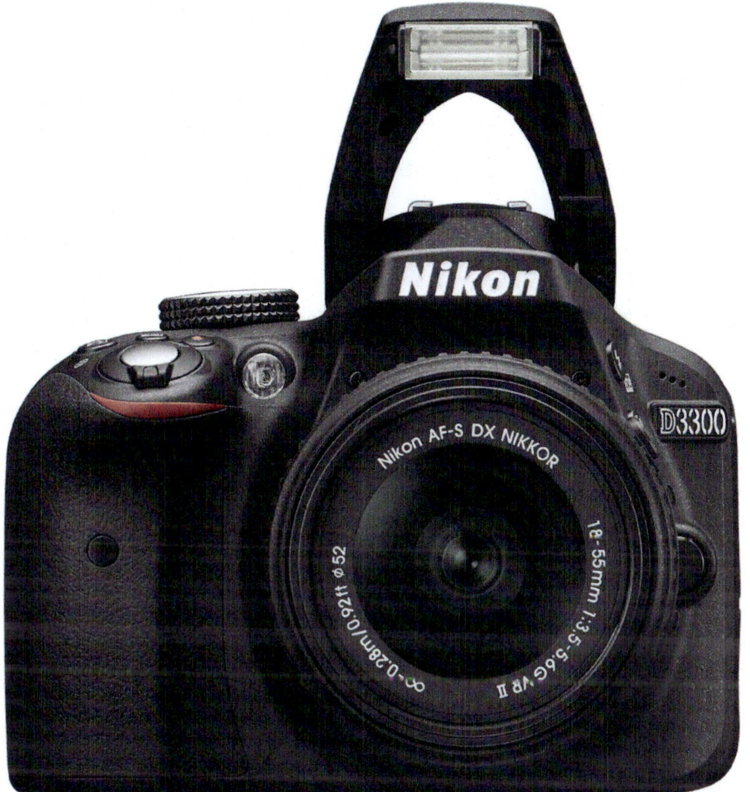

▲ *Im Automatikmodus springt leicht einmal der Blitz spontan auf.*

Anschluss für den Kabelfernauslöser

Mikrofonanschluss

A/V - OUT (USB)

Mini-HDMI

▲ *Die Anschlüsse der D3300.*

Haben Sie Ihre ersten Testaufnahmen erfolgreich abgeschlossen, schalten Sie die Kamera am ON/OFF-Schalter wieder aus. Nach jeder Aufnahmesession ist es ratsam, den Objektivdeckel wieder auf das Objektiv zu setzen.

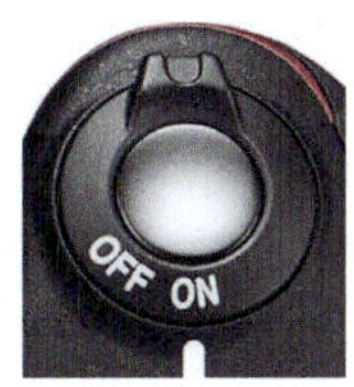

1.2 Die Bedienelemente der D3300 kennenlernen

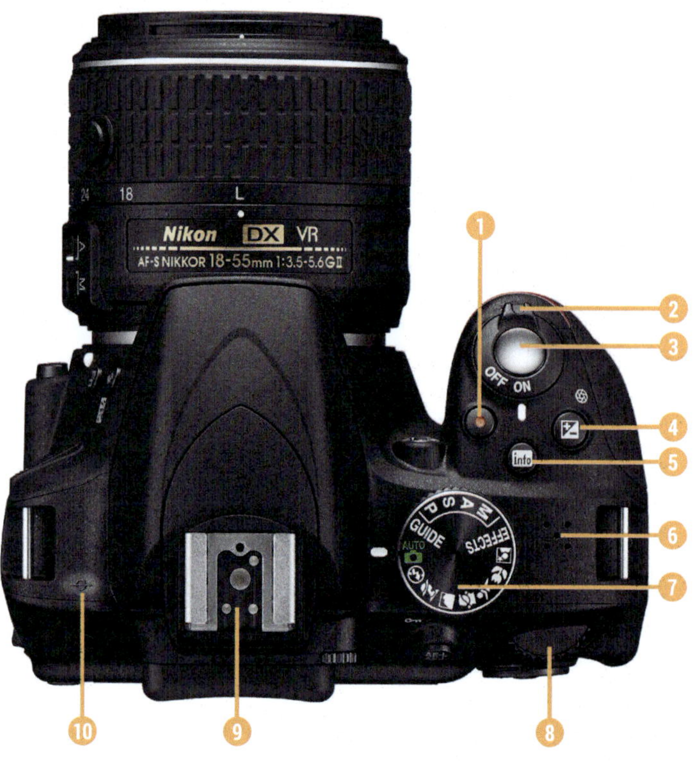

1 **Start-/Stopptaste für die Filmaufzeichnung.** Die Taste funktioniert nur dann, wenn sich die Kamera bereits im Live-View-Modus befindet.

2 **Ein-/Ausschalter** der Kamera.

3 **Auslöser**: Wird der Auslöser halb durchgedrückt, werden der Autofokus und die Belichtungsmessung aktiviert. In der Grundeinstellung gibt der Autofokus eine akustische und optische Rückmeldung dazu, ob ein Schärfepunkt erfolgreich erkannt wurde. Im Sucher leuchten die Sensoren, auf die scharf gestellt wird, kurz rot auf.

4 **Belichtungskorrektur**: In den Aufnahmemodi P, S und A korrigieren Sie durch Drücken dieser Taste und gleichzeitiges Drehen am Einstellrad 8 die Belichtung. Im manuellen **Modus M** wird durch gleichzeitiges Drücken dieser Taste und Drehen am Einstellrad der **Blendenwert** verändert.

5 Mit der **Info-Taste** blenden Sie wichtige Informationen zu den aktuellen Kameraparametern auf dem Display ein. Ein erneuter Druck auf die Taste lässt die Anzeige wieder verschwinden.

6 Unter diesen Löchern befindet sich der kleine **Lautsprecher** der Kamera für die Audiowiedergabe.

7 Das **Funktionswählrad** bietet die verschiedenen Programme der D3300. Der weiße Strich auf der linken Seite markiert das gerade aktive Programm.

8 **Einstellrad**, mit dem verschiedene Parameter eingestellt werden können.

9 Der **Zubehörschuh** kann nicht nur einen externen Systemblitz aufnehmen, sondern auch weitere Steuergeräte. Vor dem Zubehörschuh ist der kleine integrierte Blitz zu erkennen.

10 **Sensorebenenmarkierung**: Auf dieser Ebene liegt intern die Oberfläche des Kamerasensors.

1 Der **Zubehörschuh**, der z. B. einen externen Blitz aufnimmt.

2 **Dioptrieneinstellung**: Brillenträger können durch eine Verstellung der Dioptrienzahl im Sucher versuchen, ohne Brille zu fotografieren.

3 **AE-L/AF-L-Taste**: Je nach Tastenbelegung wird der Autofokus fixiert (AF-Lock), und Schärfeeinstellung sowie Belichtung (Auto Exposure Lock) werden gespeichert. In einigen Betriebsarten können Sie auch ein Bild vor dem versehentlichen Löschen schützen.

4 Das **Einstellrad** verändert allein oder in Kombination mit weiteren Tasten variable Werte, wie z. B. den Blendenwert oder die Belichtungszeit.

5 Die **Live-View-Taste** lässt den Spiegel hochklappen, sodass das Licht direkt auf den Monitor geleitet wird und das Bild live betrachtet werden kann. Der Sucher bleibt schwarz.

6 Der **Multifunktionswähler** dient hauptsächlich der Navigation z. B. durch die Menüs oder zwischen den AF-Feldern.

7 Die **OK-Taste** aktiviert Ereignisse oder bestätigt Befehle.

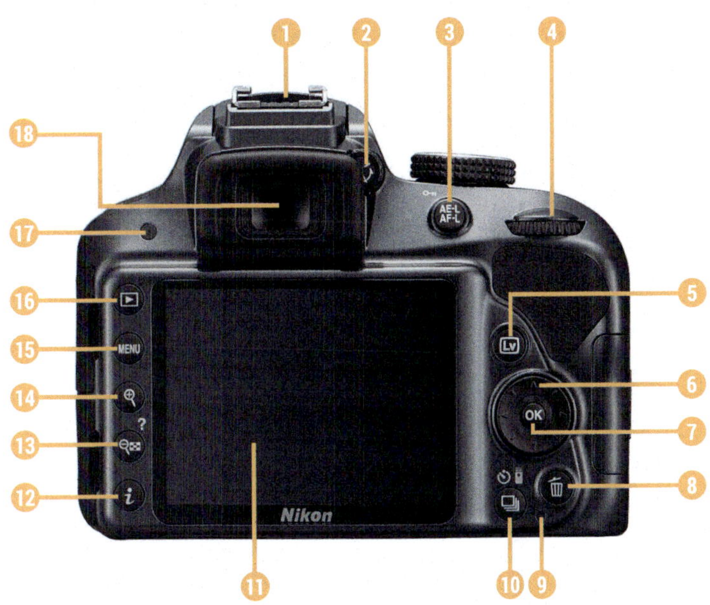

8 Die **Löschtaste** löscht im Wiedergabemodus einzelne Bilder von der Speicherkarte.

9 Die **Kontrollleuchte** für den Speicherkartenzugriff. Vor allem nach Serienbildern und Videoaufnahmen sollten Sie nicht zu schnell die Kamera ausschalten oder die Speicherkarte entnehmen.

10 Die Taste für die **Aufnahmebetriebsart**. Damit gelangen Sie direkt zu den unterschiedlichen Betriebsarten: *Einzelbild*, *Serienaufnahme*, *Leise Auslösung*, *Selbstauslöser* und *Fernauslöser* mit und ohne Vorlauf.

11 Der **Kameramonitor** zeigt entweder die Live-View, wichtige Kameraparameter oder in der Rückschau die aufgenommenen Fotos.

12 Über die **i-Taste** können Sie wie mit der Info-Taste wichtige Kameraparameter wie z. B. ISO-Wert und AF-Messfeldsteuerung anzeigen lassen. Der Vorteil der i-Taste ist, dass die Parameter auch gleich geändert werden können.

13 Die **Verkleinerungs-/Bildindextaste** zeigt im Aufnahmemodus Tipps und Hinweise an. Im Wiedergabemodus wird die Bildübersicht aufgerufen oder der Bildausschnitt verkleinert dargestellt.

14 Mit der Taste für die **Ausschnittvergrößerung** kann z. B. schnell kontrolliert werden, ob die Schärfe im Motiv richtig sitzt.

15 Die **MENU-Taste** ruft die Menüeinstellungen der Kamera auf.

16 Die **Wiedergabetaste** wechselt zwischen dem Aufnahme- und dem Wiedergabemodus. Mit Letzterem lassen sich Aufnahmen auf der Speicherkarte betrachten.

17 Der **Infrarotsensor** für die Fernsteuerung ML-L3 auf der Rückseite.

18 Mit dem **Sucher** sehen Sie Ihr Motiv direkt durch das Objektiv.

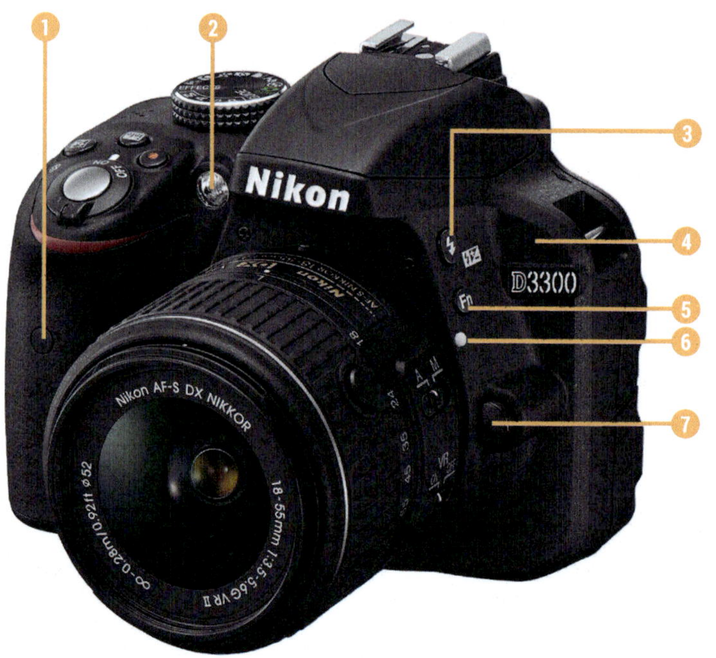

1 **Infrarotsensor** für die Fernsteuerung auf der ML-L3 Vorderseite.

2 Das **AF-Hilfslicht** unterstützt den Autofokus bei schlechten Lichtverhältnissen. Im Selbstauslösemodus blinkt die Lampe bis zur Auslösung und hilft, den Rote-Augen-Effekt zu verringern.

3 Die **Blitzmodustaste** schaltet den integrierten Blitz zu, soweit er nicht automatisch ausklappt.

4 An dieser Stelle befindet sich das integrierte **Mikrofon** der D3300.

5 Die **Funktionstaste Fn** kann im Menü unter *Tastenbelegung* mit den Funktionen *Bildqualität*, *ISO-Empfindlichkeit*, *Weißabgleich* oder *Active D-Lighting* für einen schnelleren Zugriff belegt werden.

6 Markierung für die **Objektivausrichtung**.

7 Die **Objektiventriegelung** muss gedrückt sein, um ein Objektiv abzunehmen. Zum Ansetzen eines Objektivs ist sie nicht zwingend notwendig.

1.3 Das erste Foto im Automatikmodus aufnehmen

In der Vollautomatik AUTO übernimmt die Kamera alle wichtigen Einstellungen für Sie. Das bedeutet allerdings auch, dass Sie kaum eine Eingriffsmöglichkeit haben. Wenn Sie noch ganz am Anfang stehen, kann aber gerade das durchaus gewünscht sein.

In diesem Fall konzentrieren Sie sich ganz auf Ihr Motiv und auf den Bildausschnitt. Die modernen DSLR-Kameras besitzen mittlerweile eine ausgeklügelte Automatik, die in sehr vielen Standardsituationen gute bis sehr gute Ergebnisse liefert.

Ein Blick durch den Sucher

Eines der Markenzeichen der Spiegelreflexkameras ist ihre Eigenschaft, das Bild direkt durch das Objektiv über Spiegel und eine Mattscheibe in den Sucher zu projizieren. Dieses Verfahren liefert ein sehr helles und klares Bild vom Motiv. Ganz nebenbei hat man die Kamera ruhig und sicher im Griff und bekommt keine Probleme mit direktem Sonnenlicht, das auf das Display fällt und damit ein Ablesen des Bilds fast unmöglich machen würde. Ein weiterer Vorteil des optischen Sucherbilds besteht darin, jeder noch so schnellen Bewegung problemlos folgen zu können. Das ist derzeit bei vielen elektronischen Suchern und Displays noch nicht gegeben.

Praktisch alle modernen DSLRs verstehen sich ebenfalls darauf, das Sucherbild auf dem Display anzuzeigen, doch dazu im nächsten Abschnitt mehr.

Das Sucherbild der Nikon D3300 ist übersichtlich gestaltet und blendet, je nach Betriebsart, die wichtigsten Aufnahmeinformationen ein.

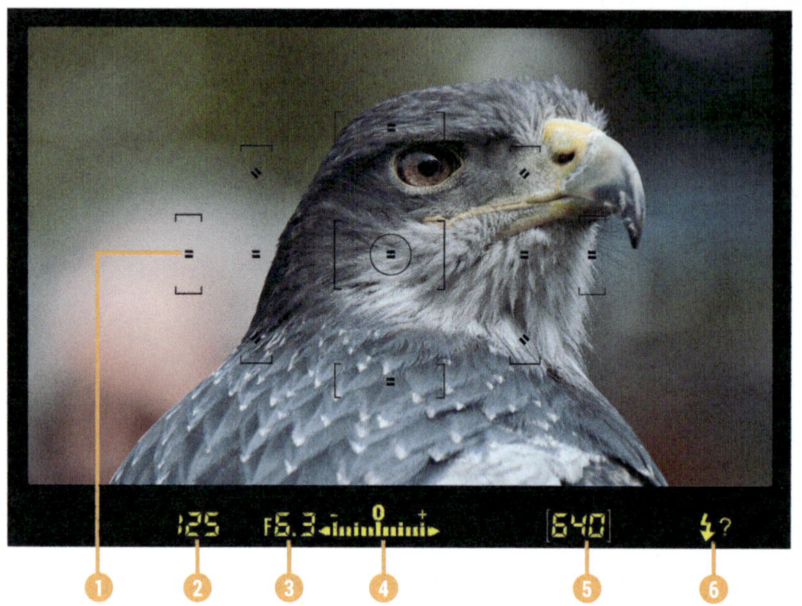

① Mitten im Sucherbild springen zuerst die elf Fokusmessfelder ins Auge. Auf diese Punkte kann die Kamera scharf stellen. In der unteren Leiste werden noch weitere Informationen eingeblendet: ② die Belichtungszeit und ③ die Blende. ④ In den Programmen S und M wird eine Skala für die Belichtungskorrektur eingeblendet. Die Skala erscheint ebenfalls, wenn eine Belichtungskorrektur vorgenommen wird. ⑤ Die Zahl gibt an, wie viele Fotos noch auf die Speicherkarte passen. ⑥ Das kleine Blitzsymbol signalisiert die Blitzbereitschaft, und das Fragezeichen stellt eine Warnung dar, z. B. dass das Bild zu verwackeln droht oder unterbelichtet ist.

Alle Sucher-Symbole

Im Sucher können je nach Betriebsart und Situation auch noch weitere Symbole eingeblendet werden, deshalb an dieser Stelle eine vollständige Auflistung.

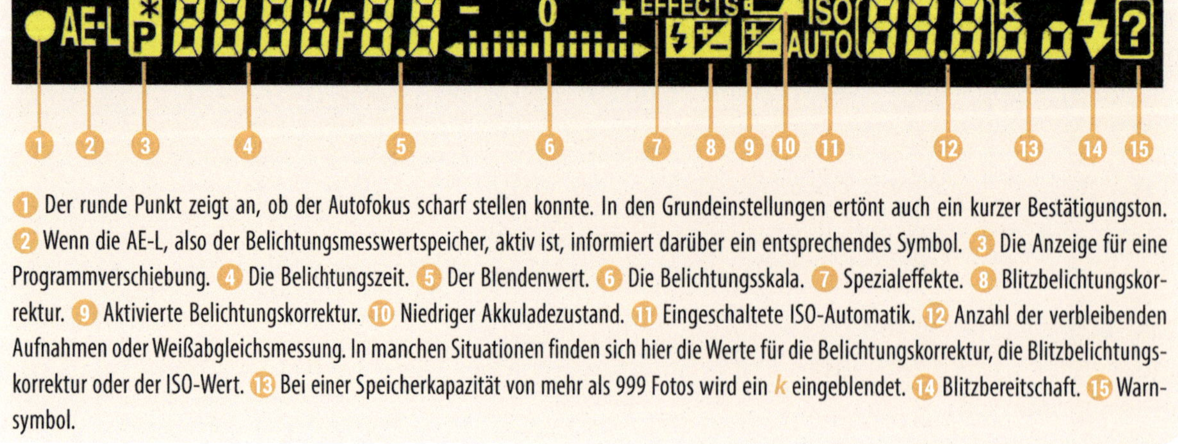

① Der runde Punkt zeigt an, ob der Autofokus scharf stellen konnte. In den Grundeinstellungen ertönt auch ein kurzer Bestätigungston. ② Wenn die AE-L, also der Belichtungsmesswertspeicher, aktiv ist, informiert darüber ein entsprechendes Symbol. ③ Die Anzeige für eine Programmverschiebung. ④ Die Belichtungszeit. ⑤ Der Blendenwert. ⑥ Die Belichtungsskala. ⑦ Spezialeffekte. ⑧ Blitzbelichtungskorrektur. ⑨ Aktivierte Belichtungskorrektur. ⑩ Niedriger Akkuladezustand. ⑪ Eingeschaltete ISO-Automatik. ⑫ Anzahl der verbleibenden Aufnahmen oder Weißabgleichsmessung. In manchen Situationen finden sich hier die Werte für die Belichtungskorrektur, die Blitzbelichtungskorrektur oder der ISO-Wert. ⑬ Bei einer Speicherkapazität von mehr als 999 Fotos wird ein *k* eingeblendet. ⑭ Blitzbereitschaft. ⑮ Warnsymbol.

Eine sehr wichtige Information im Sucher ist die Anzeige des aktiven Autofokusmessfelds oder, wenn es mehr als eines ist, der Autofokusmessfelder. Durch ein kurzes rotes Aufleuchten zeigt eine kleine LED an, welcher AF-Punkt aktiv ist, und damit, wo die Schärfe der Aufnahme liegt. Die wesentlichen Motivbestandteile können so gezielt anvisiert werden. Zusätzlich zeigen ein kleiner Punkt ganz links in der unteren Leiste und ein kurzer Signalton an, ob der Autofokus erfolgreich scharf gestellt hat.

125 F7.1 ISO AUTO 224

Die Live-View-Ansicht

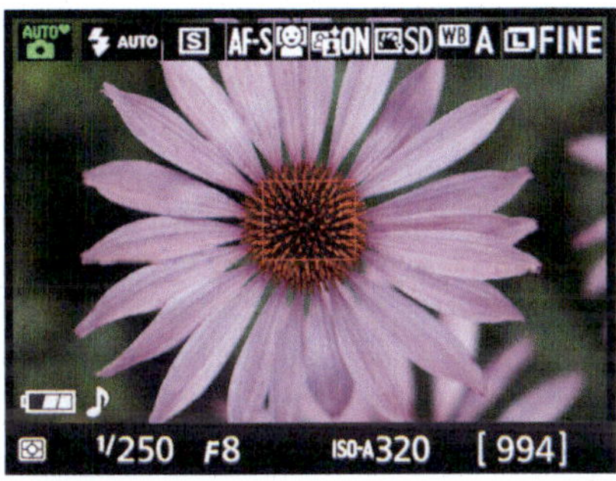

▲ *Die Live-View kann so eingestellt werden, dass alle aktuellen Informationen der Kamera auf dem Monitor angezeigt werden.*

Vielleicht sind Sie es noch von einer Kompaktkamera gewohnt, mit dem Monitor zu arbeiten. Sie können an der D3300 ebenfalls jederzeit die Live-View-Ansicht aktivieren, drücken Sie dazu einfach die entsprechende Taste (Lv) an der Kamera.

Ein entscheidender Vorteil der Live-View ist das große Vorschaubild sowie die Möglichkeit, in das Foto hinein zu zoomen und die Schärfe genau zu kontrollieren. Ebenso ist es möglich, ein Gitternetz in das Bild einzublenden. Ein solches Gitter erleichtert die Bildgestaltung am Anfang doch sehr. Dazu muss in der Live-Ansicht die Info-Taste (info) (eventuell mehrmals) gedrückt werden, bis das Netz eingeblendet wird. Alternativ können mit der Info-Taste erweiterte Informationen eingeblendet oder alle Informationen ausgeblendet werden.

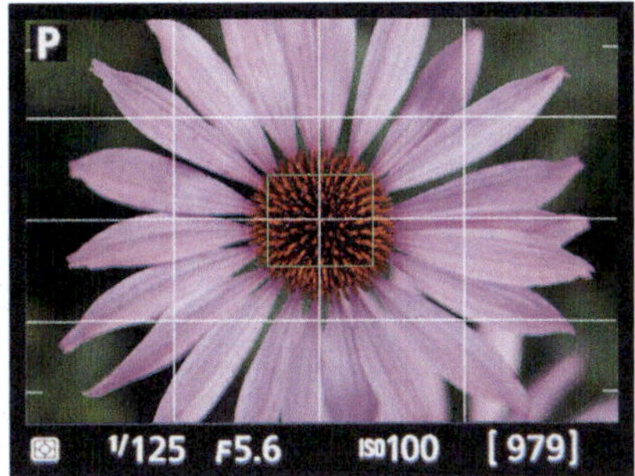

▲ *In der Live-View kann ein Gitter in das Bild eingeblendet werden. Die Bildgestaltung wird so deutlich vereinfacht. Es handelt sich aber nicht um das bekannte „Drittel-Gitter".*

Häufig ist es mit der Live-View auch angenehmer, ein Motiv in einer ungünstigen Position, wie z. B. in Bodennähe oder bei Überkopfaufnahmen, anzuvisieren.

Der Nachteil dieser Ansicht ist eine geänderte Fokussierung, sie wechselt in der Live-View vom phasenbasierten

Phasenbasierter- und Kontrast-Autofokus

Im normalen Sucher-Modus arbeiten DSLRs mit dem *phasenbasierten Autofokus*. Bei dieser Methode fällt durch Hilfsspiegel ein geringer Teil des durch das Objektiv einfallenden Lichts auf ein spezielles Autofokusmodul. Vereinfacht kann man sich vorstellen, dass Strahlen vom Zentrum und den Randbereichen auf einen Zeilensensor fallen. Je nach Fokusgrad wandert das Licht über die Zeilensensoren. Der Sensor misst schon bei dem ersten Auftreffen des Lichts sehr genau die Entfernung zum Motiv und kann dadurch sehr schnell fokussieren.

Die Genauigkeit dieser Messung hängt allerdings von dem exakten Zusammenspiel zwischen Objektiv und Kamera ab. Das Autofokusmodul liegt nicht mehr direkt im Strahlengang und ist von der sehr exakten Ausrichtung aller beteiligten Bauteile abhängig. Kommt es zu Abweichungen dieser Ausrichtung entstehen z. B. Phänomene wie ein Front- oder Backfokus, bei denen die Kombination aus Kamera und Objektiv knapp vor oder hinter dem eigentlichen Fokuspunkt scharfstellt.

Bei dem Verfahren des *Kontrast-Autofokus* wird der Kontrast des Motivs gemessen. Ist er zwischen zwei Details am höchsten, ist die Messung beendet und das Objektiv fokussiert. Dazu muss das Objektiv mehrmals hin- und herfahren, um durch einfache Vergleichsmessungen zu ermitteln, wann der Kontrast ein Maximum erreicht. Die Vergleichsmessungen sind langsamer als die phasenbasierte Messung, aber recht robust und bei genügend Kontrastkanten auch genau.

AF-Betrieb zum kontrastbasierten AF. Den kontrastbasierten AF-Modus erkennen Sie daran, dass das Objektiv zur Scharfstellung kurz hin- und her pumpt, bis der exakte Messpunkt gefunden ist. Unter ungünstigen Bedingungen, z. B. bei wenig Licht, können schon mal ein paar Sekunden vergehen, bis der Autofokus in diesem Modus scharf gestellt hat. Für einen spontanen Schnappschuss ist das zu langsam.

Variation der Automatikfunktion

Eine nützliche Variation des Automatikmodus ist der Modus *Automatik ohne Blitz*. Er bietet ebenfalls die vollautomatische Steuerung der Kamera, in dieser Betriebsart wird jedoch der integrierte Blitz nicht automatisch aktiviert. In manchen Situationen entscheidet sich die Automatik einfach zu schnell dazu, den Blitz hochschnellen zu lassen. Mit dieser Variante können Sie den Blitz wirkungsvoll ausschalten und ihn nur bei Bedarf durch die entsprechende Taste ⚡ aktivieren.

Der Auslöser

Dem Auslöser der Spiegelreflexkameras kommt noch eine besondere Funktion zu. Zum einen löst er natürlich die Aufnahme aus, er hat allerdings noch eine zweite Funktion: die Scharfstellung. Wird der Auslöser nur halb durchgedrückt, versucht der Autofokus, auf das Motiv scharf zu stellen.

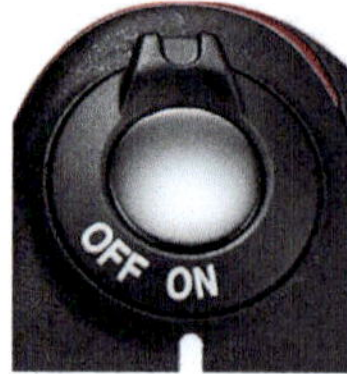

Anfangs ist dazu etwas Fingerspitzengefühl notwendig, aber man gewöhnt sich schnell daran. Die Nikon D3300 hat auch einen deutlich wahrnehmbaren Druckpunkt, der zwischen Autofokus und Auslösen unterscheidet.

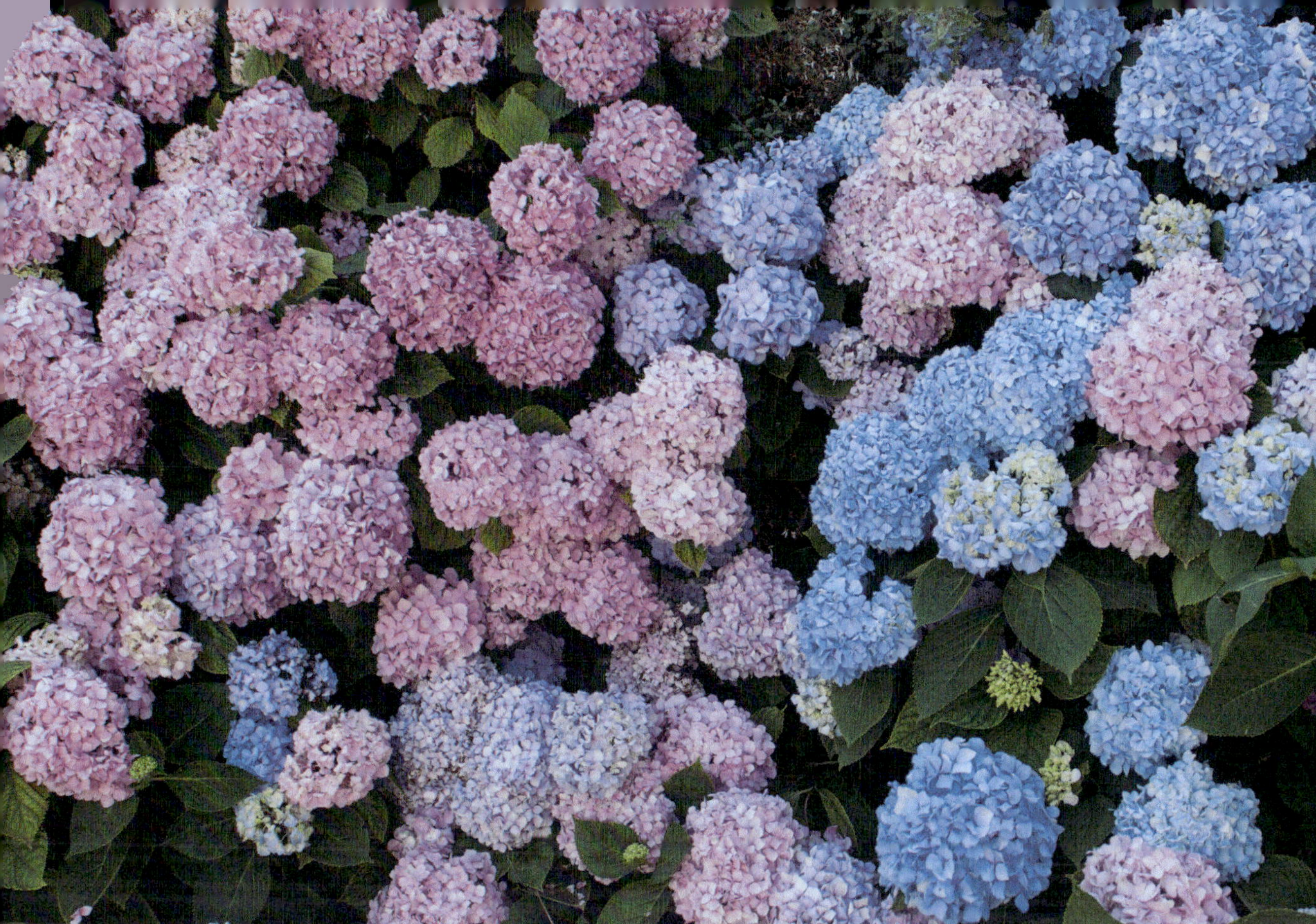

43,0 mm | 1/180 s | f/5,6 | ISO 100

▲ *Der Automatikmodus beherrscht einfachere Situationen ohne Probleme. Man will sich ja nicht immer mit der Technik beschäftigen.*

Wenn Sie bei Ihren ersten Aufnahmen durch den Sucher blicken, achten Sie von Anfang an darauf, dass die bildwichtigen Motivdetails auf einem der Fokusmessfelder liegen. Im Automatikmodus ist das meist kein Problem, da alle AF-Messpunkte aktiv sind.

Drücken Sie anschließend den Auslöser durch, erscheint die Aufnahme unmittelbar auf dem Monitor. Wie lang die Zeit für diese Rückschau ist und welche zusätzlichen Informationen dazu angezeigt werden, können Sie im Menü einstellen (siehe Seite 33).

Bilder anschauen

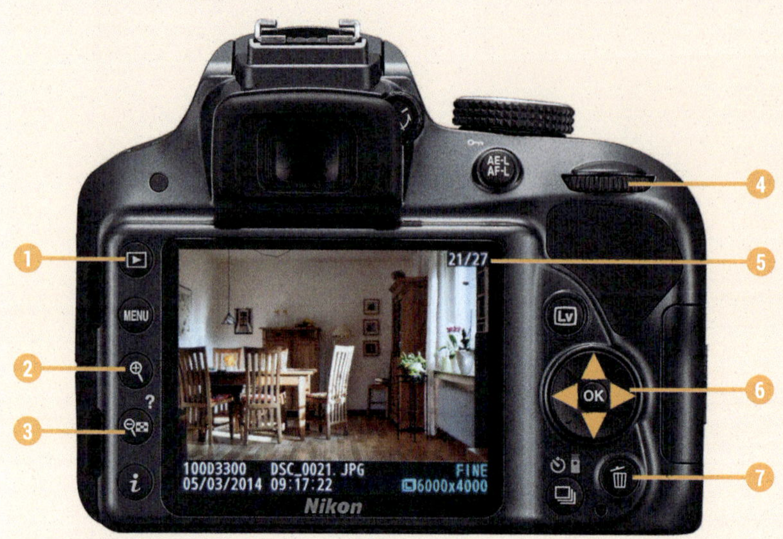

Wenn Sie die ersten Bilder auf die Speicherkarte gebannt haben, möchten Sie diese Bilder sicherlich selbst noch einmal in aller Ruhe durchgehen oder auch schon anderen zeigen wollen. Dazu holen Sie sich mit einem Druck auf die Wiedergabetaste 1 das zuletzt aufgenommene Bild zurück auf den Monitor.

Vom zuletzt aufgenommenen Bild springt die Anzeige zurück auf das erste aufgenommene Bild, so kann schnell der Anfang der Aufnahmeserie angesprungen werden. Die Taste 2 zoomt in die Ansicht hinein.

Mit der Taste 3 können Sie sich eine Übersichtsansicht – Nikon nennt das den Bildindex – auf dem Monitor einblenden lassen. Schrittweise werden dann 4, 9 oder 72 Bilder gleichzeitig angezeigt. Bei nochmaligem Druck auf die Taste erscheint ein Monatskalender, in dem die Aufnahmen nach dem Tag im Monat sortiert sind. Da auf größere Speicherkarten problemlos über 1.000 Bilder im JPEG-Format passen, kann man so Fotos schneller wiederfinden.

Die Ansicht zeigt auch einige Aufnahmeinformationen, wie z. B. den Dateinamen, das Aufnahmedatum und die Bildgröße. Außerdem wird unter 5 angezeigt, dass es sich in diesem Fall um Bild 21 von insgesamt 27 Aufnahmen handelt.

Mit dem Multifunktionswähler 6 kann man von Bild zu Bild nach links und rechts wandern. Alternativ können Sie dazu auch das Wählrad 4 einsetzen, das dann entsprechend nach links oder rechts gedreht wird.

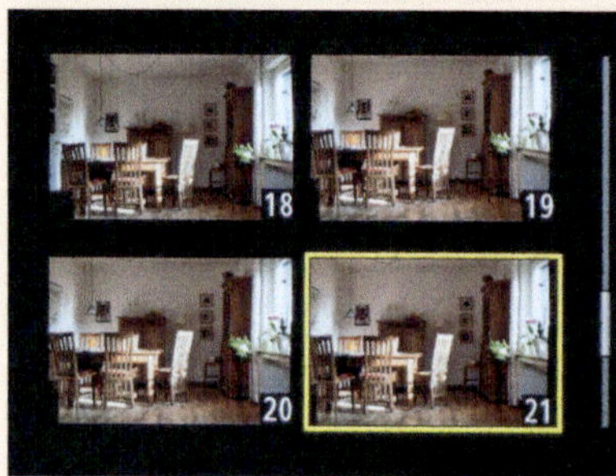

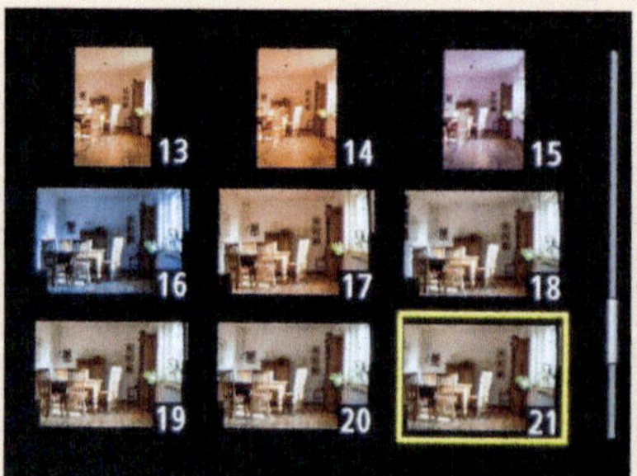

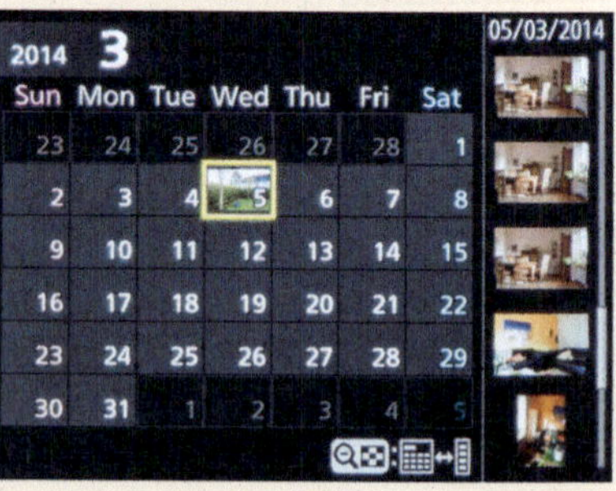

Durch erneuten Druck auf die Taste wechseln Sie vom linken Kalender in die rechte Bildindexleiste und wieder zurück. In der Bildindexleiste können Sie ein einzelnes Bild mit den Pfeiltasten des Multifunktionswählers ansteuern und mit der OK-Taste auswählen. Dieses erscheint dann in voller Größe auf dem Monitor. Ein weiterer Tastendruck auf OK bringt Sie zurück in die Kalenderansicht. Löschen können Sie einzelne Bilder mit der Taste 7.

Wenn Sie Filme aufgenommen haben, erkennen Sie diese an einem kleinen Kamerasymbol oder in der Übersicht an symbolisierten Filmstreifen rechts und links des Bilds. Filme werden mit der OK-Taste des Multifunktionswählers gestartet und gestoppt.

Die Steuerung des Videos erfolgt ebenfalls mit dem Multifunktionswähler. Zur Orientierung wird rechts unten im Video die Bedienung eingeblendet. Mit dem Einstellrad können Sie jeweils zehn Sekunden vor- oder zurückspringen. Über die Taste *i* können die Filme sogar geschnitten werden.

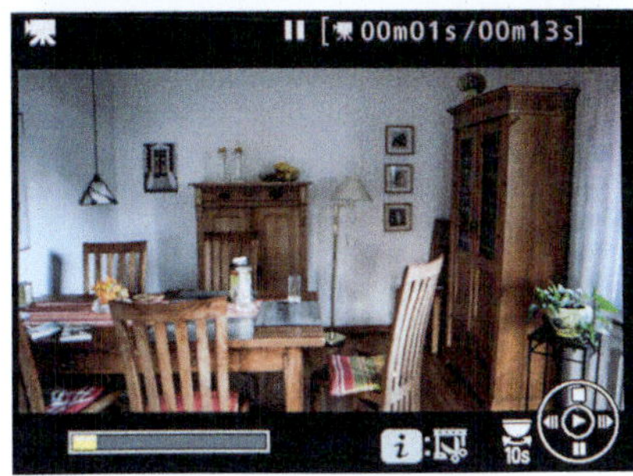

Die Bildschärfe kontrollieren

Mithilfe der Taste können Sie fast beliebig in die Aufnahmen hineinzoomen und so leichter feststellen, ob die Schärfe Ihren Vorstellungen entspricht. Der angezeigte Bildausschnitt wird in der rechten unteren Ecke des Monitor eingeblendet.

Der Ausschnitt kann mit den Pfeiltasten des Multifunktionswählers verschoben werden, sodass Sie bildwichtige Details ansteuern können. Ein Druck auf die Taste stellt die ursprüngliche Ansicht wieder her.

So schön und nützlich diese Kontrolle ist, man sollte sie nicht überbewerten. Häufig wird das Display der Kamera mit einer Schutzfolie versehen, die das Licht stark streut, um Reflexionen zu unterdrücken.

Diese Folien beeinträchtigen allerdings auch den Schärfeeindruck. Eine sichere Entscheidung über die Schärfe ist erst am Monitor des PCs oder Laptops zu fällen.

▶ *Im Zoom-Modus zeigt das gelbe Rechteck den Bildausschnitt an.*

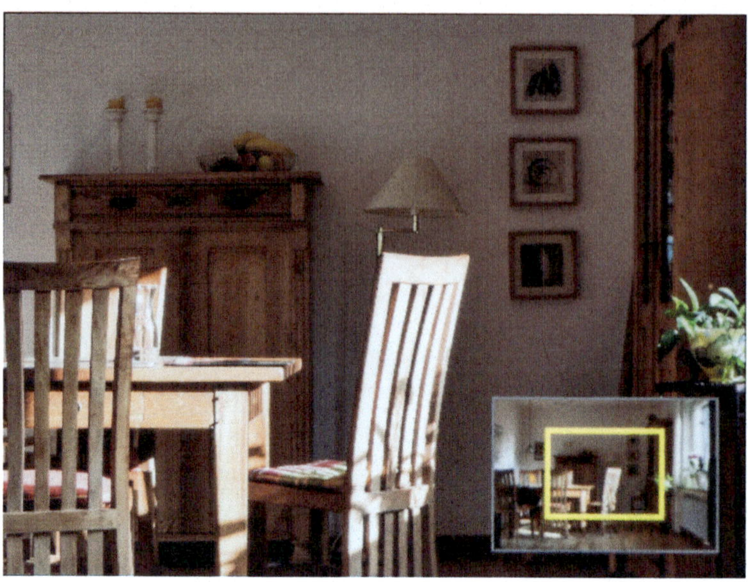

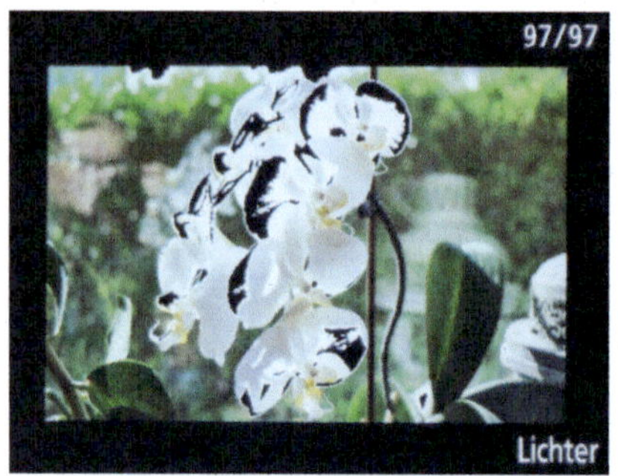

▲ *Stark überbelichtete Bildbestandteile blinken in der Lichteransicht schwarz.*

Die Belichtung bewerten

Wenn Sie im Wiedergabemodus die Pfeiltaste nach oben oder unten bedienen, erscheinen die Bildinformationen. In der Standardeinstellung folgt die Lichterwarnung. Das bedeutet, stark überbelichtete Bildbestandteile blinken schwarz. In diesem Fall sollten Sie die Belichtung anpassen.

Als Nächstes erscheint die Histogrammansicht. An erster Stelle wird in Weiß die Gesamtbelichtung angezeigt, darunter folgen die drei einzelnen Farbkanäle Rot, Grün und Blau.

Zur Beurteilung der Belichtung eignet sich das Histogramm besser als der subjektive Eindruck des Monitors. Die Verteilung der Helligkeitswerte sollte weder auf der linken noch auf der rechten Seite stark abgeschnitten sein. Mehr Informationen dazu gibt es im Abschnitt „4.3 Das Histogramm zur Belichtungskontrolle“ ab Seite 120.

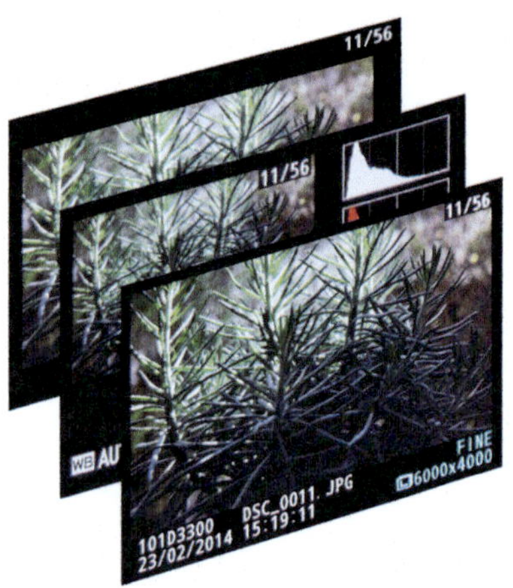

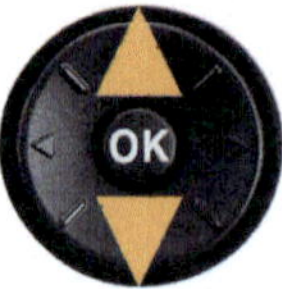

Die unterschiedlichen Ansichten für die Rückschau können einfach mit dem Steuerkreuz ausgewählt werden.

Löschen von Bildern

Um einzelne Bilder in der Wiedergabeansicht zu löschen, drücken Sie auf die Taste 🗑 und bestätigen den Löschvorgang noch einmal mit der gleichen Taste.

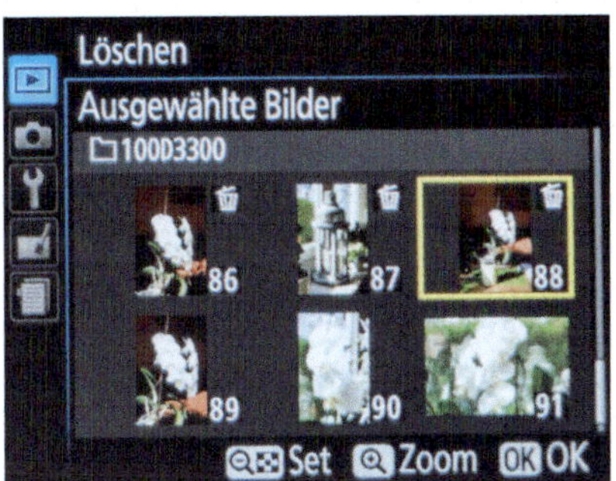

Sollen mehrere Bilder von der Speicherkarte gelöscht werden, ist das schon etwas umständlicher. Zuerst muss dazu das Menü MENU aufgerufen werden. Im Register *Wiedergabe* wählen Sie den Eintrag *Löschen* und dann *Ausgewählte Bilder*. Im dann erscheinenden Bildindex können einzelne Bilder mit den Pfeiltasten des Multifunktionswählers angesteuert und mit der Taste zum Löschen markiert werden. Die markierten Bilder sind anhand eines kleinen Mülleimersymbols in der rechten oberen Ecke zu erkennen. Ein Druck auf die OK-Taste ruft den Löschen-Dialog auf, der wiederum mit OK bestätigt wird. Danach kann das Menü wieder verlassen werden.

Zuletzt sei noch erwähnt, dass in der Kalenderansicht des Wiedergabemodus ▶ sehr schnell die Aufnahmen eines ganzen Tages gelöscht werden können. Markieren Sie dazu einfach den entsprechenden Tag im Kalender und drucken Sie die Löschtaste 🗑.

Ich empfehle allerdings, Fotos erst später bei der Durchsicht am Computer oder Laptop zu löschen. Erstens geht es dort sehr viel einfacher und schneller, und zweitens können Schärfe und Belichtung erst am großen Monitor wirklich sicher beurteilt werden.

1.4 Einstellungen für den perfekten Start

An der Nikon D3300 können Sie bereits direkt nach der ersten Inbetriebnahme die ersten Grundeinstellungen durchführen, wie im Abschnitt „Datum und Sprache festlegen" ab

Seite 15 beschrieben. Darüber hinaus gibt es aber noch weitere Einstellungen, die die tägliche Arbeit mit der Kamera erleichtern und besser auf Ihre individuellen Bedürfnisse eingehen.

Navigation im Kameramenü

Die Navigation im Kameramenü ist schnell erklärt. Rufen Sie mit der Taste MENU das Menü auf. Es erscheinen auf der linken Seite fünf Register, die in weitere Menüpunkte unterteilt sind. Zwischen den Registern wechseln Sie mit den Pfeiltasten nach oben und unten. Dass die Register aktiv sind, kann man an der hinterlegten Farbe erkennen. In die Untereinträge wechseln Sie entweder mit den Pfeiltasten nach rechts oder mit der OK-Taste. Analog bringt Sie die Pfeiltaste nach links eine Ebene zurück. Durch einen Druck auf die Taste MENU gelangen Sie direkt wieder zurück zu den fünf Hauptregistern. Am schnellsten kann das Menü durch einen leichten Tipp auf den Auslöser wieder verlassen werden.

Die wichtigsten Menüeinstellungen

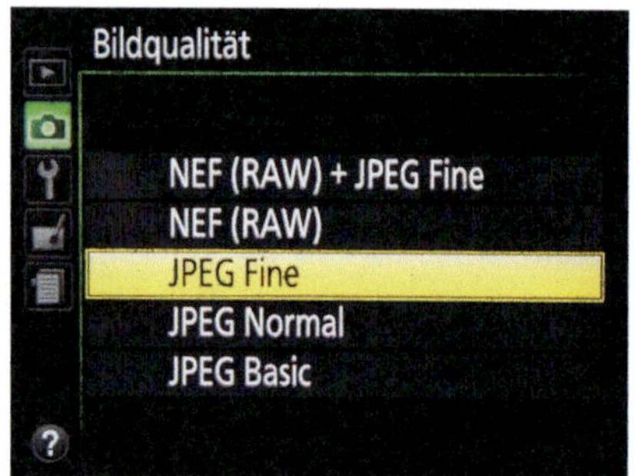

Die ersten Einstellungen beziehen sich auf das Register *Aufnahme* und den Menüpunkt *Bildqualität*. Wenn Sie die Bilder nicht umfangreich bearbeiten wollen, sondern sie möglichst direkt aus der Kamera nutzen möchten, empfiehlt sich die Einstellung *JPEG Fine*. Die Fotos werden dann im universellen und platzsparenden Format JPEG in höchster Qualität gespeichert.

Für diejenigen, die sich das volle Potenzial der Bilder erhalten wollen, bietet sich das Format *NEF (RAW)* an. Wenn die Bildqualität fest auf das RAW-Format eingestellt ist, müssen Sie aber alle Fotos am PC entwickeln. Dafür haben Sie dann jedoch deutlich mehr und bessere Möglichkeiten, die Bilder aufzubereiten und zu bearbeiten.

Mit dem Punkt *NEF (RAW) + JPEG Fine* halten Sie sich die Vorteile beider Formate offen, diese Einstellung benötigt aber mit Abstand am meisten Speicherplatz auf der Karte, und das Abspeichern kann verhältnismäßig lange dauern. Besonders bei Serienaufnahmen machen sich die großen Datenmengen bemerkbar. Wenn Sie sich für diese Methode entscheiden, empfehlen sich besonders schnelle und große Speicherkarten.

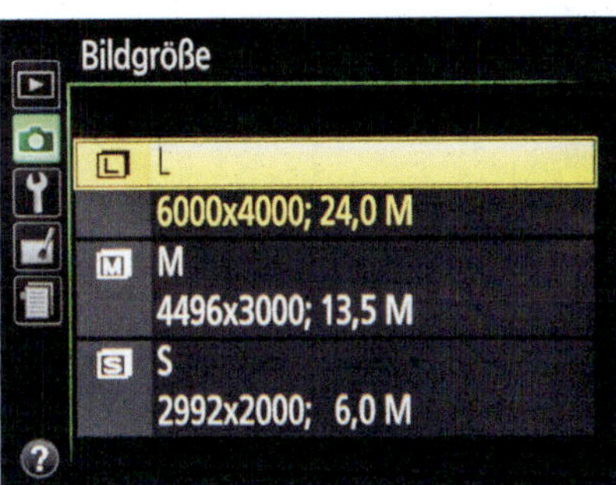

Die *Bildgröße* im nächsten Menüpunkt sollten Sie immer auf *L* belassen. Damit bekommen Sie die höchstmögliche Qualität der Bilder mit einer Größe von 24 Megapixeln (*6000x4000*).

Nur in Situationen, in denen der Speicher knapp wird, z. B. wenn eine zweite Speicherkarte vergessen wurde, sollten Sie die Auflösung auf *M* mit 13,5 Megapixeln oder *S* mit 6 Megapixeln reduzieren. Das gibt immer noch ansehnliche Abzüge bis etwa DIN A4. Bei solchen Bildern kann man dann allerdings kaum noch Ausschnittvergrößerungen vornehmen. Für gewöhnlich ergibt eine solche Reduktion der Bildgröße meist keinen Sinn, dafür sind die SD-Speicherkarten zu preiswert geworden, als dass man dort wirklich sparen müsste.

Die ISO-Empfindlichkeit

Wem das ständige Anpassen der ISO-Empfindlichkeit zu umständlich ist, der kann diese Anpassung auch der Kamera überlassen. Dazu dient der Menüpunkt *ISO-Empfindlichkeits-Einst*. Unter diesem Punkt können Sie die *ISO-Automatik* auf *Ein* stellen. Anschließend kümmert sich die D3300 selbst um die ISO-Einstellung. Damit Sie aber keine unliebsamen Überraschungen erleben, ist es sinnvoll, noch zwei begrenzende Parameter zusätzlich vorzugeben. Es ist sehr ratsam, den oberen Wert der ISO-Automatik unter dem Punkt *Maximale Empfindlichkeit* zu begrenzen.

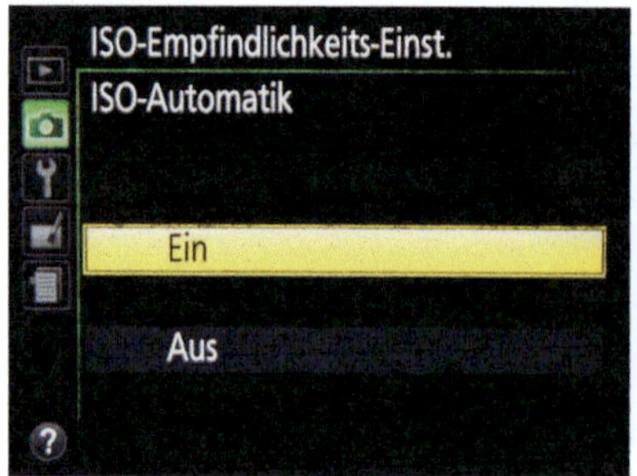

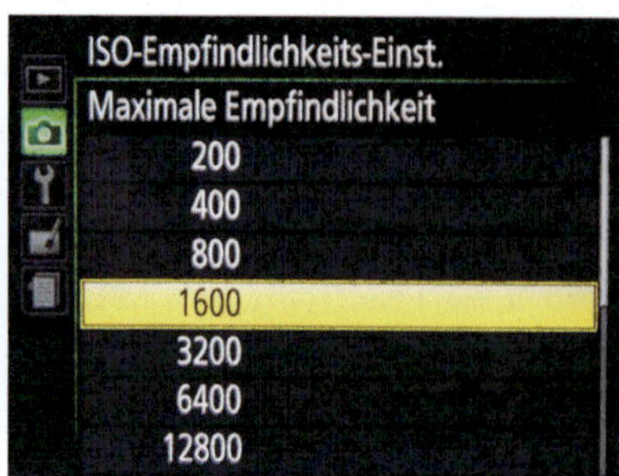

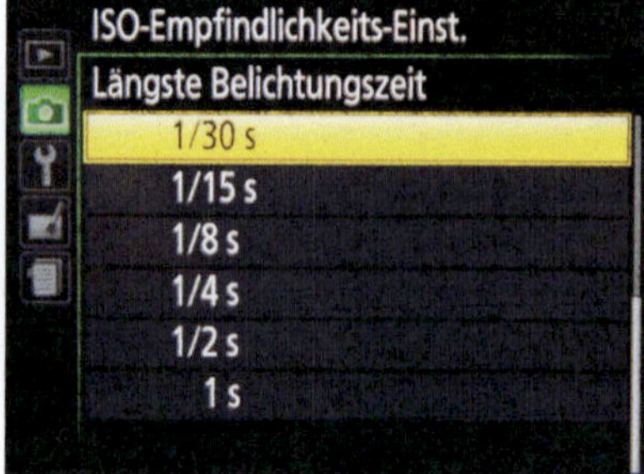

Urlaubs- und Landschaftsfotografen stellen z. B. die Empfindlichkeit ISO 400 ein, wenn Sie ausgiebig in Räumen fotografieren, wählen Sie ISO 800, und wenn Sie häufiger bei wenig Licht fotografieren, auch ISO 1600. Noch höhere ISO-Werte sind trotz Automatik ebenfalls möglich, sollten dann aber auch bewusst ausgewählt werden. Bei allzu hohen ISO-Empfindlichkeiten stören Rauschen und leichte Unschärfe das Bild.

Der zweite Parameter ist die *Längste Belichtungszeit*. Damit wird der Kamera signalisiert, wie schnell die ISO-Empfindlichkeit angehoben werden soll. Die längste Belichtungszeit ist besonders von der verwendeten Brennweite abhängig. Je länger die Brennweite, desto kürzer muss die Belichtungszeit sein. Für das Kitobjektiv 18-55 mm ist z. B. eine Belichtungsuntergrenze von 1/30 s ein brauchbarer Wert.

Wer häufiger Videos im Freien dreht, kann unter *Aufnahme/Videoeinstellungen* die *Windgeräuschreduzierung* auf *ON* stellen, um Störgeräusche zu mindern.

Menüeinstellungen wieder zurücksetzen

Im Register *System* findet sich die perfekte Lösung für alle diejenigen, die mit ihren Menüeinstellungen unzufrieden sind. Mit *Zurücksetzen* werden die Einstellungen des Menüs wieder auf die Ausgangswerte zurückgesetzt. Das betrifft nicht die Werte, die bei der Ersteinrichtung festgelegt wurden, wie z. B. die Sprache oder das Datum.

Wen die Info-Automatik eher stört, kann sie unter *System/ Info-Automatik* abstellen.

Ausschaltzeiten kontrollieren

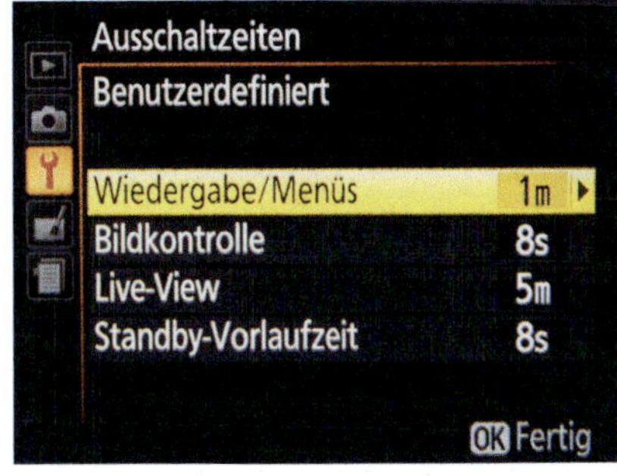

Ebenfalls im Register *System* findet sich der Punkt *Ausschaltzeiten*. Wer z. B. das Rückschaubild für die Bildkontrolle gern länger betrachten möchte, kann die Zeiten einfach ändern. Die Nikon-Vorgaben *Kurz*, *Normal*, *Lang* sind nicht sehr aussagekräftig, aber zum Glück können die Werte unter *Benutzerdefiniert* auch genauer festgelegt werden.

Für die Bildkontrolle können Sie z. B. Zeiten von vier Sekunden bis zu sehr langen zehn Minuten einstellen. Wer Sorge um seine Akkulaufzeit hat, sollte eher kürzere Werte wählen.

Aber sehr kurze Einstellungen, die einer individuellen, komfortablen Bedienung im Wege stehen, sind nicht nötig. Da lohnt auf jeden Fall die Anschaffung eines Zweitakkus – ohnehin eine sehr nutzbringende Empfehlung.

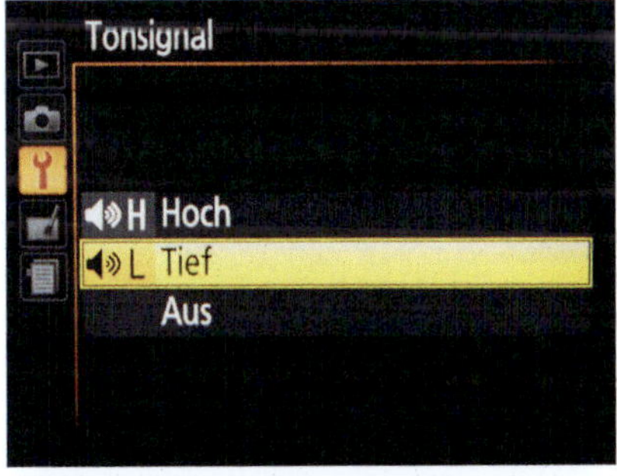

In manchen Situationen stört das *Tonsignal*, das die Kamera für eine erfolgreiche Scharfstellung von sich gibt. Unter dem gleichnamigen Menüpunkt kann der Ton von *Tief* auf *Hoch* geändert oder ganz ausgeschaltet werden.

Die hilfreiche Gitteranzeige in der Live-View wird übrigens nicht über das Menü eingestellt, sondern bei aktiver Live-View mit der Info-Taste (info).

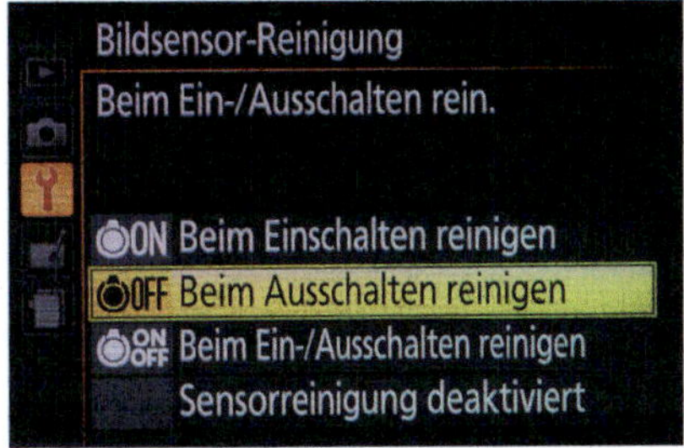

Interessant ist auch der Punkt *Bildsensor-Reinigung*. Die D3300 kann mit Ultraschallvibrationen den Sensor regelmäßig von Staub befreien. Eine sehr sinnvolle Einrichtung, wie ich finde. Unter *System/Bildsensor-Reinigung/Beim Ein-/ Ausschalten rein.* empfehle ich die Einstellung *Beim Ausschalten reinigen*.

1.5 Digitale Kameratechnik

Es ist zwar nicht unbedingt notwendig, aber mitunter sehr hilfreich, wenn man zumindest das Prinzip der digitalen Kameratechnik einmal verstanden hat. Aus diesem Grund soll eine kurze Übersicht über die wichtigsten Prinzipien folgen.

Schematischer Aufbau der Kamera

Eines dieser wichtigen Prinzipien wurde ja bereits kurz angesprochen. Das Sucherbild der DSLR ist das Bild, das durch das Objektiv bei der Belichtung auf den Sensor trifft. Kompaktkameras mit Sucher benutzen dazu eine eigene Sucheroptik, die ein leicht parallel verschobenes Bild des Motivs anzeigt. Moderne Kompakt- und Systemkameras verwenden auch verstärkt elektronisch erzeugte Sucherbilder. Obwohl die elektronischen Sucherbilder und auch die bekannte Live-View auf dem Kameramonitor ständig verbessert werden, erreichen sie in der Regel noch nicht das hohe Niveau des optischen Suchers der Spiegelreflexkameras.

Da das einfallende Licht 1 an einer DSLR über einen Spiegel 2, eine Mattscheibe 3 und ein Ablenksystem 4 in den Sucher 5 umgeleitet wird, sind beim Druck auf den Auslöser einige Aktionen nötig, um das Bild auf den Sensor zu bannen. Zuerst misst die Kamera über einen Sensor Belichtung und Autofokus 6 und stellt das Objektiv auf den Fokuspunkt scharf, dann klappt der Spiegel aus dem geradlinigen Lichtweg nach oben weg.

In diesem Moment es wird nicht mehr umgelenkt (rechtes Bild). Zuletzt öffnen sich zwei Vorhänge vor dem Sensor, und das Licht fällt direkt darauf. Wie man sich leicht vorstellen kann, geschieht das alles sehr schnell, wenn man bedenkt, dass eine Belichtungszeit von 1/4000 s und vier oder fünf Bildern pro Sekunde für eine DSLR meist kein Problem darstellen.

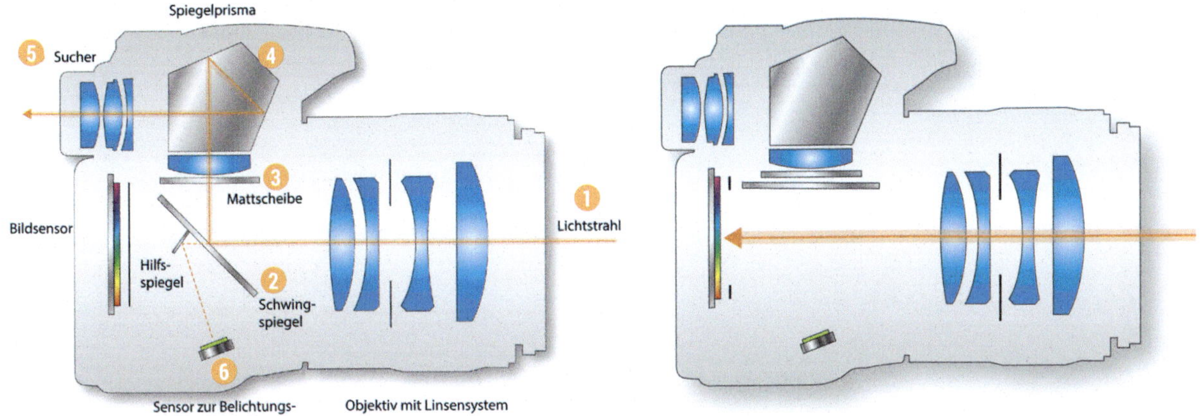

▲ *Schematischer Aufbau einer DSLR.*

Der Crop-Faktor

Anfangs sorgt der Crop-Faktor bei Ein- oder Umsteigern auf DSLR-Kameras nicht selten für Stirnrunzeln, da häufig nicht gleich klar ist, um was es sich dabei handelt. Das Prinzip ist aber recht einfach zu verstehen. Zu analogen Zeiten war das Negativ des Standardkleinbildfilms 36 mm x 24 mm groß. Für diese Dimensionen wurden auch die zahlreichen Objektive entwickelt. Mit dem Aufkommen der digitalen Spiegelreflextechnik stellte sich den Herstellern das Problem, dass derartig große Sensoren sehr teuer sind. Aus diesem Grund entwickelte man für preiswertere Kameramodelle – neben dem professionellen Kleinbildformat 1 – ein kleineres Format, das APS-C-Format 2. Nikon spricht auch vom FX-Format für Kleinbild und DX-Format für APS-C. Der Sensor der Nikon D3300 entspricht genau 23,5 mm x 15,6 mm und ist damit um den Faktor 1,5 kleiner als das Kleinbild- oder Vollformat. Werden beide Bildausschnitte auf die gleiche Betrachtungsgröße, z. B. 10 x 15 cm, vergrößert, erscheint das Bild des kleineren Sensors 4 wie mit einer längeren Brennweite aufgenommen. Nikons DX-Format entspricht dem Bildwinkel eines Objektivs mit ca. der 1,5-fachen Brennweite des FX-/Kleinbildformats.

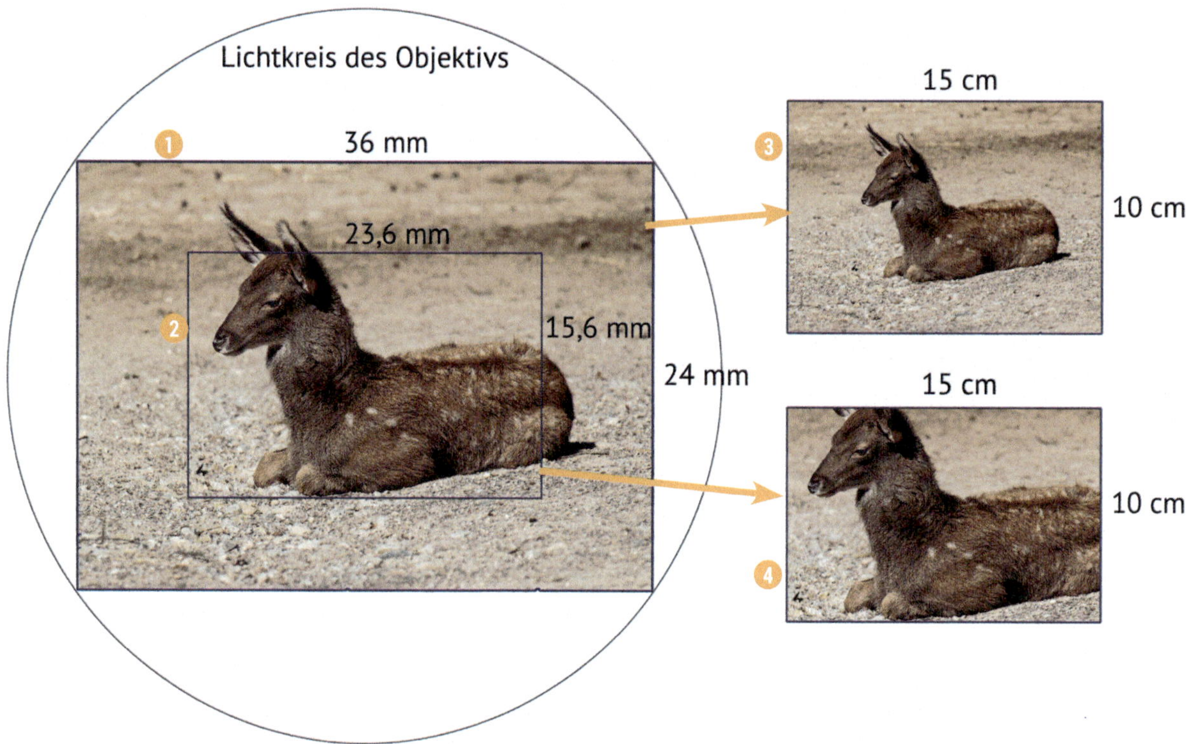

▲ ① *Format des Vollformat-Sensors* ② *Sensor des APS-C Formats. Werden beide Bilder auf die gleiche Größe gebracht, ist das Bild des kleineren Sensors praktisch eine Ausschnittsvergrößerung* ③ *und* ④.

Die scheinbare Brennweitenverlängerung ist also tatsächlich eine Ausschnittvergrößerung. Obwohl natürlich die tatsächlichen Brennweiten der Objektive unabhängig vom Sensor immer gleich bleiben, wird die Brennweite für APS-C-Sensoren gesondert angegeben, um dem anderen Bildeindruck gerecht zu werden. Ein Objektiv mit der Brennweite von 50 mm wirkt an der Nikon D3300 wie eine Brennweite von 75 mm (50 mm x 1,5). Das bringt erfreuliche Vorteile, wenn man mit langen Brennweiten aufnehmen will, aus 200 mm werden scheinbar 300 mm. Ausgeprägte Weitwinkelaufnahmen werden allerdings entsprechend erschwert, benötigt man doch für den Bildeindruck einer 16-mm-Brennweite tatsächlich ein Objektiv mit einer Brennweite von knapp 11 mm (16 mm / 1,5). Es wurden auch Objektive mit einem Bildkreis geringeren Durchmessers entwickelt, speziell für die kleineren APS-C-Sensoren. Diese DX-Objektive werden dadurch in der Produktion günstiger, kleiner und leichter. Sie können an Vollformatkameras nicht verwendet werden, der Bildkreis würde die größeren Sensoren nicht mehr vollständig abdecken. Trotzdem werden natürlich ihre realen Brennweiten angegeben. Das heißt, auch bei diesen Objektiven bleibt der Umrechnungsfaktor von 1,5 erhalten.

1.6 Der GUIDE-Modus

Nikon wirbt im Umfeld der D3300 mit dem sogenannten GUIDE-Modus. In diesem GUIDE-Modus erhält der Einsteiger in die Fotografie explizite Hilfestellung. Typische Aufnahmesituationen und Bearbeitungsschritte werden mit Bildern und kurzen Texten auf dem Monitor der Kamera dargestellt.

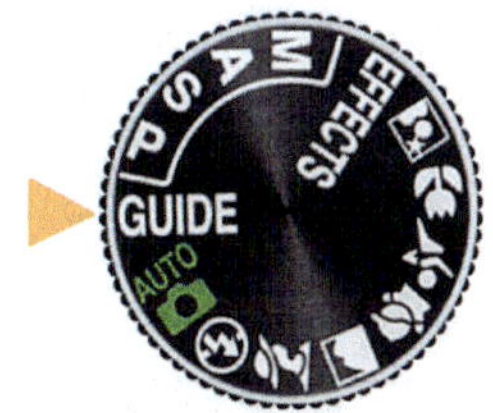

Die Hilfestellung unterteilt sich in die vier Bereiche Fotografie (*Fotogr.*), Bilder anzeigen und löschen (*Anzeigen/löschen*), Bildbearbeitung in der Kamera (*Bildbearbeitung*) und Systemeinstellungen (*System*). Der Bereich Fotografie gliedert sich wiederum in Anweisungen für *Einsteiger* und *Fortgeschrittene*, sodass auch etwas anspruchsvollere Aufgaben mithilfe des GUIDE-Modus ausgeführt werden können.

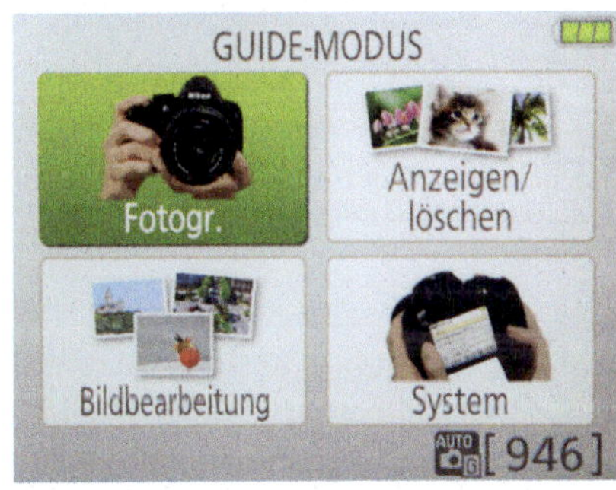

▲ *Die Grundauswahl des GUIDE-Modus. Wenn Sie eine Aufgabe durchlaufen haben, können Sie den GUIDE-Modus mit der Taste MENU erneut aufrufen.*

Im Einsteigermodus finden sich unter dem Punkt *Fotogr.* im Wesentlichen kurze Hilfetexte für die einzelnen Motivprogramme, beispielsweise für Nahaufnahmen, bewegte Motive oder nächtliche Landschaften.

Der GUIDE-Modus bietet aber nicht nur Erklärungen, sondern kann die einzelnen Motivprogramme auch gleich einstellen, sodass sie dem Anwender direkt zur Verfügung stehen.

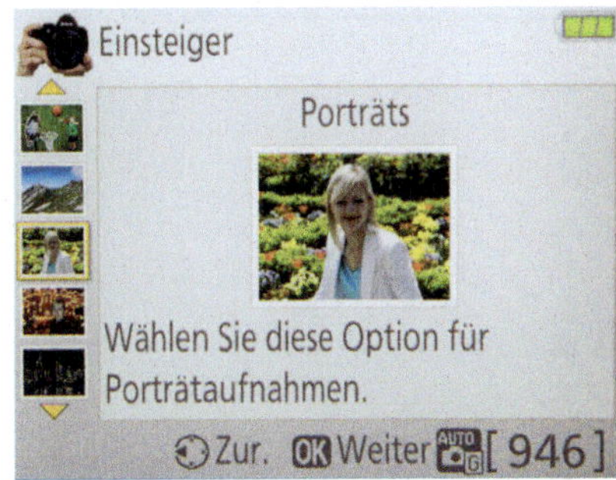

▲ *Wenn eine der Einsteiger-Optionen ausgewählt wurde, wird der entsprechende Modus gleich für die Kamera übernommen.*

Für Fortgeschrittene bietet der Punkt *Fotogr.* freiere Einstellungsmöglichkeiten und beschreibt in kurzen Erklärungstexten typische Standardsituationen.

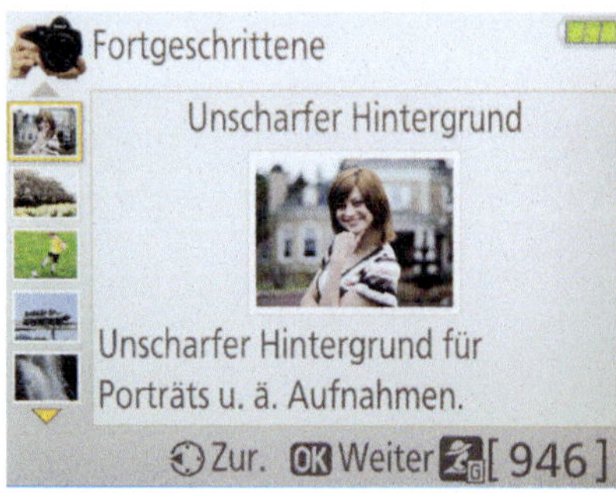

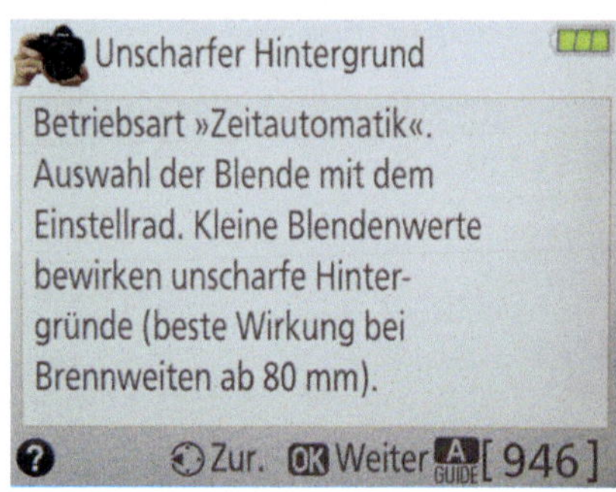

▲ *Die Optionen für Fortgeschrittene sind schon etwas ausgefeilter, und der Fotograf muss auch selbst einige Einstellungen vornehmen.*

Er gibt auch eingeschränkt Empfehlungen dazu, welche Werte in den Halbautomatiken (P, A und S) in den jeweiligen Situationen am sinnvollsten sind.

Die Beschränkung auf neun verschiedene Konstellationen deckt aber natürlich nur einen Bruchteil der möglichen Gegebenheiten und deren Besonderheiten ab.

Wirklich gut gefallen können die Möglichkeiten unter den Punkten *Anzeigen/löschen* sowie *Bildbearbeitung*. Über den GUIDE-Modus zum Anzeigen und Löschen von Bildern ist es z. B. deutlich einfacher, mehrere Bilder auf einmal zu löschen, als über das klassische Menü.

Auch mehrere Bilder gleichzeitig anzusehen oder eine Diashow zu starten, ist über den GUIDE-Modus schnell und einfach zu realisieren.

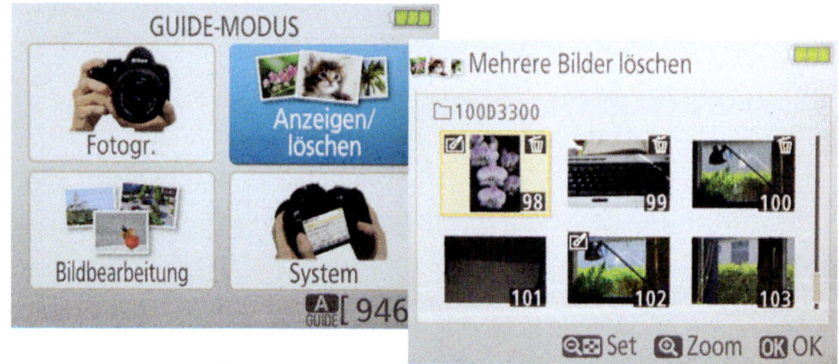

▲ *Das Anzeigen und Löschen von Bildern ist im GUIDE-Modus gut gelungen und sehr einfach umzusetzen.*

Die kamerainterne Bildbearbeitung ist mit ihren erklärenden Texten und der interaktiven Auswahl ebenfalls komfortabler zu steuern als über das Menü.

Die Systemeinstellungen stellen einige der wichtigsten Punkte zur einfachen Nutzung bereit. Allerdings ist die Auswahl an Kameraeinstellungen sehr eingeschränkt und erweckt einen etwas willkürlichen Eindruck.

So leuchtet das Vorhandensein der Punkte *Bildqualität* und *Ausschaltzeiten* unmittelbar ein, die Punkte *Wiedergabeordner* und *Uhrzeit und Sprache* erschließen sich in diesem Menü aber eher nicht.

Insgesamt hinterlässt der GUIDE-Modus einen etwas gemischten Eindruck. Die Tipps und Hinweise zur Fotografie beschränken sich auf sehr rudimentäre Empfehlungen, die selbst der Neueinsteiger nach ein wenig Ausprobieren schnell gelernt haben wird.

Auch die Systemeinstellungen wissen mit ihren wenigen und eher zufällig wirkenden Auswahlpunkten nicht so recht zu überzeugen.

Tatsächlich nützlich und durchaus hilfreich können aber, wie bereits gesagt, die Punkte *Anzeigen/löschen* und *Bildbearbeitung* sein – und dass nicht nur für den absoluten Neueinsteiger. Hier kann der GUIDE Modus seine interaktiven Qualitäten voll ausspielen.

Selbst für etwas fortgeschrittenere Fotografen ist vor allen Dingen das schnelle Anzeigen und Löschen von Bildern im GUIDE-Modus durchaus sinnvoll.

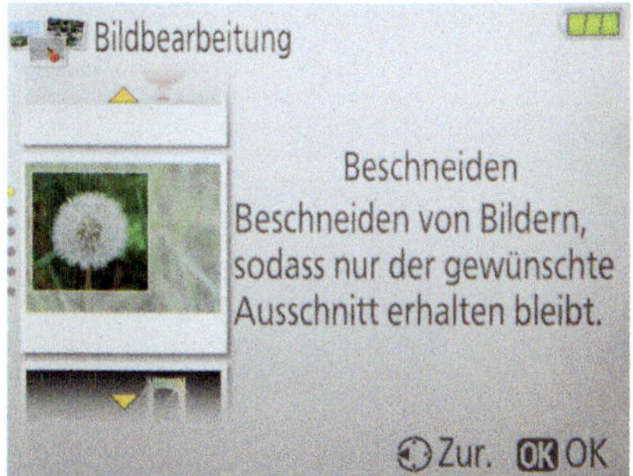

▲ *Auch die kamerainterne Bildbearbeitung ist im GUIDE-Modus von Einsteigern besser zu meistern als über die Menüstruktur.*

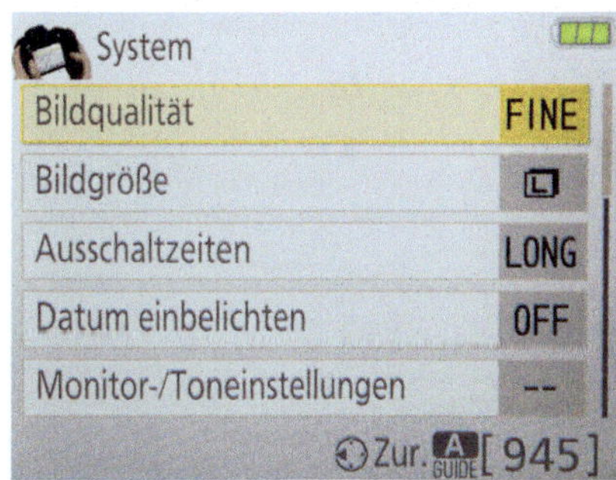

▲ *Die Systemeinstellungen sind über den GUIDE-Modus nicht besser oder einfacher einzustellen als über das Kameramenü. Zudem ist die Auswahl stark beschränkt.*

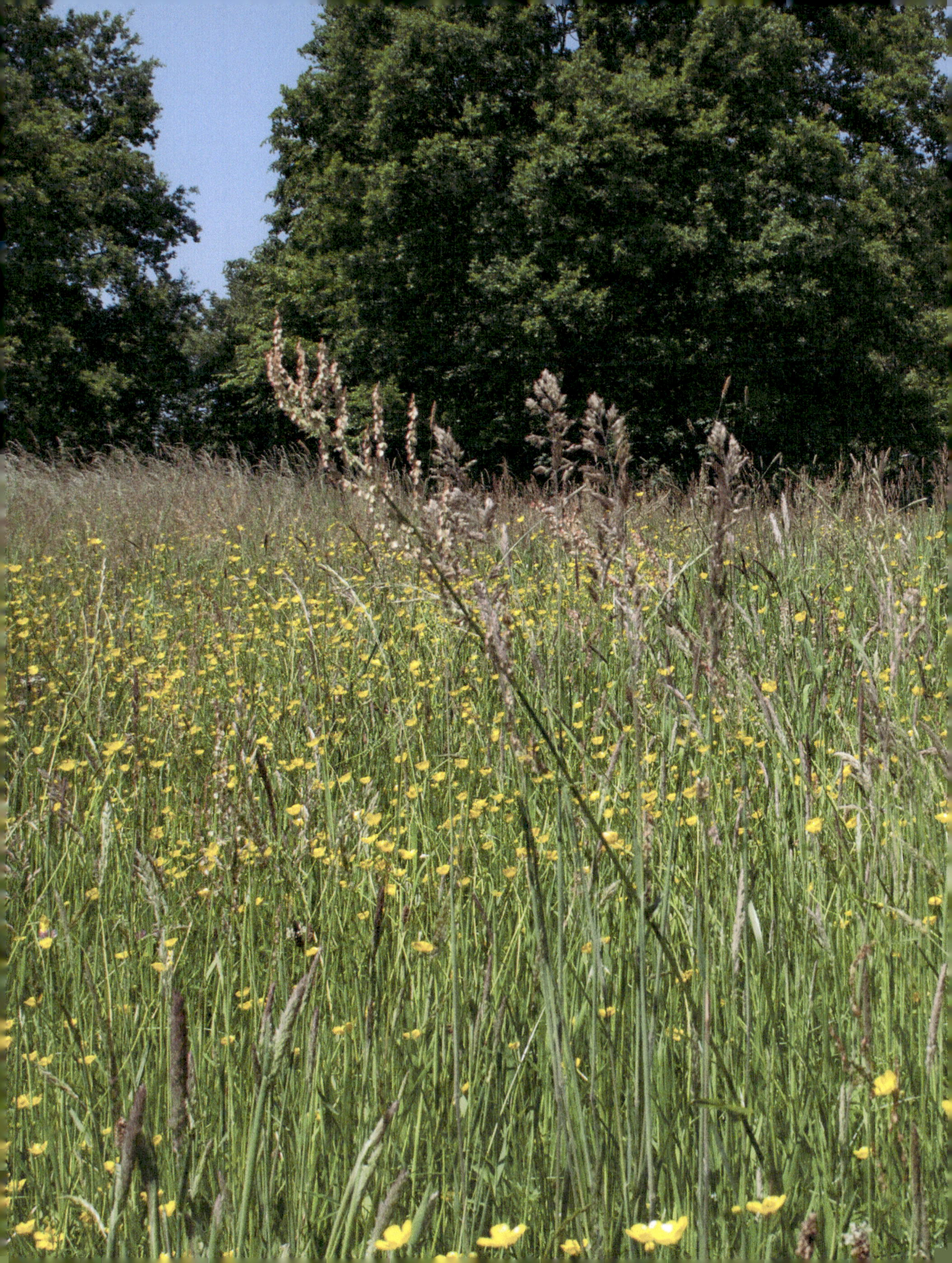

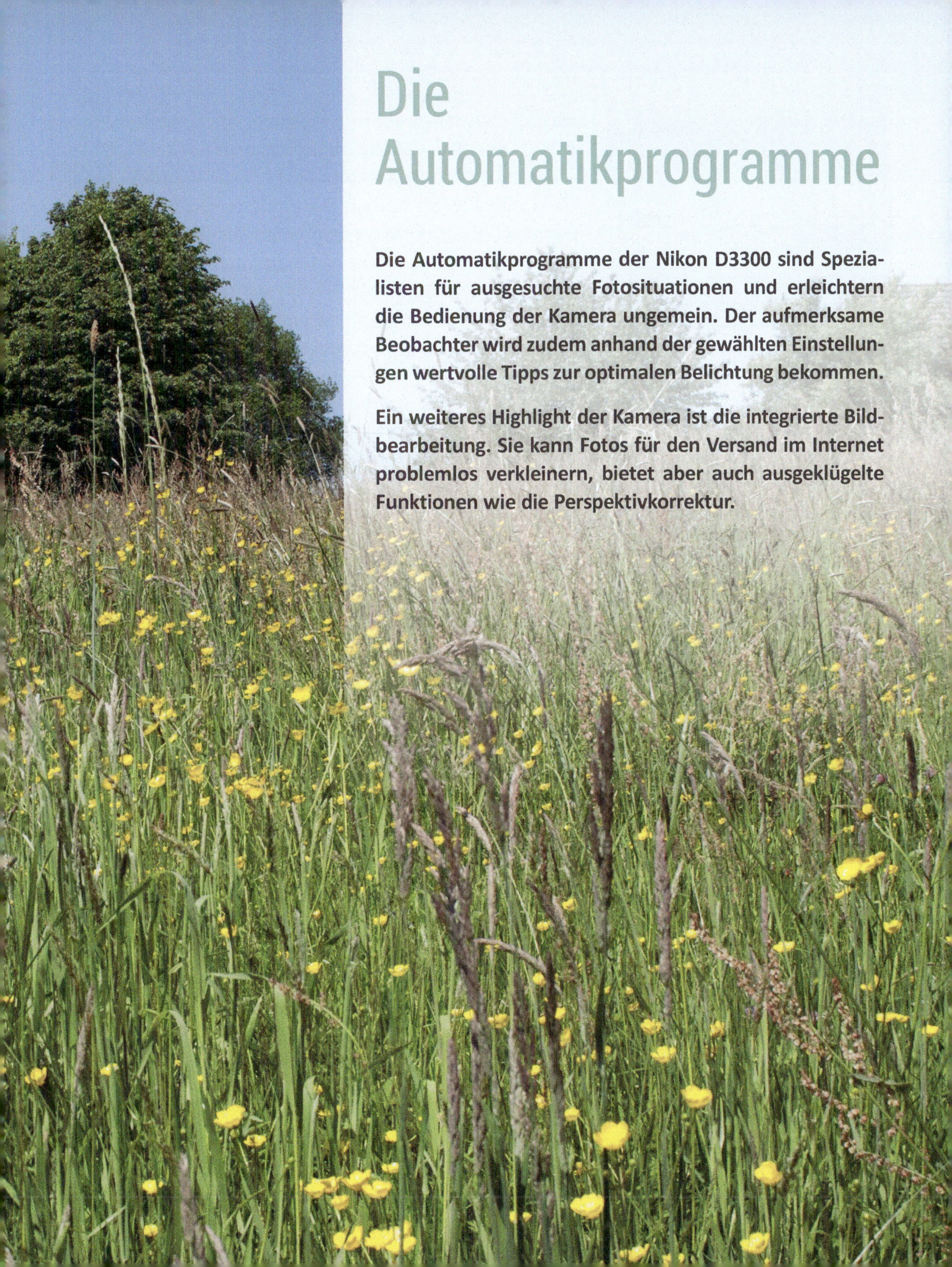

Die Automatikprogramme

Die Automatikprogramme der Nikon D3300 sind Spezialisten für ausgesuchte Fotosituationen und erleichtern die Bedienung der Kamera ungemein. Der aufmerksame Beobachter wird zudem anhand der gewählten Einstellungen wertvolle Tipps zur optimalen Belichtung bekommen.

Ein weiteres Highlight der Kamera ist die integrierte Bildbearbeitung. Sie kann Fotos für den Versand im Internet problemlos verkleinern, bietet aber auch ausgeklügelte Funktionen wie die Perspektivkorrektur.

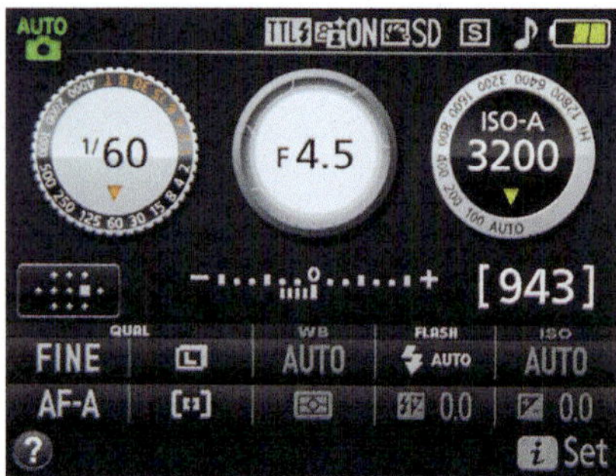

▲ *Im Automatikmodus kann man alle Einstellungen der Kamera überlassen, nimmt dann aber auch wie hier automatische ISO-Werte von 3200 in Kauf.*

Das Schöne an den aktuellen digitalen Spiegelreflexkameras ist der Umstand, dass man zwar mit einer Vielzahl an manuell einstellbaren Parametern leicht in die kreative Fotografie eintauchen kann, aber man muss es nicht. Neben zwei universellen Automatikprogrammen bietet die Nikon D3300 auch noch sechs spezielle Motivprogramme, die dem Fotografen die Einstellung der jeweiligen Werte abnehmen. Der Einsteiger oder technisch weniger Interessierte kann sich dann ganz entspannt zurücklehnen und der Kamera die Arbeit überlassen. Solange man mit der D3300 und den unterschiedlichen Anforderungen für bestimmte Lichtsituationen nicht bereits einiges an Erfahrung gesammelt hat, wird man mit den Automatik- bzw. Motivprogrammen oft sogar bessere Ergebnisse erzielen als mit eigenen Versuchen in den Programmen zur Belichtungssteuerung P, S, A oder M (manchmal auch Kreativprogramme genannt).

Auf der anderen Seite sind die automatischen Programme immer auf gängige Standardsituationen ausgelegt. Die moderne Technik deckt dann zwar einen erstaunlich breiten Bereich ab, es gibt aber immer wieder auch Konstellationen, in denen sie keine optimalen Ergebnisse liefern kann.

2.1 Die Betriebsart Automatisch

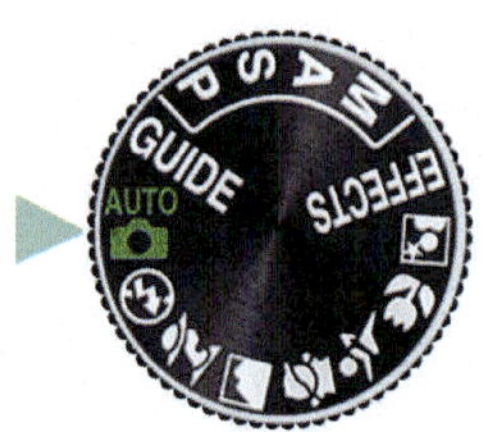

Nikon selbst bezeichnete die Betriebsart *Automatisch* einmal als „Modus für einfache Schnappschüsse nach dem Prinzip Draufhalten und Auslösen". Unter einem Schnappschuss kann sich sicherlich jeder etwas vorstellen. Grundsätzlich sagt der Ausdruck jedoch noch nichts über die tatsächliche Qualität der Fotos aus. In vielen Schnappschüssen kommt eine ganz eigene Art der Darstellung zum Tragen. Häufig werden sehr emotionale, spontane oder ungewöhnliche Situationen aufgenommen, die so als unvergessliche Momente festgehalten werden. Die Vollautomatik enthebt Sie aber nicht jeder Einstellungsmöglichkeit, Sie haben weiterhin einige Optionen zum individuellen Eingreifen.

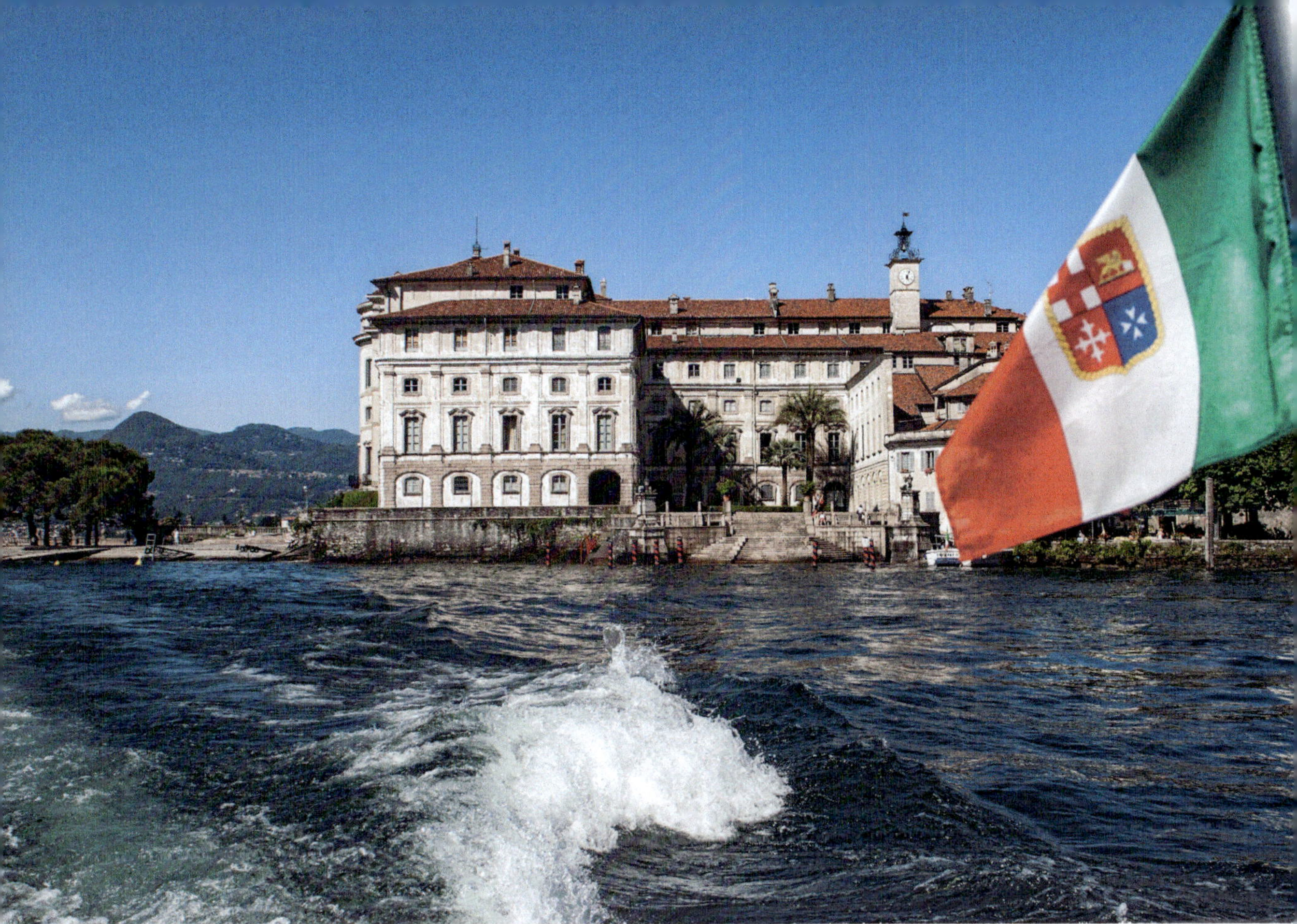

24 mm | f/9,0 | 1/320 s | ISO 100

▲ *In unproblematischen Situationen liefert die Automatik überzeugende Ergebnisse.*

Mit dem Druck auf die Taste ⓘ sehen Sie an den hell hinterlegten Feldern am unteren Monitorrand, auf welche Parameter Sie noch Einfluss nehmen können. Das sind zunächst mal Bildqualität und Bildgröße, außerdem die Blitzsteuerung, also zum Beispiel, ob die Rote-Augen-Reduzierung aktiv sein soll oder nicht.

Das Umschalten des Fokusmodus wird im Automatikprogramm wahrscheinlich eher selten genutzt, Sie können aber von der automatischen Fokussierung auf die manuelle umschalten.

Eine der interessanteren Funktionen ist die *AF-Messfeldsteuerung*. Die Voreinstellung ist die automatische Messfeldsteuerung, bei der die Kamera mit allen AF-Sensoren versucht, das Motiv korrekt zu erkennen und scharf zu stel-

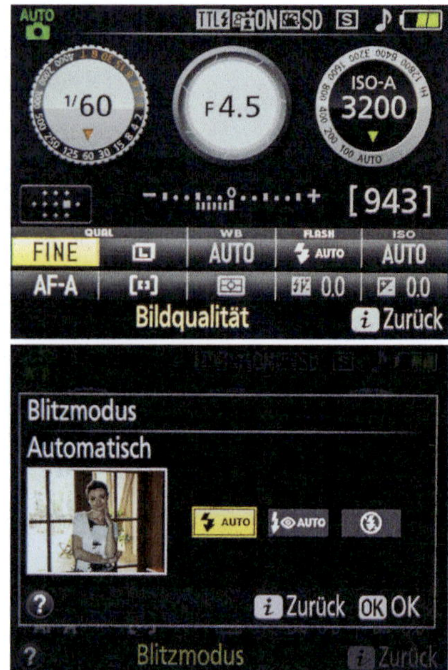

▲ *Welche Einstellungen noch vorgenommen werden können, verrät ein Druck auf die Taste i.*

len. Die Steuerung kann auf *Dynamisch* oder *3D-Tracking* umgestellt werden. Die beiden Modi sind vor allem für sich bewegende Motive interessant. Wer sein Motiv gezielt fokussieren möchte und gleichzeitig das Bild seinen eigenen Vorstellungen entsprechend gestalten will, sollte zur Einzelfeldmessung wechseln. Anschließend kann das Motiv mit einem beliebigen einzelnen Fokuspunkt scharf gestellt werden. Die Anwahl der einzelnen AF-Punkte geschieht über den Multifunktionswähler. Mehr Details zu den Autofokusmodi erfahren Sie ab Seite 168.

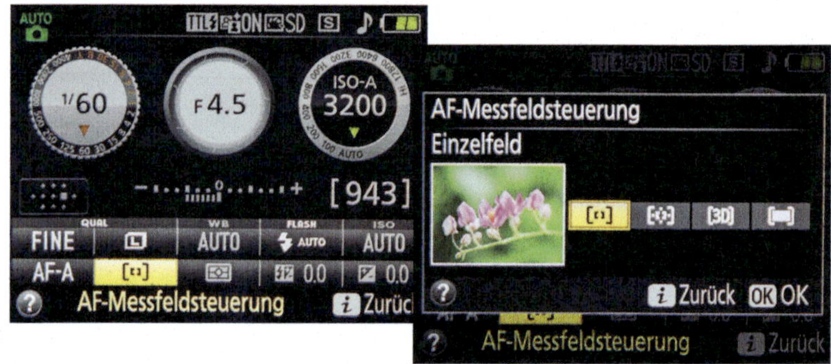

▲ *Die AF-Messfeldsteuerung/Einzelfeld ist eine nützliche Option, wenn man sein Motiv ganz gezielt anvisieren möchte.*

Automatik Blitz aus

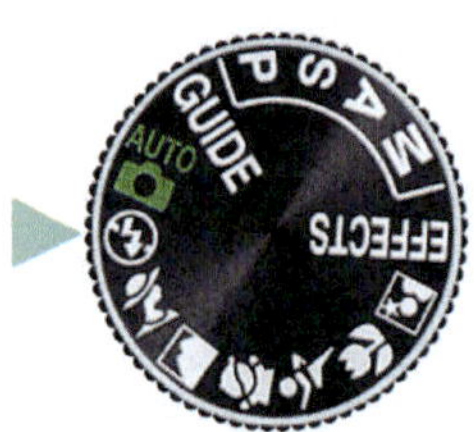

Jeder, der den automatischen Modus schon einmal eingesetzt hat, wird überrascht sein, wie häufig der integrierte Blitz automatisch ausklappt. Nikon schaltet den integrierten Blitz sehr frühzeitig ein, sodass er häufig auch in Situationen zugeschaltet wird, in denen er tatsächlich nicht unbedingt notwendig ist.

Dies gilt natürlich insbesondere für Situationen, in denen zwar wenig Licht herrscht, man aber trotzdem keinen Blitz einsetzen möchte. Das kann zum Beispiel das romantische Abendessen bei Kerzenschein sein oder die besondere Lichtstimmung am frühen Abend. Ein Blitz würde diese Stimmungen stören oder gar zerstören. Eventuell muss hier wegen der langen Belichtungszeiten zu einem Stativ gegriffen werden, aber ein Blitz sollte es eher nicht sein. Deshalb gibt es diesen zweiten Automatikmodus *Blitz aus*, der dem ersten genau entspricht, nur dass der Blitz deaktiviert ist.

2.2 Das Porträt-Motivprogramm

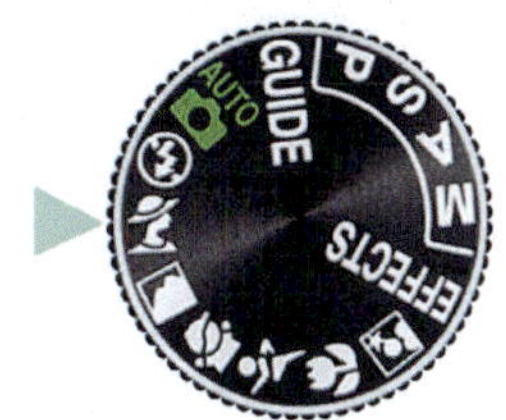

Der *Porträt*-Modus ist darauf spezialisiert, Hauttöne möglichst natürlich wiederzugeben. Das ist insofern eine Herausforderung, als das subjektive Empfinden der meisten Menschen auf Hauttöne besonders sensibel reagiert. Geringfügige Farbabweichungen, die z. B. im Blattgrün oder beim Holz einer Bank noch ohne Weiteres toleriert werden, fallen an Hautpartien bereits unangenehm auf. Das Programm versucht auch, die Blende möglichst weit zu öffnen (kleiner Blendenwert), damit der Hintergrund unscharf wird. Der Sinn eines unscharfen Hintergrunds liegt darin, die Aufmerksamkeit des Betrachters ganz auf das Porträt zu lenken. Ein unruhiger Hintergrund mit vielen Details würde nur vom eigentlichen Motiv ablenken.

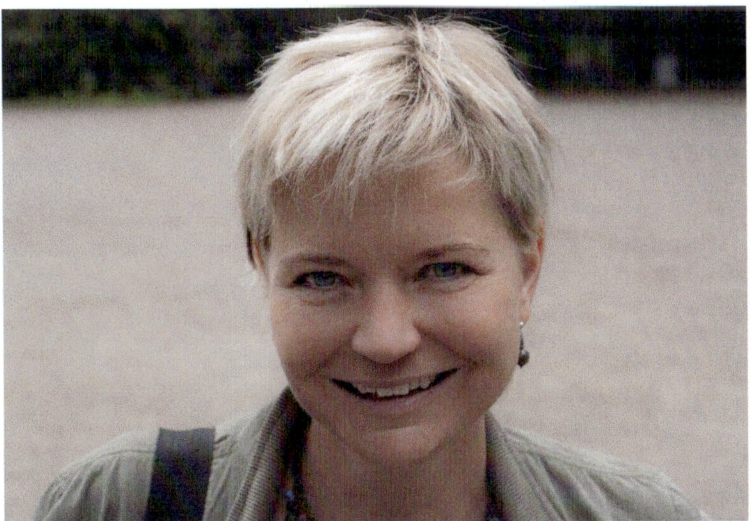

30 mm | f/5,6 | 1/125 s | ISO 100

◀ *Ein ruhiger und unscharfer Hintergrund lenkt den Blick ohne Ablenkung auf das Motiv.*

Manchmal kann die Blende nicht weit genug geöffnet werden, um den Hintergrund wirkungsvoll verschwimmen zu

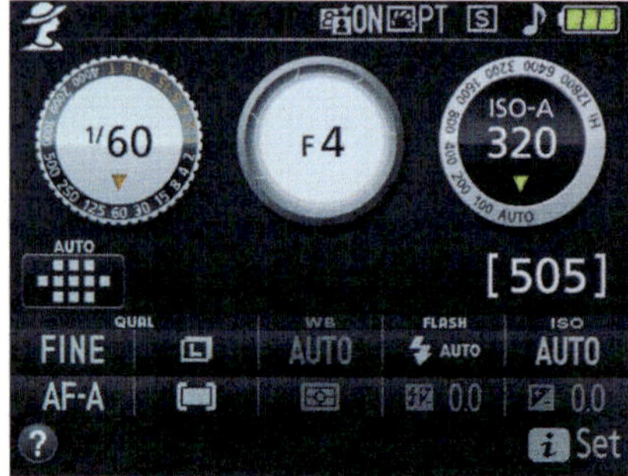

lassen. In dem Fall können Sie mit zwei weiteren unterstützenden Maßnahmen eingreifen.

Zunächst wäre das der Einsatz einer Telebrennweite. Beim 18-55-mm-Kitobjektiv sind das dann noch etwas knappe 55 mm, besser wären 100 bis 200 mm. Bei diesen Objektiven müssen Sie meistens einen etwas größeren Abstand zum Motiv einhalten. Außerdem können Sie das Motiv weit vor dem Hintergrund positionieren. Je weiter weg der Hintergrund ist, desto unschärfer wird er. Ein paar Meter sollten es in der Regel schon sein.

Der *Porträt*-Modus ist nicht in jedem Fall auch für Gruppenaufnahmen geeignet. Je nach verwendetem Objektiv kann der Schärfebereich in der Tiefe recht gering werden. Größere Gruppen, deren Personen sich hintereinander aufstellen, werden dann nicht mehr durchgehend scharf abgebildet.

Der Autofokus wird auf die erste Reihe scharf stellen, sodass die zweite Reihe vielleicht schon leicht unscharf ist. Für kleine Gruppen, deren Mitglieder sich nebeneinander aufstellen können, eignet sich der Modus aber gut.

50 mm | f/7,1 | 1/40 s | ISO 100

▼ *Der Programm Porträt kann natürlich auch für andere Motive genutzt werden. Fotografieren Sie Tiere, schalten Sie bitte unbedingt den Blitz vorher aus.*

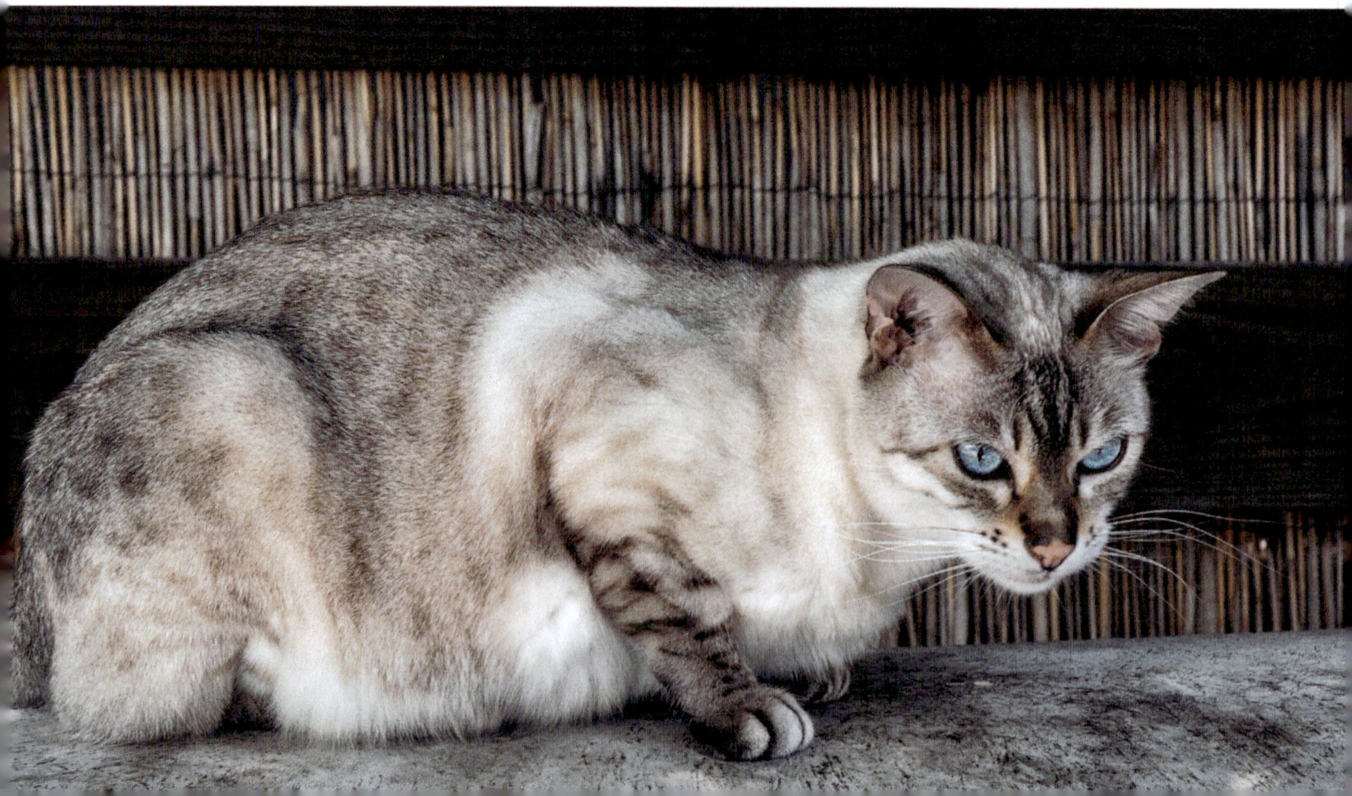

Im *Porträt*-Motivprogramm können Sie, anders als in der Vollautomatik, den ISO-Wert beeinflussen.

Wenn einmal kein strahlender Sonnenschein herrscht, können Sie den ISO-Wert über den Monitor mit der Taste *i* gezielt anheben oder senken.

Befinden sich neben dem eigentlichen Motiv noch weitere Gegenstände im Vordergrund des Bilds, kann es passieren, dass sich die automatische Messfeldsteuerung für das falsche Objekt entscheidet. In diesen Fällen ist es sinnvoll, die AF-Messfeldsteuerung auf *Einzelfeld* zu stellen. Dann kann das Motiv systematisch gewählt werden.

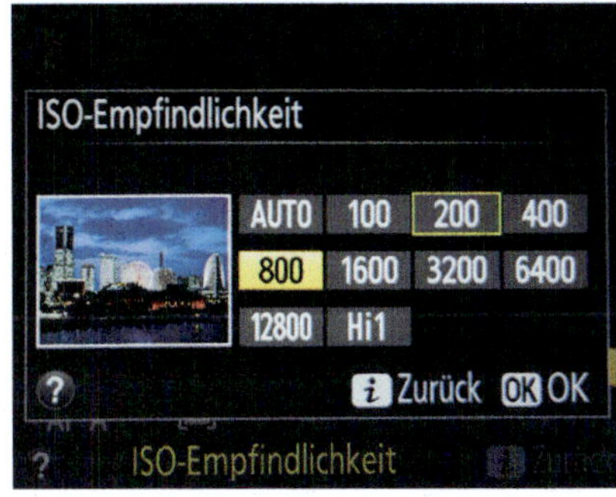

85 mm | f/2,0 | 1/640 s | ISO 100

▼ *In diesem Bild hat sich eine Haarsträhne in den Vordergrund verirrt und der Autofokus hat zuverlässig darauf scharf gestellt. Durch die weit geöffnete Blende ist das Gesicht schon unscharf geworden.*

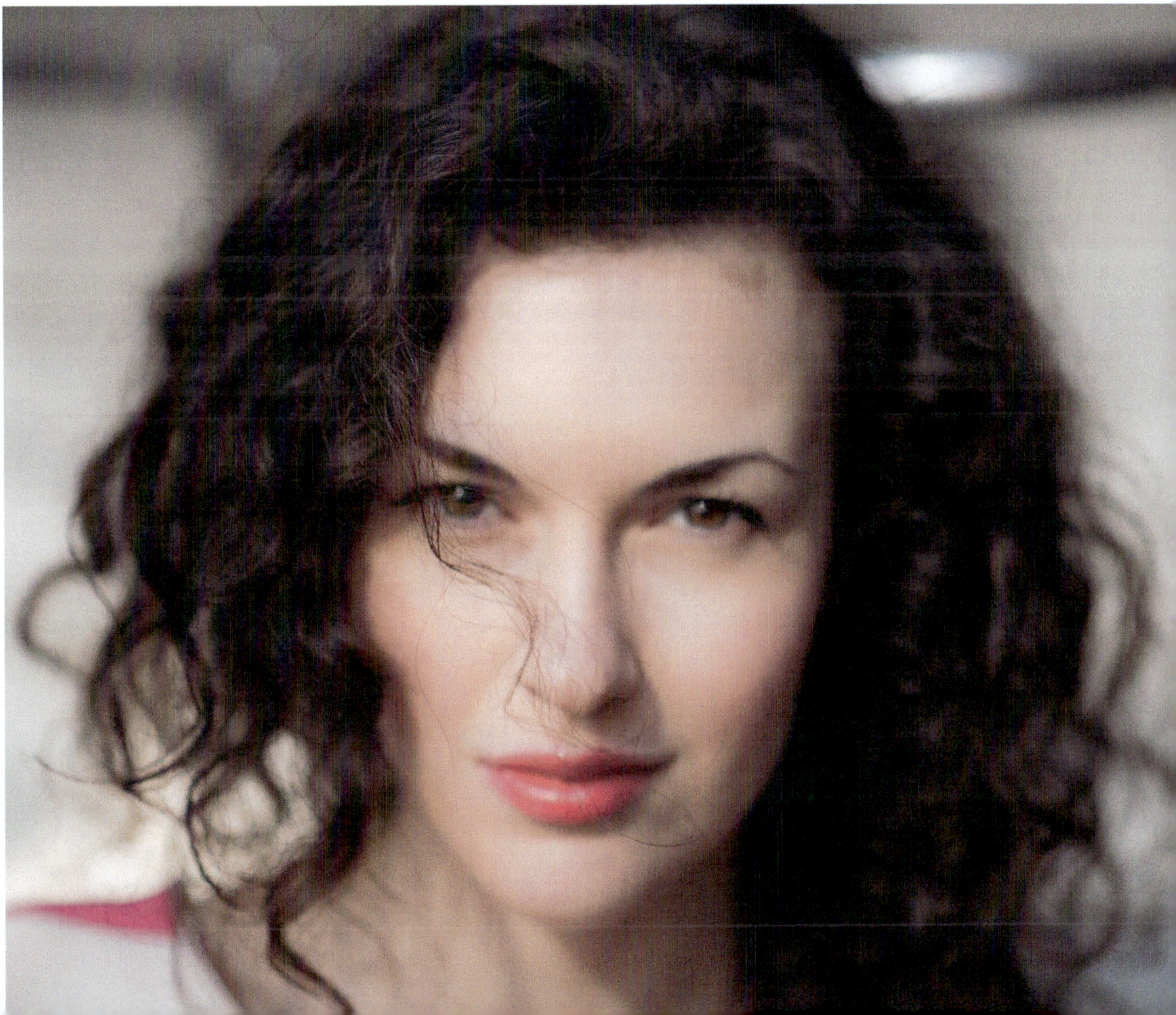

2.3 Das Motivprogramm Landschaft

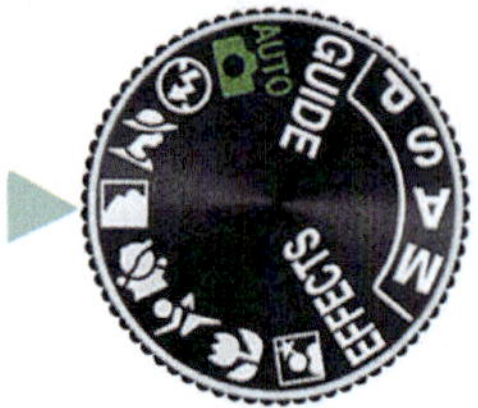

Das Motivprogramm *Landschaft* der Nikon D3300 versucht, eine möglichst große Schärfentiefe zu gewährleisten. Das bedeutet, die Bilder sind vom Vordergrund bis zum entfernten Hintergrund vollkommen scharf. Erreicht wird das durch eine möglichst stark geschlossene Blende, was also einem relativ großen Blendenwert entspricht. Die D3300 stellt meist einen Wert von Blende f/9 und höher ein.

Solch hohe Blendenwerte lassen deutlich weniger Licht auf den Sensor fallen, sodass die Belichtungszeit im Auge behalten werden sollte. An Tagen mit Sonnenschein oder nur leicht bedecktem Himmel wird die Belichtungszeit auch für die Fotografie aus der Hand ausreichend kurz sein, insbesondere wenn Sie mit einem Weitwinkel- oder Normalob-

16 mm | f/13 | 1/200 s | ISO 100
▼ *Das Motivprogramm Landschaft verleiht vor allem Blau- und Grüntönen eine stärkere Sättigung.*

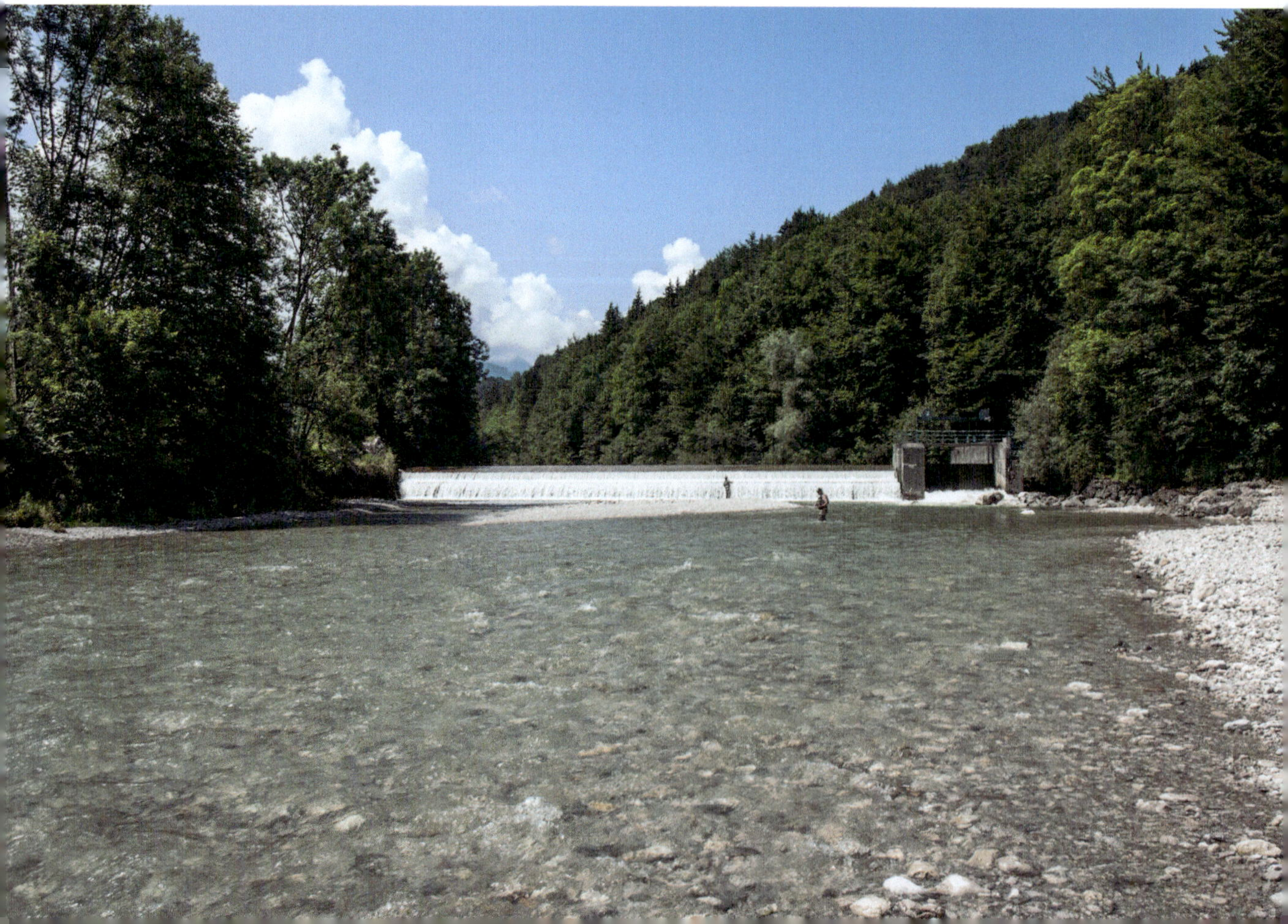

jektiv unterwegs sind, wie sie für Landschaftsaufnahmen typisch sind.

Fotografieren Sie hingegen früh morgens, in der Dämmerung oder bei stark bedecktem Himmel, empfiehlt sich der Einsatz eines Stativs. Dabei kann auch ganz bewusst der Versuchung entgegengewirkt werden, lediglich einen Schnappschuss aufzunehmen. Das Arbeiten mit einem Stativ setzt mehr Vorbereitung und Ruhe voraus als das Fotografieren aus der Hand. In aller Regel kommt dies der Bildgestaltung sehr zugute.

Ein weiterer Vorteil des Stativeinsatzes ist es, dass der ISO-Wert immer gering gehalten werden kann, da die Belichtungszeiten auf einem Stativ für die Kamera nur eine untergeordnete Rolle spielen.

Häufig ist es gewünscht, in Landschaftsaufnahmen ein Objekt im Vordergrund mit in die Bildgestaltung einzubeziehen. Das Foto wird dann insgesamt interessanter, und es unterstützt den Eindruck der räumlichen Tiefe.

Dazu ist es hilfreich, die AF-Messfeldsteuerung auf *Einzelfeld* umzustellen. Sie erreichen die AF-Messfeldsteuerung über die Taste (i) in der unteren Einstellungsleiste auf dem Monitor. Mit dem Einzelfeldautofokus können Sie den Schärfepunkt ganz gezielt auf ein Objekt im Vordergrund legen.

Wenn Sie ein Stativ einsetzen, können Sie die Schärfe auch sehr gut manuell am Objektiv einstellen. Dazu müssen Sie zum Beispiel am 18-55-mm-Kitobjektiv den Autofokusschalter von A auf M umstellen.

Sollte Ihnen dabei das Sucherbild zu klein sein, um die Schärfe exakt einstellen zu können, nehmen Sie am besten die Live-View zu Hilfe. Zusätzlich haben Sie die Möglichkeit, mit der Taste (Lupe) das Bild für eine genauere Kontrolle auch noch zu vergrößern.

Keine Warnung vor langen Belichtungszeiten

Im Modus *Landschaft* bekommen Sie keine Warnmeldung von der Kamera, falls die Belichtungszeit zu lang wird, um ein sicheres Fotografieren aus der Hand zu gewährleisten. Wenn Sie also unter ungünstigen Lichtbedingungen Landschaftsaufnahmen fotografieren, werfen Sie immer einen Blick auf die Belichtungszeit, oder nehmen Sie gleich ein Stativ für die Aufnahme.

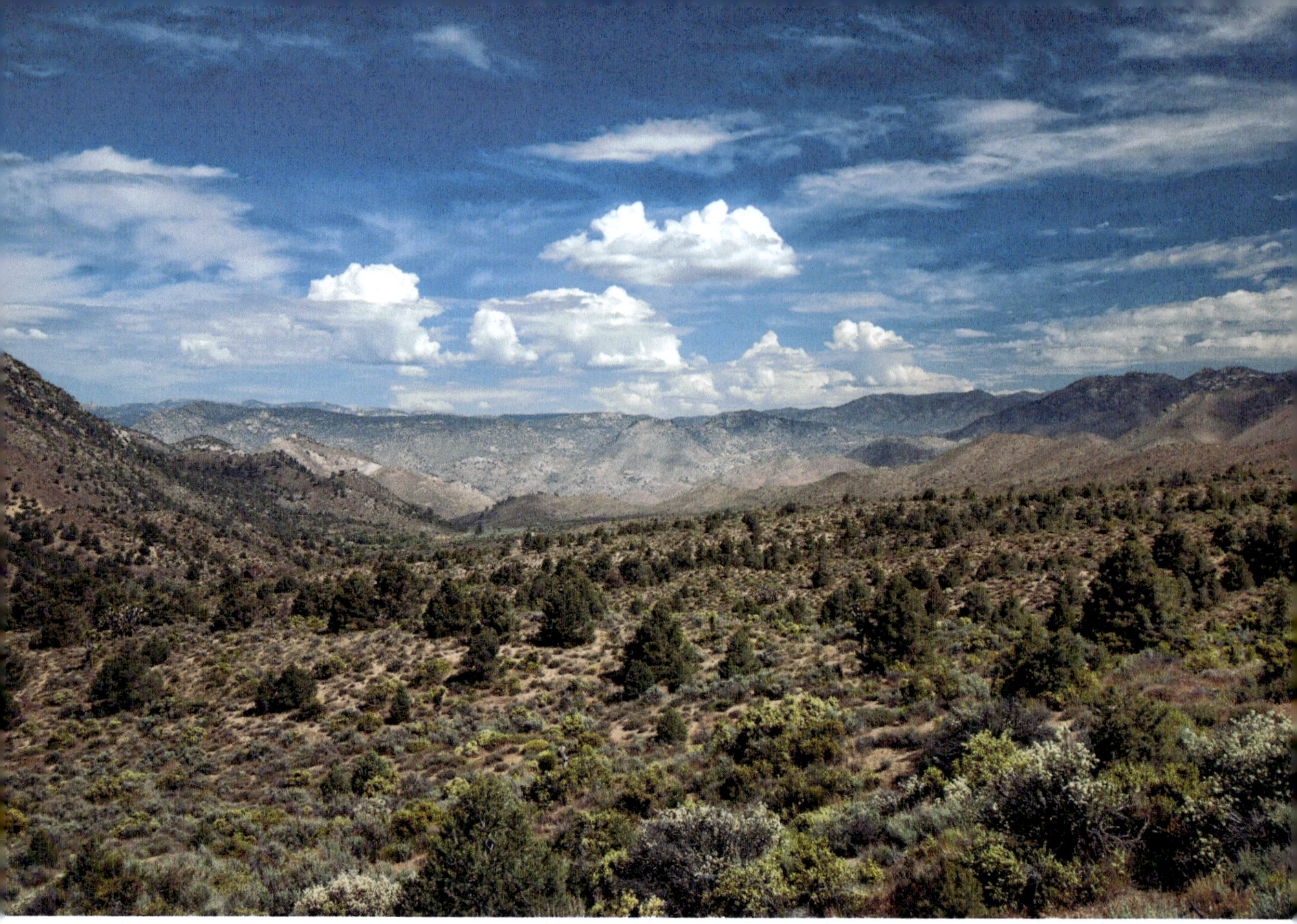

24 mm | f/10 | 1/320 s | ISO 100

Wie Sie vielleicht schon selbst bemerkt haben, sind im Landschaftsmodus der Blitz und das AF-Hilfslicht abgeschaltet. Dies ist zweckmäßig, da die Entfernungen in der Landschaftsfotografie für deren sinnvollen Einsatz meistens zu groß sind.

Zuletzt sei noch darauf hingewiesen, dass das Motivprogramm *Landschaft* auch für alle anderen Situationen eingesetzt werden kann, in denen eine große Schärfentiefe gewünscht ist.

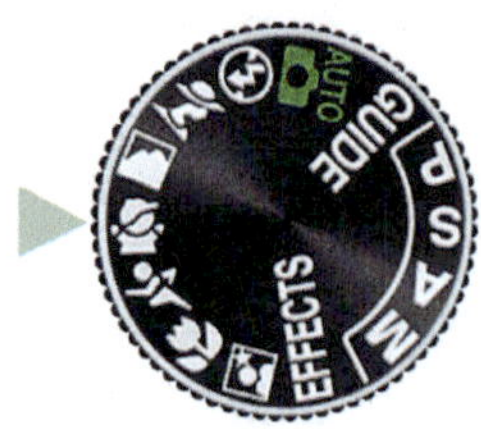

2.4 Das Motivprogramm Kinder

Das Motivprogramm *Kinder* versucht einerseits, der Tatsache gerecht zu werden, dass spielende Kinder ständig in Bewegung sind und ihre Aktionen oft nicht vorausgesagt werden können. Auf der anderen Seite greift es auf Einstellungen des Porträtmodus zurück, indem es Hauttöne und bunte Farben optimiert.

Um schnelle Bewegungen sicher einzufangen, wird die Blende relativ stark geöffnet. Durch die offene Blende sinkt der Bereich der Schärfentiefe ab, deshalb eignet sich dieser Modus nicht so gut, um Gruppen von Kindern aufzunehmen.

Sollen herumtollende Kinder fotografiert werden, ist es sinnvoll, die *AF-Messfeldsteuerung* auf *Dynamisch* oder *3D-Tracking* einzustellen. So kann der Autofokus den Bewegungen der Kinder besser folgen.

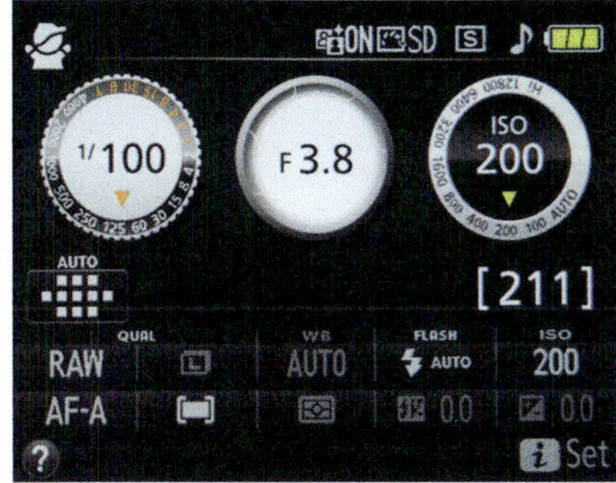

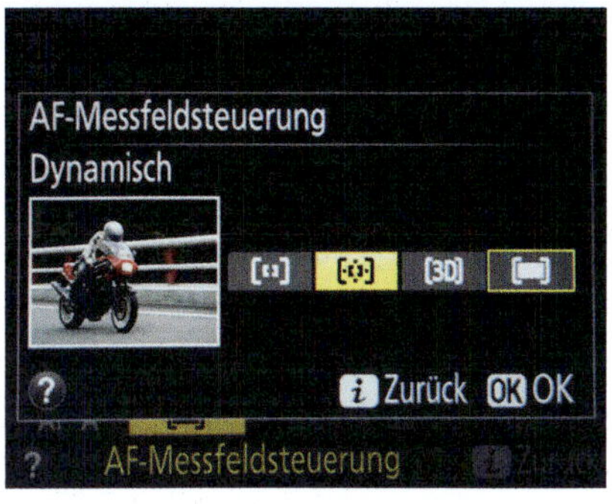

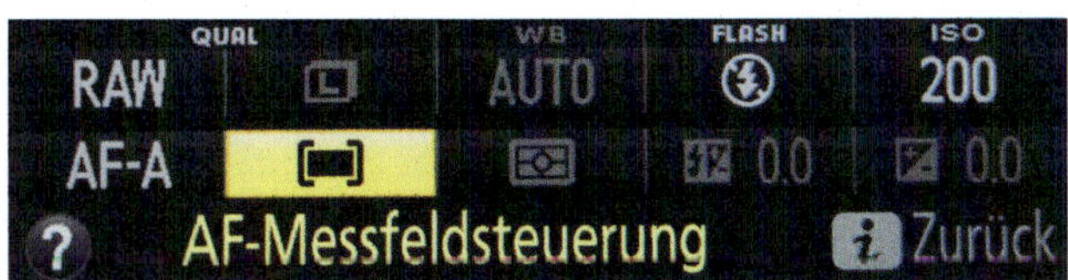

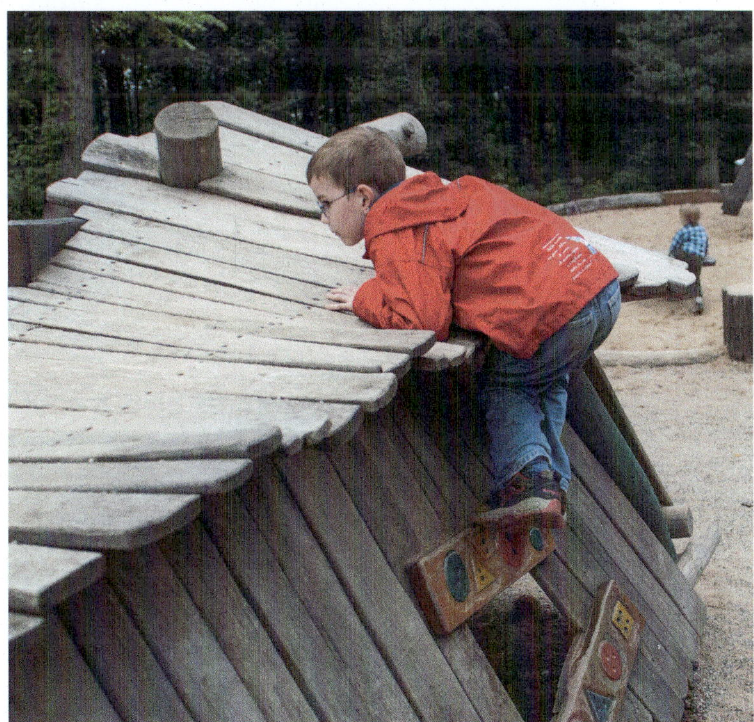

50 mm | f/4 | 1/200 s | ISO 125

◀ *Farben kommen im Programm Kinder sehr gut zur Geltung.*

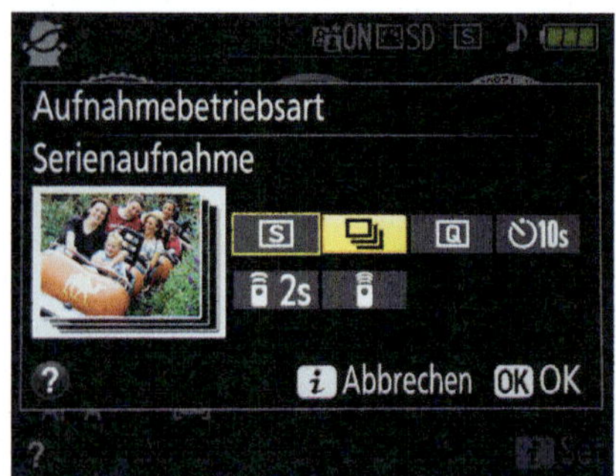

Zusätzlich kann über die Taste die Aufnahmebetriebsart auf *Serienaufnahme* gestellt werden, um die Ausbeute an scharfen Fotos zu erhöhen.

In diesem Modus wird auch der automatische Blitz wieder zugeschaltet, soweit es erforderlich ist. Er lässt sich, wie im *Porträt*-Modus, manuell wieder abschalten.

2.5 Das Sport-Programm

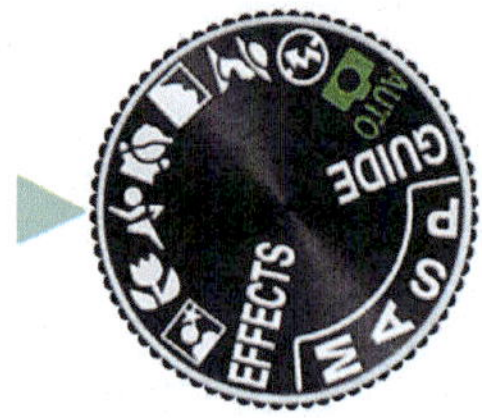

Wie das Programm *Kinder* versucht auch das *Sport*-Motivprogramm, schnelle Bewegungen festzuhalten. Die Voreinstellungen werden diesem Ziel entsprechend vorgegeben. Die Messfeldsteuerung ist mit dem Modus *Dynamisch* vorbelegt. Dadurch arbeitet der Autofokus permanent, solange der Auslöser halb durchgedrückt ist, und folgt dem Motiv in seiner Bewegung. Gleichzeitig wird die *Serienaufnahme* eingeschaltet, die schnelle Bildfolge bei der Auslösung erhöht die Trefferwahrscheinlichkeit für ein scharfes Bild.

55 mm | f/6,3 | 1/1000 s | ISO 800

▼ *Durch die sehr kurze Belichtungszeit wird das Bild komplett eingefroren, was schön an den Felgen zu sehen ist.*

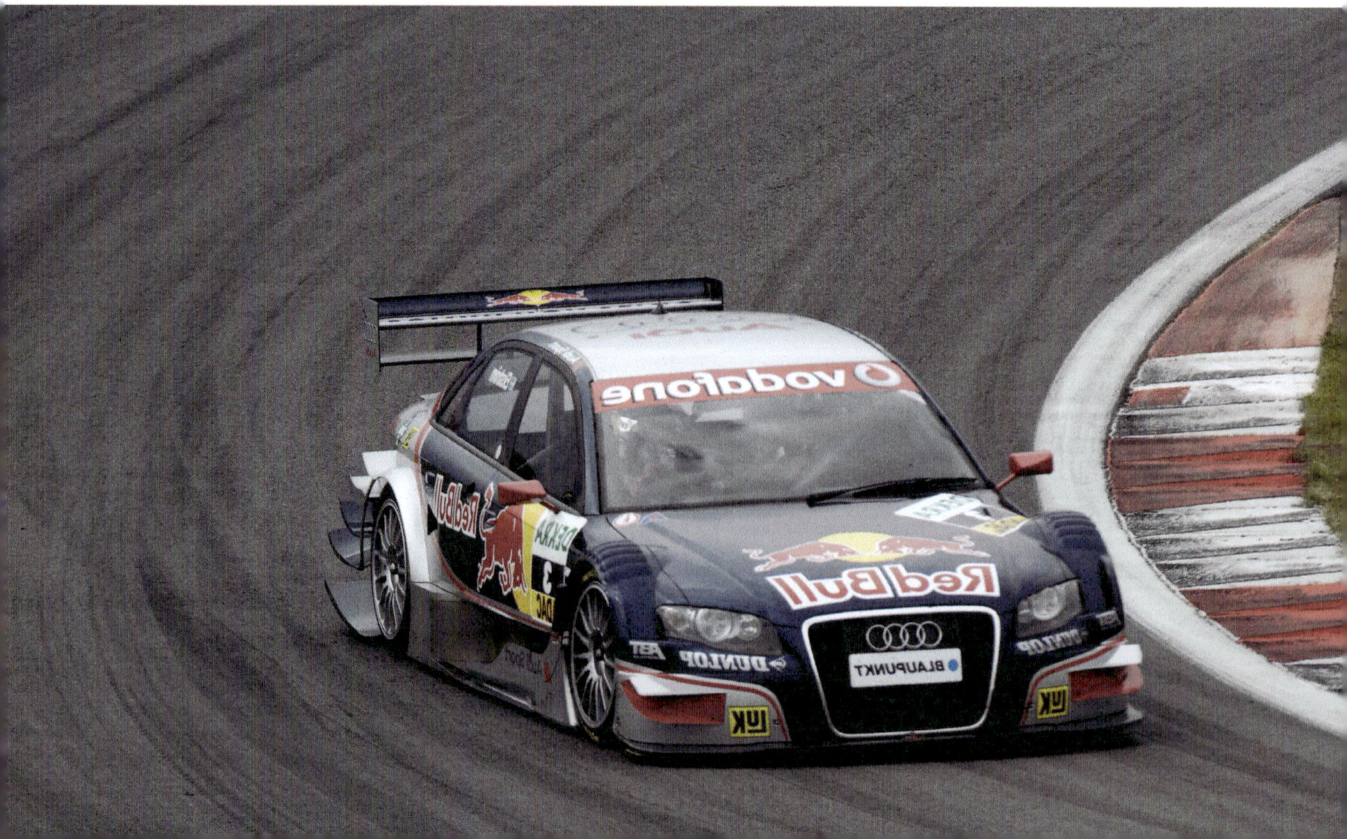

Im Programm *Sport* werden die Bewegungen häufig eingefroren, was nicht immer zu den dynamischen Bewegungsabläufen passt.

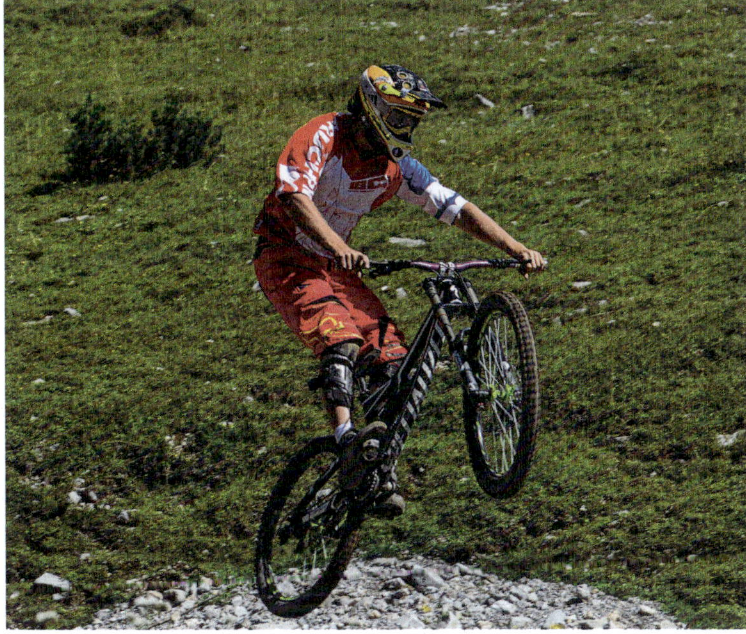

50 mm | f/5,6 | 1/640 s | ISO 200

◄ *Gegen harte Schatten ist das Programm Sport weitgehend machtlos. Da hilft bestenfalls eine andere Position des Fotografen.*

Wenn Sie versuchen, Sportveranstaltungen in der Halle zu fotografieren, werden Sie schnell feststellen, dass dort regelmäßig bedeutend schlechtere Lichtverhältnisse anzutreffen sind als im Freien.

Dann muss die *ISO-Empfindlichkeit* auf hohe Werte eingestellt werden, oft zwischen ISO 1600 und ISO 6400, damit die Verschlusszeiten ausreichend kurz gehalten werden können. Die Nikon D3300 bietet auch bei diesen ISO-Werten noch erfreulich ansehnliche Ergebnisse.

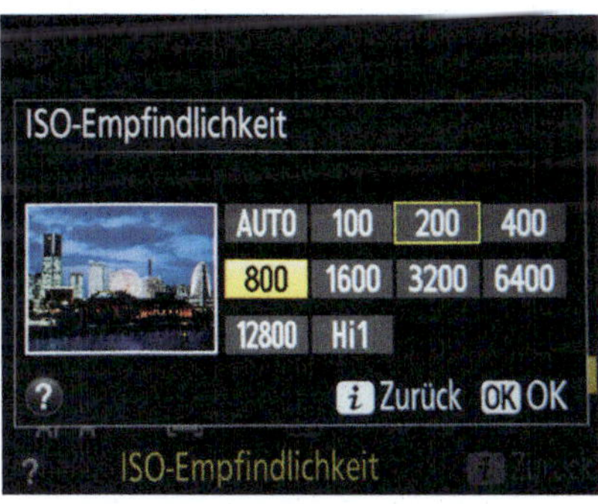

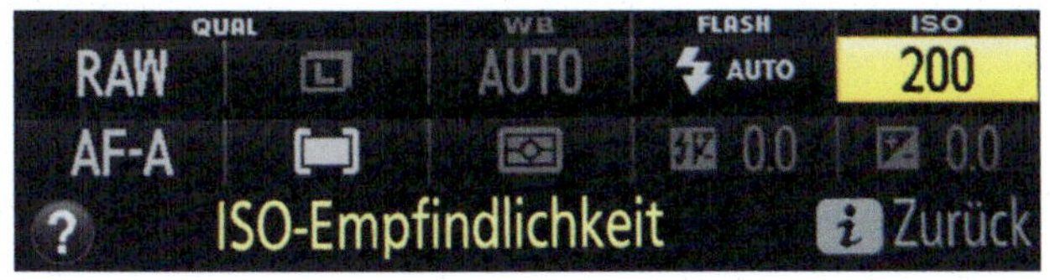

150 mm | f/7,1 | 1/320 s | ISO 1600

▶ *In der Sporthalle sind die Lichtverhältnisse oft schlechter, als sie das menschliche Auge wahrnimmt.*

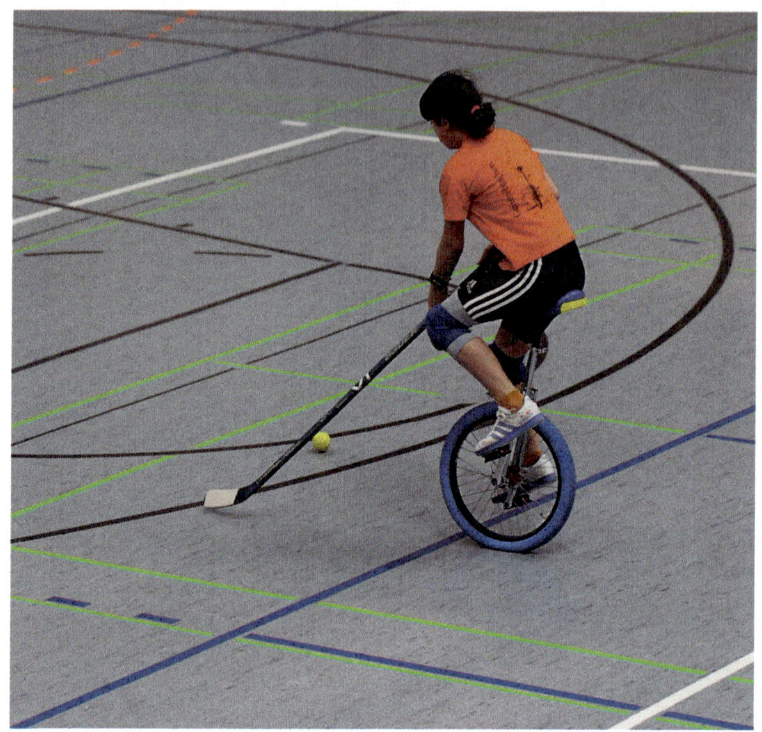

2.6 Die Nahaufnahme

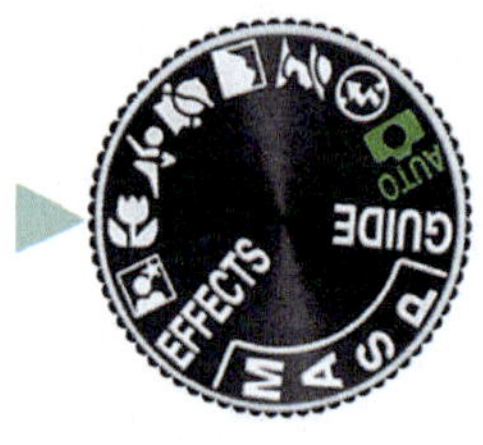

Mit dem Programm *Nahaufnahme* soll, wie der Name schon sagt, ein Motiv ganz aus der Nähe fotografiert werden. Meistens handelt es sich um kleine Motive oder spezielle Ausschnitte bzw. Details von größeren Objekten.

Wie nah Sie im konkreten Fall tatsächlich an ein Motiv herankommen, hängt technisch gesehen von der Naheinstellgrenze des Objektivs ab. Diese Grenze ist ein individueller Wert, der bei jedem Objektiv angegeben ist. Beim Kitobjektiv 18-55 mm sind es z. B. 28 cm mit Autofokus und 25 cm mit manuellem Fokus, was für erste Experimente schon ein ganz brauchbarer Wert ist. Der maximal erreichbare Abbildungsmaßstab liegt dann bei 1:3,2 (AF) bis 1:2,8 (MF). Das bedeutet, ein Objekt wird etwa 3,2-mal kleiner abgebildet, als es in natura misst.

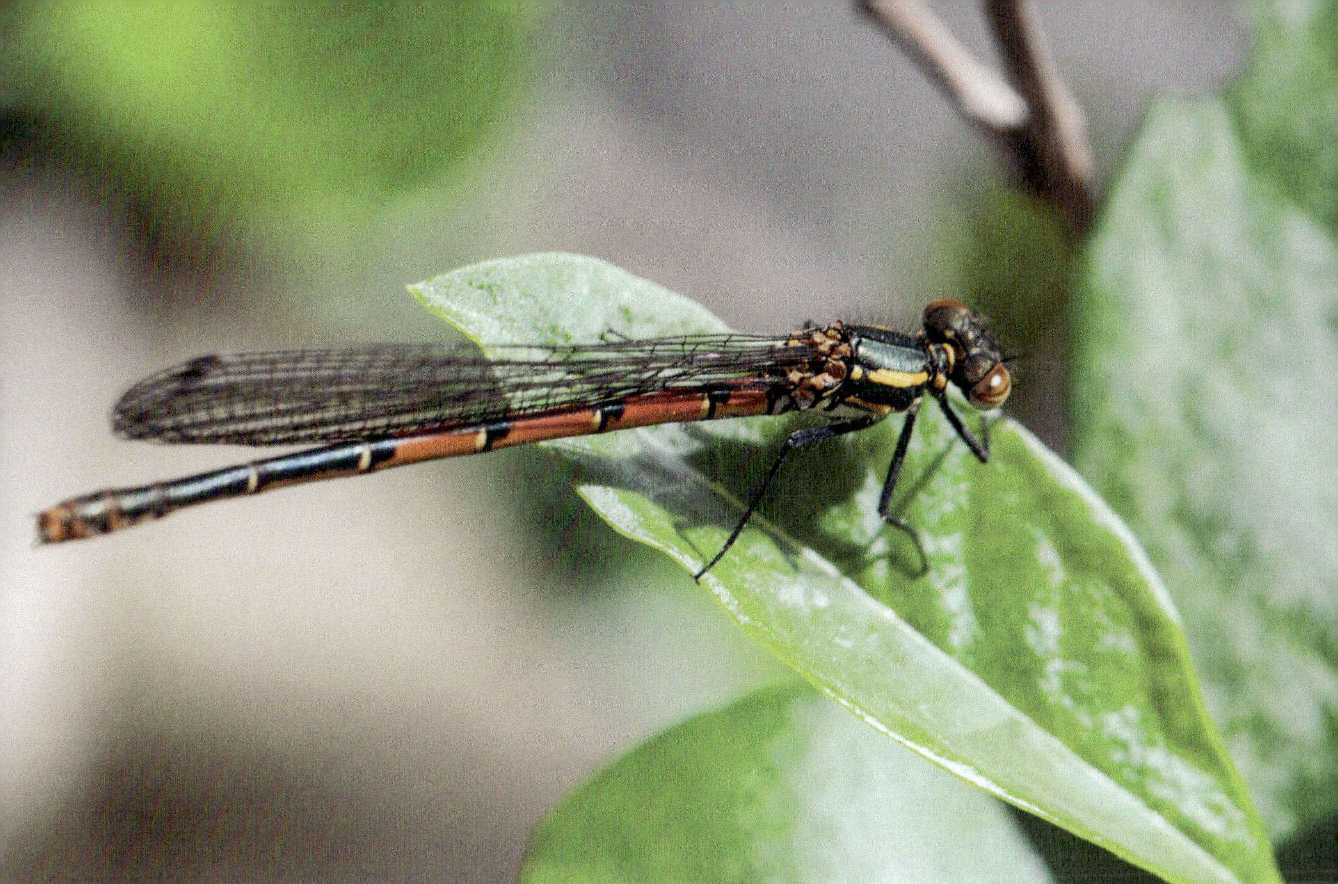

90 mm | f/6,3 | 1/320 s | ISO 200

▲ *An diesem Foto wird die geringe Schärfentiefe deutlich. Die Schwanzspitze der kleinen Libelle ist schon unscharf, und auch der Kopf ist nicht mehr richtig scharf geworden. Hätte man exakt parallel zur Libelle fotografiert, wäre die Schärfe besser ausgefallen.*

Um noch näher an ein Motiv heranzukommen, benötigt man entweder ein spezielles Makroobjektiv, das typischerweise einen Abbildungsmaßstab von 1:1 ermöglicht, oder andere Hilfsmittel.

Eine günstige Alternative zu den meist recht teuren Makroobjektiven ist z. B. eine Nahlinse. Nähere Informationen dazu finden Sie in Abschnitt „Mit Nahlinsen noch näher ran" ab Seite 287.

Ob allerdings ein Schmetterling Sie auch tatsächlich auf 28 cm oder noch näher an sich herankommen lässt, ist natürlich eine ganz andere Frage. Wenn Sie Insekten oder andere kleine Lebewesen fotografieren wollen, sollten Sie auf jeden Fall viel Geduld und Ruhe mitbringen.

Da es schnell sehr anstrengend wird, eine Kamera langsam an ein Objekt heranzuführen und dann vielleicht noch eini-

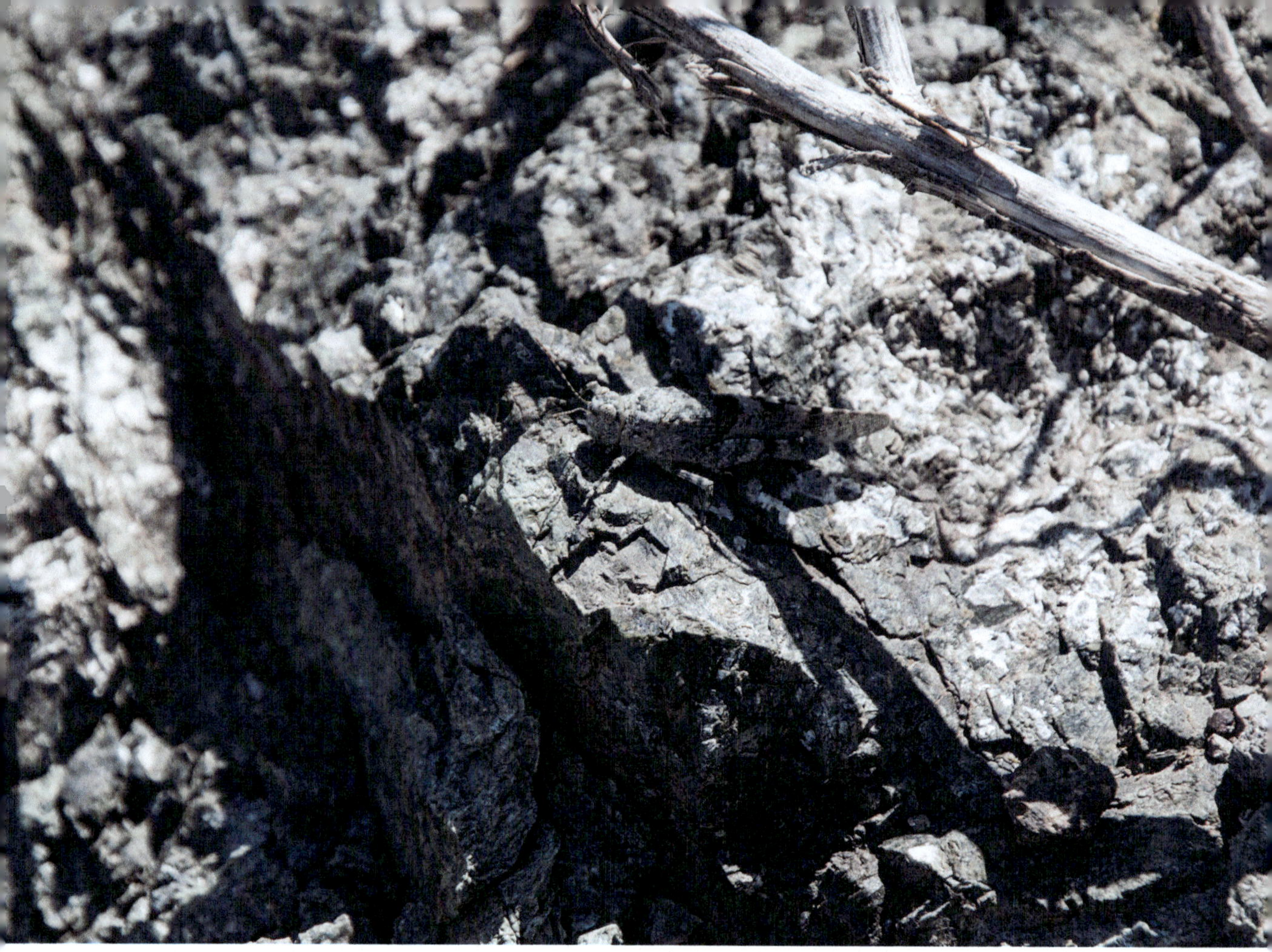

80 mm | f/6,3 | 1/500 s | ISO 200

▲ *Suchbild mit Heuschrecke. Perfekt getarnt, sitzt im Bildzentrum eine Heuschrecke.*

ge Minuten in dieser Position zu verharren, empfiehlt sich der Einsatz eines Stativs. Damit können Sie zur Not auch in geeigneter Position auf den nächsten Besucher einer Blüte warten.

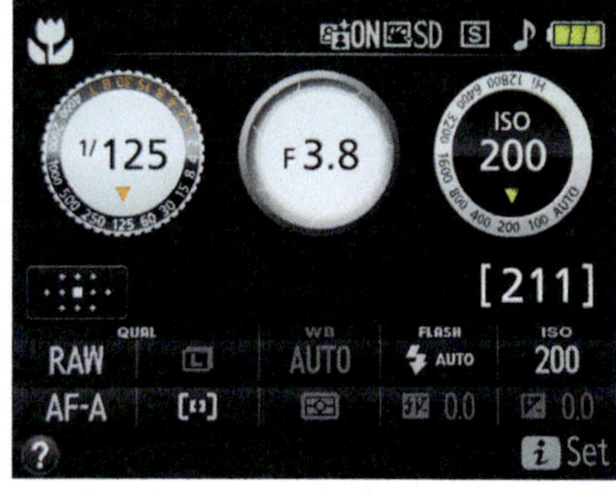

Das Motivprogramm schließt die Blende nicht allzu sehr, da es einer ausreichenden Schärfentiefe bedarf, um auf die kurze Distanz möglichst viele Details einzufangen. Für Testaufnahmen im Programm *Nahaufnahme* der D3300 schien die Blende bei ausreichend Licht quasi auf Blende f/8 festgenagelt. Nur in einer Umgebung mit wenig Licht bequemte sich die Kamera, die Blende auf Werte von f/5,6 oder f/5 weiter zu öffnen. Ganz konsistent war das Verhalten aber nicht, teilweise blieb Blende f/8 auch bestehen, und der Blitz wurde automatisch zugeschaltet.

Wer das automatische Auslösen des Blitzes verhindern will, z. B. weil er ein Haustier aus der Nähe fotografieren möchte, kann den Blitz über die Taste ⓘ deaktivieren.

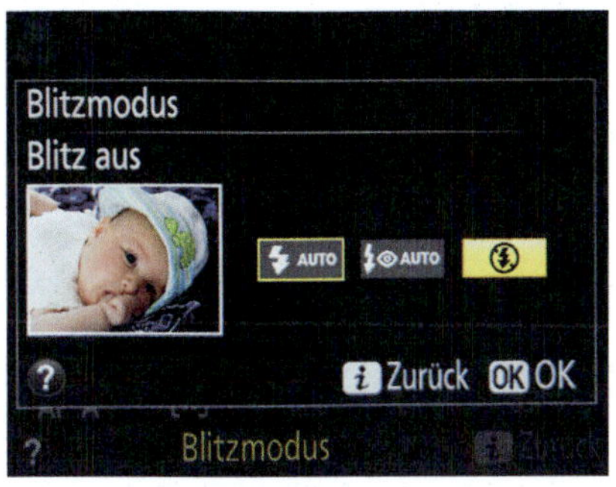

Automatisch ist auch der Einzelfeldautofokus aktiviert, was absolut Sinn ergibt. So können Sie die Schärfe exakt auf den Ausschnitt legen, der Ihnen besonders am Herzen liegt. Wer mit einem Stativ arbeitet, sollte auch einmal mit dem manuellen Fokus spielen. Über die Live-View kann die Schärfe dann sehr exakt bestimmt werden, unter Umständen auch unter Zuhilfenahme der Ausschnittvergrößerung.

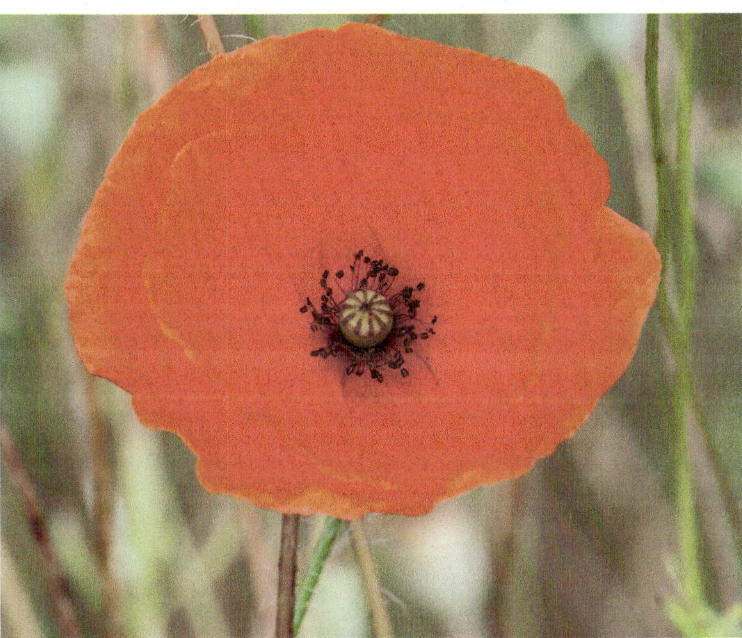

55 mm | f/5,6 | 1/320 s | ISO 160 | (Ausschnittvergrößerung)

◀ *Auch mit dem Kitobjektiv 18-55 mm lassen sich schon brauchbare Makrofotos realisieren.*

2.7 Das Nachtporträt

In Situationen mit wenig Licht versucht das Motivprogramm *Nachtporträt* – besser als die Vollautomatik –, auch das Umgebungs- und Hintergrundlicht (Available Light) mit einzufangen.

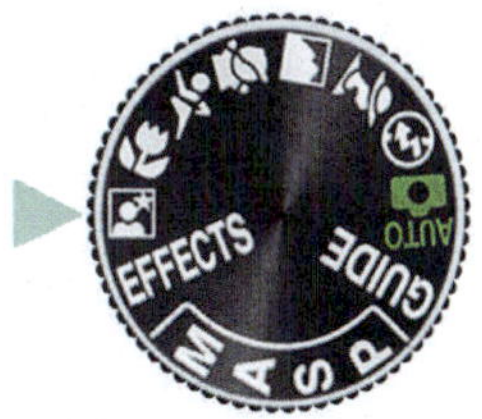

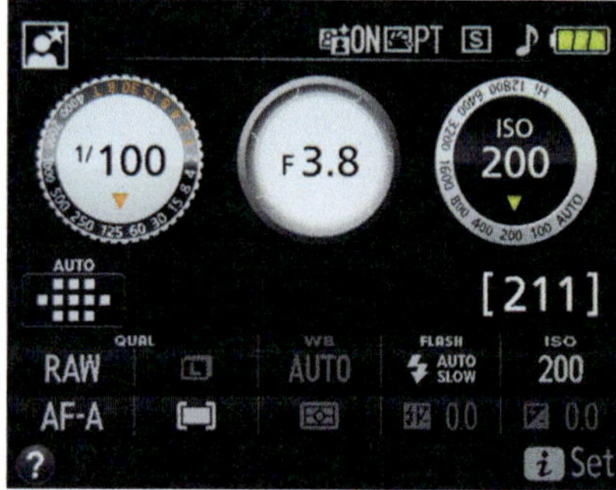

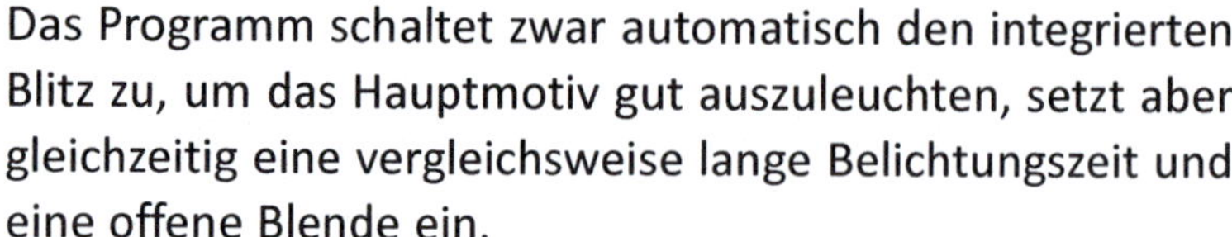

Das Programm schaltet zwar automatisch den integrierten Blitz zu, um das Hauptmotiv gut auszuleuchten, setzt aber gleichzeitig eine vergleichsweise lange Belichtungszeit und eine offene Blende ein.

Das hat mehrere vorteilhafte Effekte: Zum einen friert das sehr kurze Blitzlicht das Motiv ein, sodass es auf jeden Fall scharf abgebildet wird. Gleichzeitig sorgt die offene Blende dafür, dass sich das Hauptmotiv klar vom Hintergrund absetzt.

Zum anderen fängt die lange Belichtungszeit noch genug Umgebungslicht ein, um die Atmosphäre wirken und sie nicht in völliger Dunkelheit verschwinden zu lassen.

Tatsächlich versucht das Motivprogramm *Nachtporträt*, mit der Automatik eine Situation einzufangen, die in den Kreativprogrammen oder im manuellen Modus einiges an Wissen voraussetzt. Deshalb ist es eine sehr schöne Möglichkeit, stimmungsvolle Bilder aufzunehmen.

Sie sollten mit diesem Modus auch ruhig etwas experimentieren. Verändern Sie z. B. einmal die Entfernung zum Hauptmotiv oder den Aufnahmewinkel. Aber Achtung: Besonders in Räumen kann es bei Einsatz des Blitzes schnell zu unschönen Schlagschatten an den Wänden kommen, vor allem wenn Sie dem Motiv relativ nah sind.

Ein veränderter Aufnahmewinkel und ein anderer Motivabstand können dann im Idealfall den Schatten unsichtbar machen.

Available-Light und Blitzlicht

Wird bei schlechten Lichtverhältnissen der Blitz zugeschaltet, brennt der Blitz verglichen mit der Belichtungszeit in sehr kurzer Zeit ab. Da der schnelle Blitz für das Motiv im Vordergrund die Hauptlichtquelle ist, spielt die darüber hinausgehende längere Gesamtbelichtungszeit praktisch keine Rolle mehr. Deshalb ist das Motiv auch noch bei einer Belichtungszeit von 1/10 s aus der Hand fotografiert scharf.

Für den Hintergrund ist die Gesamtbelichtungszeit aber schon wichtig. Je länger die Belichtungszeit, desto mehr Licht aus dem Hintergrund wird mit einbezogen. Da der Hintergrund in der Regel unscharf aufgenommen wird, sind längere Belichtungszeiten meist ebenfalls kein Problem.

2.8 Die Spezialeffekte EFFECTS

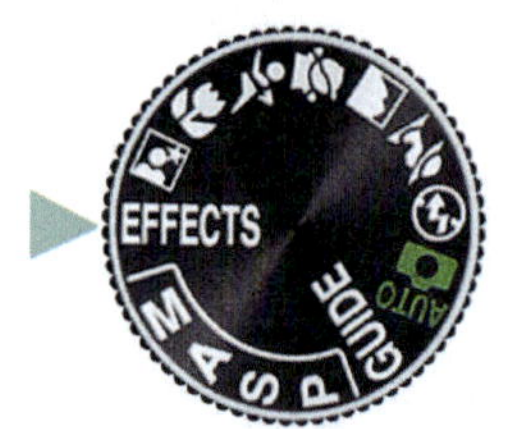

Mit dem Funktionswählrad kann unter der Einstellung EFFECTS eine Auswahl von Spezialeffekten auf Fotos angewandt werden. Alle diese Effekte können auch, teilweise deutlich besser, in einem Bildbearbeitungsprogramm vorgenommen werden.

Aber man hat ja nicht immer Lust oder Gelegenheit, den Computer anzuwerfen und umfangreiche Überarbeitungen anzugehen.

Einige der Effekte können wohl auch nur unter dem Stichwort Spaßeffekte gefasst werden. Sie sind eher für Freunde auf Facebook oder für eine lustige MMS gedacht und wenig sinnvoll für die normale Fotografie. Andere Effekte sind durchaus nützlich, z. B. die *Einfach-Panorama*-Aufnahme.

Sind auf dem Wählrad die Spezialeffekte eingestellt, kann mit dem Einstellrad zwischen den einzelnen Effekten gewechselt werden.

Folgende Tabelle gibt eine Übersicht über die Spezialeffekte.

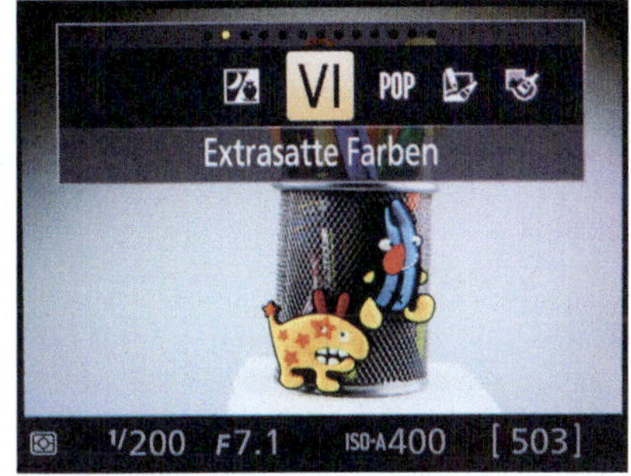

▲ *Mit dem Einstellrad kann bequem ein gewünschter Effekt ausgewählt werden.*

20 mm | f/8 | 1/1600 s | ISO 400

▼ *Der Miniatureffekt lässt Motive wie Spielzeuglandschaften wirken.*

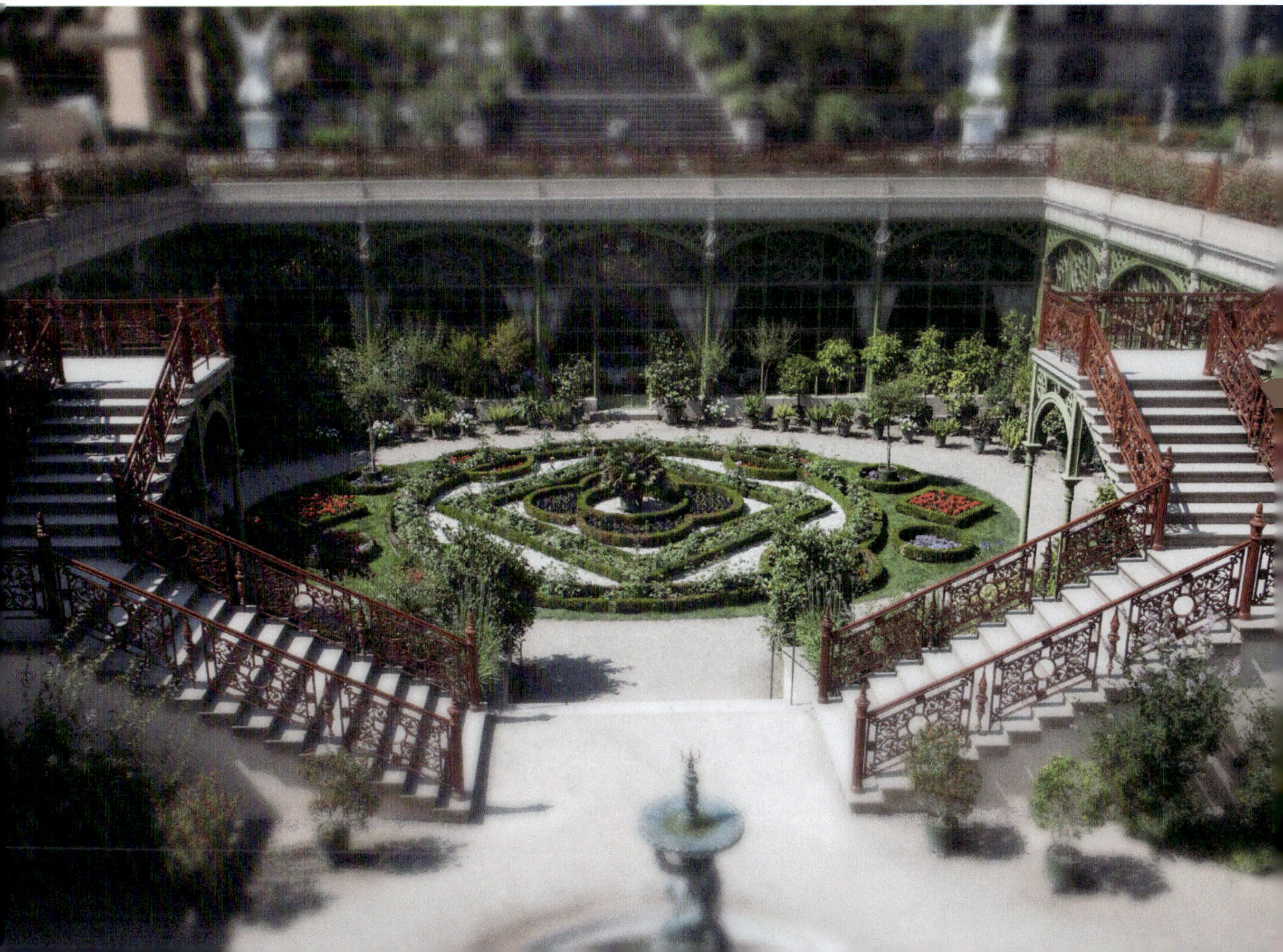

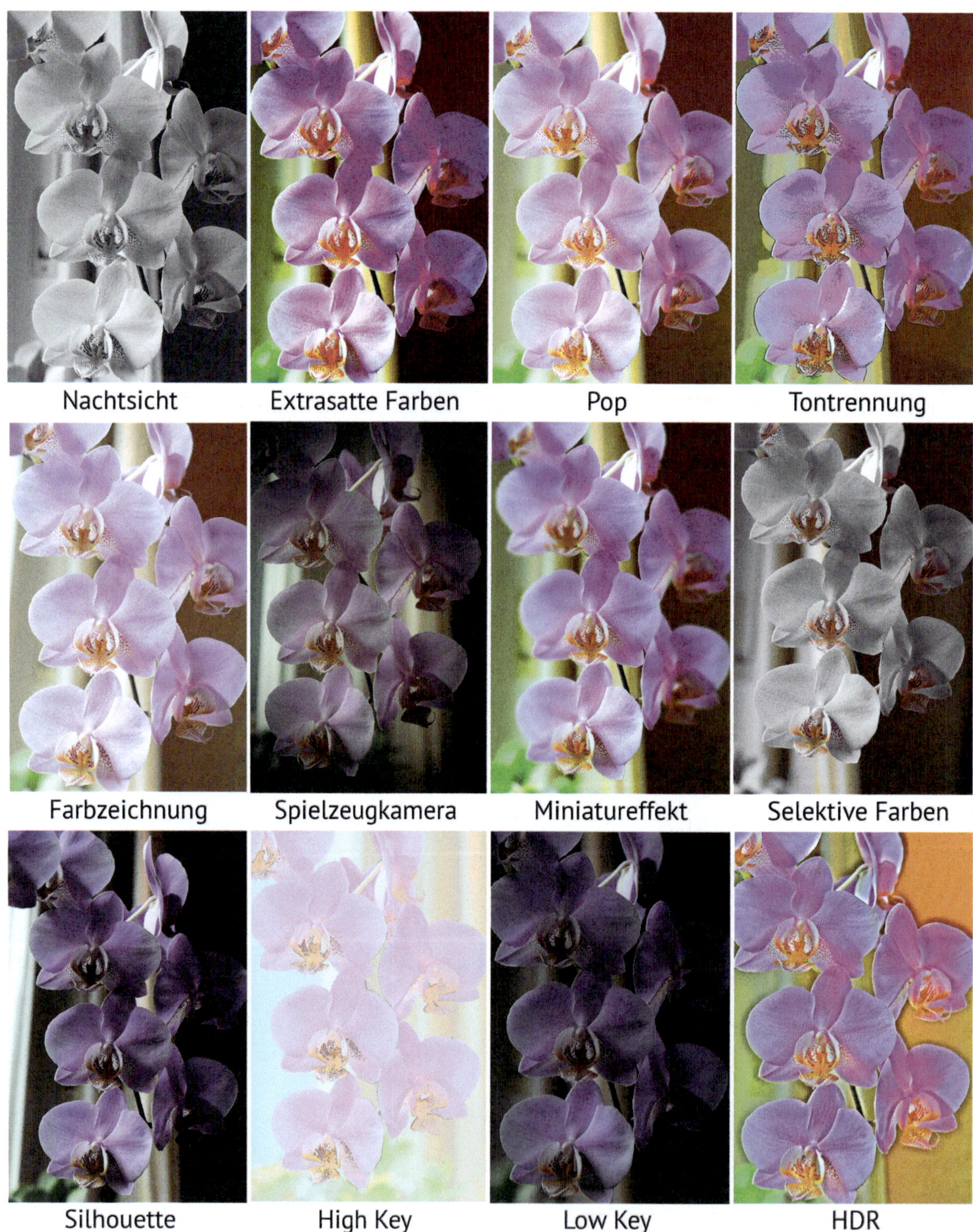
Nachtsicht
Extrasatte Farben
Pop
Tontrennung
Farbzeichnung
Spielzeugkamera
Miniatureffekt
Selektive Farben
Silhouette
High Key
Low Key
HDR

Zugegeben, einige der Effekte sind an einer Orchidee wenig sinnvoll, z. B. die Effekte *Nachtsicht* oder *Miniatureffekt*. Aber so hat man die Effekte direkt miteinander in einer Übersicht und kann ihre Wirkung abschätzen.

Die meisten Effekte können nur im Format JPEG Fine gespeichert werden, selbst wenn das RAW-Format voreingestellt ist. Ausnahmen bilden *Silhouette* sowie *High* und *Low Key*, die auch im RAW-Format gespeichert werden.

Die Effekte *Tontrennung*, *Farbzeichnung*, *Spielzeugkamera*, *Miniatureffekt*, *Selektive Farben* und das *Einfach-Panorama* besitzen noch einige Optionen zur erweiterten Einstellung.

Die möglichen Optionen können während der Live-View mit der OK-Taste und dem Multifunktionswähler ausgewählt werden und sind weitgehend selbsterklärend.

Die nützliche Panoramafunktion ist etwas aufwendiger und soll deshalb kurz vorgestellt werden.

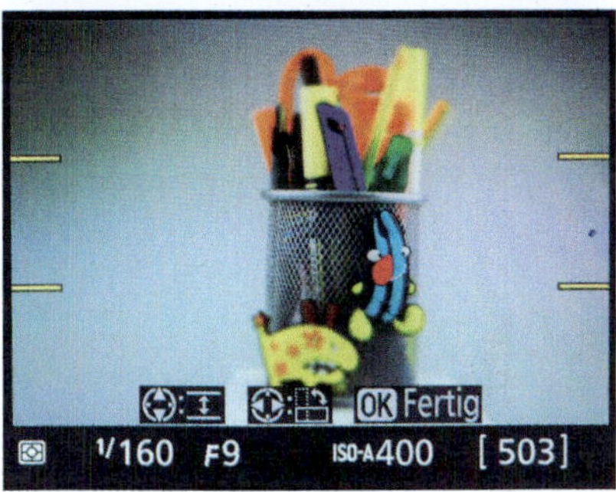

▲ *Mit der OK-Taste und dem Multifunktionswähler können Optionen gesteuert werden. Den Miniatureffekt kann man z. B. auch vertikal einsetzen.*

Das Einfach-Panorama

Wenn mit dem Einstellrad das *Einfach-Panorama* ausgewählt ist, drücken Sie die Taste Lv. Auf dem Monitor erscheint das gewohnte Live-Bild mit eingezogenen Hilfslinien, um z. B. den Horizont während des Schwenks gerade zu halten.

Wenn Sie jetzt den Auslöser halb durchdrücken, wird das Bild scharf gestellt. Wählen Sie gleichzeitig den Ausgangspunkt des Panoramas, drücken Sie dann den Auslöser ganz durch und lassen Sie ihn gleich wieder los.

Anschließend können Sie die Kamera langsam und gleichmäßig horizontal oder vertikal schwenken, um das Panorama aufzunehmen.

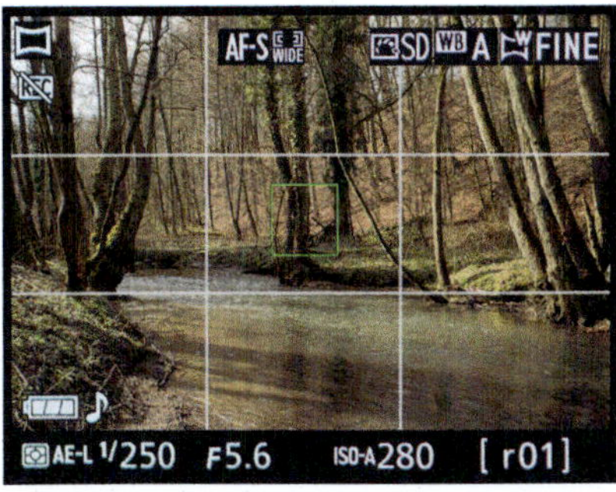

▲ *Wählen Sie zu Anfang der Aufnahme eine mittlere Entfernung und Helligkeit für das Motiv.*

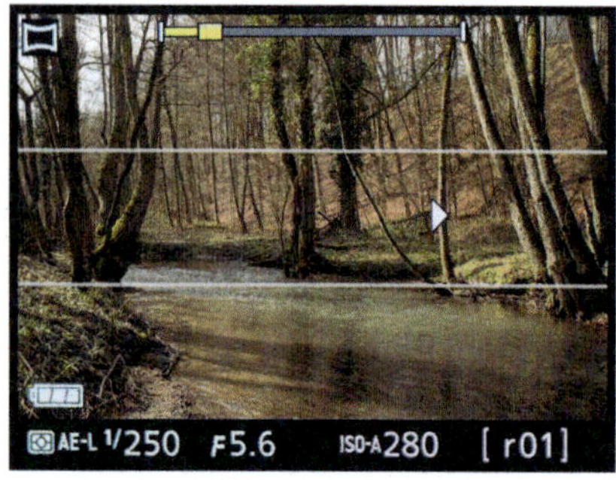

▲ *Ein Fortschrittsbalken zeigt an, wie weit die Kamera noch geschwenkt werden muss. Der weiße Pfeil zeigt die Richtung.*

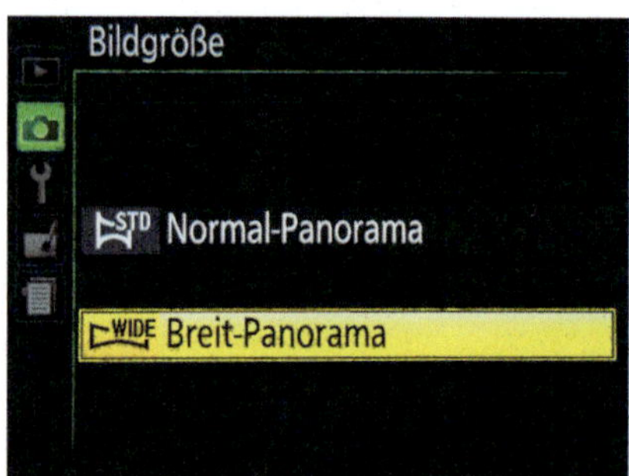

Die Aufnahme startet automatisch, sobald die Kamera die Bewegung erkennt. Auf dem Monitor zeigt ein Fortschrittsbalken den Fortgang der Aufnahme an. Ist das Panorama fertig, stoppt die Kamera automatisch.

Im Panoramamodus können Sie im Menü unter *Aufnahme/Bildgröße* zwischen dem *Normal-* und dem *Breit-Panorama* wählen. Ein Schwenk für das *Normal-Panorama* dauert etwa 15 Sekunden, das *Breit-Panorama* benötigt ca. 30 Sekunden.

Die Aufnahmen sind im *Normal*-Modus 4.800 px breit und 1.080 px hoch und im *Breit-Panorama* 9.600 px breit bei gleicher Höhe. Bei vertikalen Panoramen sind die Aufnahmen 4.800 px bzw. 9.600 px hoch und jeweils 1.632 px breit.

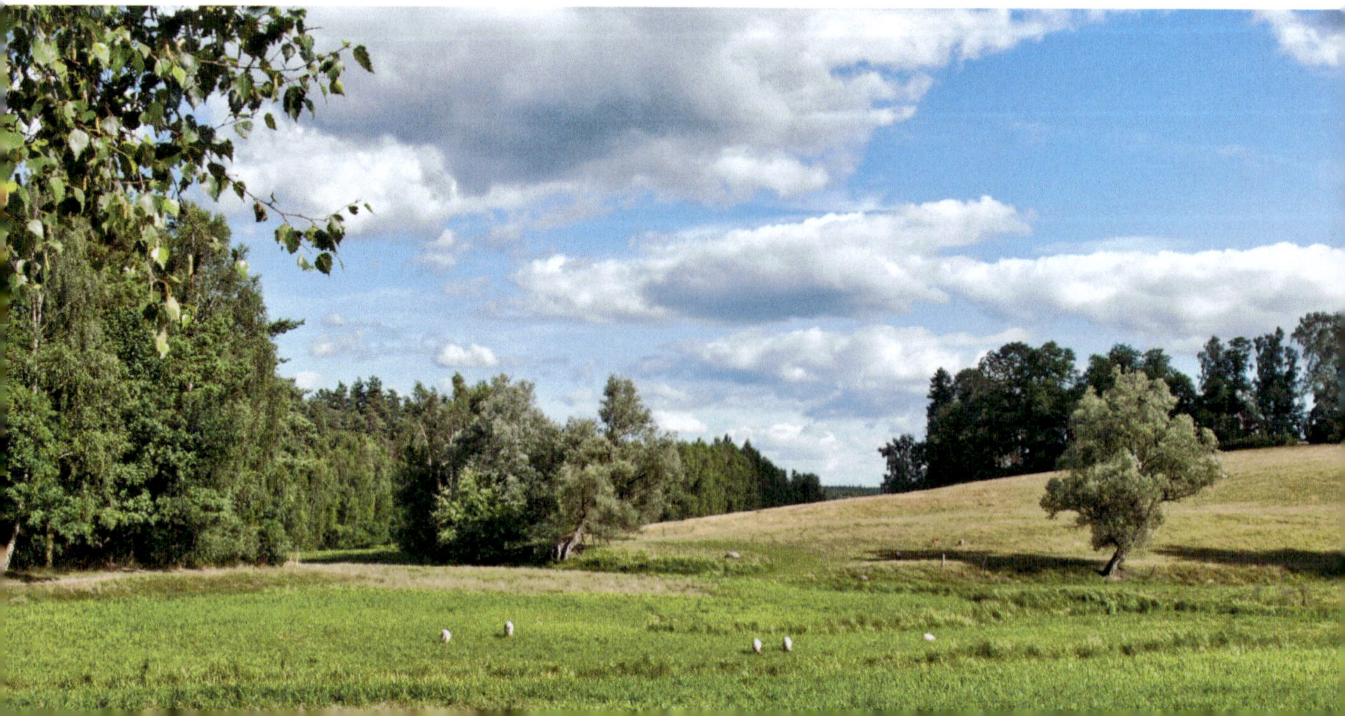

Die Kamera speichert die Scharfeinstellung und die Belichtung nur zu Anfang bei dem Druck auf den Auslöser, anschließend werden sie nicht mehr angepasst. Starke Helligkeitsschwankungen können dann während des Schwenks nicht mehr aufgefangen werden. Sie sollten deshalb z. B. darauf achten, während des Schwenks nicht direkt die Sonne im Bild zu haben. Auch starke Entfernungsunterschiede können während der Aufnahme nicht kompensiert werden. Deshalb sollten möglichst keine Objekte nah beim Fotografen im Bild stehen.

Wenn die Lichtsituation nicht optimal ist, empfiehlt sich auch der Einsatz eines Stativs. Viele Stativköpfe besitzen eine 360°-Einteilung an ihrer Basis und lassen sich sehr genau drehen.

Immerhin kann nach dem Start der Live-View und vor dem Auslösen eine Belichtungskorrektur vorgenommen werden. Mehr dazu finden Sie ab Seite 93.

Sollten Sie den Panoramaschwenk zu schnell ausführen, erscheint die Fehlermeldung *Erstellen des Panoramas nicht möglich* auf dem Display, starten Sie dann die Aufnahme am besten von vorn.

▼ *Panoramen eignen sich besonders für weite Landschaften. Aber auch auf Plätzen in Städten sowie in Innenräumen können sie sehr gut eingesetzt werden.*

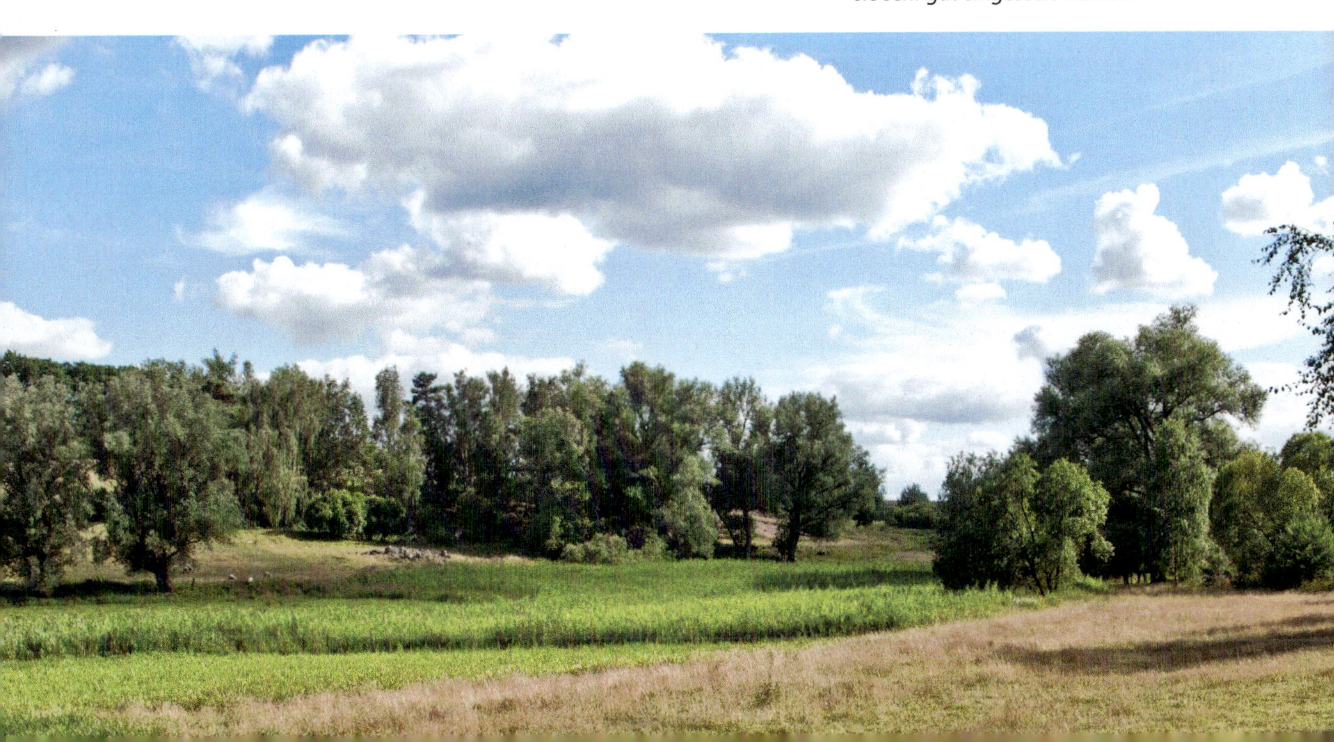

2.9 Bildbearbeitung in der Kamera

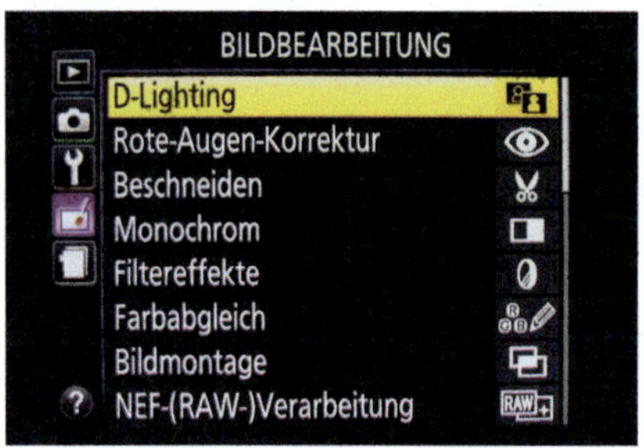

▲ *Einige der Bildbearbeitungsfunktionen überschneiden sich mit den EFFECTS-Programmfunktionen, wie z. B. Tontrennung, Farbzeichnung oder der Miniatureffekt. Allerdings können Sie die Einstellungen auch noch im Nachhinein und mit Kopien der Fotos vornehmen.*

Die Nikon D3300 bietet eine Vielzahl von Bildbearbeitungsfunktionen direkt in der Kamera. Für viele Funktionen ist deshalb eine umständliche externe Verarbeitung der Fotos gar nicht mehr nötig. Sie finden die Funktionen im Menü unter einem eigenen Register *Bildbearbeitung*.

Da die Funktionen der Bildbearbeitung auf Kopien der Originale angewandt werden, muss noch genügend Speicherplatz auf der SD-Karte vorhanden sein.

Die Bearbeitungsmöglichkeiten sind recht umfangreich und umfassen rund 20 Funktionen, teilweise mit weiteren Einstellmöglichkeiten. Eine kleine Tabelle soll, wegen der besseren Übersicht, die Funktionen kurz vorstellen.

D-Lighting	Die Funktion hellt dunkle Schatten wirkungsvoll auf. Mit der Option Porträtmotive, beschränkt sich die Aufhellung auf die porträtierte Person.
Rote-Augen-Korrektur	Der Name ist Programm: Rote Augen werden recht sicher erkannt und korrigiert.
Beschneiden	Fotos können schnell an den Rändern beschnitten werden. Es sind bereits viele wichtigen Seitenverhältnisse als Vorgabe gespeichert.
Monochrom	Wandelt ein Farbfoto in ein Schwarz/Weiß-Bild um. Es sind auch zwei Tönungen, Sepia und Blauton, vorgesehen.
Filtereffekte	Simuliert gängige Filtereffekte, wie z. B. Skylight, Rotverstärkung oder Weichzeichnung.
Farbabgleich	Ausgefeiltes Werkzeug, um die Farbbalance im Bild zu verändern.
Bildmontage	Mit der Bildmontage können zwei Fotos zu einem neuen kombiniert werden.
NEF- (RAW-) Verarbeitung	Wandelt NEF- (RAW-) Fotos in JPEG-Bilder um.
Verkleinern	Erstellt Bilder mit geringerer Auflösung bzw. Kantenlänge. Fotos können so z. B. direkt per Mail verschickt werden.
Schnelle Bearbeitung	Hebt die Sättigung und den Kontrast leicht an. Wendet bei Bedarf automatisch die Funktion D-Lighting an.
Ausrichten	Leicht schief aufgenommene Fotos können schnell gerade gerichtet werden.
Verzeichnungskorrektur	Die Verzeichniskorrektur kann leichte bis mäßige tonnen- oder kissenförmige Verzerrungen korrigieren.

Fisheye	Simuliert den Fisheye-Effekt.
Farbkontur	Erstellt eine Umrisszeichnung anhand von Farbkonturen.
Tontrennung	Bewirkt einen Poster-Effekt, durch eine Reduzierung der Farbstufen und eine Konturenschärfung.
Farbzeichnung	Versieht ein Foto mit einem „Buntstifteffekt".
Perspektivkorrektur	Tolle Funktion um stürzende Linien zu korrigieren
Miniatureffekt	Den Miniatureffekt kennen Sie schon aus den EFFECTS-Programmen.
Selektive Farben	Mächtige Funktion um nur ausgewählte Farben sichtbar zu machen. Der Rest des Fotos erscheint Monochrom.
Bilder Vergleichen	Diese Funktion ist nur mit der Taste *i* im Wiedergabemodus verfügbar und vergleicht ein Originalbild mit einer bearbeiteten Kopie.

D-Lighting

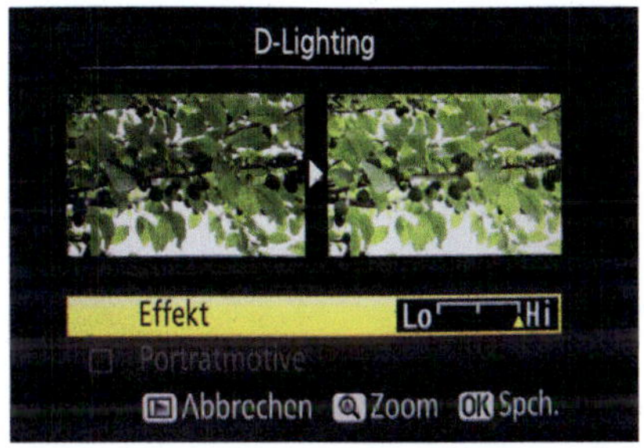

Die Funktion *D-Lighting* erinnert vom Namen her stark an die Aufnahmefunktion Active-D-Lighting, sie funktioniert aber etwas anders. D-Lighting beschränkt sich darauf dunkle Schattenpartien im Foto aufzuhellen, ohne die hellen Bereiche weiter aufzuhellen.

In der Praxis kam es aber immer wieder auch in den hellen Bereichen zu leichten Aufhellungen. Sind im Bild Bereiche vorhanden, die drohen durch zu starke Helligkeit strukturlos zu werden, sollte die Funktion nur mit Bedacht eingesetzt werden. Die Stärke der Aufhellung kann in drei Stufen eingestellt werden.

Die Option *Porträtmotive* kann die Funktion D-Lighting gezielt auf Porträts angewandt werden. Besonders für Aufnahmen im Gegenlicht eine sehr nützliche Funktion. Es werden maximal drei Personen auf einem Foto erkannt.

Die Option *Automatische Bildausrichtung* im Systemmenü darf dazu nicht deaktiviert sein, sonst werden evtl. die Gesichter nicht richtig erkannt.

Rote-Augen-Korrektur

Die Aufgabe dieser Funktion ist wohl selbsterklärend. Sie steht nur für Aufnahmen im JPEG-Format bei ausgelöstem Blitz zur Verfügung. Die Funktion prüft selbstständig, ob rote Augen erkannt werden und bietet dann die Korrektur an.

Beschneiden

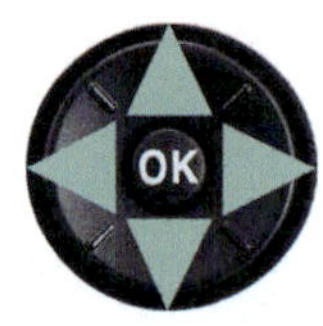

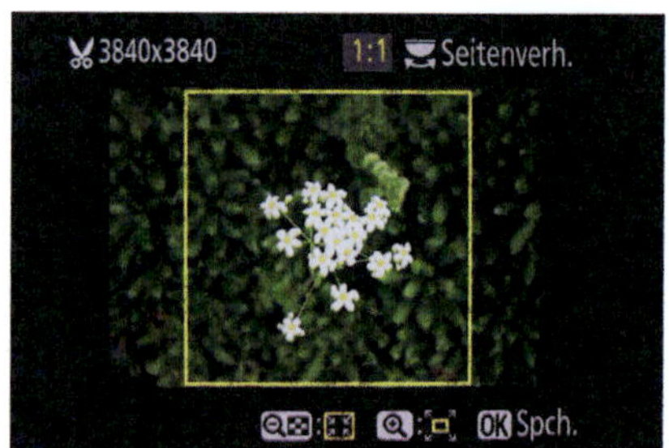

Mit dieser Funktion kann ein Bildausschnitt gewählt werden, der dann in einer Kopie gespeichert wird. Der Bildausschnitt wird mit einem gelben Rahmen markiert. Mit den Tasten und kann der Bildausschnitt vergrößert oder verkleinert werden. Mit dem Multifunktionswähler kann der Ausschnitt auch verschoben werden. Besonders komfortabel ist die Vorbelegung des Einstellrades mit Ausschnitten gängiger Seitenverhältnisse, wie z. B. 3:2, 16:9 oder 1:1. Dazu muss in der Beschneidungsfunktion einfach nur das Einstellrad auf das gewünschte Seitenverhältnis gedreht werden und mit der OK-Taste bestätigt werden. Die D3300 versucht im gegebenen Seitenverhältnis immer das größtmögliche Bild zu erstellen.

Monochrom

Die Fotos werden mit dieser Option in Schwarz/Weiß umgewandelt und gegebenenfalls mit der Tonung Sepia oder Blauton versehen. Der Sepia-Effekt bewirkt, dass ein Foto einen nostalgischen Touch bekommt und eignet sich z. B.

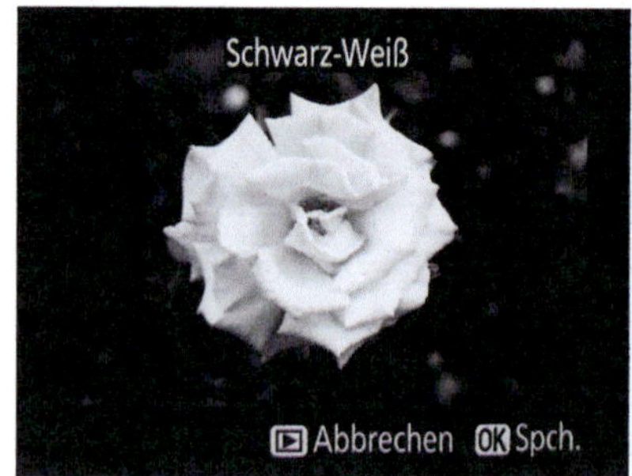

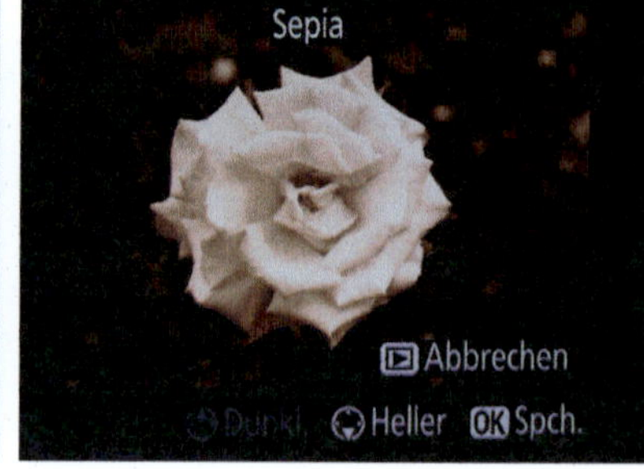

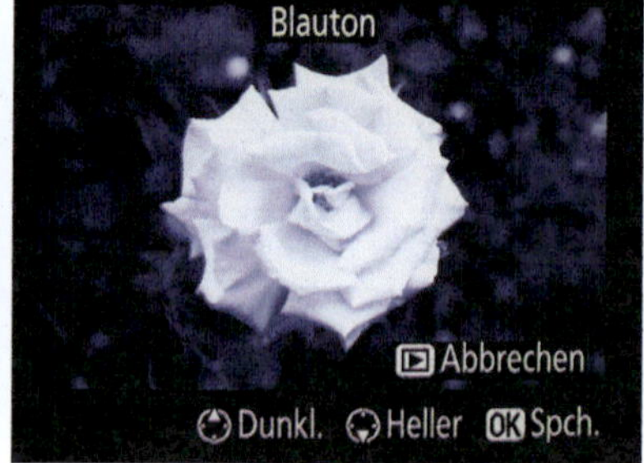

gut für Porträtaufnahmen. Der Blauton hingegen lässt ein Foto kühl und funktional wirken.

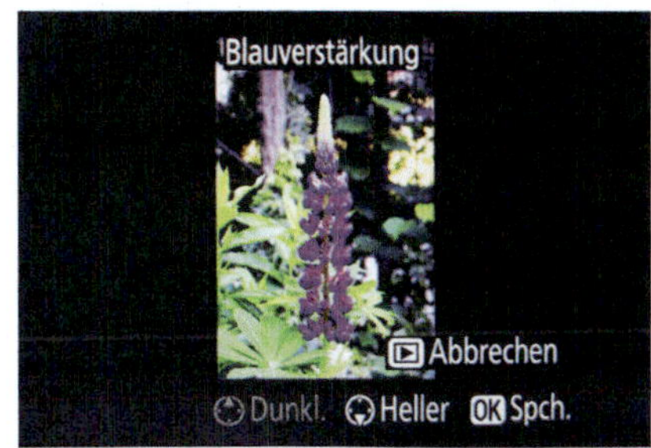

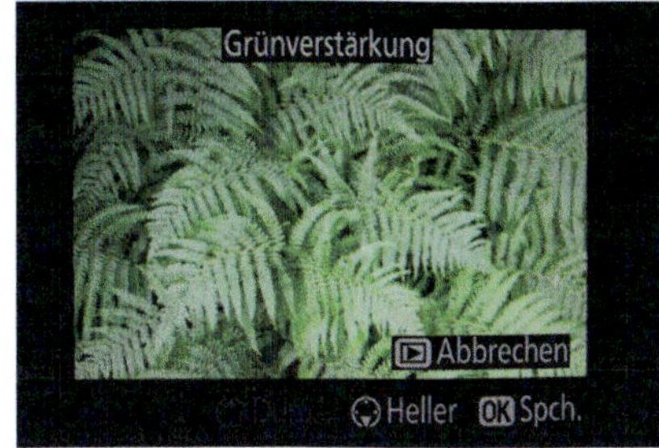

Filtereffekte

Die Filtereffekte versehen die ausgesuchten Fotos mit speziellen Effekten, die teilweise die Effekte von Objektivfiltern nachahmen. Der *Skylight-Filter* reduziert einen Blaustich im Bild, wie er durch Reflektion eines intensiv blauen Himmels entstehen kann. *Warmer Farbton* bewirkt eine leichte Rotverschiebung im Bild und sorgt für wärmere Farben. Die *Rot- Grün- und Blauverstärkung* hebt die Sättigung der genannten Farben an. Mit dem Multifunktionswähler kann der Effekt verstärkt oder abgeschwächt werden.

Sterneffekt

Der *Sterneffekt* versieht Spitzlichter und Lichtquellen im Bild mit einem strahlenförmigen Effekt. Er hat zahlreiche Optionen, wie Anzahl der Strahlen, Filterstärke, Winkel und Länge der Strahlen. Vor allem in romantische Fotos mit Kerzenlicht oder anderen heimeligen Lichtquellen lässt sich so schnell und einfach ein netter Effekt zaubern.

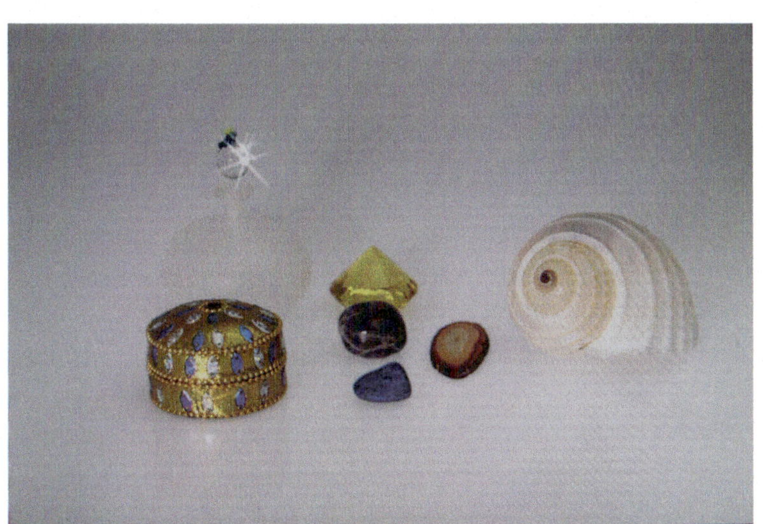

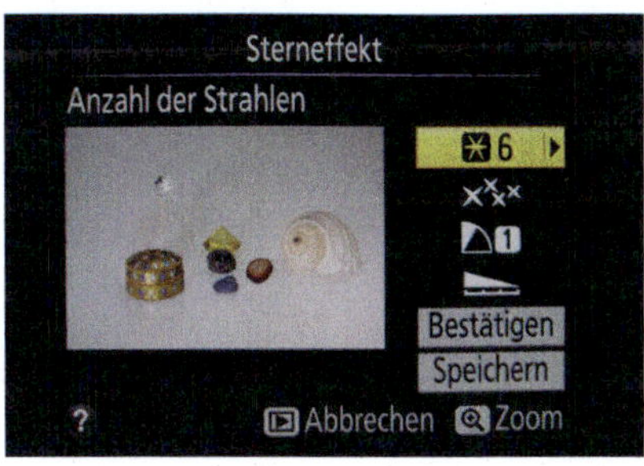

Mit *Bestätigen* erscheint eine Vorschau des Effekts und erst mit dem Menüpunkt *Speichern* wird das Bild auf die SD-Karte gespeichert.

Farbabgleich

Mit dem *Farbabgleich* können Sie die Farbbalance in Ihrem Foto verschieben. Auf dem Kameramonitor werden dazu drei Bereiche angezeigt.

Das Foto, auf das die Farbverschiebung angewandt werden soll, das RGB-Histogramm, das die Farbverschiebung im Histogramm sichtbar macht und ein kleines Farbfeld, das die Verteilung der Farben und die Richtung der Farbverschiebung anzeigt.

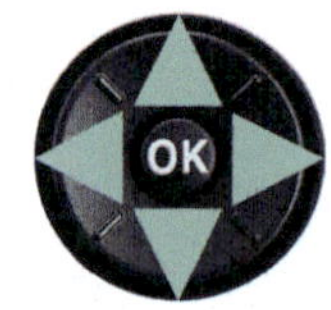

Mit dem Multifunktionswähler können Sie einen kleinen schwarzen Punkt auf dem Farbfeld gezielt verschieben und so auch anspruchsvolle Farbverschiebungen vornehmen.

Bildmontage

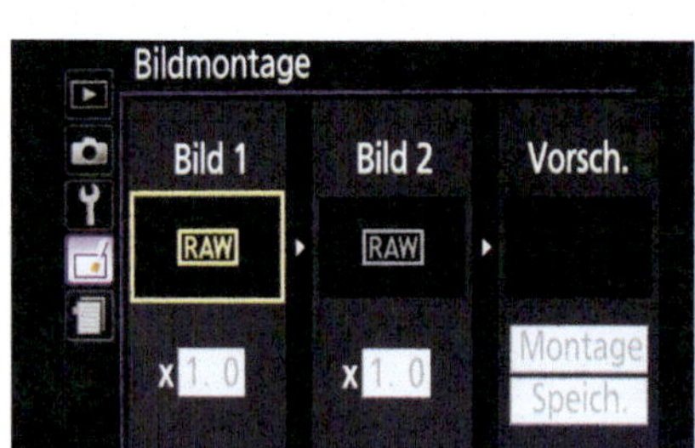

Um zwei RAW-Fotos zu einem neuen Bild zu kombinieren dient die Funktion Bildmontage. Nikon spricht im Handbuch selbstbewusst von Ergebnissen, die „... sichtbar besser als Bildmontagen (sind), die mithilfe einer Bildbearbeitungssoftware erstellt wurden."

Zumindest in unseren Praxistests hat das nicht immer funktioniert. Trotzdem erhält der Anwender ein mächtiges und sehr einfach zu handhabendes Montage-Tool.

Besonders gut arbeitet die Bildmontage mit hellen Motivbestandteilen vor einem dunklen Hintergrund.

Zuerst werden mit der OK-Taste zwei bereits aufgenommene Fotos im RAW-Format ausgewählt, die in einem Bild zusammengefügt werden sollen.

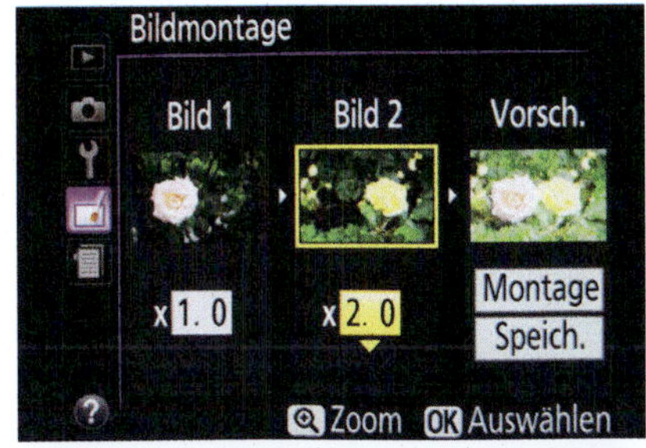

In einem zweiten Schritt können Sie die Belichtung der beiden Fotos aneinander anpassen. Die Werte für die Anpassung liegen zwischen 0,1 und 2,0.

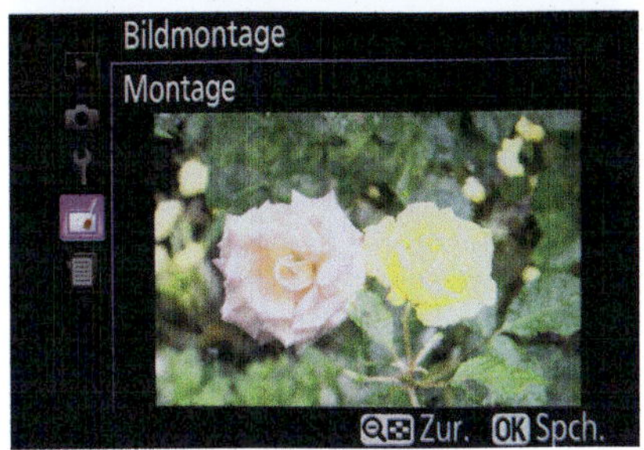

Das Ausgangsbild hat den Wert 1,0 Mit dem Wert 0,5 wird die Belichtungsanpassung halbiert und mit einem Wert von 2,0 wird sie verdoppelt. Das Ergebnis kann unter *Vorsch.* (für Vorschau) begutachtet werden.

Mit der OK-Taste können Sie die fertige Montage endgültig abspeichern.

Das Ergebnis der Montage ist ein erstaunlich gutes Bild, auch wenn wir es im Beispiel mit der Aufhellung etwas übertrieben haben.

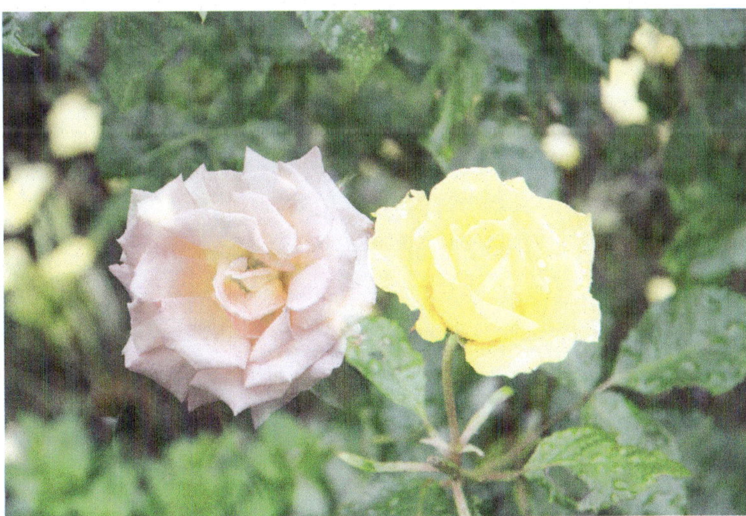

Leider hat man keinen wirklichen Einfluss darauf, welche Motivelemente in die fertige Bildmontage übernommen werden und welche nicht. Das führt leider dazu, dass die Funktion doch in vielen Fällen eingeschränkt ist. Nach unserer Erfahrung sind es helle, hervorstechende Objekte die in die Montage übernommen werden.

NEF-(RAW-)Verarbeitung

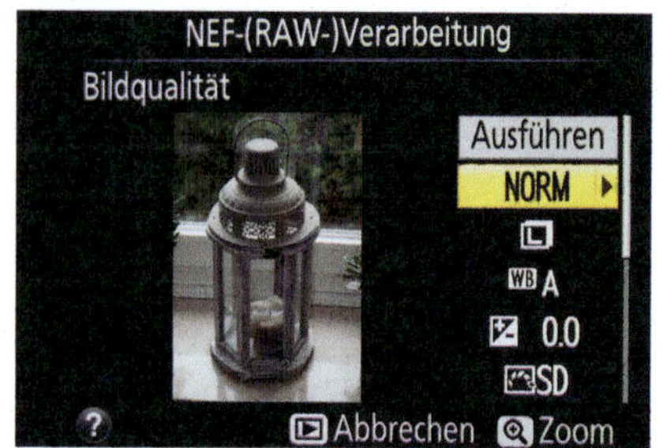

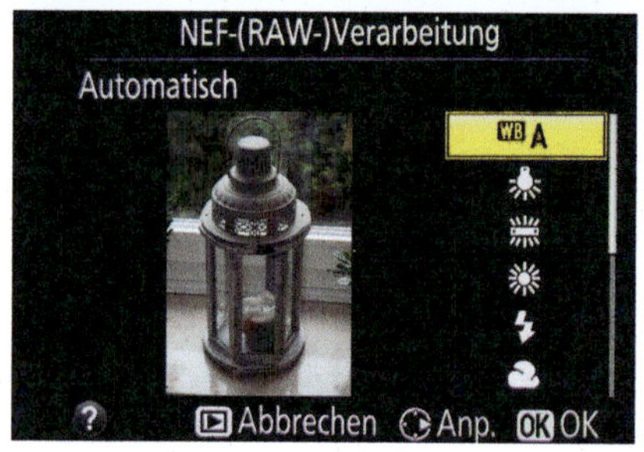

Eine weitere umfangreiche Funktion ist die RAW-Daten Konvertierung in das JPEG-Format. Die Optionen sind zwar nicht so umfangreich wie in vielen RAW-Entwicklern, die als Software angeboten werden, unterwegs ist es aber manchmal außerordentlich praktisch nicht zwangsweise auf eine RAW-Software angewiesen zu sein.

Vor der Entwicklung können Sie auf folgende Parameter Einfluss nehmen:

- die Bildqualität in den Stufen Fine, Norm und Basic
- die Bildgröße in den Formaten Large, Medium und Small
- den Weißabgleich, er bietet alle Einstellungsmöglichkeiten die auch für die Aufnahme verfügbar sind.
- die Belichtungskorrektur in Stufen von 0,3 LW bis max. ± 2,0 LW
- Picture Control, es stehen alle Picture Control Modi wie bei der Aufnahme zur Verfügung.
- Rauschreduzierung bei hoher ISO-Empfindlichkeit On oder Off
- den Farbraum sRGB oder AdobeRGB
- das D-Lighting mit den Werten Off, Low, Normal und High

Verkleinern

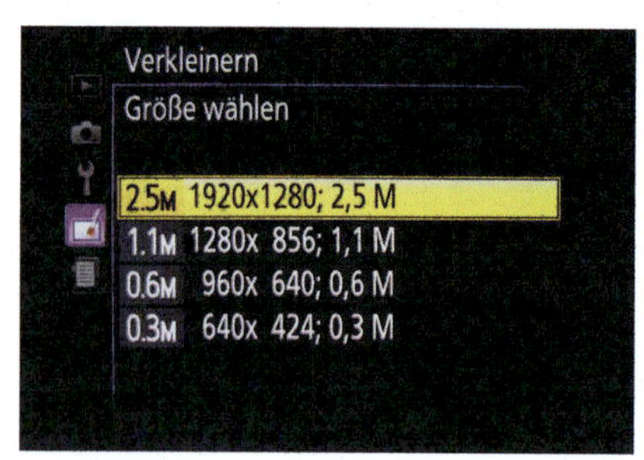

Mit der Funktion *Verkleinern* kann sehr schnell die Größe der Fotos reduziert werden. Dazu wird zuerst wieder ein Foto ausgewählt und anschließend kann unter dem Menüpunkt *Größe wählen* eine von vier Größenoptionen angewählt werden. Die Stufen betragen 2,5 – 1,1 – 0,6 und 0,3 Megapixel.

Schnelle Bearbeitung

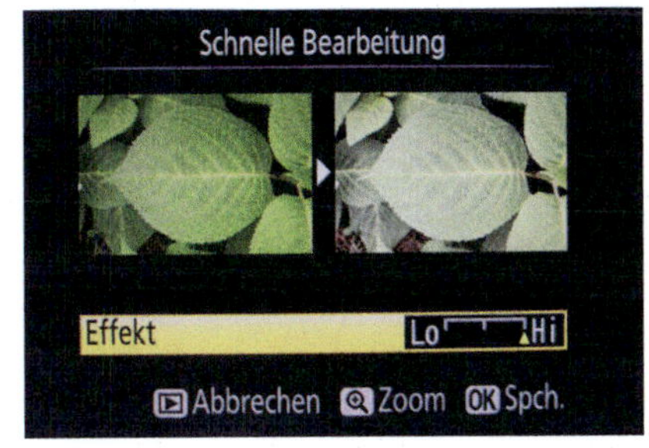

Diese Funktion versucht weitgehend automatisch eine optimierte Version des Ausgangsbildes zu erstellen. Dazu werden die Farbsättigung und der Kontrast angehoben. Befinden sich dunkle Bereiche im Bild werden sie mit der D-Lighting Funktion etwas aufgehellt. Als Option stehen lediglich die Bearbeitungsstärken Low/Normal/High zur Verfügung.

Ausrichten

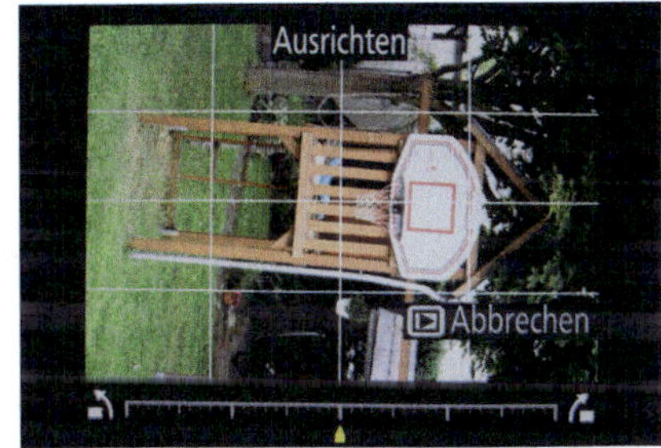

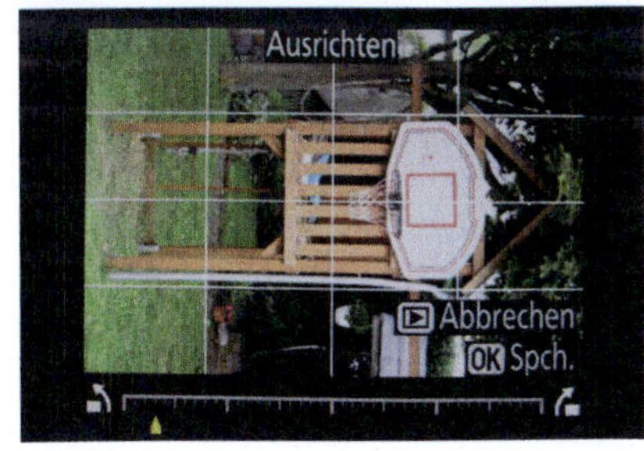

Super praktisch ist die Funktion *Ausrichten*. Wie der Name schon sagt, können Fotos ganz schnell gerade gerichtet werden. Durch drücken des Multifunktionswählers nach rechts wird das Bild im Uhrzeigersinn gedreht. Entsprechend dreht ein Druck nach links auf dem Multifunktionswähler das Bild gegen den Uhrzeigersinn.

Die Schrittweite der Drehung beträgt dabei jeweils ¼ Grad. Insgesamt kann das Bild um bis zu 5 Grad gedreht werden. Das Programm beschneidet das Bild zum Schluss automatisch auf die bestmögliche Größe.

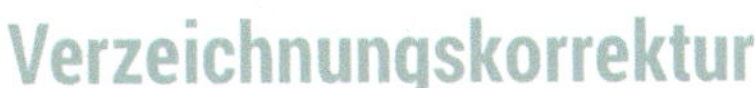

Verzeichnungskorrektur

Viele (Zoom-) Objektive haben, vor allem an den jeweiligen Brennweitenenden, eine mehr oder weniger ausgeprägte Verzeichnung. Meist in Form einer tonnen- oder kissenförmigen Verzerrung.

Mit der Verzeichnungskorrektur der D3300 können diese Verzerrungen recht einfach korrigiert werden. Bei den Nikon eigenen Objektiven des G-, E- und D-Typs funktioniert das sogar automatisch. Die Verzeichnung kann bei allen anderen

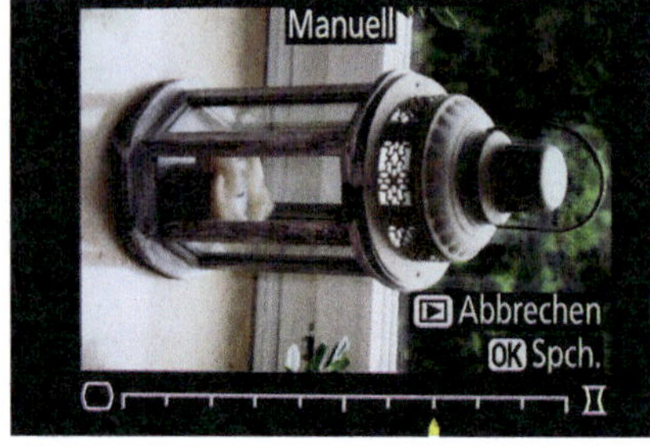

Objektiven manuell vorgenommen werden. Für viele Objektive funktioniert die Korrektur ausgezeichnet, extreme Verzeichnungen könne aber nicht vollständig beseitigt werden.

Fisheye

Mehr unter die Kategorie Spaßprogramm muss wohl die Funktion *Fisheye* verstanden werden. Sie verzerrt Fotos derart, dass sie wie mit einem Fisheye aufgenommen wirken. Eine wirklich nützliche Anwendung fällt mir jetzt gerade nicht ein, es sei denn zum Spaß.

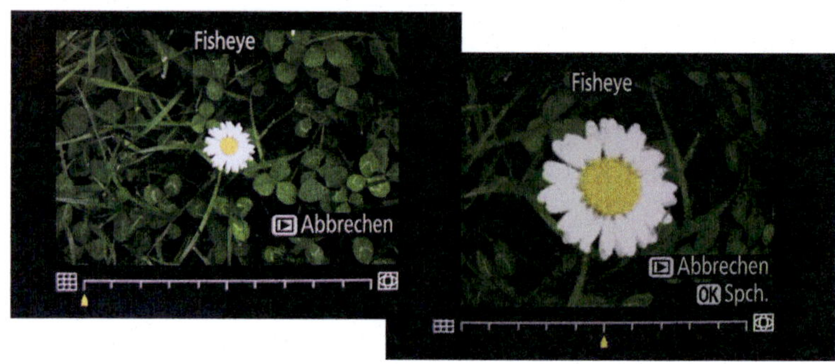

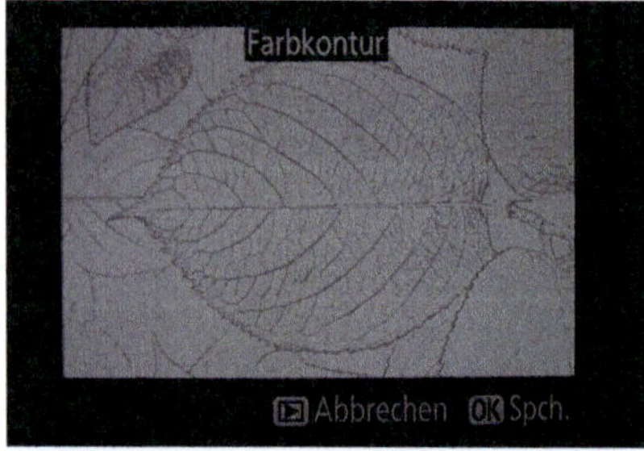

Farbkontur

Die kreative *Farbkontur* erstellt anhand von Farbkonturen eine Art Strichzeichnung, die z. B. als Vorlage für eigene Zeichnungen dienen kann. Am besten funktioniert der Effekt mit starken Farben vor einem möglichst einförmigen Hintergrund.

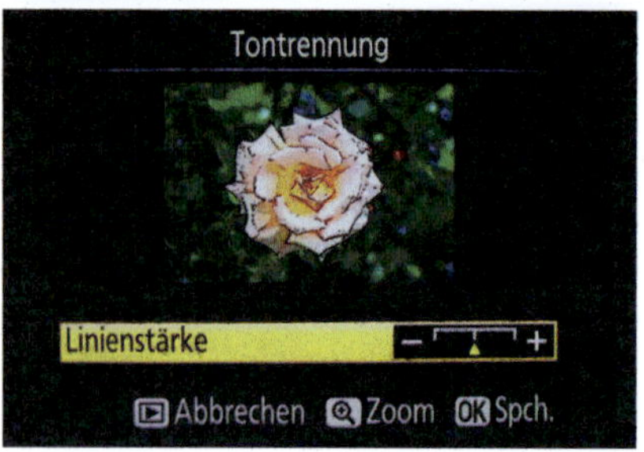

Tontrennung

Die *Tontrennung* führt durch eine Reduzierung der Farbabstufungen und einer Betonung der Konturen zu einer Posterisierung. Das kann bei geeigneten Fotos zu einem interessanten Effekt führen. Die Linienstärke der Konturenbetonung kann variiert werden.

Farbzeichnung

Die *Farbzeichnung* lässt ein Foto wie eine Buntstiftzeichnung aussehen. Die Stärke der Farbsättigung und der Konturen kann verändert werden.

Perspektivkorrektur

Zu den besonders interessanten Funktionen der kamerainternen Bildbearbeitung gehört die *Perspektivkorrektur*. Mit dieser Funktion können effektiv perspektivische Verzerrungen, wie sie z. B. beim Effekt der stürzenden Linien vorkommt, verbessert werden.

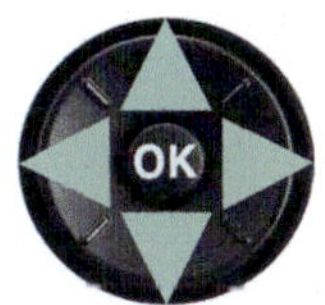

Beachten Sie bitte, dass bei starken Korrekturen automatisch größere Randbereiche des Fotos abgeschnitten werden müssen. Die Einstellungen werden mit dem Multifunktionswähler vorgenommen.

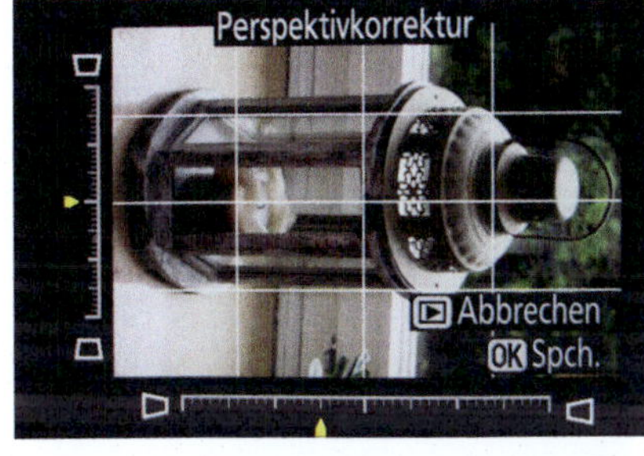

Miniatureffekt

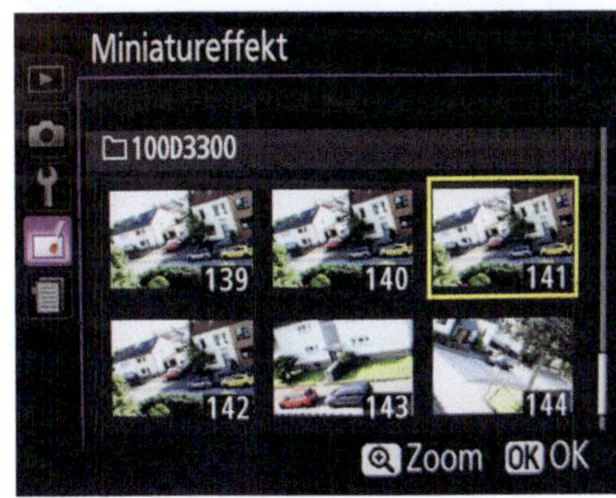

Ein weiterer Kandidat aus dem EFFECTS-Programm ist der beliebte *Miniatureffekt*, der Landschaften und Szenen wie Spielzeug aussehen lässt. Besonders gut funktioniert der Effekt, wenn Stadt- und Straßenszenen aus größerer Höhe aufgenommen werden.

Im Prinzip wird außer einem schmalen waagerechten oder senkrechten Streifens das Bilde unscharf gerechnet. Durch die so simulierte geringe Schärfentiefe sollen tatsächliche Entfernungen sehr viel größer erscheinen und die Objekte in der scharfen Zone dann entsprechend klein. Je nach Motiv ergeben sich daraus wirklich nette Fotos.

Wählen Sie dazu in einem ersten Schritt ein passendes Foto aus.

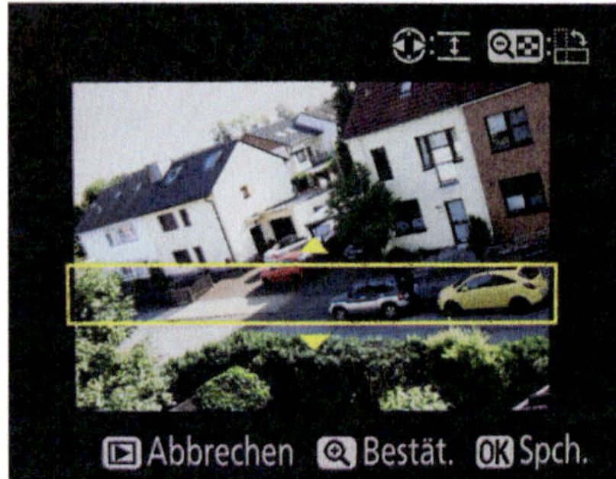

Anschließend können Sie mit der Taste die Ausrichtung des scharfen Bereichs auswählen (waagerecht oder senkrecht). Der Bereich, der später im Foto scharf abgebildet wird, ist mit einem gelben Rahmen gekennzeichnet. Mit dem Multifunktionswähler kann dann ein waagerechter Schärfebereich mit den Tasten verschoben werden. Für die senkrechte Ausrichtung dienen entsprechend die Tasten . Mit den jeweils umgekehrten Tastenkombination können Sie dann die Höhe bzw. Breite des Schärfebereichs verändern.

Zum Schluss bestätigen Sie Ihre Auswahl einfach mit der OK-Taste. Es wird Ihnen dann sofort eine Vorschau auf das fertige Bild angezeigt.

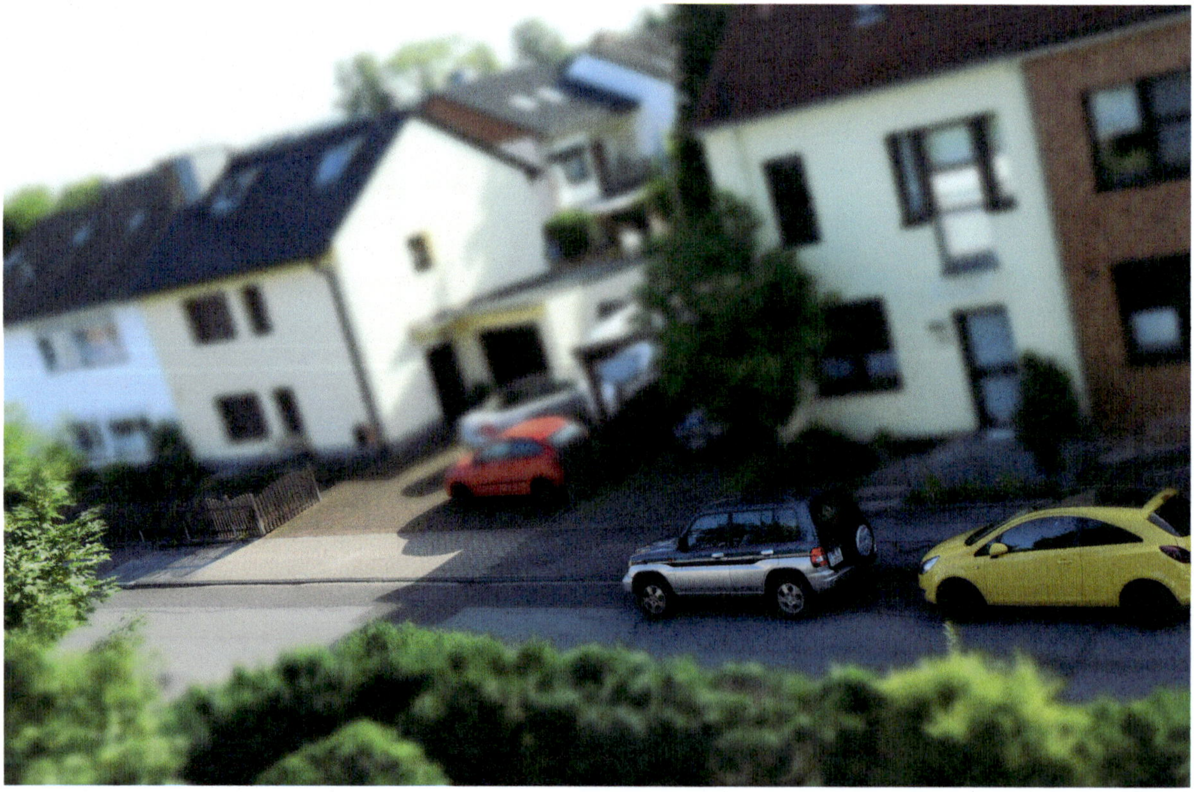

Selektive Farben

Soll auf einem Foto nur eine einzige Farbe oder auch ein Farbbereich als markanter Eyecatcher vorhanden sein und der Rest des Fotos monochrom erscheinen, ist die Funktion *Selektive Farben* die richtige Wahl.

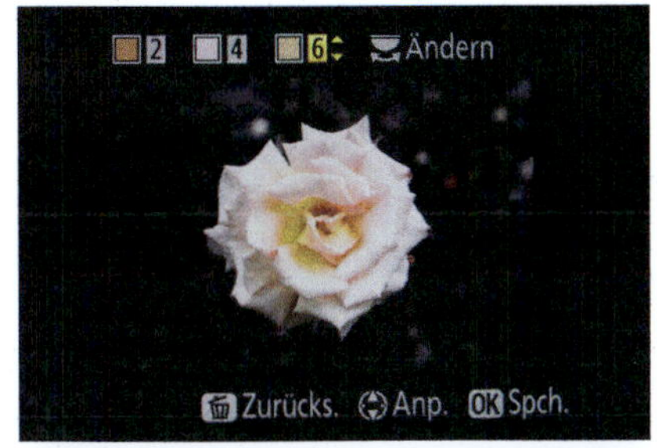

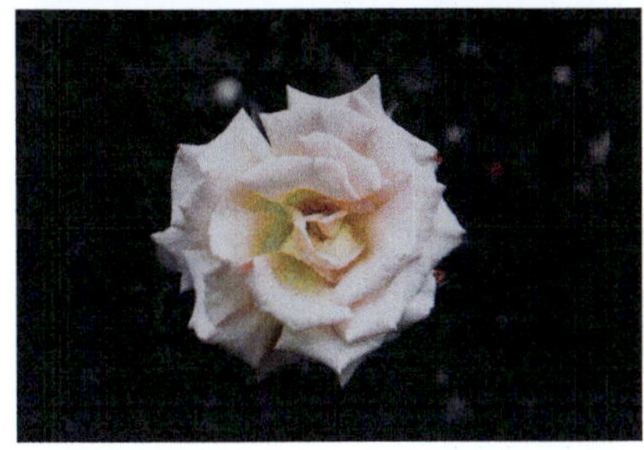

Dazu muss nur ein Bild ausgewählt werden und dann können maximal drei Farben mit einem Farbpicker ausgewählt werden. Dazu muss ein kleiner Cursor auf die auszuwählende Farbe gesetzt werden. Anschließend wird mit der Taste AE-L/AF-L die Farbe festgehalten. Mit dem Multifunktionswähler, wird dann die nächste Farbe angesteuert.

Meistens wirkt es auf dieser Art Foto besser, wenn nur eine einzige Farbe bzw. ein einheitlicher Farbbereich ausgewählt wird. Die drei im obigen Beispiel ausgewählten Farben könne z. B. die Farbschattierungen der Rose schon recht gut abdecken.

Bilder vergleichen

Mit dieser Funktion können die bearbeiteten Fotos direkt mit den Originalen verglichen werden.

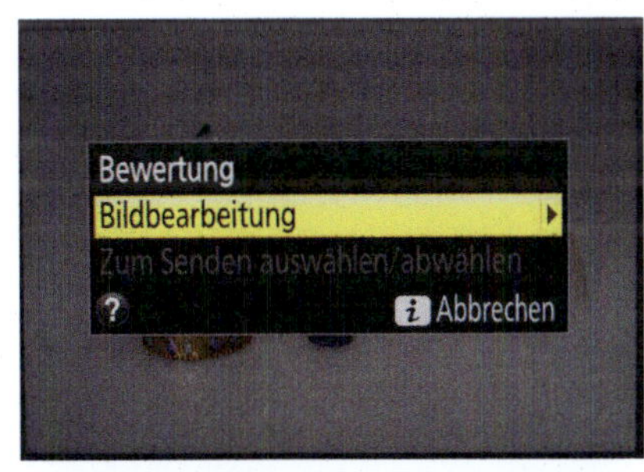

Allerdings geht es auf dem Display dann schon etwas gedrängt zu.

Diese Funktion ist nicht über das Menü der D3300 zu erreichen, sondern nur über die Taste i im Wiedergabemodus ▶.

Unter dem Menüpunkt *Bildbearbeitung/Bilder vergleichen* können Sie sich dann beide Varianten des Fotos anschauen.

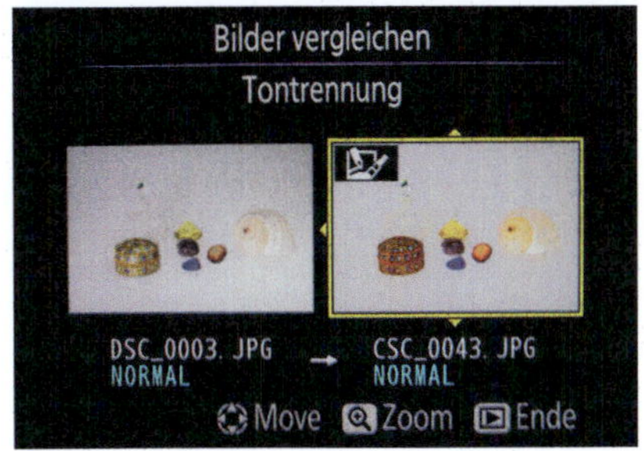

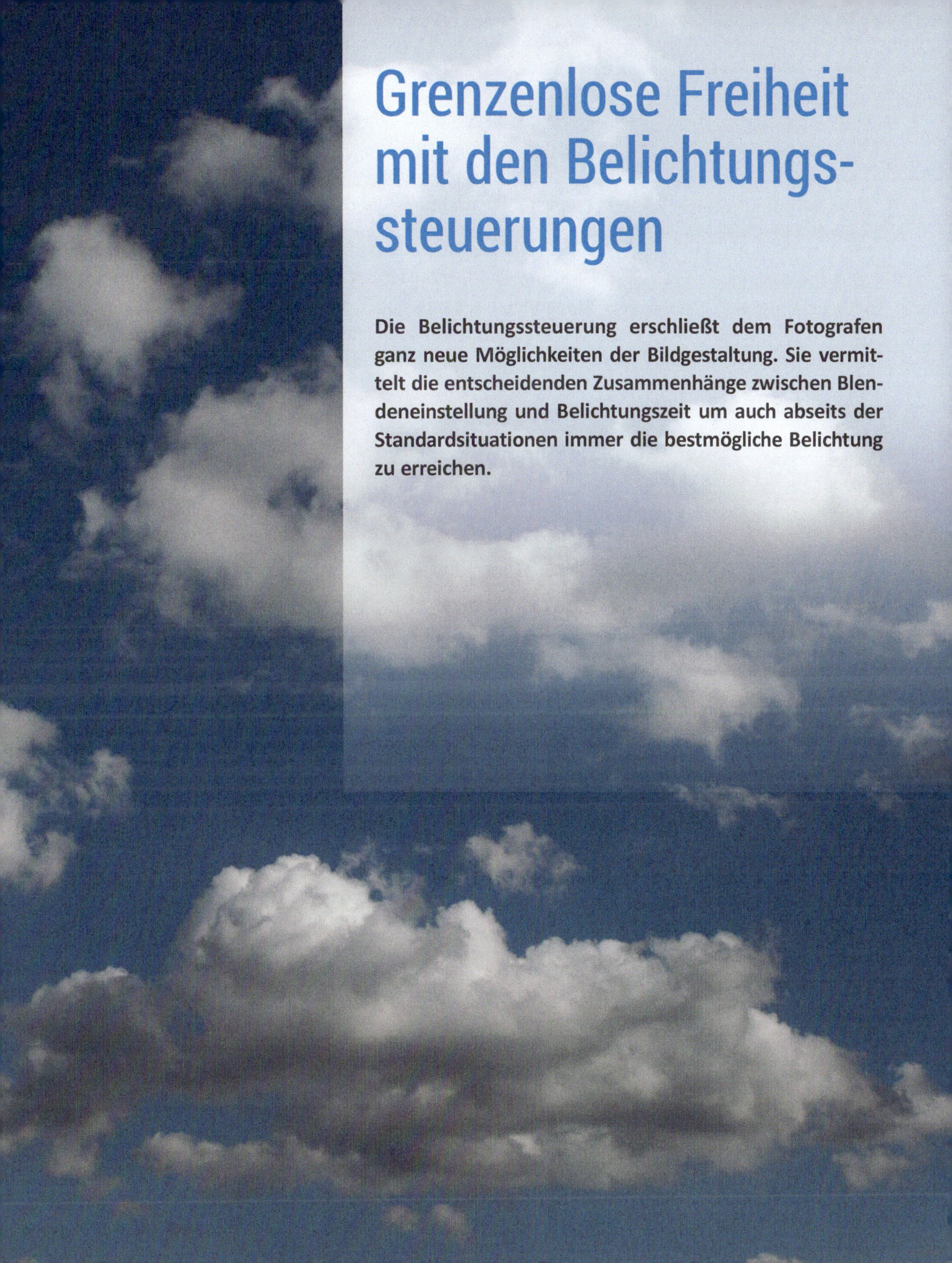

Grenzenlose Freiheit mit den Belichtungssteuerungen

Die Belichtungssteuerung erschließt dem Fotografen ganz neue Möglichkeiten der Bildgestaltung. Sie vermittelt die entscheidenden Zusammenhänge zwischen Blendeneinstellung und Belichtungszeit um auch abseits der Standardsituationen immer die bestmögliche Belichtung zu erreichen.

Namensgebung der Programme S und A

Die Bezeichnug Blendenautomatik für S(utter) und Zeitautomatik für A(perture) mag auf den erste Blick verwirren. Es wird aber sofort klar, wenn man bedenkt, dass im Programm S die Belichtungszeit (Shutter) vorgegeben und die passende Blende automatisch eingestellt wird. Ebenso verhält es sich mit dem Programm A, hier wird die Blende (Aperture) aktiv gewählt, und die Kamera stellt automatisch eine passende Belichtungszeit ein.

Die D3300 kennt wie alle Nikon-Modelle vier Belichtungssteuerungen: die Programm- (P – **P**rogram), die Blenden- (S – **S**hutter) und die Zeitautomatik (A – **A**perture) sowie die vollständig manuelle Belichtungssteuerung (M – **M**anual).

Wer bislang nur mit den Vollautomatiken oder Motivprogrammen fotografiert hat, nähert sich den Belichtungssteuerungen am besten über die fotografischen Situationen, für die sie sich jeweils bewährt haben. Viele Fotografen erkennen schnell, dass ihnen eine Betriebsart am leichtesten von der Hand geht. Dies ist dann meist auch der geeignetste Arbeitsmodus.

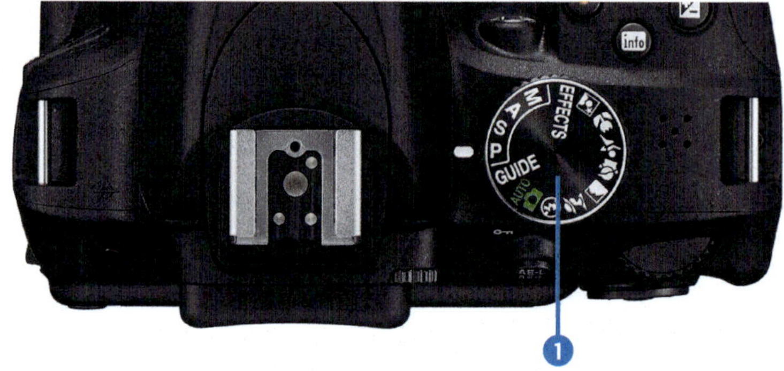

▶ *Mit dem Funktionswählrad* 1 *wählen Sie die passende Belichtungssteuerung P, S, A oder M aus.*

Sie können in den Modi der Belichtungssteuerung über die zweckmäßigsten Einstellungen des Autofokus, der AF-Messfelder, der Picture-Control-Konfigurationen, des Einsatzes des Blitzes, der Active D-Lighting-Funktion und über viele weitere Einstellungen nach Belieben verfügen. Diese Möglichkeiten stehen Ihnen in der Vollautomatik oder den Motivprogrammen nur eingeschränkt oder gar nicht zur Verfügung. Die Belichtungssteuerungen bieten Ihnen also umfassende Freiräume, mehr als nur die Steuerung von ISO-Wert, Blende und Zeit. Sie eröffnen Ihnen die vollen Kapazitäten der D3300 ohne Vorgaben durch Programmierungen. Dafür ist der Umgang mit ihnen auch komplexer als mit den nutzerfreundlichen Motivprogrammen oder gar der Vollautomatik, die Ihnen die meisten Eingriffe abnimmt.

3.1 Belichten in der Live-View

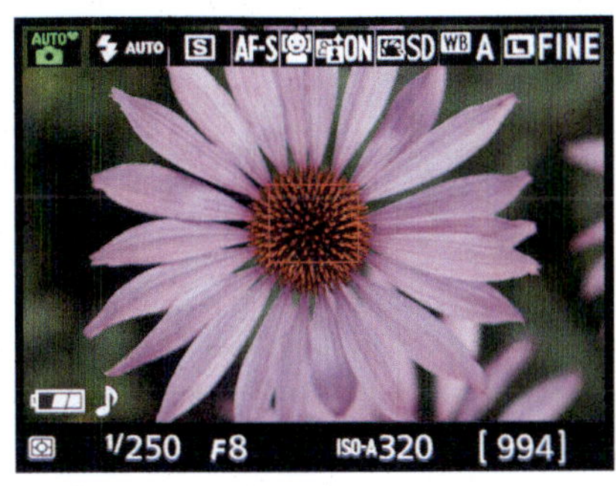

Alle Belichtungsfunktionen arbeiten auch in der Live-View wie gewohnt. In der Vollautomatik übernimmt die Kamera sämtliche Einstellungen für Sie, und Sie können sich ganz auf die Bildgestaltung konzentrieren. Im automatischen Modus entspricht das Bild auf dem Monitor in etwa dem aufgenommenen Foto, sodass Sie die eingestellte Belichtung einigermaßen gut abschätzen können. In den Halbautomatiken und dem manuellen Modus (P, S, A, M) funktioniert das aber nicht. Dort wird das Live-View-Bild elektronisch nachjustiert, um eine optimale Anzeige zu gewährleisten. Der Modus kann also nicht wie eine Abblendtaste z. B. an der Nikon D7100 genutzt werden. In der Live-View-Ansicht werden aber viele Informationen auf dem Monitor angezeigt, die die Belichtungseinstellung deutlich erleichtern können.

3.2 Die Programmautomatik (P) für den schnellen Schnappschuss

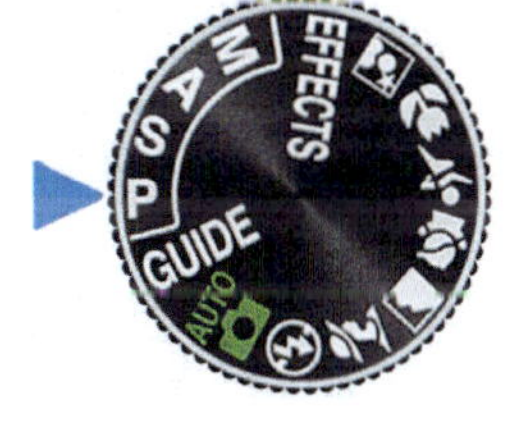

Die Programmautomatik (P) ist im Prinzip die Kombination aus Zeitautomatik (A) und Blendenautomatik (S), denn hier gibt die Kamera automatisch eine Kombination aus Zeit und Blende gemäß der aktuellen Helligkeit und dem eingestellten ISO-Wert vor.

Sie können auch eine andere Kombination aus Blende und Belichtung als die von der Kamera vorgeschlagene wählen. Um eine solche sogenannte Programmverschiebung (bzw. Shift) durchzuführen, drehen Sie einfach das hintere Einstellrad ❶.

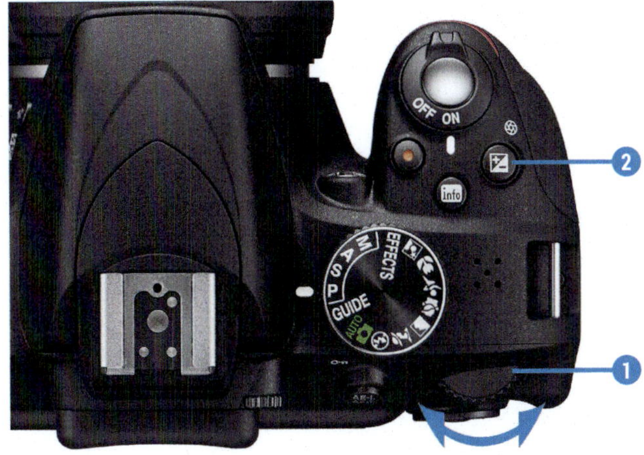

Wenn Sie das Rad nach links drehen, wird die Kamera eine Kombination mit einem höheren Blendenwert verwenden, dre-

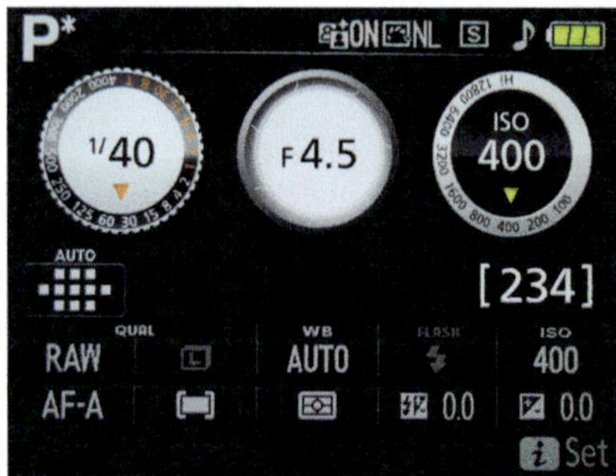

▲ *Wenn Sie die Kameravorgabe auf eine andere Zeit-Blende-Kombination verschoben haben, erscheint auf dem Infoschirm oben links neben dem P ein Sternchen.*

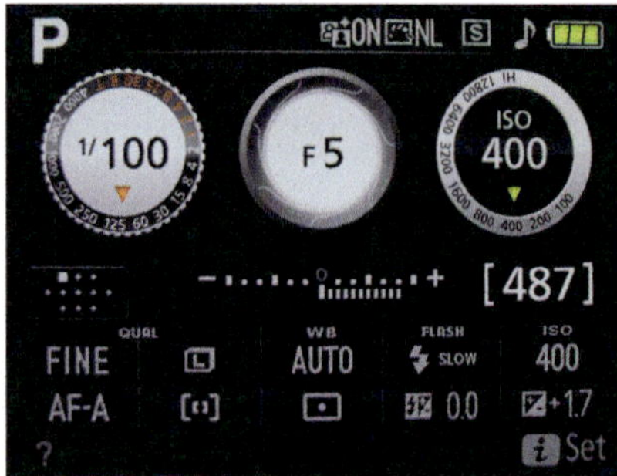

Der Lichtwert

Der **L**icht**w**ert (LW), englisch **E**xposure **V**alue (EV), steht für die Kombinationen aus Blende und Belichtungszeit, die zueinander äquivalent sind. Das Programmshiften macht sich dieses Prinzip zu nutze. Der Lichtwert ist in seiner Definition nicht ganz einfach zu verstehen, soll aber trotzdem kurz vorgestellt werden. Der Lichtwert von 0 ist definiert, als rechnerisches Äquivalent einer Belichtung mit Blende f/1,0 und einer Belichtungszeit von einer Sekunde. Eine Erhöhung des Lichtwerts um eins entspricht einer Halbierung der Belichtung, jede Verringerung um eins einer Verdopplung. Lichtwerte bemessen nicht die Helligkeit, sondern Zeit-Blenden-Kombinationen.

hen Sie nach rechts, mit einem niedrigeren, sofern das denn möglich ist.

Gleichzeitig ändert die Kamera allerdings die Belichtungszeit. Das Shiften bietet Ihnen eine verschobene Belichtungslösung mit demselben Belichtungsergebnis. Es dient z. B. dazu, die Schärfentiefe auch im Modus P zu beeinflussen.

Sie können mit der Programmautomatik keine bewussten Über- oder Unterbelichtungen einstellen, ohne die Belichtungskorrektur ❷ zu nutzen. Wenn Sie eine Korrektur eingegeben haben, erscheinen die Lichtwaage im Sucher und das Korrekturzeichen ⊠. Denken Sie daran, dass der Programmmodus P beim Shiften des Programms die Belichtungszeit quasi ohne Rücksicht auf Verluste dem neuen Blendenwert anpasst. Wenn Sie z. B. die Blende weit schließen, um eine große Schärfentiefe zu erreichen, kann es durchaus passieren, dass das Foto dann nicht mehr aus der Hand gemacht werden kann, weil es zu verwackeln droht. Sie sollten deshalb immer einen kurzen Blick auf die Belichtungszeit werfen und im Zweifelsfall den ISO-Wert erhöhen oder ein Stativ einsetzen.

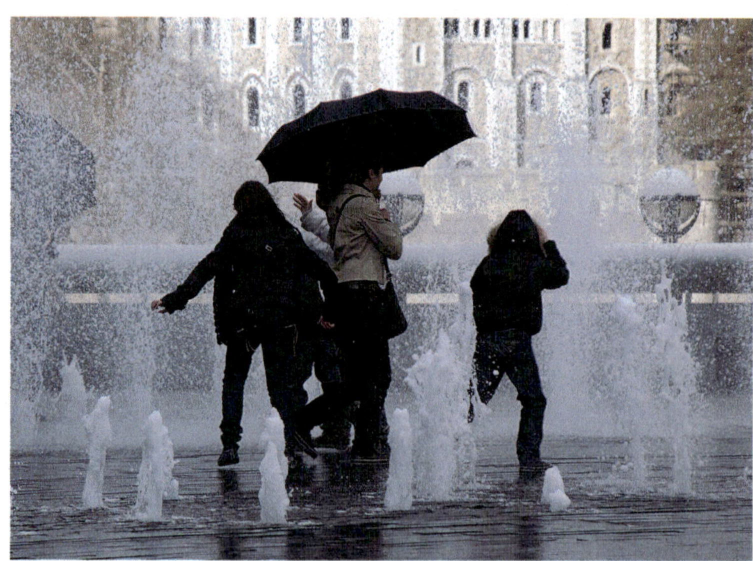

90 mm | f/7,1 | 1/640 s | ISO 400

Ein Stadtspaziergang, wie hier durch London, hält immer auch Gelegenheiten für schnelle Schnappschüssen bereit, oft bieten sich die Motive nur einen kurzen Moment an. Dann ist die Programmautomatik eine gute Wahl. Sie bekommen immer eine richtige Belichtung und behalten trotzdem die Kontrolle über die Kamera. Auf Urlaubstouren sind Gelegenheiten für Bilder ohne Personen, die ins Bild laufen, oft knapp. Dann heißt es schnell reagieren – und da ist die Programmautomatik die erste Wahl für den engagierten Fotografen. Bei den Baudenkmälern im usbekischen Buchara halten sich die Touristenströme zwar in Grenzen, aber es gibt so viele Motive, dass der Fotograf zügig arbeiten muss.

Auch in der Landschaftsfotografie leistet die Programmautomatik gute Dienste. Sollte der angebotene Blendenwert

80 mm | f/8,0 | 1/500 s | ISO 100

▼ *Sind einen Moment lang keine Touristen im Bild, heißt es schnell ein Foto zu machen.*

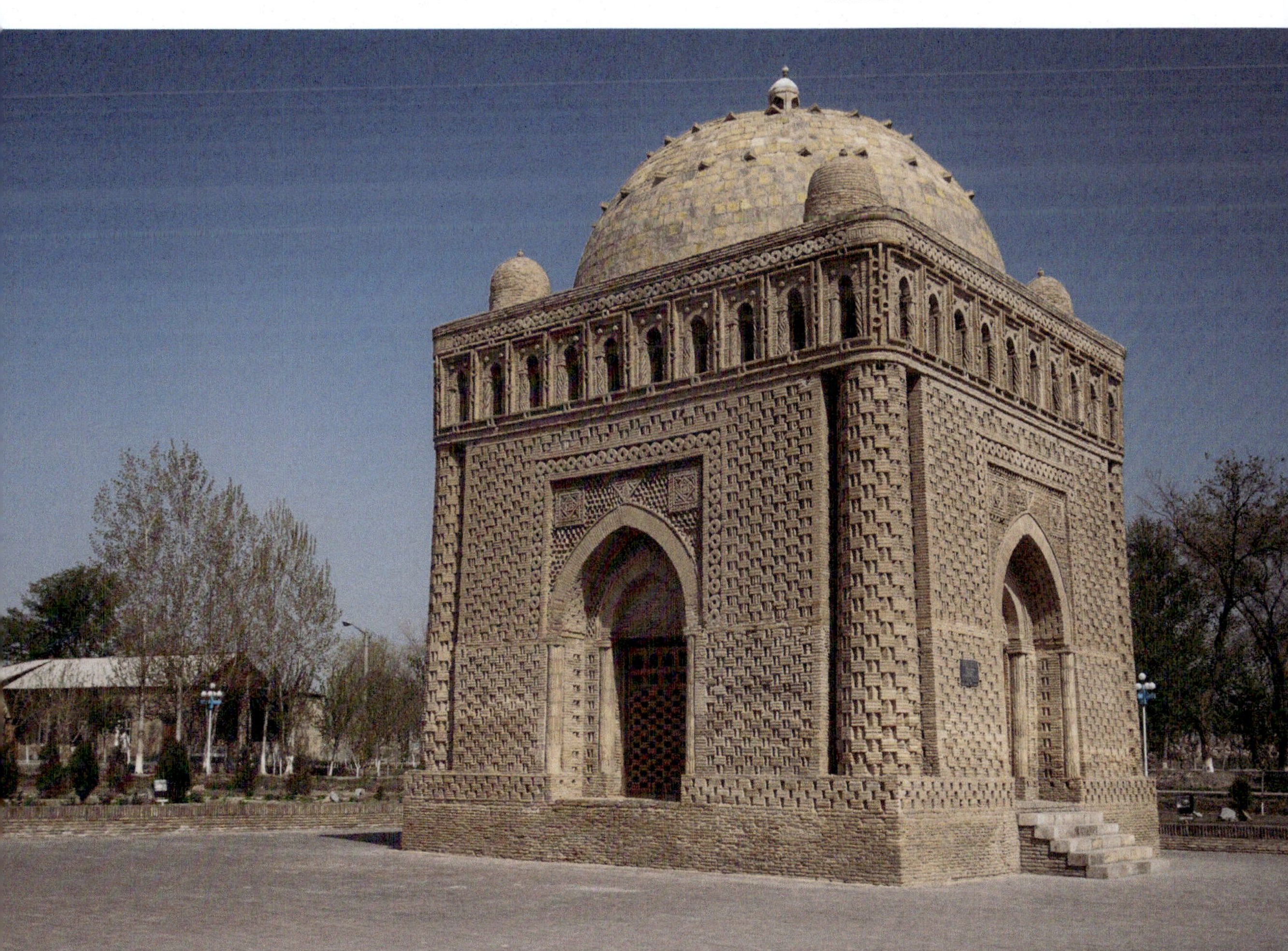

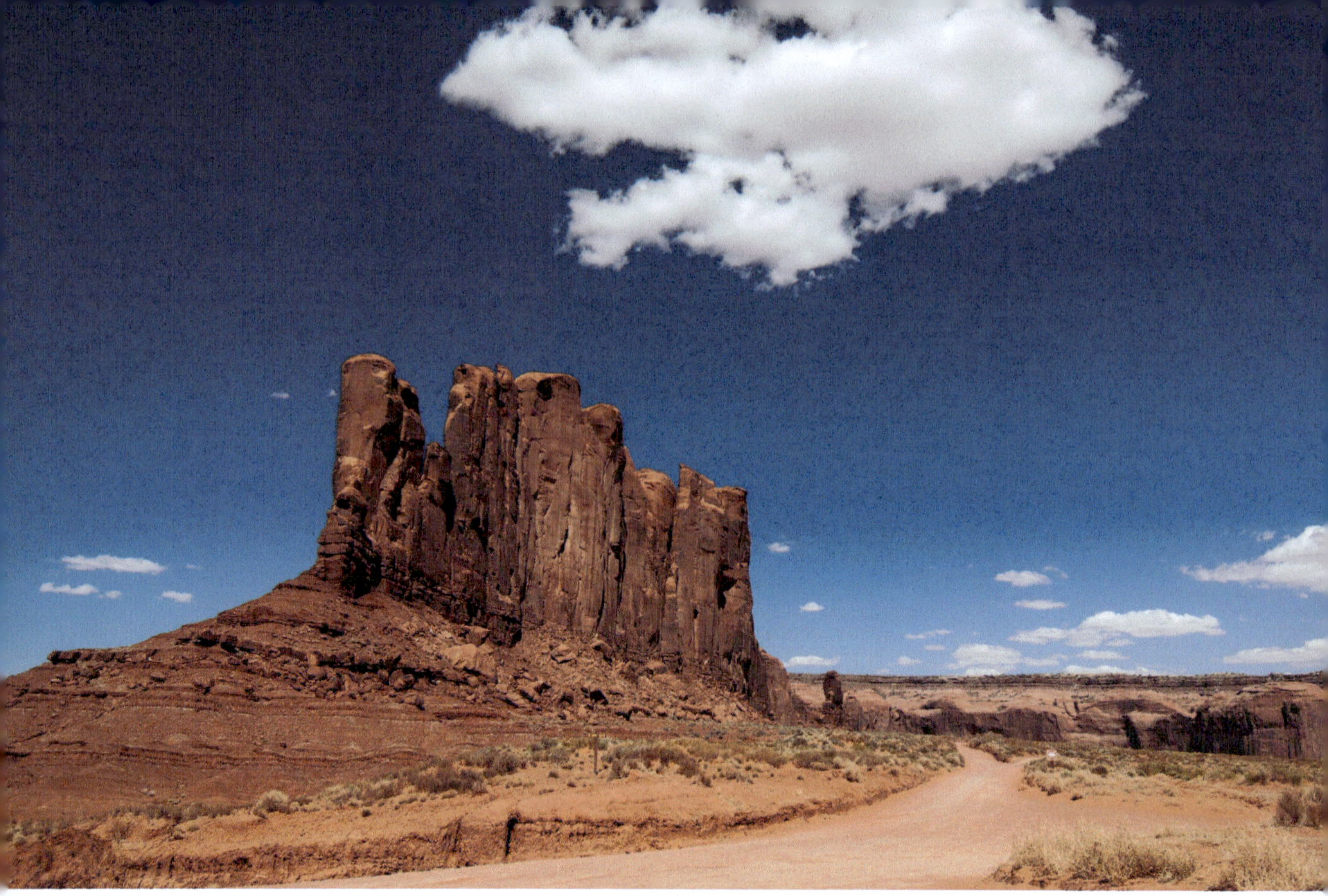

21 mm | f/8,0 | 1/320 s | ISO 100

nicht die notwendige Schärfentiefe aufweisen, können Sie durch Shiften einen besseren Wert erzielen. Reicht dieser nicht, ist die Zeitautomatik A oder die manuelle Belichtungssteuerung der bessere Weg.

Feuerwerksbilder kann die Programmautomatik auch. Allerdings müssen Sie die Belichtung um etwa -0,3 bis zu -1,3

150 mm | f/6,4 | 1/800 s | ISO 400

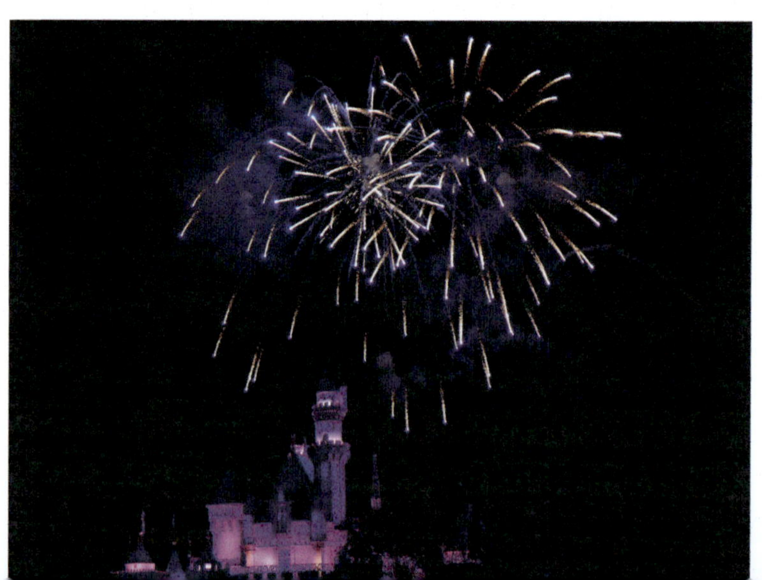

Blenden negativ korrigieren, weil sonst der Himmel keinen schwarzen Hintergrund bietet.

Für Sportbilder ist die Programmautomatik eher nicht geeignet. Um die Beine festzuhalten sowie den Sand, den ein Traber im Rennen hochschleudert, benötigen Sie mindestens 1/1000 s.

Die bietet Ihnen die Programmautomatik nicht ohne Weiteres. Entweder Sie shiften kräftig, oder Sie greifen gleich zur Blendenautomatik S.

Anders als bei der manuellen Belichtungssteuerung M liefert die Kamera immer eine korrekte Belichtung (im Rahmen des Möglichen).

200 mm | f/10,0 | 2,8 s | ISO 100

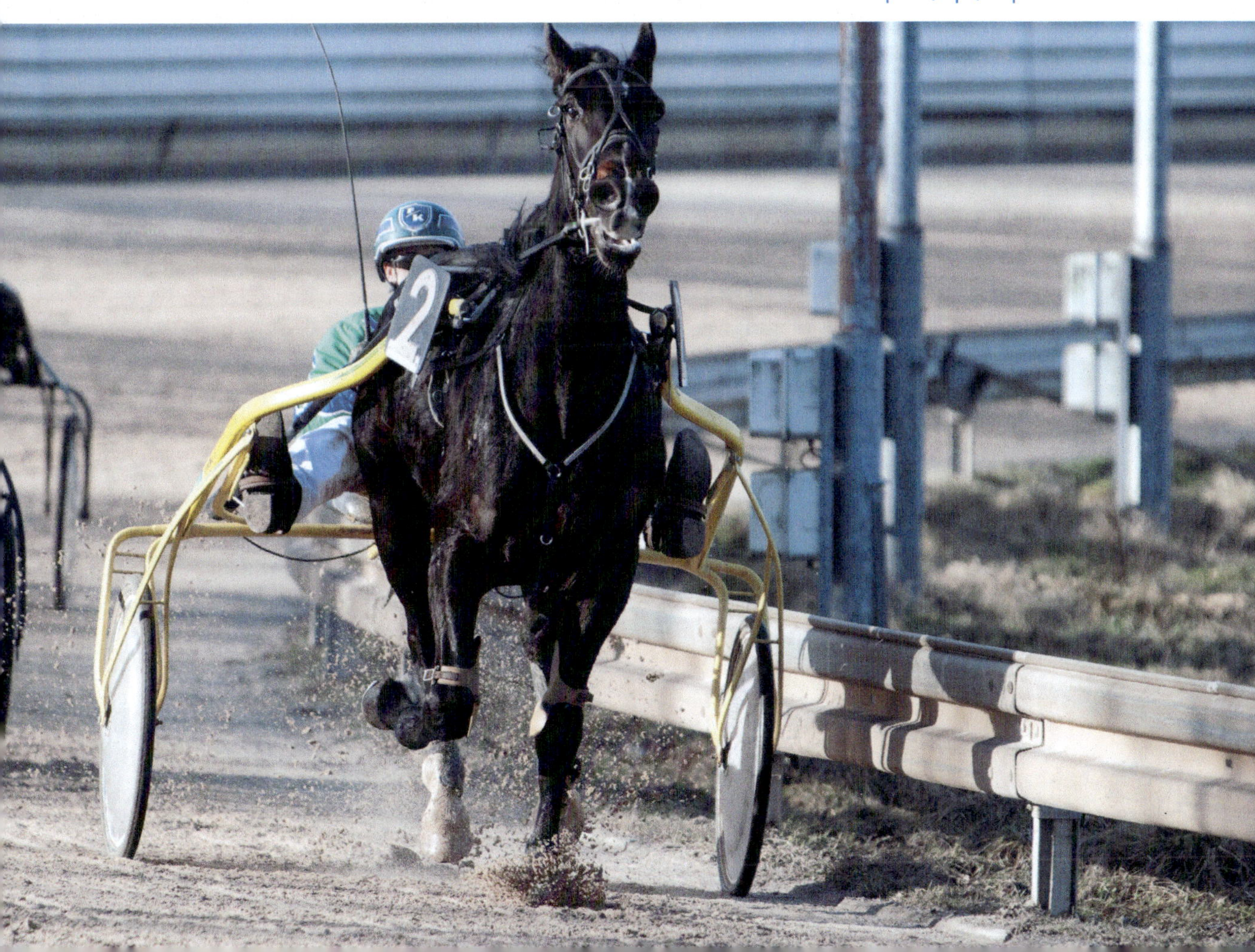

Wenn Sie mit der Zeitautomatik A, der Blendenautomatik S oder der Programmautomatik P eine gezielte Unter- oder Überbelichtung erzeugen wollen, können Sie das am besten durch eine Belichtungskorrektur mit der Taste erreichen.

3.3 Die Belichtungszeit vorgeben mit der Blendenautomatik (S)

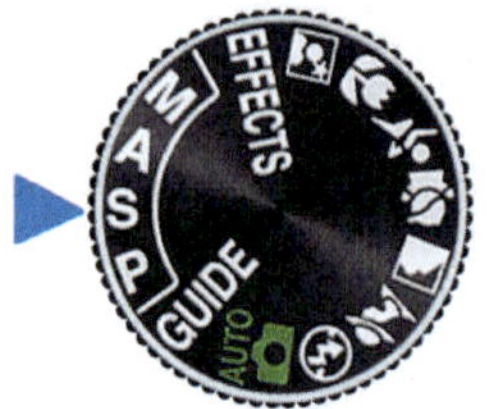

Die Blendenautomatik (S) ist die Umkehrung der Zeitautomatik. Hier geben Sie eine gewünschte Belichtungszeit (engl. **S**hutter Priority = Verschlusspriorität) vor, und die Kamera ermittelt in Abhängigkeit von der ISO-Vorgabe einen passenden Blendenwert aus den möglichen Blenden des Objektivs.

Immer wenn Sie Aufnahmen machen, bei de-nen eine bestimmte Belichtungszeit wichtig ist, können Sie diese in der Belichtungssteuerung S vorgeben.

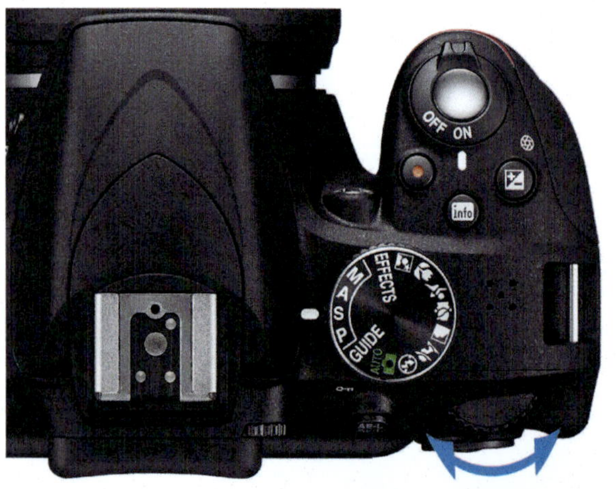

Möchten Sie z. B. ein sich schnell bewegendes Motiv festhalten, brauchen Sie sehr kurze Belichtungszeiten.

Durch eine genaue Steuerung der Belichtungszeit bewahren Sie sich die Gestaltungsfreiheit, ob Sie die Bewegung komplett einfrieren oder dem Bild durch gezielt eingesetzte Bewegungsunschärfe mehr Dynamik verleihen wollen.

Ein typisches Beispiel ist fließendes Wasser, das durch eine längere Belichtungszeit nicht mehr wie eingefroren wirkt.

Mit der Blendenautomatik die richtige Zeit finden

Wenn Ihre D3300-Objektiv-Kombination keine passende Blende einstellen kann, warnt ein Hinweis *!Motiv ist zu hell/dunkel*, und die Blendenzahl blinkt. Anhand der eingeblendeten Lichtwaage können Sie das Ausmaß der Über- oder Unterbelichtung abschätzen.

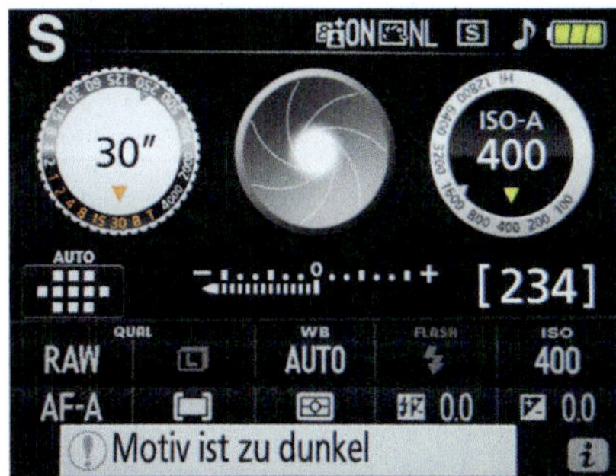

▲ *Ein Warnhinweis für eine starke Unterbelichtung.*

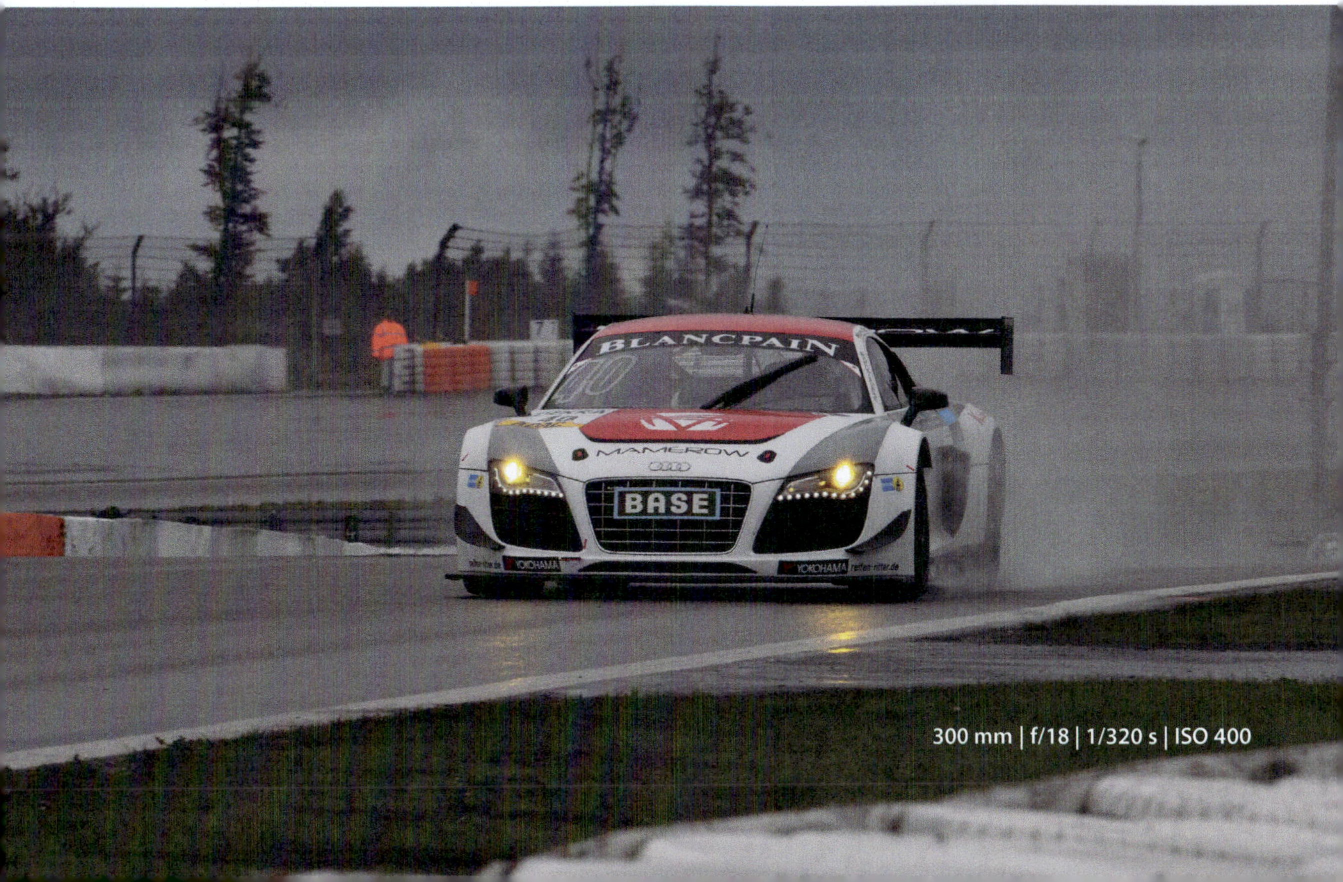

Eine gute Hilfe, um wirklich kurze Belichtungszeiten zu erreichen, ist die ISO-Automatik. Normalerweise stellt die D3300 erst bei einer Belichtungszeit von weniger als 1/60 s auf einen höheren ISO-Wert um. Für Sportaufnahmen ist das meist zu langsam, und Sie sollten eine Wechselzeit von etwa 1/250 s oder noch weniger nutzen, damit die Kamera den ISO-Wert schneller anpasst. Vorsichtshalber sollten Sie natürlich auch einen ISO-Höchstwert vorgeben, sonst reizt die D3300 schnell das volle Spektrum aus. Bitte nicht vergessen, die Werte hinterher wieder zurückzustellen.

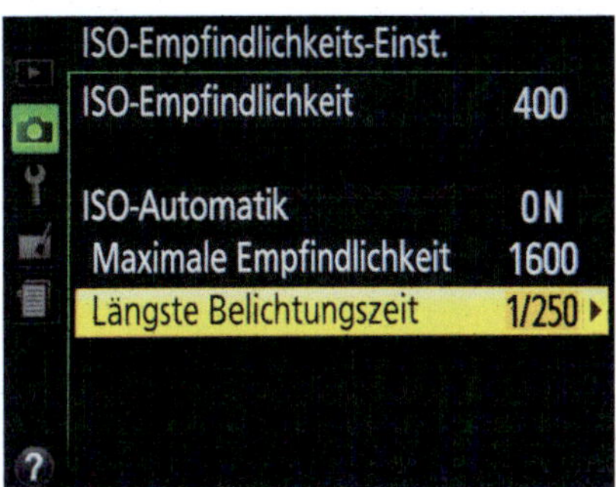

300 mm | f/18 | 1/320 s | ISO 400

Die Einstellungen können Sie im Menü *Aufnahme/ISO-Empfindlichkeits-Einst.* unter *ISO-Automatik* vornehmen.

Um einen Vogel im Flug scharf darzustellen, benötigen Sie eine Belichtungszeit von 1/500 s oder noch kürzer. Mit der Programmautomatik P bekommen Sie solche Zeiten nicht ohne Weiteres angeboten. Also sollten Sie bei der Pirsch nach solchen Tieren von vornherein eine sehr kurze Belichtungszeit einstellen und diese mit der ISO-Automatik kombinieren.

Doch nicht nur um der D3300 kurze Belichtungszeiten vorzugeben, eignet sich die Blendenautomatik S. Um solche Wischwirkungen zu erzielen, müssen Sie bewusst eine zu lange Belichtungszeit einstellen. In diesem Fall lieferte 1/30 s ein dynamisches Bild, und so können Sie die Blendenautomatik auch gut für andere gezielt längere Belichtungszeiten einsetzen.

300 mm | f/8,0 | 1/640 s | ISO 400
▼ *Durch die relativ hohe Brennweite schrumpft der Bereich der Schärfentiefe auch bei Blende f/8 deutlich zusammen.*

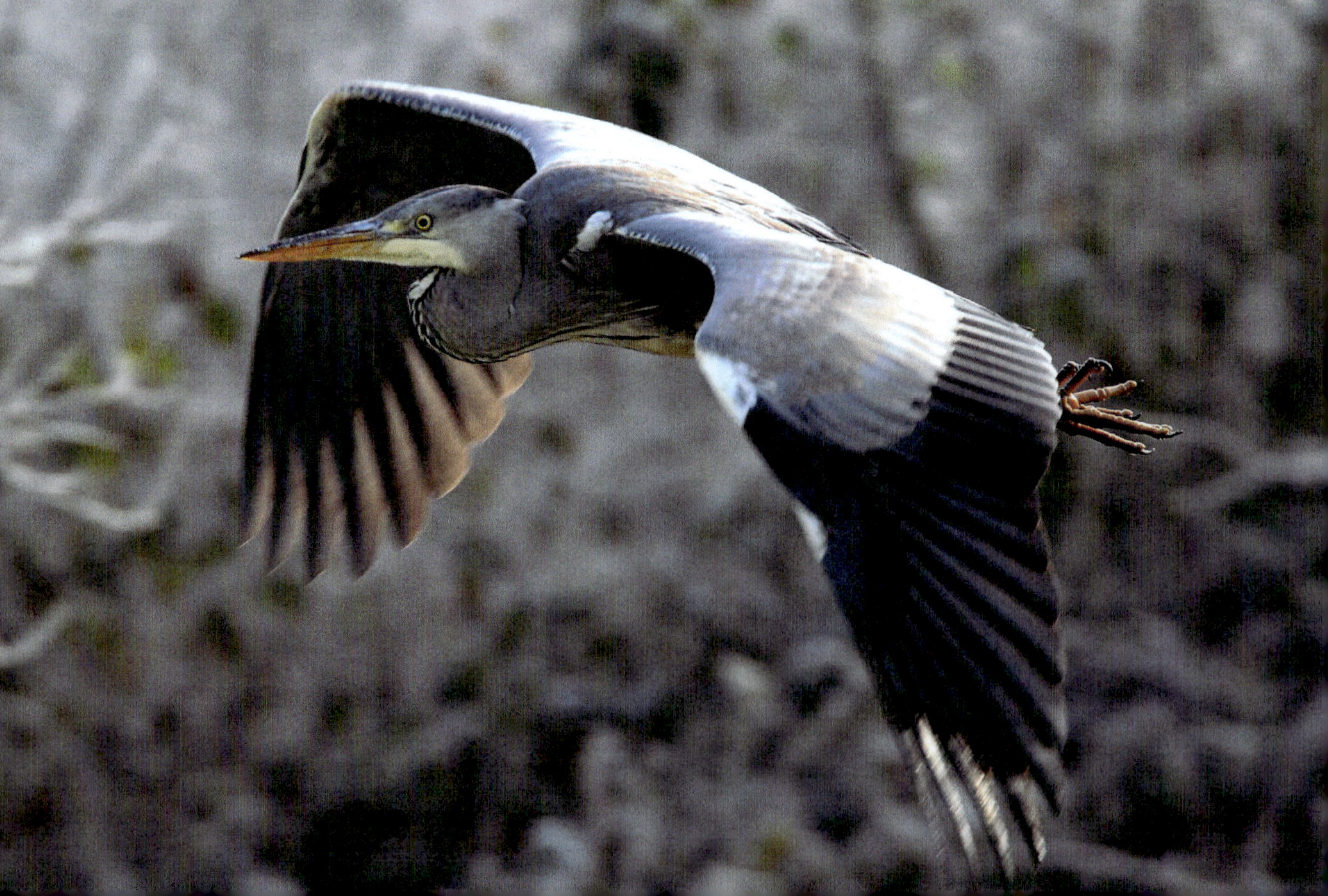

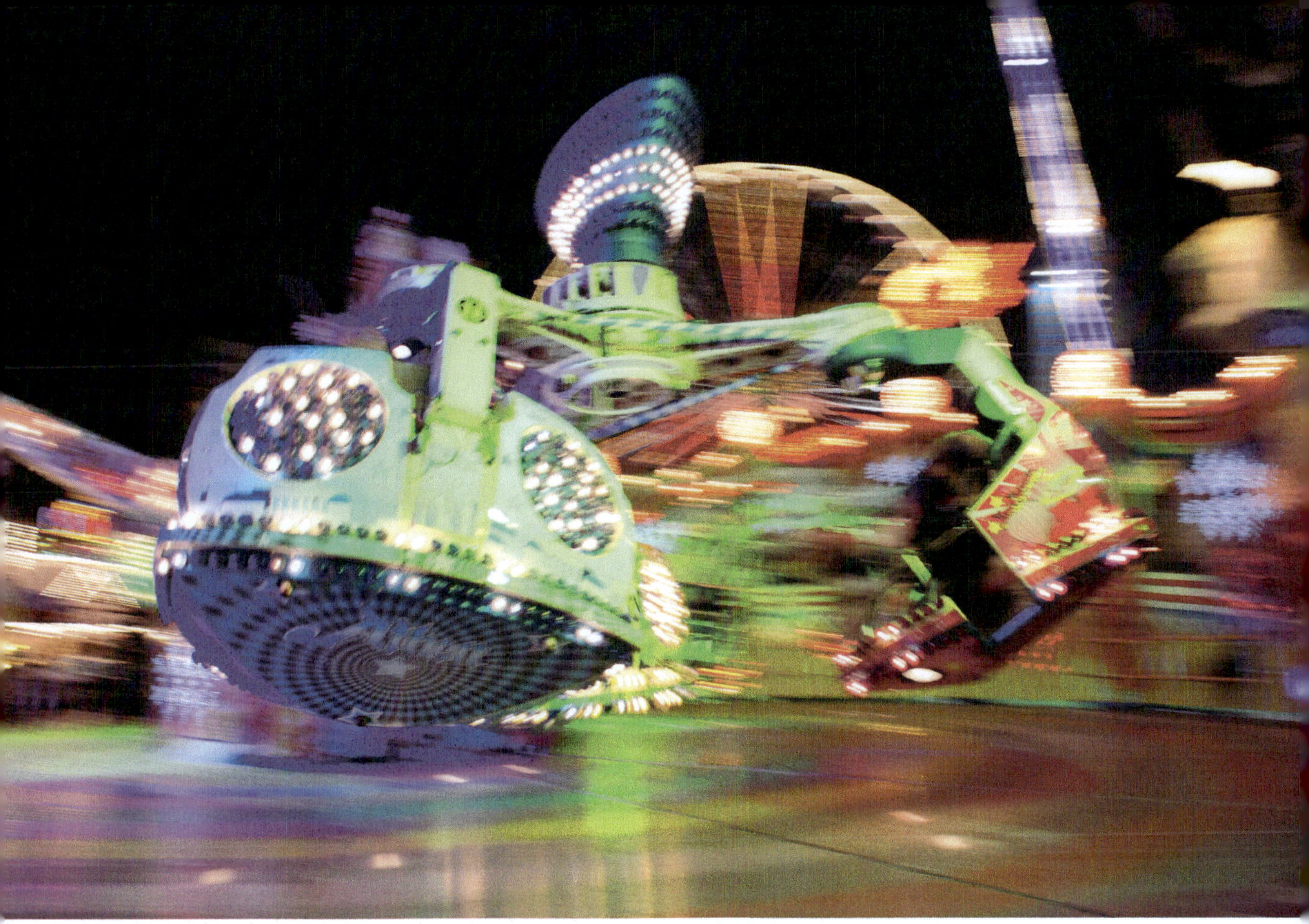

28 mm | 1/10 s | f/6,3 | ISO 800

Länger als 30 Sekunden belichten mit dem Bulb-Modus

Wenn Sie eine längere Belichtungszeit, z. B. für astrologische Aufnahmen, benötigen, müssen Sie die manuelle Belichtungssteuerung nutzen. Dann können Sie die Belichtungszeit von Hand, etwa mit einer Stoppuhr, regulieren. Diese dauerhafte Öffnung der Blende mit Handsteuerung (Bulb) wird nur in der Belichtungssteuerung M angeboten.

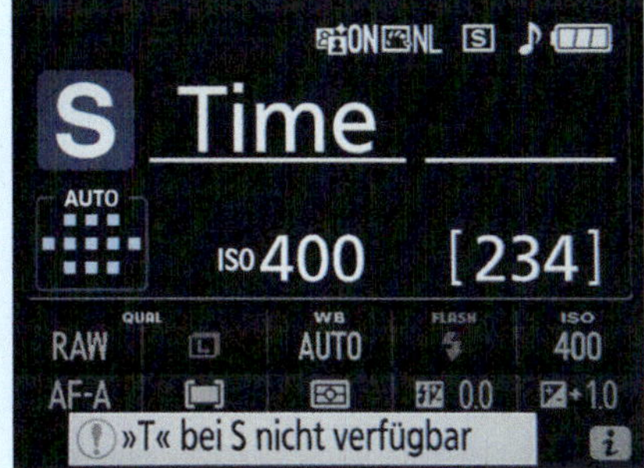

▲ *Der etwas kryptische Warnhinweis* ***»T« bei S nicht verfügbar*** *zeigt an, dass der Modus* ***Bulb und Time*** *im Programm S nicht verfügbar ist.*

3.4 Die Zeitautomatik (A) für den bewussten Einsatz der Blende

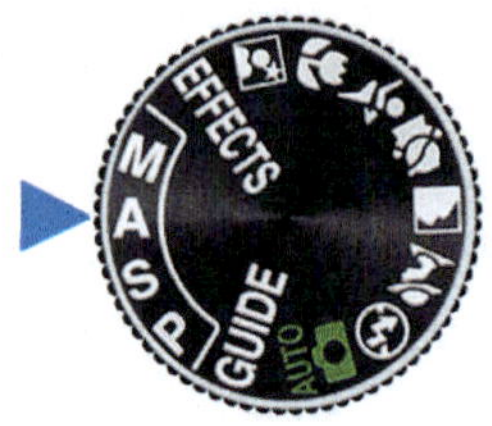

Von der englischen Bezeichnung **A**perture Priority stammt die Abkürzung A für die im Deutschen als Zeitautomatik oder auch Blendenpriorität bezeichnete Einstellung, mit der Sie die gewünschte Blende für Ihre Aufnahme vorgeben. Die Kamera wird dann automatisch die passende Belichtungszeit unter Berücksichtigung des eingestellten ISO-Werts ermitteln.

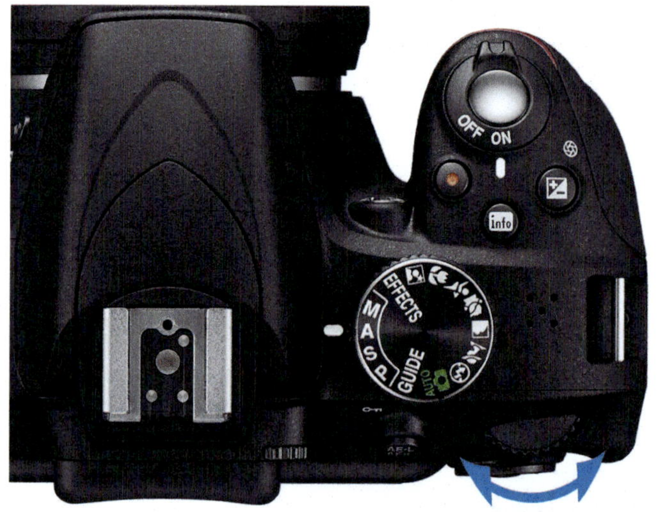

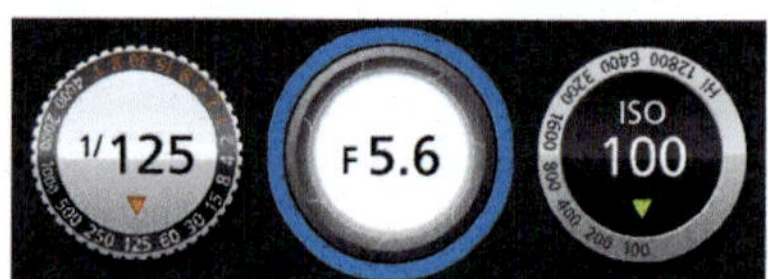

Keine passende Belichtungszeit

Kann Ihnen die Kameraelektronik keine passende Belichtungszeit zu der eingestellten Blende anbieten, zeigt sie eine mögliche Unterbelichtung mit einem Stufenprogramm an. Zuerst blinkt das Fragezeichen im Sucher und auf dem Monitor. Ein Druck auf die Taste ? empfiehlt in diesen Situationen den Einsatz eines Blitzes. Wenn die Elektronik gar keinen passenden Wert für die Belichtung einstellen kann, blinken im Sucher die Belichtungszeit, die Belichtungswaage, der Blitz und das Fragezeichen. Auf dem Monitor erscheint die Warnmeldung ***!Motiv ist zu dunkel***.

Die Warnmeldungen greifen allerdings erst, wenn schon längst keine verwacklungsfreie Aufnahme aus der Hand mehr möglich ist. Die Kamera kann natürlich nicht wissen, ob Sie ein Stativ einsetzen oder nicht. Sie müssen beim Fotografieren aus der Hand also immer selbst die Belichtungszeit im Auge behalten.

Diese Halbautomatik eignet sich sehr gut für alle Aufnahmen, bei denen die Blendenwirkung im Vordergrund steht: wenn Sie beispielsweise bei einem Makrobild durch eine stark geschlossene Blende (große Blendenzahl) eine möglichst große Schärfentiefe oder bei einem Porträt einen unscharfen Hintergrund durch eine offene Blende (kleine Blendenzahl) erzielen wollen.

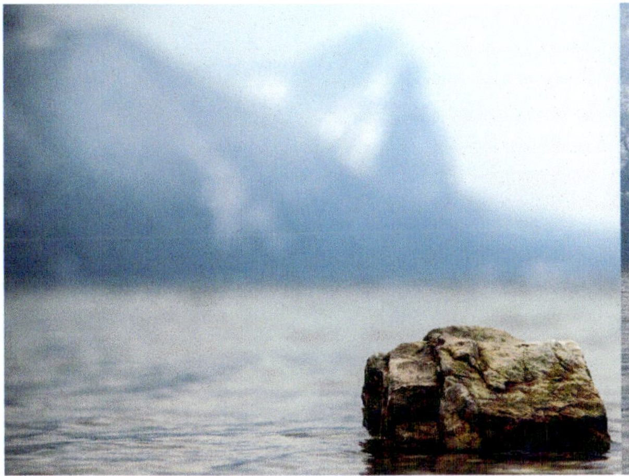

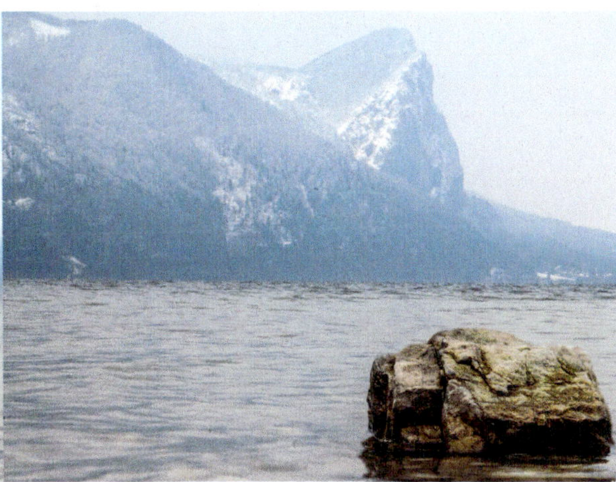

▲ *Bei einer offenen Blende erscheint nur das Vordergrundobjekt scharf. Erst eine auf f/22 geschlossene Blende lässt sowohl den Vordergrund als auch den Hintergrund scharf erscheinen.*

Im Urlaub kann es bei strahlendem Sonnenschein vorkommen, dass selbst 1/4000 s zu lang für eine korrekte Belichtung ist. Dann ist die Warnung ein wertvoller Hinweis, die ISO-Zahl zu senken, einen anderen Blendenwert zu nutzen oder einen Graufilter zur Lichtreduktion zu verwenden.

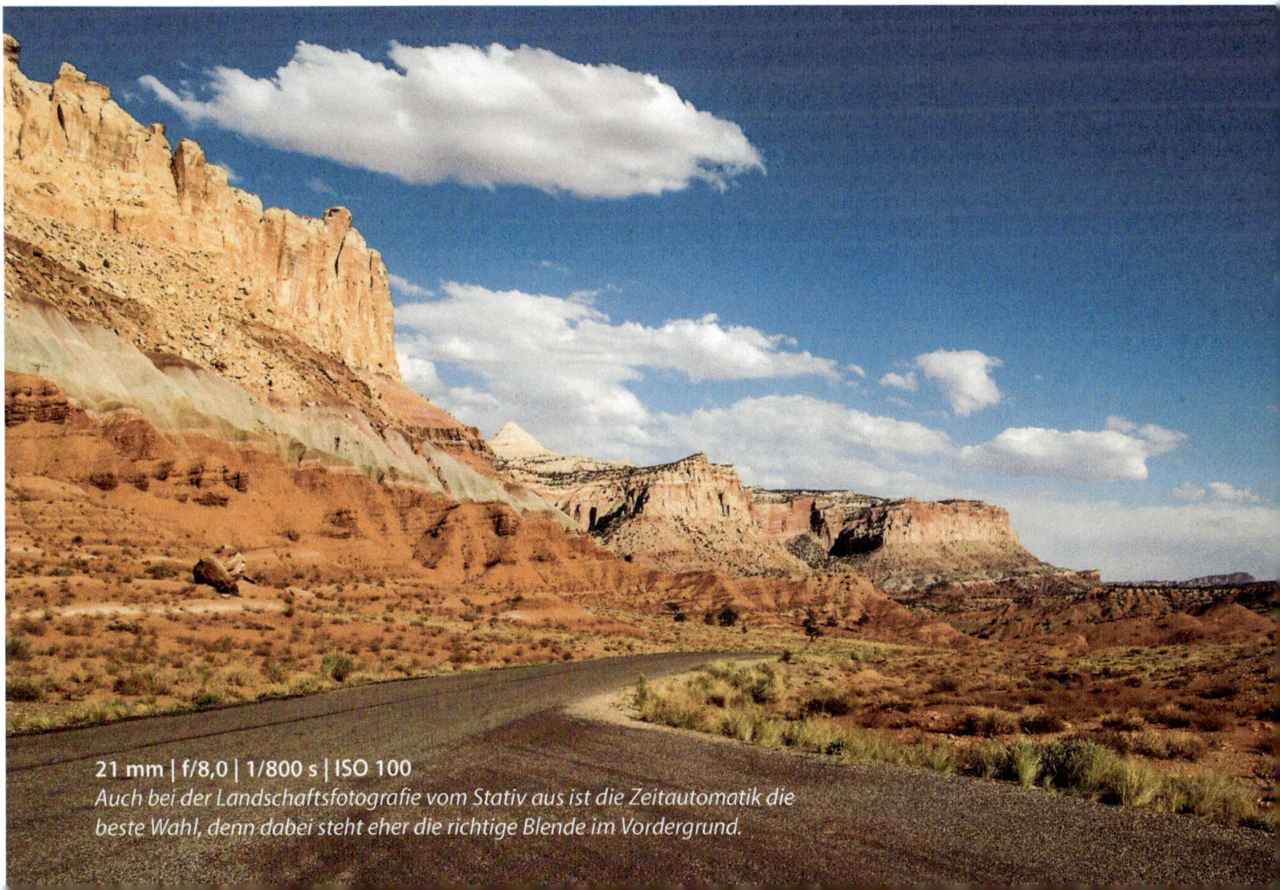

21 mm | f/8,0 | 1/800 s | ISO 100
Auch bei der Landschaftsfotografie vom Stativ aus ist die Zeitautomatik die beste Wahl, denn dabei steht eher die richtige Blende im Vordergrund.

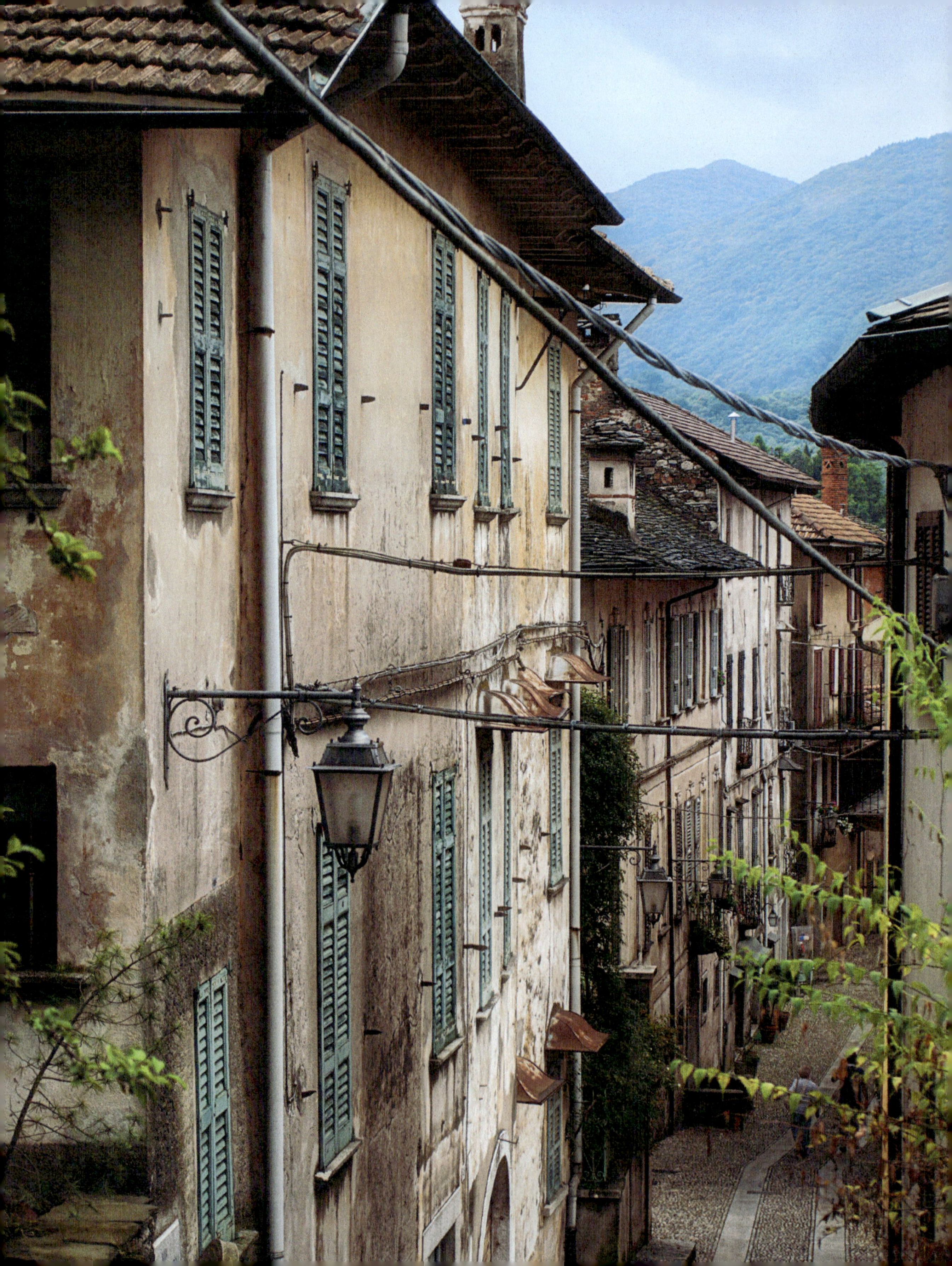

36 mm | f/6,3 | 1/125 | ISO 100

◀ *Aufgrund des schon etwas knappen Lichts in den engen Gassen wurde die Blende relativ weit geöffnet. Durch die geringe Brennweite ist das Bild dennoch über einen weiten Bereich hin scharf.*

Beim Porträts geht es meist um eine offene Blende, um über eine geringe Schärfentiefe das Kernmotiv in sanfter Unschärfe (Bokeh) herauszustellen.

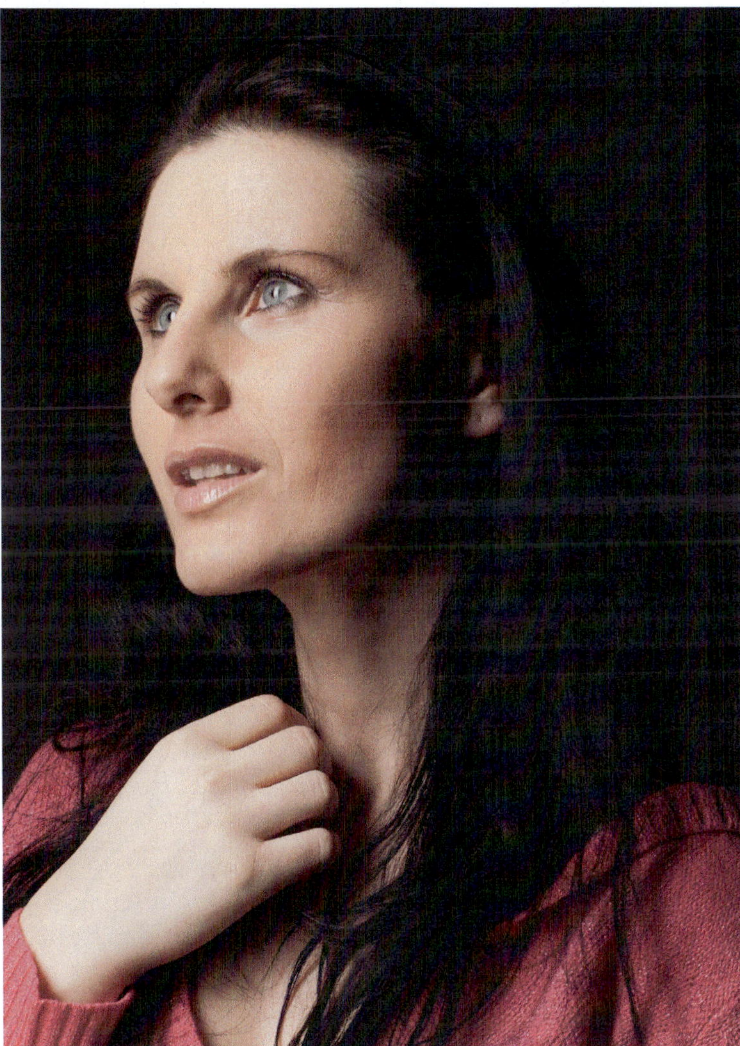

50 mm | f/6,3 | 1/125 s | ISO 100

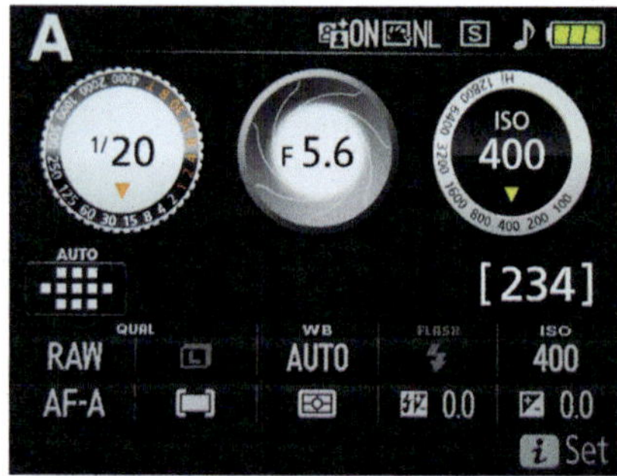

▲ *Die D3300 passt die Anfangsblende automatisch an die Zoomwerte an.*

Zoomobjektive haben häufig unterschiedliche Werte für die Offenblende (also die größte Blendenöffnung) für unterschiedliche Brennweitenbereiche. Die Kamera erhält von der Objektivelektronik die Informationen, über welche möglichen Blendenwerte das Objektiv bei welcher Brennweite verfügt. Beispielsweise hat ein Zoomobjektiv wie das AF-S DX NIKKOR 18-105 mm 1:3,5-5,6G ED VR eine variable kleinste Blende. Bei 18 mm beträgt die relative Öffnung f/3,5 und bei der längsten Brennweite von 105 mm f/5,6. Wenn Sie bei 18 mm in der Belichtungssteuerung A mit dem Einstellrad die Blende auf den kleinsten Wert gebracht haben und auf 105 mm zoomen, erscheint automatisch auf dem Display und im Sucher nicht mehr die Anzeige f/3,5, sondern f/5,6.

Ist die angewählte Blende auch bei einer Änderung der Brennweite durch das Zoomen zu nutzen, wie bei hochwertigen Zoomobjektiven mit durchgehender Blende (z. B. dem 17-55 mm 1:2,8 ED), bleibt die gewählte Blendeneinstellung bestehen.

3.5 Die absolute Kontrolle mit der manuellen Belichtungssteuerung (M)

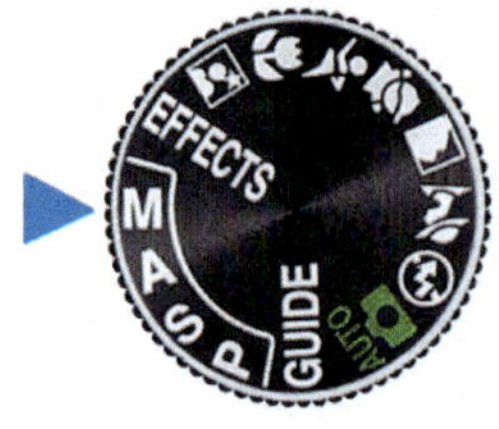

In der manuellen Belichtungssteuerung haben Sie die völlige Kontrolle über die Kamera. Sie stellen mit dem Einstellrad die Belichtungszeit und mithilfe der Blendentaste und dem Einstellrad die Blende ein. Die Lichtwaage im Sucher und auf dem Infoschirm zeigt Ihnen an, ob Ihre Einstellung eine korrekte Belichtung ermöglicht oder über- bzw. unterbelichtet. Zudem warnt Sie die Kamera durch das blinkende Fragezeichen, wenn die Lichtverhältnisse eher schwach sind. Ein kurzer Infotext empfiehlt dann den Blitzeinsatz. Dies muss aber nicht immer sinnvoll sein, denn das Motiv kann ja durchaus außerhalb der Reichweite des Blitzes liegen.

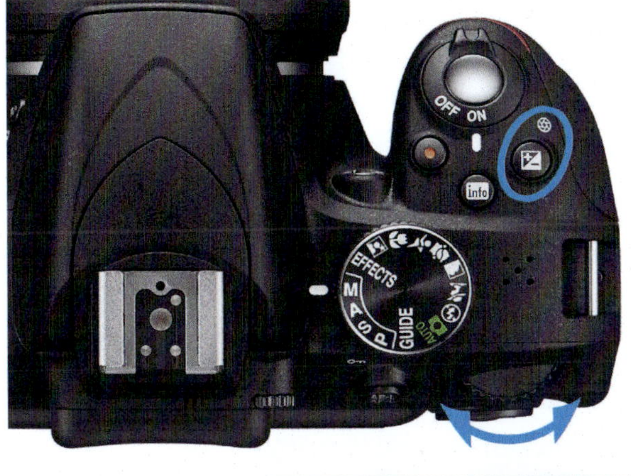

◄ *Die Nikon D3300 kann eine Belichtungskorrektur von ± 5 LW-Stufen einstellen. In der Praxis wird aber meist nur ein Bereich von etwa ± 2 LW-Stufen genutzt.*

Gezielte Belichtungskorrektur

Die Belichtungskorrektur erreichen Sie weiterhin über den Monitor mit der Taste *i* und der Funktion ***Belichtungskorrektur***.

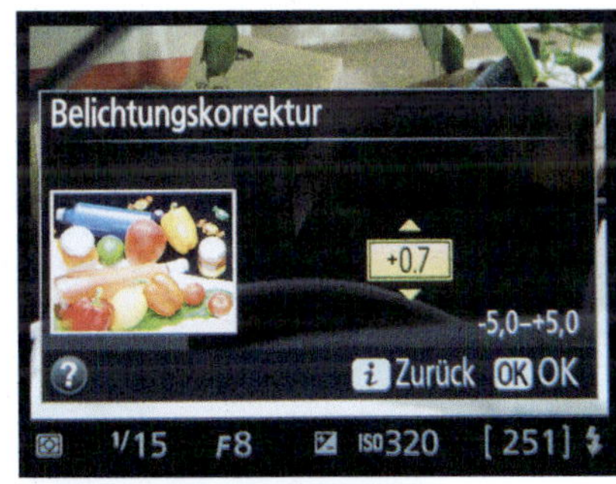

Die Lichtwaage im Sucher stellt Ihnen grafisch den Bereich der von der Kamera errechneten optimalen Zeit-Blende-Kombination zwischen der Mitte und den Balkenenden mit ± 2 LW dar. Wenn Ihre Auswahl außerhalb dieses Anzeigebereichs liegt, erscheinen jeweils Pfeile ◄ ► am Ende des Balkens. Ein Ausschlag in Minusrichtung bedeutet eine Unterbelichtung, ein Ausschlag in Plusrichtung eine Überbelichtung im Verhältnis zu der von der Kamera errechneten Kombination.

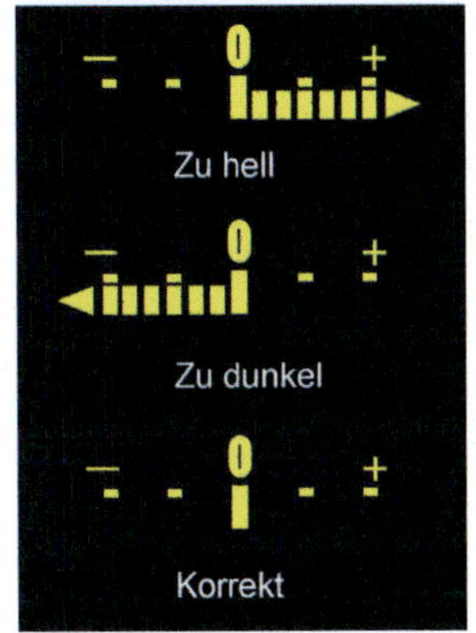

In der Belichtungssteuerung M können Sie auch Objektive ohne eigene CPU, also ohne eingebaute Elektronik, nutzen. Allerdings bietet die Kamera bei diesen Objektiven keine Belichtungsmessung, und die Lichtwaage ist inaktiv. Sie benötigen einen Handbelichtungsmesser, dessen Daten Sie über das Einstellrad auf die Kamera übertragen. Oder aber Sie tasten sich über Histogramme von Testbildern an die richtige Belichtung heran. In Kapitel 4.3 „Das Histogramm zur Belichtungskontrolle“ ab Seite 120 erfahren Sie noch genauer, wie Sie Bilder auf dem LCD der D3300 beurteilen können und welche Rolle dabei die Histogramme spielen.

Motivsituationen, die perfekte Belichtungskontrolle benötigen

Vor allem in komplexen Belichtungssituationen ist die perfekte Kontrolle notwendig. Allerdings ist die Eingabe von Blende und Zeit auch langwieriger als die Arbeit mit der Programmautomatik P oder den Halbautomatiken A und S, zumindest ohne viel Übung haben. Es kann aber durchaus ein Vorteil sein, Bilder sehr bewusst und gut vorbereitet aufzunehmen.

Diese Aufnahme vom London Eye bei Nacht kann keine Belichtungsautomatik wirklich bewältigen. Die Automatiken würden versuchen, eine mittlere Belichtung zu erzielen. Mit der Lichtwaage und der Sichtkontrolle über den LCD können Sie sich an die richtige Belichtung einfach her-

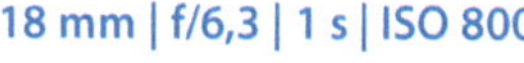

18 mm | f/6,3 | 1 s | ISO 800

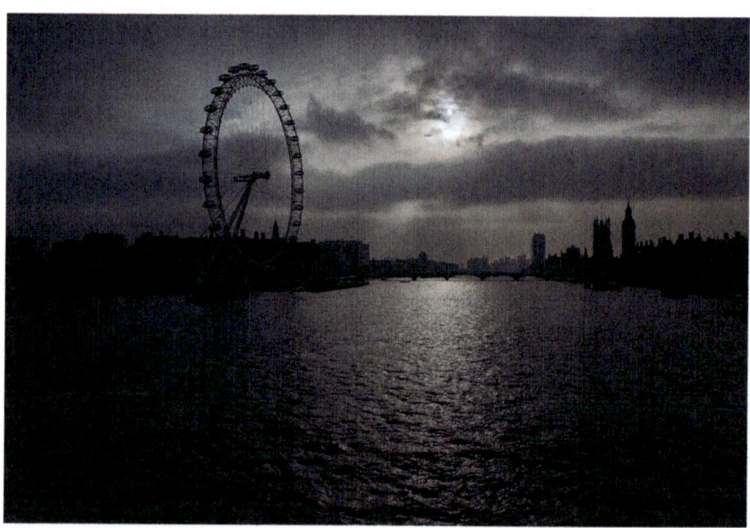

antasten. Zuerst müssen Sie festlegen, mit welcher Blende Sie die richtige Schärfetiefe erzielen können. Bei solchen Nachtaufnahmen sollten Sie die ISO-Empfindlichkeit nicht über 1600 erhöhen. Selbst bei einer mindestens notwendigen Unterbelichtung von ein bis zwei Blenden werden Sie noch eine Belichtungszeit von weniger als 1/10 s erhalten. Die funktioniert gut nur vom Stativ aus.

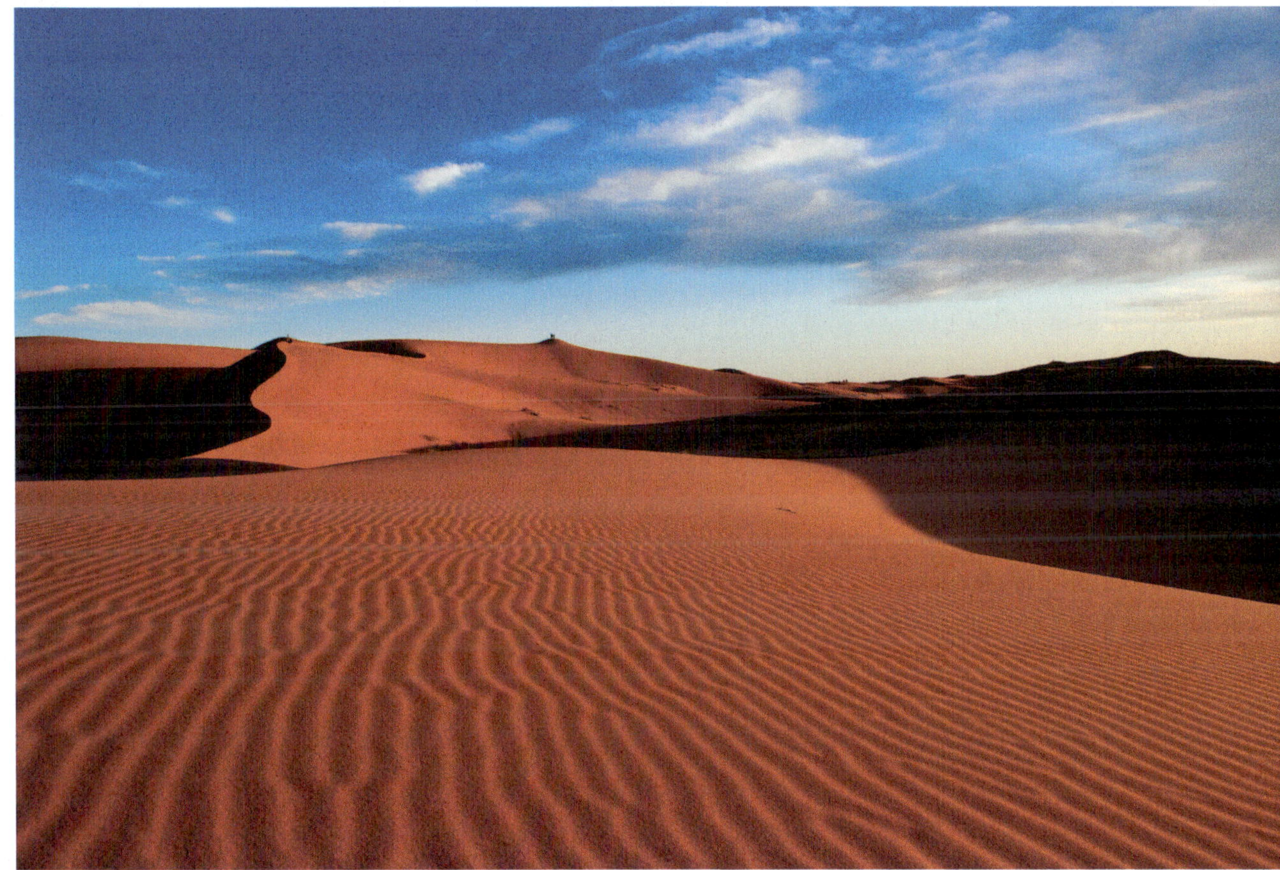

17 mm | f/11,0 | 1/80 s | ISO 200 | -0,7 LW

Die Sahara im Abendlicht. Um das Motiv vom Vordergrund bis in den Hintergrund scharf zu bekommen, wurde Blende 11 gewählt. Die rote Farbe kommt bei einer leichten Unterbelichtung besser zur Geltung. Die Aufnahme wurde vom Stativ aus gemacht.

Langzeitbelichtungen

Echte Langzeitbelichtungen, wie sie in Nacht- oder Astronomieaufnahmen vorkommen, sind ausschließlich im Modus M möglich. Derartige Langzeitbelichtungen können grundsätzlich nur vom Stativ aus gemacht werden. Selbst dann kann schon ein leichter Wind häufig zu Unschärfe im Bild führen. Eine Hilfe kann es sein, das Stativ mit Gewichten zu beschweren. Dazu sind an vielen Stativen extra Haken angebracht. Zur Not können Sie z. B. Ihren Fotorucksack mit einem Karabiner anbringen und das Stativ so stabilisieren.

1000 mm | f/10 | 1/2 s | ISO 400

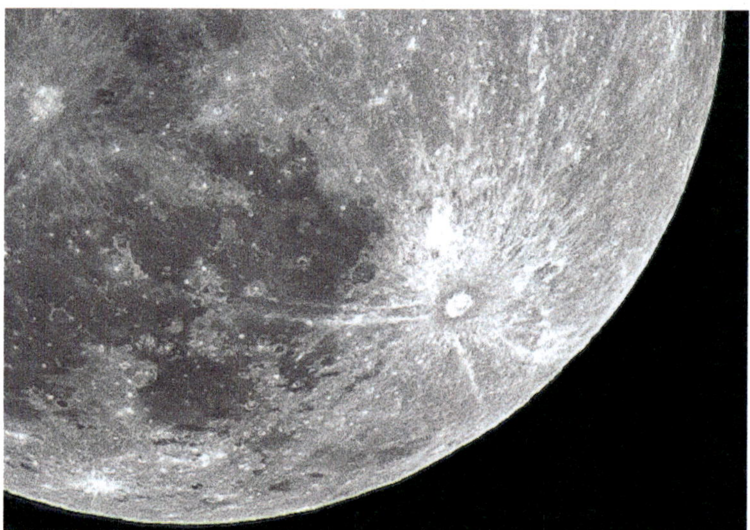

Bei den Bildern steht häufig das Einbetten in Schwärze durch gezielte Unterbelichtung im Vordergrund. Um die notwendige Schärfentiefe braucht man sich auf diese Entfernungen keine Gedanken machen. Sie können also praktisch die optisch optimale Blende für Ihr Objektiv wählen. Der ISO-Wert sollte auf einem Stativ nicht höher als 800 eingestellt werden, und eine Zeit können Sie dann passend wählen. Dieses Bild wurde mit einem 1000-mm-Spiegeltele gemacht, das keine Blendensteuerung hat, sondern nur eine feste Blende anbietet.

Wenn Sie im manuellen Modus die Belichtungszeit über die 30 Sekunden hinaus steuern, erscheint der Hinweis *Bulb*. In diesem Modus bleibt der Verschluss so lange geöffnet, wie der Auslöser betätigt wird. Dazu sollte ein Kabelfernauslöser oder eine Funkfernsteuerung genutzt werden.

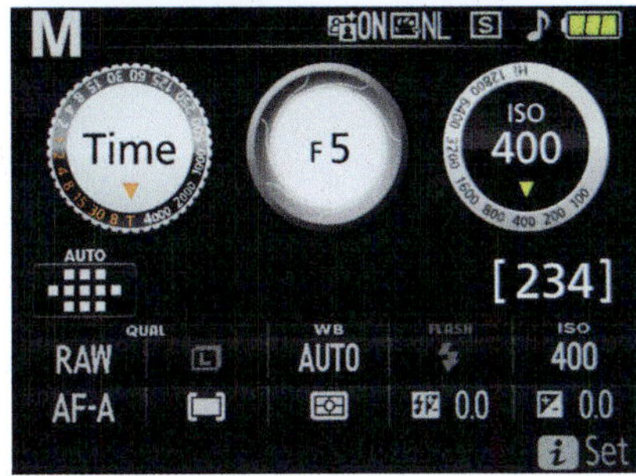

Für die extralangen Belichtungszeiten kann die Belichtungszeit noch einmal weitergedreht werden, und es erscheint der Hinweis *Time*.

Er entspricht weitgehend dem Modus *Bulb*, nur bleibt der Verschluss so lange geöffnet, bis der Auslöser ein zweites Mal gedrückt wird. Der Grenzwert für die Belichtung liegt bei 30 Minuten.

Je nach Motiv und Einsatzzweck kann es sinnvoll sein, für Langzeitbelichtungen im Kameramenü unter *Aufnahme* die *Rauschreduzierung* auf *Ein* zu stellen.

3.6 Optimale Belichtung mit Belichtungsreihen

Die Belichtungsteuerungen in Kombination mit der Belichtungskorrektur bieten eine Fülle von fotografischen Möglichkeiten. Doch nicht immer können Sie vor Ort gleich die richtige Belichtung finden. Dann sollten Sie eine Belichtungsreihe (engl. Bracketing) anfertigen und auf Ihrem Computer mit einem großen Monitor die Bilder beurteilen, um dann das beste heraussuchen zu können. Die Nikon D3300 bietet keine automatische Belichtungsreihe, deshalb beschreiben wir den Weg sozusagen zu Fuß.

Dabei werden z. B. drei oder fünf Aufnahmen mit unterschiedlichen Belichtungseinstellungen direkt hintereinander aufgenommen. Einen guten Anhaltspunkt, um über den Einsatz der Belichtungsreihe nachzudenken, stellen eine Testaufnahme und die Auswertung des Histogramms dar.

Für den Anfang ist eine Reihe mit drei Aufnahmen geeignet.

1. Schalten Sie für eine Belichtungsreihe die ISO-Automatik aus, um einen Wechsel des ISO-Werts innerhalb der Reihe zu vermeiden. Durch die mit einem ISO-Wechsel eventuell verbundenen Bildveränderungen (Dynamik/Rauschen) würden Sie den Bildern eine zusätzliche Varianz hinzufügen. Dann könnten Sie diese zum Beispiel nur noch eingeschränkt für die Erstellung von HDR-Bildern verwenden. Wenn Sie mit einem Stativ arbeiten und statische Motive aufnehmen, können Sie mit geeigneter Software auch **H**igh-**D**ynamic-**R**ange-(HDR-)Bilder generieren, die Technik der Bilderstellung ist gleich.
2. Zur Anfertigung ist also Handarbeit gefragt – etwas, das die meisten professionellen Fotografen sowieso machen. In den Motivprogrammen und bei der Vollautomatik nimmt die D3300 keine Belichtungskorrekturen an, und Sie haben keine Möglichkeiten, eine Belichtungsreihe zu gestalten. Wenn Sie die Programmautomatik P nutzen, ist die Belichtungskorrektur der einfachste Weg, eine Reihe zu gestalten. Am besten verwenden Sie die manuelle Aufnahmebetriebsart M und variieren den Wert für die Belichtungszeit.

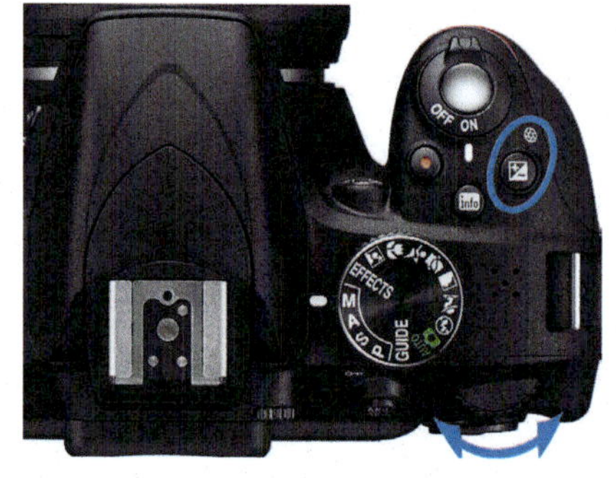

3. Die erste Belichtungsmessung legt den Nullpunkt der Belichtungsreihe fest. Dazu muss die Belichtungskorrektur auf Null stehen. Nutzen Sie die Belichtungsmessung, die zur Motivsituation passt.
4. Fertigen Sie jetzt Ihre Belichtungsreihe an:

   –1,0 LW/0 LW/+1,0 LW

   Für Situationen mit sehr hohem Kontrastumfang sind fünf Aufnahmen eine gute Wahl:

   –1,3 LW/–0,7 LW/0 LW/+0,7 LW/+1,3 LW

   Aus den gewonnenen Bildern können Sie dann das Optimale heraussuchen. Oder Sie lassen den Computer die Bilder zusammenrechnen, um die besten Bereiche der Bilder miteinander zu kombinieren.

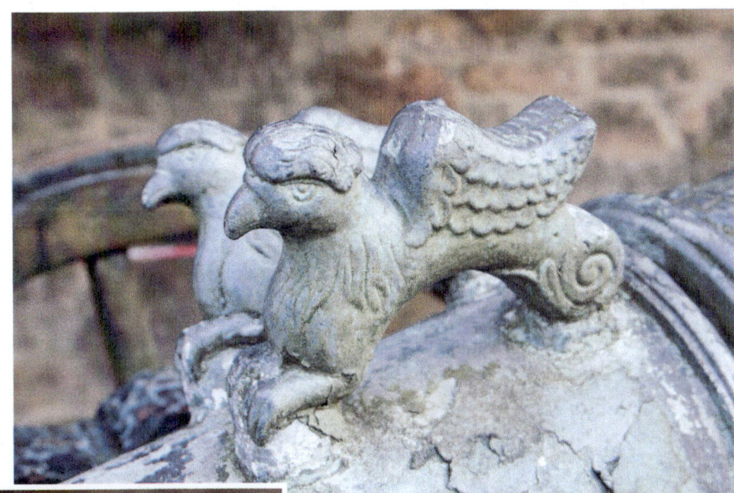

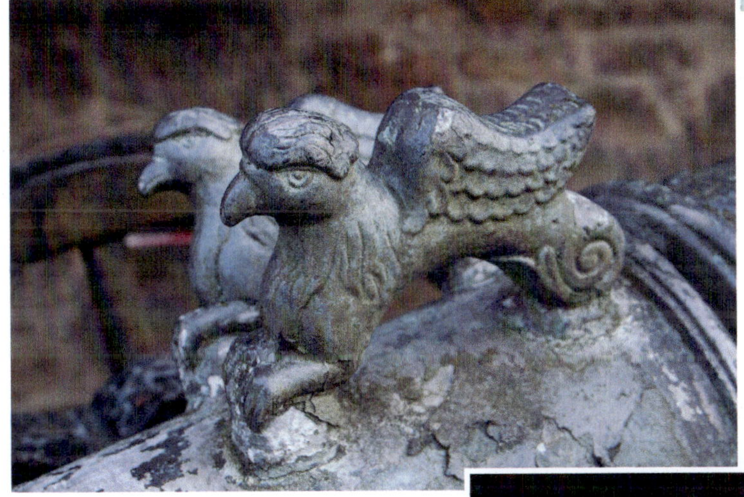

▲ *Aus den unterschiedlichen Belichtungsergebnissen kann man sich die beste Aufnahme aussuchen.*

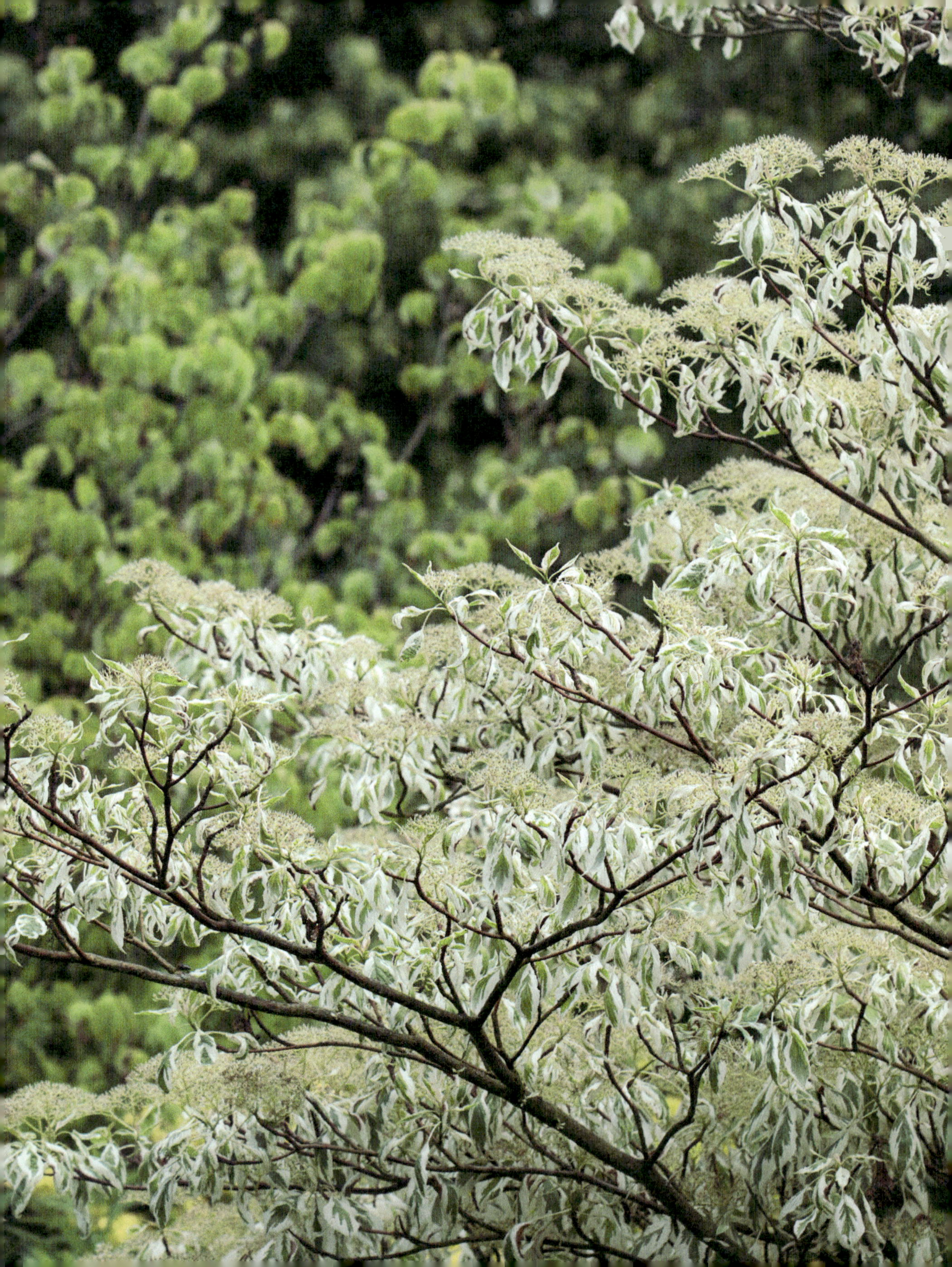

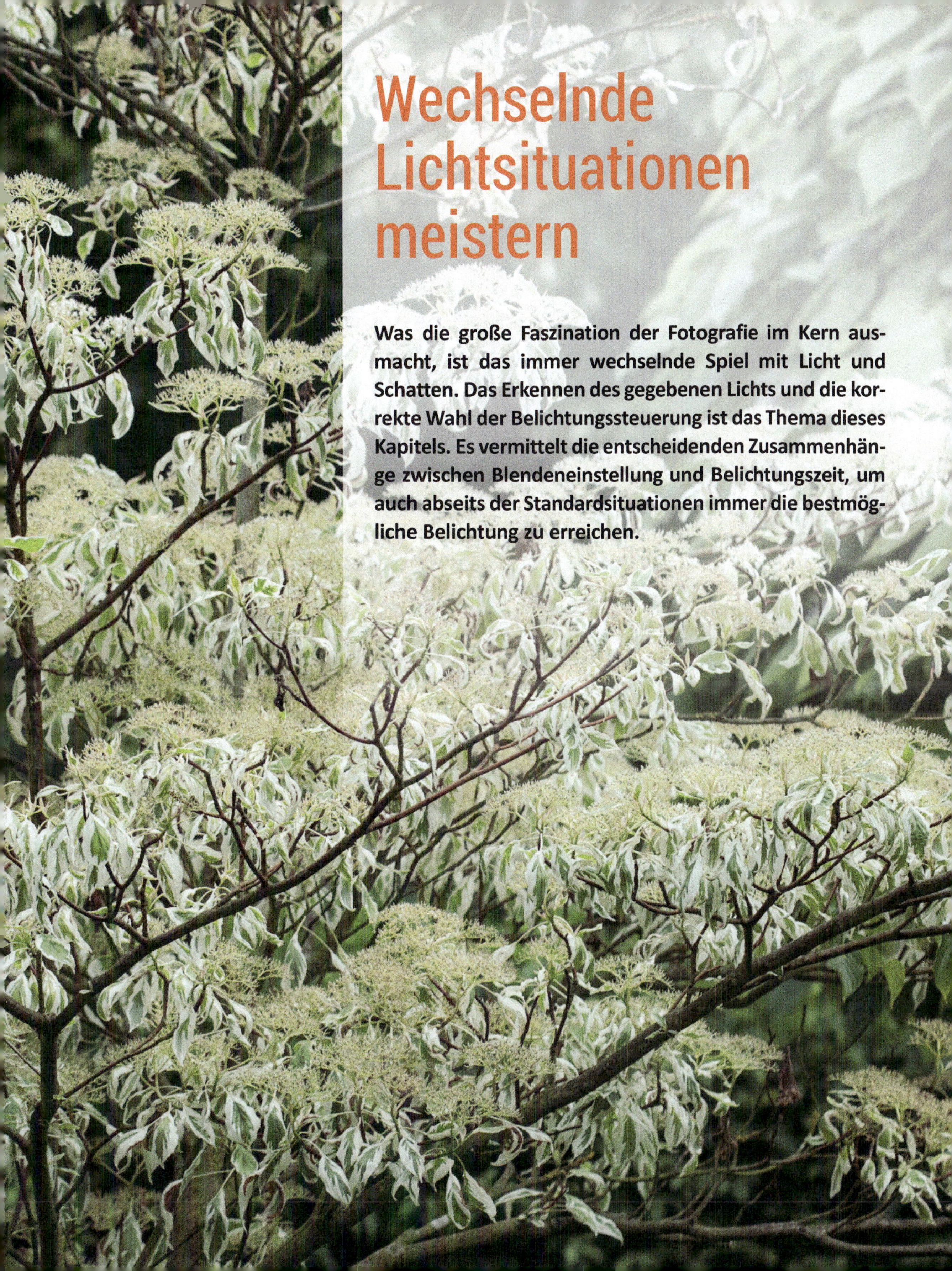

Wechselnde Lichtsituationen meistern

Was die große Faszination der Fotografie im Kern ausmacht, ist das immer wechselnde Spiel mit Licht und Schatten. Das Erkennen des gegebenen Lichts und die korrekte Wahl der Belichtungssteuerung ist das Thema dieses Kapitels. Es vermittelt die entscheidenden Zusammenhänge zwischen Blendeneinstellung und Belichtungszeit, um auch abseits der Standardsituationen immer die bestmögliche Belichtung zu erreichen.

Das Spiel von Licht und Schatten inspiriert von jeher die Fotografie. Die Kamera stellt mit den passenden Einstellungen eine Verbindung zwischen Licht und Kreativität her. Jeden echten Fotografen treibt der Ehrgeiz, allen fotografischen Situationen mit seiner Kamera und deren Möglichkeiten gewachsen zu sein. Ihre D3300 hat viele elektronische Helfer an Bord, wie die Motivprogramme, die beim Einstieg helfen können. Aber das Ziel jedes Enthusiasten ist es doch, die Kameraautomatiken abzuschalten, die Einstellung der Kamera selbst zu übernehmen und der Kreativität keine Fesseln mehr anzulegen.

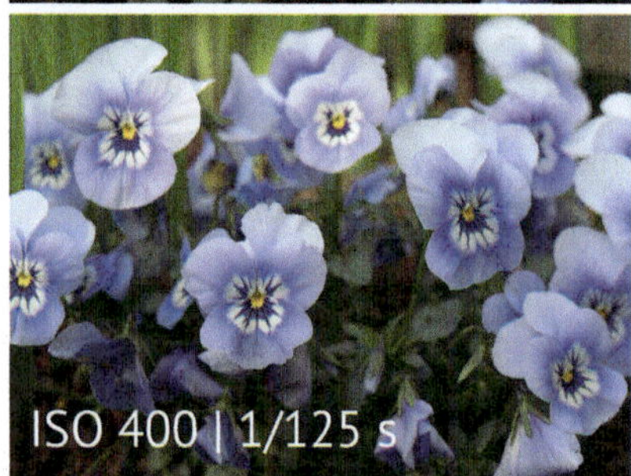

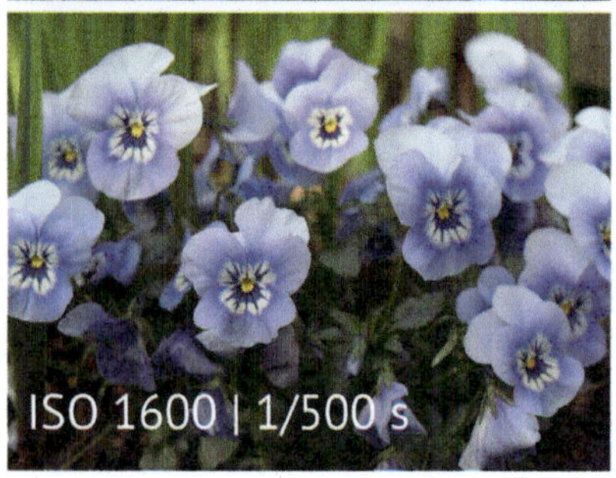

▲ *Mit der Erhöhung der ISO-Empfindlichkeit kann z. B. die Belichtungszeit reduziert werden, um gleiche Ergebnisse zu erzielen.*

4.1 Das Zusammenspiel von Blende, Zeit und Empfindlichkeit

Für viele Einsteiger ist die gleichzeitige Berücksichtigung der drei zentralen Belichtungsparameter ungewohnt und schwierig. Aber so ist wohl jeder einmal angefangen und mit der Zeit geht einem das Zusammenspiel von Zeit, Blende und ISO-Wert in Fleisch und Blut über. Jedenfalls wenn man den Mut aufbringt, sich von den Motivprogrammen regelmäßig zu lösen.

Die Lichtempfindlichkeit des Sensors – ISO

Eine der wesentlichen Einflussgrößen für ein korrekt belichtetes Bild ist die ISO-Empfindlichkeit oder kurz der ISO-Wert. Er gibt an, welche Menge an Licht der Sensor Ihrer D3300 für die Belichtung benötigt. Unter der ISO-Empfindlichkeit des Sensors kann man sich eine Signalverstärkung des Sensors vorstellen. Je höher die ISO-Empfindlichkeit, desto höher ist die Signalverstärkung am Sensor. Wenn die ISO-Lichtempfindlichkeit verdoppelt wird, halbiert sich die für eine korrekte Belichtung notwendige Lichtmenge, die auf den Bildsensor fallen muss. Wenn also die ISO-Lichtempfindlichkeit um einen Wert z. B. von ISO 200 auf ISO 400 erhöht wird, können Sie ein Foto mit 1/250 s statt mit 1/125 s aufnehmen oder mit Blende f/8 statt f/5,6. So kann zum einen eine schnelle Bewegung des Motivs durch eine kürzere Belichtungszeit eingefroren werden, oder die Schärfentiefe kann für die Aufnahme deutlich erhöht werden. Herrscht so wenig Licht, das eine normale Freihandaufnahme nicht mehr möglich ist, kann ein hoher ISO-Wert die Belichtungszeit so weit verkürzen, das Sie trotzdem noch zu einem Foto kommen.

Die Grundempfindlichkeit des D3300-Sensors beträgt ISO 100. An normal hellen Tagen brauchen Sie diesen Wert zumindest im Freien nicht allzu häufig zu ändern. Ganz anders sieht es hingegen in geschlossenen Räumen oder am Abend aus. In diesen Situationen kann es schnell notwendig sein, die ISO-Empfindlichkeit deutlich zu erhöhen, um noch eine akzeptable Belichtungszeit zu erreichen, die ohne Verwacklung aus der Hand möglich ist. Die D3300 erlaubt es, die ISO-Empfindlichkeit stark hochzuschrauben, doch mit steigendem ISO-Wert werden nicht nur die erwünschten Informationen für das Bild verstärkt, sondern auch Fehler und Störpixel, die in jedem Sensor auftreten. Es entsteht eine körnige Struktur in den Bildern, das Rauschen. Farbumfang und Kontrast sinken ebenfalls.

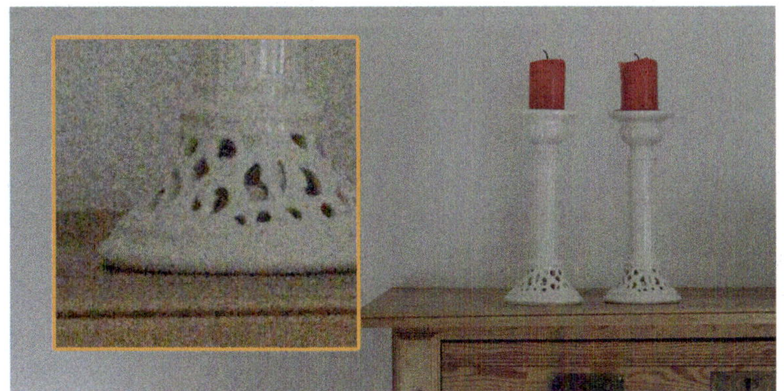

40 mm | f/10 | 1/800 s | ISO 25600

◀ *Die Vergrößerung zeigt deutlich, wie das Rauschen ein Bild zerstören kann. Es entsteht Farb- und Luminanzrauschen, Konturen wirken verwaschen und Flächen fast wie ein Mosaik.*

Bei aktuellen Kameras wie der D3300 führen höhere ISO-Empfindlichkeiten zu sehr viel besseren Ergebnissen, als das noch vor ein paar Jahren der Fall war oder wie es bei Kompaktkameras auch heute noch anzutreffen ist. Bis zu einer ISO-Empfindlichkeit von ISO 1600 bleiben die Fotos sehr beachtlich. Letztlich muss jeder selbst entscheiden, ob das Rauschen noch akzeptabel ist oder nicht.

Die Lichtmenge regeln mit Blende und Zeit

Neben der Empfindlichkeit des Sensors für das einfallende Licht regelt die eingestellte Blende die Menge des einfallenden Lichts. Die einfallende Lichtmenge ist bei gegebener Blendenöffnung auch von der eingesetzten Brennweite abhängig. Deshalb werden keine absoluten Zahlen verwendet, stattdessen erfolgt die Angabe als relative Blendenöffnung – das Verhältnis der Blendenöffnung zur Brennweite. Typische Schreibweisen für Blendenwerte sind 1:2,8, f/2,8 oder auch F/2,8 (f steht für focal lenght).

Bei Fotografen, die mit manuell eingestellten Belichtungswerten noch nicht sehr vertraut sind, führt die Blendensteuerung immer wieder zu leichten Irritationen. Denn je größer die Blendenzahl, desto kleiner ist die Blendenöffnung. Deshalb ist die Schreibweise 1:4 oder 1/4 für den Blendenwert 4,0 hilfreich, denn bekanntlich ist z. B. 1/4 ein höherer Wert als 1/8. Bei häufigerem Einsatz gewöhnt man sich sehr schnell an die korrekten Blendenwerte. Die Reihe der möglichen ganzen Blendenstufen lautet:

f/	1	1,4	2	2,8	4	5,6	8	11	16	22	32	45

Die Nikon D3300 kann auch Drittel-Blendenstufen einstellen:

f/	1	1,1	1,2	1,4	1,6	1,8	2,0	2,2	2,5	2,8	3,2
	3,5	4,0	4,5	5,0	5,6	6,3	7,1	8,0	9,0	10	11
	13	16	18	20	22	25	29	32	40	45	

Es gibt noch kleinere und größere Werte, die in der Praxis aber nur selten auftreten. Wie groß dann die Lichtmenge ist, die auf den Sensor fällt, bestimmt das Öffnungsverhältnis.

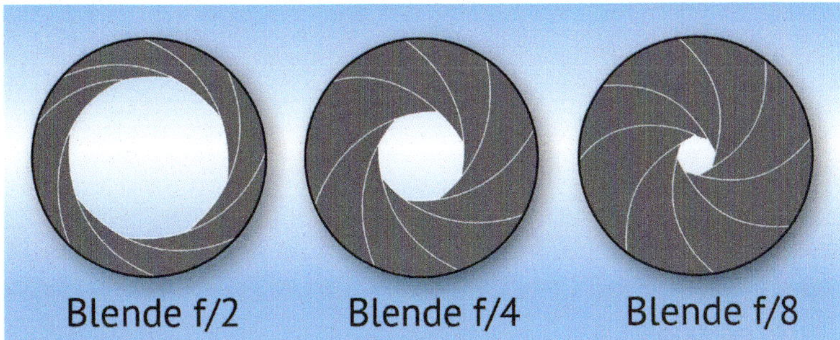

◀ *Ein einfacher Zusammenhang: Je weiter die Blende geöffnet wird, desto mehr Licht fällt auf den Sensor (bei gegebener Brennweite).*

Die Blendenwirkung richtig einschätzen

Die Blende bestimmt aber nicht nur, welchen Lichtdurchfluss ein Objektiv hat, sie hat auch eine Bildwirkung. Denn die Blende bestimmt die Schärfentiefe, also wie weit die Schärfe von einem Fokuspunkt aus auf die Kamera zu und von ihr weg reicht.

▼ *Links eine offene Blende f/2,8. Nur die Fokusebene ist scharf, Vorder- und Hintergrund sind unscharf. Rechts eine deutlich weiter geschlossene Blende f/12. Alle drei Ebenen werden scharf abgebildet.*

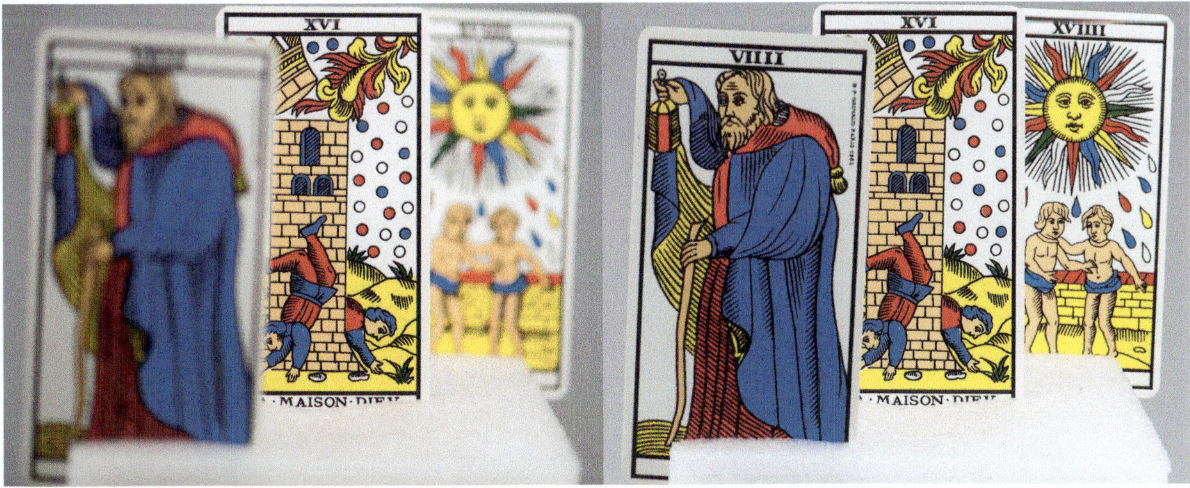

Eine offene Blende erzeugt eine selektive Schärfe. Nur dort, wo die Kamera fokussiert hat, wird Schärfe dargestellt. Bei einer stark geschlossenen Blende erweitert sich die Schärfentiefe. Ein sehr lichtstarkes Porträtobjektiv wie das Nikon 85 mm f/1,4 schwächt offen den Lichtfluss nur um den Faktor 1:1,4. Als Resultat ist die Schärfentiefe bei einem Meter Distanz auf wenige Millimeter beschränkt.

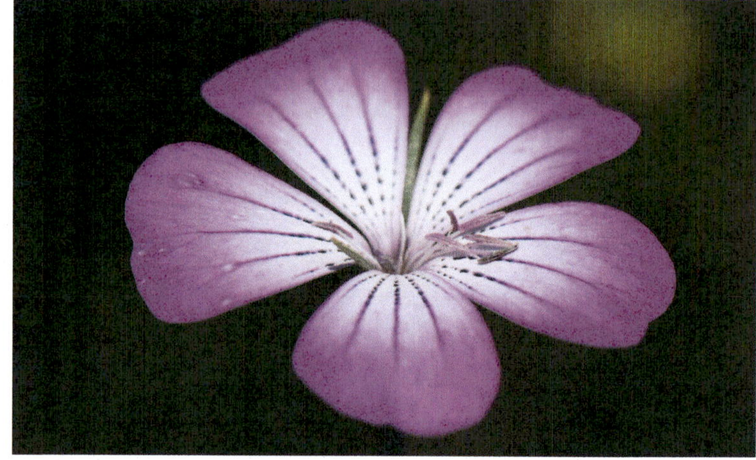

105 mm | f/5 | 1/1000 s | ISO 100
▶ *Bei einer relativ weit geöffneten Blende und 105 mm Brennweite ist der Hintergrund der Blüte vollkommen unscharf. Selbst die Blütenränder vorn und hinten sind bereits leicht unscharf.*

Das Spiel mit der Blende ergibt also gestalterische Möglichkeiten. Doch gilt es ebenfalls, eine Lichtmenge zu erhalten, die zum ISO-Wert passt. Außer in der manuellen Auslöseart M wird die Kamera immer versuchen sicherzustellen, dass Blende, Zeit und ISO zusammenpassen.

18 mm | f/14 | 1/160 s | ISO 100
▼ *Eine weit geschlossene Blende ist besonders für Landschaftsaufnahmen geeignet. Vom Vordergrund bis zu den weit entfernten Bergen ist das Bild scharf.*

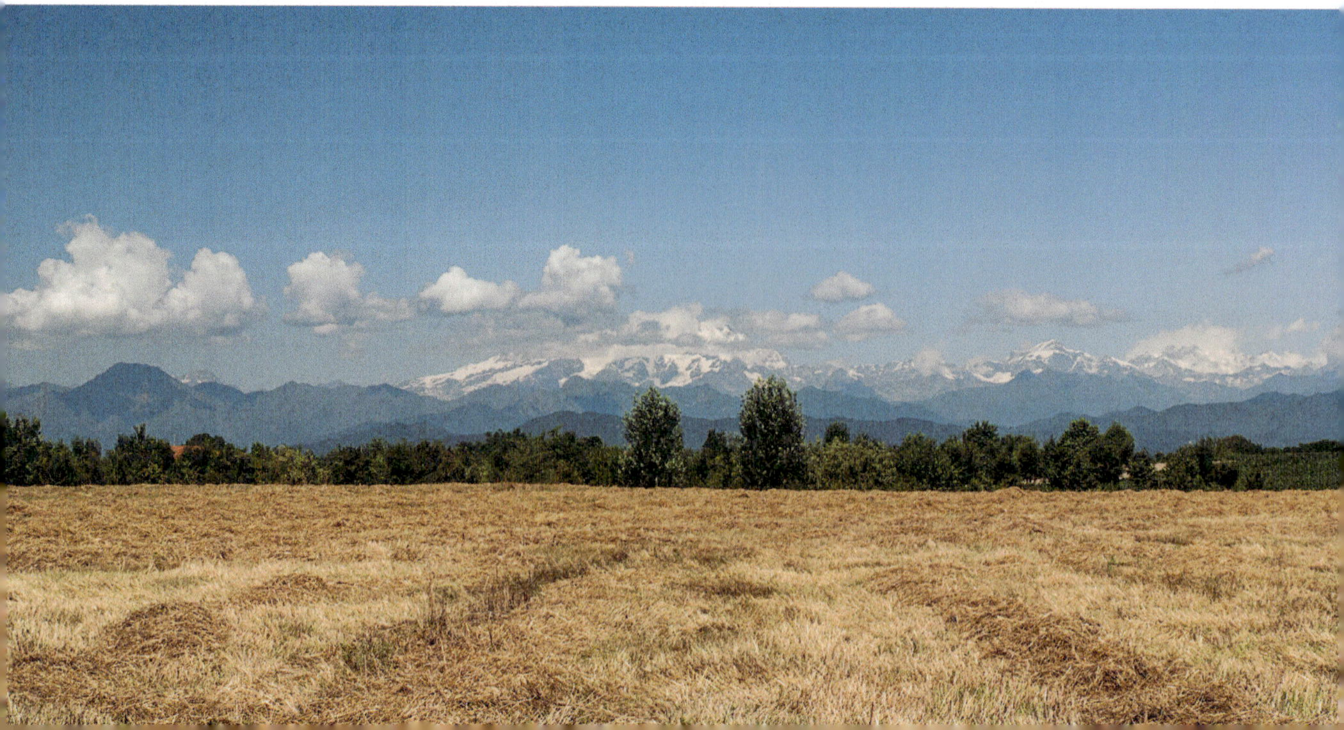

Einfluss der Belichtungszeit auf die Bildwirkung

Über die Steuerung der Belichtungszeit können insbesondere schnelle Bewegungen in ihrer Bildwirkung fein abgestimmt werden. Ob die Dynamik, die einer Bewegung innewohnt, durch leichtes Verwischen besonders hervorgehoben wird oder ob eine Situation exakt eingefroren werden soll, wird über die Belichtungszeit geregelt.

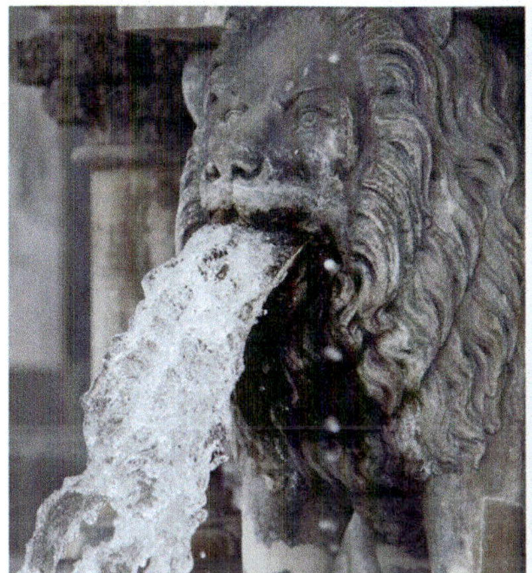

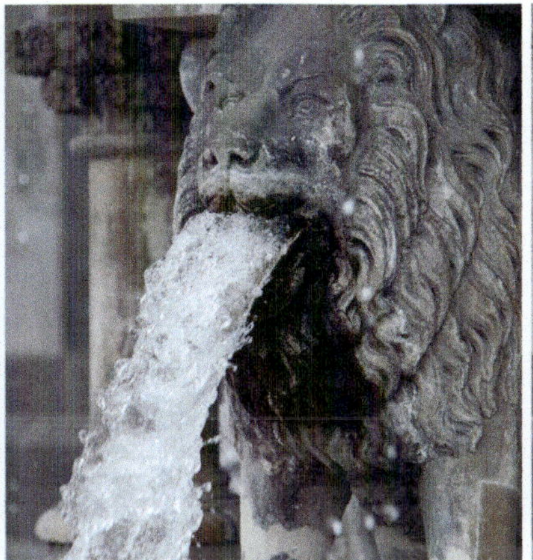

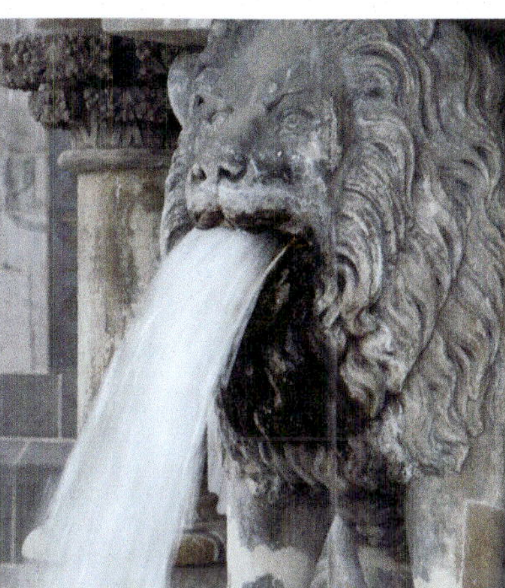

▲ *Die verschiedenen Belichtungszeiten fangen das fließende Wasser völlig unterschiedlich ein.*

Doch welche Bewegungen brauchen welche Belichtungszeit? Je näher sich ein bewegtes Objekt zur Kamera bewegt, desto kürzer muss die Belichtungszeit sein. Die folgende kleine Tabelle zeigt Ihnen einige typische Belichtungszeiten für bewegte Objekte und mit welcher Belichtungszeit Sie diese scharf darstellen.

	Motiventfernung			
Bei 100 mm Brennweite	<10 m	>10 m	>50 m	>100 m
Schrittgeschwindigkeit ca. 5 km/h	1/250 s	1/125 s	1/60 s	1/15 s
Laufen oder Wettkampfgehen ca. 10 km/h	1/640 s	1/250 s	1/125 s	1/60 s
Rennen, Fechten, Ballsportarten, Wasserspritzer ca. 20 - 30 km/h	1/1000 s	1/640 s	1/250 s	1/125 s
Radrennfahren, Skifahren, Rodeln, langsamer Motorsport ca. 40 - 50 km/h	1/1250 s	1/1000 s	1/640 s	1/250 s
Motorsport =>150 km/h	1/2000 s	1/1250 s	1/1000 s	1/640 s

Je kürzer eine Belichtungszeit ist, desto besser eignet sie sich, schnelle Bewegungen völlig scharf einzufangen.

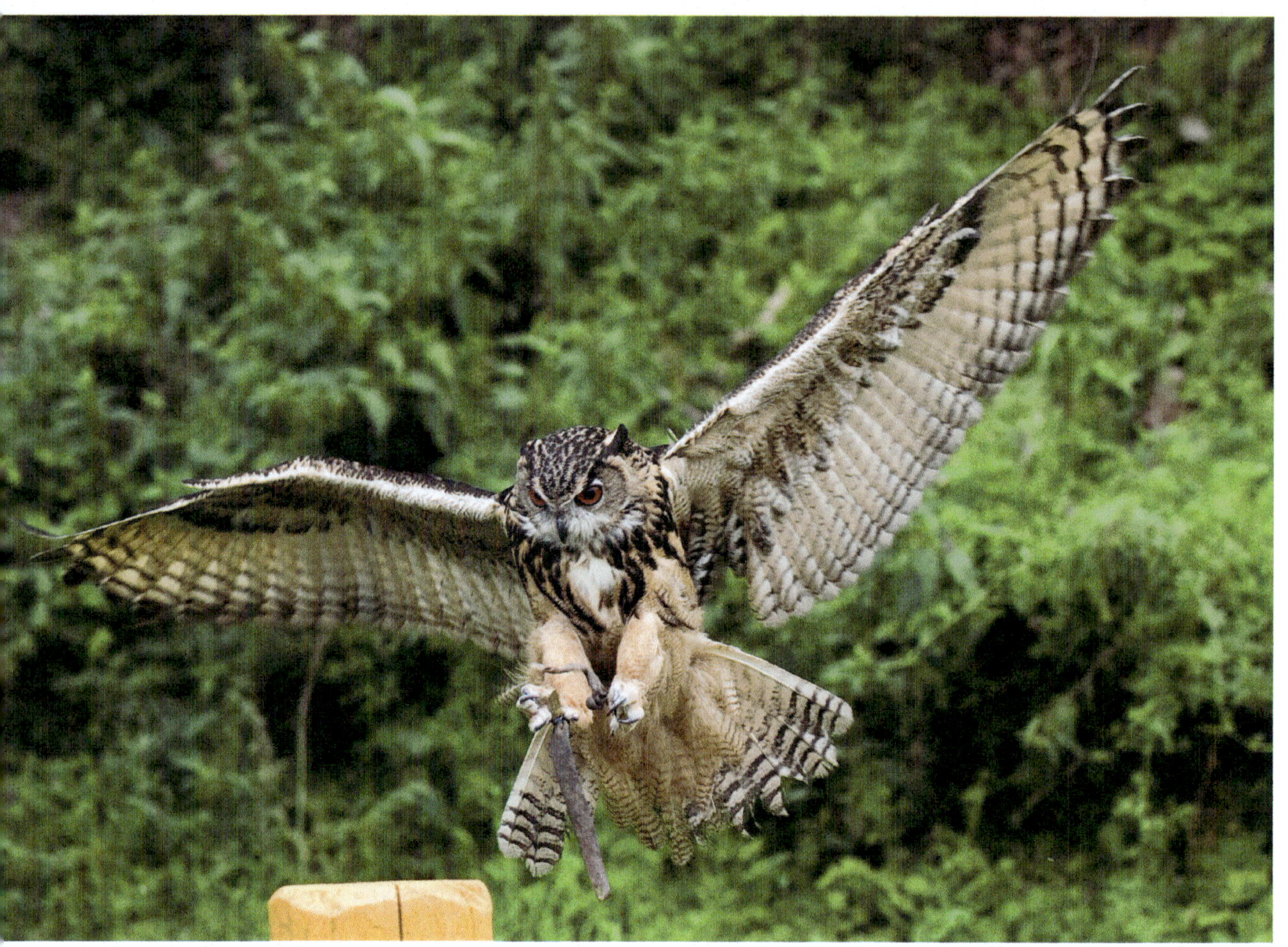

105 mm | f/3,2 | 1/500 s | ISO 400
▲ *An diesem stark bewölkten Tag konnte die Belichtungszeit nur durch eine weitgehende Öffnung der Blende erreicht werden. Alternativ hätte man den ISO-Wert noch weiter erhöhen können.*

Die beste ISO-Zeit-Blende-Kombination

Das gekonnte Zusammenspiel der drei Basiswerte Belichtungszeit, Blendenwert und ISO-Empfindlichkeit macht also die Basis einer gelungenen Belichtung aus. Wie schon beschrieben wurde, bedeutet jede Einstellung dieser Werte gleichzeitig eine Entscheidung für eine bestimmte Bildwirkung.

Es sollte jetzt auch klar sein, warum fortgeschrittene Fotografen auf die Programmmodi A oder S wechseln oder gleich alles manuell einstellen. Es gibt eine Vielzahl an Einstellungskombinationen, denen eine Vollautomatik letztlich nicht gerecht werden kann.

Wer jetzt ein bisschen mutlos ist angesichts dieser vielen Einflussfaktoren, der sei aber beruhigt. Es ist ein wenig wie beim Autofahren: Anfangs ist alles ungewohnt, und man muss unzählige Dinge scheinbar gleichzeitig beachten. Doch nach einiger Zeit haben sich die Abläufe eingespielt, und man kann sich ganz auf den Verkehr konzentrieren. Auch in der Fotografie gibt es diese Hürde, wenn sie auch sanfter ausfällt. Immerhin können Sie ständig zwischen Voll-, Halbautomatik und manueller Steuerung wechseln. Mit den Halbautomatiken P, S und A kann man schon viel erreichen und sich an die vollständig manuelle Bedienung herantasten.

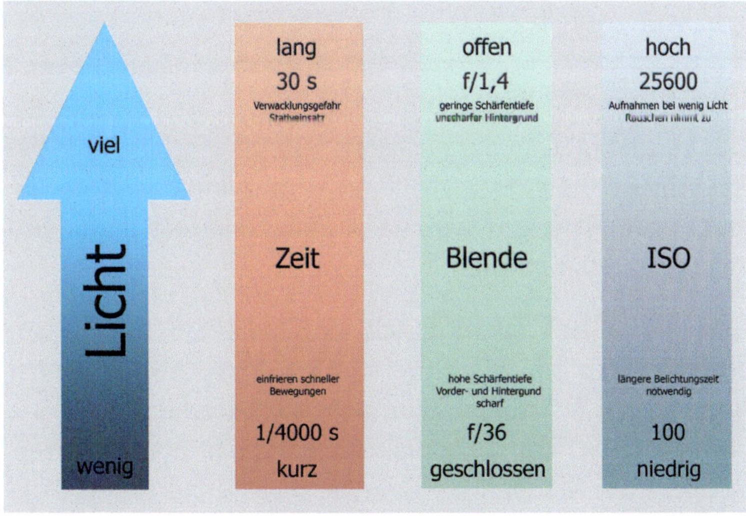

◀ *Anfangs ist es nicht immer ganz einfach, alle drei Parameter der Belichtungssteuerung sicher im Griff zu haben.*

Die Belichtungssteuerung der D3300 versucht in der Vollautomatik stets, einen mittleren Wert für eine Belichtungslösung aus Blende und Zeit zu wählen. Die Vollautomatik folgt nicht in erster Linie Ihren Wünschen der Bildgestaltung.

Denn wichtig ist der Elektronik nur, dass die Lichtmenge, die sich aus Blende und Zeit ergibt, zum ISO-Wert passt.

Die Motivprogramme und die Vollautomatik (mit oder ohne Blitz) lassen Sie nicht wirklich an die Belichtungssteuerung heran. Nur wenn Sie zu den Programmen P, S, A oder M greifen, können Sie die Art beeinflussen, wie die Kamera die Belichtungslösung errechnet.

Die ISO-Grenzen und Rauschreduzierung

Die D3300 bietet die Möglichkeit, den ISO-Wert von 100 bis 12800 in Schritten von 1 LW einzustellen. Zusätzlich können Sie die Empfindlichkeitsstufe Hi1 einstellen und erreichen damit einen maximalen ISO-Wert von 25600. Die Erhöhung des ISO-Werts verstärkt im gleichen Maß auch das Bildrauschen. Der Verlauf des Rauschverhaltens zeigt meistens keine lineare Entwicklung, sondern verläuft zunehmend steiler, oft mit deutlich erkennbaren Stufen, die der Fotograf kennen sollte.

Die Stufen des Rauschens

Das Beispielbild auf der nächsten Seite zeigt schon, dass das Rauschverhalten Ihrer D3300 nicht ganz linear ist. Der Verlauf beginnt langsam, wird dann steiler und zeigt zumindest zwei erkennbare Stufen.

Eine erste Stufe, an der sich die Qualität des Bilds verschlechtert, ist bei ISO 400, rein visuell betrachtet aber eher bei ISO 800 feststellbar. Für sehr hochwertige Ergebnisse sollten Sie ISO 400, maximal ISO 800, nicht überschreiten. Bei dunklen Motiven werden allerdings erste Rauschartefakte bereits ab ISO 400 sichtbar.

Eine weitere Stufe, an der sich das Rauschen deutlich verstärkt, ist ISO 3200. Bis ISO 1600 sind die Fotos für eine normale Qualität gut zu gebrauchen, und das Rauschen stellt, zumal mit etwas Nachbearbeitung, kein echtes Problem

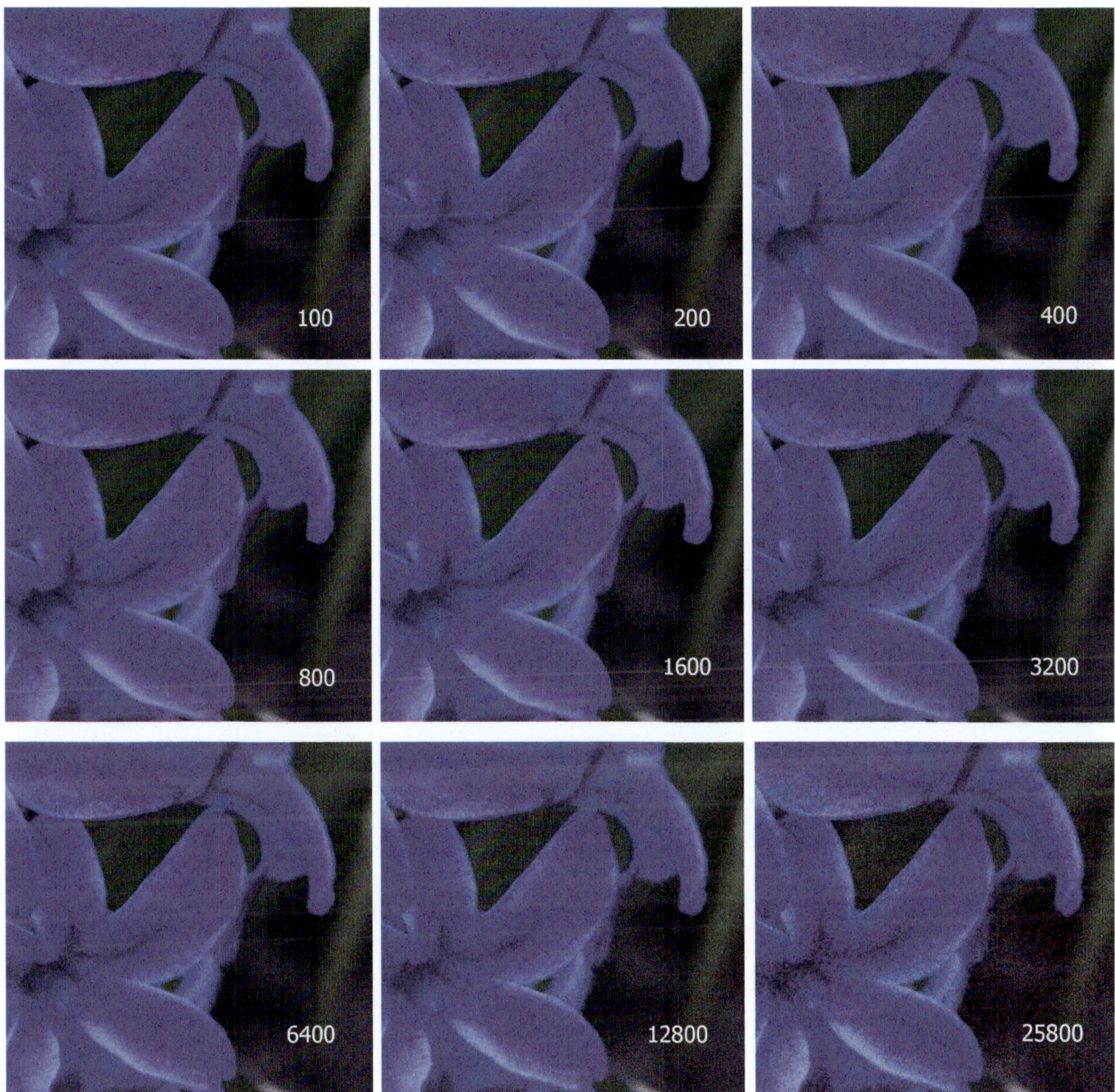

dar. Ab ISO 6400 sinkt die Qualität der Fotos dann recht dramatisch ab. Aber selbst ISO 6400 ist mit guter Bildbearbeitung z. B. in Adobe Lightroom oder Aperture für den Hausgebrauch noch verwendbar. Das Rauschverhalten der Nikon D3300 ist insgesamt betrachtet auf einem sehr hohen Niveau.

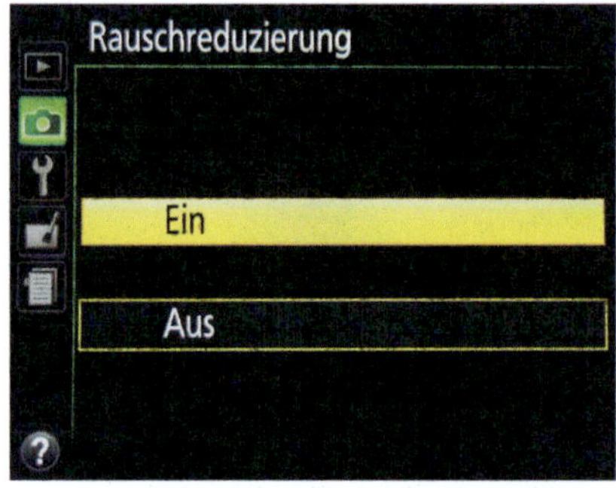

▲ *Bei dem Einsatz hoher ISO-Werte ist die kamerainterne* ***Rauschreduzierung*** *eine sinnvolle Option.*

Darüber hinaus können Sie an der D3300 im Menü ***Aufnahme*** die ***Rauschreduzierung*** einschalten. Für Bilder direkt aus der Kamera ist das ab ca. ISO 3200 eine gute Wahl.

Nikon geht recht vorsichtig mit der Rauschreduzierung um, sodass die Abschwächung des Rauschens nicht zu stark auf Kosten der Detailauflösung geht.

Die Nachbearbeitung von Hand liefert im Zweifelsfall bessere Ergebnisse, ist aber auch deutlich aufwendiger.

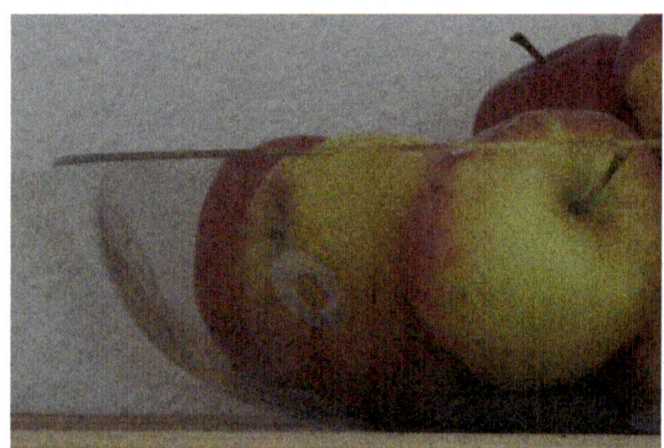

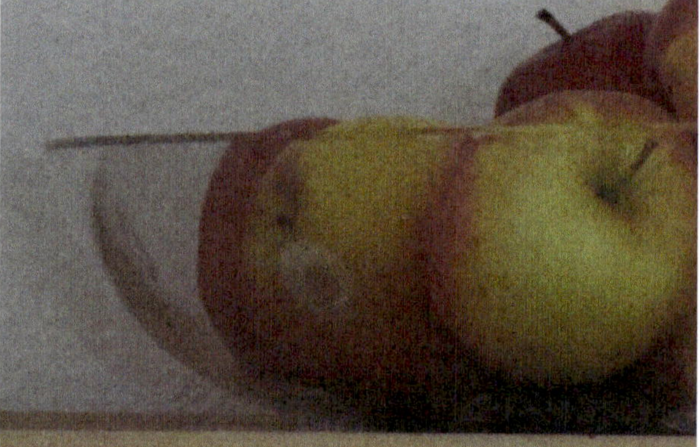

38 mm | f/6,3 | 1/40 s | ISO 3200 | Stativ

▲ *Die Ausschnittvergrößerung zeigt ein Foto mit dem ISO-Wert 3200, links ohne und rechts mit Rauschreduzierung. Die Unterschiede sind deutlich zu erkennen, aber insgesamt moderat. Zu erkennen ist auch, dass die Schärfe bzw. Detailauflösung im unteren Bild abnimmt.*

Die ISO-Automatik richtig nutzen

Die ISO-Automatik ist dann die richtige Funktion, wenn eine dynamische Motivsituation eine ebenso aktive Anpassung der ISO-Werte erfordert. Um die Automatik zielgerichtet einsetzen zu können, muss man ihre Wirkungsweise kennen.

Sie können im ***Aufnahme***-Menü die Automatik aktivieren und die Wirkungsweise der ISO-Automatik sinnvoll beeinflussen, damit sie die Werte nicht ständig in zu hohe Bereiche verschiebt. Dazu legen Sie den maximalen ISO-Wert fest, den die D3300 in der ISO-Automatik erreichen kann und der für die jeweilige Situation sinnvoll ist. Sie können dabei alle Werte ab ISO 200 auswählen. Bei den Einstellungen können

Sie sich nach den Begrenzungen richten, die im vorherigen Abschnitt aufgezeigt wurden. Der richtige Schwellenwert für die Belichtungszeit soll in erster Linie verhindern, dass Sie mit einer zu langen Belichtungszeit fotografieren.

Wenn Sie die ISO-Automatik der D3300 aktiviert haben, mit dem Belichtungsprogramm A arbeiten und die Blende schließen, wird die Kamera zuerst die Belichtungszeit verlängern bis zum Erreichen des eingestellten Schwellenwerts ***Längste Belichtungszeit***. Ab dann wird sie den ISO-Wert so lange um eine Stufe anheben, bis eine Belichtungszeit erreicht ist, die kürzer oder gleich dem Schwellenwert ist. Wenn wiederum der Wert für die ***Maximale Empfindlichkeit*** erreicht ist, verlängert das Programm wieder die Belichtungszeit.

Analog funktioniert die Automatik im Belichtungsprogramm Blendenautomatik S. In diesem Fall wird die Einstellung verändert, wenn keine kleinere Blende mehr von der D3300 eingestellt werden kann. Wenn Sie also ein Objektiv verwenden, das eine Lichtstärke von 1:3,5 hat, die D3300 aber für die von Ihnen ausgewählte Belichtungszeit eine Blende von 1:2,8 benötigt, erhöht sie automatisch den ISO-Wert so weit, dass die daraus resultierende Belichtung diesem Wert entsprechen würde. Einen Schwellenwert für die Blende gibt es ja nicht. Im manuellen Belichtungsprogramm M wertet die D3300 aus, ob die von Ihnen eingestellte Belichtungslösung eine Unterbelichtung auslöst, um gegebenenfalls den ISO-Wert innerhalb der von Ihnen definierten Grenze zu erhöhen.

	P	A	S	M
Reihenfolge der Parameter, die die D3300 ändert	Belichtungszeit	Belichtungszeit	Blende	ISO-Wert
	Blende	ISO-Wert	ISO-Wert	
	ISO-Wert	Belichtungszeit		
Parameter, die die D3300 nicht ändern wird		Blende	Belichtungszeit (sofern diese unter dem Wert für ***Längste Belichtungszeit*** liegt)	Blende Belichtungszeit

Automatische längste Belichtungszeit

Wird die ***Längste Belichtungszeit*** auf ***AUTO*** eingestellt, wird im Programm A der Schwellenwert für die ***Längste Belichtungszeit*** auf die verwendete Brennweite abgestimmt. Dazu müssen Sie allerdings Objektive mit einer CPU einsetzen, die ihre Brennweite zur Kamera überträgt. Bei manuellen Objektiven funktioniert diese Steuerung nicht, da die Werte nicht übermittelt werden.

Nikon geht in diesem Punkt aber sehr konservativ vor und versucht auf jeden Fall, ein Verwackeln zu verhindern. Wenn Sie eine ruhige Hand besitzen, können Sie den Schwellenwert in der Regel manuell etwas niedriger einstellen.

Sinnvolle Einsatzmöglichkeiten der ISO-Automatik

Eine alte Faustregel in der Fotografie lautet sinngemäß: Halte den ISO-Wert immer so gering wie möglich. Grundsätzlich gilt er auch heute noch. Allerdings ist die Kontrolle des Rauschens in modernen Kameras wie der D3300 sehr viel besser geworden als noch vor wenigen Jahren. Vor allem in den unteren Bereichen bis etwa ISO 800 ist die Rauschneigung in der D3300 sehr gering. Eine moderat eingesetzte ISO-Automatik ist deshalb ohne Weiteres vertretbar und sinnvoll. Wenn Spitzenergebnisse in Bezug auf das Rauschen notwendig sind oder mit einem Stativ gearbeitet wird, kann die Automatik leicht abgeschaltet werden.

4.2 Mit der passenden Messung zur richtigen Belichtung

In kritischen Belichtungssituationen mit z. B. hohem Dynamikumfang sind die Methoden der Belichtungsmessung und der Messpunkt(e) entscheidend für das spätere Ergebnis des Fotos. Daher sollen die möglichen Messverfahren, ihre Vor- und Nachteile sowie die bevorzugten Anwendungsbereiche ausführlich vorgestellt werden.

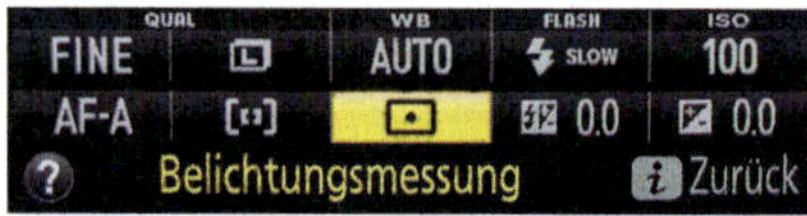

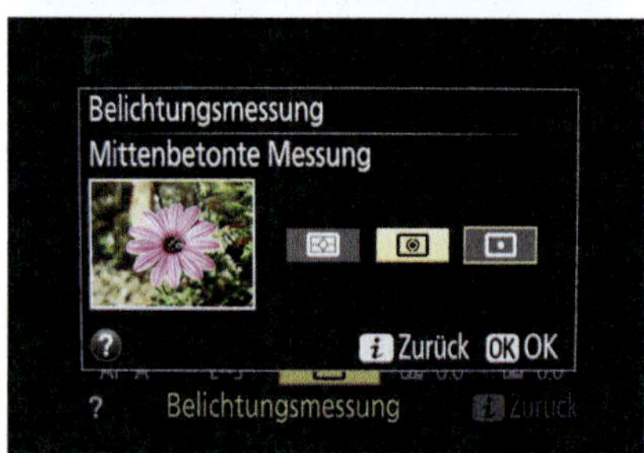

▲ *Mit der Taste ⓘ wählen Sie im Infobildschirms die Belichtungsmessung und können dann zwischen der Matrixmessung, der mittenbetonten Messung und der Spotmessung auswählen.*

Der interne TTL-Belichtungsmesser Ihrer Kamera teilt sein Messfeld in zehn Einzelfelder ein und verfügt über einen eigenen RGB-Sensor, der das durch das Objektiv einfallende Licht misst. Der Belichtungsmesser deckt dabei, im Gegensatz zum Autofokus, das gesamte Bildfeld ab. Er kennt drei Verfahren, aus dem Messergebnis des RGB-Sensors eine Belichtungslösung aus Blendenwert und Belichtungszeit zu errechnen: die Mehrfeldmessung, bei Nikon Matrixmessung genannt, die mittenbetonte Belichtungsmessung sowie die Spotmessung.

Bei der Matrixmessung werden die Ergebnisse aller Felder gemäß einem in der Kameraelektronik hinterlegten Regelwerk ausgewertet. Die von den Sensoren ausgegebenen

Messwerte werden zu einem mathematischen Modell verarbeitet, und dieses Ergebnis wird anschließend mithilfe einer Musterdatenbank abgeglichen. Diese Musterdatenbank beinhaltet die statistische Auswertung der Belichtung von Zehntausenden Fotos. Entspricht die aktuelle Fotosituation keinem dieser Anwendungsfälle, wird sie aus den Messwerten der einzelnen Felder einfach den statistischen Mittelwert ermitteln und daraus eine Belichtungslösung errechnen.

Bei der mittenbetonten Messung werden die Messwerte einer kreisförmigen Zone in der Mitte mit 75 % gewichtet und die gesamte Restfläche mit 25 %. Die Spotmessung dagegen wertet nur die Zone unter dem aktiven Autofokusfeld zur Berechnung der Belichtungslösung aus.

Funktionseinbußen ohne Distance-Funktion

Die 3D-Color-Matrixmessung nutzt bei D- (bzw. DX-), E- und G-Objektiven die Entfernungsinformationen, die das Objektiv anhand der Stellung der fokussierenden Linsenelemente ermittelt. Wenn Sie Ihre D3300 mit einem Objektiv ohne D-, E- oder G-Funktion verwenden, wird sie wegen der fehlenden Entfernungsinformation statt der 3D-Color-Matrixmessung II eine Matrixmessung verwenden, die ohne die Entfernungsinformationen auskommt.

Dann ist die Auswertung der Informationen aus dem Belichtungsmesser erheblich unpräziser, die D3300 hat es schwerer, die Situation zuzuordnen, und geht eher zur statistischen Mittelung über.

Motiverkennung mit der Matrixmessung

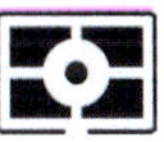

Die Matrixmessung ist die einfachste und am häufigsten gewählte Messmethode. Hierbei werden alle Pixel des Belichtungsmessers ausgewertet. Mehrfeldmessung wird sie genannt, weil dabei die gesamte Bildfläche in Felder eingeteilt wird, deren Messwerte dann unterschiedlich zu einem Gesamtergebnis gewichtet werden. Das Ziel ist es, das gesamte Bild gleichmäßig auszuleuchten. Für viele Bildgestaltungen, in denen Vorder- und Hintergrund eine ähnliche Belichtungszeit erfordern, ist die Matrixmessung sicherlich das Mittel der Wahl. Die Matrixmessung versucht, unter Einbeziehung aller Bildteile eine möglichst ausgeglichene Belichtung zu erreichen. In schwierigen Beleuchtungssituationen kann die Matrixmessung an ihre Grenzen stoßen: Ein typisches Beispiel dafür ist die Gegenlichtaufnahme. Hier kann schon eine kleine Winkeländerung zu ungeplanten Änderungen in der Bildwirkung führen, weil sich die Gewichtung zwischen hellen und dunklen Bildanteilen ändert. Auch Situationen mit einem sehr hellen Himmel und einem wesentlich dunkleren Vordergrund eignen sich weniger für die Matrixmessung.

Bei der Matrixmessung wird zunächst der Kontrastumfang ermittelt. Bei hohem Gegensatz wird die Bildmitte stärker berücksichtigt, da die Elektronik davon ausgeht, dass sich das Hauptmotiv meistens in oder nahe der Bildmitte befindet. In schwierigen Lichtsituationen kann es deshalb sinnvoll sein, das Motiv nicht zu sehr an den Rand wandern zu lassen, sondern es eher in der Mitte zu positionieren.

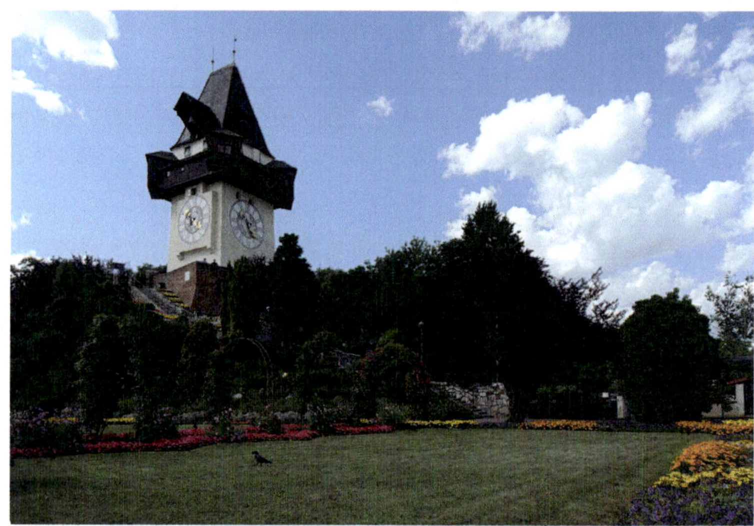

24 mm | f/9,0 | 1/200 s | ISO 100

▶ *Sehr heller Himmel und dunkler Mittel- und Vordergrund sind oft nicht so gut für die Matrixmessung geeignet. Die Kamera wird versuchen eine gleichmäßige Helligkeit zu erreichen, die tatsächlich aber nicht gegeben ist.*

Problematisch wird die Matrixmessung in Situationen, die vom Standardfall abweichen, beispielsweise wenn der untere Teil des Bilds heller ist als der obere. In diesem Fall kann es zu einer Unterbelichtung des mittleren Bildteils kommen.

Viele Situationen, die bei den Vorgängermodellen noch zu Belichtungsproblemen geführt haben, kann die D3300 besser verarbeiten. Die Motiverkennung ist spürbar weiterentwickelt worden. So können jetzt Gesichter erkannt werden, während mit dem alten System vorrangig Landschaften in der Datenbank enthalten waren. Dadurch kann die Kamera eine bessere Belichtungssteuerung durchführen.

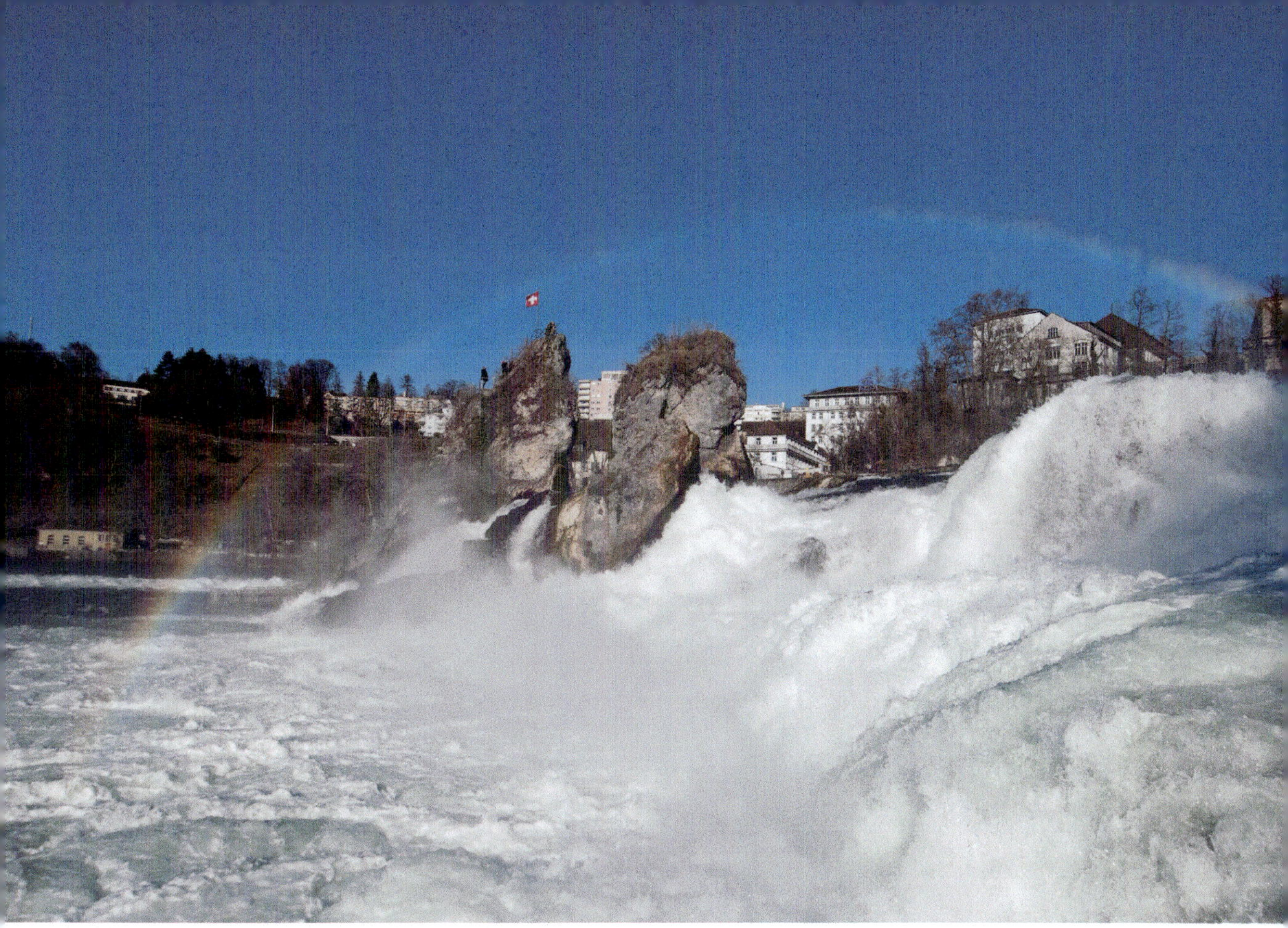

Wenn Sie als Fotograf die Belichtung aber gezielter steuern wollen, bietet Ihnen die D3300 zwei Methoden zur selektiven Belichtungssteuerung: die mittenbetonte und die Spotmessung.

30 mm | f/8 | 1/500 s | ISO 100

▲ *Ein Klassiker der Landschaftsfotografie ist der Blick auf den Rheinfall. Bei perfekten Lichtverhältnissen schafft Ihre D3300 schöne Landschaftsaufnahmen mit der Matrixmessung völlig problemlos.*

Die mittenbetonte Belichtungsmessung

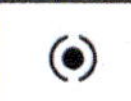

Das klassische Einsatzgebiet der mittenbetonten Belichtungsmessung ist ein formatfüllendes Hauptmotiv, also z. B. ein Porträtfoto. Sie gewichtet den zentralen Bildbereich mit 75 % wesentlich stärker als die Restbereiche mit 25 %. Deshalb lässt sich diese Messmethode deutlich weniger von Helligkeitsausreißern am Rand des Bilds ablenken und führt zu einem ausgewogen belichteten zentralen Motiv. Nikon empfiehlt die Messmethode auch bei der Anwendung von Filtern, die Licht absorbieren (Filterfaktor über 1x).

Der Klassiker: die Ersatzmessung

Bei der Ersatzmessung nutzen Sie nicht das tatsächliche Motiv zur Belichtungsmessung, sondern ein Ersatzmotiv. Diese Methode stammt eigentlich aus der Zeit der Handbelichtungsmesser und diente der schnellen Arbeit mit der Kamera. Der Klassiker dieser Methode ist, wenn der Sportfotograf auf den grünen Rasen im hellen Sonnenlicht misst. Dieser entspricht in seinem Reflexionsverhalten etwa dem mittleren Grau – wie auch eine hell asphaltierte Straße oder die Haut eines ungebräunten Mitteleuropäers.

Die Ersatzmessung kann der Orientierung dienen, wenn Sie in schwierigen Lichtsituationen einen Referenzwert für Blende und Zeit haben wollen. Am besten eignet sich dafür eine Graukarte, die Sie in der konkreten Lichtsituation anmessen. Mit diesem Referenzwert können Sie dann die manuelle Einstellung Ihrer Kamera vornehmen und sie gegebenenfalls noch korrigieren.

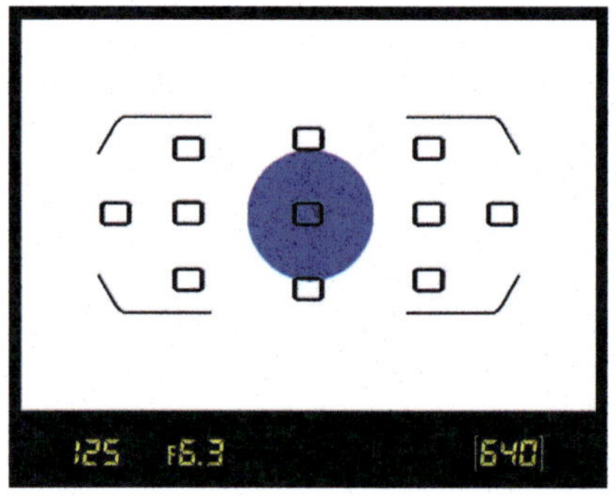

◄ *Die mittenbetonte Belichtungsmessung wertet die Messergebnisse über die gesamte Bildfläche aus. Sie gewichtet aber den zentralen Bildbereich mit einem Durchmesser von 8 mm (blau) im Sucher mit 75 % wesentlich stärker als den Restbereich mit 25 %.*

Diese Methode der Belichtungsmessung ist die beste Wahl, wenn Ihr Hauptmotiv ein Objekt ist, das sich in seiner Helligkeit deutlich vom Restmotiv unterscheidet.

Die mittenbetonte Messung wird stets Ihr Hauptmotiv richtig belichten, auch wenn das zu einer Fehlbelichtung des Hintergrunds führt – anders als die Matrixmessung, die stets versucht, das gesamte Bild ausgeglichen zu belichten. Verwenden Sie daher die mittenbetonte Messung dann, wenn Sie eine schwierige Belichtungssituation vorfinden und der Hintergrund nicht so wichtig ist.

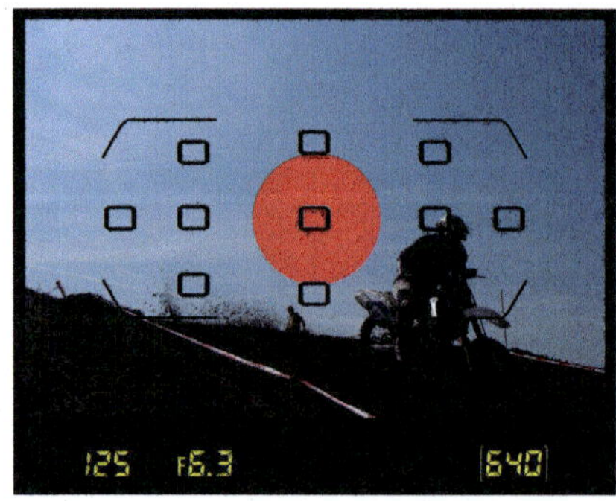

150 mm | f/8 | 1/1000 s | ISO 200 | mittenbetonte Messung | –1 LW

◄ *Der Nachteil der mittenbetonten Belichtungsmessung kommt bei bewegten Motiven schnell zum Tragen: Springt das Hauptmotiv aus dem Mittenkreis, misst die Kamera den Hintergrund, und das Hauptmotiv wird unterbelichtet.*

Auf den Punkt gemessen mit der Spotmessung

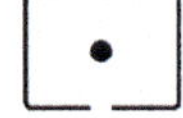

Bei der Spotmessung wertet die D3300 nur die Helligkeit in einem kleinen Kreis von 3 mm Durchmesser (im Sucher) ausgehend von der Mitte des aktiven AF-Messfelds aus, um eine Belichtungslösung zu errechnen. Der Rest des Bildfelds wird nicht ausgewertet.

Das Spotfeld ist kleiner als die Markierungsrahmen der Autofokusfelder im Sucher. Daher müssen Sie zum richtigen Anvisieren der zu messenden Stelle im Motiv die Mitte der AF-Markierung wählen.

Die Spotmessung ist die ideale Messmethode, wenn Sie ein Motiv fotografieren wollen, das sich von der Umgebung deutlich in der Helligkeit unterscheidet und Sie die Belichtung des Hauptmotivs auf jeden Fall sicherstellen wollen. Mit der Spotmessung bekommen Sie so ziemlich alle Belichtungssituationen in den Griff, sodass sie immer das Mittel der Wahl sein sollte, wenn Sie sich mit der richtigen Belichtung nicht sicher sind.

Spotmessung und AF-Messfeld

Anders als bei der mittenbetonten Messung kann das Spotfeld auch außermittig liegen, es ist an das aktive Autofokusfeld gekoppelt, das auch am Rand liegen kann. Das gilt allerdings nicht, wenn die automatische Messfeldsteuerung aktiv ist. In diesem Fall können ja auch mehrere AF-Messfelder gleichzeitig für die Messung herangezogen werden. Deshalb ist für die Belichtungssteuerung in diesem Modus immer das Spotfeld in der Mitte aktiv. Auch bei Objektiven ohne eigene CPU liegt das Spotfeld immer in der Mitte. In diesen Fällen können Sie aber, genau wie bei der mittenbetonten Messung, den Belichtungsspeicher mit der Taste AE-L/AF-L benutzen.

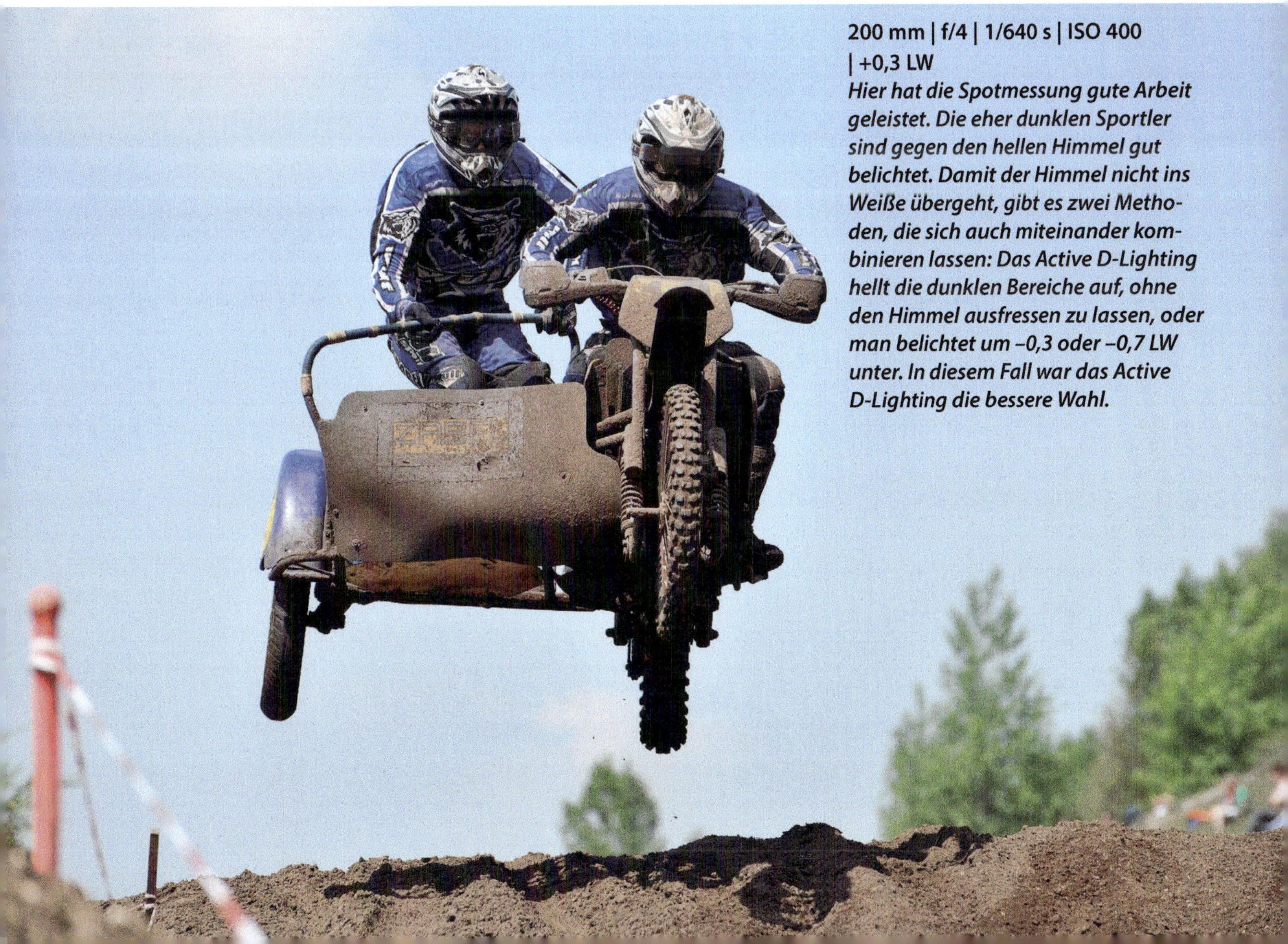

200 mm | f/4 | 1/640 s | ISO 400 | +0,3 LW
Hier hat die Spotmessung gute Arbeit geleistet. Die eher dunklen Sportler sind gegen den hellen Himmel gut belichtet. Damit der Himmel nicht ins Weiße übergeht, gibt es zwei Methoden, die sich auch miteinander kombinieren lassen: Das Active D-Lighting hellt die dunklen Bereiche auf, ohne den Himmel ausfressen zu lassen, oder man belichtet um –0,3 oder –0,7 LW unter. In diesem Fall war das Active D-Lighting die bessere Wahl.

Die Belichtungsspeicherung nutzen

Liegt der Bereich für die Belichtungsmessung bei der Spot- oder mittenbetonten Messung in der Mitte, Ihr Hauptmotiv soll aber außermittig platziert werden, müssen Sie zu einem Hilfsmittel greifen. Da die Kamera die Belichtung kontinuierlich misst, würde sonst durch das Verschwenken die Belichtung geändert.

Die Lösung bietet die Belichtungsspeicherung. Dazu müssen Sie zuerst mit halb durchgedrücktem Auslöser eine Belichtungsmessung auf das Hauptmotiv ausführen. Dann aktivieren Sie mit der Taste AE-L/AF-L den Belichtungsspeicher. Die gemessene Belichtung wird, solange die AE-L-Taste gedrückt wird, gespeichert und ändert sich nicht. Dann schwenken Sie auf den gewünschten Bildausschnitt und lösen aus.

Belichtungsänderung trotz Speicherung beim Zoomen

Wenn Sie die Kamera nicht nur verschwenken, sondern auch den Zoom verändern, kann sich die Belichtungslösung trotz Belichtungsspeicherung noch ändern. Hat das Objektiv keine konstante Blende, wie es z. B. beim 18-55-mm-Kitobjektiv der Fall ist, wird die Kamera die Belichtungslösung beim Zoomen an die geänderte Lichtstärke anpassen.

Die Nutzung der Belichtungsspeichertaste gibt Ihnen eine hohe Flexibilität. Gleichzeitig müssen Sie auch immer damit rechnen, dass Sie bei einer selektiven Belichtungsmessung Bildbereiche durch Über- oder Unterbelichtung verlieren könnten.

Wie immer sollten Sie im Zweifelsfall etwas unterbelichten, um bei Verwendung des RAW-Dateiformats noch etwas Spielraum für die Nachbearbeitung auf dem Computer zu lassen.

4.3 Das Histogramm zur Belichtungskontrolle

In kontrastreichen Fotosituationen wird es bei einem Bild vorkommen, dass besonders helle Bereiche völlig weiß erscheinen und keinerlei Zeichnung mehr enthalten. Auch in einer späteren Bearbeitung sind die Informationen in diesen Bildbereichen nicht mehr ohne Weiteres zurückzuholen.

Überbelichtete Bereiche vermeiden durch die Spitzlichteranzeige

Zum Problem werden Spitzlichter, wenn derartige Stellen im Histogramm nicht direkt zu erkennen sind. Vor allem, wenn es sich nur um kleinere Bereiche handelt, werden sie als schmaler Strich am Ende des Histogramms leicht übersehen, wenn das gesamte Histogramm ansonsten ausgeglichen wirkt.

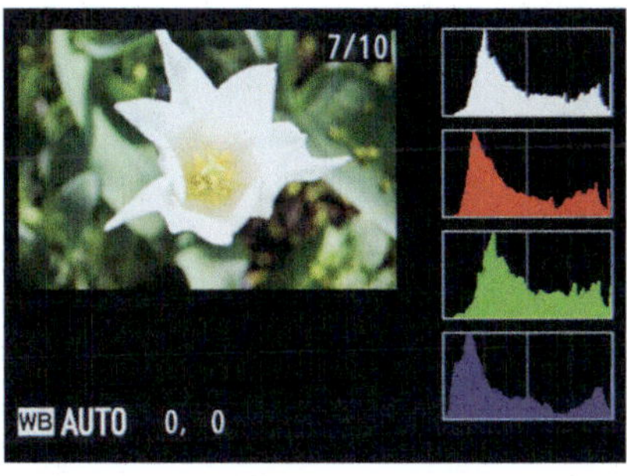

▲ *Ist das Bild nur etwas überbelichtet, fällt der leichte Ausreißer im Histogramm an der rechten Seite kaum auf.*

Um überbelichtete Bereiche sicher zu bemerken, bietet Ihnen die Kamera daher noch eine nützliche Funktion: Spitzlichter können Ihnen im Bild durch ein Blinken der überbelichteten Bereiche angezeigt werden. Um diese Funktion zu aktivieren, schalten Sie im Menü unter ***Wiedergabe/Opt. Für Wiedergabeansicht/Weitere Bildinformationen*** die Option ***Lichter*** ein.

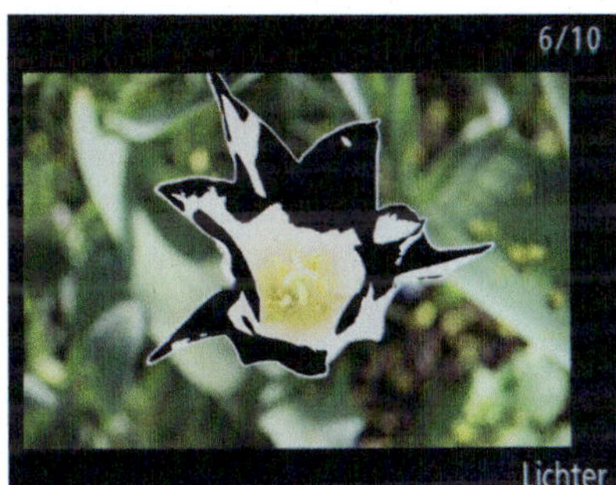

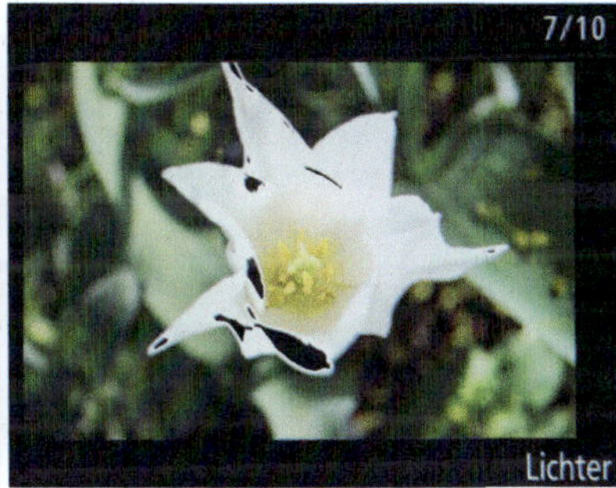

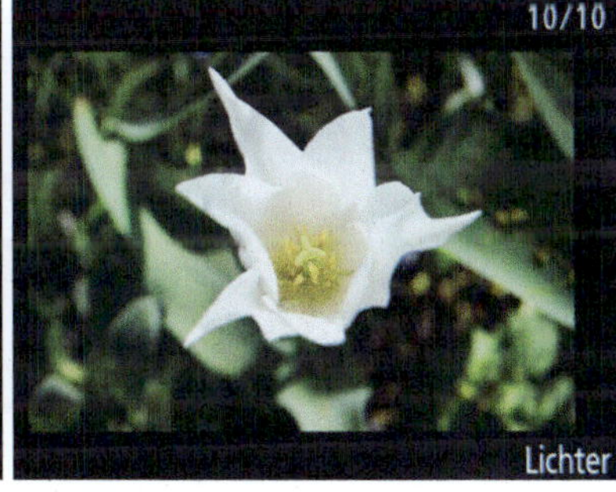

▲ *Ansicht einer Aufnahme im Kameramonitor mit der Option **Lichter**. Im ersten Bild ist eine starke Überbelichtung mit großen schwarzen Flächen zu sehen. In diesen Bereichen befindet sich keinerlei Zeichnung mehr. Mit einer kürzeren Verschlusszeit bessert sich das Ergebnis. Ein zusätzliches leichtes Abblenden lässt die Stellen im Bild ohne Zeichnung endgültig verschwinden.*

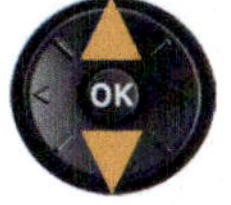

Sie können mit dem Multifunktionswähler schnell zwischen den Ansichten des Bilds umschalten. Anhand der blinkenden Anzeigen können Sie entscheiden, ob dies der von Ihnen geplanten Bildwirkung entspricht und vernachlässigt werden kann. Je kleiner die schwarz blinkende Fläche ist, desto weniger störend wirken sich die ausgefressenen Bildanteile aus.

18 mm | f/4,0 | 1/250 s | ISO 100

▶ *Diese Aufnahme eines Sees in der Nähe des Death Valley entstand am frühen Morgen. In Sonnenrichtung ist der Himmel ausgefressen, und dies lässt sich dann auch am Histogramm deutlich ablesen.*

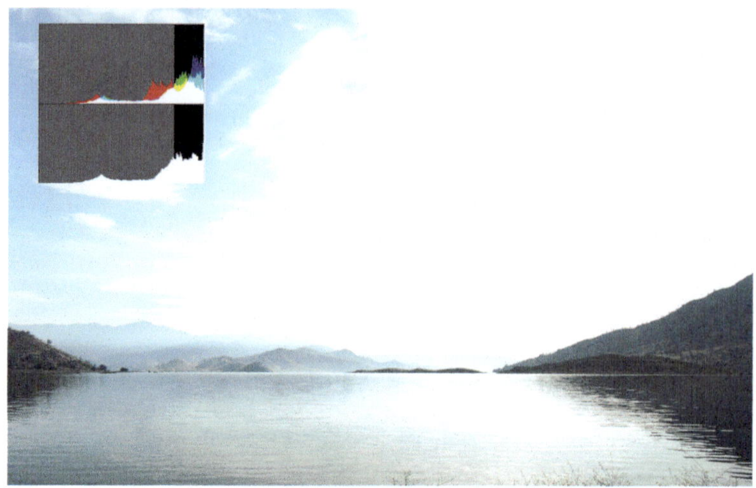

Das ideale Histogramm

Um es gleich vorwegzunehmen: So etwas wie ein universell ideales Histogramm gibt es nicht. Die ideale Helligkeitsverteilung in einem Foto hängt immer entscheidend vom Motiv und der angestrebten Bildaussage ab.

▶ *Ein Histogramm wie das im Bild würden wohl die wenigsten als „ideal" bezeichnen. Trotzdem entspricht es einer korrekten Belichtung. Durch die großen, einförmigen Flächen mit homogener Helligkeit entsteht solch ein Histogramm.*

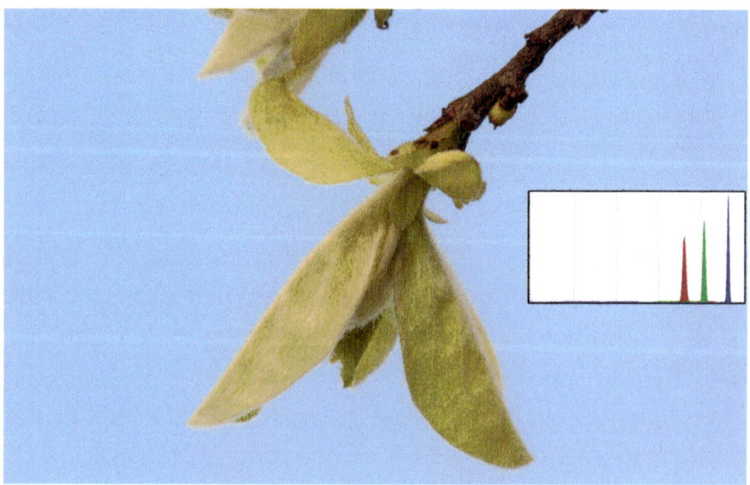

Die x-Achse in der Horizontalen zeigt die Helligkeitswerte von ganz links für reines Schwarz bis zum äußersten rechten Rand für reines Weiß. Die y-Achse in der Vertikalen zeigt die

Anzahl der Bildpunkte, die dem jeweiligen Helligkeitswert zugewiesen sind. Je höher der Balken, desto mehr Bildpunkte haben diesen Wert.

Der winzige weiße Strich ⑤ im Histogramm deutet auf eine leichte Überbelichtung hin, die aber in einer Bildbearbeitung behoben werden kann.

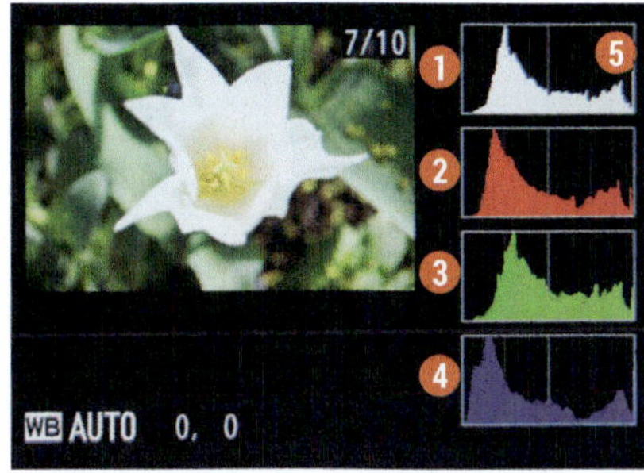

▲ *Die Histogrammanzeige der D3300 zeigt das Histogramm für die Gesamthelligkeit ① und die der einzelnen Farbkanäle Rot ②, Grün ③, Blau ④. Mit den Farbkanälen kann z. B. ein Farbstich im Foto erkannt werden.*

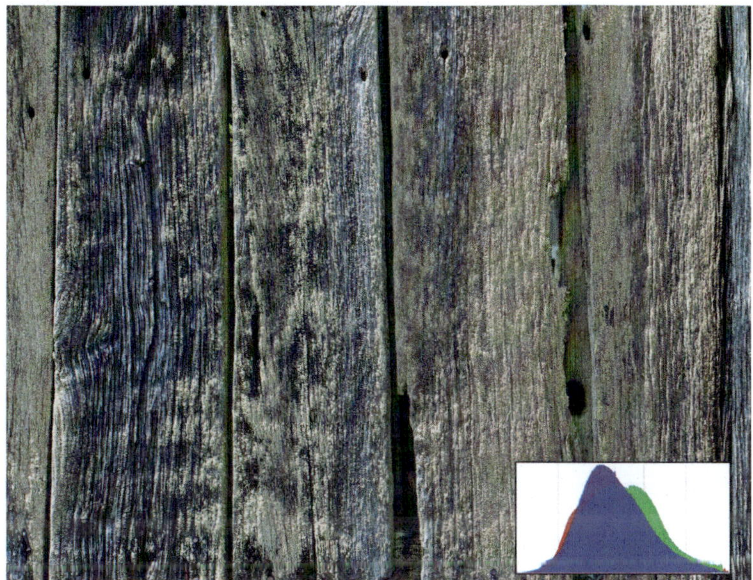

▲ *Dieses Bild ergibt ein Histogramm, das der Idealvorstellung vieler Fotografen deutlich näherkommt – auch wenn man es dem Bild vielleicht nicht auf den ersten Blick zugetraut hätte.*

Histogramm im Zusammenhang mit dem Motiv beurteilen

Bei der Beurteilung eines Histogramms werden Sie meistens feststellen, dass es in den seltensten Fällen eine gleichmäßige Verteilung über den Gesamtbereich zeigt.

Ihre D3300 versucht nur, für den gemessenen Bereich eine ausgewogene Belichtung zu erreichen. Doch wenn das Motiv und die Lichtsituation gar keine gleichmäßige Verteilung von hellen und dunklen Anteilen oder gar eine einseitige Farbverteilung aufweisen, wird auch das Histogramm dies widerspiegeln.

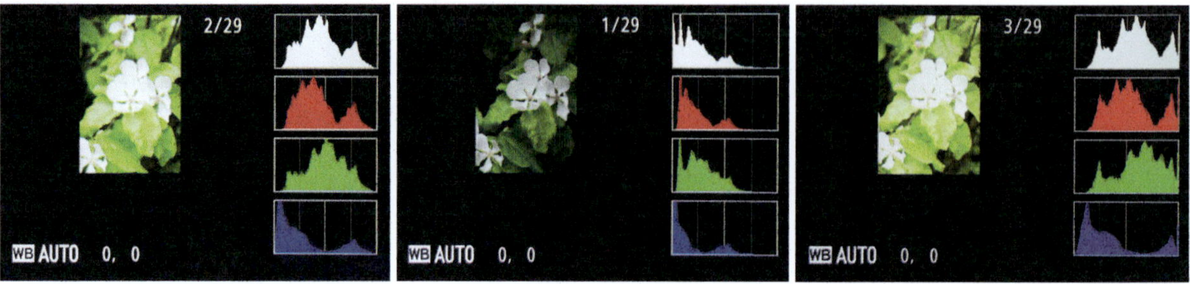

▲ *Das erste Bild zeigt eine ausgeglichene Belichtung. Im zweiten Bild ist die Helligkeitsverteilung nach links verschoben und wird durch den linken Rand abgeschnitten. Das Bild ist unterbelichtet. Im letzten Bild ist die Verteilung nach rechts verschoben, und das Histogramm wird auf der rechten Seite abgeschnitten. Das Bild ist (leicht) überbelichtet.*

Tendenziell ist ein Foto, dessen Histogramm links oder rechts deutlich abgeschnitten ist, unter- oder überbelichtet. Das Histogramm der Kamera bezieht sich allerdings auf ein JPEG-Vorschaubild. Falls Sie also im RAW-Format arbeiten, wird es dem größeren Dynamikumfang und den Reserven des RAW-Foto nicht gerecht. Nikon selbst rät deshalb dazu, das Histogramm nur als Anhaltspunkt zu nehmen. In der Praxis zeigt sich das Histogramm allerdings als verlässlichere Informationsquelle als die rein visuelle Beurteilung des Monitorbilds in der Kamera. Letzte Klarheit, ob ein Bild den eigenen Vorstellungen entspricht, gibt allerdings erst ein Bildbearbeitungsprogramm.

Denken Sie auch an die Bildwirkung, die erzielt werden soll. Im Dunkeln verschwundene Bildanteile können beispielsweise bei einem Low-Key-Bild durchaus gewollt sein, und nicht alle ausgefressenen Bildanteile müssen automatisch mit einem verdorbenen Bild gleichgesetzt werden.

Die Belichtungssteuerung optimieren mit der Belichtungskorrektur

Nicht immer fällt die automatische Belichtung genauso aus, wie Sie sich das vorstellen. Die von der Kamera ermittelte Belichtungslösung orientiert sich immer an durchschnittlichen Vorgaben, die sich an einem mittleren Grauwert von

18 % orientieren. Dieser Grauwert hat sich in der Praxis bestens bewährt und führt in der Automatik sehr oft zu guten Belichtungswerten. Tauchen im Bild aber Objekte auf, die sehr dunkel oder sehr hell sind, versucht die Kamera, die Helligkeit der Objekte an einen Durchschnittswert anzupassen. Tiefschwarze und schneeweiße Bildbestandteile tendieren zu Grau. Besonders deutlich zeigt sich dieses Ergebnis, wenn sehr dunkle und sehr helle Objekte gleichzeitig im Bild sind.

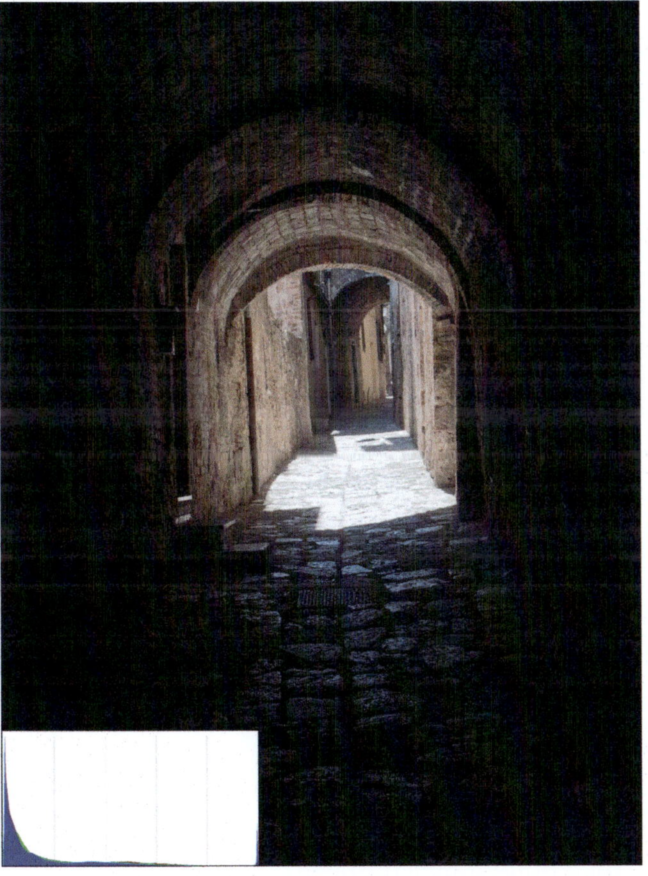

26 mm | f/10,0 | 1/60 s | ISO 400 | -1 LW

◀ *Derartige Dynamikumfänge können von der D3300 kaum mehr verarbeitet werden.*

Die etwas paradox erscheinende Regel für diese Situationen lautet: Sehr helle Motive etwas überbelichten und sehr dunkle Motive tendenziell unterbelichten. Ein schönes Beispiel für diese Situation sind große Schneeflächen. Die

105 mm | f/9 | 1/250 s | ISO 100 | links ohne, rechts mit +1,0 LW Korrektur
▼ *Auf dem linken Bild erscheint der Schnee gräulich. Erst die Belichtungskorrektur mit +1,0 LW lässt den Schnee weiß aussehen.*

Belichtungssteuerung lässt sich von der großen Helligkeit irritieren und versucht, sie an das 18 %-Grauwertschema anzupassen – mit dem Ergebnis, das der Schnee oft leicht grau im Foto erscheint.

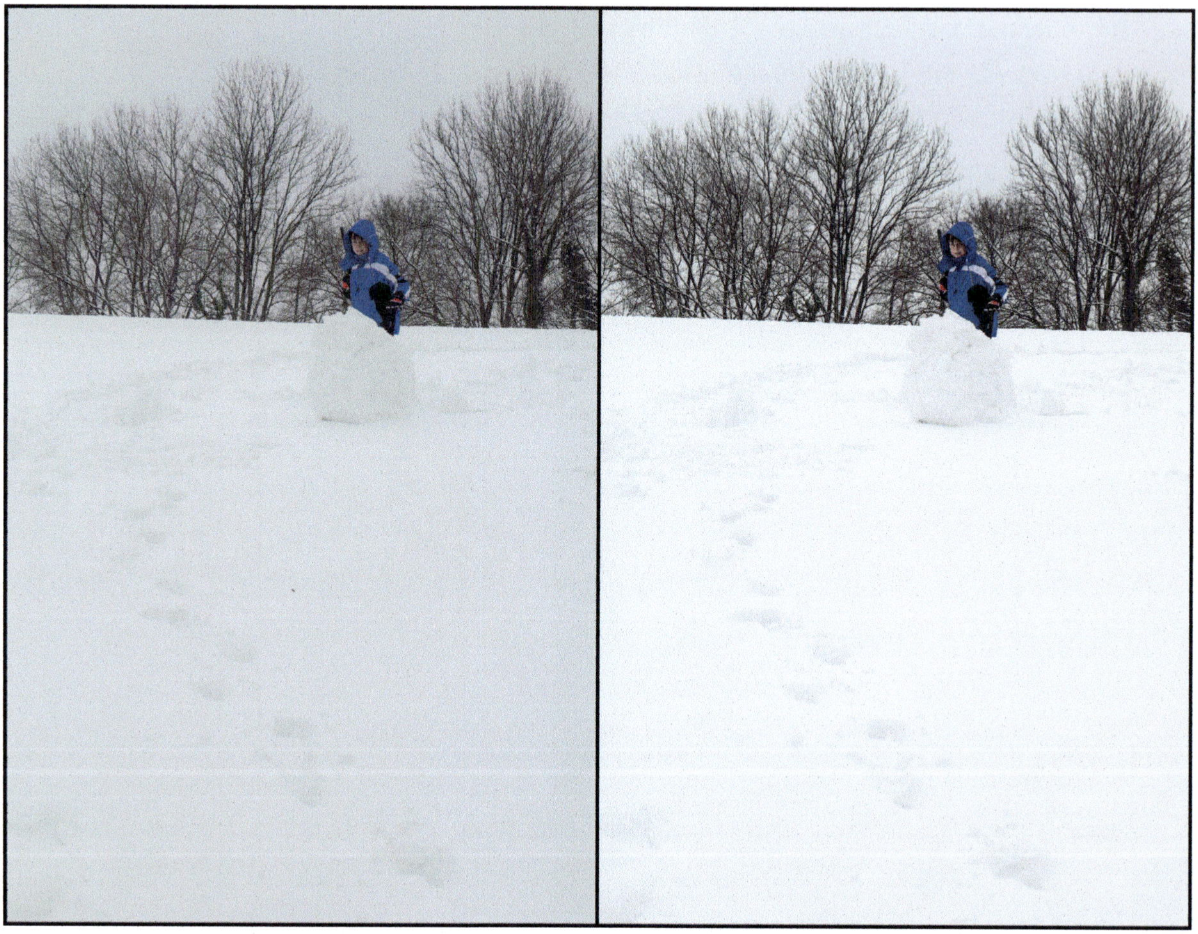

Achtung – Belichtungskorrektur bleibt beim Ausschalten erhalten!

Achten Sie immer darauf, eine eingestellte Belichtungskorrektur wieder auf den Wert 0,0 zurückzustellen. Denn wenn Sie eine Belichtungskorrektur eingegeben haben, bleibt diese auch bestehen, wenn Sie die D3300 ausschalten.

Wenn Sie also z. B. im Programmmodus A arbeiten und nicht die Blende verstellen wollen, aber trotzdem eine etwas geringere oder höhere Belichtung erzielen, greift die Belichtungskorrektur. Ihnen wird in diesem Buch sicher aufgefallen sein, dass sich bei vielen Beispielbildern Angaben über eine Belichtungskorrektur finden. Diese sollen als Orientierung dazu dienen, wann und in welchem Ausmaß eine solche

Korrektur sinnvoll ist. Wenn Sie die Histogramme schwieriger Belichtungssituationen im Blick behalten, werden Sie schnell ein Gefühl dafür bekommen, wann und um welchen Betrag die Belichtung korrigiert werden sollte.

Bei extrem hellen Aufnahmesituationen, z. B. mittags bei einem Porträt im Gegenlicht, werden Aufnahmen mit der automatischen Belichtungsmessung oft zu knapp belichtet, in dem Fall wird z. B. das Gesicht zu dunkel dargestellt. Hier hilft meist eine positive Belichtungskorrektur um 1 bis 2 LW, um eine längere Belichtung zu erzwingen. Allerdings müssen Sie dabei meist ein Ausfressen der hellen Bildbereiche hinnehmen. Oder Sie nutzen die Active D-Lighting-Funktion oder den Aufhellblitz der D3300, doch dazu später mehr.

Im Gegenzug werden beispielsweise Nachtaufnahmen mit der Belichtungsmessung oft zu lange belichtet, sodass die eigentliche Lichtstimmung verloren geht. Die Bilder wirken gräulich und haben kein richtiges Schwarz als Hintergrund. Es mag widersinnig klingen, aber gerade Nachtbilder müssen fast immer negativ korrigiert aufgenommen werden, um die volle Schwärze zu erzielen.

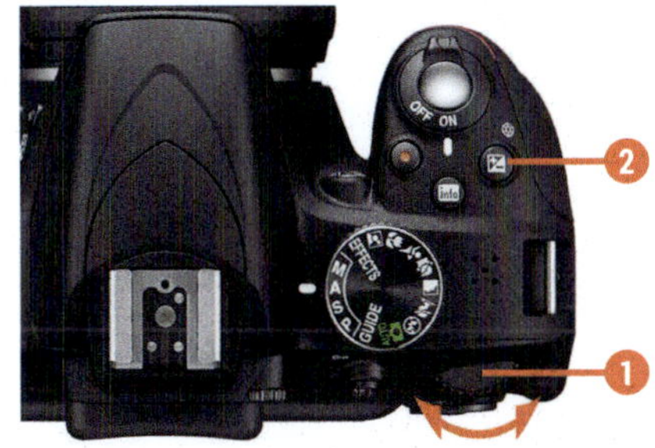

▲ *Eine Belichtungskorrektur geben Sie mit der Korrekturtaste ❷ und dem Einstellrad ❶ vor.*

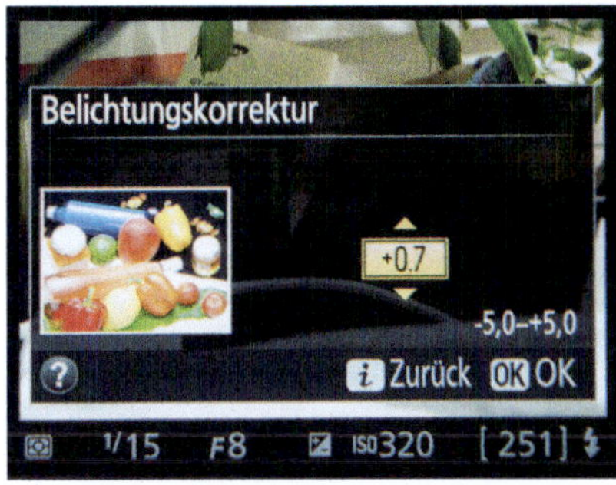

▲ *Der Monitor zeigt den konkreten Korrekturwert auf dem Infoschirm. Im Sucher wird die Belichtungskorrektur nur als Symbol ohne Wert angezeigt.*

Belichtungsproblem gegen den blauen Himmel

Menschen, Tiere oder Gegenstände gegen das Licht oder einen hellen Hintergrund wie den Himmel richtig zu belichten, ist für die Matrixmessung eine beträchtliche Herausforderung, und oft wird das Hauptmotiv dabei ungewollt unterbelichtet. In manchen Fällen ist diese Bildwirkung ja erwünscht, doch zumeist erscheint das Hauptmotiv eher falsch belichtet.

Es gibt drei Wege, um hier zur richtigen Belichtung zu kommen: Sie messen die Belichtung selektiv auf das Hauptmotiv mit der mittenbetonten oder besser der Spotmessung. Oder Sie korrigieren die Belichtung positiv, um das Hauptmotiv heller darzustellen.

120 mm | f/4,0 | 1/2000 s | ISO 200

▶ *Auch bei einem bewölkten Himmel scheitert die Matrixmessung schnell an einer Belichtungsaufgabe wie die in diesem Beispiel. Die Möwe, das Hauptmotiv, ist völlig unterbelichtet.*

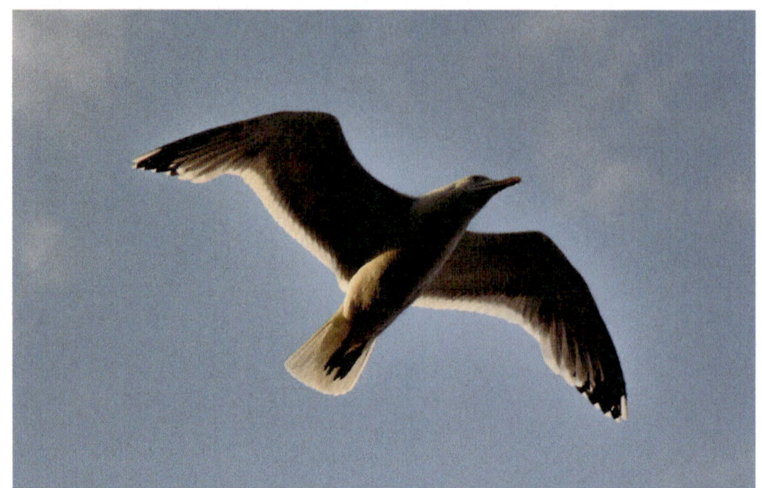

Beispielsweise ist bei einem Sommerhimmel mit einer hellen Möwe eine Korrektur von +2 Blenden angemessen. Diese beiden Methoden bergen aber das Risiko, dass der Himmel zu hell wird.

200 mm | f/8,0 | 1/1200 s | ISO 300 | +1,3 LW

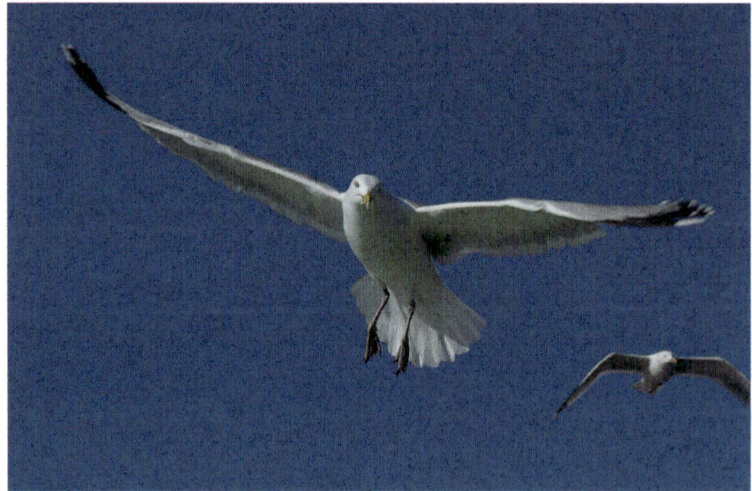

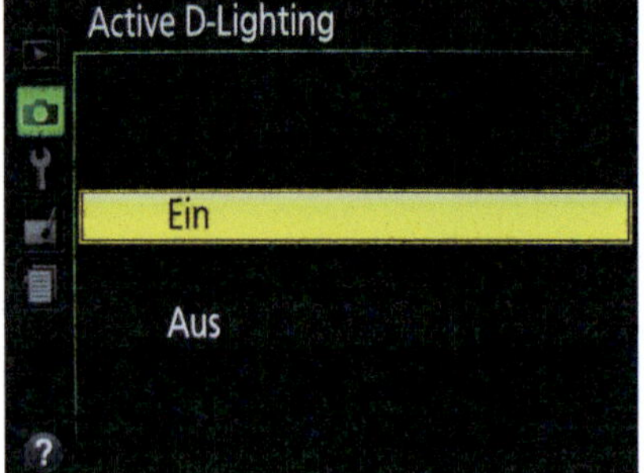

Der dritte Weg ist das Active D-Lighting das für hohe Kontrastumfänge konzipiert wurde. Sie können es im Kameramenü unter ***Aufnahme/ Active D-Lighting*** aktivieren. Zum Active D-Lighting erfahren Sie noch genauere Einzelheiten im nächsten Abschnitt ab Seite 131.

4.4 Extreme Lichtkontraste sicher meistern

Wie Sie im letzten Abschnitt erfahren haben, neigen zu helle Bereiche in Bildern zum Ausfressen.

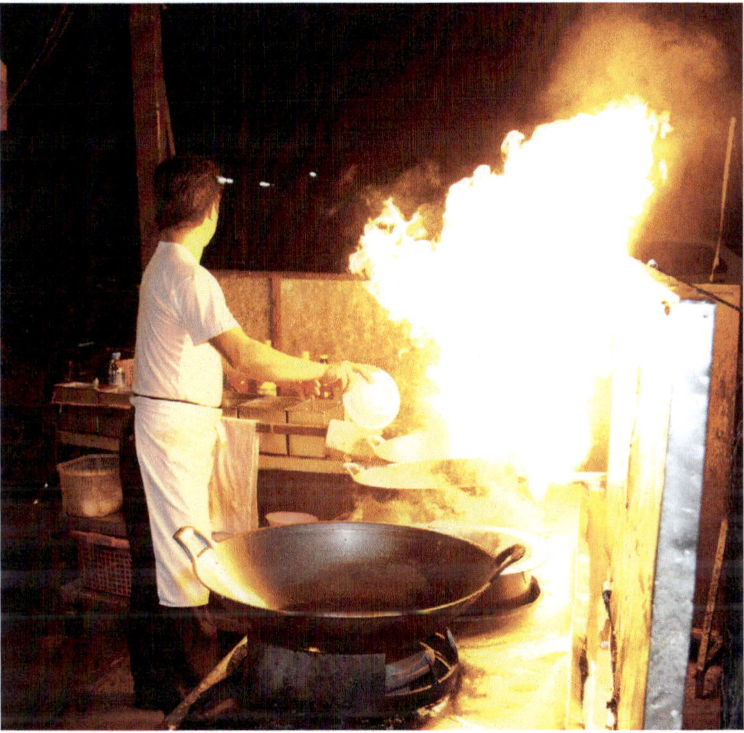

27 mm | f/4,0 | 1/320 s | ISO 1600

◄ *Das plötzliche, sehr helle Feuer irritiert die Belichtungssteuerung und ließ die Flammen zeichnungslos werden.*

Wenig Licht stellt den Fotografen vor einige Probleme, und oft muss zu Hilfsmitteln wie Stativ, hohem ISO-Wert oder Blitz gegriffen werden. Doch auch der umgekehrte Fall – zu viel Licht – kann unerwünschte Ergebnisse bringen.

Vor allem im Sommer, beispielsweise im Urlaub, hat man mit sehr hellem Umgebungslicht zu kämpfen. Leider kann man sich die Uhrzeit für seine Aufnahmen nicht immer ganz frei wählen. Gleißender Sonnenschein am späten Vormittag ist nicht die optimale Zeit zum Fotografieren, die Sonne ist zu grell, und die Schatten sind durch die immer höher ste-

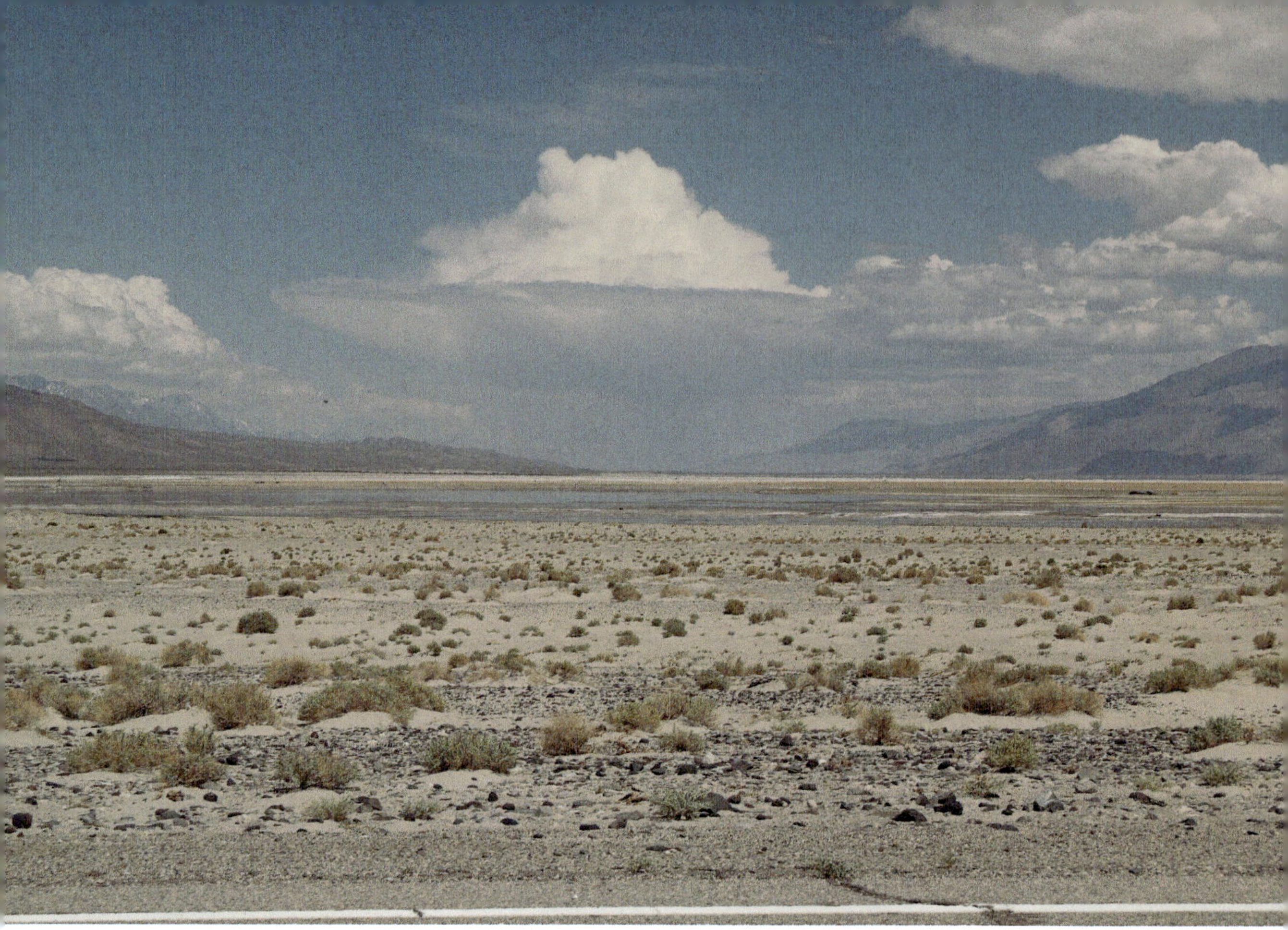

44 mm | f/8,0 | 1/750 s | ISO 100
▲ *Das grelle Mittagslicht in der Wüste erzeugt ohne Eingreifen des Fotografen recht kontrastarme, flache Bilder.*

hende Sonne nur flach ausgeprägt. Aber gerade Schatten helfen dabei, einen dreidimensionalen Eindruck zu erzeugen und die Motivsituation plastisch zu gestalten. Wenn Sie in dieser Situation die Belichtung der Kamera überlassen und die Matrixmessung nutzen, sind die Resultate vielleicht nicht optimal.

Die Ursache liegt wiederum in der Art, wie Kameras das Licht beurteilen. Sie orientieren sich an dem Standard eines 18%igen Graus als Mittelwert. Die Belichtungsmessung versucht immer, die Lichtmenge, die in die Kamera gelangt, so zu bemessen, als wäre sie die Reflexion einer Fläche mit 18 %-Grau. Wenn allerdings das Motiv tatsächlich nicht diesem Durchschnitt entspricht und deutlich heller oder dunkler ist, berücksichtigt die Kamera das nicht, sondern gleicht die Belichtung an.

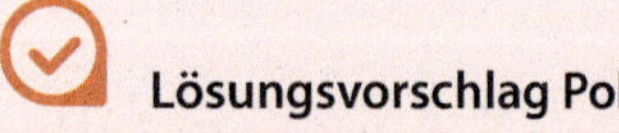

Lösungsvorschlag Polfilter

Eine gute Möglichkeit, Abhilfe zu schaffen, ist der Einsatz eines Polfilters. Er reduziert Reflexionen und Streulicht und lässt den Himmel blauer erscheinen. Auch der Untergrund erhält mehr Kontrast. Er reduziert den Dynamikumfang und erleichtert das Fotografieren von Szenen im grellen Sonnenlicht.

Active D-Lighting

Wenn in einer Umgebung hohe Kontraste auftreten, können Sie die Funktion Active D-Lighting der Nikon D3300 aktivieren. Diese Funktion soll dafür sorgen, dass die Detailzeichnung in den Lichtern und Tiefen verbessert wird. Wenn also z. B. der Vordergrund starke Schatten aufweist, über dem ein heller Himmel strahlt, können Sie versuchen, das Active D-Lighting zu aktivieren. Dazu wird im Menü ***Aufnahme*** der Punkt ***Active D-Lighting*** auf ***ON*** gestellt. Nikon empfiehlt, die Funktion mit der Matrixmessung für die Belichtung zu kombinieren, um beste Ergebnisse zu erzielen.

Die Ergebnisse fallen in der Praxis meist eher unauffällig aus, können aber eventuell eine Nachbearbeitung ersparen. Durch eine fein abgestimmte RAW-Entwicklung ist aber wahrscheinlich in der Regel ein insgesamt besseres Ergebnis zu erzielen. Den fortgeschrittenen Fotografen wird unter Umständen stören, dass sich die Funktion wie eine Blackbox verhält, denn man hat keinen Einfluss auf die Art und

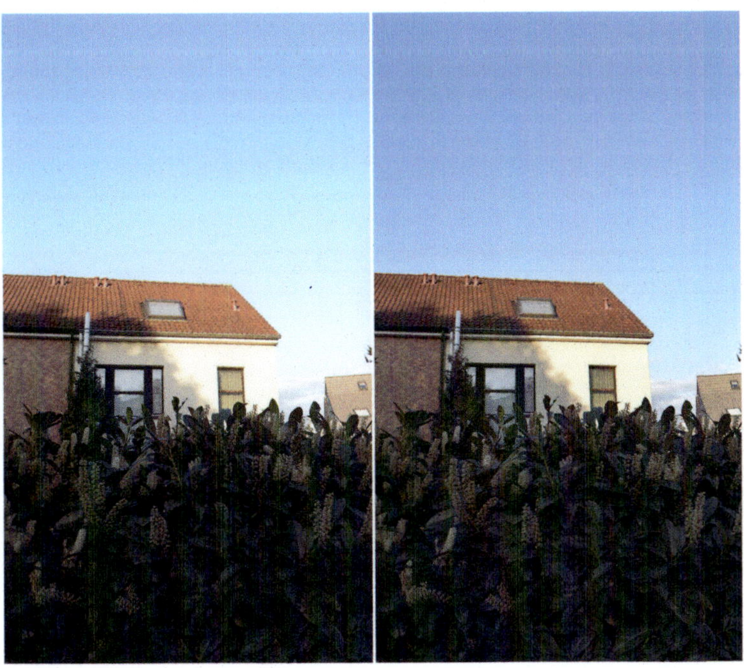

18 mm | f/9,0 | 1/60 s | ISO 100

◀ *Eine Aufnahme, links ohne und rechts mit Active D-Lighting. Die Kontraste sind im rechten Bild besser, und die Farben wirken satter. Die Helligkeit des Himmels wurde deutlich gesenkt, der Vordergrund ist nur minimal aufgehellt.*

Stärke der Funktion. Dadurch ist die Wirkung der Funktion auch nicht sicher zu reproduzieren, und der Effekt fällt meist etwas unterschiedlich aus.

Das Active D-Lighting kann nur in den Programmen P, S, A und M verwendet werden. Nikon empfiehlt den Gebrauch aber eher nicht im manuellen Programmmodus.

Das Active D-Lighting ist nicht mit der Bildbearbeitungsfunktion D-Lighting in der Kamera zu verwechseln. Active D-Lighting verbessert die Dynamik schon bei der Aufnahme und nicht, wie das einfache D-Lighting, erst am fertigen Bild auf der Speicherkarte. Die Funktion ***D-Lighting*** im Menüregister ***Bildbearbeitung*** soll die Schattenpartien im Bild aufhellen. In unserem Praxistest wurde allerdings regelmäßig das gesamte Bild aufgehellt, was oft zu keinen optimalen Ergebnissen führte. Wenn also die erweiterte Dynamik genutzt werden soll, dann bitte Active D-Lighting schon während der Aufnahme.

▼ Noch einmal das Vergleichsbild. In dem Bild ganz rechts wurde das Bild ohne Active D-Lighting (also das linke Bild) mit der Bildbearbeitungsfunktion D-Lighting bearbeitet. Das Bild ist insgesamt deutlich aufgehellt, was dem Vordergrund zugutekommt. Allerdings sind die Lichter eher noch heller geworden.

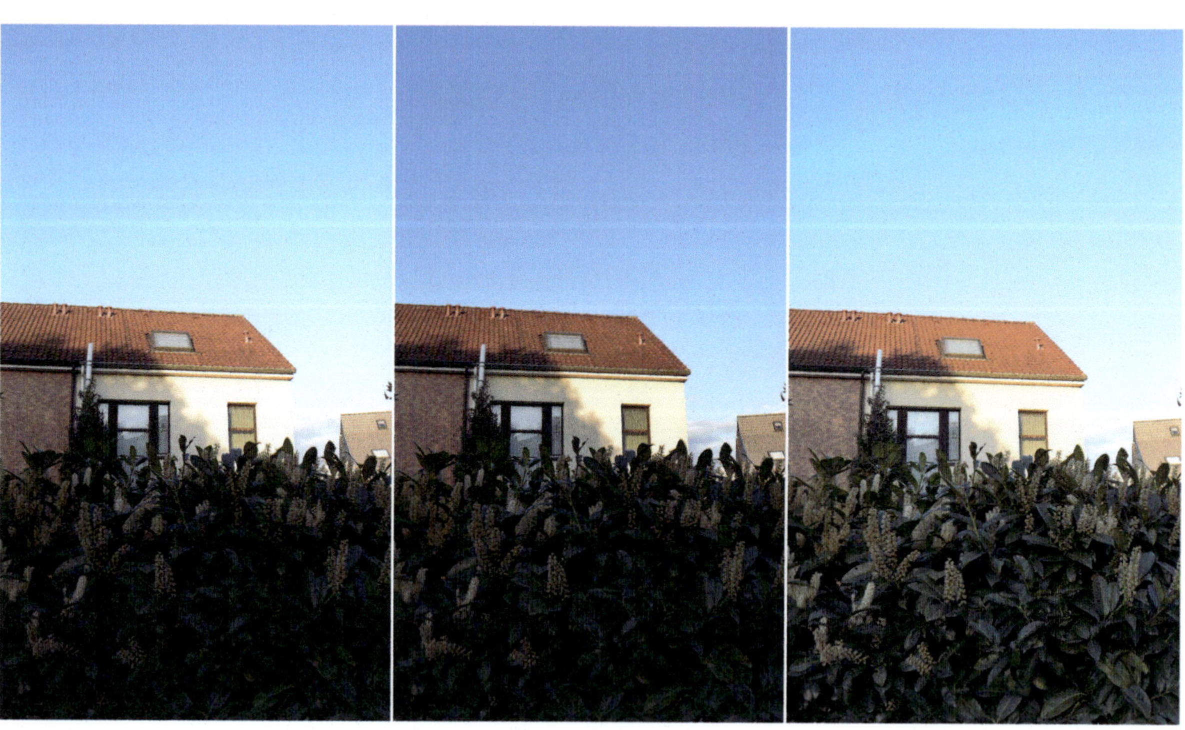

Zu helle Bildbereiche vermeiden

Für extreme Lichtsituationen ist die beste Lösung, ein HDR anzufertigen. Dazu werden unterschiedlich belichtete Fotos zu einer hochdynamischen Aufnahme verrechnet. Aber nicht in jeder Situation ist es ohne weiteres möglich, ein HDR-Foto zu erstellen.

Dann müssen meistens Kompromisse eingegangen werden. Kommen besonders helle und dunkle Bildbereiche in einem Motiv vor, stellt sich dem Fotografen die Frage, welcher Bereich korrekt darstellt werden soll und welche Teile eher unwichtig sind für die Bildaussage.

Möchten Sie Details in dunklen Bildbereichen erhalten, werden die hellen Anteile an Zeichnung und blauer Himmel an Farbintensität verlieren.

Oft ist es in diesem Fall besser, im Histogramm darauf zu achten, dass die hellen Bildbereiche nicht ausfressen, und lieber mehr dunkle Bildanteile ohne Zeichnung zu lassen.

Während überbelichtete Bereiche durch eine spätere Bildbearbeitung oft nicht wieder zurückzuholen sind, gibt es hingegen gute Möglichkeiten, dunkle Bereiche noch zu optimieren.

Viele Menschen akzeptieren in einem Bild auch eher völlig schwarze Bereiche als ganz weiße, weil das unseren Sehgewohnheiten stärker entspricht.

Sie haben, wie in fast allen schwierigen Aufnahmesituationen, bessere Korrekturmöglichkeiten, wenn Sie im RAW-Format fotografieren, denn das hat einen etwas größeren Dynamikumfang als ein JPEG-Bild. Dann müssen Sie allerdings am Computer nacharbeiten.

▶ *In einem HDR-Bild werden unterschiedlich belichtete Aufnahmen miteinander verrechnet. Beispielsweise in Photoshop heißt die entsprechende Funktion* ***Zu HDR Pro zusammenfügen****.*

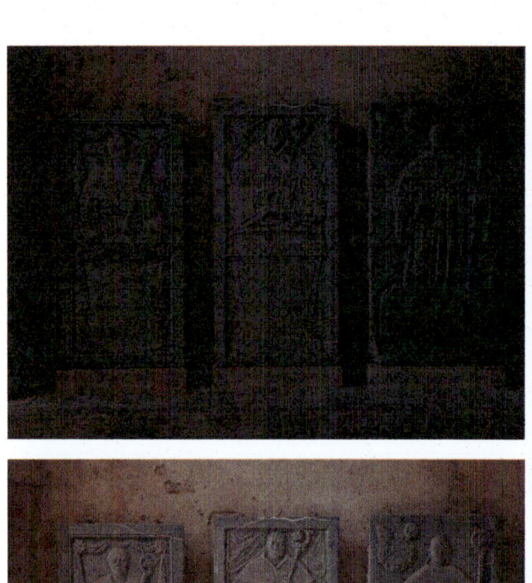

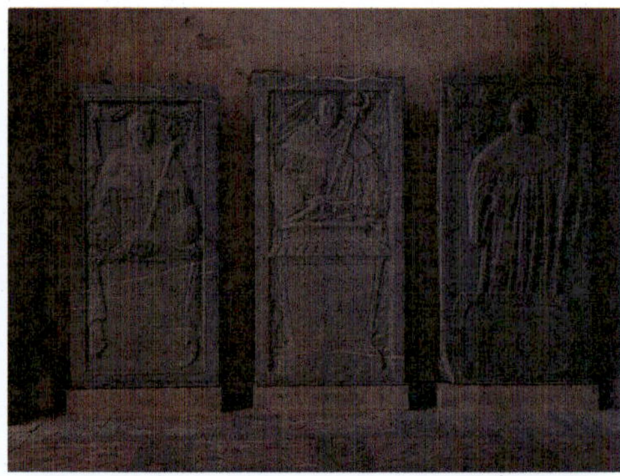

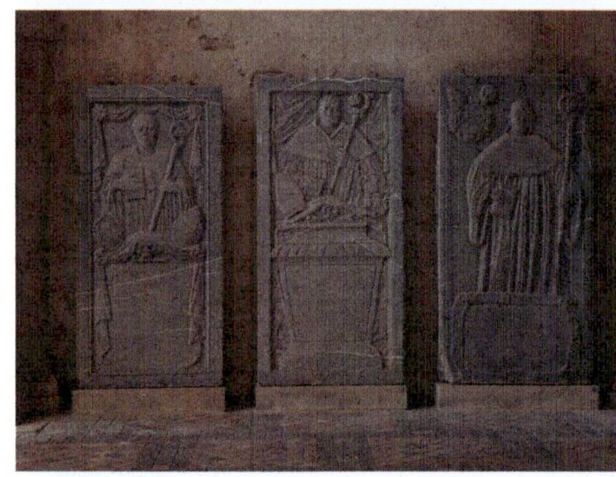

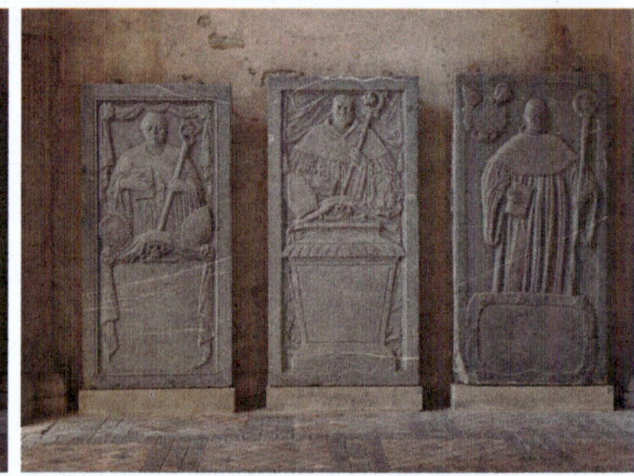

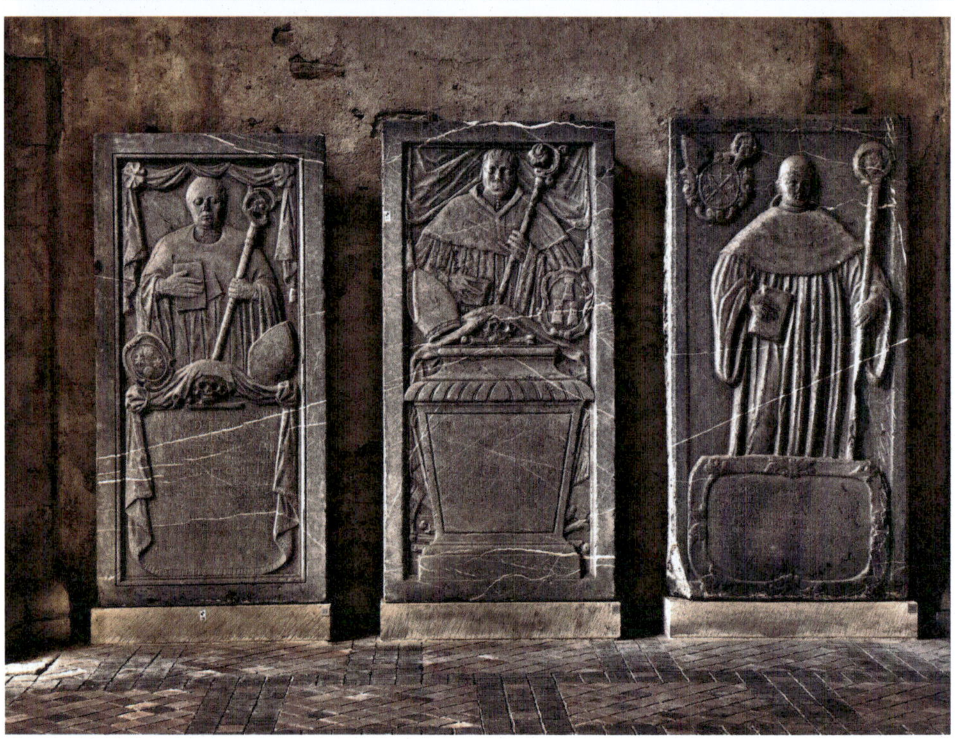

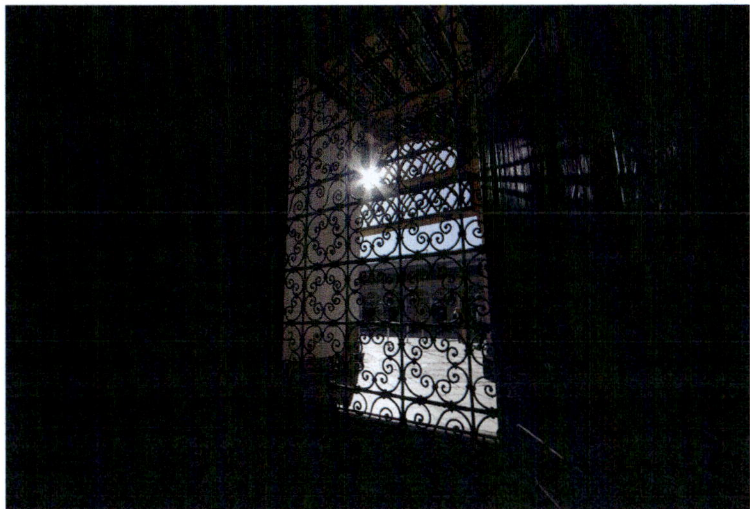

20 mm | f/10,0 | 1/500 s | ISO 200

▲ *Der Blick aus einem Haremsfenster in Marokko zeigt einen extremen Kontrastumfang. Das grelle Mittagslicht beleuchtet den Hof und kontrastiert sehr stark mit dem dunklen Innenraum. Um diese Bildwirkung zu erzielen, wurde die Belichtung per mittenbetonter Belichtungsmessung auf das Fenster festgelegt. Dadurch wurde die Szene stark unterbelichtet, und die Wände, die eigentlich gut zu sehen waren, versanken zeichnungslos in Schwarz.*

Dynamikverbesserungen mit Mehrfachbelichtung

Haben Sie eine Motivsituation mit hellen Himmelszeichnungen und wesentlich dunkleren Vordergrundstrukturen und möchten keinen Kompromiss eingehen, können Sie durch eine zweimalige Belichtung mit unterschiedlichen Verschlusszeiten in der Bildbearbeitung ein kontrastreiches Foto aus den Einzelbildern erstellen. Allerdings ist diese Methode auf Motivsituationen beschränkt, die sich gut in zwei Bereiche trennen lassen, also möglichst eine exakte Begrenzung und keine filigranen Motivbestandteile haben. Ideal sind Landschaftsaufnahmen, die eine unterschiedliche Belichtung für den Himmel und für die dunkleren übrigen Bereiche erfordern. Aber es gibt auch darüber hinaus eine Vielzahl von Anwendungsmöglichkeiten.

Dunkle Bereiche aufhellen

Um dunkle Bildbereiche nachträglich aufzuhellen, können Sie mit der Funktion ***Schattenzeichnung*** in der Nikon-Software ViewNX2 arbeiten. Ziehen Sie den Regler ***Schattenzeichnung*** nach rechts, bis Sie in den dunklen Bereichen wieder Strukturen erkennen.

In Lightroom finden Sie analog dazu den Regler ***Tiefen***, mit dem Sie die dunklen Bereiche aufhellen können. Damit erhöhen Sie nicht die Helligkeit im gesamten Bildbereich, sondern passen nur gezielt unterbelichtete Bereiche an. Überbelichtete Bereiche können mit dem Regler ***Lichter*** ein wenig von ihrer Farbe zurückerhalten, allerdings nur in engen Grenzen.

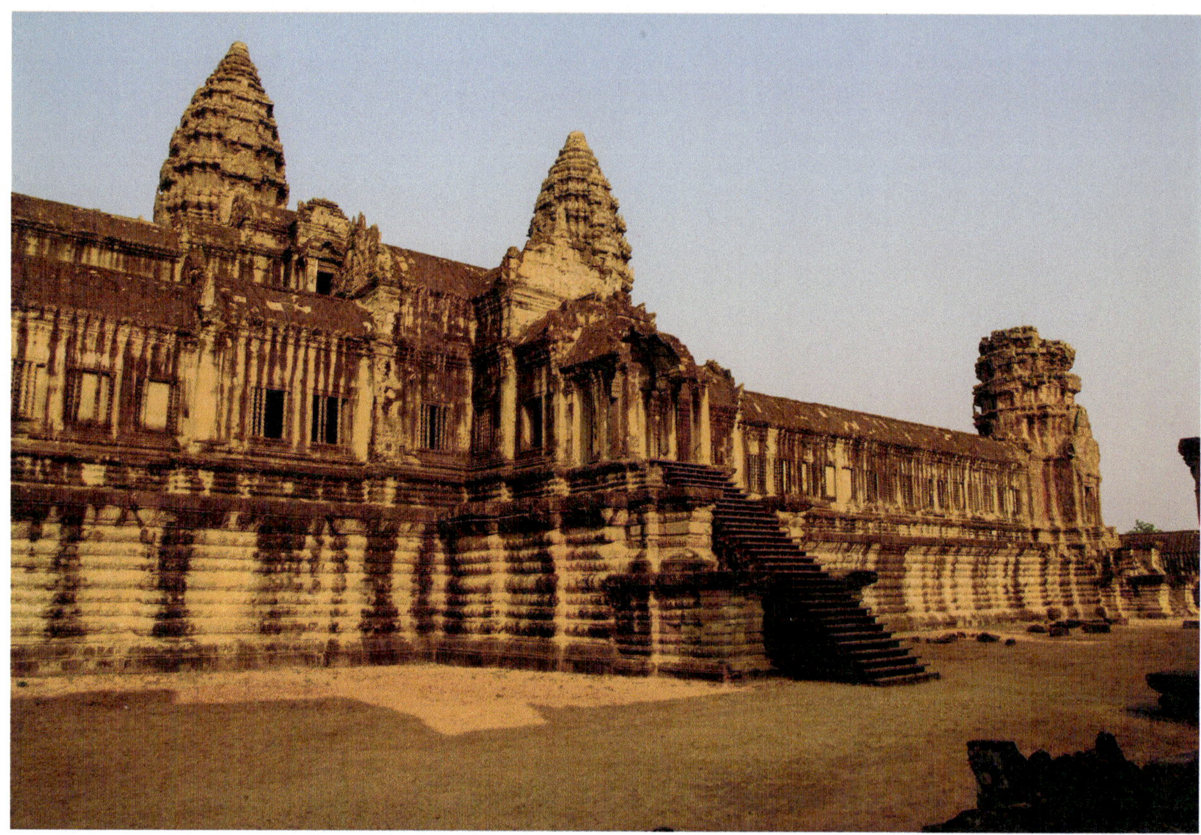

24 mm | f/8 | 1/250 s | ISO 1200 | –1,0 LW

▲ *Abendstimmung im Kambodscha. Im Dschungel dauert die Dämmerung nur Minuten, deshalb gibt es extreme Helligkeitsunterschiede zwischen Gebäuden und Himmel. Aus der Zeitvorgabe mit der Belichtungssteuerung S und der moderat geschlossenen Blende ergab sich eine Unterbelichtung von –1,0 LW.*

4.5 Streulicht und harte Kontraste meistern

Zwar bieten sich mit der HDR-Methode oder der Doppelbelichtung schon sehr wirkungsvolle Möglichkeiten, hohe Kontrastumfänge einzufangen, doch HDR benötigt ein Stativ, um deckungsgleiche Bilder zu erhalten. Das ist nicht immer machbar, und so müssen Sie andere Methoden nutzen.

Die Kontraste Ihres Motivs werden durch Streulicht stark herabgesetzt, und selbst wenn keine reine Gegenlichtsitu-

▶ *Bild oben: Bei dieser Gegenlichtaufnahme am Abend erzeugt das direkte Licht starke Streustrahlung. Das Foto weist einen hohen Kontrastumfang auf, die Motivbereiche, die vom Streulicht betroffen sind, erscheinen flach und hell. Bild unten: Die gleiche Motivsituation, nur mit etwas versetzter Perspektive.*

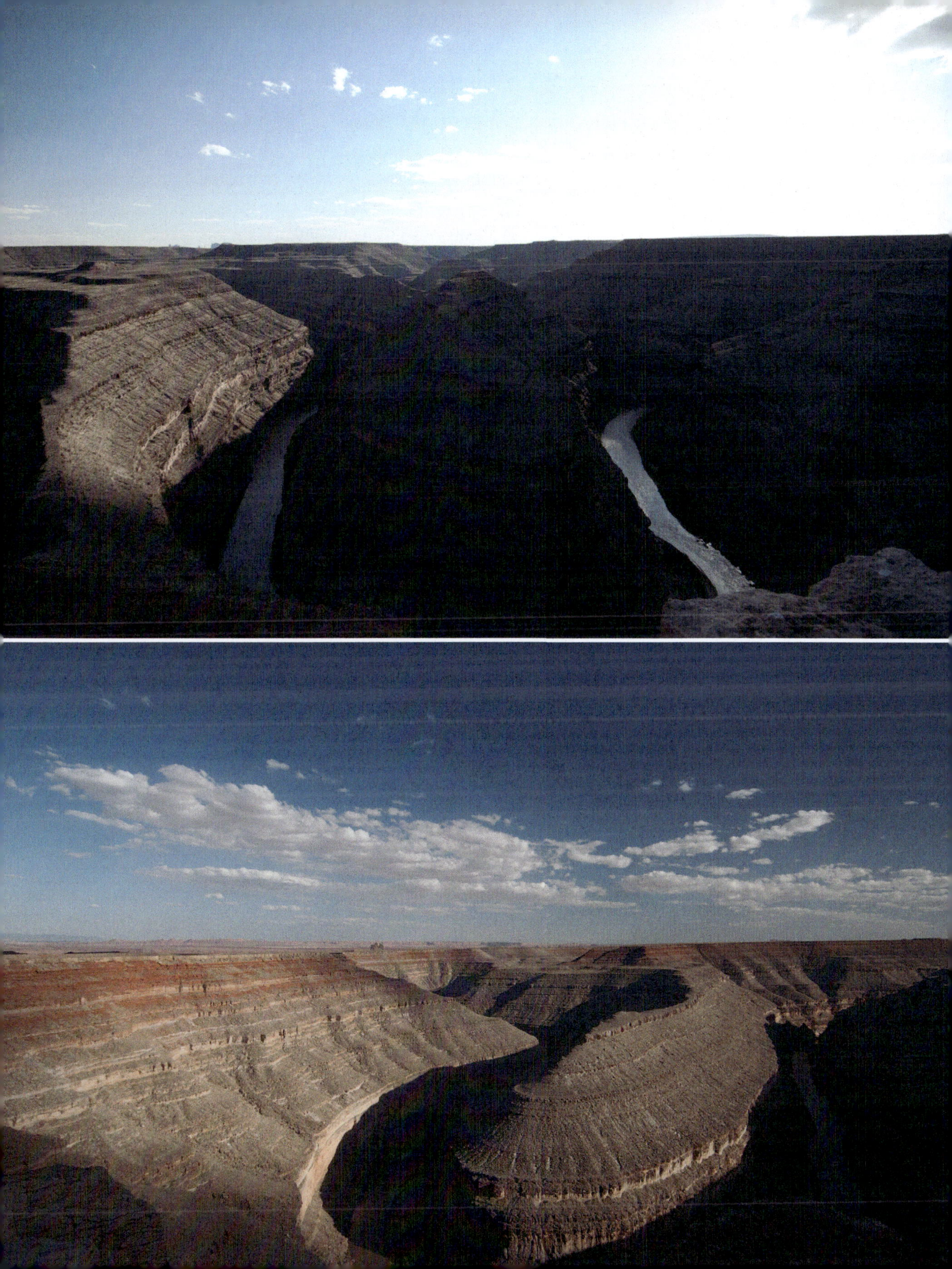

ation, sondern nur seitlicher Lichteinfall herrscht, werden Sie helle Abschattungen haben, die zwar eventuell bei einer späteren Bildbearbeitung durch Kontrastanhebung teilweise zurückgenommen werden können, aber nur für den Preis ebenfalls erhöhten Rauschens. Dazu kommen außerdem noch sogenannte Geisterbilder (Lens Flares), die Ihnen bei einer Überprüfung am Kameradisplay vielleicht kaum auffallen, aber später erst mit größtem Aufwand wieder entfernt werden können.

Gegenlichtaufnahmen können zwar schöne Effekte erzielen, besser ist es aber, wenn Sie nicht direkt in die helle Lichtquelle belichten, sondern einen Schritt zur Seite machen, um den Aufnahmewinkel zu verändern.

Können oder wollen Sie Ihre Position nicht ändern, können Sie versuchen, ein zusätzliches kleines Motiv zwischen sich und die Sonne zu bekommen, sodass direktes Gegenlicht vermieden wird. Erreicht die Sonne kurz vor Sonnenuntergang den Horizont, wird die Streustrahlung durch die abgeschwächte Leuchtkraft vermindert.

Gegenlichtaufnahmen in eine helle Lichtquelle erzeugen immer fast weiße Stellen um die Lichtquelle herum und dunkle Motivbereiche ohne Zeichnung. Der Kontrastunterschied zwischen beiden ist so hoch, dass auch keine negative Belichtung das noch auffangen könnte.

Die Bildbearbeitung bietet ebenfalls keine wirklich befriedigende Möglichkeit, mit diesem Problem umzugehen. Die ausgefressenen Bereiche können kaum rekonstruiert werden, sondern bleiben zu bleich, und es kann zu Farbstichen kommen

Andererseits ist die Unterbelichtung so groß, dass kaum noch ausreichend Zeichnung wiederhergestellt werden kann.

Schwache Kontraste managen

Nicht jede Motivsituation bietet die Möglichkeit, ein gut kontrastiertes Bild zu erzeugen. Zum einen verfügt vielleicht das Motiv selbst nicht über ausreichenden Kontrast, zum anderen können noch zusätzliche Störfaktoren wie Dunst, Nebel, Sand oder Staub hinzukommen – desto mehr, je weiter das Motiv entfernt ist. Sie können zwar mit einem superscharfen Objektiv versuchen, eine schöne Landschaft bei Sonnenaufgang zu fotografieren, stellen aber fest, dass der Morgennebel Dunstschleier und Unschärfe in das Bild bringt. Das passt aber durchaus in die Bildkomposition und führt zu einem schönen Ergebnis.

Den Kontrastumfang eines Motivs müssen Sie zwar so hinnehmen, wie Sie ihn vorfinden, aber eine spätere Bildbearbeitung bietet Ihnen viele Möglichkeiten, je nach Ihrem per-

20 mm | f/10 | 1/500 s | ISO 200

▼ *Der Morgennebel über dem Naturpark Bergisches Land vermittelt eine ganz eigene Stimmung. Und genau diese wird auch durch die Farben und die Kontrastarmut von Szenerie und Bild ausgelöst.*

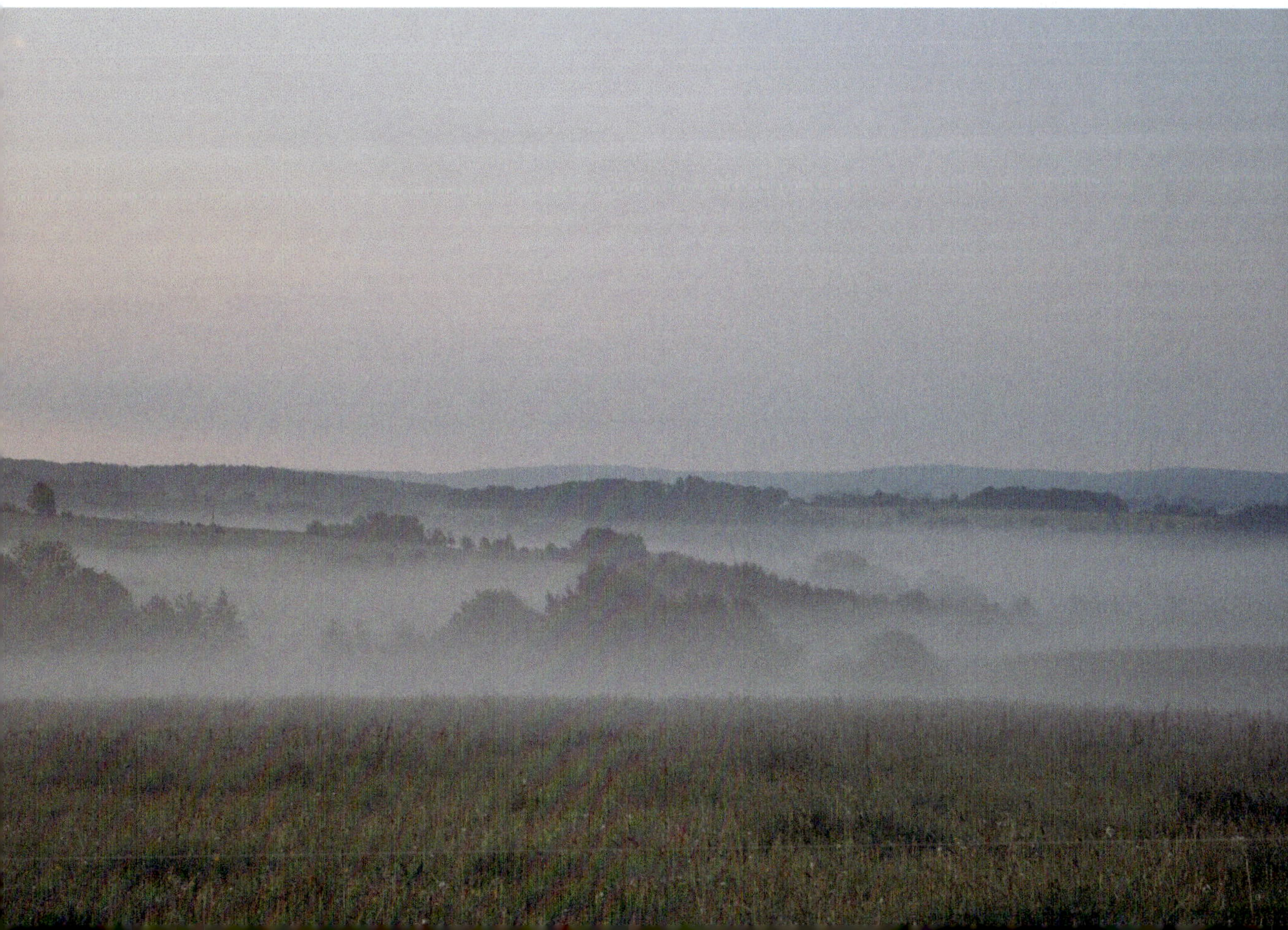

Lieber unter- als überbelichtet

Während Bereiche ohne Zeichnung in der Bildbearbeitung nur in seltenen Fällen wiederhergestellt werden können, ist es dank des hohen Dynamikumfangs der D3300 durchaus möglich, nachträglich die Tiefen anzuheben. Dabei wird zwar das Rauschen in diesen Bereichen deutlicher, aber das ist besser zu handhaben als völlig weiße Stellen. Belichten Sie im Zweifel also eher ein wenig unter als über.

sönlichen Geschmack mehr aus dem Motiv herauszuholen – angefangen von einer Kontrasterhöhung über die selektive Bearbeitung einzelner Bildteile bis hin zu Farbverstärkungen.

Denken Sie daran, dass die Kameraautomatik immer versuchen wird, eine mittlere Belichtung zu erreichen, sodass das Histogramm ausgewogen ist. Aber gerade bei Motiven mit vielen dunklen Bildanteilen, die auch noch mit dem Autofokus scharf gestellt werden, kann das bewirken, dass zwar die dunklen Bildanteile ausgewogen erscheinen, sehr helle Bereiche aber überbelichtet oder zu hell sind. Es mag widersinnig klingen, aber gerade bei solchen Schwachlichtsituationen mit sehr hellen Bildanteilen kann eine gezielte Unterbelichtung die Situation verbessern.

Wird die Lichtsituation schwächer, wird die ISO-Automatik oder werden Sie als Fotograf versuchen, sich mit einem höheren ISO-Wert wieder Spielräume für Blende und Zeit zu schaffen. Doch hohe ISO-Werte haben auch ihre Tücken.

Der Nahbereich – künstliches Licht zur Kontrastangleichung

Anders als bei Landschaftsaufnahmen, bei denen man durch die relativ große Entfernung zum Hauptmotiv und zum Hintergrund wenig bis gar keinen Einfluss auf die Lichtstärke und Lichtqualität nehmen kann, gibt es im Nahbereich mehr Möglichkeiten, harte Kontraste zu verringern. Hier können Sie beispielsweise auf künstliches Licht durch Blitzen zurückgreifen, wobei der Blitz nicht als Hauptlichtquelle genutzt wird, sondern zum Aufhellen. Durch den Aufhellblitz kann der Kontrast zwischen Vordergrundmotiv und Hintergrund verringert werden, sodass das ganze Bild gut ausgeleuchtet ist.

Ein typisches Beispiel, auf das in Kapitel 8 „Der kreative Blitzeinsatz“ ab Seite 235 noch genauer eingegangen wird, ist das Aufhellblitzen bei Gegenlichtaufnahmen. Das Gegenlicht erzeugt im Motiv harte, dunkle Schatten, die für einen hohen Kontrast sorgen. Durch gezieltes Aufhellen dieser Schatten beispielsweise durch einen Blitz verringert sich der Kontrast. Eine weitere einfache Möglichkeit besteht in einem Reflektor, mit dem man das einfallende Licht auf das eigentliche Motiv zurücklenken kann. Dazu können Sie auf fertige Faltreflektoren aus dem Fotohandel zurückgreifen oder auch nur eine einfache, weiße Styroporplatte aus dem Baumarkt verwenden.

Kontrasterhöhung durch Nutzung des vorhandenen Lichts

Insbesondere bei Landschaftsaufnahmen ist es wichtig, das vorhandene Licht optimal auszunutzen. Dazu gehört, wenn möglich, die beste Tageszeit zum Fotografieren auszuwählen. Die Mittagszeit ist immer die denkbar schlechteste Zeit, da die Sonne hoch am Himmel steht, harte Schatten wirft und meistens auch für sehr helles Licht sorgt, das oft mehr Probleme bereitet als zu wenig Licht.

Allerdings kann man um diese Uhrzeit ganz gut in engeren Straßen fotografieren, da das Licht durch Gebäude abgefangen werden kann. Für Landschaftsaufnahmen eignet sich der Mittag eher weniger. Lässt sich der Kontrast durch keine geeignete Kombination aus Zeit und Blende und auch nicht durch einen Standortwechsel sinnvoll beeinflussen, bleibt Ihnen immer noch die Möglichkeit, den Kontrast in der späteren Bildbearbeitung sinnvoll anzuheben. Dazu haben fast alle Softwaretools, auch die nicht so umfangreichen, Funktionen, die eine Kontrastanhebung ermöglichen. Programme wie Photoshop erlauben auch eine selektive Anhebung des Kontrasts in einzelnen Bildbereichen. Eine weitere Möglichkeit ist es, eine Konvertierung in Schwarz-Weiß durchzuführen. Die Kontrastanhebung der Grautöne bis zu Schwarz kann eine schönere Bildwirkung erzielen als bei farbigen Bildern.

Hilfsmittel, wenn es zu hell ist

Wenn Sie in hellen Lichtsituationen unterwegs sind, beispielsweise im Sommerurlaub, nutzen Sie immer einen Polfilter, der die Lichtstärke etwas mindert und zugleich dafür sorgt, dass Himmel und Meer satt blau erscheinen.

Auch einen sogenannten ND-Filter (**N**eutral**d**ichtefilter) sollten Sie bei Reisen in den Süden mit in Ihrem Gepäck haben. Dieser wirkt wie eine Sonnenbrille; er dunkelt die Gesamthelligkeit der Szene ab und verringert so die Kontraste.

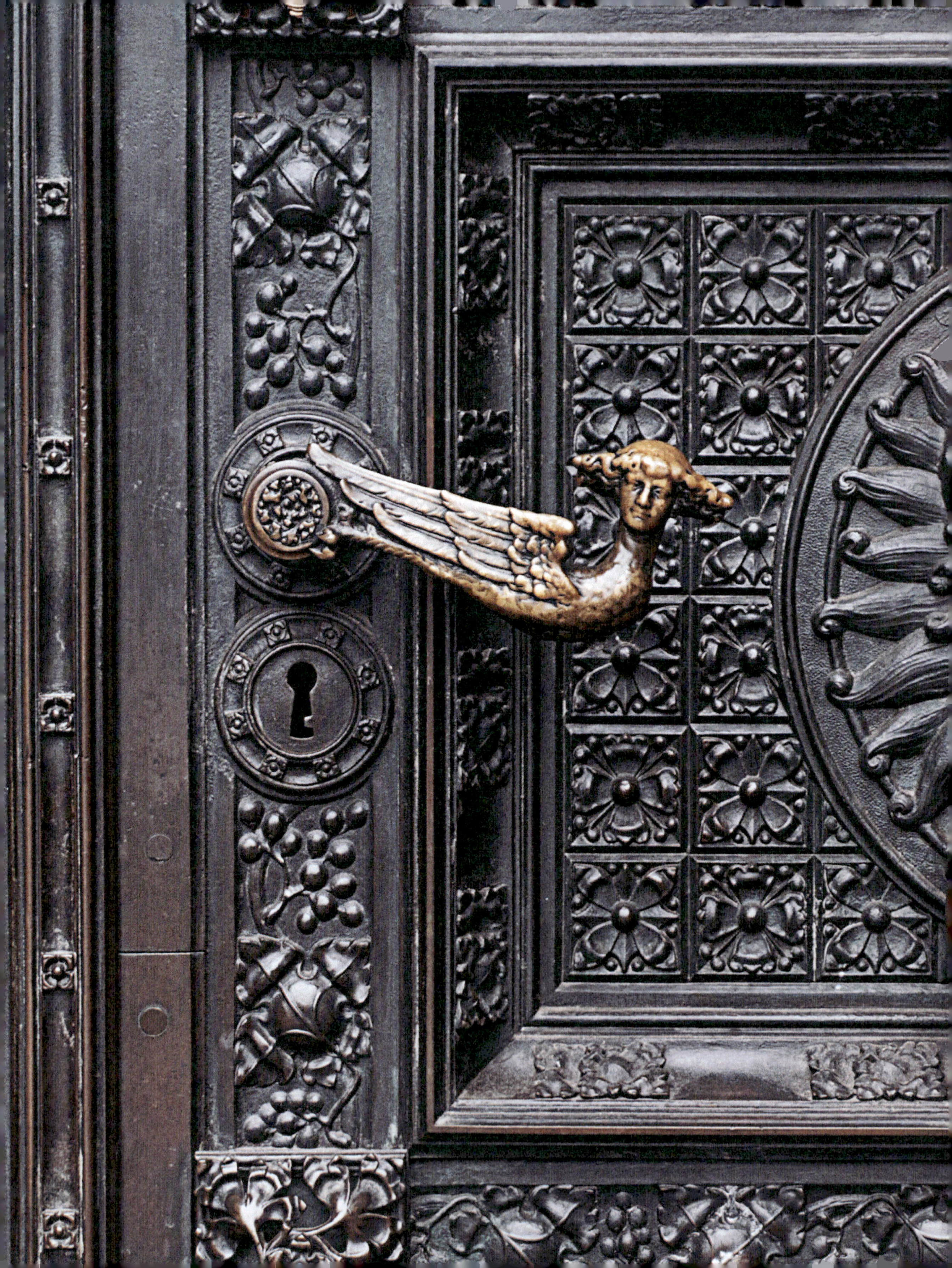

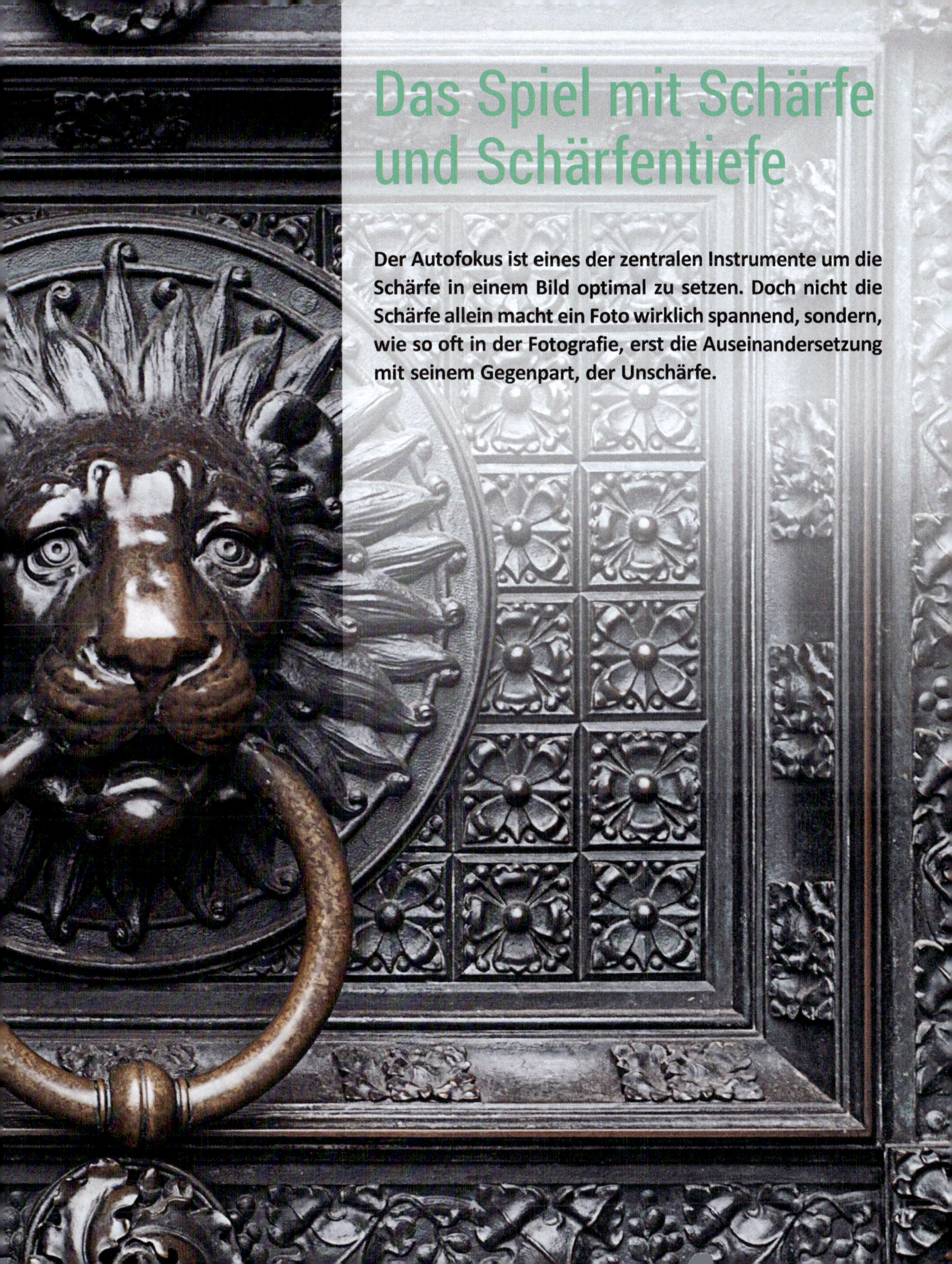

Das Spiel mit Schärfe und Schärfentiefe

Der Autofokus ist eines der zentralen Instrumente um die Schärfe in einem Bild optimal zu setzen. Doch nicht die Schärfe allein macht ein Foto wirklich spannend, sondern, wie so oft in der Fotografie, erst die Auseinandersetzung mit seinem Gegenpart, der Unschärfe.

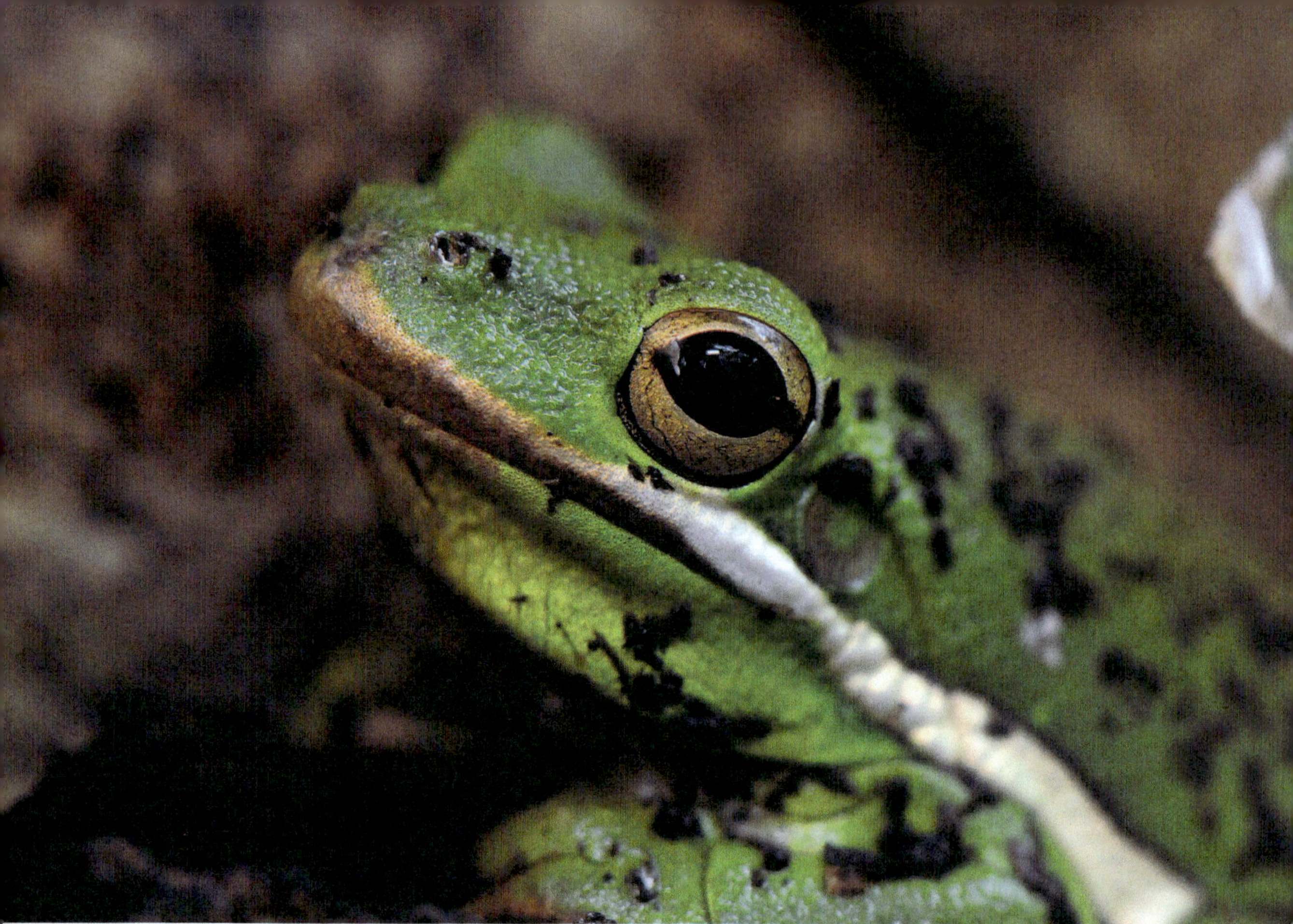

500 mm 1:4,5 | ISO 200 | f/4,5 | 1/60 s
▲ *Ein Teleobjektiv mit hoher Lichtstärke lässt nur das Auge dieses Froschs scharf erscheinen und alles andere unscharf.*

Was Sie als Schärfe eines Bildes empfinden, ist eine Resultat vieler Zutaten und nicht nur das Ergebnis des Autofokus. Darunter sind auch Einflüsse, die außerhalb der Kamera und der Macht des Fotografen liegen.

So bieten nicht jede Motivsituation und nicht alle Lichtverhältnisse Ihnen die Möglichkeit, das technisch Machbare auch tatsächlich auszureizen. Es wurde ja auch schon in einigen Beispielen gezeigt, dass eine durchgehende Schärfe im Foto auch gar nicht gewollt bzw. sinnvoll ist. Denn es ist vor allem die Subjektivität des Betrachters, die mit einem bestimmten Bild auch eine spezifische Schärfe erwartet. Niemand möchte ein sommerliches Kinderbild oder eine romantische Abendstimmung bei Kerzenschein mit größtmöglicher Schärfe aufnehmen, aber genau dieses Attribut macht vielleicht die Qualität eines Makro- oder Architekturbilds aus. Schärfen wir also unseren Sinn für die Schärfe. Der Schärfeeindruck, die empfundene Bildschärfe, ist für viele Fotografen einer der bedeutendsten überhaupt.

Es sollte darüber aber nicht vergessen werden, dass der Schärfeeindruck grundsätzlich ein subjektiver Eindruck ist, etwa so wie der Ausdruck ***weiches Licht***. Jeder wird in seiner Vorstellung eine etwas andere Erwartung an den Begriff der Schärfe haben und wird aufgrund seiner Erfahrung und Erwartung die Schärfe auch unterschiedlich beurteilen.

Natürlich ist der Begriff deshalb nicht der schieren Willkür ausgesetzt. Die Schärfe setzt sich aus drei Komponenten zusammen, die wiederum genau messbar sind: der Auflösung, dem Kontrast und der Kantenschärfe.

18 mm | f/10 | 1/150 s | ISO 200 | –0,3 korrigiert

▼ *Die durchgängige Schärfentiefe vom Vordergrund bis in den Hintergrund bestimmt diese Bildwirkung. Dazu dient Blende 10. Die leichte Unterbelichtung in Verbindung mit den dramatischen Wolken verstärkt den Eindruck der Szenerie.*

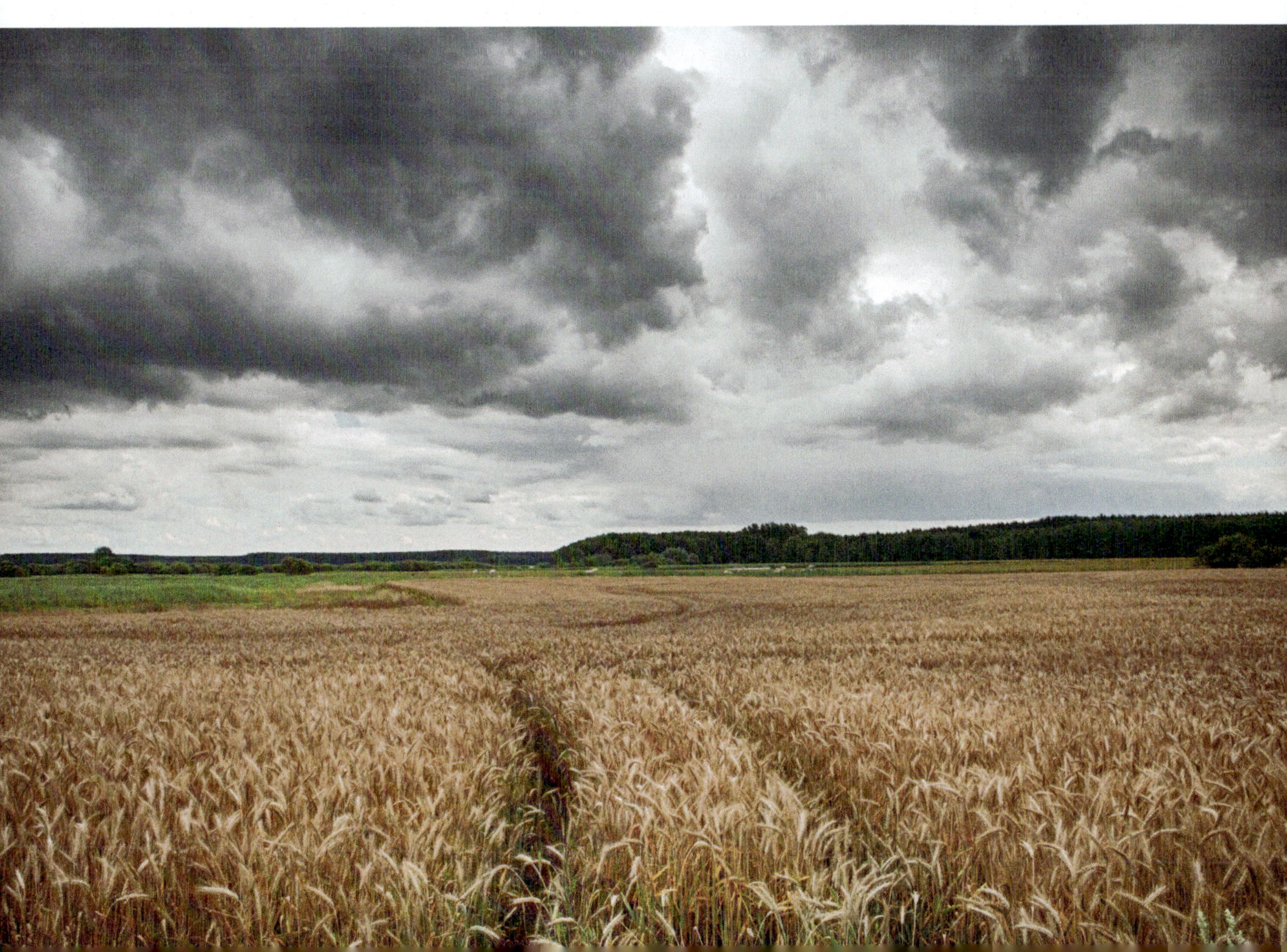

Unter der Auflösung kann man sich die Erkennbarkeit feiner und feinster Strukturen vorstellen, sie wird in der Regel von der Ausrüstung vorgegeben. Der Kontrast bezeichnet die Stärke der Helligkeitsunterschiede in einem Bild oder zwischen einzelnen Bildpunkten. Der gesamte Kontrastumfang in einem Bild wird Dynamik genannt. Die Kantenschärfe beschreibt, wie abrupt sich die Helligkeit an Kanten ändert. Kontrast und Kantenschärfe lassen sich in der Bildbearbeitung relativ leicht ändern und können bis zu einem gewissen Grad fehlende Auflösung kompensieren. Das Optimum aller drei Komponenten liefert – zumindest rein technisch – das Optimum an Schärfe.

Warum universelle Schärfe nicht immer ein gutes Foto ausmacht

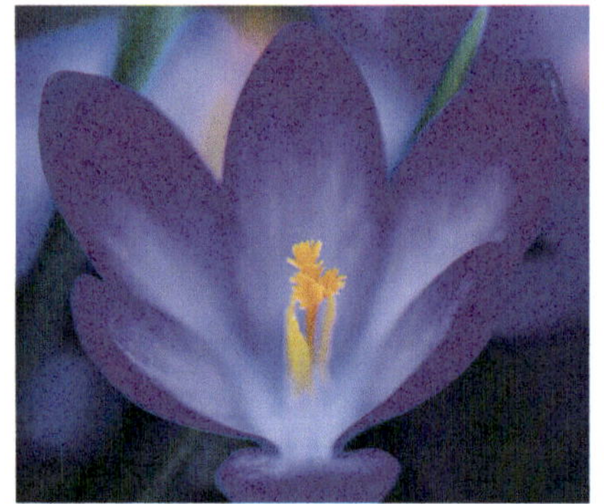

105 mm | f/6,3 | 1/100 s | ISO 400
▲ *Eine Blüte mit nur sehr geringer Schärfentiefe.*

Der subjektive Schärfeeindruck, den der Betrachter eines Fotos hat, lässt sich hingegen nicht rein technisch beschreiben. Er hängt von weiteren Parametern ab, etwa so profanen Dingen wie dem Betrachtungsabstand und von so komplexen wie den Erfahrungen und Erwartungen des Betrachters. Der fortgeschrittene Fotograf wird immer wieder sowohl Schärfe, wie auch Unschärfe in seine Fotos mit aufnehmen.

Der Motivbestandteil, der dem Fotografen am Herzen liegt, wird scharf abgebildet, Unwichtiges fällt in die Unschärfe. Die Schärfe nimmt in der Fotografie immer eine gewisse Tiefe an. Das können nur wenige Millimeter sein oder auch Kilometer. Den Bereich, in dem Objekte scharf abgebildet werden, nennt man Schärfentiefe.

Der Fotograf muss stets die Regeln der Schärfentiefe im Auge behalten, um die Schärfe selektiv nutzen zu können:

- Je weiter die Blende geschlossen ist (hoher Blendenwert), desto weiter erstreckt sich die Schärfentiefe.

- Je länger die Brennweite, desto geringer ist die Schärfentiefe.
- Je geringer die Motiventfernung, desto geringer wird die Schärfentiefe und jeweils umgekehrt.

Der gezielte Einsatz der Schärfentiefe ist dabei eines der wichtigsten Gestaltungsmittel der kreativen Fotografie. Am einfachsten und effektivsten steuert sich die Schärfentiefe über die Blende im Modus A der Kamera.

Gezielte Unschärfe hebt das Motiv hervor

Der Porträtfotograf nutzt gern offene Blenden von f/1,2 bis f/2,8 und Brennweiten zwischen 35 mm und 135 mm. Diese Kombination ermöglicht es ihm, die porträtierte Person scharf abzubilden und den Hintergrund in Unschärfe verschwimmen zu lassen. Diese Unschärfe wird auch als Bokeh bezeichnet.

Der Landschaftsfotograf nutzt häufig und gern mittlere bis geschlossene Blenden von Blende f/8 aufwärts. Kombiniert mit Brennweiten vom Weitwinkel bis in den Normalbereich von 50 mm und hohen Motivabständen, erzielt er so eine hohe Schärfentiefe, die sich vom Vorder- über den Mittel- bis in den Hintergrund erstreckt.

Der Makrofotograf nutzt ebenfalls gern möglichst offene Blenden, um sein Motiv vor dem Hintergrund freizustellen und viel Licht einsammeln zu können. Oftmals ist er jedoch gezwungen, Blenden oberhalb von f/10 einzusetzen, um bei sehr geringem Motivabstand mit Brennweiten von 50 mm bis 180 mm noch eine ausreichende Schärfentiefe zu erzielen. Der Bereich der Schärfentiefe kann leicht berechnet werden. Mussten früher umständliche Tabellen zur Hand genommen werden, so gibt es heute für alle Smartphones handliche Apps. Meist werden englische Bezeichnungen verwendet, wie **D**epth **of** Field **C**alculator (DoF Calculator).

Die Schärfeebene

Die Schärfentiefe dehnt sich immer parallel zur Sensorfläche und bildet eine Schärfeebene. Nur wenn Sie Spezialobjektive verwenden, die sich verschieben oder verbiegen lassen, kann die Schärfeebene auch schräg zur Sensorebene stehen. Dies wird bei Tilt-Shift-Objektiven genutzt, um die perspektivischen Verzerrungen beim Fotografieren hoher Gebäude zu mindern.

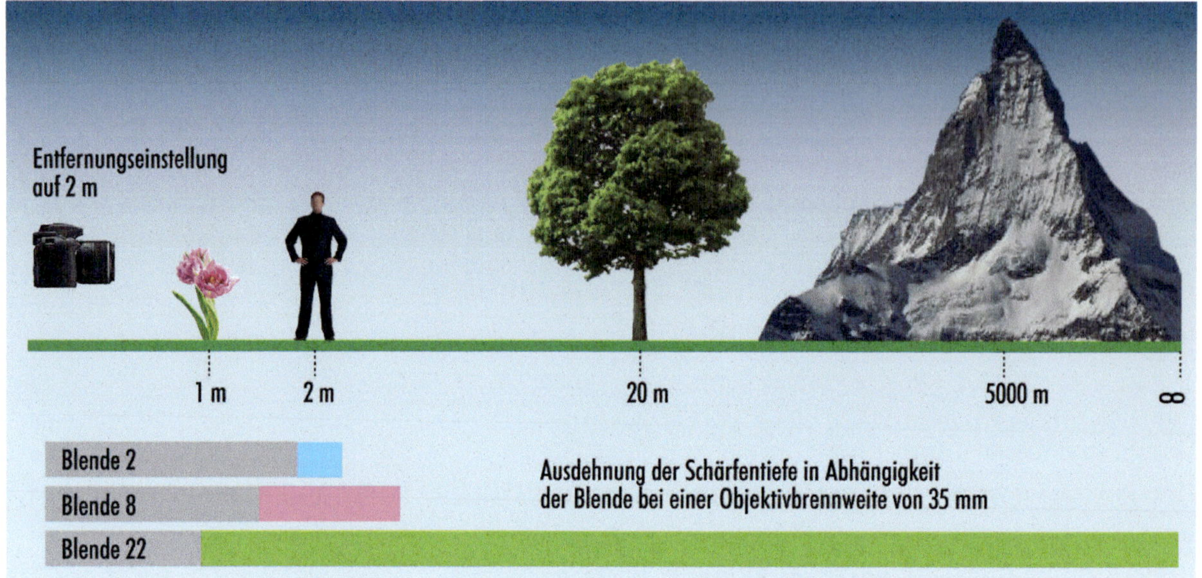

▲ *Die Schärfentiefe in Abhängigkeit von der Blendenöffnung.*

Schärfentiefe und ihre Grenzen

Um den Effekt der Schärfentiefe und die Wirkung der Blende im Objektiv richtig zu verstehen, ist es notwendig, sich mit der Schärfentiefe etwas genauer zu beschäftigen und sich an die ideale Kamera-Objektiv-Kombination heranzutasten.

Je größer die Öffnung der Blende ist (geringe Blendenzahl), desto geringer ist die Schärfentiefe bei maximal offener Blende. Die Projektion des Objektivs auf den Sensor ist breiter, und so werden die Abbildungsstrecken länger bzw. die Unterschiede zwischen äußerem und innerem Strahlengang größer. Man spricht hier vom Zerstreuungskreis.

Liegt nun ein Motivteil zudem weiter entfernt von der fokussierten Entfernung, verlängert sich der Weg der Projektion noch einmal. Insgesamt kann das Objektiv diesen Motivteil dann nicht mehr als scharfen Punkt, sondern nur noch als Kreis projizieren.

Wenn diese Kreise größer sind als die Zerstreuungskreise, erscheinen sie unscharf. Je größer die relative Öffnung und je offener die Blende ist, desto stärker wirkt sich der relative Wegunterschied aus, und die Toleranz sinkt rapide.

Schärfentiefenbereich an der D3300

		Nahgrenze	Ferngrenze
Brennweite	16 mm	1,22 m	Unendlich
bei f/8, 5 m	50 mm	3,80 m	7,32 m
(Blende, Entfernung)	200 mm	4,91 m	5,10 m
Blende	f/1,4	4,73 m	5,3 m
bei 50 mm, 5 m	f/2,8	4,5 m	5,63 m
(Brennweite, Entfernung)	f/8	3,8 m	7,32 m
	f/22	2,64 m	48,10 m
Motiventfernung	20 cm	19,8 cm	20,2 cm
bei f/8, 50 mm	3 m	2,52 m	3,70 m
(Blende, Brennweite)	50 m	11,9 m	Unendlich

◀ *Damit Sie sich einen kleinen Eindruck von dem Schärfentiefebereich machen können, sehen Sie hier eine kleine Tabelle, bei der jeweils zwei Faktoren gleich bleiben und sich der dritte Faktor ändert.*

Je weiter Sie die Blende schließen, desto größer wird die Schärfentiefe, denn durch den engeren Strahlengang können nur noch nahezu parallele Lichtstrahlen bis zum Sensor vordringen, die alle denselben Weg vom Motiv hatten und damit nicht größer als die Zerstreuungskreise projiziert werden können.

Der Schärfentiefebereich verdoppelt sich, wenn sich auch der Blendenwert verdoppelt. Das heißt, um z. B. aus 1 mm die doppelten 2 mm Schärfentiefe zu erzielen, muss um 2 Stufen abgeblendet werden, also z. B. von Blende 8 auf 16, und damit hat sich der Blendenwert verdoppelt.

Da sich der Wegunterschied zur Entfernung zum Motiv additiv verhält, ist er als Effekt umso wirkungsvoller, je geringer die Entfernung zwischen Sensorebene und fokussiertem Objekt ist. Daher sinkt die Schärfentiefe mit der Motiventfernung.

Abstände richtig kalkulieren

Die AF-Entfernung zum Motiv rechnet sich ab der Sensorebene der Kamera. Neben dem oberen Display ist eine kleine Markierung angebracht.

Sie markiert die Sensorebene und damit den Nullpunkt für die Entfernungsmessung. Das Objektiv AF-S NIKKOR 16-55 mm hat einen Mindestabstand von 28 cm ab Sensorebene.

Die Objektivlänge beträgt ca. 9 cm, das Auflagemaß 4,65 cm. Damit ergibt sich ein Mindestabstand des Objekts von gut 14 cm zwischen Frontlinse und Motiv.

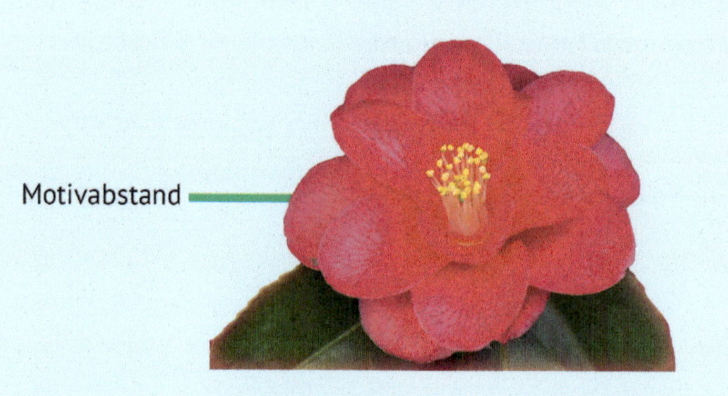

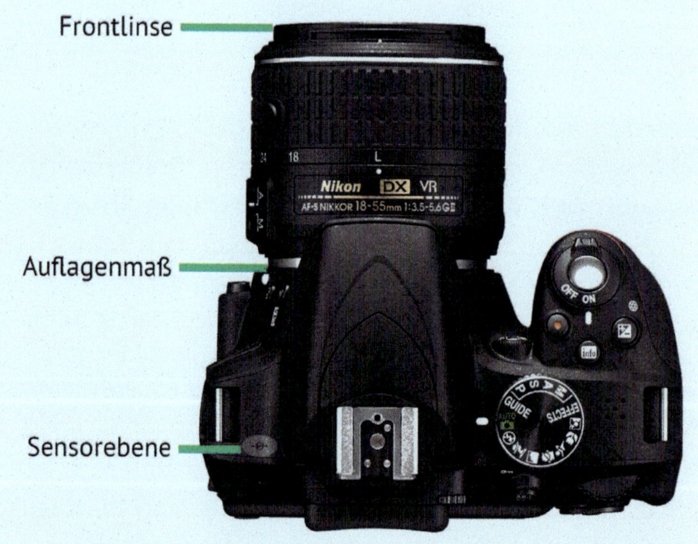

Wenn Sie eine Landschaft im Entfernungsbereich *Unendlich* fotografieren, hat die Schärfentiefe praktisch keine Bedeutung mehr. Bei Makroobjekten hingegen kann sie auf Bruchteile von Millimetern schrumpfen.

Bis zu dieser Blende verlieren Sie also Schärfentiefe, darüber allgemeine Schärfe. Da dem Auge im Makrobereich der Vergleich der Konturenschärfe zwischen Objekt und Bild verschlossen ist, kann auch bei starker Abblendung eine subjektiv sehr gute Bildschärfe erreicht werden.

Es werden Details sichtbar, die für das normale Auge oft überhaupt nicht wahrzunehmen sind. Daher tolerieren wir dann einen solchen allgemeinen Schärfeverlust in der Regel, und deswegen bieten echte Makroobjektive Abblendungen bis 1:32 und mehr an.

5.1 Die Schärfe beurteilen

Wenn Ihr Bild vor Ort nicht wirklich scharf geraten ist, können Sie auch mit der besten Software oft nichts mehr machen. Daher ist es wichtig, wenn möglich die Schärfe bereits vor Ort zu prüfen – am besten durch Kontrollbilder –, bevor es ernsthaft an das fotografische Werk geht. Ihre D3300 ist dazu mit einem sehr guten und großen LCD-Monitor ausgestattet, der eine ausgezeichnete Bildkontrolle erlaubt.

Kontrolle mit dem LCD

Sie können sich das Bild automatisch oder manuell nach der Aufnahme auf dem LCD anzeigen lassen und mittels Vergrößerung die Schärfe kontrollieren. Gerade bei Aufnahmen in kritischen – z. B. kontrastarmen – Situationen ist dies unerlässlich.

Damit Sie ein Bild wirklich beurteilen können, müssen Sie im Menü *Wiedergabe/Opt. Für Wiedergabeansicht* unter anderem den Punkt *Keine (nur Bild)* einschalten.

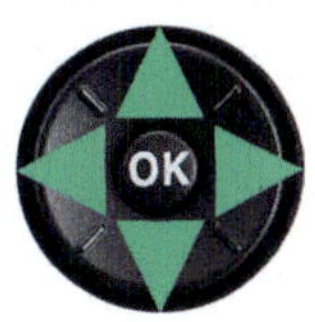

Schalten Sie mit der Wiedergabetaste die Bildanzeige ein und blättern Sie mit dem Multifunktionswähler nach links oder rechts zu dem Bild, das Sie kontrollieren wollen.

Displaylupen richtig einsetzen

Im Handel sind verschiedene Displaylupen erhältlich, die aber in erster Linie dazu gedacht sind, den Live-View-Modus als Sucher beim Videofilmen zu nutzen. Für die Bildkontrolle sind sie sehr nützlich, um Streulicht abzuhalten. Auch bei grellem Sonnenschein erleichtern sie die Bildkontrolle erheblich.

Die Linsen darin sind bei den meisten Modellen nicht übermäßig hochwertig und können eigene Unschärfe einbringen. Vergleichen Sie also, vor allem bei preiswerten Modellen, ob nicht eine Vergrößerung mit der Lupentaste bessere Ergebnisse bringt.

Vergrößerung schnell aufheben

Wenn Sie aus der höchsten Vergrößerung schnell wieder zurückwollen, müssen Sie nicht erst durch mehrfachen Druck auf die Verkleinerungstaste zurückzoomen. Drücken Sie einfach die OK-Taste, dann sehen Sie das Bild wieder vollständig.

Mit der Auf/Ab-Funktion des Multifunktionswählers rufen Sie verschiedene Anzeigeoptionen auf. Eine davon ist jetzt die reine Bildanzeige, ohne weitere Informationen.

Nun vergrößern Sie das Bild mit der Lupentaste 🔍. Ist es vergrößert, ändert sich die Funktion des Multifunktionswählers. Nunmehr verschiebt er das Bild, und Sie können genau den Bereich inspizieren, in dem die AF-Markierung lag, oder auch die Schärfe am Rand begutachten. Damit können Sie exakt den Bereich kontrollieren, auf den die Kamera fokussiert hat.

Auch eine Überprüfung der Dynamik des Bilds über das Histogramm liefert wertvolle Hinweise. Bei einer schwachen Dynamik kann ein entsprechend geringer Schärfeeindruck vorliegen.

5.2 Mangelnde Motivschärfe

Wie schon angedeutet, hängt der Schärfeeindruck des Betrachters von mehr ab, als dem technisch korrekten Scharfstellen. Auch die beste optische Schärfe wird bei einem diffusen Nebelbild nicht zu einem hochgradigen Schärfeeindruck führen. Es ist eher so, dass eine zu hohe technische Schärfe in einer weichen Bildsituation für den Bildeindruck störend sein kann. Sie sind als Fotograf gefordert, die Schärfeeinstellungen passend zur Motivsituation zu ermitteln, die Ihre Bildaussage unterstützen. Daher steigen wir ein mit all den Faktoren, die einem scharfen Bildeindruck entgegenstehen.

Unschärfe durch schwachen Kontrast

Unser Schärfeempfinden wird bestimmt von dem Kontrast der Körperkanten. Keine Kanten, keine Schärfe! Doch nur aus Motivsituationen, die an sich schon kontrastreich sind, lassen sich auch kontrastreiche Bilder generieren. Dies ist gegeben, wenn ausreichend Licht vorhanden ist und keine Störfaktoren im Bild auftauchen.

Fotoszenen mit niedrigem Grundkontrast, wie z. B. Nebel oder Dunst, Regen, Schnee, starkes Gegenlicht, Streulicht, heiße, wabernde Luft oder schwaches Licht, ergeben hingegen einen schwachen Motivkontrast.

In solchen Situationen sollten Sie keine superscharfen Bilder erwarten, allerdings bietet es sich an, anhand des Sucherbilds Maßnahmen zu ergreifen, um die Kamera an die konkrete Situation anzupassen.

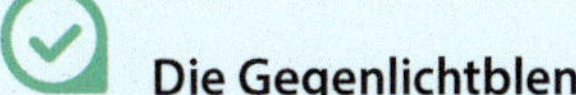

Die Gegenlichtblende

Bei allen Lichtsituationen, die schwache Motivkontraste verursachen, ist die Gegenlichtblende ein wichtiges Hilfsmittel. Sie schützt nicht nur bei Starklicht, sondern verringert das den Kontrast mindernde Streulicht.

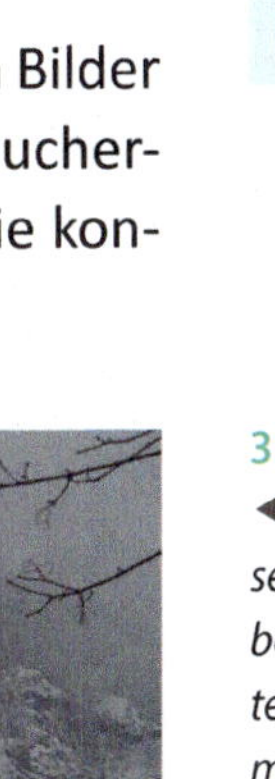

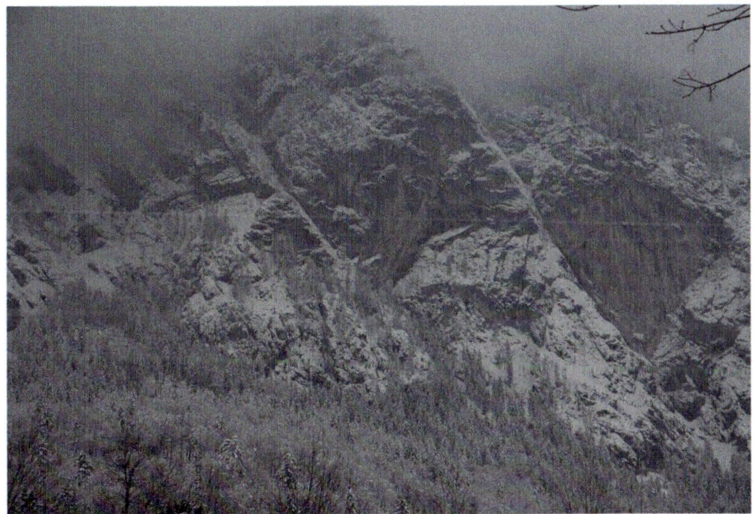

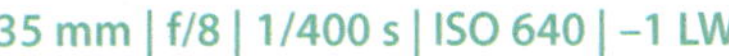

35 mm | f/8 | 1/400 s | ISO 640 | –1 LW

◀ *Bei einem solchen Wintermotiv wissen Sie bereits vor der Aufnahme, dass Sie beim Bildergebnis mit schwachen Kontrasten und einer niedrigen Schärfe rechnen müssen.*

Scharfe und weiche Motive

Neben der Motivsituation ist natürlich auch das Motiv selbst ein entscheidender Faktor für die wahrgenommene Schärfe. Wenn Sie z. B. weiche Formen fotografieren, können Sie schlichtweg keinen harten Kantenkontrast bekommen. Nehmen wir an, Sie fotografieren weiße Schwäne an einem nebeligen Herbstmorgen bei schwachem Licht, dann erwarten Sie natürlich auch nicht wirklich eine knackige Schärfe in Ihren Bildern (auch wenn Sie sie durch Maßnahmen wie Blitzen und geringe Entfernung durchaus erzielen könnten).

Zudem kann man mit einer zu starken Schärfe auch den gewollt weichen Bildeindruck eines Motivs stören. Wenn Sie z. B. einen schnell fließenden Bach mit relativ langer Belichtungszeit fotografieren, wird sich ein schaumiger Eindruck ergeben, und das Wasser nimmt weiche Formen an. Dem sollten Sie nicht mit einer starken Einstellung für die Schärfung und den Kontrast entgegenwirken. Machen Sie es sich besser zur Gewohnheit, im ***Aufnahme***-Menü die Bildoptimierung auf ***Normal*** oder ***Weicher*** zu setzen und nur bei Bedarf diese Einstellungen temporär zu ändern. Oder neh-

Kontrast und subjektive Schärfe durch Bildverarbeitung verbessern

Bildverarbeitungsprogramme wie Photoshop, Lightroom oder Nikon Capture NX bieten die Möglichkeit, mit der Tonwertkorrektur die Eingangsdynamik des Bilds an die Ausgangsdynamik anzupassen und so den Kontrast zu erhöhen.

Auch eine hohen Schärfung, etwa durch die Picture-Control-Konfiguration ***Brillant***, zeigt noch laue Kontraste und wenig Schärfe. Die Dynamik (Eingangsdynamik) der Helligkeitsverteilung des Eingangsbilds ist sehr gering, wie das Histogramm zeigt.

Mit der Tonwertkorrektur passen Sie die Eingangsdynamik an die maximale Spreizung an und definieren so eine Ausgangsdynamik für das Bild. Indem Sie das schwarze Dreieck links unter dem Histogramm bis zum Beginn des Hügels ziehen und das weiße Dreieck rechts unter dem Histogramm bis zum Endpunkt, spreizen Sie die Kontraste und erhalten somit eine Kontrastverstärkung.

Allerdings wird der Bildeindruck sich dadurch verändern, daher sollten Sie mit diesem Werkzeug gefühlvoll umgehen, um keinen völlig unnatürlichen Bildeindruck zu erzeugen.

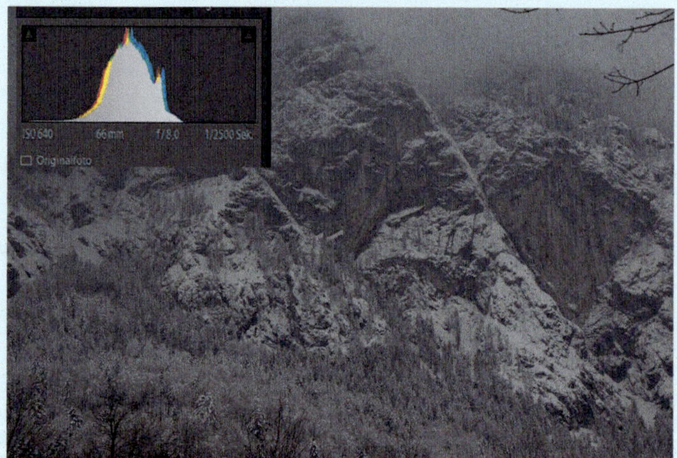

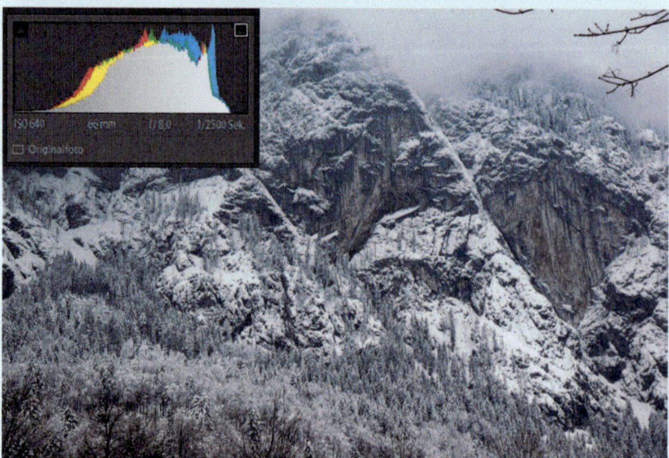

men Sie im NEF-Format auf, dann halten Sie sich hinterher hinsichtlich der Nachschärfung alle Optionen offen.

Unschärfe durch Rauschen und hohe ISO-Werte

Bei zunehmenden ISO-Werten nimmt das Rauschen zu, wodurch der Schärfeeindruck des Bilds nachlässt, denn es werden z. B. Kantenkontraste abgeschwächt. Zudem senken hohe ISO-Werte die Eingangsdynamik und damit die Kontraste. Solche Bilder wirken dann mehr oder weniger verwaschen. Daher sollten hohe ISO-Werte nur in Kauf genommen werden, wenn es die Situation unbedingt erfordert. Ab wann das Rauschen der D3300 wirklich stört, sollte letztlich jeder für sich selbst entscheiden. Ab ISO 1600 ist auf jeden Fall mit deutlichen Rauscheffekten zu rechnen. In Kapitel 4 „Wechselnde Lichtsituationen meistern" erfahren Sie mehr zum Thema Rauschen.

Unscharfe Bilder durch Front- und Backfokus

Eines der heißesten Diskussionsthemen in den diversen deutschsprachigen Nikon-Foren im Internet ist die Problematik des Back- bzw. Frontfokus. Die Kamera sollte eigentlich immer exakt auf die mit dem AF-Feld anvisierte Entfernung scharf stellen. Liegt die Schärfe im Bild dann erkennbar vor oder hinter diesem Punkt, spricht man von einem Front- oder Backfokus. Solche Effekte werden allerdings erst deutlich, wenn man im Bereich geringster Schärfentiefe arbeitet, denn bei einer hohen Schärfentiefe wird der Effekt meist überdeckt.

Wer überwiegend Landschaften fotografiert, wird einen verstellten Fokus kaum bemerken, denn er fokussiert zumeist im Bereich *Unendlich* und blendet zudem häufig ab.

Ein Makrofotograf hingegen fotografiert meistens in sehr kurzen Entfernungen und kann nur eine geringe Schärfentiefe erzielen. Daher wird er jede Abweichung sofort feststellen. Der Porträtfotograf arbeitet auf mittlere Entfernungen und oft mit selektiver Schärfe, und auch er wird eine solche Störung sofort wahrnehmen.

Unschärfe durch falsche Belichtungszeiten

Verwackelungen minimieren

Von den Biathleten kann man sich als Fotograf einige Tipps abschauen, um Verwackelungen zu vermeiden:

- Einatmen, Ausatmen, Luft anhalten, Auslösen.
- Zudem sollten Sie die Ellenbogen eng am Körper halten, um die Kamerahaltung zusätzlich zu versteifen. Damit halten geübte Fotografen mit einem 24-120-mm-Objektiv noch 1/8 s in der Hand, der Einsteiger sollte noch 1/30 s ruhig halten können.

Bewegen sich während der Belichtungszeit Kamera und/oder Motiv zu schnell, wird keine Kernschärfe mehr erzielt. Dadurch dass das Objekt diffuser abgebildet wird, existieren keine klaren Körperkanten oder Farbübergänge. Dies kann nahezu unsichtbar sein oder zu massiven Verschiebungen bis hin zu Mehrfachbildern führen. Dabei ist es grundsätzlich unerheblich, ob sich das Objekt zu schnell bewegt oder die Kamera wackelt.

Und selbst der Spiegelschlag oder der Druck auf den Auslöser kann auch bei einer schwereren Kamera wie der D3300 zu Unschärfe führen.

▶ *Ein häufiges Problem: Verwackeln bei der Telefotografie. Schon kleinste Erschütterungen können das Bild verschwimmen lassen, vor allem wenn kein Stativ genutzt wird.*

Nimmt die mehrfache Darstellung einer Struktur dabei einen sehr breiten Raum ein, wird die kamerainterne Bildverarbeitung den Effekt sogar noch verstärken, denn es bilden sich jetzt mehrfache Körperkanten.

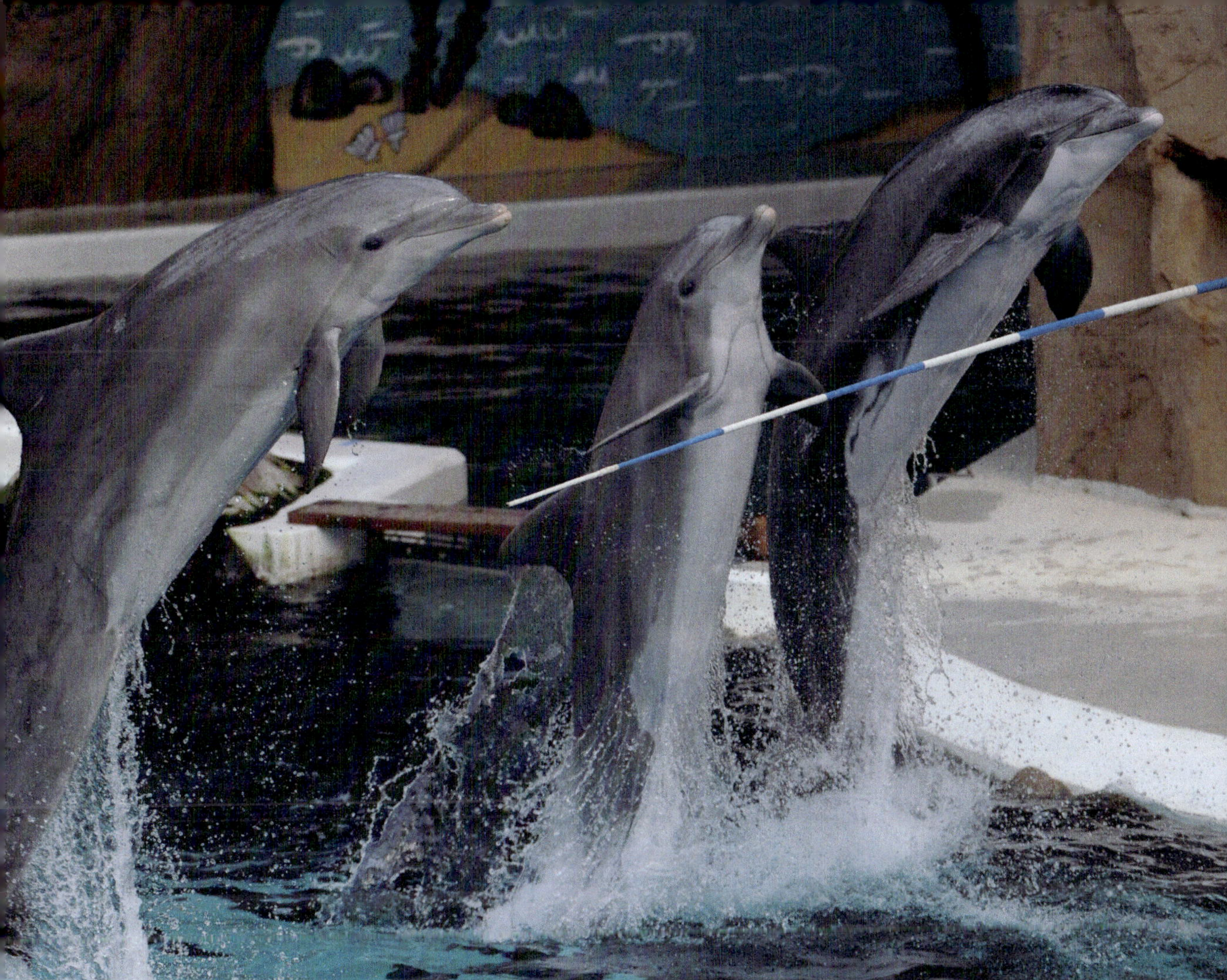

200 mm | f/7,1 | 1/800 s | ISO 800
▲ *Wenn Sie aber die durch die Luft fliegenden Wassertropfen einfrieren wollen, brauchen Sie eine Belichtungszeit kürzer als 1/1000 s. Verwenden Sie 1/800 s, bleibt noch leichte Dynamik erhalten.*

5.3 Die Grenzen der Schärfe durch Abblenden

Grenzen der Objektivschärfe

In der Theorie hat ein Objektiv bei einer weit offenen Blende sein höchstmögliches Auflösungsvermögen. Die Beugung des Lichts an den Blendenkanten, die zur Beugungsunschärfe führen, ist hier am geringsten. In der Praxis sind hingegen fertigungstechnisch bedingt auftretende Abbildungsfehler (Aberrationen) im Linsensystem bei Offenblende meistens am größten. Deshalb wird zur Erreichung einer möglichst hohen Auflösung ein Objektiv in der Regel abgeblendet.

Nun könnte man annehmen, dass ein Abblenden auf sehr hohe Blendenwerte zu dem schärfsten Bild führt. Dem ist aber nicht so – wird die Blende stark geschlossen, kommen verstärkt wieder die Beugungseffekte an der Blendenkante zum Tragen. Dies macht sich durch eine zunehmende Unschärfe im Bild bemerkbar. Der Punkt, an dem sich die Effekte der Beugungsunschärfe und der Aberration die Waage halten, nennt man „kritische Blende". Bei Zoomobjektiven kann es sich auch um einen Blendenbereich handeln.

Davon unterscheidet sich der Begriff der „förderlichen Blende", die besonders in der Makrofotografie von Bedeutung ist. Die förderliche Blende betrachtet einen weiteren Aspekt des Abblendens, die zunehmende Schärfentiefe. Auch in diesem Zusammenhang könnte man versuchen, durch weitgehendes Schließen der Blende eine maximale Schärfentiefe bei einem Maximum an Auflösung zu erreichen. Wegen der zunehmenden Beugungsunschärfe ist aber auch das nicht optimal. Den besten Kompromiss zwischen Schärfentiefe und Beugung nennt man förderliche Blende. Die Schärfen-

▼ Links eine Blende von f/4,2. Die Offenblende (bei 28 mm) des Kitobjektivs ist nicht völlig scharf. In der Mitte Blende f/8,0. Das Foto ist völlig scharf und klar. Im rechten Bild eine Blende von f/29. Die Schärfentiefe nimmt zwar noch zu, die Bildschärfe nimmt aber eindeutig wieder ab. Das Kitobjektiv AF-S NIKKOR 18-55 mm f/3,5-5,6 G II DX VR hat sein Schärfemaximum etwa zwischen Blende f/5,6 und f/8,0.

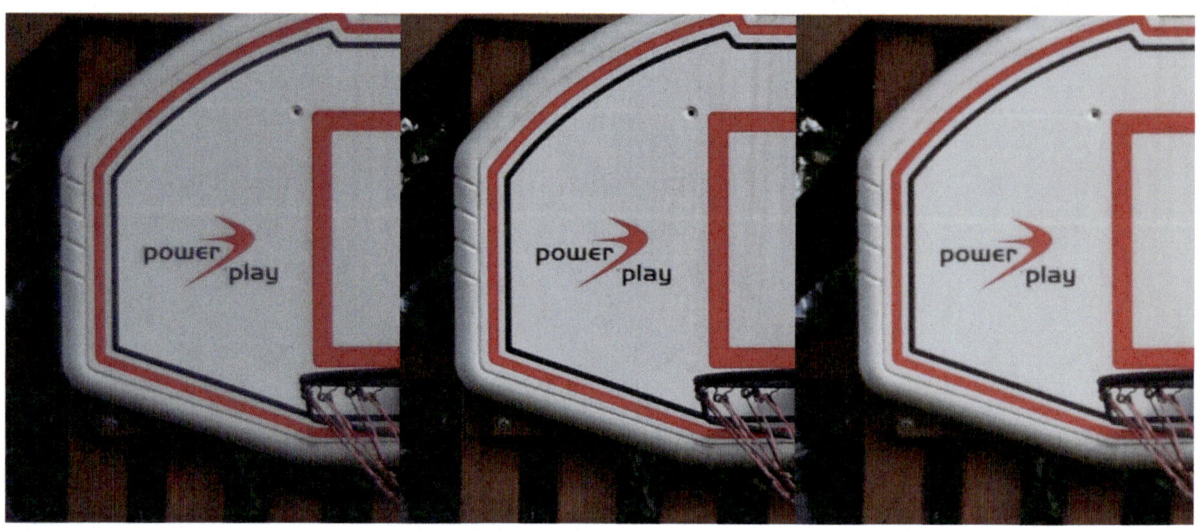

tiefe ist auch abhängig von den Ausmaßen des Motivs und dem Abbildungsmaßstab.

Es gibt Formeln, um zu berechnen, ab welcher Blende sich diese Effekte negativ auf die Bildschärfe auswirken. Sie können aber als Faustregel annehmen, dass für einen Abbildungsmaßstab von 1:1 eine Blendeneinstellung von f/16 bis f/20 als förderlich für die Bildschärfe gilt.

Makros: Schärfentiefe ist manchmal wichtiger als absolute Schärfe

Bei Makrobildern wird die wahrgenommene Schärfe auch von der Schärfentiefe bestimmt, neben der absoluten Schärfe. Ist die Schärfentiefe zu gering, erscheint das Motiv oft insgesamt nicht richtig scharf.

UV-Filter am Objektiv sind optisch meist unnötig

Zwar befindet sich vor dem Sensor der D3300 nicht der übliche LP-Filter, dennoch wird das Licht gefiltert, und UV-Strahlung gelangt nur in vernachlässigbarem Umfang zum Sensor. Darum sind an einer DSLR UV-Filter am Objektiv aus optischen Gründen unnötig.

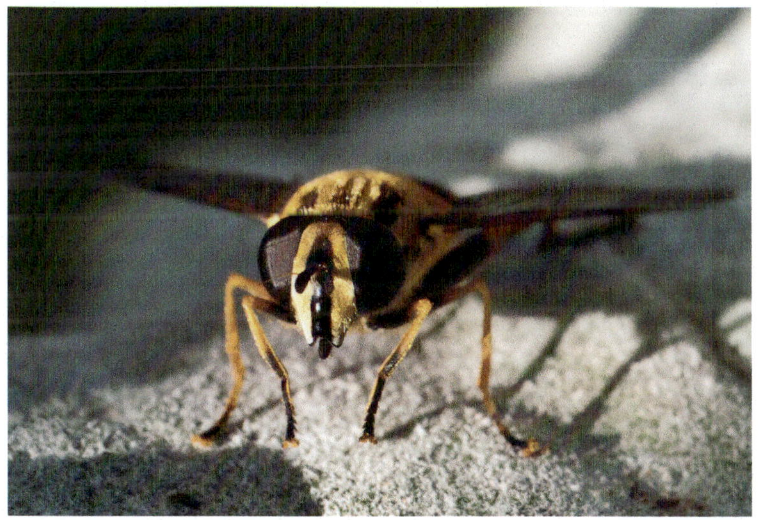

105 mm | f/5,0 | 1/125 s | ISO 100

◀ *Der Autofokus hat richtig gesessen, aber die Schärfentiefe reicht sichtbar nicht aus, um dem Bild eine wirklich gute Gesamtschärfe zu geben.*

Diese Effekte sollten Sie einkalkulieren, wenn Sie die für Ihre Fotosituation förderliche Blende bestimmen wollen. Blenden Sie also in der Makrofotografie so weit ab, wie Sie es für die optimale Schärfentiefe brauchen.

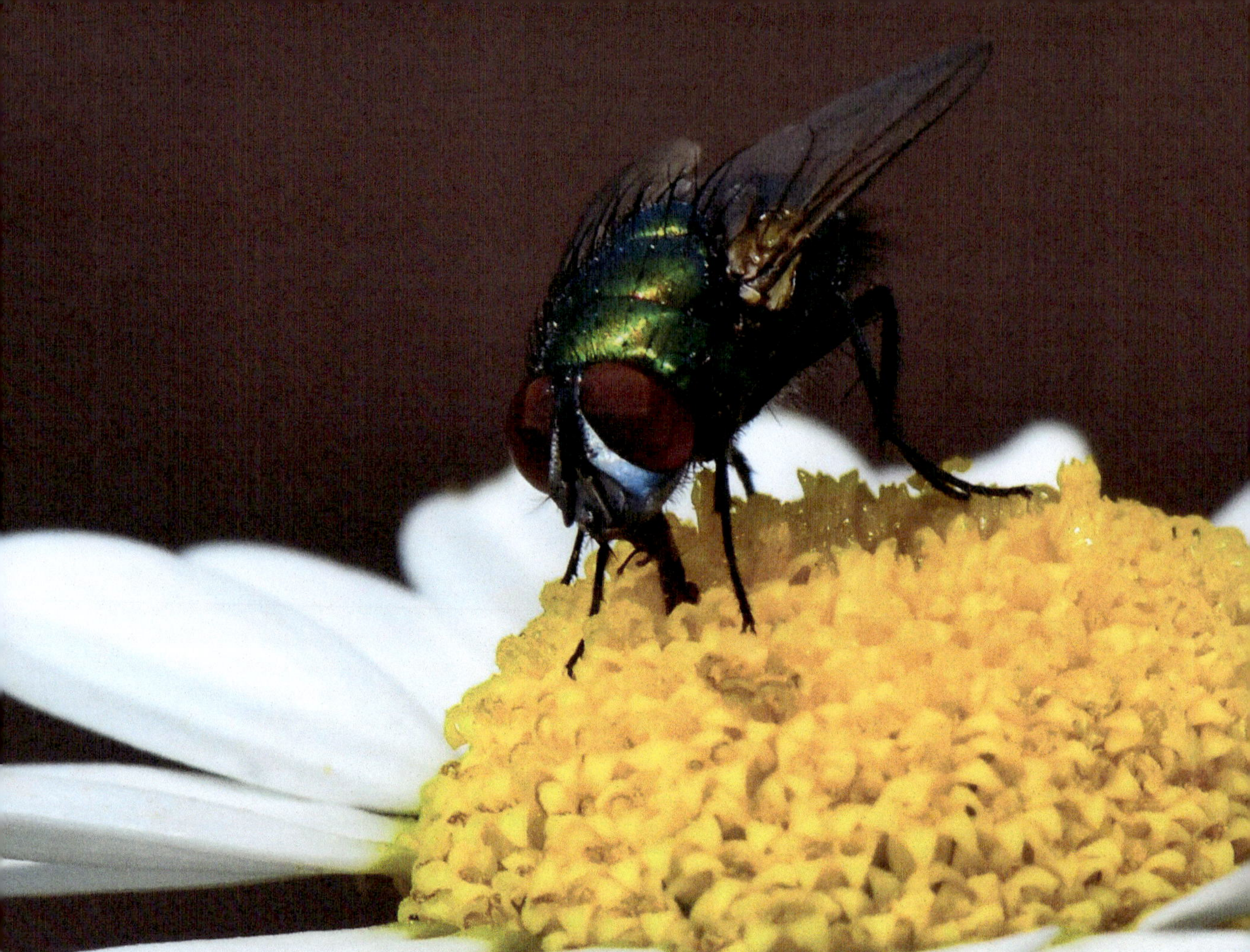

105 mm | f/16,0 | 1/60 s | ISO 600

▲ *Wenn die Schärfentiefe ausreicht, empfinden wir das Gesamtbild als schärfer, obwohl die tatsächliche Schärfe der Bildpunkte im Fokus gleich ist.*

5.4 Motivabhängig die passende AF-Betriebsart wählen

Sobald Licht durch das Objektiv in die D3300 dringt, wird ein Teil dieses Lichtstrahls durch den halb durchlässigen Schwingspiegel und den darunterliegenden Hilfsspiegel auf das AF-Sensormodul geleitet.

Wenn Sie die Live-View-Betriebsart der D3300 nutzen, kommt ein anderes, passives AF-Verfahren zum Einsatz. Die Bildinformation des Sensors wird hinsichtlich einer Kontrastmaximierung ausgewertet, wie dies auch die Mehrheit der Kompaktkameras tun.

Dieses ist jedoch vor allem in schlechten Lichtsituationen deutlich langsamer und unpräziser als der Phasenautofokus.

Bessere Motiverkennung durch Kreuzsensoren

Der AF der D3300 ist in elf Einzelsensoren (AF-Messfelder) angeordnet, und jeder dieser Sensoren kann für sich eine Phasenerkennung durchführen. Ein Liniensensor arbeitet eindimensional, eine optimale Kontrasterkennung ergibt sich nur, wenn eine Kontraständerung in der Sensormessrichtung vorkommt. Die Liniensensoren sind deshalb in unterschiedlicher Ausrichtung zueinander angeordnet.

Zusätzlich bietet Ihnen die D3300 mit dem mittleren AF-Messfeld eine Kreuzform an, die die Genauigkeit und Messgeschwindigkeit in diesem Bereich deutlich erhöht, da sie sowohl horizontale als auch vertikale Messungen erlaubt. Falls die Fokussierung auf einen bestimmten Fokuspunkt einmal nicht so recht klappen will, ist es durchaus einen Versuch wert einen anderen auszuwählen.

▲ *Nur das mittlere AF-Messfeld hat eine Kreuzform. Die übrigen bestehen aus waagerechten oder senkrechten Zeilensensoren.*

Lichtgrenzen des Autofokus

Eine einwandfreie Autofokusfunktion ist für alle Felder außer dem mittleren nur bis zu einer Lichtstärke des Objektivs von 1:5,6 gegeben. Verwenden Sie also möglichst keine Objektive, die eine geringe Lichtstärke aufweisen, wenn Sie alle Felder des Autofokus nutzen wollen. Müssen oder wollen Sie ein solches Objektiv dennoch einsetzen, beschränken Sie sich einzig auf das mittlere Feld! Dieses mittlere AF-Messfeld können Sie auch mit Objektiven mit einer Lichtstärke <1:8 nutzen.

Ist das Licht nicht hell genug bzw. reichen die Motivkontraste für die Scharfstellung nicht aus, kann der Autofokus auf das eingebaute weiße Hilfslicht der Kamera (Reichweite bis 3 m) oder auf den Rotlichtstrahler eines aufgesteckten Blitzgeräts zurückgreifen.

Die richtigen AF-Felder für den Einsatz von Konvertern und Spiegelobjektiven

Nur wenige Objektive, die qualitativ zur D3300 passen, haben eine Lichtstärke von weniger als 1:5,6. Eher noch kommen Sie in diese Bereiche, wenn Sie mit Konvertern an Teleobjektiven arbeiten. Diese Konverter verringern die Lichtstärke proportional zur erzielten Brennweitenverlängerung. Ein Nikon-2-fach-Konverter am AF-S NIKKOR 300 mm 1:4 ergibt eine anschließende Lichtstärke von 1:8 und kann nur noch manuell fokussiert werden.

Nur elektrischen Autofokusantrieb

Die D3300 hat keinen Elektromotor mit Getriebe (AF), sondern benötigt Objektive mit eingebautem Motor, zumeist in Form eines Ultraschallmotors (AF-S). Bei den meisten aktuellen Objektiven ist das kein Problem mehr. Im Alltag funktionieren auch die herkömmlichen Elektromotoren in den Einsteiger-Objektiven schnell und präzise, da ihre Kraft und Leistung genau auf die zu bewegenden Massen des Objektivs abgestimmt sind. Andere Hersteller haben auch interne Antriebe im Angebot. Bei Sigma heißen die Ultraschallantriebe HSM (**H**yper **S**onic **M**otor).

Prädiktive Schärfenachführung

Nikon hat für die schnellen Situationen, in denen sich das Motiv auf die Kamera zu oder von ihr weg bewegt, die sogenannte prädiktive Schärfenachführung eingebaut, die Sie in den Modi AF-C und AF-A nutzen können. Das Funktionsprinzip: Bei der permanenten Scharfstellung versucht die Kamera, die Geschwindigkeit eines Objekts zu erkennen und vorauszuberechnen. So kann die Scharfstellung vorausschauend agieren und gleicht zudem die Auslöseverzögerung aus, die gerade bei der Aufnahme bewegter Motive störend wirkt.

Die Autofokusmodi AF-A, AF-C und AF-S

Die D3300 bietet Ihnen die Möglichkeit, die Arbeitsweise des AF über das Menü bzw. den Infoscreen *i* zwischen den AF-Modi A, C und S auszuwählen. Aber nur wenn Sie eine der Belichtungssteuerungen P, S, A oder M ausgewählt haben. Es steht auch die manuelle Fokussierung zur Verfügung MF.

AF-Modus AF-S

Der Haupteinsatzbereich des Einzelautofokus (AF-S, das S steht für **S**ingle) sind die eher unbeweglichen Motive wie

Landschaften, Architektur, Stillleben etc. Durch Drücken des Auslösers, zumindest bis zur ersten Stufe, aktivieren Sie Autofokus und Belichtungsmesser. Sobald der AF-Sensor keine Steigerung des Kontrasts durch Phasendifferenzmessung mehr feststellen kann, ist der Vorgang abgeschlossen. Die Fokuseinstellung ist fixiert. Die Kamera gibt nun auch die Auslösung frei, wenn Sie die zweite Druckstufe des Auslösers betätigen. Bewegt sich Ihr Motiv aber danach doch oder ändern Sie die Motiventfernung durch eigene Bewegung, kann der Fokuswert unpassend werden, und Sie erhalten ein unscharfes Bild, denn die Kamera passt die Schärfe nicht permanent an.

AF-Modus AF-C

Für bewegte Motive ist der permanente Autofokus (AF-C) gedacht. Hier steht das C für das englische **C**ontinuous. Ein gutes Einsatzgebiet für diese Messungen sind dynamische Sportfotos. Viele statischen Bilder können z. B. dadurch auf-

180 mm | f/6,3 | 1/320 s | ISO 200

▼ *Fotos, bei denen die Kamera mitgezogen wird, brauchen einiges an Übung, Glück und einen guten Standpunkt.*

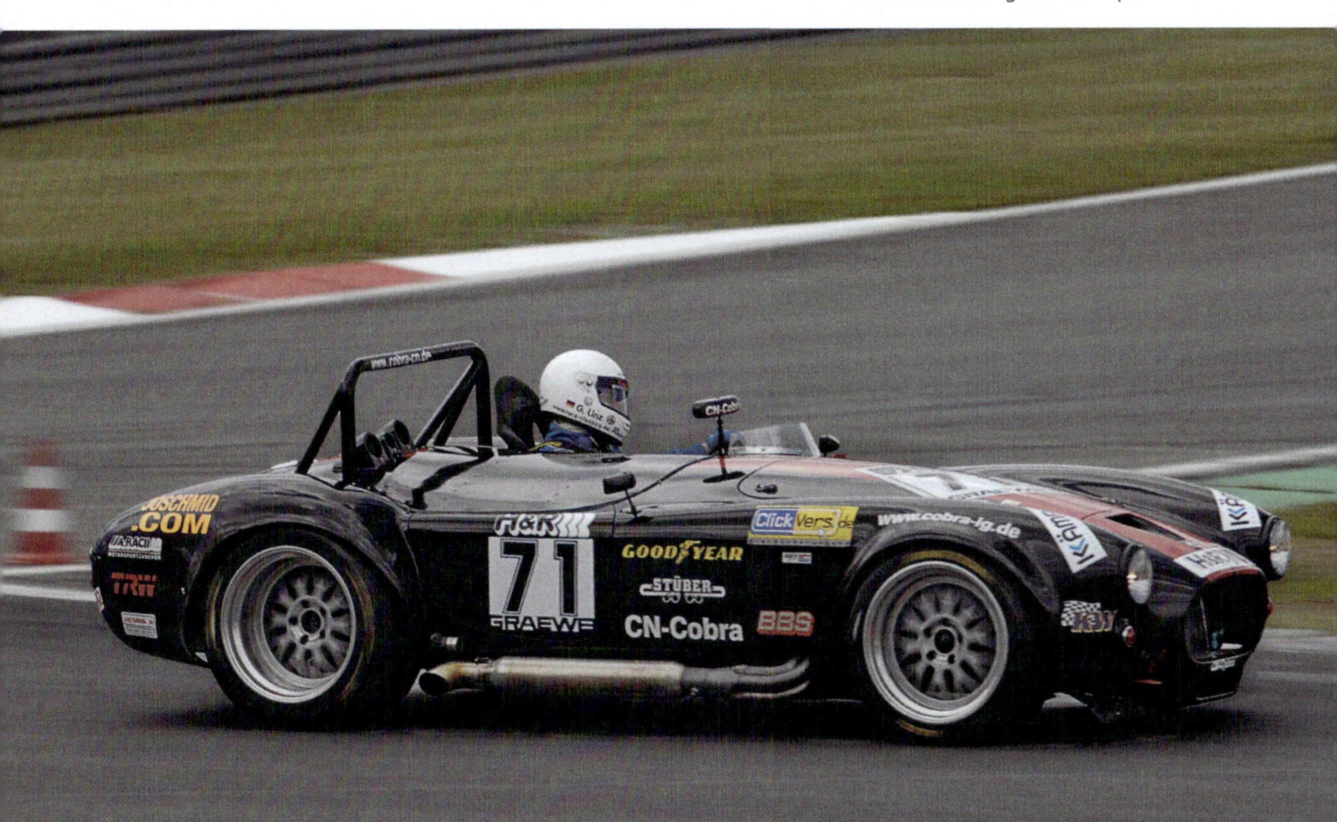

gebrochen werden, indem schnelle Objekte mit der Spotmessung angepeilt wird und der Bewegung mit der Kamera gefolgt wird. Der Hintergrund verwischt durch die Bewegung, z. B. ein Rennwagen ist hingegen scharf.

Auf die Frage, welche AF-Messfeldsteuerung für derartige Fotos verwendet werden soll gibt es keine ganz eindeutige Antwort. Fotografen, die schon Erfahrung gesammelt haben werden sicherlich zur Einzelfeldmessung greifen. Für den Anfang kann aber die Einstellung *Dynamisch* oder auch *3D-Tracking* bessere Ergebnisse erzielen.

Wenn Sie im Modus AF-C den Auslöser bis zur ersten Stufe drücken, wird die Kamera fortwährend den Phasenkontrast messen und bei einer Änderung mit einem Bewegungsbefehl an das Objektiv reagieren. Dadurch ist gewährleistet, dass die Kamera Ihr Motiv fortwährend scharf stellt.

In der Grundeinstellung können Sie mit der AE-L/AF-L-Taste AE-L AF-L den Wert für die Belichtung und den Autofokus speichern bzw. festhalten. Damit können Sie im AF-C-Modus die Fokusnachführung stoppen. Dann haben Sie eine Funktionalität wie beim AF-S, ohne auf die fallweise Schärfenachführung zu verzichten.

Wenn Sie diese Funktion häufiger benötigen, können Sie im Menü *System* die AE-L/AF-L-Taste auch so programmieren, dass sie nur noch den Fokuswert speichert.

AF-Modus AF-A

Der Modus AF-A (**A**utomatic) ist eine Kombination aus dem Einzel- und dem permanenten Autofokus. Die D3300 kann selbstständig erkennen, ob sich ein Motiv bewegt, und sich dann fallweise so verhalten wie im Modus AF-C. Allerdings hat die D3300 im AF-A-Modus, wenn sie automatisch in die AF-C-Arbeitsweise umschaltet, eine Schärfepriorität. Das

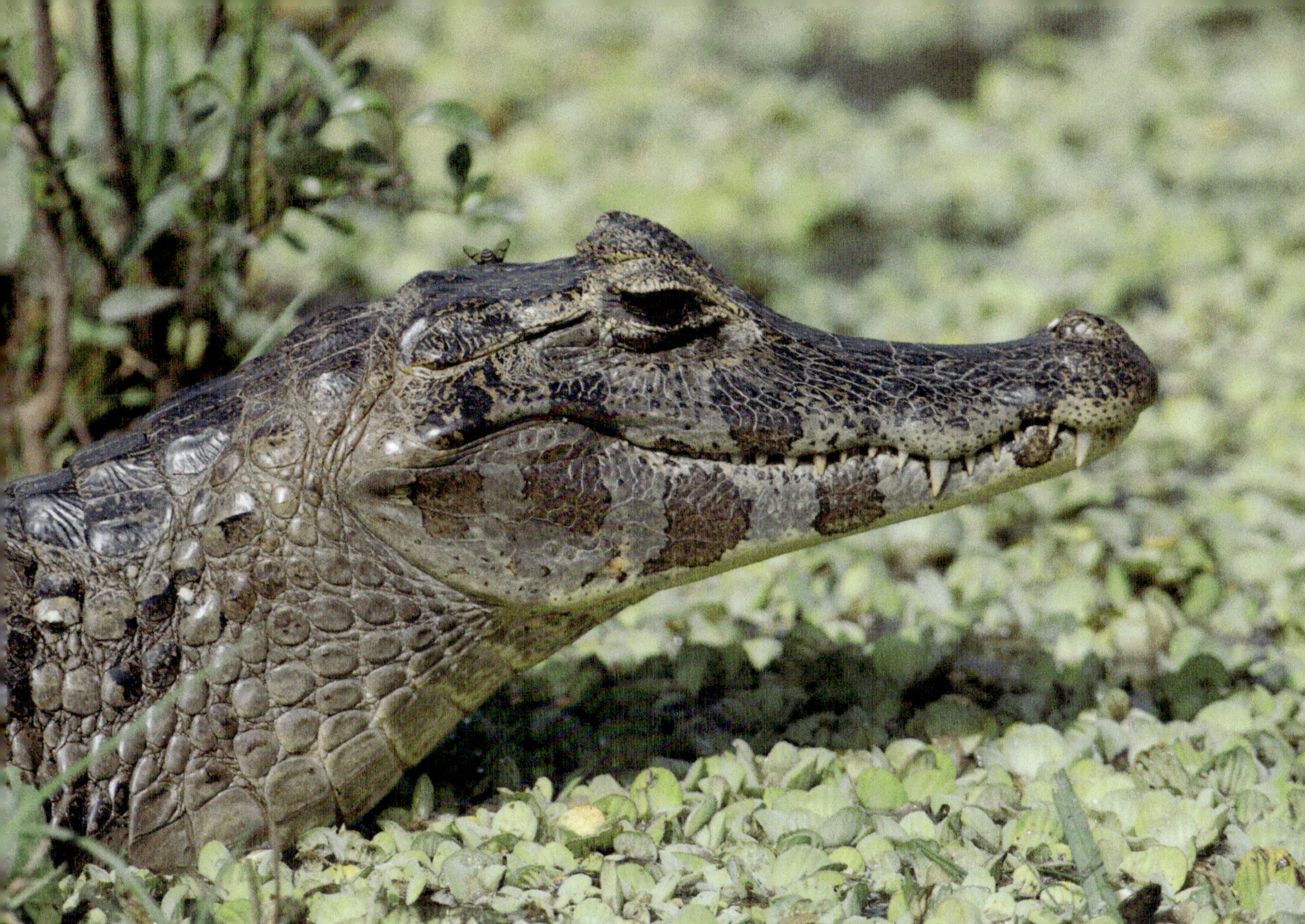

heißt, sie löst nur aus, wenn der AF die Fokussierung als abgeschlossen meldet.

Sie sollten sich auch bewusst sein, dass Ihre D3300 nicht unterscheiden kann, ob sich das Motiv bewegt oder ob Sie die Kamera bewegen. In diesem Fall schaltet Ihre D3300 auch in den permanenten Autofokus um und stellt sicher, dass die Schärfe nachgeführt wird.

Obwohl der AF-A-Modus nicht sehr schnell ist, funktioniert er in der Praxis recht zuverlässig, und Sie können ihn beruhigt als Standardeinstellung verwenden.

Daher hat Nikon ihn auch als Grundeinstellung vorgesehen, und er ist sowohl in den Belichtungsarten P, S, A und M als auch in allen Motivprogrammen verfügbar bzw. voreingestellt.

300 mm | f/7,1 | 1/500 s | ISO 100

▲ *Wenn sich ein Kaiman, der sich im prallen Sonnenschein richtig aufgeheizt hat plötzlich bewegt, geschieht das meist sehr schnell. Die Umschaltung des AF-A auf AF-C kann da kaum rechtzeitig reagieren. Also besser gleich im Modus AF-C mit Schärfepriorität auf die Pirsch gehen.*

In der reinen Fotografie sich schnell bewegender Motive, z. B. in der Sportfotografie, ist es allerdings sinnvoller, direkt den Modus AF-C mit einer Auslösepriorität zu verwenden.

Mit fortschreitender Erfahrung in der DSLR-Fotografie werden Sie solche Entscheidungen indessen nicht mehr der Kameraautomatik überlassen wollen, sondern selbst über die Fokussteuerung entscheiden – und die Kamera bietet Ihnen diese Wahlmöglichkeit auch an.

Die D-Funktion in Kombination mit dem Autofokus

Alle aktuellen AF-S-, die AF-G- und die AF-D-Objektive von Nikon sowie nahezu alle derzeit verkauften Nikon-kompatiblen AF-Objektive von Tamron, Sigma, Tokina und Soligor unterstützen die D-Funktion. Sie übermittelt die Distanz zum fokussierten Objekt an die Kamera.

Ursprünglich wurde diese Information nur verwertet, um die Blitzausleuchtung besser steuern zu können. Dann wurde sie zusätzlich genommen, um bei der 3D-Matrixmessung eine verbesserte Belichtung zu erreichen. Nunmehr wird sie genutzt, um dem Autofokus eine zusätzliche Steuerungsmöglichkeit zu geben.

Zuvor wusste die AF-Elektronik nicht, in welcher Entfernung sich das Objekt befand. Wenn der Autofokus aber im Modus AF-C und/oder bei dynamischer Feldsteuerung ein sich bewegendes Objekt verfolgen sollte, konnte er nur immer wieder die Phasen vergleichen und die Schärfe nachführen.

Es gab keine Informationen darüber, ob sich das Objekt auf ihn zu oder von ihm weg bewegte oder auch nur seitwärts. Erst mit der Distanzübertragung wurde die prädiktive Schärfenachführung möglich, die die Zeitverzögerung zwischen der Auslösung und der Weiterbewegung eines Motivs vorherberechnet.

In Kombination mit der Distanzfunktion kann die AF-Elektronik mit der zweiten Schärfeänderung die Bewegungsrichtung feststellen und anhand eines dreidimensionalen Modells entsprechend genauer prädiktiv scharf stellen.

Manuelle Fokussierung

Und zu guter Letzt gibt es fotografische Situationen, die der Autofokus nur schwer oder gar nicht bewältigt, z. B. einen Sternenhimmel, ein Feuerwerk oder strukturarme Motive. In der Makrofotografie ist das manuelle Fokussieren weitverbreitet, um ein genaues Einstellen der gewünschten Schärfe in bestimmten Bildanteilen zu gewährleisten. Die kurze Distanz zum Motiv und die oft sehr geringe Schärfentiefe machen das notwendig.

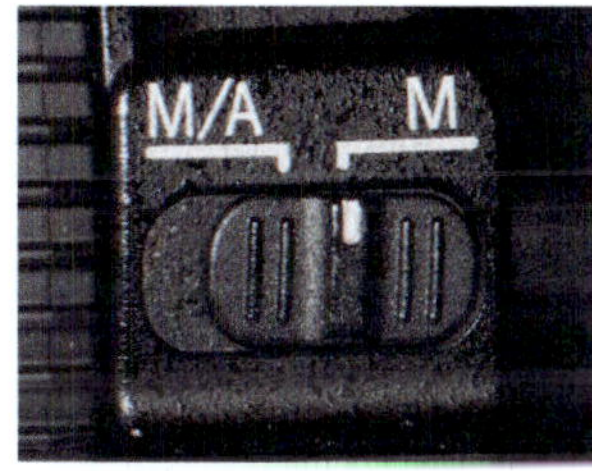

Sie müssen die meisten Objektiven mit einem kleinen Schalter auf den manuellen Betrieb umstellen. Er ist mit A und M für automatisch und manuell beschriftet, manchmal auch mit M/A und M wenn das Objektiv im automatischen Modus den zusätzlichen manuellen Eingriff erlaubt. Alternativ können Sie die manuelle Fokussierung im Info-Menü über die Taste ⓘ erreichen *Fokusmodus/MF*.

Die Fokussierhilfe im Sucher

Bei der manuellen Fokussierung können Sie sich im Menü *System/Fokusskala* eine Fokussierhilfe einblenden lassen. An der Stelle, an der sonst die Lichtwaage eingeblendet wird, erscheint dann ein Pfeil, der die Richtung und die Stärke des einzustellenden Weges am Fokusrings des Objektivs angeben soll. Die Funktion ist in der Praxis aber eher ungenau und bringt gegenüber dem Fokuspunkt und der optischen Kontrolle keinen nennenswerten Komfortgewinn. Im rein manuellem Modus steht er gar nicht zur Verfügung, da dann die Lichtwaage immer eingeblendet ist.

Nutzen Sie den Fokusbegrenzer

Viele Teleobjektive bieten einen Fokusbegrenzer. Damit können Sie vor allem in schwierigen Lichtsituationen die Distanzen begrenzen, die der Autofokus abfahren muss. So erfolgt die Scharfstellung deutlich schneller.

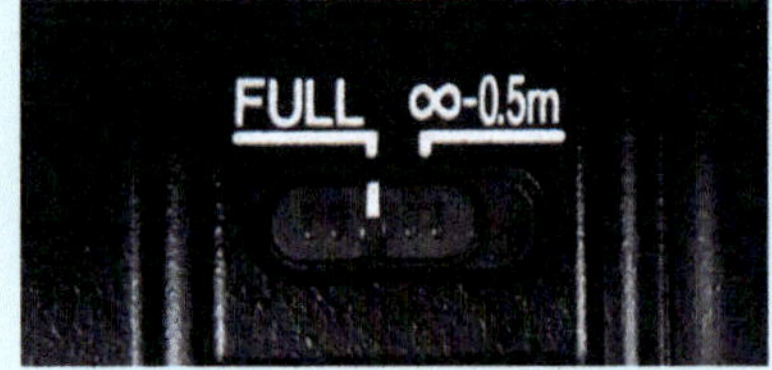

Jedes Objektiv hat einen gewissen Mindestabstand zum Motiv, den man in den detaillierten technischen Daten zum Objektiv findet. Diese Angabe bezieht sich immer auf die Sensorebene bzw. die kleine Markierung auf der Kameraoberseite!

Viele – vor allem die älteren und die hochwertigeren – Objektive haben eine Skala mit der Motiventfernung, sodass Sie diese auch ablesen können. Leider gibt es eine Reihe preisgünstiger Objektive neuerer Bauart, die keine Skala mehr besitzen.

Dort können Sie die Mindestentfernung nur in den technischen Daten nachlesen, und auch den fokussierten Wert erfahren Sie nicht.

Einige Zoomobjektive tragen die Bezeichnung Makro, weil sie eine verringerte Mindestentfernung anbieten und so auch kleine Motive größer darstellen können. Wenn die Mindestentfernung zu groß für die gewünschte Darstellung ist, kann dieser Makromodus helfen. Doch dann kann das Objektiv nicht mehr auf große Entfernungen bis zum Unendlichen fokussieren, in einem solchen Fall zeigt Ihnen die D3300 im Sucher das Pfeilsymbol nach rechts.

Tatsächliche Größe der AF-Messfelder ins Kalkül ziehen

Die Markierungen in Ihrem Sucher entsprechen nicht genau der Größe der AF-Sensoren. Das wird schon daran deutlich, dass ja die seitlichen Felder Liniensensoren sind und das Mittlere ein Kreuzsensor ist. Aber alle sind gleich markiert. In der Praxis können Sie die tatsächliche Messzelle als etwas größer annehmen, als es die Markierung zeigt.

Das richtige AF-Messfeld auswählen und nutzen

Der AF-Sensor Ihrer D3300 überdeckt nicht die gesamte Bildfläche, bietet Ihnen aber volle elf Autofokusmessfelder oder eine Auswahl aus diesen. Das jeweils aktive Feld wird im Sucher rot beleuchtet. Nikon verwendet auch den Begriff Fokuspunkt dafür.

In der AF-Einzelfeldsteuerung wählen Sie das gewünschte AF-Feld mit dem Multifunktionswähler aus.

AF-Modi und Messfeldsteuerung

Im AF-Modus AF-S steht Ihnen nur die Einzelfeldsteuerung oder die automatische Messfeldsteuerung zur Verfügung und beim manuellen Fokussieren ausschließlich die Einzelfeldsteuerung. Die volle Dynamik der Messfeldsteuerung können Sie im Modus AF-C bzw. AF-A nutzen.

Bei der automatischen Messfeldsteuerung wählt die D3300 selbst eines oder mehrere AF-Messfelder aus, die auf einem Motivteil liegen, der die geringste Distanz zu Ihnen aufweist.

Testen der automatischen Messfeldsteuerung

Schalten Sie Ihre D3300 auf AF-C oder AF-A und aktivieren Sie die automatische Messfeldsteuerung. Richten Sie dann Ihre D3300 auf eine Szenerie aus und drücken Sie den Auslöser bis zur ersten Stufe. Die Kamera zeigt Ihnen an, auf welche Felder sie scharf stellt. Nun schwenken Sie die Kamera. Sie werden feststellen, dass die Kamera andere Felder auswählt und darauf scharf stellt.

Motivsituationen für die automatische Messfeldsteuerung

Die automatische Messfeldsteuerung lässt Ihre D3300 das Motiv automatisch erkennen und selbstständig das entsprechende Fokusmessfeld auswählen. Bei der automatischen Messfeldsteuerung sind alle elf Felder und auch die 3D-Tracking-Funktion aktiviert.

Die Automatik ist eine gute Wahl für die Jagd nach dem flotten Schnappschuss. Engagierte Fotografen werden sicherlich der dynamischen Messfeldsteuerung oder der Einzelfeldsteuerung bei bewegten Motiven und nur der Einzelfeldsteuerung bei statischen Motiven den Vorzug geben.

Die Automatik findet auch ihre Grenzen, wenn sich das Motiv nur sehr schwach in Farbe und Kontrast vom Hintergrund absetzt. In schwachen Kontrastsituationen sind Sie ohnehin zumeist mit der Einzelfeldsteuerung und gegebenenfalls der AF-Speicherung besser gerüstet.

In einer Menschenmenge oder einer anderen stark bevölkerten Szenerie kann die Automatik den Fotografen auch überraschen, denn sie hat die Angewohnheit, schnell einmal das Motiv zu wechseln.

Objekte im Flug fotografieren

Es ist nicht ganz anspruchslos, ein Objekt im Flug erwischen zu wollen. Zunächst müssen Sie sich im Klaren darüber sein, ob Sie z. B. das Flugzeug als dunkle Silhouette gegen den hellen Himmel ablichten oder ihn selbst richtig belichten wollen. Die Silhouette bekommen Sie mit der Matrixmessung …

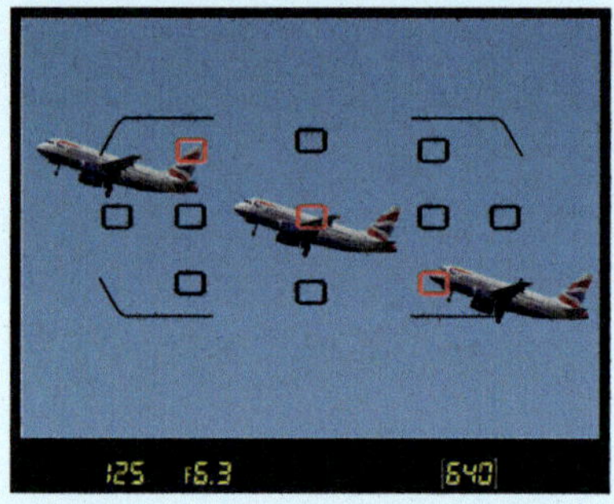

... die Belichtung auf das Flugzeug mit der Spotmessung, die ja dem AF-Messfeld folgt.

Zeigt sich nur ein Objekt am Himmel, ist die automatische Messfeldsteuerung eine gute Wahl. Sie wird das Flugzeug erfassen und, wenn es sich durch das Bildfeld bewegt, auch von AF-Messfeld zu AF-Messfeld verfolgen. Ist es eher bunt und hebt er sich in der Helligkeit und auch farblich gut gegen den Hintergrund ab, kann es die 3D-Tracking-Funktion noch etwas besser.

Hat Ihr Objektiv einen Fokusbegrenzer, nutzen Sie diesen, um die Fokussierwege des Objektivs zu begrenzen und so Zeit zu gewinnen.

Für solche Situationen eignet sich die automatische Messfeldsteuerung definitiv nicht. Nutzen Sie hier die dynamische Messfeldsteuerung oder die Einzelfeldsteuerung und bleiben Sie durch Verschwenken der Kamera auf dem Ziel.

Die Kamera hilft mit der dynamischen Messfeldsteuerung

Wählen Sie das Fokusmessfeld manuell mit dem Multifunktionswähler aus, das über dem Motivteil liegt, auf das Sie scharf stellen wollen. Die prädiktive Schärfenachführung kümmert sich um die Distanzänderung, während sich die dynamische Messfeldsteuerung um laterale Bewegungen kümmert.

Wenn sich Ihr Motiv kurzzeitig zu einer Seite aus dem Bereich herausbewegt, den das Fokusmessfeld überdeckt, prüft die D3300, ob nun ein benachbartes AF-Messfeld das Ziel übernehmen kann, und übergibt es gegebenenfalls an dieses. Dabei werden zunächst einmal benachbarte Felder abgefragt.

Diese Feldeinteilungen haben eine unterschiedliche Abdeckung der Bildfläche, die Sie in Ihre Auswahl mit einbeziehen sollten. Grundsätzlich gilt aber: Je geringer die Anzahl der Messfelder ist, desto schneller kann die D3300 diese Prüfung abwickeln.

Wenn Sie aber einen einzelnen Spieler aus einer Mannschaft anvisieren wollen, kommt die automatische Messfeldsteuerung schnell an ihre Grenzen. Sie springt dann einfach von einem Spieler zu seinem Mannschaftskameraden, denn diese sehen sich durch die Trikots recht ähnlich. Dann können Sie versuchen, mit 3D-Tracking etwas bessere Ergebnisse zu erzielen, oder Sie übernehmen mit der Einzelfeldsteuerung besser gleich selbst die Kontrolle.

3D-Tracking

Der Autofokus der D3300 erhält im AF-C/AF-A-Modus Informationen des Belichtungsmessers, das ihm auch Farbinformationen liefert. Beim 3D-Tracking analysiert der Autofokus während des Fokussierens von Messfeld zu Messfeld alle Farb- und Helligkeitsinformationen.

Da die Pixel des Belichtungsmessers über die Bildfläche verteilt sind, können dessen RGB-Informationen mit den Daten der AF-Messfelder korrelieren. Fokussiert die Kamera auf ein Motiv, das sich farblich gut abhebt, wird sie diese Farbprägnanz auch über den Belichtungsmesser verfolgen können. Das präzisiert den Autofokus. Wenn das Motiv sich nur über den Kontrast, aber nicht über die Farbe abhebt, hat diese Funktion kaum Wirkung.

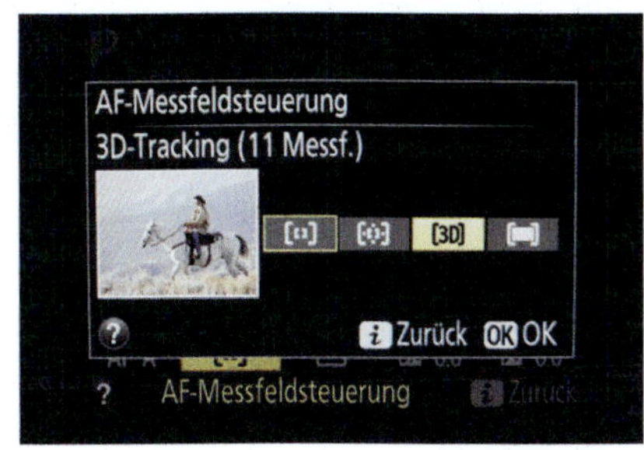

Grenzen des 3D-Trackings

Das 3D-Tracking verbessert die Verfolgung von Objekten, weil sie ja nun auch nach Farben unterschieden werden. Aber das hat seine Grenzen, sobald gleichartige Farbkombinationen auftreten.

Wenn Sie versuchen, einen einzelnen Spieler einer ganzen Mannschaft zu verfolgen, lässt sich das 3D-Tracking durchaus täuschen, denn die Trikots sind ja gleich. Es springt durchaus auch schon mal auf einen anderen Spieler, bleibt aber im selben Team.

Das 3D-Tracking erhöht die AF-Leistung bei gutem Farbkontrast und zeigt keine Wirkung bei sehr farbarmen Szenen, also z. B. bei Nachtaufnahmen.

In der People-Fotografie kann die 3D-Tracking-Funktion sinnvoll sein, denn zumeist heben sich die Hauttöne der Menschen gut von der Umgebung ab.

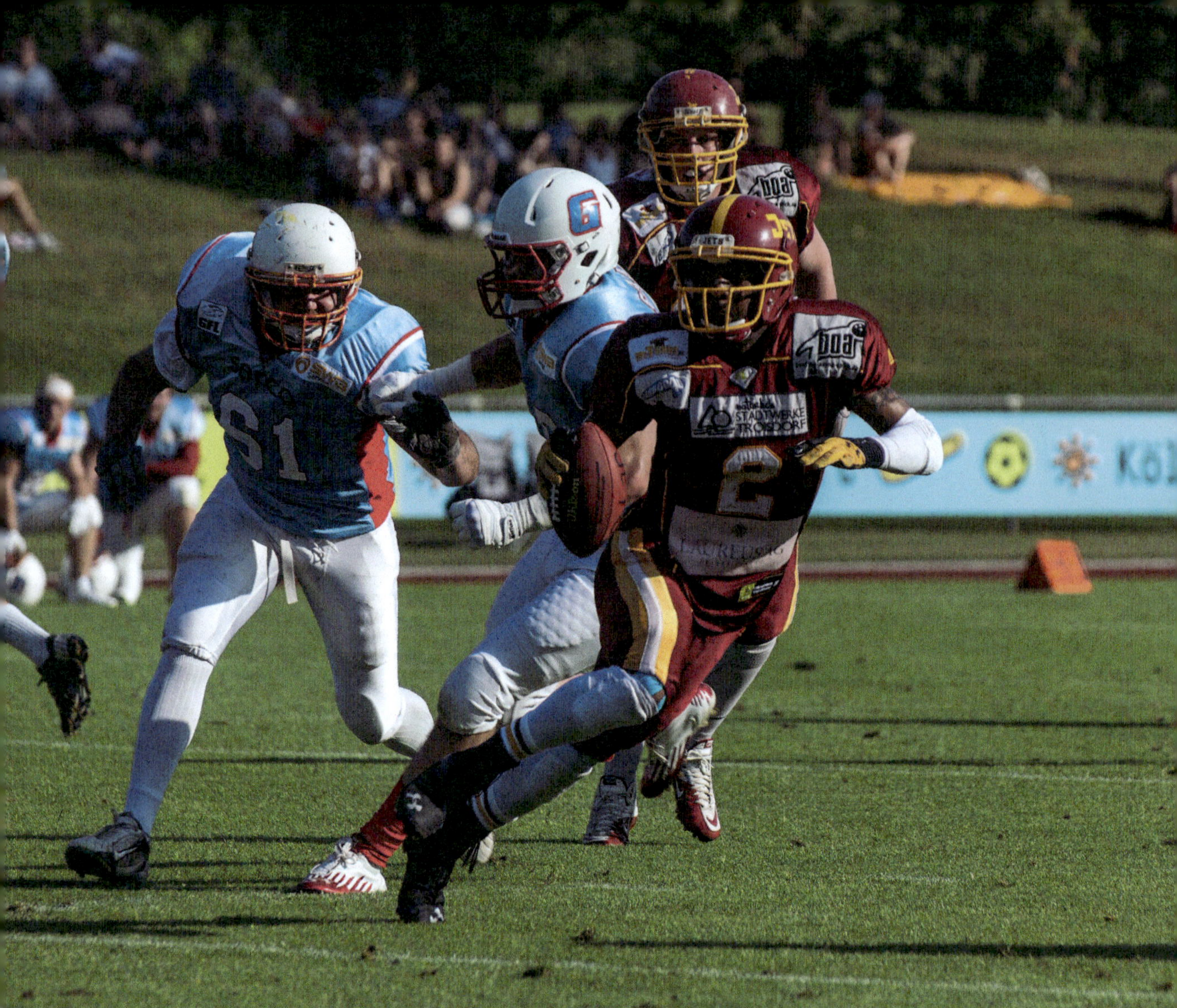

32 mm | f/8,0 | 1/630 s | ISO 200

▲ *Wenn Sie Sportler in bunten Trikots fotografieren, arbeitet das 3D-Tracking aufgrund der Farbkontraste eigentlich sehr gut. Nur wenn es Spieler eines Teams sind, kommt die Funktion an ihre Grenzen, wenn die individuellen Merkmale nicht sehr deutlich werden, z. B. durch die Gesichter.*

Einzelfeldsteuerung für eine bessere Kontrolle

Bei der Einzelfeldsteuerung wird das Fokusmessfeld mit dem Multifunktionswähler ausgewählt. Die Kamera fokussiert dann nur auf das Motiv, über dem sich die Markierung für das ausgewählte AF-Messfeld befindet.

Die meisten erfahrenen Fotografen nutzen, um die Kontrolle zu behalten, in der Regel die Einzelfeldsteuerung – bei schnellen Motiven nur mit dem mittleren oder den mittleren Feldern und bei statischen Motiven mit allen Feldern.

Die automatische Messfeldsteuerung navigiert zielsicher den Baum im Vordergrund an. Um aber eine durchgehende Schärfentiefe zu erhalten, ist es sinnvoller, einen Punkt im Mittelgrund statt im Vordergrund anzuvisieren.

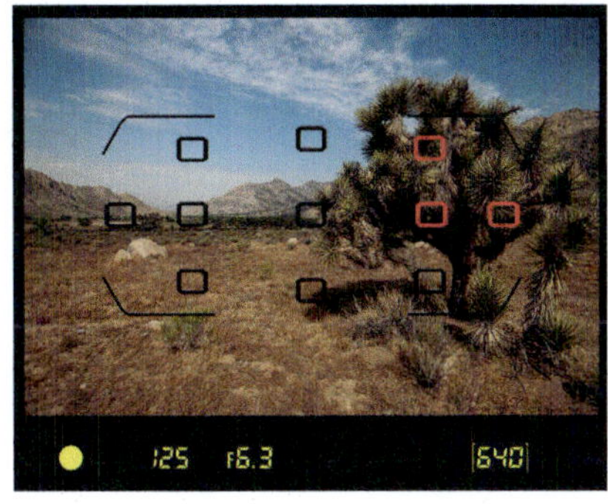

Statische Motive scharf stellen

Wenn Sie eine klassische Komposition aus Vordergrundobjekt, Mittel- und Hintergrund anstreben, ist die dynamische oder automatische Messfeldsteuerung keine gute Wahl. Sie sucht sich Punkte in der Motivszenerie heraus, auf die sie scharf stellt.

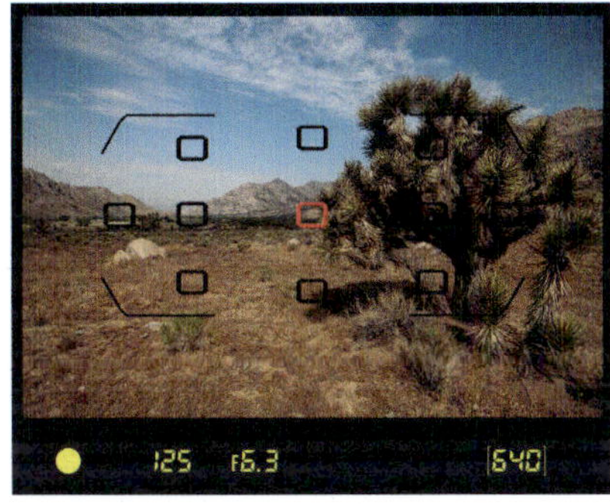

Insbesondere bei statischen Motiven mit klassischer Aufteilung ist die bewusste Wahl des Fokuspunkts aber ein wichtiger Gestaltungsfaktor. Daher ist es hier die bessere Wahl, die Messfeldsteuerung selbst zu übernehmen. Stellen Sie über das Menü die Messfeldsteuerung auf Einzelfeldsteuerung.

Die Einzelfeldsteuerung ermöglicht Ihnen, ein Feld genau auf derjenigen Stelle zu positionieren, die für die Schärfe Ihrer Bildkomposition maßgebend ist.

Nun können Sie dasjenige AF-Feld ansteuern, das auf dem Motivteil liegt, auf den Sie die Schärfe legen wollen.

Mit dem Multifunktionswähler wählen Sie bei der Einzelfeldsteuerung das AF-Messfeld an. Das funktioniert nur, solange der Autofokus nach dem Drücken des Auslösers aktiv ist.

3D-Tracking liefert etwas zuverlässigere Resultate als die Gesichtserkennung, was allgemein daran liegt, dass der Phasen-AF leistungsstärker ist und in Verbindung mit dem Belichtungsmesser über mehr Informationen verfügt.

Daher sollten Sie im Zweifel immer dem Sucher den Vorrang vor dem Live-View-Modus geben. Sie haben damit fast immer die höhere AF-Trefferquote.

Autofokus und Belichtungsmessung trennen

Wenn Sie an der D3300 die Autofokusbetriebsart AF-S nutzen, fokussiert die Kamera und verriegelt danach den Autofokus. Die Kamera hat die Entfernung in den AF-Messwertspeicher gepackt. Wenn Sie nun die Perspektive und damit die Entfernung zum Motiv ändern, wird Ihre D3300 die Schärfe nicht nachregeln. Das tut sie nur in den Autofokusbetriebsarten AF-C und AF-A, wenn der Autofokus eine Distanzänderung erkennt.

Sie können diesen Schärfewert speichern. Dazu müssen Sie im *System*-Menü die AE-L/AF-L-Speichertaste mit der Belegung *Fokus speichern* in eine reine AF-Speichertaste umprogrammieren. Nun speichern Sie mit dieser Taste den Fokuswert und messen die Belichtung neu.

So können Sie mit einem AF-Messfeld auf einem AF-Punkt die Schärfe ermitteln und dann die Kamera verschwenken, was ja durchaus eine neue Belichtungsmessung erfordern kann. Dann speichern Sie zunächst den ermittelten Fokuswert mit der zum Speichern des Fokus umprogrammierten AE-L/AF-L-Speichertaste, verschwenken bei gehaltener AE-L/AF-L-Speichertaste und lösen durch Loslassen und erneutes Drücken des Auslösers eine neue Belichtungsmessung aus. Anschließend drücken Sie die zweite Stufe des Auslösers durch und machen Ihr Bild.

5.5 Auch bei wenig Licht sicher scharf stellen

Das mittlere Kreuzfeld ist weitaus empfindlicher als das mittlere Feld der Vorgängerkameras. Daher sollten Sie bei schwachen Lichtverhältnissen nur das mittlere AF-Messfeld verwenden. Aber auch dieses Messfeld macht aus der D3300 kein Nachtsichtgerät. Wenn die Lichtverhältnisse schwächer werden und die Motive nur einen geringen Kontrast aufweisen, kommt der AF an seine Grenzen. Er fängt an zu jagen, also zwischen Nah- und Fernbereich nach Schärfe zu suchen.

Hilfsobjekte suchen

Suchen Sie innerhalb Ihrer Motivsituation helle Strukturen, die Ihr AF-Sensor nutzen kann. Stellen Sie Ihre Kamera auf manuelle Messfeldsteuerung ein und programmieren Sie über das *System*-Menü die AE-L/AF-L-Speichertaste mit der Belegung *Fokus speichern* so, dass sie nur die Belichtung speichert und Sie mit der ersten Stufe des Auslösers unabhängig fokussieren können.

Richten Sie Ihre Kamera auf die hellen Strukturen aus und speichern Sie mit der AE-L/AF-L-Speichertaste die Messwerte. Dann verschwenken Sie auf Ihren gewünschten Bildausschnitt und machen Ihr Bild mit den vorher an den Hilfsobjekten gemessenen Fokuswerten.

Immer eine gute Wahl, die manuelle Fokussierung

Im Zweifel müssen Sie manuell fokussieren. Dabei können Sie sich über eine Schärfekontrolle am Bildschirm oder über Testbilder an die optimale Fokussierung herantasten. Diese Methode taugt aber nicht für den nächtlichen Schnappschuss.

Ein anderer Weg ist es, das vorhandene Licht etwas aufzubessern. Die Kamera hat einige Hilfsmittel an Bord, um Ihnen in solchen Situationen zu helfen.

Mit dem AF-Hilfslicht den Fokus unterstützen

Im *Aufnahme*-Menü aktivieren (Vorgabe) oder deaktivieren Sie das integrierte AF-Hilfslicht ① für den AF-Modus AF-S. Es hilft bei schwachem Umgebungslicht als kleiner Scheinwerfer neben dem Auslöser.

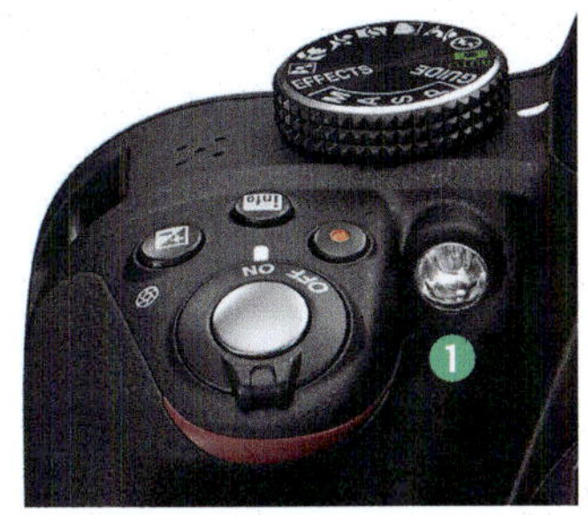

Achtung! Wenn Sie die Messfeldsteuerung auf *Einzelfeld*, *Dynamisch* oder *3D-Tracking* gestellt haben, leuchtet das AF-Hilfslicht nur auf, wenn Sie das mittlere AF-Messfeld aktiviert haben. Mit dem AF-C arbeitet das Hilfslicht hingegen nicht, ebenso nicht, wenn die Kamera über AF-A permanent fokussiert.

Das AF-Hilfslicht hat leider nur eine Reichweite von ca. 0,5 bis 3 m. Darüber wirkt es eher wie eine Störquelle. Eine Gegenlichtblende eines langen Objektivs kann das AF-Hilfslicht so abschatten, dass der AF nicht mehr korrekt arbeiten kann. Wenn Sie eine solche Abschattung wahrnehmen, entfernen Sie die Gegenlichtblende vom Objektiv.

Nutzen Sie das AF-Hilfslicht zu lange oder zu oft in kurzer Zeit, wird es überhitzen, und die Kamera deaktiviert es vorsorglich.

Blitzgeräte mit eigenem Hilfslicht

Die meisten hochwertigen externen Blitzgeräte wie die Nikon-Blitze SB-910, SB-900, SB-800, SB-700 oder SB-600 (nicht aber SB-400/SB-300) haben ein eigenes, erheblich leistungsfähigeres AF-Hilfslicht. Wenn Ihre D3300 ein solches kompatibles Blitzgerät erkennt, wird sie dieses anstelle des eingebauten AF-Hilfslichts einsetzen.

Damit bekommen Sie nicht nur mehr Reichweite für die Hilfslichtfunktion, sondern die höhere Position der Lichtquelle sorgt auch dafür, dass Objektiv und eventuell Filter keine Abschattungen mehr verursachen. Zudem senden die meisten AF-Hilfslichter in den Blitzen ein rotes Licht aus, das ein Streifen- oder Gittermuster erzeugt, an dem sich der Autofokus leichter orientieren kann. Diese Gittermuster ermöglichen es bisweilen sogar, auf völlig strukturlose Flächen zu fokussieren. Dieses Hilfslicht erhitzt den internen Blitz recht stark. Setzen Sie es daher mit etwas Bedacht ein und geben Sie ihm immer Zeit zum Abkühlen.

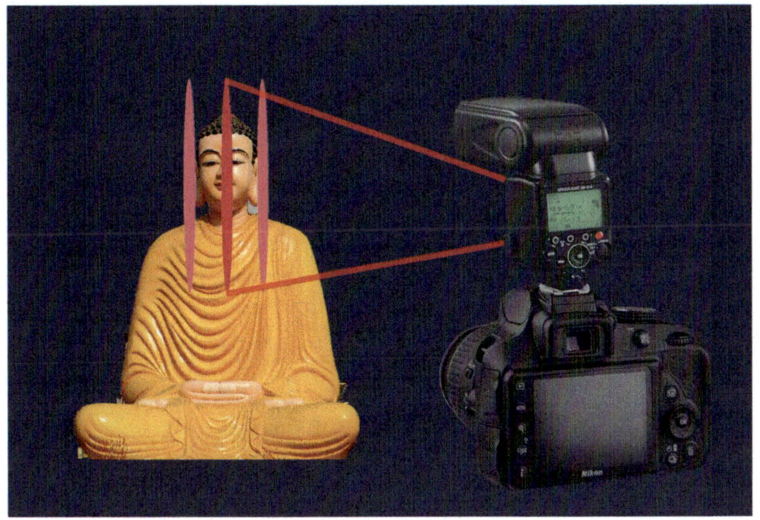

◀ *Externe Blitzgeräte, wie hier ein SB-910, haben ein eingebautes Hilfslicht, das ein rotes Streifenmuster auf das Motiv projiziert. Anhand dessen kann der Autofokus dann sehr gut scharf stellen. Wenn die Kamera bzw. der Blitz auslöst, wird dieses Hilfslicht abgeschaltet.*

Funktionseinschränkungen des Hilfslichts

Doch das Hilfslicht hat nur einen eingeschränkten Ausleuchtwinkel, und die Reflexionen können daher auch nicht von allen AF-Messfeldern wahrgenommen werden.

Zudem hat dieses Licht nur eine begrenzte Reichweite. Die älteren Blitzmodelle SB-800, SB-600 und das CLS-Steuergerät SU-800 können nur mit Objektiven bis 105 mm arbeiten, die neueren Blitzgeräte SB-910, SB-900 und SB-700 mit Objektiven bis 135 mm Brennweite.

Zusatzlichter als AF-Hilfe

Im Fachhandel werden kleine Taschenlampen als sogenannte Pilotlichter z. B. für die Unterwasserfotografie angeboten. Diese werden per Stativgewinde an der Kamera befestigt und können so den Fokussiervorgang unterstützen. Allerdings haben diese Lampen häufig eine eigene Lichtfarbe. Auch Videoleuchten bieten sich als Scharfstellhilfe an.

5.6 Der Live-View-Modus

Wenn Sie Verwackelungen vermeiden möchten, sollten Sie auch nicht im Live-View-Modus mit ausgestrecktem Arm fotografieren, denn dieser wirkt wie ein Hebel und verstärkt z. B. ein leichtes Zittern. Nutzen Sie daher insbesondere in lichtschwachen Situationen den ausgezeichneten optischen Sucher der D3300, bei dessen Verwendung das Verwackeln durch eine engere Körperhaltung minimiert wird. Der Live-View-Modus ist hingegen eine wunderbare Sache für die Überkopffotografie oder andere ungewöhnliche Motivsituationen, zumal der Kontrast-AF ja nicht der schnellste ist. Für die Videografie ist er unerlässlich, aber dort verwenden Sie sowieso besser ein Stativ.

LCD-Helligkeit anpassen

Sollte Ihnen die Standardhelligkeit des Displays nicht zusagen, können Sie im Menü unter ***System/Monitorhelligkeit*** die Helligkeit anpassen.

Wenn Sie den Live-View-Modus mit der Lv-Taste (Lv) einschalten, klappt die D3300 den Spiegel hoch und öffnet beide Verschlussvorhänge. Sie kann dann weder den Belichtungsmesser noch den Autofokussensor mit Licht versorgen.

Der Belichtungsmesser und der Phasendetektions-Autofokus der D3300 bekommen ihr Licht im Normalbetrieb über den Schwingspiegel und können daher im Live-View-Modus nicht wie gewohnt funktionieren.

Die richtige Arbeitsweise des Live-View-Autofokus wählen

Die D3300 kann im Live-View-Modus den „normalen" Autofokus mit der TTL-Phasendetektion nicht verwenden. Stattdessen steht nur ein Autofokus auf Basis einer Kontrast- und Farbanalyse des Sensorsignals zur Verfügung, der sogenannte Kontrast-AF.

Da diese Art der Fokussierung im Vergleich zur sonst genutzten Phasendetektion sehr langsam ist, sollen hier einige Anregungen gegeben werden, wie Sie auch im Live-View-Modus das Beste daraus machen.

Wenn Sie den Live-View-Modus einschalten, zeigt Ihnen das LCD ein Feld an. Das ist aber kein AF-Feld wie beim Phasenkontrast-AF, denn bei diesem existieren ja in Messfeldern angeordnete Pixel.

Vielmehr zeigt das Feld an, welche Bereiche des Sensorbilds für die Ermittlung der Schärfe herangezogen werden. Daher können Sie dieses Messfeld auch frei verschieben.

Einstellungen des Live-View-AF

Sie können die Einstellungen für den Live-View-AF mit der AF-Taste und den beiden Wahlrädern vornehmen.

AF-S, AF-F oder manuell fokussieren

Im Live-View-Modus kennt Ihre D3300 als AF-Betriebsart nur den AF-S in gewohnter Weise. Dadurch, dass Sie nur ein AF-Messfeld zur Verfügung haben, fallen allerdings alle Features der Mehrfeldsteuerung weg. Auch hier „verriegelt" der Autofokus, wenn einmal die Schärfe gefunden ist.

Wie beim Fotografieren mit dem Sucher ist der AF-S vor allem für statische Motive geeignet. Der Modus AF-F ist prinzipiell ähnlich wie AF-C, nur dass die Kamera schon scharf stellt, wenn Sie den Auslöser noch gar nicht gedrückt haben. Sie versucht stets, das AF-Feld scharf zu stellen. Erst wenn Sie den Auslöser bis zur ersten Stufe oder bis zur Auslösung drücken, wird der Fokus fixiert.

Sie können nicht, wie im AF-C, mit halb gedrücktem Auslöser auf dem Ziel bleiben, und die Kamera regelt weiter die

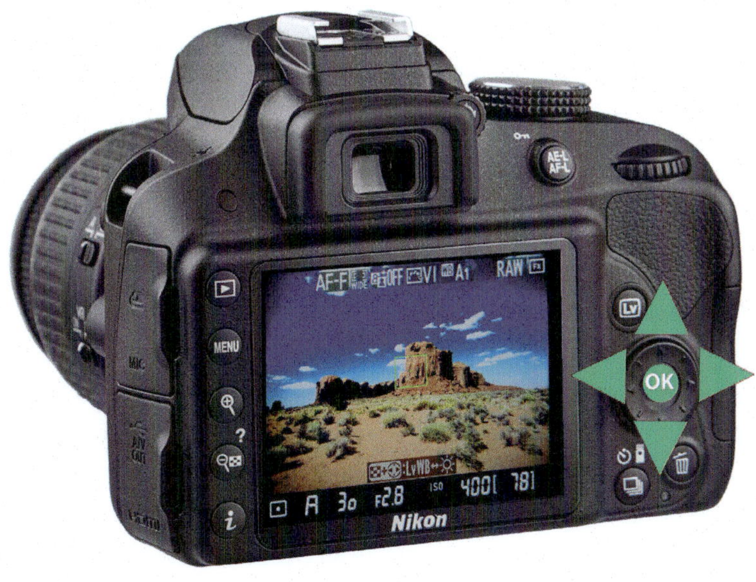

◄ *Die grüne AF-Markierung auf dem Display zeigt Ihnen an, dass die Kamera scharf gestellt hat. Mit dem Multifunktionswähler können Sie die AF-Markierung beliebig verschieben. Sobald die Kamera die Schärfe gefunden hat, wird das Feld grün.*

Schärfe nach. Deshalb hat Nikon hier auch die Bezeichnung AF-F für den permanenten AF gewählt.

Achtung, im Live-View-Modus erwärmt sich die Kamera!

Wenn Sie die D3300 über eine längere Zeit im Live-View-Modus betreiben, wird sie sich etwas erwärmen. Die D3300 überprüft selbst, ob diese Wärme grenzwertig ist, und schaltet gegebenenfalls die Live-View-Betriebsart wieder aus. Sie werden über eine Countdown-Anzeige 30 Sekunden vorher gewarnt.

Haben Sie die Schärfe durch den Auslöser auf der ersten Stufe fixiert und das Objekt bewegt sich weiter, müssen Sie mit Unschärfe rechnen. Zudem ist die Zeit, die die Kamera zum Scharfstellen braucht, sehr viel länger als die zum Fotografieren ohne Live-View. Daher ist die Live-View zum Fotografieren sich schnell bewegender Objekte nicht wirklich geeignet, die Ausschussrate ist exorbitant!

Verzichten müssen Sie zudem auf ausgefeilte AF-Funktionen wie die prädiktive Schärfenachführung.

Einstellen des AF-Felds im Live-View-Modus

Sie können die Art, wie das AF-Feld in der Live-View agiert, einstellen. Die D300s kannte noch die beiden Arbeitsweisen Stativ und Freihand/Weitwinkel. Diese sind im Prinzip weiter vorhanden und verbergen sich nun hinter den Bezeichnungen *Normal* und *Großes Messfeld.*

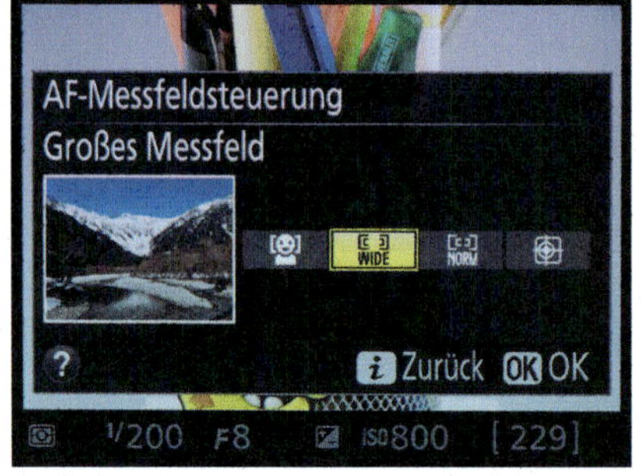

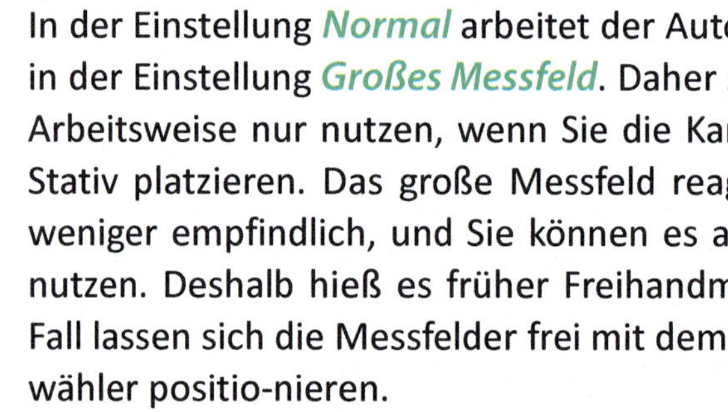

In der Einstellung *Normal* arbeitet der Autofokus feiner als in der Einstellung *Großes Messfeld*. Daher sollten Sie diese Arbeitsweise nur nutzen, wenn Sie die Kamera auf einem Stativ platzieren. Das große Messfeld reagiert wesentlich weniger empfindlich, und Sie können es auch ohne Stativ nutzen. Deshalb hieß es früher Freihandmodus. In jedem Fall lassen sich die Messfelder frei mit dem Multifunktionswähler positio-nieren.

Gesichtserkennung/Porträtmodus

Zusammen mit der Farberkennung durch die Informationen aus dem Belichtungsmesser kann die Kamera z. B. Mitteleuropäer sehr gut anhand der hellen Hauttöne im Bildfeld erkennen und auch vom Hintergrund unterscheiden. Daher hat Nikon dem Live-View-Modus den AF-Modus *Porträt-AF* mitgegeben. Wenn Sie den Auslöser bis zur ersten Stufe drücken, sucht die Kamera nach Gesichtern. Doch sie erkennt nur weiße Mitteleuropäer, die direkt in die Kamera schauen. Daher ist dieser Modus in der Praxis ohne rechten Nutzen. Nehmen Sie lieber das große Messfeld und positionieren Sie es von Hand auf dem Gesicht, das Sie porträtieren wollen.

Motivverfolgung

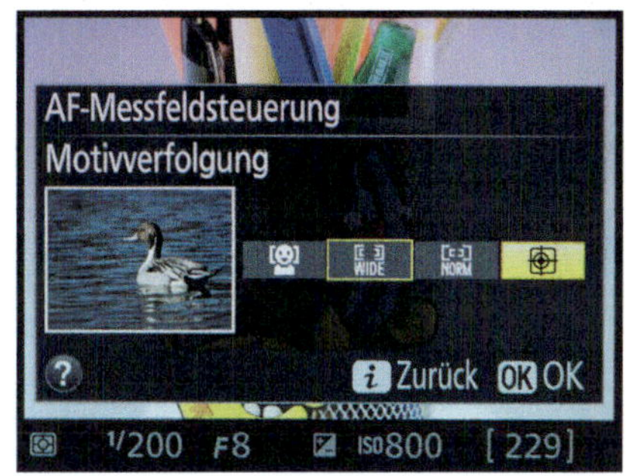

Sinnvoller einzusetzen ist da schon die Motivverfolgung. Sie platzieren das AF-Feld mit den kleinen Eckmarkierungen über dem Objekt oder der Person, das oder die Sie verfolgen wollen, und stellen durch Drücken des Auslösers bis zur ersten Stufe scharf.

Durch einen Druck auf die OK-Taste wird die Verfolgung ausgelöst. Das AF-Feld bleibt auf dem Objekt, bis Sie die Aufnahme auslösen. Allerdings müssen Sie auch hier die recht große Auslöseverzögerung ins Kalkül ziehen, die eine Verfolgung schneller Objekte als kaum sinnvoll erscheinen lässt.

Gesichtserkennung nur im Live-View-Modus

Auch die D3300 hat eine Gesichtserkennung, aber diese arbeitet nur im Live-View-Modus. Dabei wird nicht wie beim 3D-Tracking die Information aus dem Belichtungsmesser bezogen, stattdessen wird das Live-Bild des Sensors entsprechend ausgewertet.

Das Verfahren ist aber grundsätzlich ähnlich. Es liefert die Farbinformationen, die es möglich machen, Gesichter anhand der typischen Farben und Formen mit einiger Treffsicherheit zu identifizieren. Die D3300 fokussiert dann automatisch auf dieses Gesicht, weil sie davon ausgeht, dass Sie den Menschen in den Mittelpunkt stellen wollen. Angezeigt wird Ihnen das durch das aktive Autofokusmessfeld.

Doch die Funktion hat ihre Grenzen, denn Menschen haben sehr verschiedene Hautfarben. Am besten arbeitet die Funktion bei allen hellhäutigen Menschen, während sie bei sehr dunklen Gesichtern weitaus weniger zuverlässig ist.

120 mm | f/8,0 | 1/800 s | ISO 400 | -0,7 LW

▶ *Bei Aufnahmen wie dieser, kommen sowohl das 3D-Tracking als auch die Gesichtserkennung im Live-View-Modus an ihre Grenzen, da sich hier das Gesicht nicht stark vom Hintergrund abhebt.*

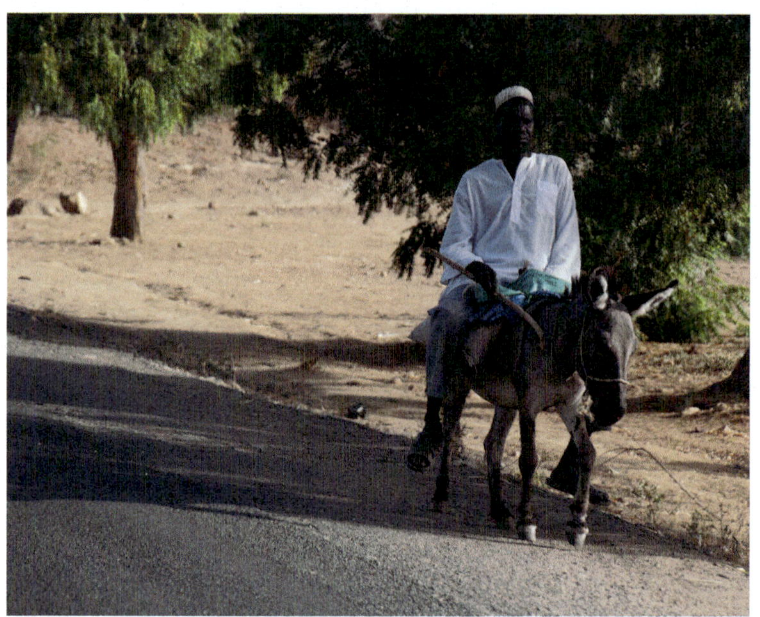

5.7 Typische Autofokusprobleme und Gegenmaßnahmen

Der Autofokus Ihrer D3300 arbeitet zumeist schnell und präzise, jedoch hat er situative Grenzen etwa durch Kontrastmangel (zum Beispiel bei Nebel), in Gegenlichtsituationen oder bei regelmäßigen Mustern im Motiv, die parallel zur Phasendetektion verlaufen. Doch diese Probleme lassen sich meistern.

Störende Muster

Der Autofokus der D3300 reagiert am besten auf Kontraste, die sich rechtwinklig zu seiner eigenen Struktur befinden. Er reagiert aber leicht verwirrt bei regelmäßigen Mustern, die seiner eigenen Struktur entsprechen. Wenn mehrere Maschen eines Zauns auf ein AF-Feld fallen, kann es passieren, dass der AF jagt. Verschieben Sie dann das AF-Feld auf eine andere Position.

Das Muster kann aber auch einfach nur im Weg sein. Ein Klassiker der störenden Objekte bzw. Muster sind die Zäune im Zoo. Der Autofokus wird sie als nächstliegendes Objekt erkennen und auf das Gitter scharf stellen. Dabei wollen Sie natürlich das Tier dahinter scharf ablichten. Wenn Sie die Entfernungen richtig wählen, können Sie die Zäune durchaus nahezu unsichtbar machen. Der folgende Trick funktioniert zwar nicht optimal mit einem der Motivprogramme, dafür aber mit der Zeitautomatik oder der manuellen Belichtungssteuerung. Und er funktioniert am besten, je länger die verwendete Brennweite ist.

Nehmen Sie die Gegenlichtblende von Ihrem Objektiv ab und führen Sie es möglichst nah an den Zaun heran. Am besten drücken Sie das Objektiv an den Zaun, auch wenn die Maschen kleiner sind als die Objektivöffnung. Durch dieses Vorgehen wird bei einer Telebrennweite der Zaun *aufgelöst*, denn der Autofokus nimmt den Zaun nicht mehr wahr.

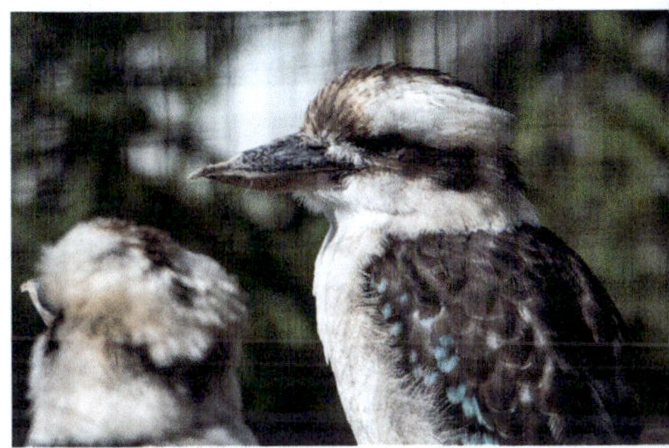

▲ *Mit der richtigen Methode zum Herausfokussieren sind die Gitter nur noch als leichtes Streifenmuster im Bild zu erkennen.*

Störende Objekte im Vordergrund auflösen

Wenn Sie den Autofokus mit der dynamischen Messfeldsteuerung oder mit der Option *Nächstes Objekt* betreiben, können vielerlei Objekte zu einer falschen Schärfezuordnung führen, und nicht immer kann die Schärfentiefe das ausgleichen. Sie sollten dabei aber unbedingt die Vorschriften des jeweiligen Zoos beachten und den Tieren nicht zu nahe kommen, denn das könnte unter Umständen gefährlich werden.

Sie sollten auf eine geringe Schärfentiefe durch die offene Blende achten, denn damit erreichen Sie eine noch bessere Auflösung der Gitterstrukturen. Wenn Sie nicht so nah an das Gitter herankommen, sollte die Entfernung vom Gitter zum Tier erheblich größer sein als die Entfernung zwischen der Kamera und dem Gitter. Wählen Sie die AF-S-Betriebsart und die Messfeldsteuerung *Einzelfeld*, um nicht der Kamera die Kontrolle zu überlassen.

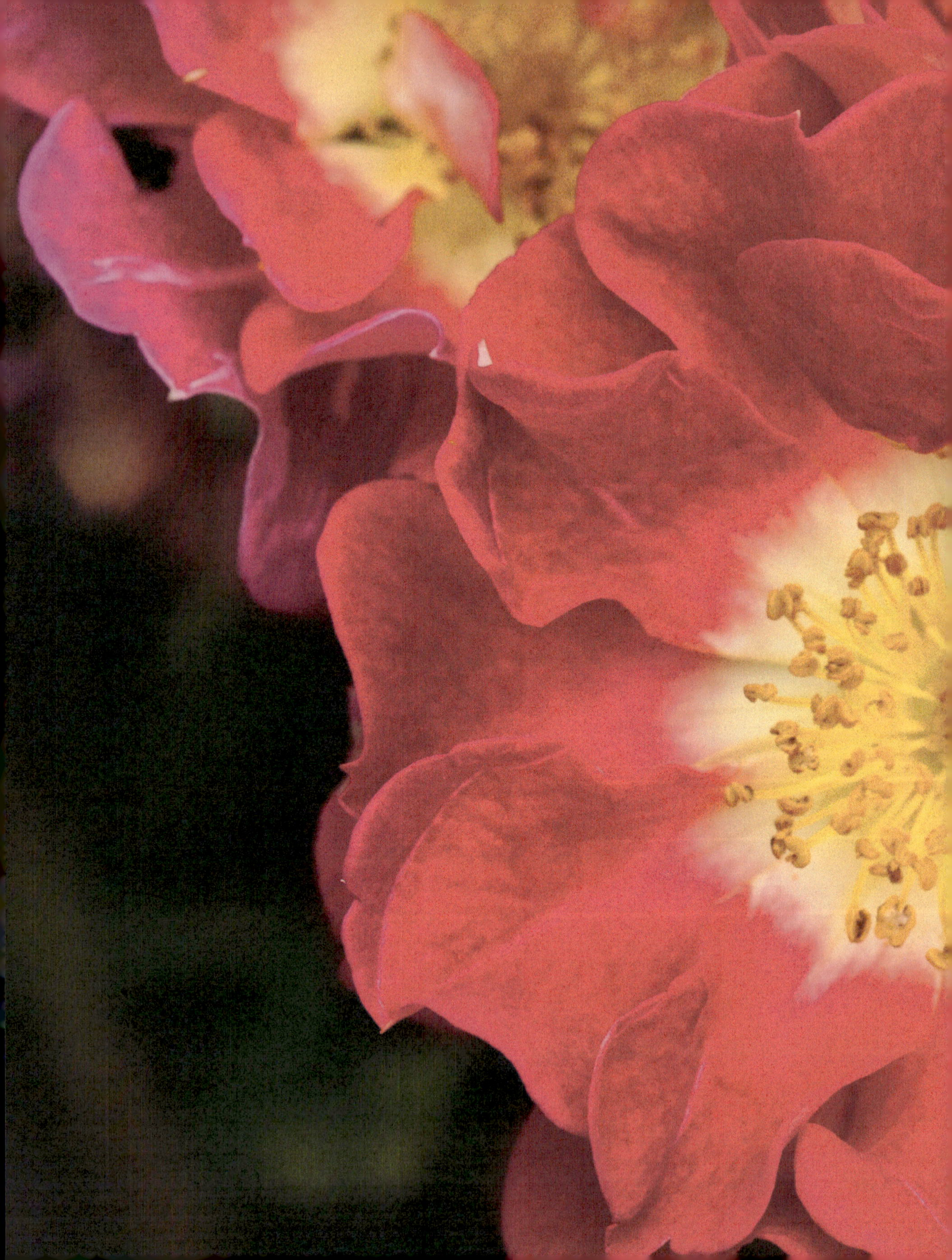

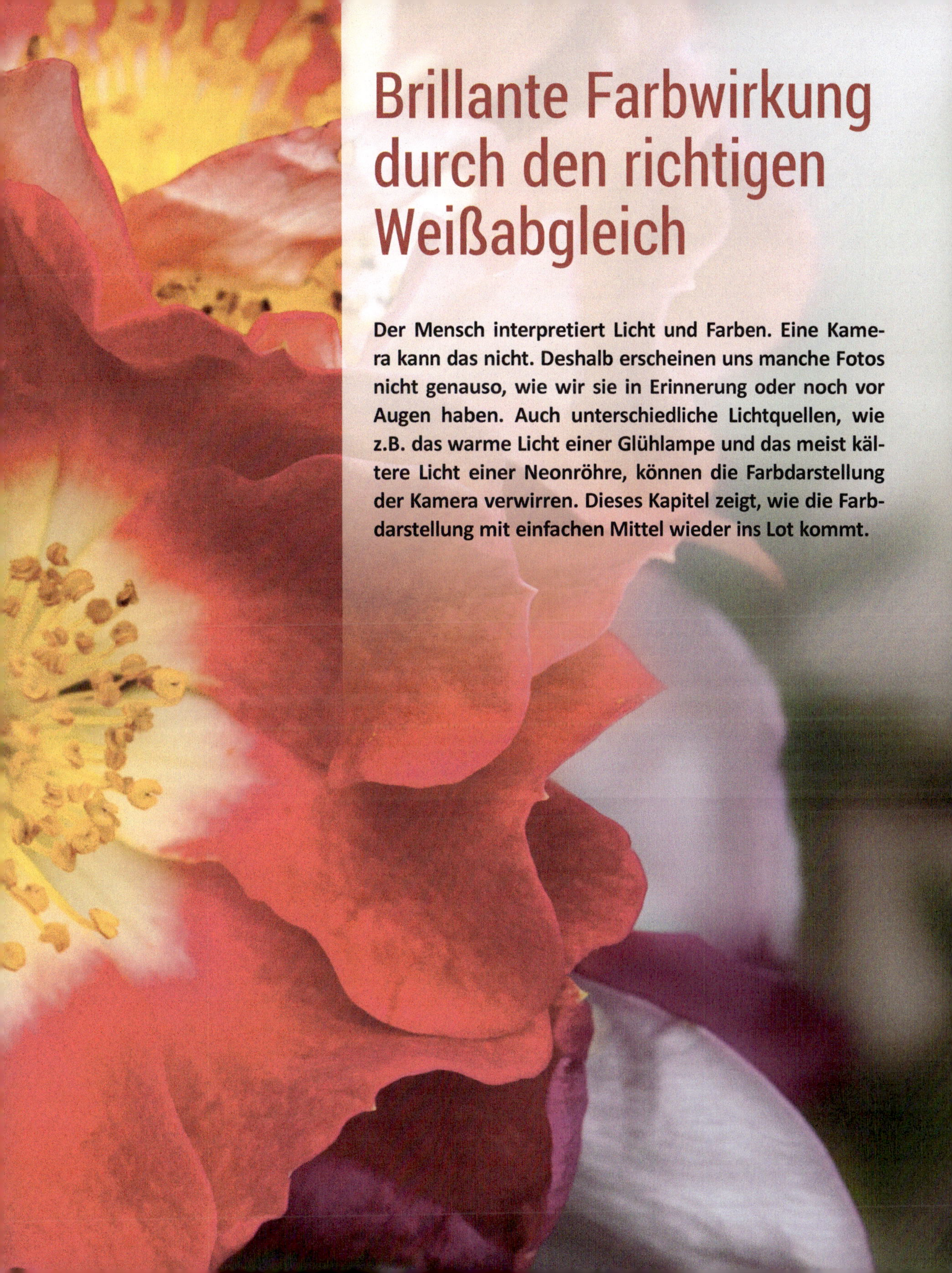

Brillante Farbwirkung durch den richtigen Weißabgleich

Der Mensch interpretiert Licht und Farben. Eine Kamera kann das nicht. Deshalb erscheinen uns manche Fotos nicht genauso, wie wir sie in Erinnerung oder noch vor Augen haben. Auch unterschiedliche Lichtquellen, wie z.B. das warme Licht einer Glühlampe und das meist kältere Licht einer Neonröhre, können die Farbdarstellung der Kamera verwirren. Dieses Kapitel zeigt, wie die Farbdarstellung mit einfachen Mittel wieder ins Lot kommt.

Ihre D3300 muss ständig versuchen, die Lichtsituation zu analysieren, um die Farbe Weiß im Bild zu erkennen und anhand dessen die Zuordnung der vom Sensor aufgenommenen Farben im fertigen Bild festzulegen.

Das klingt einfach und ist es auch, wenn Sie Bilder im hellen Tageslicht aufnehmen oder allein das Blitzlicht die Szene erleuchtet.

Dann nehmen Sie meistens gar nicht war, dass Ihre D3300 eine Automatik für den Weißabgleich nutzt. Doch wenn Sie Aufnahmen zum Beispiel in sehr buntem Licht oder durch getönte Scheiben machen, müssen Sie feststellen, dass Ihre Bilder einen Farbstich bekommen, den Sie bei der Aufnahme nicht gesehen haben. Genau dort enden die Fähigkeiten der Weißabgleichsautomatiken (WB = **W**hite **B**alance), und Sie müssen als Fotograf sinnvoll eingreifen.

24 mm | f/10 | 1/500 s | ISO 100
▼ *Landschaftsaufnahmen wie diese aus der Umgebung von Kitzbühel stellen den automatischen Weißabgleich vor keine echte Herausforderung. Sie können hier ruhig der WB-Automatik vertrauen.*

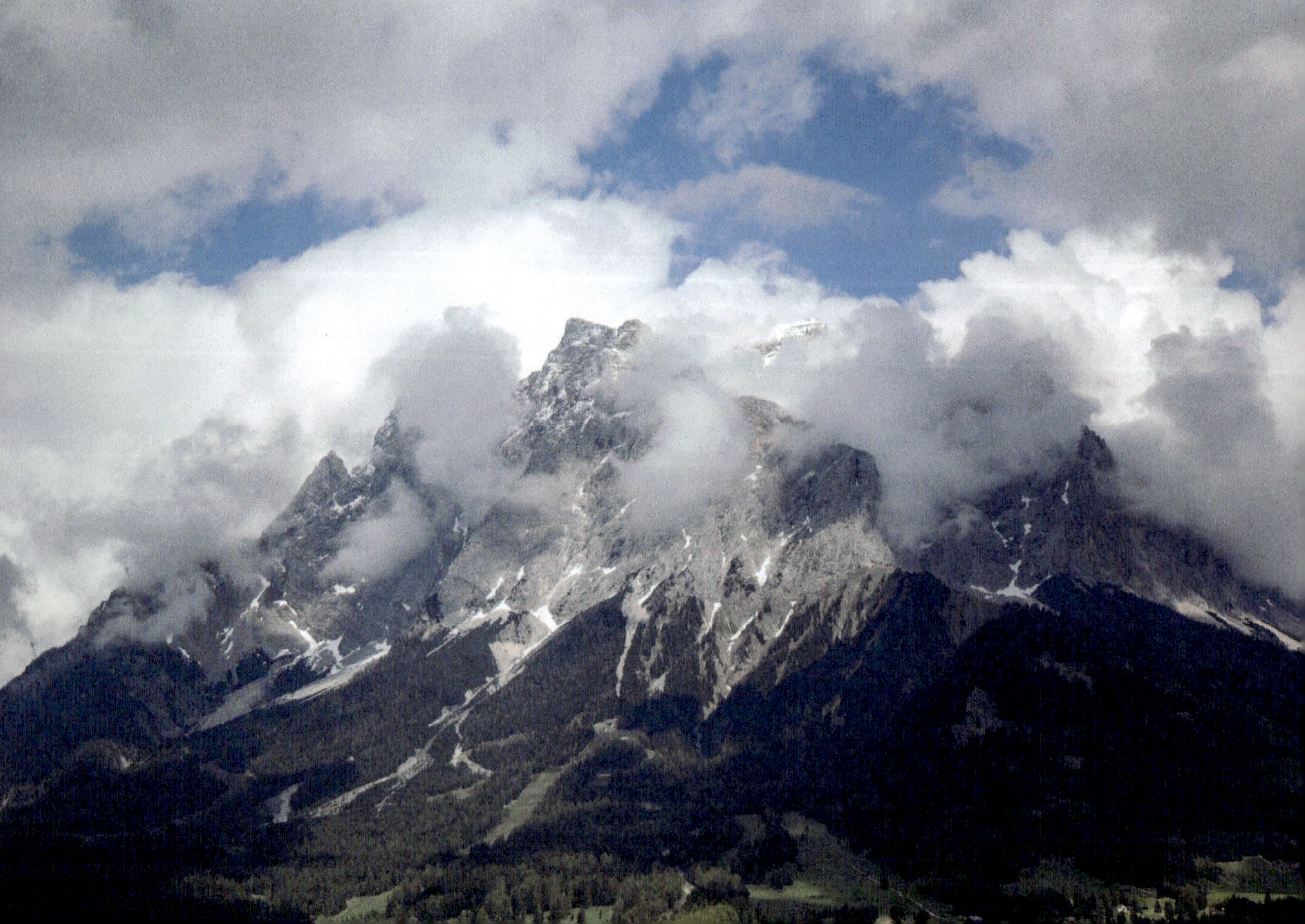

Kein fixierter Weißabgleich mit dem NEF-Format

Speichern Sie Ihre Bilder im NEF-Format, erhalten diese die Sensordaten und einen Wert für den Weißabgleich. Die Kamera hat diesen zwar für die Farbzuordnung verrechnet, aber nur für das Vorschaubild. Sie können also am Computer mit z. B. Nikon mit z. B. Nikon ViewNX 2 oder Capture NX 2 die Sensordaten mit einem anderen Farbtemperaturwert verarbeiten und so ungestraft mit dem Weißabgleich experimentieren.

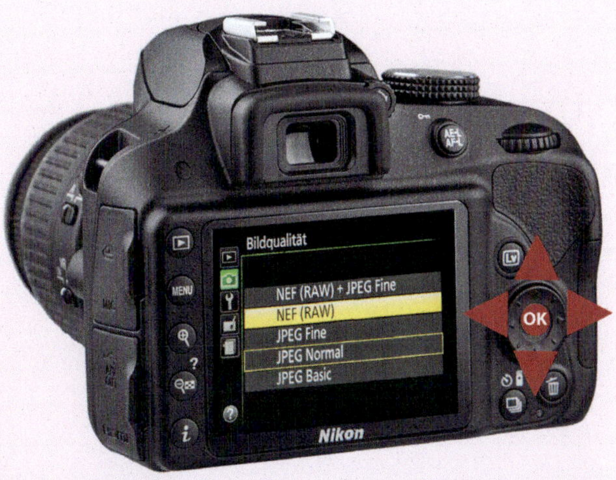

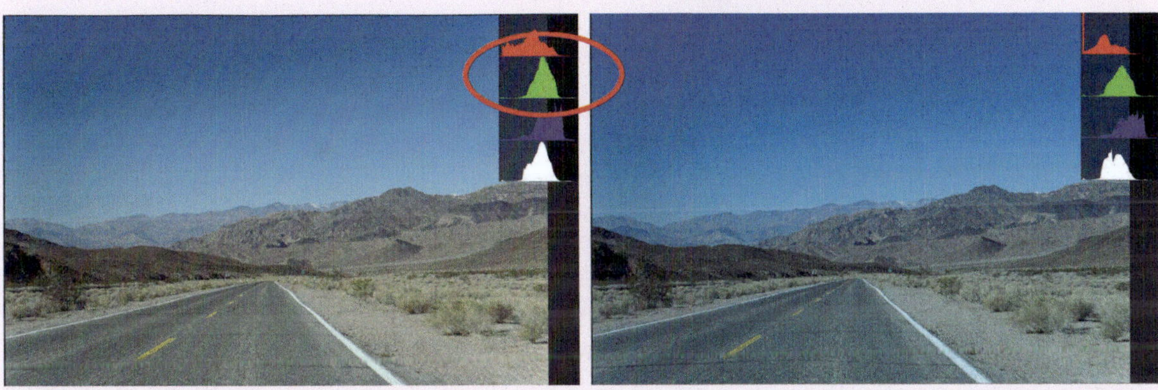

▲ *Ein Foto – durch die Windschutzscheibe aufgenommen – kann durch den Sonnenschutz im Glas schnell einen Farbstich bekommen.*

Die Belichtungsmessung hat bei der Aufnahme dafür gesorgt, dass der Sensor mit der richtigen Lichtmenge versorgt wurde. Bei den gemessenen Farben stellt sich allerdings die Frage nach der Herkunft, denn die sichtbaren Farben des Motivs stammen aus einer Reflexion des Umgebungslichts. Die Beleuchtung kann z. B. das Farbspektrum des aufgenommenen Bilds komplett verschieben.

Um solche Verschiebungen bei der Auswertung der Sensorinformation berücksichtigen zu können, benötigt die Kameraelektronik eine Referenz, um die gemessenen Farbinformationen richtig zuordnen zu können. Diese Referenz ist die Farbe Weiß.

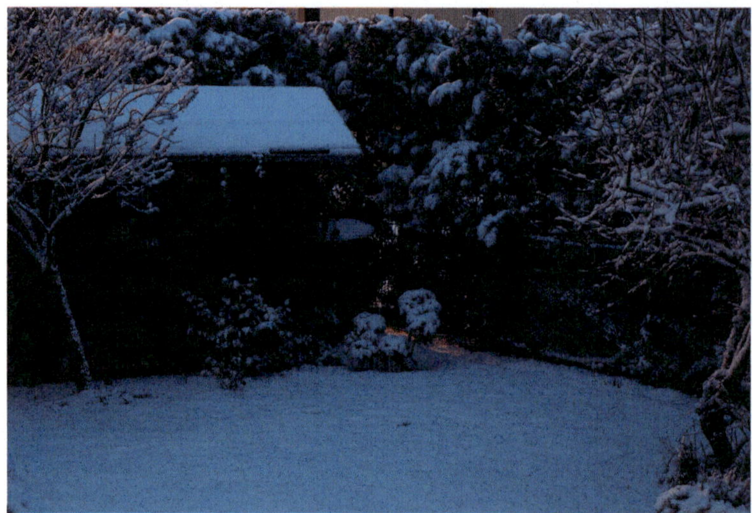

50 mm | f/10,0 | 1/10 s | ISO 600

▶ *Durch den gelben Schein einer nahen Straßenlaterne wurde der automatische Weißabgleich bei dieser abendlichen Szene komplett verwirrt.*

Erst wenn die D3300 weiß, welche der im Bild gemessenen Farben Weiß ist, kann sie die gesamten Messwerte des Sensors richtig zuordnen und ein farbrichtiges Bild erzeugen. Die Referenzfarbe Weiß legt dabei die Gewichtungsfaktoren für die einzelnen Farbkanäle fest. Das Problem der unterschiedlichen Lichtsituationen hatten schon die Analogfotografen, denn sie hatten beispielsweise das ständige Ärgernis der Farbstiche in Aufnahmen mit künstlicher Beleuchtung. Daher wurden früher spezielle Filme für unterschiedliche Beleuchtungssituationen angeboten.

Grenzen des automatischen Weißabgleichs

Die WB-Automatik der D3300 erbringt in weitaus mehr Situationen eine richtige Farbzuordnung als die ihrer Vorgängermodelle. Zumeist kann die Kamera eindeutige Lichtsituationen genauso gut erkennen wie der Fotograf. Darunter fallen vor allem Vorgabesituationen wie eindeutiges Licht aus Glühlampen oder Leuchtstoffröhren. Wenn Sie das interne Blitzgerät nutzen, wird dies ebenfalls in die WB-Verarbeitung einbezogen.

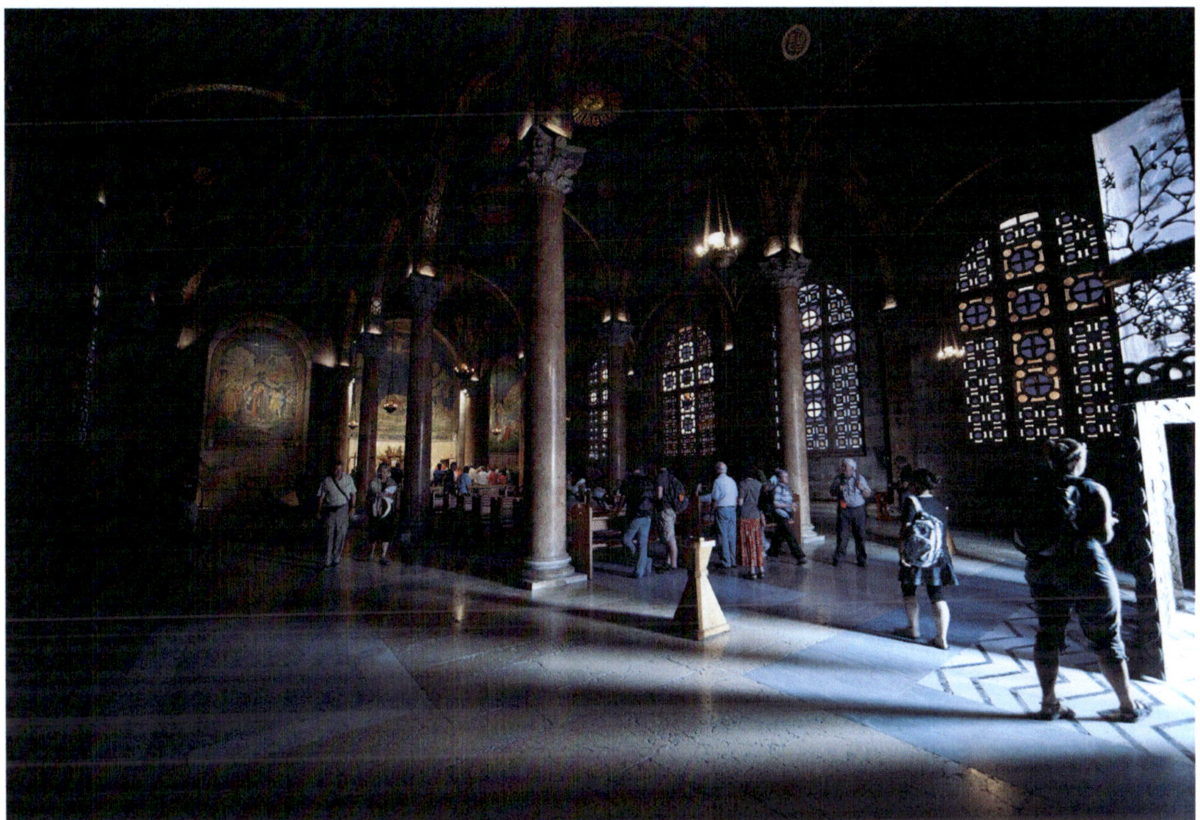

20 mm | f/8 | 1/40 s | ISO 400
▲ *Ein Foto aus dem Innenraum der Kirche im Garten Gethsemane in Jerusalem. Der Blaustich hat seine Ursache nicht in den farbigen Fenstern, sondern in der Farbmischung zwischen dem Sonnenlicht, das durch die Tür dringt, und dem Fensterlicht. Für die Kamera nahezu unkalkulierbar, da sich im Bild keine weißen Flächen finden.*

Solange die Lichtfarbe in einer Motivsituation recht homogen ist, leistet die Automatik gute Arbeit. Trotzdem sollten Sie, wenn Sie Leuchtstoffröhren oder Glühlampen als vorherrschende Lichtquelle erkennen, besser die entsprechenden Voreinstellungen (Presets) der Kamera nutzen.

Die Option für das Blitzlicht benötigen Sie nur, wenn die Kamera nicht erkennen kann, dass ein Blitzlicht zündet. Das ist der Fall, wenn der Blitz nur über das Sync-Signal ausgelöst wird, also z. B. bei Studioblitzen.

Beim i-TTL-Blitz sorgt die Kommunikation schon für eine entsprechende Anpassung des Weißabgleichs, solange das

Blitzlicht die Hauptlichtquelle darstellt. Schwierig wird der Weißabgleich, wenn die Lichtfarbe in der Motivsituation uneinheitlich wird:

- In einer sonnendurchfluteten Kirche mit bunten Fenstern sind die verschiedensten Lichtfarben im Innenraum vorhanden.
- In einem Raum mischt sich das Licht, das durch die Fenster einfällt, mit der künstlichen Beleuchtung innen.
- Blitzlicht entspricht in seiner Lichtfarbe der hellen Mittagssonne. Wenn Sie aber den Blitz zum Aufhellen unter Kunstlicht verwenden wollen, mischen sich die Lichtfarben in einem unbekannten Verhältnis.
- Im Dschungel, manchmal sogar im Wald, ist das Licht stark grünstichig, weil es zum großen Teil aus diffusen Reflexionen von den Blättern kommt.
- In einem Raum sind Lichtquellen mit deutlich unterschiedlichen Farbtemperaturen für die Beleuchtung verantwortlich (z. B. Glühlampen oder Kerzen in Kombination mit LED- oder Leuchtstoffröhren).

In diesen und anderen Mischlichtsituationen hilft nur noch der manuelle Weißabgleich mit Messwerten. In solchen Situationen empfiehlt sich also das RAW-Format für die Aufnahmen.

6.1 Erste Lösung: der WB mit Vorgaben

Einige Voreinstellungen erlauben es Ihnen, die D3300 mit wenig Aufwand an die aktuelle Situation anzupassen. Sie können diese Situationen leicht erkennen, die Kamera aber nicht. Diese Voreinstellungen repräsentieren konkrete Farbtemperaturen. Für Extremfälle stellt die D3300 auch einen manuellen Weißabgleich per Messwert bereit.

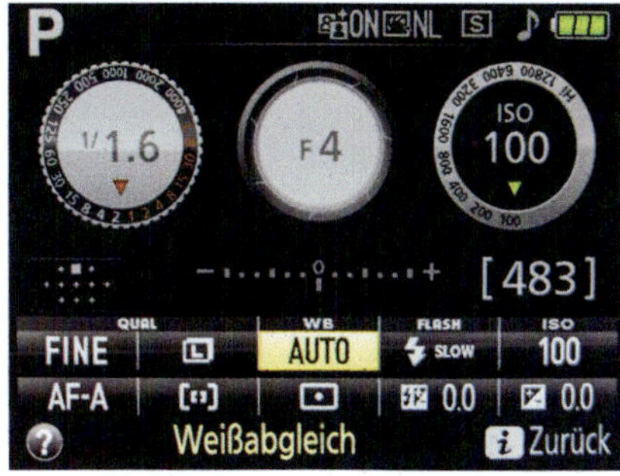

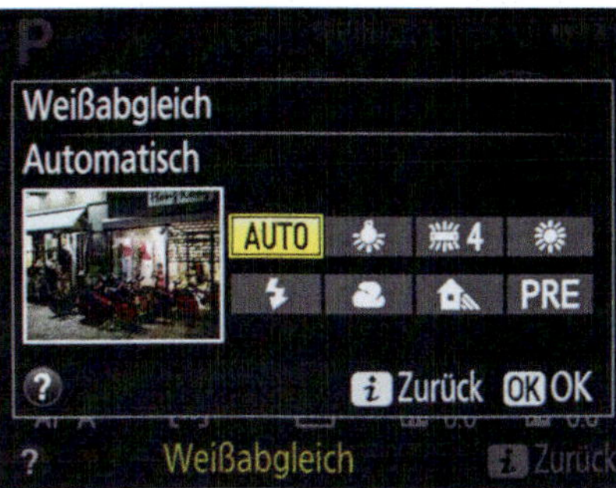

◀ *Über die Info-Taste und den Multifunktionswähler können Sie die Einstellungen für den Weißabgleich anpassen. Bitte vergessen Sie nicht, anschließend wieder auf AUTO zurückzustellen.*

Weißabgleichseinstellungen		
Einstellung	**Beschreibung**	**Farbtemperatur (in Kelvin)**
Automatisch	In dieser Einstellung ermittelt die D3300 automatisch die optimale Weißabgleichseinstellung. In den meisten Situationen (homogene Farbtemperatur) ist diese Einstellung sehr treffsicher.	3.500–8.000 K
Kunstlicht	Diese Einstellung führt einen Weißabgleich für Innenaufnahmen bei Glühlampenlicht durch.	3.000 K
Leuchtstofflampe	Wie Glühlampenlicht, jedoch speziell angepasst an die Lichtwirkung von Leuchtstoffröhren, wie Sie sie zum Beispiel in Hallen antreffen.	4.200 K
Direktes Sonnenlicht	Helle Mittagssonne.	5.200 K
Blitzlicht	Das Blitzlicht ist dem Sonnenlicht recht ähnlich.	5.400 K
Bewölkter Himmel	Ergibt eine etwas wärmere Farbstimmung in den Bildern.	6.000 K
Schatten	Optimierte Farbwiedergabe für Tageslichtmotive im Schatten.	8.000 K
Eigener Messwert	Sie können einen eigenen Wert messen lassen, oder ein bereits aufgenommenes Foto als Referenz verwenden. Menü Aufnahme/Weißabgleich/PRE	

Anhand dieser Tabelle müssen Sie versuchen, die Lichtsituation zuzuordnen. Das ist nicht immer ganz einfach, denn Sie müssen ja festlegen, welches Licht vorherrschend ist. Wenn

> **Testbilder sind unerlässlich**
>
> Wenn Sie im JPEG speichern, also später einen Farbstich nur schwer ändern können, und sich nicht sicher sind, ob der Weißabgleich stimmt, machen Sie Testbilder. Schauen Sie sich die Fotos auch in der Vergrößerung genau an. Am Histogramm kann man übrigens in aller Regel einen Farbstich nicht erkennen, auch nicht an den Histogrammen der einzelnen Farbkanäle.

es sich um eine nicht genau definierbare Lichtsituation aus verschiedenen Lichteinflüssen handelt, bleibt Ihnen nur noch der Weißabgleich über Messwerte.

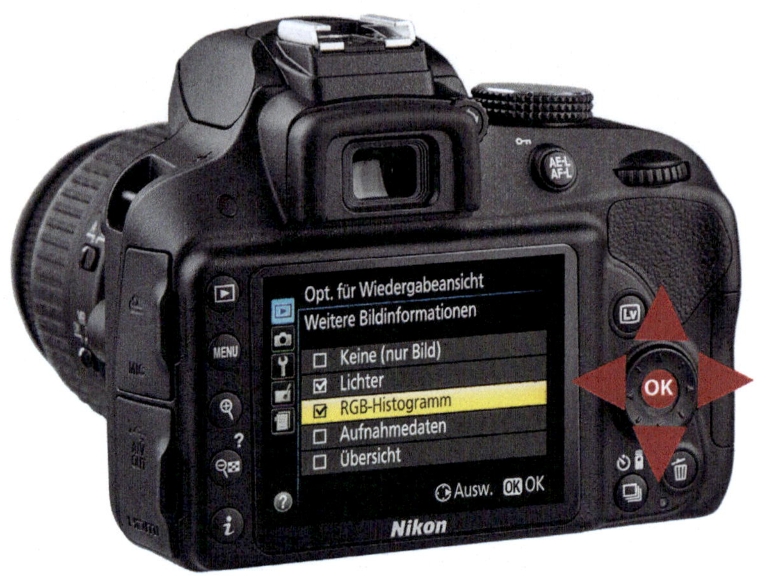

Weißabgleich mit eigenen Messwerten

Das genaue Gegenteil zu einer Studiolichtsituation sind Mischlichtsituationen. Wenn Sie beim Fotografieren in einer Kirche das gegebene sehr farbige Licht aus Kerzen und bunten Fenstern nicht mit dem Blitz überdecken können, stellen Sie die WB-Automatik vor nahezu unlösbare Aufgaben. Für den manuellen Weißabgleich bietet Ihnen die D3300 zwei Möglichkeiten:

Manueller Weißabgleich

Methode	Beschreibung
Direkte Messung	Eine Messung der Reflexion von einer Referenzfarbe, also Weiß, oder von einer Graukarte. Dies wenden Sie an, bevor Sie in kritischen Lichtsituationen Bilder machen wollen.
Übernahme von einem bereits aufgenommenen Bild	Wenn Sie häufiger in einer bestimmten Lichtsituation Bilder mit kritischem Weißabgleich machen wollen, können Sie ein einmal gemachtes Referenzbild erneut verwenden.

Die Graukarte als Hilfsmittel

Wenn Sie keine WB-Messung vornehmen wollen, bietet es sich an, eine Graukarte einzusetzen. Graukarten sind Kunststoffkarten, die von Visitenkartengröße bis DIN A3 reichen und als Farbe ein 18 %-Grau ausweisen. Machen Sie ein Foto dieser Graukarte bei den gegebenen Lichtverhältnissen. Da der Grauwert dieser Karte genau bekannt ist, können Sie mit einem guten Bildverarbeitungsprogramm wie Adobe Photoshop oder Nikon Capture NX2/NX-D die Farbwiedergabe anhand dieser Kartenabbildung kalibrieren.

Wenn Sie ohne die Nachbearbeitung am PC auskommen wollen, müssen Sie in solchen Mischlichtsituationen den Weißabgleich manuell abstimmen. Dazu zeigen Sie der D3300 eine weiße Fläche, und sie kann dann Ihre Messwerte entsprechend zuordnen. Diese Referenzaufnahme darf aber keinesfalls überbelichtet und nach Möglichkeit auch nicht unterbelichtet sein. Das könnte sonst die Feinabstimmung des Weißabgleichs stören.

Die direkte Messung des Weißabgleichs

Führen Sie die Messung auf einer weißen oder neutralgrauen Vorlage durch. Dazu müssen Sie nur den Anweisungen im Kameramenü folgen.

Bedenken Sie, dass Weiß nicht immer gleich Weiß ist, vor allem nicht in den beschriebenen Mischlichtsituationen. Suchen Sie also nicht genau dort nach einer weißen Fläche für den Weißabgleich. Sie sollten für solche Situationen eine Weiß- oder Graukarte in der Tasche haben.

Weißabgleich aus einem vorhandenen Referenzbild

Alternativ zur direkten Messung können Sie auch auf ein auf der Speicherkarte gespeichertes Referenzbild zurückgreifen. Wenn Sie öfter unter gleichen Lichtbedingungen arbeiten, z. B. bei der Studiofotografie, ist diese Methode empfehlenswert. Dann lohnt es sich auch, eine ältere, kleine SD-Speicherkarte zur Speicherung von Referenzaufnahmen bereitzuhalten.

1. Wählen Sie im ***Aufnahme***-Menü ***Weißabgleich*** den Punkt ***PRE Eigener Messwert*** für einen manuellen Weißabgleich aus. Sie sehen die fünf Speicherplätze für Referenzbilder und können einen daraus wählen.
2. Wenn Ihre D3300 bereits mehrere Ordner auf der SD-Karte angelegt hat, müssen Sie nun den Ordner auswählen, der Ihr Referenzbild enthält. Oft ist nur ein Ordner auf der Speicherkarte enthalten, wählen Sie diesen also aus.
3. Wählen Sie dann aus den Miniaturen der im Ordner gespeicherten Bilder das gewünschte Referenzbild aus und bestätigen Sie die Auswahl mit ***OK***.

Ihre D3300 führt nun einen automatischen Weißabgleich anhand des ausgewählten Bilds aus und speichert diesen für die Einstellung ***PRE***. Danach wechselt die Kamera wieder zurück in das ***Aufnahme***-Menü, und Sie können weitere Einstellungen vornehmen oder durch Drücken des Auslösers bis zum ersten Druckpunkt wieder in den Aufnahmemodus gehen.

Neue Referenzbilder erstellen

Wenn Sie noch kein Referenzbild gespeichert haben, können Sie eine Graukarte oder eine reinweiße Fläche möglichst bildfüllend fotografieren und das Bild als Referenzbild verwenden. Die Kamera erkennt selbst, ob Grau oder Weiß gewählt wurde. Achten Sie darauf, dass Sie genau das Licht auf die Karte einwirken lassen, an dessen Lichttemperatur Sie sich orientieren wollen. Verwenden Sie keinesfalls den Blitz, denn selbst wenn Sie eine Mischung aus Umgebungslicht und Blitzlicht vermessen wollten, bekämen Sie bei der Nutzung des Blitzlichts auf ein so begrenztes Ziel niemals die gleiche Lichtmischung hin wie beim realen Motiv. Der Blitz würde in jedem Fall eine beherrschende Lichtquelle darstellen, und so wäre das Messergebnis wertlos.

6.2 Die Farbwirkung in der Live-View beurteilen

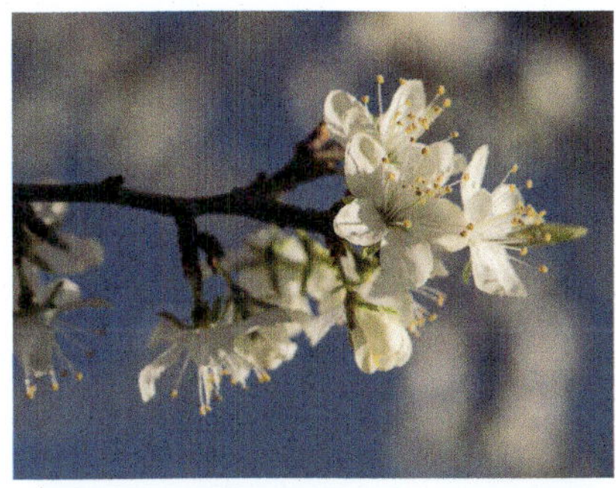

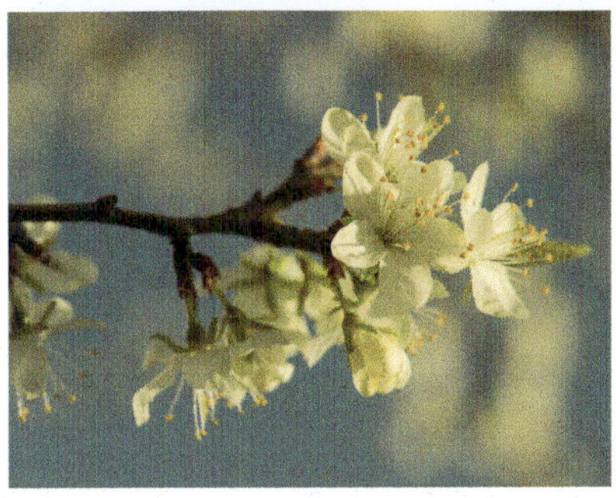

105 mm | f/9,0 | 1/2000 s | ISO 200

▲ *Mit einer starken Verschiebung des Weißabgleichs hin zu wärmeren Farben lässt sich ein schöner Vintage-Effekt erzeugen.*

Wenn Sie statt des Suchers die Live-View nutzen, kann Ihnen die Kamera schon einen ersten Eindruck davon liefern, welche Farbstimmung Sie erhalten werden. Eine deutlich unterkühlte oder eine zu warme Farbgebung kann sehr schöne Effekte erzeugen. Eine generelle Empfehlung kann aber nur schwer ausgesprochen werden, zu unterschiedlich sind die Aufnahmen und auch der Geschmack des Betrachters. Ein bisschen kreatives herumspielen mit dem Weißabgleich ist aber immer einmal erlaubt.

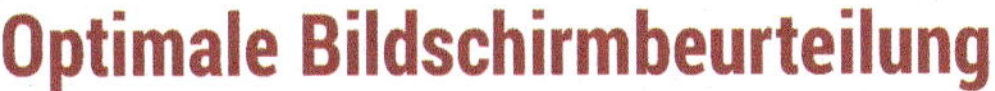

Optimale Bildschirmbeurteilung

Wenn jedoch helles und womöglich noch sehr farbiges Licht auf den LCD-Schirm Ihrer D3300 fällt, können Sie die Farbwirkung nicht mehr wirklich beurteilen. Dazu benötigen Sie einen unverfälschten Blick auf den LCD-Screen. Hierfür eignet sich sehr gut eine Sucherlupe.

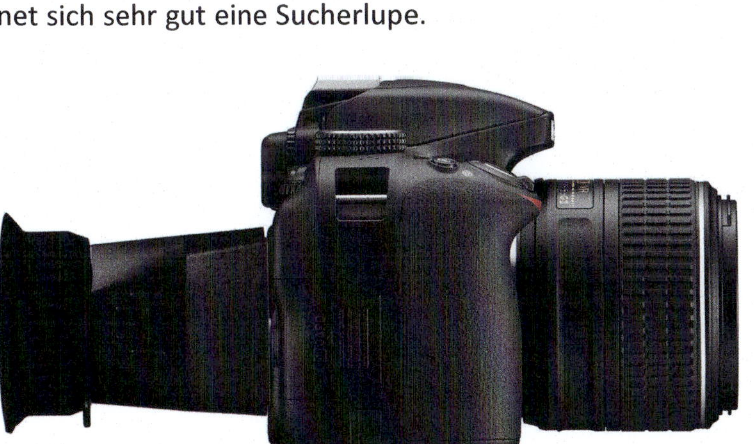

◄ *Mit dem Lupensucher können Sie ohne Fremdbeeinflussung auch in sehr schwierigen Lichtsituationen die Live-View oder ein fertiges Bild auf dem LCD beurteilen.*

Wenn Sie allerdings im RAW-Format aufnehmen, kontrollieren Sie die Bilder auf jeden Fall auf dem kalibrierten LCD-LED-Monitor. Obwohl der Kameramonitor der D3300 gut ist, kann er nicht mit einem großen Monitor mithalten.

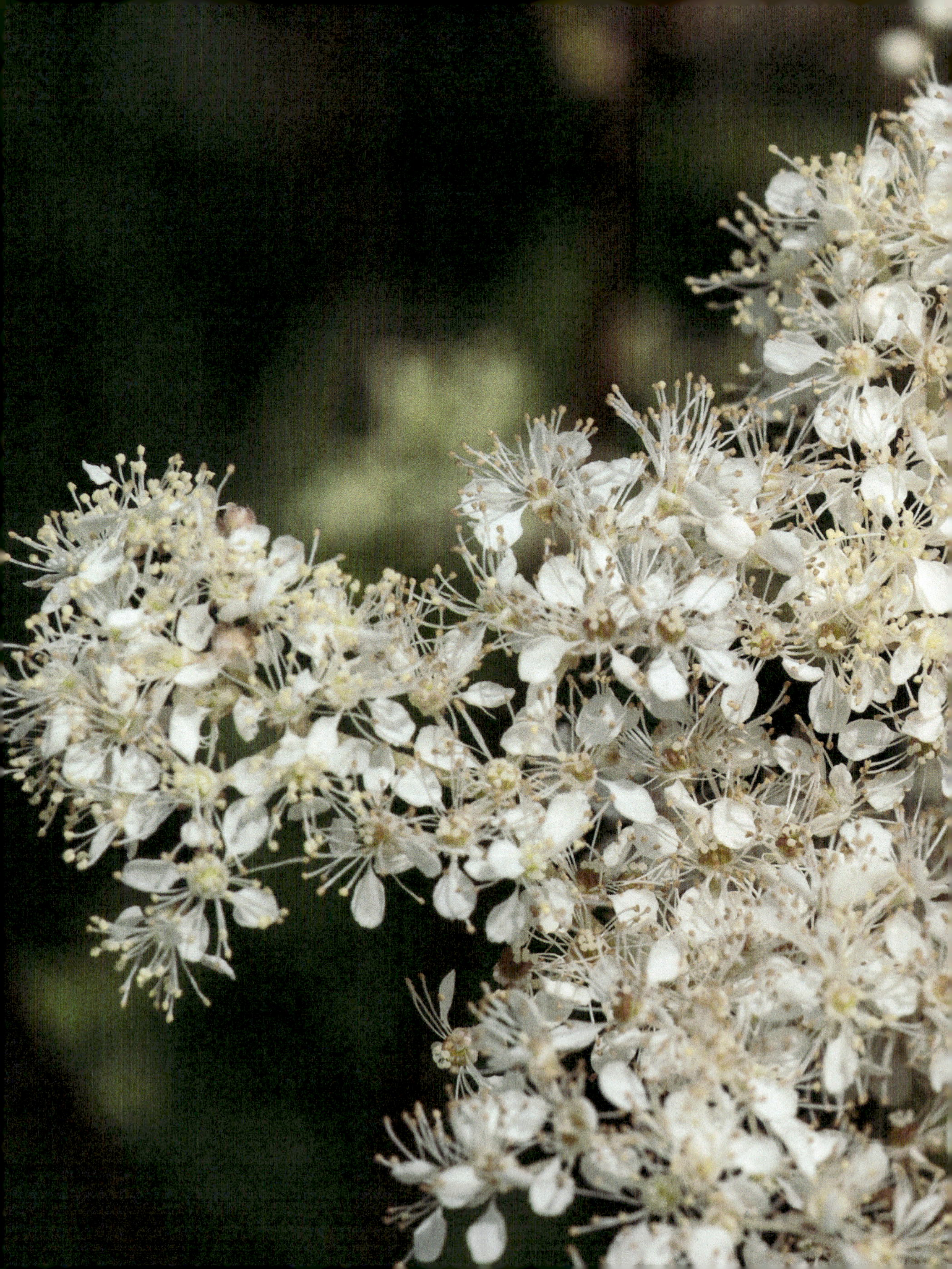

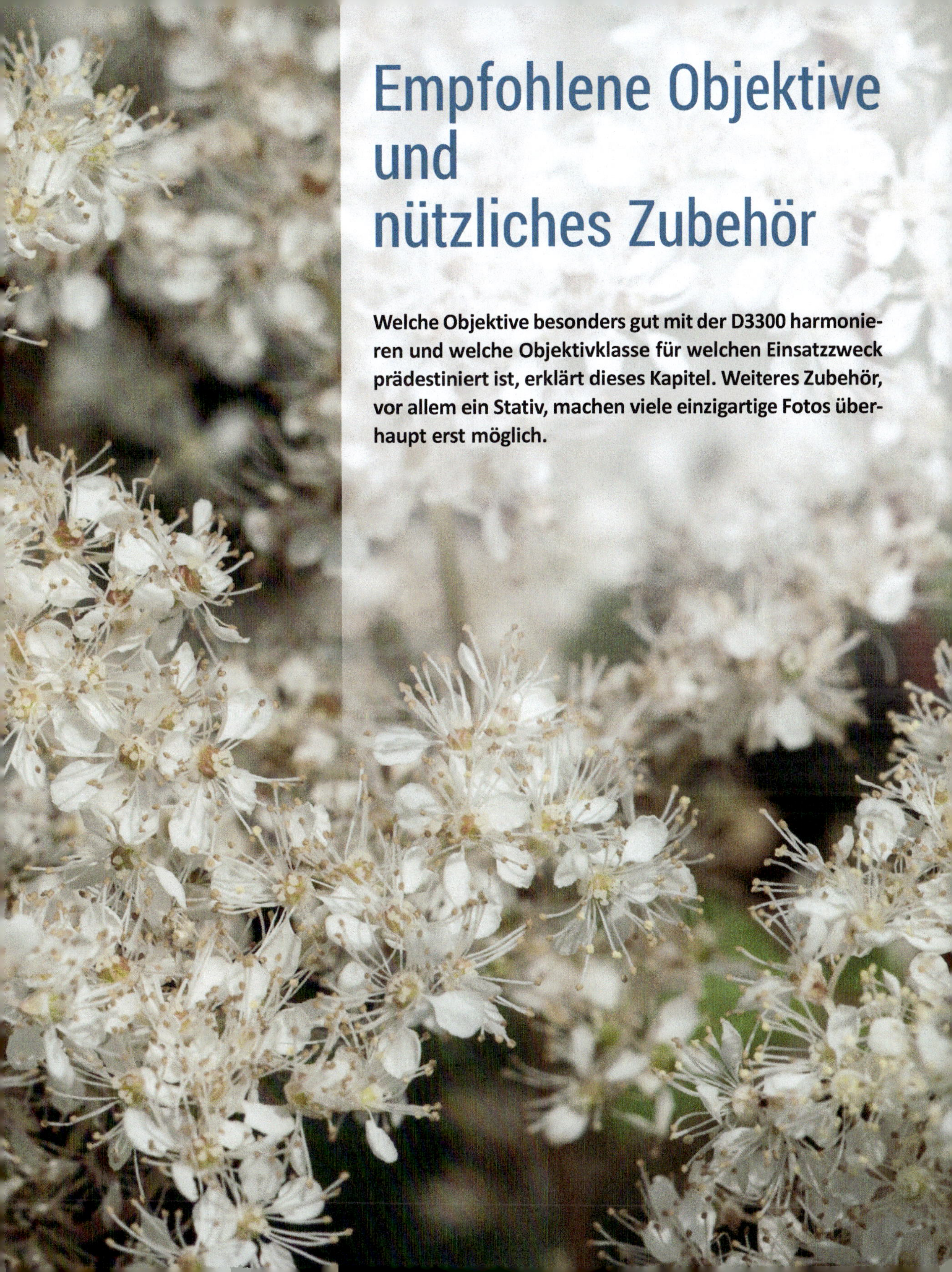

Empfohlene Objektive und nützliches Zubehör

Welche Objektive besonders gut mit der D3300 harmonieren und welche Objektivklasse für welchen Einsatzzweck prädestiniert ist, erklärt dieses Kapitel. Weiteres Zubehör, vor allem ein Stativ, machen viele einzigartige Fotos überhaupt erst möglich.

Der hochauflösende Sensor der D3300 stellt einige Anforderungen an die Objektivqualität. Welche Objektive gut mit der Kamera harmonieren und gleichzeitig bezahlbar bleiben, stellt der erste Abschnitt vor. Es ist unserer Ansicht nach wenig hilfreich, wahllos nur das Beste vorzustellen, wenn sich die Preise weit jenseits von 1.500 Euro bewegen. Trotzdem werden auch Objektive aus der gehobenen Kategorie vorgestellt.

Mit welchem Zubehör Sie Ihre D3300 optimal aufrüsten können und welches Zubehör als Pflicht und welches eher als Kür gilt, stellt dann der zweite Abschnitt dieses Kapitels vor.

Entschlüsseln Sie die Objektivcodes

Im Grunde lässt sich ein Objektiv durch zwei zentrale Angaben beschreiben: seine Brennweite(n) und seine relative(n) Öffnung(en), diese Werte sind auf dem Objektiv immer angegeben. Wenn Sie sich für alle Einzelheiten des Nikon Objektivcodes interessieren, können Sie diese im Internet z. B. auf der Seite *www.ozdoba.net/nikon/objektiv/obj_terminologie.html* nachlesen.

7.1 Bildwinkel und Brennweite an der D3300

Jedes Objektiv projiziert ein kreisförmiges Bild auf den Sensor, dessen Begrenzungen als Bildkreis bezeichnet werden. Wie groß das Motiv auf dem Sensor und wie viel vom Motiv abgebildet wird, ist abhängig vom Bildwinkel, und dieser ergibt sich aus der Brennweite.

Elemente und Gruppen

In den Spezifikationen von Objektiven finden sich die Begriffe Elemente und Gruppen. Unter den Elementen werden einzelne Linsen oder Verbundlinsen erfasst. Wenn beim Fokussieren mehrere Linsen durch die Mechanik gleichartig bewegt werden, gehören sie zu einer Gruppe. Je mehr Gruppen ein Objektiv hat, desto aufwendiger ist es konstruiert.

Öffnung eines Objektivs und Lichtstärke

Die Größe der Öffnung eines Objektivs beeinflusst die Menge des Lichts, die durch das Objektiv auf den Sensor fallen kann. Das Verhältnis des Durchmessers der Eintrittsöffnung des Objektivs zu seiner Brennweite ist definiert als die relative Öffnung.

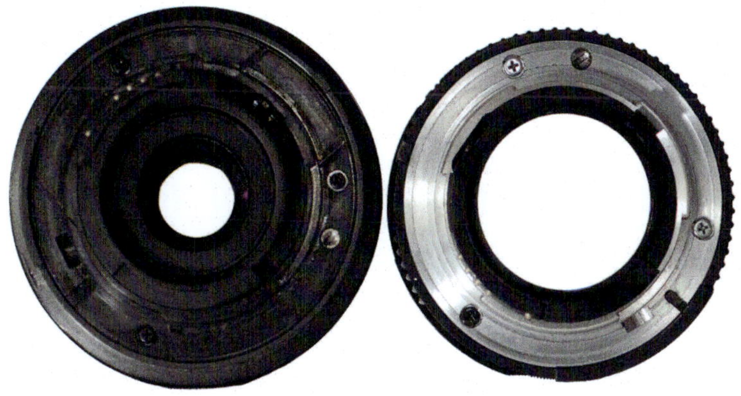

◀ *Ungleiches Duell: Diese Objektive sind hier mit ihrer maximalen Blendenöffnung fotografiert, sodass man deutlich ihre resultierende Öffnung erkennen kann. Beide haben ein 52-mm-Gewinde und eine Eingangslinse mit etwa dem gleichen Durchmesser. Links ist ein Tamron, mit einer maximalen Öffnung von 1:5,6 bei 80 mm abgebildet, rechts ein AF-D NIKKOR 50 mm mit einer relativen Öffnung von 1:1,4.*

Ein Beispiel: Wenn bei einem Objektiv mit einer Brennweite von 100 mm die Öffnung 50 mm beträgt, ist das Öffnungsverhältnis 1:2. Jetzt ist aber diese relative Öffnung nicht der einzige Faktor, der beim Gang des Lichts durch das Objektiv bis zum Sensor eine Rolle spielt. Da die relative Öffnung auch die größtmögliche Blendenöffnung darstellt, finden Sie in diesem Buch (wie auch im üblichen Sprachgebrauch) den Begriff der Lichtstärke als Äquivalent.

Relative und effektive Öffnung

Die Schwächung des Lichts durch Absorption und Reflexion innerhalb des Objektivs ist in der Angabe der relativen Öffnung gar nicht enthalten. Berücksichtigt man auch diese Effekte, spricht man von der effektiven Öffnung. Bei hochwertigen Objektiven ist der Unterschied durch diese Effekte relativ gering, sodass in der Praxis relative und effektive Öffnung nahezu gleich sind.

Bei Zoomobjektiven, die einen größeren Brennweitenbereich abdecken, wird die relative Öffnung für die beiden Endwerte der Brennweite angegeben. Bei hochwertigen Objektiven ist sie oft konstant, und dann findet sich auch nur ein Wert. Für das AF-S NIKKOR 24-85 mm ist die Lichtstärke für die Brennweite von 24 mm mit 1:2,8 und von 85 mm mit 1:4 angegeben. Dazwischen ergibt sich zwar nicht immer ein linearer Verlauf, doch ist das in der Praxis bei der Nutzung von AF-Objektiven mit einer CPU nahezu ohne Belang.

FX- und DX-Objektive an der D3300

Als DX-Kamera nutzt die D3300 nur einen Ausschnitt aus der Projektion eines Kleinbildobjektivs. DX-Objektive sind speziell für die kleineren Sensoren des APS-C-Formats gerechnet und können an Vollformatkameras nicht verwendet werden. Wer vielleicht in ein paar Jahren auf eine Vollformatkamera umsteigen will, sollte das bereits beim Kauf seiner Objektive berücksichtigen. Objektive für das Vollformat nennt Nikon FX-Objektive, sie sind in der Regel deutlich teurer als DX-Objektive.

Lichtstärke bietet fotografischen Freiraum

Wenn von dem einfallenden Licht auf seinem Weg durch das Objektiv immerhin eine Lichtmenge von 1:2,8 oder gar 1:1,4 übrig bleibt, gibt einem eine solche Lichtstärke viele fotografische Freiheiten.

Als Erstes zu nennen, und direkt von der Lichtstärke abhängig, ist die Belichtungszeit, die Sie benötigen, um bei schlechten Lichtverhältnissen noch fotografieren zu können. Auch bei sich schnell bewegenden Motiven können Sie durch eine große Blendenöffnung kürzere Belichtungszeiten

150 mm | f/4,0 | 1/80 s | ISO 400
▼ *Die offene Blende (kleine Blendenzahl) sorgt für eine geringe Schärfentiefe.*

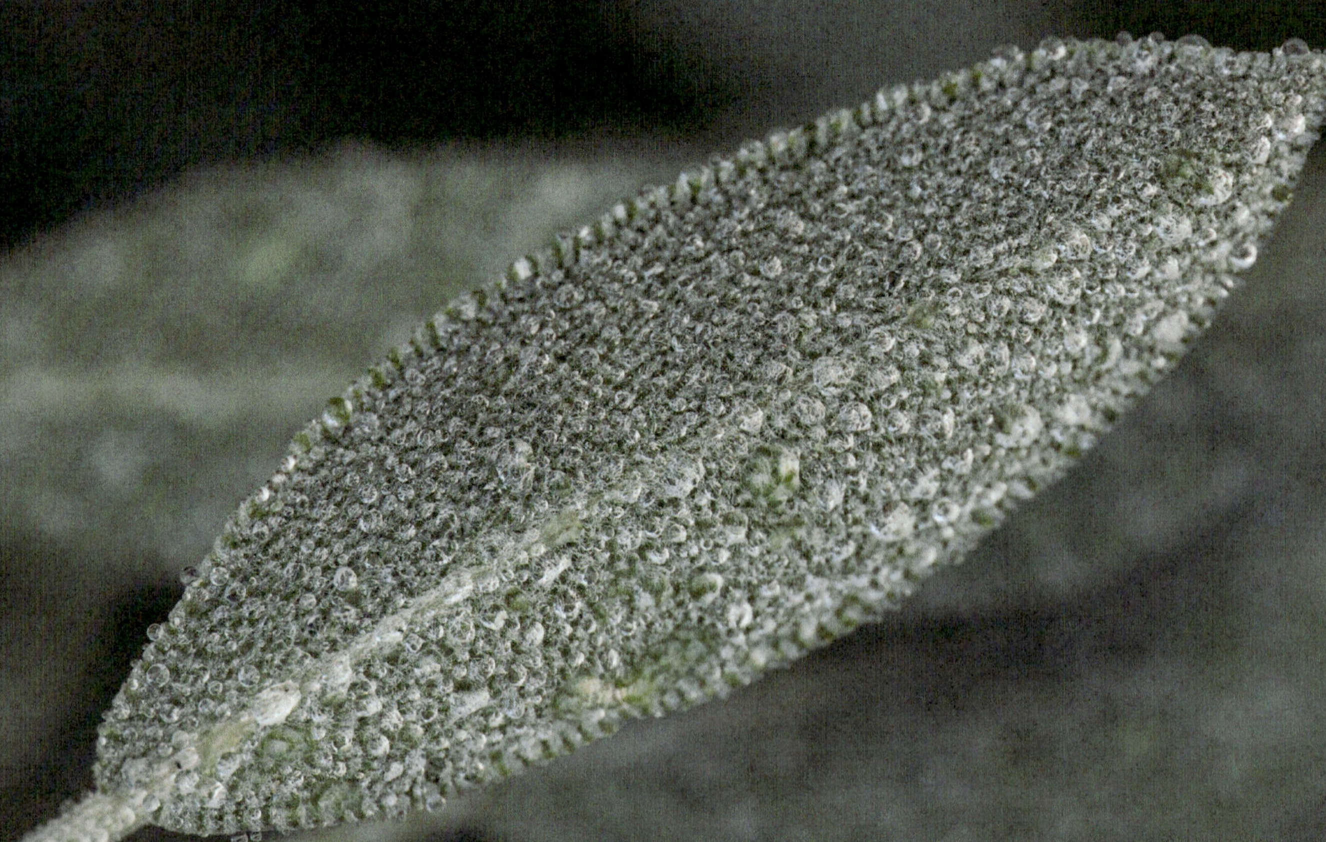

realisieren als bei geschlossener Blende. Oft ebenso wichtig ist die geringe Schärfentiefe einer offenen Blende, die bei der Bildgestaltung vielfach ein entscheidendes Element darstellt. Vor allem bei Porträtaufnahmen möchten Sie gern die Möglichkeit haben, den Hintergrund durch eine geringe Schärfentiefe verschwimmen zu lassen, um das Vordergrundmotiv freizustellen und damit hervorzuheben.

Während es in einem gewissen Umfang möglich ist, durch die Wahl eines entsprechend hohen ISO-Werts auch bei weniger lichtstarken Objektiven die Belichtungszeit zu verkürzen, gibt es für die Schärfentiefe keine weitere Kompensationsmöglichkeit. Allerdings ist auch hier eine Grenze durch auftretendes Rauschen gesetzt, sodass die Lichtstärke schon deutlich mehr Freiräume schafft, selbst bei einer Kamera wie der D3300 mit hohem ISO-Spielraum.

7.2 Streulicht und Vignettierung

Jedes Objektiv hat Bildfehler in Form von Verzeichnungen, Unschärfe, chromatischer Aberration, Schwächen in Kontrast und Brillanz etc. Mit etwas Abblenden kann man einige Fehler mildern. Weiteres kann die moderne Bildverarbeitung auf dem Computer dann endgültig verschwinden lassen. Eine Fehlerquelle lässt sich aber bereits beim Fotografieren leicht vermeiden: Streulicht.

Das Streulicht minimieren

Jedes Objektiv hat eine mehr oder weniger stark ausgeprägte Empfindlichkeit für Streulicht, das – seitlich einfallend – diffuse oder partielle Reflexionen erzeugt.

Diffuses Streulicht führt aufgrund seiner gleichmäßigen Verteilung zu einer generellen Kontrastabschwächung, die oft erst im Vergleich mit den Bildergebnissen anderer Objektive oder der Verwendung anderer Konfigurationen

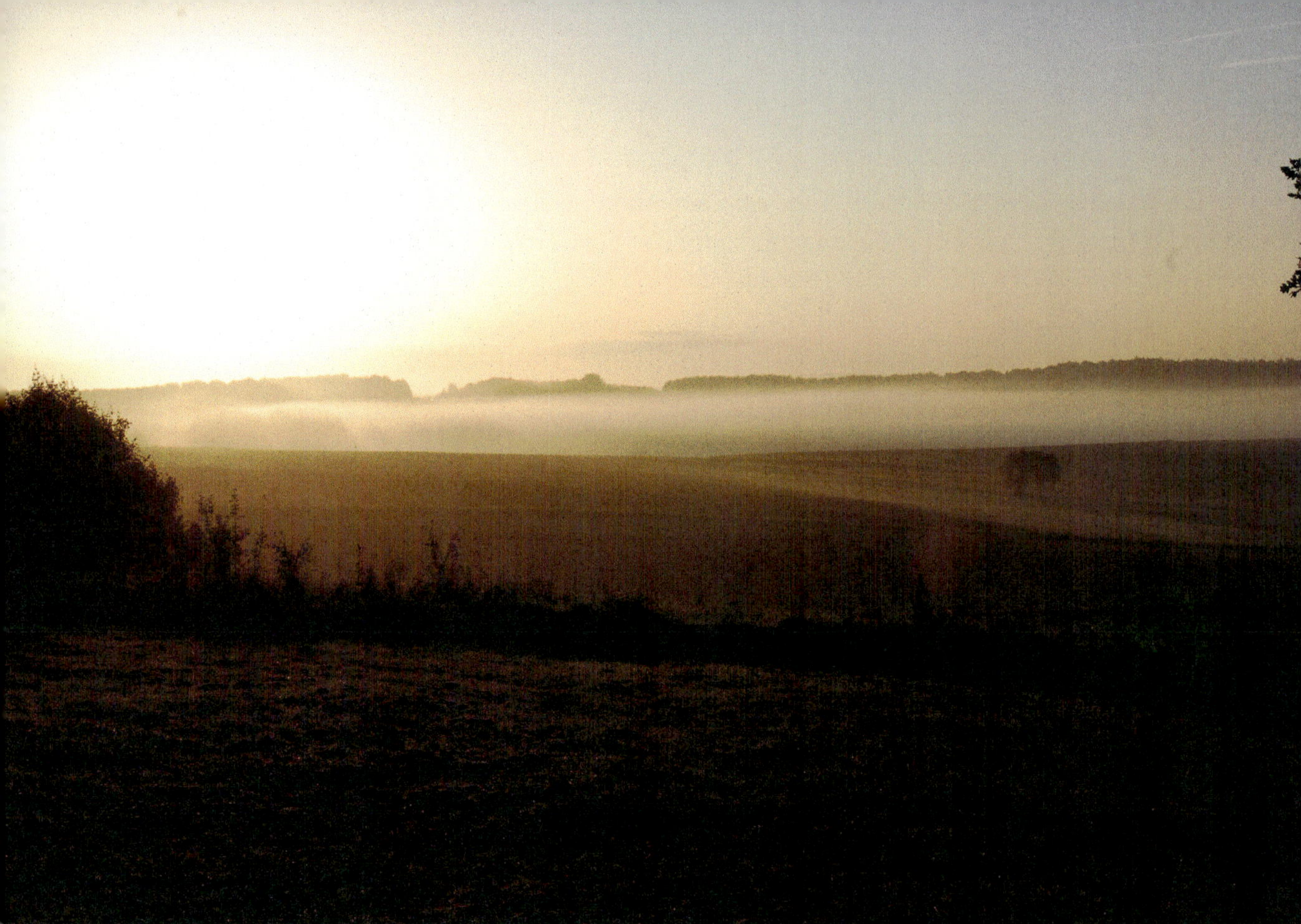

24 mm | f/4,0 | 1/200 s | ISO 100

▲ *Bei Gegenlichtaufnahmen mit einem Weitwinkelobjektiv sind helle Lichtbereiche nicht zu vermeiden. Da der Betrachter diese gewohnt ist, müssen sie die Bildwirkung nicht unbedingt zerstören, allerdings ist ein bewusster Einbau als Gestaltungsmittel nur mit Vorsicht anzuwenden. Die Straße führt im Norden Kameruns in die Sahelzone. Das Bild gibt einen Eindruck von 50 °C, obwohl es technisch vielleicht nicht besonders gelungen ist.*

(Streulichtblenden, Filter etc.) auffällt. Dagegen entstehen Reflexionen an den verschiedensten Stellen des Objektivs wie Linsenrändern, Fassungen etc. Sie haben eine unregelmäßige Verteilung und können daher erhebliche Artefakte im Bild erzeugen.

Gehört immer drauf: die Streulichtblende

Das hilfreichste Mittel gegen Streulicht ist die Streulichtblende, oder auch – leicht irreführend – Gegenlichtblende genannt. Diese Abdeckung dient der gezielten Reduktion des Streulichteinfalls, weil sie den Bereich der Frontlinse abschattet. Ohne sie kann das Objektiv nicht seine volle Leistungsfähigkeit erreichen. Die bei Objektiven bis in den leichten Telebereich übliche Tulpenform der Blende orientiert sich an der Form des Strahlengangs und des Aufnahmesensors. Wichtig zu wissen: Nicht nur im Freien und bei Sonnenschein sollten Streulichtblenden verwendet werden, sondern auch in künstlich beleuchteten Räumen, da dort ebenfalls Störlichtquellen existieren. Eine Ausnahme bilden Aufnahmen, in denen geblitzt wird. Vor allem der integrierte Blitz der D3300 kann im Zusammenspiel mit der Streulichtblende einen Schatten werfen.

Vignettierung

Jedes Objektiv, egal wie aufwendig sein Aufbau sein mag, hat eine natürliche Randabschattung, also einen Abfall der Helligkeit von der Mitte zu den Bildrändern. Dies wird durch die Beschneidung des Strahlengangs durch Linsenränder und Fassungen verursacht.

24 mm | f/11,0 | 1/250 s | ISO 100 | –0,7 LW korrigiert
▼ *Die dunklen Ecken im Bild sind bei sehr hellem Licht durch einen Neutralgrau- und einen Polfilter entstanden.*

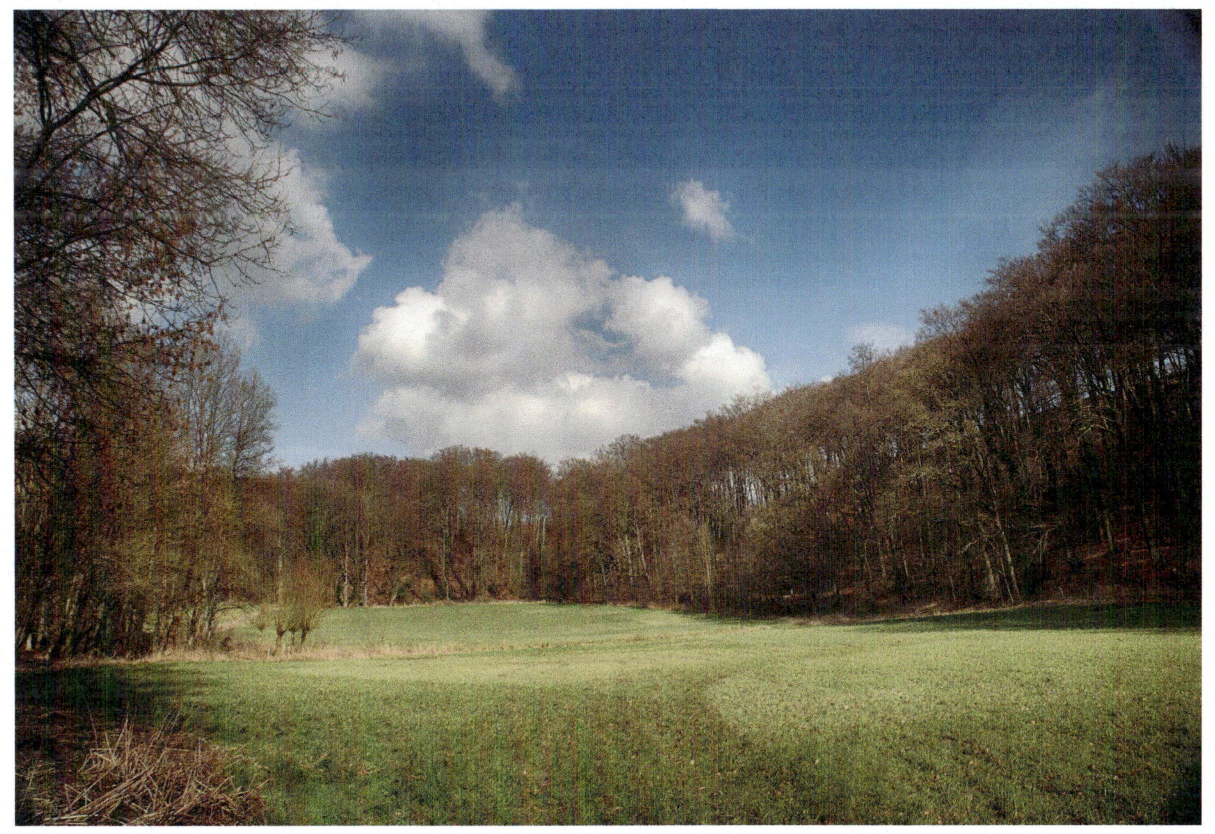

Eine andere Ursache für Vignettierungen kann in der Verwendung zu dicker Filter liegen. Gerade Polarisationsfilter sind oft recht dick und führen dann bei Weitwinkelobjektiven zu solchen Abschattungen. In manchen Situationen will man auch mehrere Filter übereinanderschrauben, z. B. um verschiedene Neutralgraufilter zu kombinieren. Machen Sie einfach vorab ein Testbild mit Filter, um auszuschließen, dass er für eine Abdunklung der Ecken verantwortlich ist. Im Zweifelsfall greifen Sie eher zu sogenannten Slim-Polfiltern.

Techniken zur Minimierung der Vignettierung

Gegen die einfache optische Vignettierung gibt es ein simples Gegenmittel: das Abblenden. Wird der Strahlengang durch die kleinere Blendenöffnung verengt, werden die Effekte der natürlichen Vignettierung abgemildert.

In der Praxis wird häufig zwischen ein und drei Blendenstufen abgeblendet. Auch in der Bildverarbeitung lässt sich die Randabschattung wieder herausrechnen. Spezialisierte Programme, wie z. B. Adobe Lightroom, kennen die Gesamtvignettierung einer großen Zahl von Objektivmodellen und können daher gezielt und automatisiert eine Aufhellung der Randbereiche vornehmen.

Die eingebaute Vignettierungskorrektur

Nikon hat allen DSLRs eine kamerainterne Korrektur der Randabdunklung innerhalb der Verarbeitungssoftware mitgegeben. Dabei kommt eine radiale Verarbeitung der Bilddaten zum Einsatz. Das Bild wird also von der Bildmitte zum Bildrand so bearbeitet, als nähme die ISO-Empfindlichkeit mit der radialen Entfernung von der Mitte ab. Auf diese Weise wird das schwächere Licht am Bildrand verstärkt und so leicht aufgehellt.

7.3 Die Kitobjektive und Alternativen

Wer in die DSLR Fotografie einsteigt, ist oft mit einem Kitobjektiv gut beraten. Sie sind für die ersten Schritte sehr gut geeignet und meist im Bundle besonders günstig zu bekommen. Im Handel wird die Nikon D3300 in unterschiedlichen Versionen angeboten.

Kitobjektive im engeren Sinne sind hier das ganz neue AF-S DX NIKKOR 18-55 mm 1:3,5-5,6G VR II und das schon etwas ältere AF-S VR DX 18-105 mm 3,5-5,6G ED.

Das **AF-S DX NIKKOR 18-55 mm 1:3,5-5,6G VR II** wurde bereits im ersten Kapitel vorgestellt. Es besteht vollständig aus hochwertigem Plastik – auch der Bajonettanschluss. Dadurch ist es mit seinen 195 g ausgesprochen leicht geworden. Durch einen kleinen Trick hat Nikon das Objektiv für den Transport auch sehr kurz gehalten. Der innere Tubus des Objektivs kann praktisch vollständig, inklusive Fokusring, versenkt und verriegelt werden. Für den Transport ist das Objektiv dann nicht einmal 60 mm lang. Zur Benutzung muss es durch den Druck auf die Tubusentriegelung und Drehung des Zoomrings auf die 18-mm-Stellung erst wieder entsperrt werden.

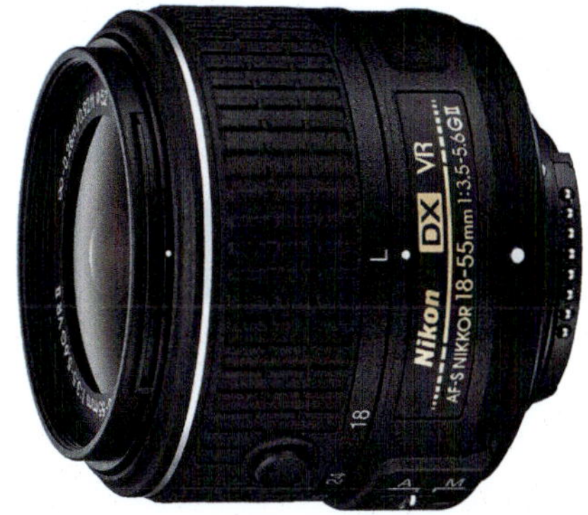

▲ Den Einstieg stellt das leichte und kompakte AF-S DX NIKKOR 18-55 mm 1:3,5-5,6G VR II dar. Es bietet einen interessanten Brennweitenbereich, ist sehr leicht und hat eine gute Abbildungsleistung. (Bild Nikon)

Der Autofokus, angetrieben von einem Silent-Wave-Motor, sitzt einwandfrei und arbeitet ausreichend schnell und leise. Auch bei wenig Licht zeigten sich keine besonderen Probleme. In die Funktion des Autofokus darf übrigens nicht manuell eingegriffen werden, das könnte den Motor beschädigen.

Sehr angenehm ist die geringe Nahdistanz des Objektivs von lediglich 28 cm über den gesamten Brennweitenbereich. Damit ist ein maximaler Abbildungsmaßstab von etwa 1:3,2 möglich. Der Bildstabilisator arbeitet gut und zuverlässig und bringt das Äquivalent von einer um ca. 2 bis 3 Lichtwertstufen längeren Verschlusszeit. Der breite Zoomring läuft weich und ohne Ruckler. Das Objektiv kann über einen kleinen Schalter auf manuelle Fokussierung umgeschaltet werden, was in der Praxis wahrscheinlich eher selten genutzt wird. Der Fokusring ist auch recht schmal ausgefallen und zu nah am Bajonettanschluss für die Streulichtblende.

Die Brennweite entspricht der von 27 mm bis 82,5 mm am Vollformat und deckt damit den sehr beliebten Bereich um die Normalbrennweite herum großzügig ab. Es können auch schon erste Erfahrungen mit einer leichten Weitwinkel- und Zoomstellung gemacht werden. Die Brennweiten zwischen 50 mm und 85 mm sind sehr gut geeignet für Porträts. Wenn an dem Objektiv 55 mm eingestellt sind (82,5 mm),

Der Begriff Normalbrennweite

Als Normalbrennweite wird in der Regel eine Brennweite von etwa 50 bis 55 mm bezeichnet. „Normal" deshalb, weil sie am ehesten dem menschlichen Blickwinkel und damit unseren Sehgewohnheiten entspricht.

liegt die Offenblende allerdings schon bei f/5,6. Soll der Hintergrund bei dieser Blende unscharf werden, um das Porträt zu betonen, darf er sich nicht zu dicht hinter dem Motiv befinden. Ein paar Meter Abstand sind zu empfehlen.

Die Schärfe des Objektivs ist, leicht abgeblendet, fast über den gesamten Zoombereich ausgezeichnet und wird dem 24-Megapixel-Sensor der D3300 gerecht. Die Offenblende von f/4,5 schwächelt bei 35 mm vielleicht etwas, aber ohne schlecht zu werden. Ab Blende f/16 aufwärts lässt die Schärfe generell nach, was aber auch im normalen Rahmen liegt. Der Bildstabilisator der zweiten Generation leistet gute Arbeit, sodass auch Bilder aus der Hand bei schlechterem Licht meist kein Problem darstellen. Verzeichnung und Vignettierung des Objektivs sind gut und geben keinen Anlass zur Kritik. Die chromatische Aberration ist nur im untersten Brennweitenbereich bei 18 mm am Rand erkennbar. Das 18-55-mm-Objektiv lohnt sich als Kit zusammen mit der D3300 auf jeden Fall und bietet ein ausgezeichnetes Preis-Leistungs-Verhältnis. Der einzige Wermutstropfen ist die fehlende Streulichtblende, die man sich dazukaufen sollte.

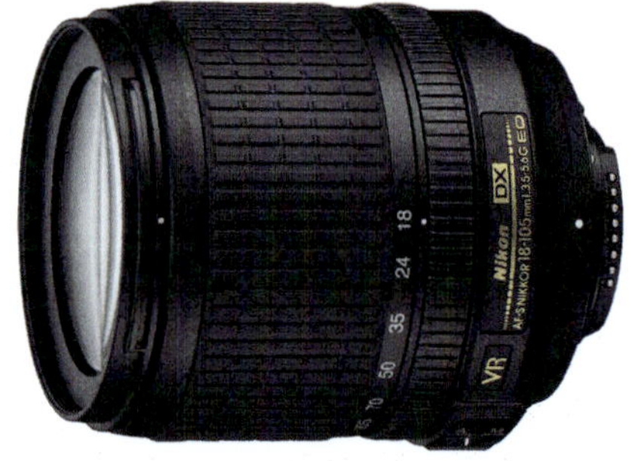

▲ *Das AF-S VR DX 18-105 mm 3,5-5,6G ED deckt einen weiten Brennweitenbereich ab und eignet sich gut als Reisezoom. (Bild Nikon)*

Mit dem **AF-S VR DX 18-105 mm 3,5-5,6G ED** gibt es für etwas mehr Geld deutlich mehr Brennweite nach oben. Diese deckt bei gleicher Lichtstärke die üblichen Urlaubsbedürfnisse gut ab. Zudem ist das Objektiv etwas schneller als das 18-55 mm, aber auch etwas größer und mit 420 g schwerer. Es besitzt den Nikon-üblichen leisen Silent-Wave-Ultraschallantrieb und eine Bildstabilisation.

Die Beschränkung auf 105 mm (immerhin fast 160 mm Kleinbildäquivalent) im oberen Bereich senkt angenehm die Kosten für das Objektiv, und gleichzeitig kommt es der Abbildungsleistung zugute. Die Schärfe ist ebenfalls in allen Brennweiten mindestens gut, leicht abgeblendet sehr gut. Die Anfangsblende ist mit f/3,5 bis f/5,6 nicht übermäßig lichtstark, aber für Standardsituationen noch gut gerüstet.

Die Verzeichnung ist teilweise deutlich, hält sich aber insgesamt im üblichen Rahmen. Die chromatische Aberration ist im untersten Brennweitenbereich etwas stark. Dies lässt sich aber in einer guten Bildbearbeitung schnell korrigieren. Angesichts des Preises ist das AF-S 18-105 mm eine durchaus empfehlenswerte Anschaffung.

Eine gute Alternative zu den Nikon-Kitobjektiven ist das **Sigma AF 17-70 mm f/2,8-4 DC HSM OS | C**. Bei der Brennweite liegt es zwischen den beiden Nikon-Objektiven und hat sogar noch einen Tick mehr Weitwinkel. Die Verarbeitungsqualität ist gut, und der Doppeltubus hat in der Telestellung kein Spiel. Wer schon länger mit Nikon fotografiert, wird bemerken, dass der Zoomring im Canon-Stil rotiert, also genau andersherum als bei Nikon üblich.

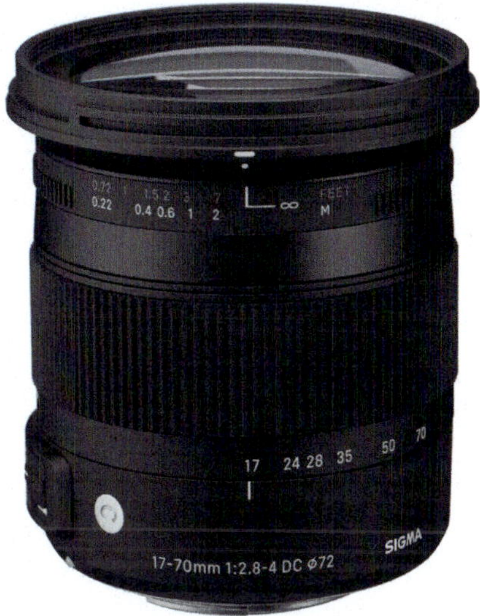

▲ *Sigma AF 17-70 mm f/2,8-4 DC HSM OS | C (Bild: Sigma)*

Die deutlich bessere Offenblende von f/2,8 bis f/4 erlaubt ein schöneres Bokeh und schafft mehr Raum für kreative Gestaltung. Die Randabschattung ist nur bei Offenblende nennenswert und kann durch geringes Abblenden wirkungsvoll vermieden werden. Die chromatische Aberration ist für die Linse kein Problem, auch nicht im Weitwinkelbereich.

Sehr angenehm ist die ebenfalls sehr gute Schärfeleistung des Sigma. Der gesamte Brennweitenbereich wird mit guten Leistungen abgedeckt. Der Weitwinkelbereich ist vielleicht an den Rändern etwas weich, aber noch durchaus akzeptabel. Der Ultraschallmotor bewegt das Linsensystem zügig und leise.

Das Objektiv verfügt über eine leistungsfähige Bildstabilisation. Mit 535 g ist es noch etwas schwerer als das NIKKOR 18-105 mm. Die Filtergröße ist mit 72 mm recht groß, aber der Anfangsblende von f/2,8 geschuldet.

Das Sigma AF 17-70 mm f/2,8-4 DC HSM OS | C ist etwas teurer als die Nikkor-Objektive, eröffnet aber auch neue Möglichkeiten in der Fotografie. Es ist empfehlenswert für

Fotografen, die sich mehr Spielraum für Experimente wünschen.

Schon etwas älter, aber immer noch sehr gut ist das **AF-S DX VR NIKKOR 16-85 mm 3,5-5,6G ED**. Es bietet noch etwas mehr Weitwinkel, einen schnelleren AF-S-Motor und eine sehr gute VR-Technik. Die VR-Technik hat zwei unterschiedliche Modi: ***normal*** und ***active***. Die Schalterstellung ***active*** soll stärkere Erschütterungen abfangen, wie sie z. B. in einem fahrenden Auto entstehen.

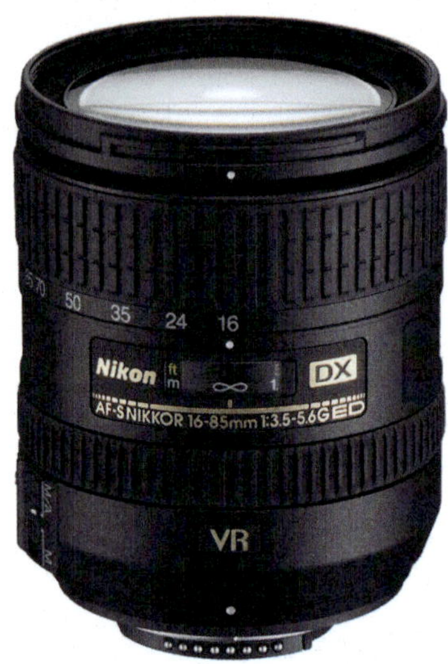

▲ *Eines der optisch besten Kitobjektive für die D3300 ist das AF-S DX VR NIKKOR 16-85 mm 3,5-5,6G ED. (Bild Nikon)*

Ich habe dieses Objektiv immer gern auf Städtetouren eingesetzt. Es ist relativ klein und leicht, und 16 mm Brennweite reichen für die Abbildung vieler Bauwerke bereits aus. Es liefert in allen Disziplinen eine saubere Leistung, ist aber auch die teuerste Alternative zu den Kitobjektiven.

7.4 Festbrennweiten oder Zoomobjektiv?

Objektive mit einer festen Brennweite sind wesentlich einfacher zu bauen als Zoomobjektive. Da sie nur eine einzige Brennweite bedienen müssen, kann ihr Linsensystem perfekt angepasst und abgestimmt werden. Zoomobjektive sind dagegen letztlich immer ein Kompromiss. Je größer der Zoombereich wird, desto weiter sind die Extreme vom Optimum entfernt. Daher sind Festbrennweiten eigentlich immer den Zooms überlegen. Bei sehr hochwertigen Zoomobjektiven mag der Vorsprung gering ausfallen, und nicht alle Festbrennweiten sind automatisch perfekt. Wer aber Spitzenqualität für teilweise kleines Geld haben möchte, wird bei den Festbrennweiten wesentlich schneller fündig als bei den Zoomobjektiven.

Eine klassische Domäne der Festbrennweiten ist die Porträtfotografie. In diesem Bereich haben sie einen weiterer Vorteil gegenüber den Zoomobjektiven.

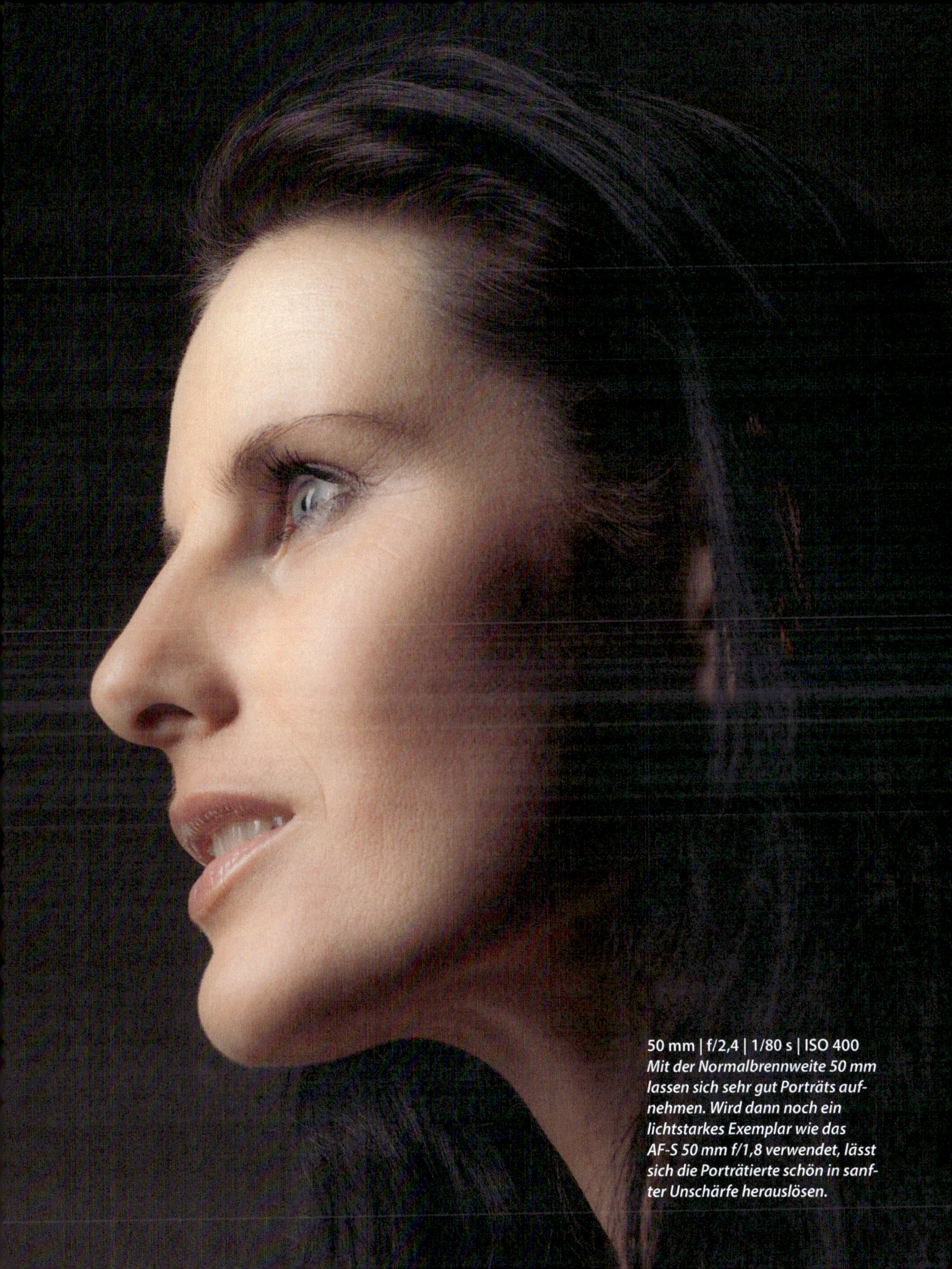

50 mm | f/2,4 | 1/80 s | ISO 400
Mit der Normalbrennweite 50 mm lassen sich sehr gut Porträts aufnehmen. Wird dann noch ein lichtstarkes Exemplar wie das AF-S 50 mm f/1,8 verwendet, lässt sich die Porträtierte schön in sanfter Unschärfe herauslösen.

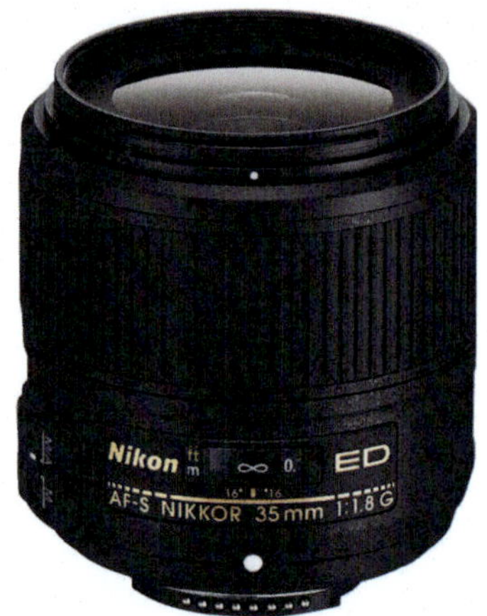

▲ *AF-S NIKKOR 35 mm 1:1,8G ED. (Bild Nikon)*

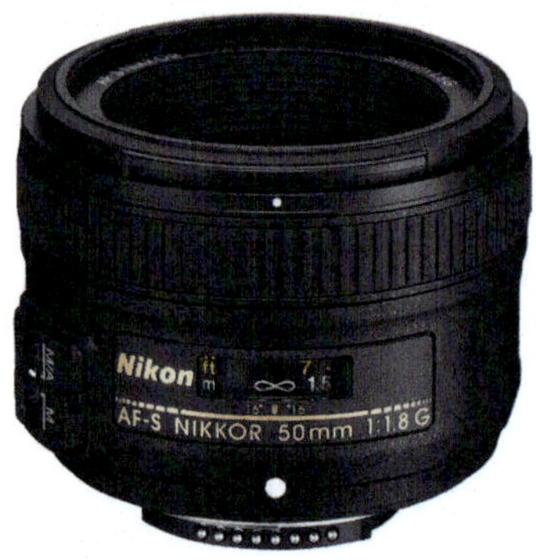

▲ *AF-S NIKKOR 50 mm 1:1,8G. (Bild Nikon)*

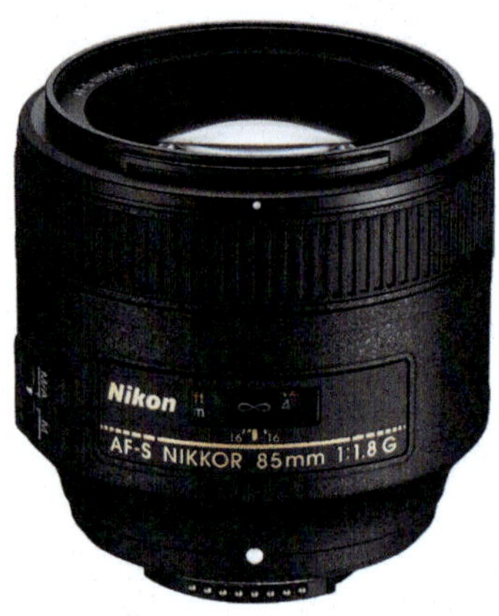

▲ *AF-S NIKKOR 85 mm 1:1,8G. (Bild Nikon)*

Festbrennweiten können kostengünstig mit sehr weit geöffneten Blenden hergestellt werden. Anfangsblendenwerte von f/1,4 und f/1,8 sind nichts Besonderes bis etwa 100 mm Brennweite.

Besonders beliebt sind Brennweiten mit 50 mm und 85 mm. Am APS-C-Sensor entspricht das einer Brennweite von etwa 35 mm und 55 mm. Aber auch eine leichte Telebrennweite kann sehr gut geeignet sein. Nikon hat z. B. das **AF-S NIKKOR 35 mm 1:1,8G ED**, das **AF-S NIKKOR 50 mm 1:1,8G** und das **AF-S NIKKOR 85 mm 1:1,8G** im Programm.

Alle drei sind ganz hervorragende Objektive, die jedem Porträtfotografen, und nicht nur denen, ans Herz gelegt werden können. In den gleichen Brennweitenklassen gibt es auch noch die Variante mit einer Anfangsblende von f/1,4, allerdings sind diese Objektive wesentlich teurer. Ein AF-S NIKKOR 50 mm 1:1,8G bekommt man hingegen schon für deutlich unter 200 Euro im Handel.

7.5 Landschaften und Städte einfangen mit dem Weitwinkel

Der DX-Sensor liefert Ihnen durch den Crop-Faktor das Äquivalent zu etwas mehr Telebrennweite, aber auch weniger Weitwinkel. Selbst sündhaft teure 14-mm-Objektive sind leider an der D3300 nur noch für effektive 21-mm-Brennweiten mit entsprechendem Blickwinkel gut.

Nikon reagierte, wie die anderen Hersteller auch, und entwickelte spezielle DX-Weitwinkelobjektive wie das NIKKOR AF-S DX 10-24 mm f/3,5-4,5. Es entspricht an Ihrer D3300 mit DX-Sensor einem 15-36-mm-Weitwinkelzoom am Vollformat.

Ein Weitwinkelobjektiv so zu korrigieren, dass die Verzeichnung in Grenzen bleibt, ist recht aufwendig und erfordert fast immer eine stark gewölbte Frontlinse.

Eine solche ist nicht nur teuer zu fertigen, sondern auch recht empfindlich. So verwundert es nicht, dass man bei Nikon dann schon in die gehobene Preisklasse kommt.

Das **NIKKOR AF-S DX 10-24 mm f/3,5-4,5** verlängert sich minimal beim Zoomen und ist recht kompakt gebaut. 10 mm Brennweite sind schon ein imposanter Blickwinkel und ermöglichen es, einen sehr großen Teil der umgebenden Landschaft zu erfassen. Erwartungsgemäß ist die Verzeichnung bei 10 mm recht stark, in allen anderen Brennweiten aber sehr gut korrigiert.

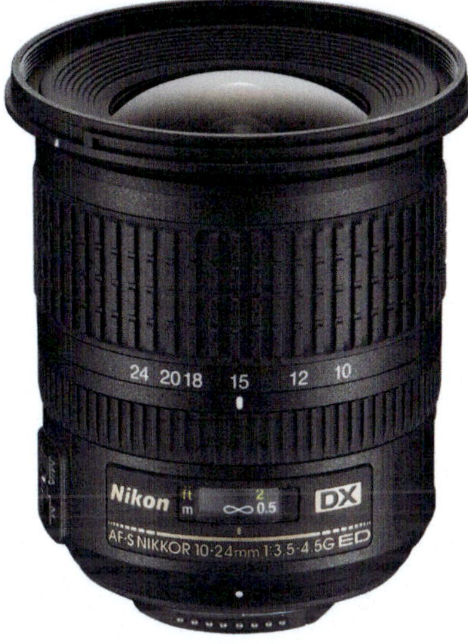

▲ *NIKKOR AF-S DX 10-24 mm f/3,5-4,5. (Bild Nikon)*

Die Randabschattung, wie die Verzeichnung ein generelles Problem vieler Weitwinkelobjektive, ist am NIKKOR 10-24 mm kein großes Problem. Die chromatische Aberration ist recht deutlich ausgeprägt, aber in einer guten Bildbearbeitung leicht zu entfernen. Bereits in der D3300 im JPEG-Format wird sie ziemlich gut korrigiert.

Das Nikon-Weitwinkelobjektiv ist rundum eine Empfehlung wert, auch wenn es schon etwas teurer ist.

Deutlich günstiger und qualitativ eine echte Alternative ist das **Sigma AF 10-20 mm f/4-5,6 EX DC HSM**. Das Objektiv kommt in der hochwertigen EX-Ausführung und besticht durch eine sehr gute Verarbeitung. Es besitzt einen schnellen und leisen HSM-Antrieb.

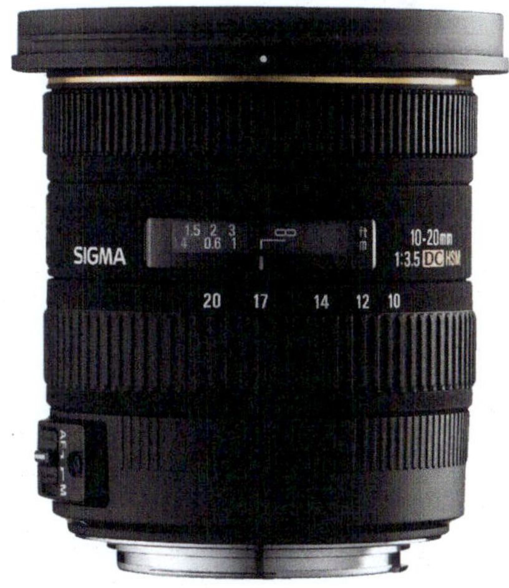

▲ *Sigma AF 10-20 mm f/4-5,6 EX DC HSM. (Bild Sigma)*

Die Schärfe ist im Zentrum durchgehend gut, jedoch an den Rändern nicht mehr ganz so solide. Die Verzerrung liegt im guten Mittelfeld, ist aber nicht ganz gleichmäßig, was eine Entzerrung in der Bildbearbeitung erschwert. Die chromatische Aberration glänzt hingegen durch ausgezeichnete Werte.

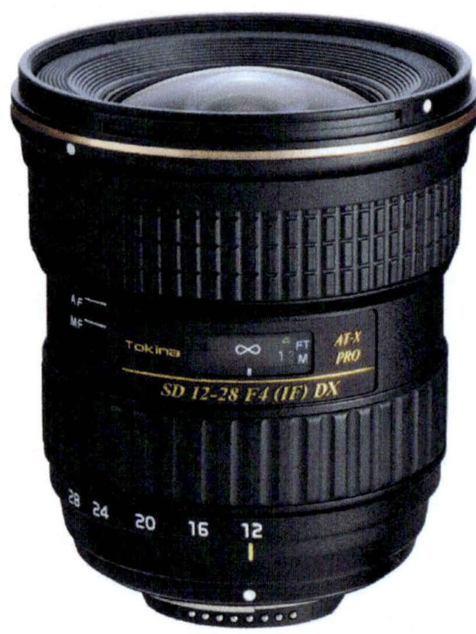

▲ *Tokina AT-X 12-28 mm f/4,0 PRO DX. (Bild Tokina)*

Ein Klassiker kommt von Tokina, das **Tokina AT-X 12-28 mm f/4,0 PRO DX**. Dieses präsentiert sich mit etwas weniger Weitwinkel, dafür mit durchgehender Blende f/4,0 und sehr solider Verarbeitung.

Da es schon etwas älter ist, hat es noch einen DC-Motor und keinen Ultraschallantrieb. Es ist deshalb etwas lauter und langsamer als moderne Objektive. Bei den geringen Verstellwegen der Linsen ist das aber kein wirkliches Problem.

Die Schärfe des Objektivs ist ausgezeichnet, auch bei voll geöffneter Blende, und lässt allenfalls am oberen Ende ab 24 mm etwas nach. Die Verzeichnung ist unproblematisch und ab 15 mm ausgesprochen gut. Das Objektiv ist etwas anfällig für Lens Flares, wenn gegen die Sonne fotografiert wird. Nicht so gut ist die hohe chromatische Aberration, auch im Vergleich mit den anderen Objektiven.

7.6 Entferntes Heranholen mit den Telebrennweiten

Oberhalb der Normalbrennweiten bieten Telebrennweiten die Möglichkeit, Motive zu verdichten und nah heranzuholen.

Für den mittleren Entfernungsbereich haben sich Objektive im Brennweitenbereich von 50 bis 300 mm bewährt. Hier findet sich ein reichhaltiges Angebot auf dem Markt. Objektive dieser Brennweiten eignen sich auch sehr gut für die Porträt- und Eventfotografie auf größere Entfernung.

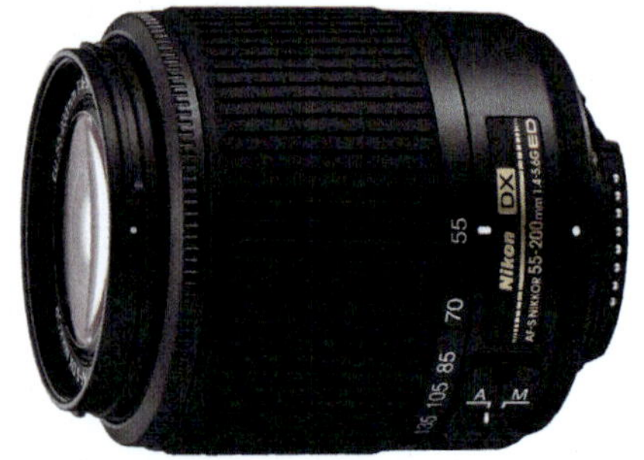

▲ *AF-S DX VR Zoom-NIKKOR 55-200 mm 1:4-5,6G IF-ED. (Bild Nikon)*

Ein echter Preistipp ist das recht gute **AF-S DX VR Zoom-NIKKOR 55-200 mm 1:4-5,6G IF-ED**. Die Verarbeitung ist gut, wenn es auch kein professionelles Objektiv ist. Es zeigt aber keine echten Schwächen: Schärfe, Vignettierung und chromatische Aberration werden nie zum Problem, sondern präsentieren sich fast durchgehend sehr ordentlich.

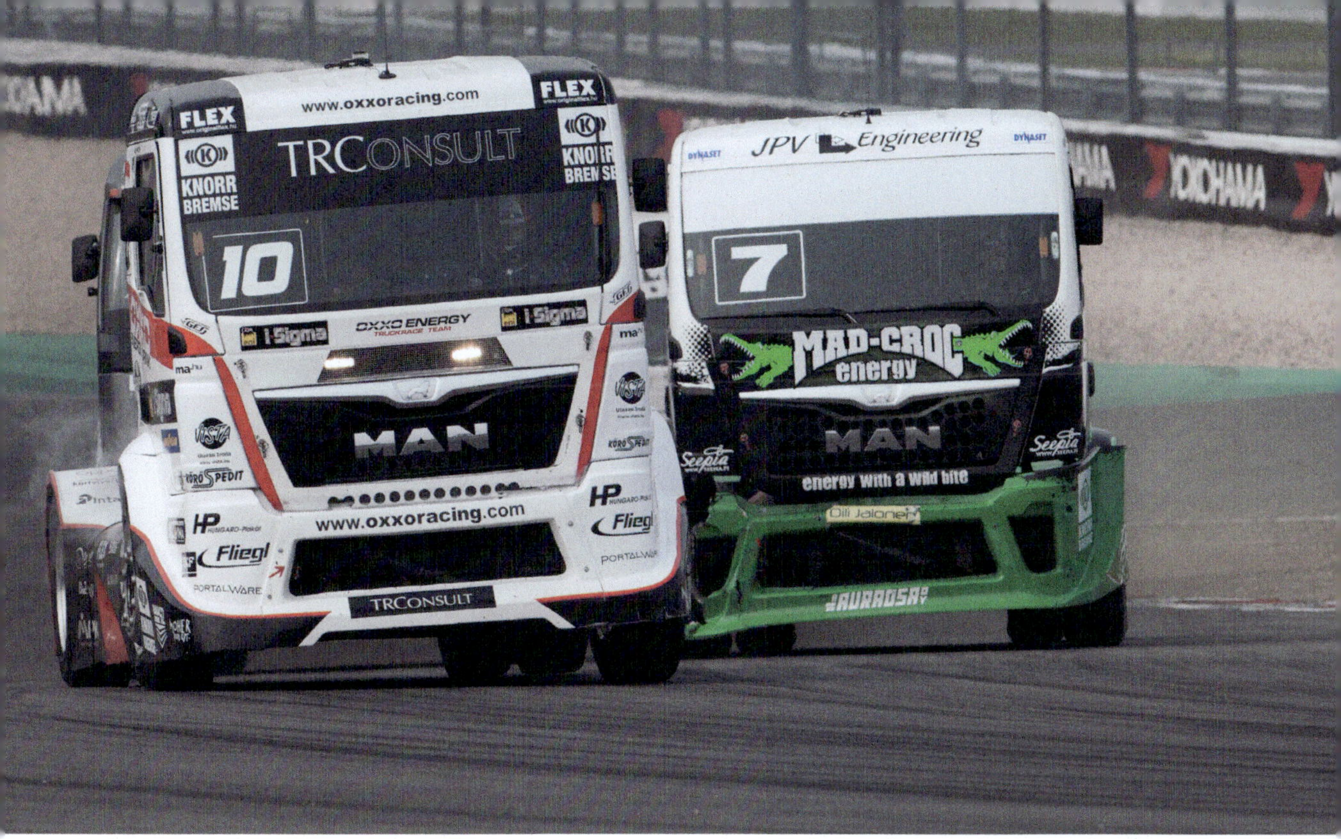

240 mm | f/5,6 | 1/320 s | ISO 400

▲ *Für diese Art von Actionaufnahme in mittlerer Distanz, hier etwa 20 m von der Leitplanke bis zum Ausgang der Startkehre der Nürburgring-GP-Strecke, benötigen Sie ein lichtstarkes Objektiv mit einer hohen optischen Leistung.*

Die VR (**V**ibration **R**eduction) liefert gute Ergebnisse. Einziger Nachteil ist die doch geringe Lichtstärke, die einen in manchen Situationen dazu zwingt, den ISO-Wert frühzeitig nach oben zu korrigieren. Der wirklich moderate Preis für das Objektiv macht aber alle Nachteile mehr als wett.

Ein beliebtes Objektiv ist auch das **AF-S VR 70-300 1:4,5-5,6G IF-ED**, das in der Brennweite etwas höher ansetzt und dafür bis zu 300 mm reicht. Das Objektiv ist im Bereich von etwa 70 bis 220 mm einwandfrei und ohne nennenswerten Makel. Vor allem die Schärfe ist sehr gut. Oberhalb von 220 mm lassen die Randbereiche deutlich nach, und es muss abgeblendet werden, um noch eine vernünftige Randschärfe zu gewährleisten. Die chromatische Aberration ist bei 300 mm ebenfalls deutlich ausgeprägt, lässt sich aber in der Bildbearbeitung korrigieren.

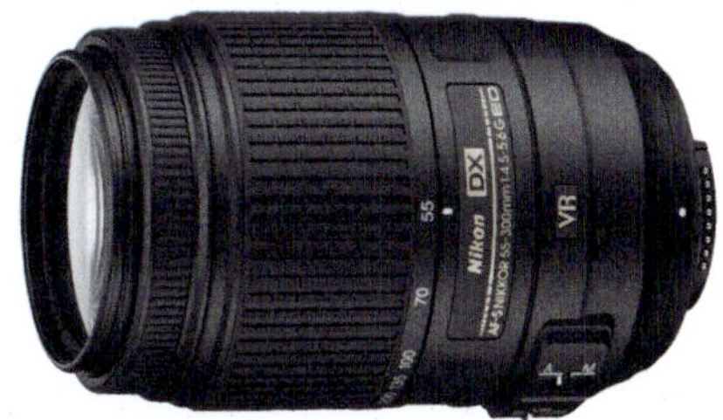

▲ *AF-S NIKKOR VR 70-300 1:4,5-5,6G IF-ED. (Bild Nikon)*

Mit seinem recht schnellen Autofokus eignet es sich z. B. für Sportfotografen, eine VR ist mit an Board. Das Objektiv ist schon etwas teurer in der Anschaffung, aber ohne ein Loch ins Portemonnaie zu reißen. Wem es trotzdem zu teuer ist, der kann es mit dem preiswerteren **AF-S DX NIKKOR 55-300 mm 1:4,5-5,6G ED VR** versuchen – von der Abbildungsleistung durchaus vergleichbar, seine Mechanik ist jedoch etwas schwächer.

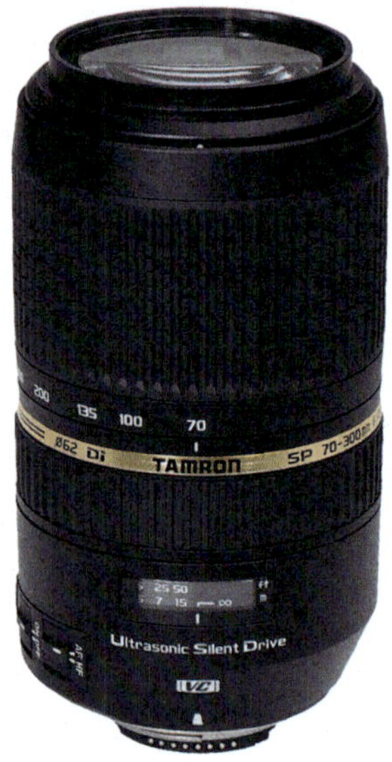

▲ *Tamron SP70-300 mm f/4-5,6 Di VC USD. (Bild Tamron)*

Als Alternative gibt es das ausgezeichnete **Tamron SP 70-300 mm f/4-5,6 Di VC USD,** das die gleiche Lichtstärke wie das Nikon-Objektiv aufweist. Es ist zudem mit einem neuen Ultraschallantrieb ausgerüstet und hat einen gut funktionierenden Stabilisator an Bord. Auch wenn sie preislich deutlich den Rahmen sprengen, sollen zwei Objektive nicht unerwähnt bleiben. Da ist zum einen das **AF-S NIKKOR 70-200 mm 1,4G ED VR** und zum anderen das **AF-S NIKKOR 70,200 mm 1:2,8G ED VR II**.

Beide Objektive sind in ihrer Abbildungsleistung über jeden Zweifel erhaben, von ausgezeichneter, professioneller Mechanik und weitgehend aus Metall gefertigt, was sich auch im Gewicht von 850 g bzw. 1,54 kg niederschlägt. Der Preis ist mit gut 1.000 Euro bzw. knapp 2.000 Euro zwar hoch, aber wer sie pfleglich behandelt, kann sie über Jahrzehnte einsetzen und sich immer wieder über ihre Qualitäten freuen.

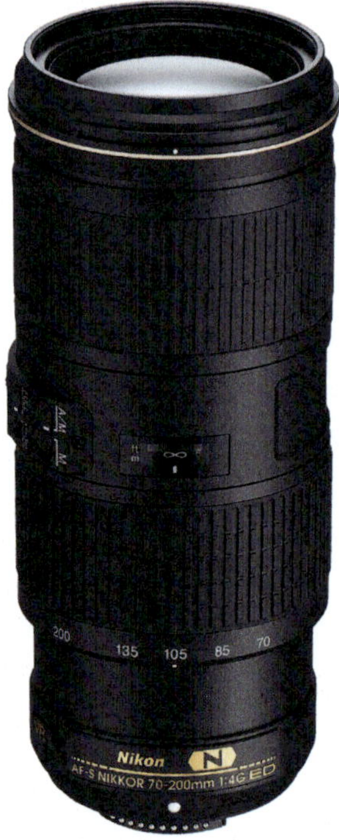

▲ *AF-S NIKKOR 70-200 mm 1:4G ED VR. (Bild Nikon)*

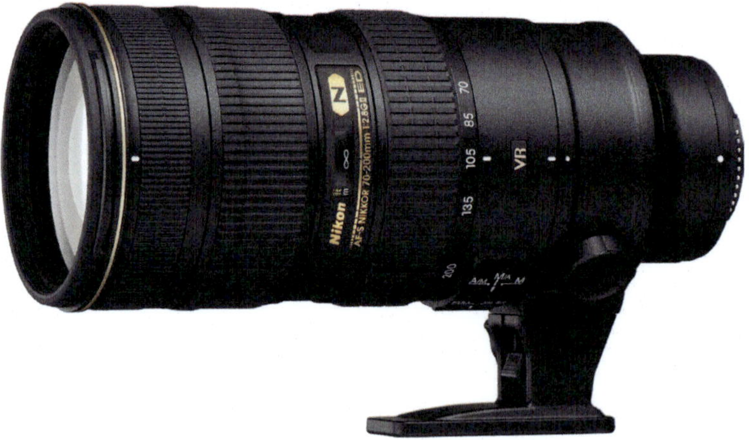

▲ *AF-S NIKKOR 70-200 mm 1:2,8G ED VR II. (Bild Nikon)*

7.7 Für den Urlaub: die Superzooms

Superzooms wie z. B. das **AF-S DX VR Zoom-NIKKOR 18-200 mm 1:3,5-5,6G IF-ED** wurde geschaffen für Fotografen, die für alle Gelegenheiten gerüstet sein wollen und unterwegs möglichst keine Objektive wechseln möchten.

Superzooms müssen allerdings ein Menge Kompromisse eingehen, um den riesigen Brennweitenbereich abgedeckt zu bekommen. Schärfe und Auflösung sind im Durchschnitt bestenfalls auf mittlerem Niveau, vor allem die Ränder fallen oft überproportional ab. Verzerrungen sind in den Extrempositionen meist ausgeprägt, und die Lichtstärke rangiert oft am unteren Ende. Die optischen Leistungen in Brillanz und Kontrast sind schwächer als bei Objektiven mit geringem Zoombereich. Besonders problematisch ist es, dass die Objektive versuchen, vom starken Weitwinkel bis in den hohen Telebereich alles abzudecken. Es gibt Zoomobjektive, die vom Weitwinkel- bis zum Normalbereich (wie das Sigma AF 17-70 mm f/2,8-4 DC HSM OS | C) oder ab dem leichten Tele- bis zum starken Telebereich (wie das NIKKOR AF-S 70-200 mm f/2,8 G ED VR II oder das NIKKOR AF 80-400 mm f/4,5-5,6 ED VR D) alles abdecken.

▲ *Das AF-S DX NIKKOR 18-300 mm 1:3,5-5,6 G ED VR – ist die teuerste Kit-Alternative, aber es stellt auch die Spitze der Nikon-Allround-Liga dar – eine mehr als überlegenswerte Kombination. (Bild Nikon)*

Allerdings hat auch in diesem Bereich die Technik in den letzten Jahren große Fortschritte gemacht. Schneiden viele der Superzooms verglichen mit Konkurrenten aus dem Festbrennlager oder geringen Zoombereichen immer noch schlechter ab, heißt das nicht automatisch, dass die Objektive eine schlechte Bildqualität liefern.

Tamron und Sigma liefern sich ein Rennen, um mit einem noch größeren Brennweitenbereich zu locken. Sigma ist mit dem **18-200 mm f/3,5-6,3 DC Macro OS HSM | C** und dem **18-250 mm f/3,5-6,3 DC Macro OS HSM** im Rennen.

▶ *Das Sigma 18-200 mm f/3,5-6,3 DC Macro OS HSM | C und das 18-250 mm f/3,5-6,3 DC Macro OS HSM. (Bilder Sigma)*

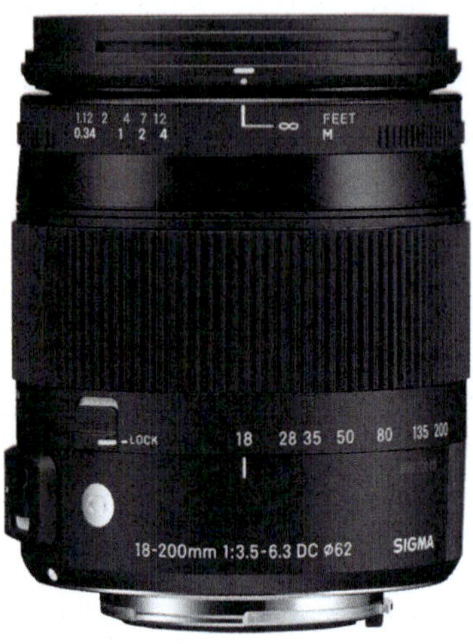

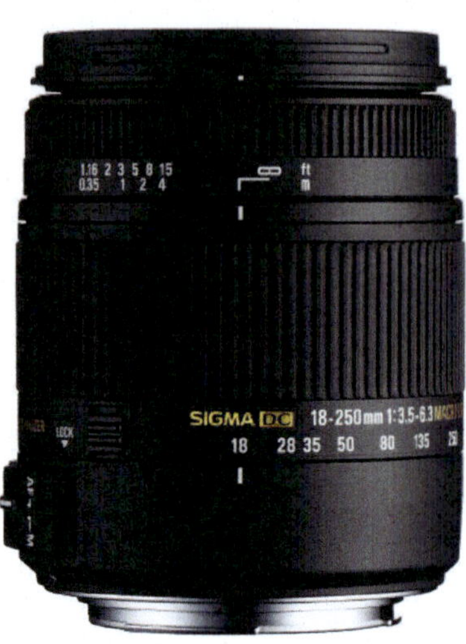

Beide bieten einen recht schnellen und leisen Ultraschallantrieb für den Autofokus, aber leider nur eine geringe Lichtstärke am Teleende. Da kommt der leistungsfähige Bildstabilisator gerade recht. Die Bildqualität ist erstaunlich gut für ein Superzoomobjektiv. Sehr angenehm ist, dass Sigma in letzter Zeit deutlich in eine höherwertige Verarbeitungsqualität investiert hat.

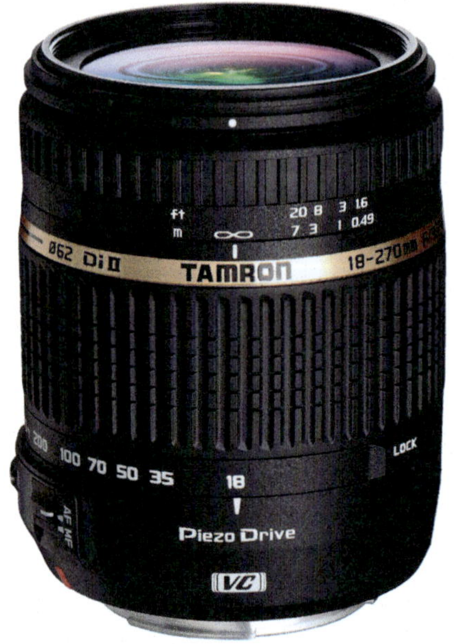

▲ *Tamron 18-270 mm f/3,5-6,3 Di II VC PZD. (Bild Tamron)*

Tamron kontert gleich mit den drei Modellen 18-200/ 250/270 mm. Der Zusatz Macro weist lediglich auf eine verringerte Mindestentfernung hin. Keinesfalls können Sie diese Objektive als echte Makroobjektive ansehen. Das **Tamron 18-270 mm f/3,5-6,3 Di II VC PZD** deckt den größten Brennweitenbereich ab.

Vor allem in den unteren Brennweitenbereichen kann die Auflösung durchaus überzeugen, in den höheren Regionen wird das Bild deutlich weicher. Es hat einen leisen, aber eher gemächlichen Autofokus. Die Verzeichnung liegt über dem Durchschnitt, die chromatische Aberration ist an den Brennweitenenden relativ hoch. Der Bildstabilisator arbeitet gut. Die größten Vorteile des Objektivs sind, neben dem extremen Brennweitenbereich, sein geringes Gewicht und seine kompakten Maße. Anfang des Jahres hat Tamron ein 16-300 mm f/3,5-6,3 Di II VC PZD angekündigt, das zur Zeit der Drucklegung verfügbar sein sollte.

Optisch sind die beiden Marken immer recht nahe beieinander, und auch das Nikkor kann sich nicht wirklich absetzen, sodass eine Kaufentscheidung hier eher vom Brennweitenbedarf und vom Preis abhängt.

7.8 Makroobjektive

Makroaufnahmen sind ein sehr beliebtes Themengebiet innerhalb der Fotografie – vor allem weil die Makrofotografie praktisch überall ausgeübt werden kann. Speziell die Natur direkt vor der Haustür bietet zahllose spannende Motive, um Kleines groß abzubilden.

Standardobjektive eignen sich für Aufnahmen der Mikrowelt weniger, sie besitzen häufig einen Mindestabstand zum Motiv von 50 bis 100 cm und erreichen so oft nur einen Abbildungsmaßstab von von 1:5 bis 1:10. Ein 1 cm großes Objekt wird dann im Bild nur noch in der Größe von 1 mm dargestellt.

Mit speziellen Makroobjektiven kann man viel näher an die aufzunehmenden Objekte heranrücken, manchmal beträgt der Abstand nur wenige Zentimeter, von der Frontlinse aus gerechnet. Kleine Gegenstände können so in ihrer wahren Größe auf dem Sensor dargestellt werden. Ein Makroobjektiv besitzt also typischerweise einen Abbildungsmaßstab von 1:1. In der Praxis ist man meist etwas großzügiger und bezeichnet bereits Objektive mit einem Darstellungsmaßstab von etwa 1:3 als makrofähig.

Von schöner Unschärfe herausgestellt: das Bokeh

Der Begriff Bokeh leitet sich von dem japanischen Begriff „boke" ab, der unscharf, verschwommen bedeutet. Gemeint ist damit der bei der Freistellung eines Motivs bei großer Blende nicht im Schärfebereich liegende Bildanteil. Vor allem bei Makro- und Porträtaufnahmen spielt das Bokeh eine wichtige Rolle, sodass gerade die dafür verwendeten Objektive darauf ausgelegt werden. Allerdings gibt es keine objektiven Tests, jeder Fotograf entscheidet nach seinem rein persönlichen Eindruck, welches Objektiv zu ihm passt.Nach vorherrschender Fotografenmeinung haben Zoomobjektive ein eher unschönes Bokeh. Dagegen wird ein attraktives Bokeh zumeist lichtstarken Festbrennweiten zugeordnet. Zu diesen gehören auch die beliebtesten Porträtobjektive mit 50 mm, 85 mm und 135 mm Brennweite.

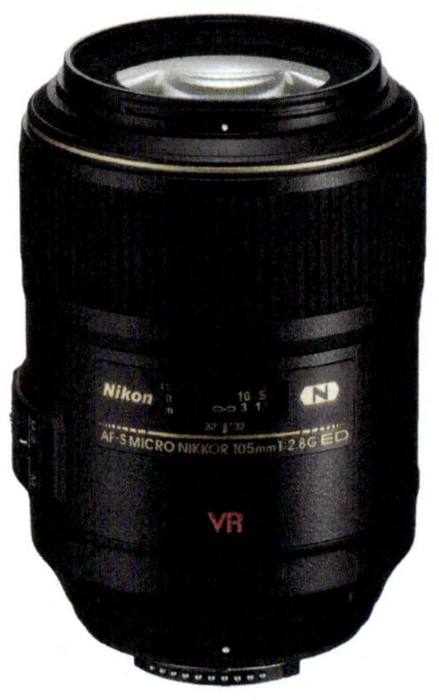

▲ *Micro NIKKOR AF-S VR 105 mm 1:2,8G IF-DG. (Bild Nikon)*

Da diese Objektive winzige Details aus geringem Abstand abbilden sollen, werden an sie hohe Anforderungen an die Auflösung gestellt. Sollen z. B. Insekten fotografiert werden, setzt man häufig höhere Brennweiten von 90 bis 150 mm ein, um den Abstand zu den Tieren etwas vergrößern zu können. Ansonsten unterschreitet man schnell deren Fluchtdistanz.

Auch die Lichtstärke ist ein wesentliches Kriterium. Durch den geringen Abstand zum Motiv fällt meist nur relativ wenig Licht auf den Sensor. Eine große Blendenöffnung kann dann sehr hilfreich sein.

Da die Schärfentiefe durch die speziellen Bedingungen der Makroaufnahme schnell auf wenige Millimeter zusammenschrumpfen kann, ist ein weiterer besonders wichtiger Punkt die Qualität des Bokehs. Das Bokeh ist der Unschärfebereich vor und hinter dem Fokuspunkt, also der Bereich außerhalb der Schärfentiefe. Weniger gute Objektive erzeugen häufig eine unangenehme Unschärfe, meist wirkt der Hintergrund dann „nervös" bzw. unruhig. Gute Makrolinsen zeichnen sich durch eine harmonische und gleichmäßige Unschärfe aus.

Nikon hat seinen Makroobjektiven im Gegensatz zu allen anderen Herstellern die Bezeichnung Micro mitgegeben. Micro-Nikkore gibt es mit den Brennweiten 60 mm, 105 mm und 200 mm. Will man andere Bereiche wie 90 mm, 150 mm oder 180 mm abdecken, muss man auf Modelle von Sigma oder Tamron zurückgreifen.

Eines der ersten Makroobjektive mit Bildstabilisator ist das **Micro NIKKOR AF-S VR 105 mm 1:2,8G IF-DG**, das einen für Makros mittleren Brennweitenbereich besitzt. Mit Innenfokussierung und Ultraschallmotor kann es extrem schnell und präzise scharf gestellt werden und ist eines der besten Makroobjektive überhaupt. Das hat natürlich seinen Preis, der sich aber für den engagierten Makrofotografen rechnet.

Das **AF-S Micro NIKKOR 60 mm f/2,8G ED N** ist ein echter Nikon-Klassiker, der zusammen mit seinen Vorläufern schon sehr lange im Programm ist. Das Objektiv besitzt mit 60 mm (90 mm an Crop-Kameras) die kürzeste Brennweite im Test, glänzt aber gleichzeitig mit der kürzesten Aufnahmedistanz von nur 18,5 cm (21,9 cm bei Nutzung des AF), wohlgemerkt, von der Sensorebene aus. In dieser Motiventfernung ergibt sich eine erreichbare kleinste Blende von f/4,8, was von der Kamera auch exakt angezeigt wird. Erst bei etwas größerem Abstand kann die Blende weiter geöffnet werden. Das Micro NIKKOR kann als AF-S-Linse auch an den Nikon-Kameras ohne eigenen Motor, wie die D3300 eine ist, eingesetzt werden. Es ist vollformattauglich, besitzt einen leisen und schnellen Silent-Wave-Motor sowie Innenfokussierung, sodass sich die Baulänge beim Fokussieren nicht ändert und sich die Frontlinse nicht mitdreht. Letzteres vereinfacht das Arbeiten mit Filtern und Makroringblitzaufsätzen.

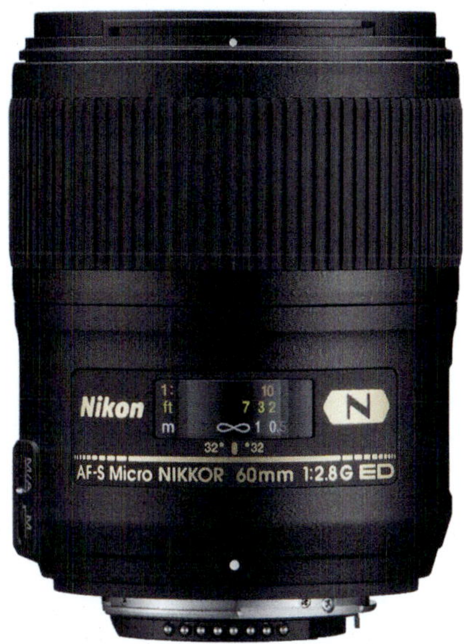

▲ *AF-S Micro NIKKOR 60 mm f/2,8G ED N. (Bild Nikon)*

Das Objektiv ist aus hochwertigem Kunststoff gefertigt und besitzt einen sehr breiten Fokusring. Er ist griffig gummiert und läuft gleichmäßig und leicht gedämpft, beides nicht nur für Makroobjektive Qualitätskriterien.

Wie bei hochwertigen Objektiven mittlerweile Standard, setzt Nikon Super-ED- und asphärische Glaslinsen ein für eine besonders hohe Auflösung bei gleichzeitiger geringer chromatischer Aberration und geringem Astigmatismus. Zusätzlich setzt Nikon auf eine Nanokristallvergütung, um die Anfälligkeit für Geisterbilder und Streulicht zu verringern. Eine Verzerrung der Optik ist mit bloßem Auge praktisch nicht zu erkennen und für den Praxiseinsatz zu vernachlässigen. Eine Randabschattung ist am APS-C-Sensor nur bei Blende f/2,8 erwähnenswert, dort aber auch nicht sehr ausgeprägt. Bereits durch leichtes Abblenden verschwindet sie nahezu vollständig.

Etwas anders sieht es mit der **c**hromatischen **A**berration (CA) aus. Sie ist am AF-S Micro NIKKOR in den Randberei-

▲ *Im 100 %-Ausschnitt ist leichte chromatische Aberration zu erkennen.*

chen vergleichsweise deutlich ausgeprägt. Allerdings können die Farbabweichungen im RAW-Format relativ leicht entfernt werden. In Lightroom geht das z. B. auch automatisch, da das Objektivprofil des NIKKOR dort hinterlegt ist. Seit der Nikon D300 können Nikon-DSLRs bereits in der Kamera CAs aus dem JPEG-Format entfernen.

Sehr gut sieht es bei der Schärfeleistung des Micro NIKKOR aus. Bereits bei Offenblende ist die Leistung sehr gut. Leicht abgeblendet, steigt noch einmal erkennbar die Brillanz der Abbildungen. Erst ab Blende 16 sinkt die Schärfe durch die Blendenbeugung signifikant ab. Der Randabfall ist, wie bei der Abschattung, nur sehr gering ausgeprägt und auf exzellentem Niveau. Alles in allem erhält man mit diesem Objektiv einen sehr guten Gegenwert. Das Objektiv empfiehlt sich vor allem für Fotografen, die sehr dicht an ein Motiv heranrücken möchten. Auch als Porträtlinse macht es mit seinen 60 mm eine gute Figur.

Das **Sigma Macro 150 mm f/2,8 APO EX DG OS HSM** ist ein voluminöses Objektiv mit einer Brennweite von 150 mm und einer maximalen Lichtstärke von f/2,8. Es ist aus 19 Linsen in 13 Gruppen aufgebaut und hat einen stattlichen Filterdurchmesser von 72 mm. Derartige Glasmengen bringen ansehnliche 1.180 g auf die Waage, weshalb das Sigma auch

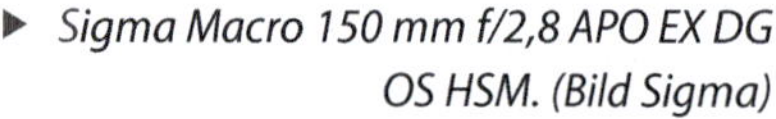

▶ *Sigma Macro 150 mm f/2,8 APO EX DG OS HSM. (Bild Sigma)*

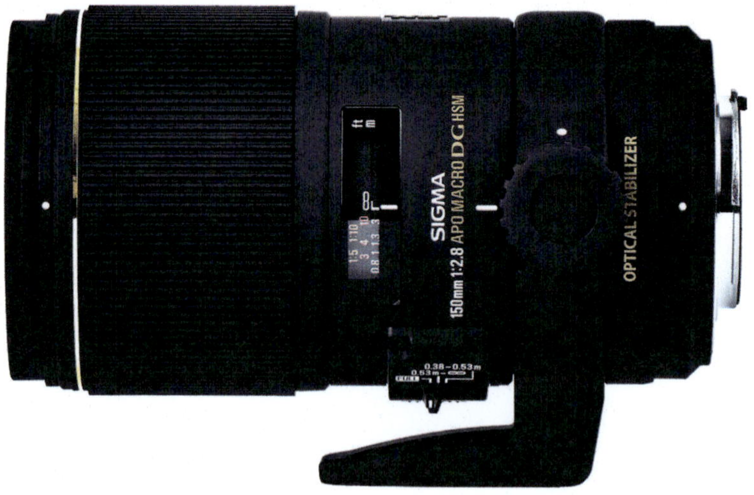

mit einer eigenen Stativschelle ausgestattet ist. Um die Linsen nicht unnötig lange Wege zurücklegen zu lassen, besitzt es einen Fokussierbereichsbegrenzer: Full, 0,53 m – ∞ und 0,38 m – 0,53 m. Das ist im Makrobereich eine sehr praktische Hilfe. Das Objektiv ist innen fokussiert, ändert also seine Baulänge nicht, und die Frontlinse dreht sich nicht. Die Naheinstellgrenze liegt bei 38 cm. Der zweistufig arbeitende Sigma-eigene Bildstabilisator arbeitet zuverlässig, auch wenn die Marketingabteilung mit vier Blendenstufen wohl etwas übers Ziel hinausgeschossen ist. Im Makrobereich sind aber auch drei Blendenstufen schon eine gute Leistung. Der **H**yper **S**onic **M**otor (HSM) bewegt die Linsen souveräner als noch beim Vorgängermodell.

Eine Vignettierung ist allenfalls bei Blende f/2,8 von Bedeutung, leicht abgeblendet spielt sie keine Rolle mehr. Die Korrektur der chromatischen Aberration ist auf dem höchsten Niveau aller getesteten Objektive und absolut vernachlässigbar. Das Bokeh ist ansprechend, aber vielleicht nicht ganz auf dem Spitzenniveau z. B. des Nikon-Objektivs. Vor allem die Unschärfe im Vordergrund wirkt ein wenig kribbelig. Spitzlichter werden hingegen (leicht abgeblendet) rund und weich wiedergegeben und bieten keinen Anlass zu Kritik.

Bildschärfe und Brillanz sind schon bei Offenblende sehr gut und erreichen um zwei Stufen abgeblendet vor allem im Zentrum Spitzenwerte. Hervorzuheben ist auch die Tatsache, dass die Schärfe zum Rand hin nur unwesentlich abnimmt und das hohe Niveau halten kann.Das Sigma eignet sich besonders für Fotografen, die Insekten und andere Lebewesen aus etwas größerer Distanz vom Stativ aus ablichten wollen.

Erwähnt werden soll auch noch ein Klassiker von Tamron, das **SP AF 90 mm f/2,8 Di MACRO 1:1**. Die Qualität des Objektivs wird in zahlreichen Testberichten gelobt, und es glänzt in allen relevanten Disziplinen.

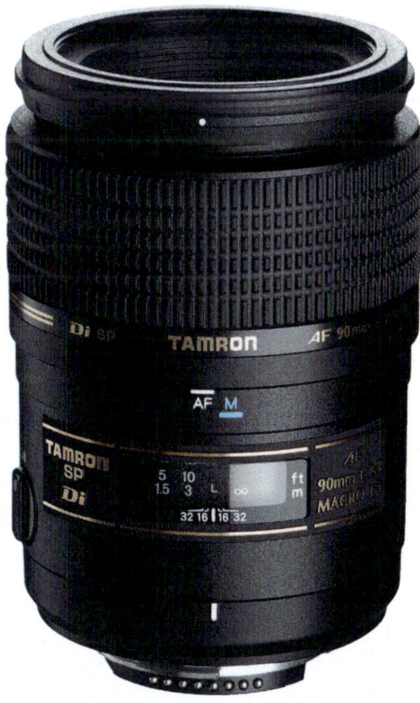

▲ *Tamron SP AF 90 mm f/2,8 Di MACRO 1:1. (Bild Tamron)*

Tilt-Shift-Wirkung mithilfe der Bildverarbeitung

Bildbearbeitungsprogramme bieten mehrere Funktionen an, stürzende Linien herauszurechnen. Dazu können Sie das verwendete Objektiv angeben, sodass die Software, die über eine Datenbibliothek gängiger Objektive verfügt, das Bild automatisch korrigiert. Aber auch ohne diese Angabe gelingt dies meistens. Nikons RAW-Konverter ViewNX2 verfügt leider nicht über diese Funktion, aber es gibt mittlerweile diverse kleine Zusatzprogramme, die sich darauf spezialisiert haben und zufriedenstellende Ergebnisse erzielen.

Tilt-Shift-Objektive für Architekturaufnahmen

Wer häufig Aufnahmen von Gebäuden macht, kennt das typische Problem der stürzenden Linien, besonders bei hohen Gebäuden, die, von unten hoch fotografiert, auf den Betrachter zu stürzen scheinen.

Dieser Effekt kommt dadurch zustande, dass das Bild nur dann auf einer Ebene auf den Sensor fällt, wenn die Kamera genau parallel zum Motiv gehalten wird, sodass alle Teile in einer Schärfeebene liegen. Mit einem Tilt-Shift-Objektiv (bei Nikon mit PC für **P**erspective **C**ontrol abgekürzt) wirken Sie solchen Effekten entgegen.

Shiften mit dem Objektiv

Ein Shift-Objektiv ermöglicht das parallele Verschieben (engl. Shift) des Linsensystems gegenüber der Sensorebene und damit Perspektivkorrekturen. Oft ist das Shiften noch

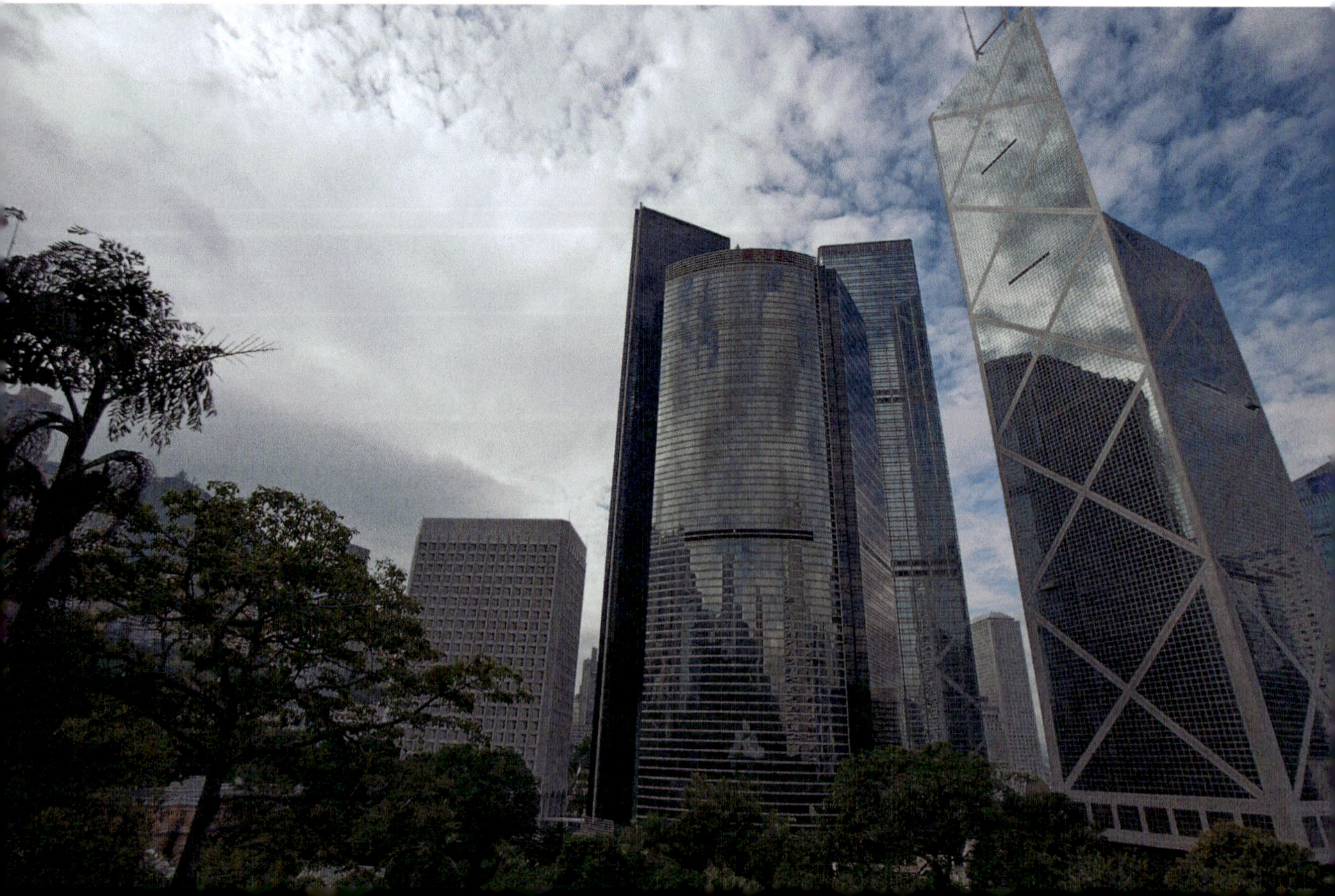

▼ *Der schnell gemachte Schnappschuss von Bank-Towers in Hongkong zeigt das Phänomen der stürzenden Linien. Gerade bei Aufnahmen von hohen Gebäuden aus der Normalperspektive kommt es zu dem Effekt, dass die Linien zu stürzen scheinen.*

mit der Möglichkeit kombiniert, durch Verschwenken des Linsensystems (Tilt) auch die Schärfeebene zu verlagern. Damit wird die Schärfeebene der Kamera-Objektiv-Kombination an die gewünschte Objektebene angepasst und beispielsweise eine durchgehende Schärfe beim Fotografieren schiefer Ebenen erreicht.

Diese Objektive sind sehr teuer, denn an die Qualität des Linsensystems eines Shift- oder TS-Objektivs werden sehr hohe Anforderungen gestellt. Ein größerer Bildkreis ist vonnöten, um beim Verschieben eine Vignettierung zu verhindern. Die Verschiebung bedingt auch, dass RandUnschärfe in die Mitte wandern können und so die Bildwirkung noch mehr schwächen.

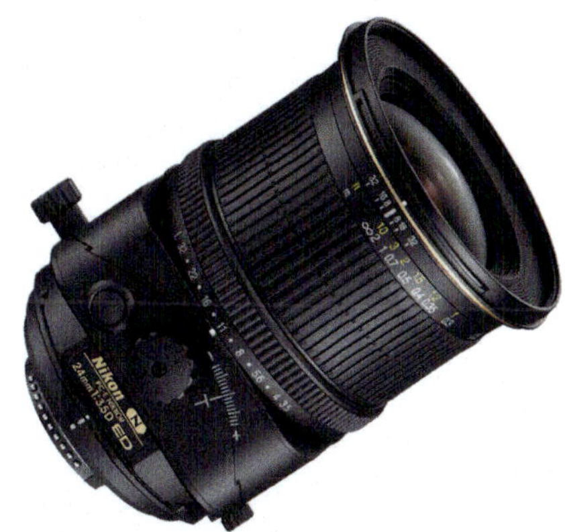

▲ *Nikons Tilt-Shift-Objektive wie das PC-E NIKKOR 24 mm 1:3,5D ED verfügen über keinen AF, sind aber optische Neuentwicklungen. Mit dem PC-E Micro NIKKOR 85 mm 1:2,8D, dem PC-E Micro NIKKOR 45 mm 1:2,8D ED und dem PC-E NIKKOR 24 mm 1:3,5D ED bietet Nikon gleich drei derartige Spezialobjektive an. (Bild Nikon)*

7.9 Filter helfen in besonderen Aufnahmesituationen

Die elektronische Bildbearbeitung hat den Einsatz von Filtern weitgehend zurückgedrängt, da viele Filterwirkungen in der Bildbearbeitung erzielt werden können. Das bietet zum einen den Vorteil, dass man die Wirkung des Filters bei einer eher negativen Bildwirkung wieder entfernen kann, zum anderen haben viele Objektive unterschiedliche Durchmesser, sodass man für seinen Objektivpool eine Filterart mit mehreren Durchmessern haben oder, wenn möglich, einen Adapter verwenden müsste. Übrig geblieben sind jedoch zwei Filterarten, die auch heute noch unersetzbar sind, denn ihre Effekte lassen sich nicht simulieren: der Grau- und der Polarisationsfilter.

Objektive ohne CPU nutzen

Die D3300 kann optimal nur mit Objektiven arbeiten, die eine CPU haben und mit ihr kommunizieren. Das können ältere Objektive, erkennbar an den fehlenden Kontakten am Bajonett, nicht. Sie müssen bei solchen Objektiven auf die automatische Belichtungsmessung und Belichtungssteuerung verzichten. Das ist umständlich und lohnt sich nur bei wirklich sehr exzellenten Spezialobjektiven.

Graufilter zur Lichtreduzierung

Der Graufilter bzw. **N**eutral**d**ichtefilter (ND) dient dazu, die Lichtmenge zu begrenzen. Wenn die Lichtmenge einfach zu groß ist und Sie z. B. eine offene Blende und/oder lange

Verschlusszeiten für Ihre Bildwirkung brauchen, müssen Sie den Lichteinfall gezielt vermindern. Die D3300 erlaubt zwar eine ISO-Einstellung von 50, aber selbst das kann bei hellem Sonnenlicht nicht ausreichen. Dazu sind diese Filter homogen neutralgrau eingefärbt, um eine unverfälschte Farbwiedergabe zu gewährleisten.

Eine typische Anwendung für Graufilter sind Porträts bei Tageslicht, die zur Freistellung des Hintergrunds eine offene Blende benötigen. Der Graufilter kann dabei die Lichtmenge ausreichend reduzieren. Eine weitere typische Anwendung besteht darin, fließendes Wasser durch eine lange Belichtungszeit weichzuzeichnen.

Die Filterwirkung ist durch die Nennung des Filterfaktors (ND) und der **o**ptischen **D**ichte (OD) als Logarithmus zur Basis 10 des Filterfaktors gekennzeichnet. Somit entspricht der Filterfaktor 1.000 einem ND von 3,0.

36 mm | f/11,0 | 1 s | ISO 100

▼ *Nur mit einem Neutralgraufilter konnte die Belichtungszeit auf eine Sekunde verlängert werden, damit das Wasser weicher wird.*

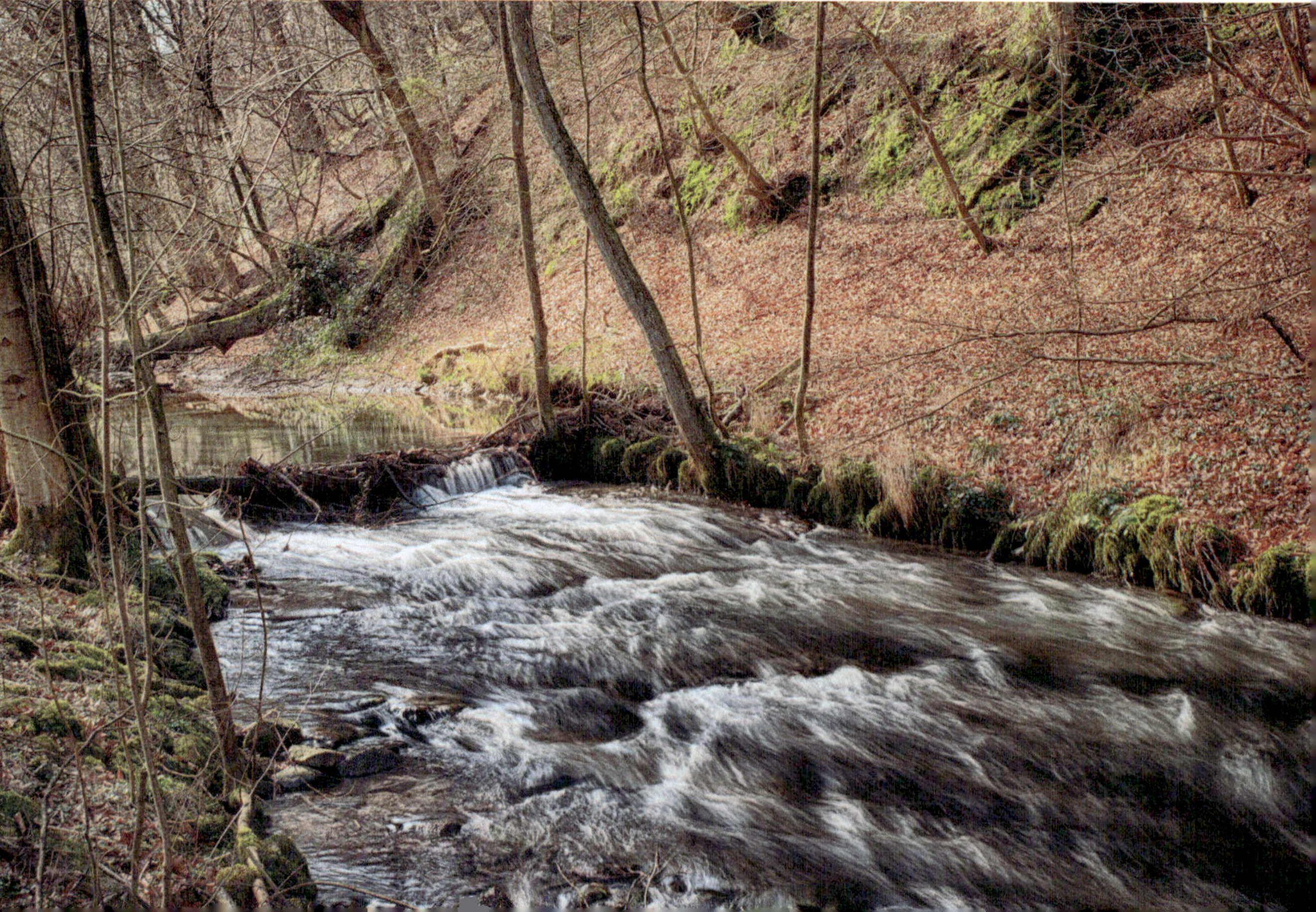

Im Angebot sind auch Verlaufsfilter, die nur einen Bildbereich abdunkeln, z. B. die Hälfte. Bringen Sie damit die graue Hälfte mit dem hellen Himmel einer Landschaftsaufnahme in Übereinstimmung, können Sie insgesamt eine ausgewogenere Belichtung erreichen.

Leider sind Sie damit auf einen mittigen Horizont festgelegt. Das ist für Reisende in Ländern mit starkem Licht aber sicher eine Option. Sie können das Bild in der späteren Bildbearbeitung in einer anderen Bildaufteilung zurechtschneiden, vorausgesetzt, Sie haben den Bildausschnitt groß genug gewählt.

Polfilter nicht nur für Postkartenbilder

Ein Polarisationsfilter, auch Polfilter genannt, lässt nur Licht durch, das in der Polarisationsebene des Filters schwingt. Für DSLR-Kameras wie der Nikon D3300 muss ein Zirkular-Polarisationsfilter verwendet werden.

Slimfilter empfehlenswert

Achten Sie bei Polfiltern darauf, dass der Rand nicht zu dick ist, da er insbesondere bei weitwinkligen Objektiven zu unschönen Randabschattungen führen kann. Greifen Sie daher lieber zu den sogenannten Slimfiltern, die einen besonders schmalen Querschnitt aufweisen.

Der Polarisationsfilter verringert die Lichtstärke um mindestens eine Blende, da einige Lichtbestandteile nicht durchgelassen werden, und kann daher auch als Ersatz für einen Graufilter eingesetzt werden.

Er unterdrückt darüber hinaus Reflexionen von glatten, nicht metallischen Oberflächen wie z. B. Wasser oder Glas. Dies funktioniert optimal, wenn Sie einen Anstellwinkel von etwa 30° bis 40° von der Objektivachse zur Reflexionsfläche einhalten, deshalb sind Polfilter drehbar. Eine spiegelnde Wasserfläche wird bei richtiger Stellung durchsichtig oder durch einen dunklen Untergrund schwarz. Die allermeisten Objektive haben eine Frontlinse, die sich beim Fokussieren nicht dreht, es gibt jedoch ein paar Exemplare, deren Frontlinse sich immer noch dreht. An ihnen ist der Einsatz des Polfilter mühsam.

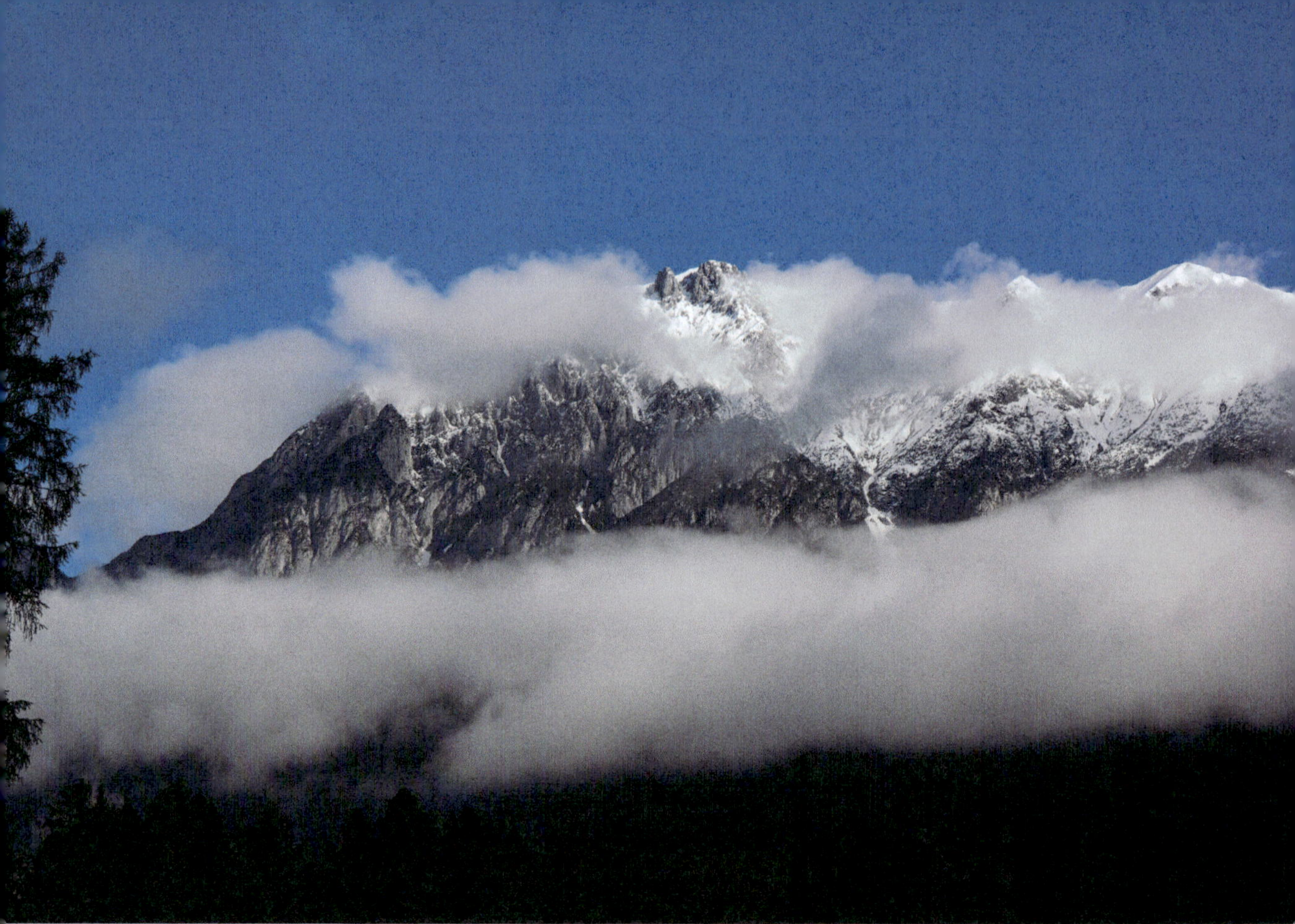

24 mm | f/8,0 | 1/125 s | ISO 100

▲ *Morgens im Gebirge lassen sich wunderbare Momente festhalten. Mit einem Polfilter wird der blaue Himmel mit seinem vollen Farbton dargestellt, der Kontrast wird gesteigert.*

7.10 Stative für jeden Einsatz

Ein Stativ muss stabil, schwingungsarm, leicht zu transportieren und natürlich sehr flexibel im Aufbau sein, um die Kreativität des Fotografen exakt umsetzen zu können. Das sind keine leichten Aufgaben. Die sorgfältige Planung und ein überlegter Aufbau für eine Aufnahme sind die wesentlichen Kriterien, die ein professionelles Foto von einem Schnappschuss unterscheiden. Deshalb sind Stative, neben den Lichtquellen und -gestaltern, mit das wichtigste Handwerkszeug des Fotografen. Häufig empfinden aber gerade Amateurfotografen das Arbeiten mit einem Stativ als eher lästig und unbequem. Deshalb sollte man sich die Stative vor dem Kauf genau ansehen und auch einmal ausprobieren. Eines der wichtigsten Unterscheidungsmerkmale bei Stativen bezieht sich auf das verwendete Material. Stative aus Aluminium sind stabil, standfest und meist eher schwer. Stative aus Carbon sind sehr schwingungsfest und wiegen oft nur einen Bruchteil eines Aluminiumstativs, sie sind aber nicht ganz so standfest wie die schwereren Aluminiumstative.

Materialien der Stative

Wenn einfache Materialangaben zum Stativ wie Aluminium und Carbon gemacht werden, beziehen diese sich auf die Beine und die Mittelsäule, oder es sind weitere Angaben gemacht. Die Bein- und Mittelsäulenhalterung ist hingegen fast immer aus Magnesiumdruckguss gefertigt.

Wer viel unterwegs ist oder ein Stativ für den Urlaub sucht, sollte sich im Carbonlager umsehen, im Studio oder für die Landschaftsfotografie kann ein Aluminiumstativ die bessere Wahl sein. Im Folgenden stellen wir einige typische Vertreter der Mittelklasse vor.

Vanguard Alta Pro 263AGH

Das Vanguard-Stativ macht auf den ersten Blick einen sehr wertigen Eindruck. Saubere Verarbeitung, Extras und sinnvolle Ausstattungsmerkmale stehen bei diesem Stativ im Vordergrund. Geliefert wird das Alta Pro 263AGH im Kit mit dem guten GH-100-Kugelkopf und Griffauslöser (Pistolengriff). Das Stativ selbst ist komplett aus Aluminium gefertigt, besitzt aber noch ein moderates Gewicht von 2,6 kg. Die Beine sind mit Schaumstoff ummantelt und besitzen zwei Auszüge mit Schnellklemmen. Voll ausgefahren, beträgt die Arbeitshöhe gute 1,74 m, ohne Mittelsäule kommt es noch auf 1,32 m. Die Tragkraft ist realistisch mit 6 kg angegeben, das reicht auch noch für schwere Objektive.

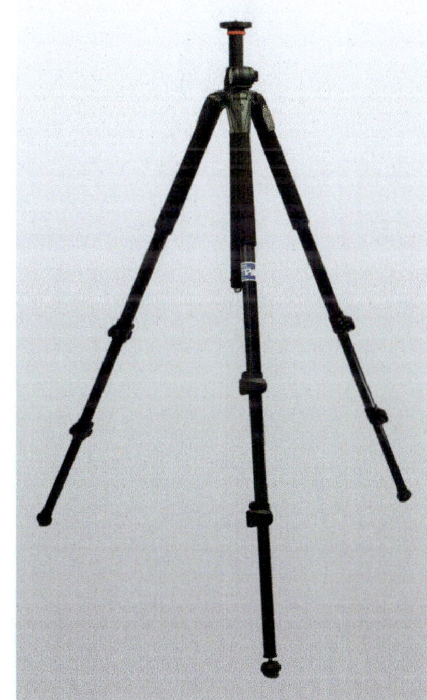

Für längere Touren ist es weniger geeignet, dafür ist es dann doch schon etwas schwer und mit einem Packmaß von 72,5 cm nicht wirklich handlich zu verstauen. Die Füße sind sowohl mit Gummikappen als auch mit Spikes versehen, um Letztere zu aktivieren, müssen die Kappen nur hochgeschraubt werden. Das ist angenehm, da sie so nicht verloren gehen und man sich keine Gedanken über das Verstauen machen muss. Der Clou des Vanguard Alta Pro 263AGH ist die äußerst flexible Einstellung der Mittelsäule. Die Säule kann nach oben gezogen werden, dazu muss ein kleiner

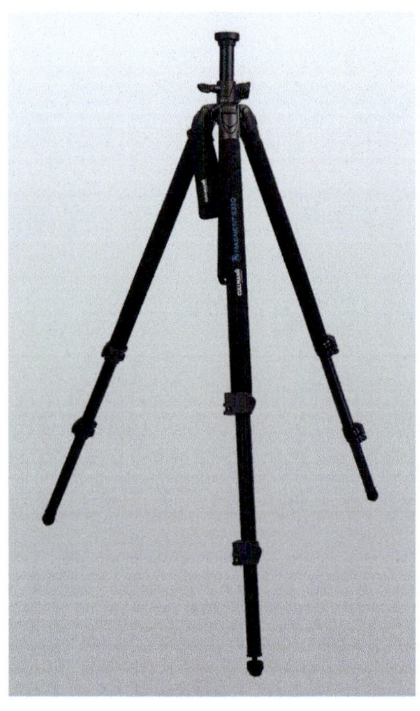

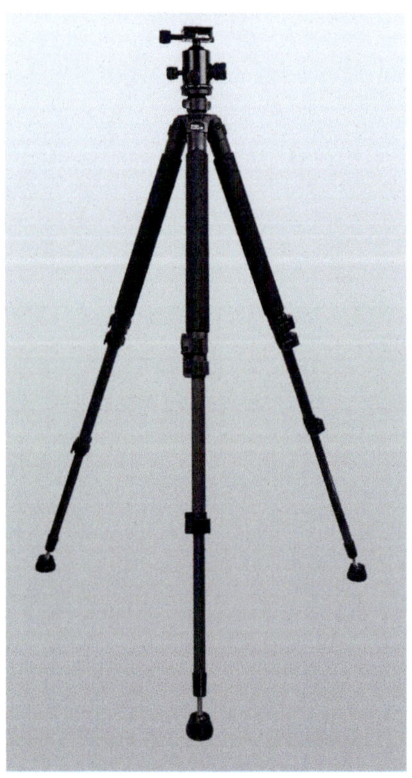

Sicherungsstift eingedrückt sein. Dann kann die Säule noch etwas weiter ausgefahren und in einen beliebigen Winkel zwischen 0° und 180° gekippt werden. Das ist vor allem für Naturfotografen eine tolle Sache, die minimale Aufnahmehöhe lässt sich so problemlos auf ca. 14 cm reduzieren.

Cullmann Magnesit 532Q

Das Cullmann Magnesit beeindruckt schon allein durch seine Größe. Voll ausgefahren, misst es gut zwei Meter Höhe, die Stativbeine haben einen Durchmesser von 3 cm (mit Moosgummi knapp 4 cm).

Es drängt sich der Eindruck von Stabilität und Solidität auf. Das Stativ ist aus Aluminium gefertigt, und das Gesamtgewicht ist mit 2,7 kg schon recht hoch, für dieses massive Gestell aber noch als moderat zu bezeichnen. Ein Outdoorspezialist ist es aber natürlich nicht mehr, höchstens für Landschaftsfotografen, die kurze Wege haben und auch bei einer steifen Brise noch verwacklungsfreie Fotos machen wollen.

Hama Omega Carbon III

Das Hama Omega Carbon III ähnelt in seiner massiven Ausführung dem Cullmann Magnesit und ist voll ausgefahren mit 202 cm sogar noch 2 cm höher. Die maximale Höhe ohne Mittelsäule beträgt immer noch stattliche 158 cm. Vor allem große Menschen ab ca. 190 cm werden das Arbeiten ohne krummen Rücken zu schätzen wissen.

Die geringste Arbeitshöhe beträgt ca. 45 cm, das Packmaß kommt nicht unter rund 71 cm. Obwohl das Hama Omega weitgehend aus Carbon gefertigt ist, ist es mit 3,2 kg das schwerste Stativ im Test, da hätte sicher noch optimiert werden können.

Erfreulicherweise liefert Hama einen massiven und gut ausgestatteten Stativkopf mit, der aber für den Test keine Rolle spielt.

Manfrotto 055CXPRO3

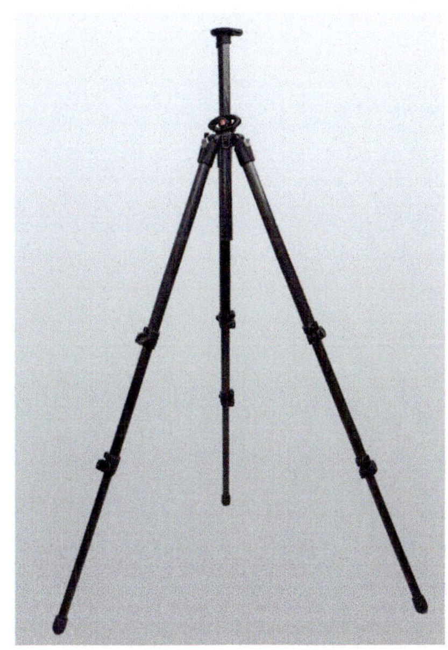

Für seine Größe von maximal 175 cm ist das Manfrotto erfreulich leicht gebaut und bringt tragefreundliche 1.650 g auf die Waage. Die Beine sind aus hochwertigem Carbon gefertigt und besitzen zwei Auszüge, die mit Schnellklemmen arretiert werden.

Leider sind die Klemmen nicht ganz so angenehm nachzujustieren wie bei Vanguard oder Cullmann, allerdings war es im Testzeitraum auch nicht nötig.

Die Beine können in vier verschiedene Positionen abgespreizt werden, dazu gehört auch der 90°-Winkel (offiziell gibt Manfrotto 89° an), was sehr angenehm für Makroaufnahmen ist. In dieser Position beträgt die minimale Aufnahmehöhe nur noch 11,5 cm. Die Rastung lässt sich mit einer selbsttätig rückstellenden Sperre zur Not mit einer Hand einstellen. Die Beine sind stabil und steif, nichts klappert oder hat Spiel. Als Füße sind Gummikappen angebracht, Spikes fehlen.

Die Mittelsäule ist abwechselnd aus drei runden und drei geraden Teilstücken (im Querschnitt) gefertigt, Manfrotto nennt das „three-faceted“. Im Ergebnis ist die Säule so prima gegen Verdrehen gesichert. Die große Stativplatte ist mit einer Libelle zur Ausrichtung versehen.

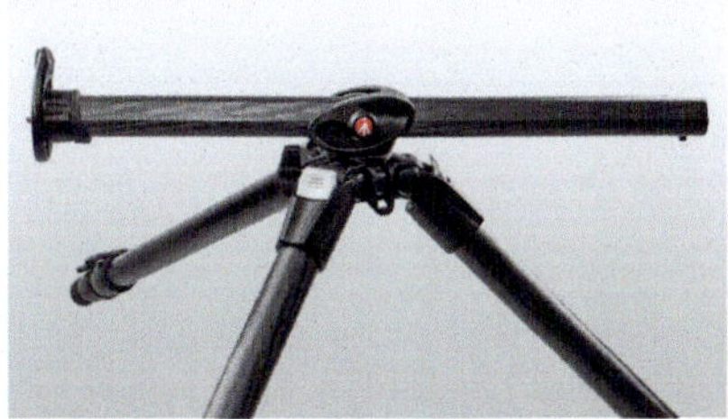

Die Mittelsäule des Manfrotto kann mit dem eigenen Q90°-System sehr schnell um 90° gedreht werden. Die Säule wird nur bis zum Ende hochgeschoben, ein kleiner Sicherungsstift wird eingedrückt und umgelegt.

Die Halterung von Manfrotto verteilt das Gewicht, das auf der so abgewinkelten Säule lastet, deutlich besser als z. B. die von Cullmann. Trotzdem sollte man die Carbonsäule in der Praxis nicht in extreme Positionen ausfahren. Eine stufenlose Winkeleinstellung ist hingegen nicht vorgesehen.

7.11 Fernauslöser und Fernsteuerung

Situationen, in denen eine Fernauslösung oder gar eine komplette Fernsteuerung der Kamera sinnvoll und wünschenswert ist, gibt es viele. Um Ihre D3300 z. B. perfekt erschütterungsfrei vom Stativ aus bedienen zu können, gibt es viele technische Lösungen, vom Kabelfernauslöser bis hin zur WLAN-basierten Smartphone-App.

Fernauslöser : Infrarot, USB und drahtlos

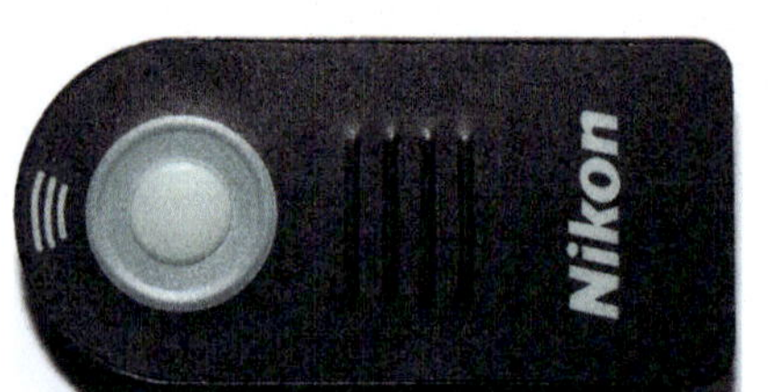

▲ *Die IR-Fernbedienung kann nicht viel, kostet aber auch nur wenige Euro.*

Die D3300 hat, wie alle Nikon-DLSRs ohne 10-Pol-Schnittstelle, einen IR-Empfänger an der Kameravorder- und -rückseite. Die Auslösung per Infrarotfernauslöser ML-L3 oder einen seiner vielen Nachbauten hat nur eine sehr begrenzte Reichweite, und der Empfänger an der Kamera muss direkten Sichtkontakt zum Auslöser haben. Alternativ sind Kabelfernauslöser eine sehr gute und zuverlässige Möglichkeit für sehr ruhige Bilder.

USB-Fernsteuerung

Sie können die D3300 mit dem mitgelieferten USB-Kabel an ein Notebook oder einen PC anschließen und haben dann mit der kostenpflichtigen Software Camera Control einen Live-View-Modus auf dem Bildschirm. Das eignet sich besonders im Studio oder für Tieraufnahmen. Auf dem großen Monitor des Laptops lässt sich die Schärfe sehr gut kontrollieren. Der Zoomring des Objektivs lässt sich so zwar nicht drehen, aber die elektronischen Kameraparameter können Sie beeinflussen – Sie haben also nahezu die volle Kontrolle. Die Kabellängen sind beim USB-Kabel auf etwa 10 m begrenzt.

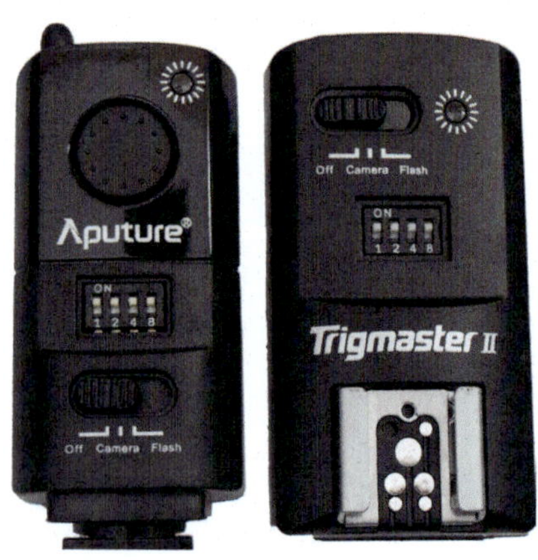

▲ *Typische Kombination aus Blitz- und Kamerafunkfernauslöser.*

Funkauslöser

Funkauslöser sind eine sehr komfortable Lösung. Sie haben eine hohe Reichweite, viele überbrücken durchaus bis zu 100 m bei direktem Sichtkontakt. Um die Ecke herum sind die Entfernungen dagegen weitaus geringer, anders als bei der IR-Fernbedienung funktioniert es aber grundsätzlich. Fast alle arbeiten mit 4 MHz, da diese Frequenzen dafür zugelassen sind. Zumeist sind sie codierbar, damit sich die Geräte verschiedener Fotografen nicht in die Quere kommen.

Es gibt sie in verschiedensten Preisklassen auf dem Zubehörmarkt. Wenn Sie den Funkauslöser nur gelegentlich nutzen, können Sie ruhig zu einem günstigen Nachbau greifen. Die sind zwar nicht so zuverlässig wie Markenprodukte, aber sehr viel billiger. Die etwas besseren Modelle können neben der Kamera auch einen externen Blitz auslösen.

Das Nikon-GPS-1-Modul und das eng verwandte Phottix-GPS-Modul haben eine Verlängerungsschnittstelle, an die weiteres Zubehör, wie ein Funkauslöser, angekoppelt werden kann. Funkauslöser vom freien Markt bieten Ihnen allerdings keine optische Kontrolle.

Eine preiswerte und flexible Lösung mit guter Reichweite stellt das WLAN-Modul WU-1a in Verbindung mit einer Smartphone-App dar.

Fernauslösung per Smartphone-App mit dem WU-1a

Das kleine WLAN-Modul WU-1a ist für denjenigen, der entweder ein Android-Smartphone/-Tablet oder ein iPhone/iPad/iPod touch mit mindestens iOS 5.1 sein Eigen nennt, eine gute Alternative. Die notwendige App können Sie im Google Play Store oder per iTunes kostenlos herunterladen.

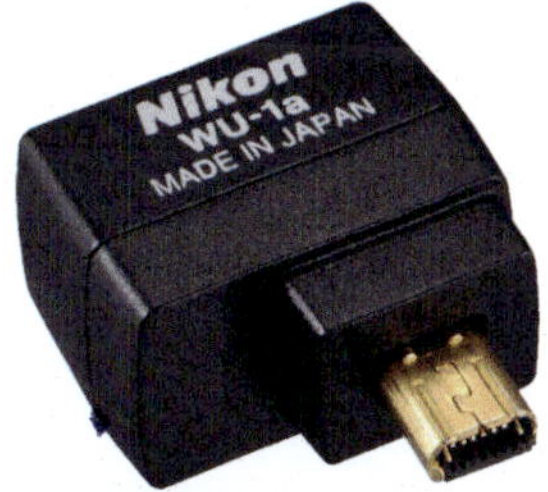

▲ *So ein kleiner Klotz an der Kamera sieht nicht gerade prickelnd aus, erfüllt aber seinen Zweck. (Bild Nikon)*

Das WU-1a stellt sich als Ad-hoc-WLAN-Verbindung dar, mit der sich die genannten Devices drahtlos verbinden können. Nachdem die Verbindung zwischen dem Smart-Device und der Kamera hergestellt ist, starten Sie die App Wireless Mobile Adapter Utility. Diese Verbindung kann auch per Einstellung mit den üblichen WLAN-Sicherheitswerkzeugen

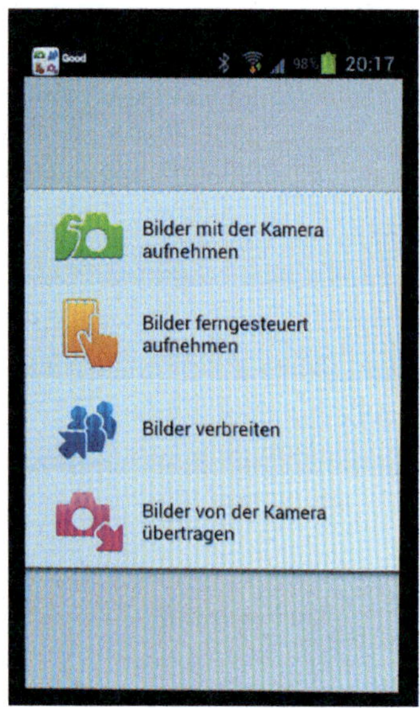

abgesichert werden. Die App Wireless Mobile Adapter Utility bietet Ihnen vier Optionen:

- Sie können mit der Kamera normal fotografieren, aber die gemachten Bilder werden sofort auf das Smart-Device übertragen.
- Die Fernsteuerung nutzt optional die Live-View und überträgt ein Live-Bild auf das Device. Der Touchscreen bietet Ihnen dann einen einstufigen Auslöser. Die Kamera übernimmt dabei das Scharfstellen.
- Aus der App heraus können Sie die Bilder auf anderen Onlineplattformen wie Google+ oder Facebook verbreiten.
- Und Sie können die Bilder, die sich bereits auf der Kamera befinden, auf Ihr Smart-Device laden.

Fernsteuern mit der App

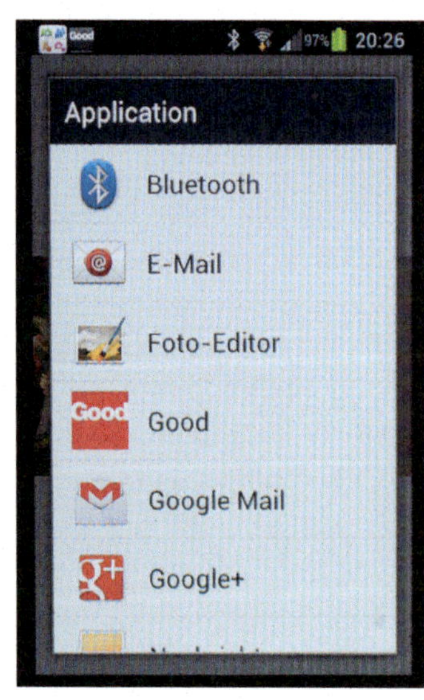

Die App Wireless Mobile Adapter Utility bietet Ihnen eine Übertragung der Live-View an.

Achtung, Live-View ist aus!

Wenn das WU-1a-Modul steckt, ist die Live-View an der D3300 ausgeschaltet. Sie können sie erst wieder nutzen, wenn das Modul gezogen ist.

Dabei haben Sie aber nicht die ausgefeilten Möglichkeiten, die Ihnen eine direkte Nutzung der Live-View an der Kamera bietet.

NEF-Betrachtung nur in der App

Die App Wireless Mobile Adapter Utility übernimmt zwar sowohl JPEG- als auch NEF-Dateien von der Kamera, je nachdem, auf welche Speicherart diese eingestellt ist. Aber das Bild kann nur innerhalb der App angesehen werden. Der Grund ist simpel: Das Gerät kann mit diesen Bilddaten allein gar nicht umgehen.

Die App Wireless Mobile Adapter Utility bietet Ihnen lediglich die Möglichkeit, die stromfressende Live-View mit der DISP-Taste zu beenden und ein Bild auszulösen.

Mittlerweile gibt es auch jede Menge mehr oder weniger gute alternative Apps zur Fernsteuerung der Kamera über das WLAN.

Eine der besseren ist z. B. das DSLR-Dashboard für Android, das über Google Play bezogen werden kann. Im Internet finden sich ausführliche Anleitungen zur Bedienung.

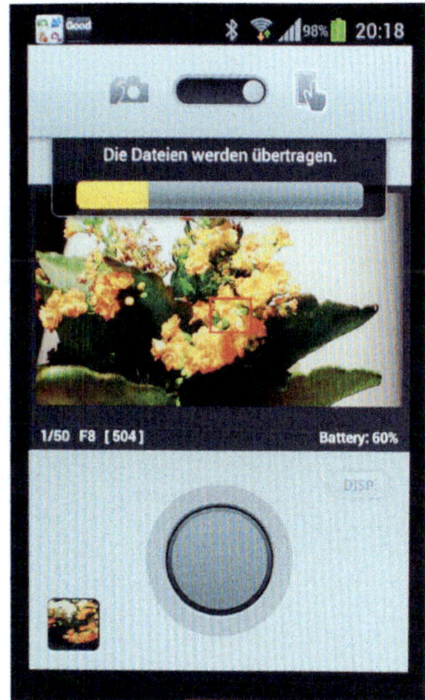

▲ *Die Werte für Blende, Belichtungszeit und Kapazität der Speicherkarte werden Ihnen angezeigt. Die Kamera verwendet die Einstellungen, die Sie an ihr zuletzt eingestellt hatten. Das angezeigte Fokusmessfeld können Sie auf dem Touchscreen des Smart-Device verschieben und so den besten Fokuspunkt festlegen.*

Fotofallen bauen mit der WMAU-App

Der WU-1a-Adapter kostet nur einen Bruchteil des UT-1-WLAN-Moduls, das zudem noch die kostenpflichtige Nikon-Software Camera Control Pro 2 erfordert.

Über die Live-View bietet die App mehr Funktionalität als ein Funkauslöser. Ist also schon ein passendes Android- oder iOS-Gerät vorhanden, ist der WU-1a die cleverste Alternative, um eine ferngesteuerte Fotofalle zu bauen.

Eine gute Möglichkeit für preisgünstige Fotofallen

Ist nun die D3300 z. B. vor einem Dachsbau oder einem Vogelnest, hinter dem Tor oder wo auch immer platziert, wird sie mit der App Wireless Mobile Adapter Utility zur Fotofalle. Sie sollten allerdings bedenken, dass die Live-View viel Strom frisst und die Kamera sie bei Nichtaktivität nach einer gewissen Zeit abschaltet. Daher ist der Einsatz als dauernde Überwachungskamera nicht geeignet.

Sie sollten den Standort so wählen, dass Sie ihn gleichzeitig selbst beobachten können und die Live-View mit der DISP-Taste erst bei Bedarf einschalten. Mit dem Auslöser in der App können Sie ja jederzeit ein Bild erzeugen.

Akkubegrenzung einschalten

Die Live-View auf der D3300 mit WLAN-Übertragung und die Darstellung auf dem Smart-Device sind Stromfresser. Deswegen können Sie in der App Akkubegrenzungen für das Smart-Device und die D3300 vornehmen. In der Grundeinstellung liegen sie bei 30 %. Verändern Sie ruhig den Wert, wenn Ihnen das nicht ausreichend erscheint.

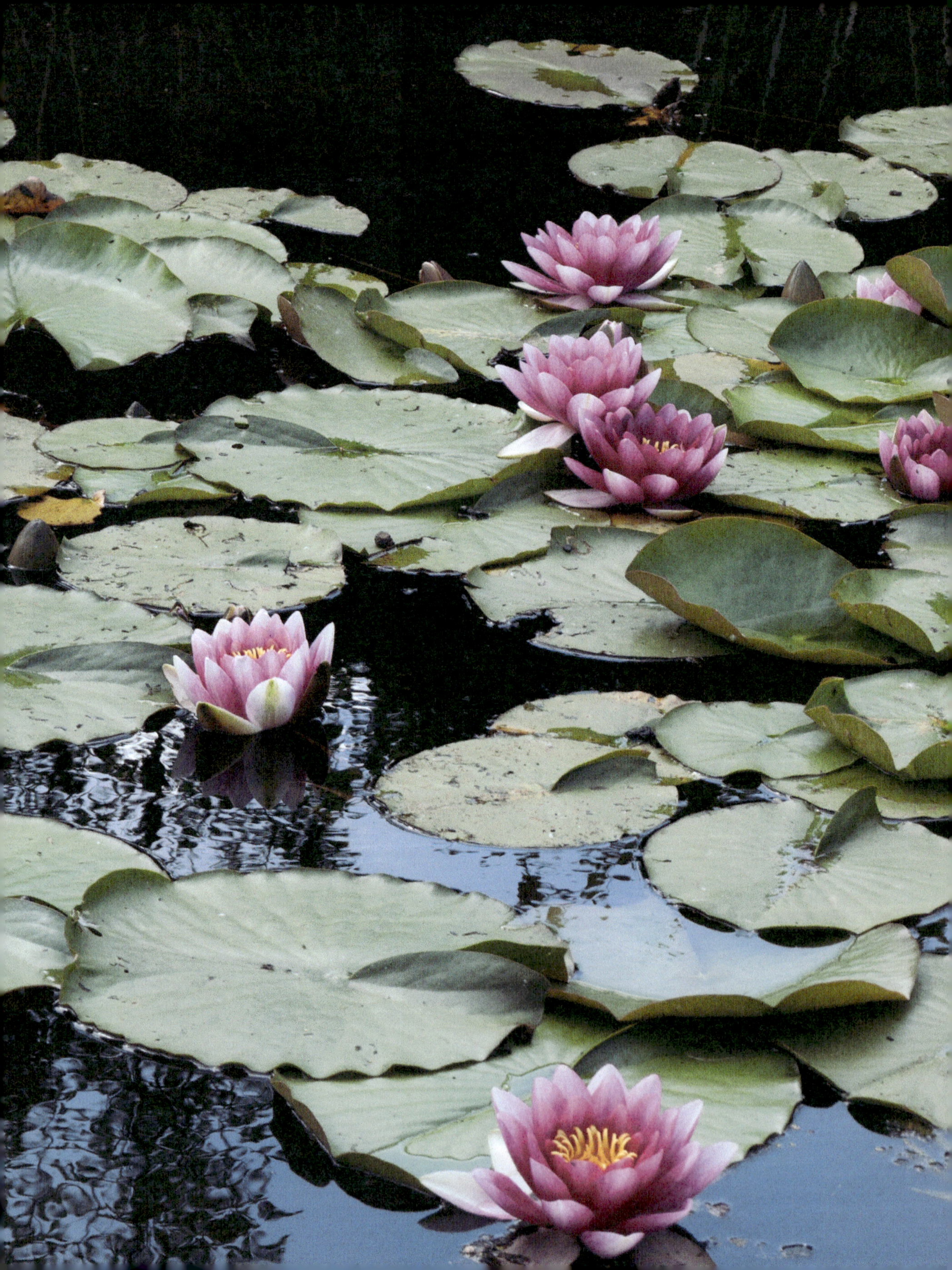

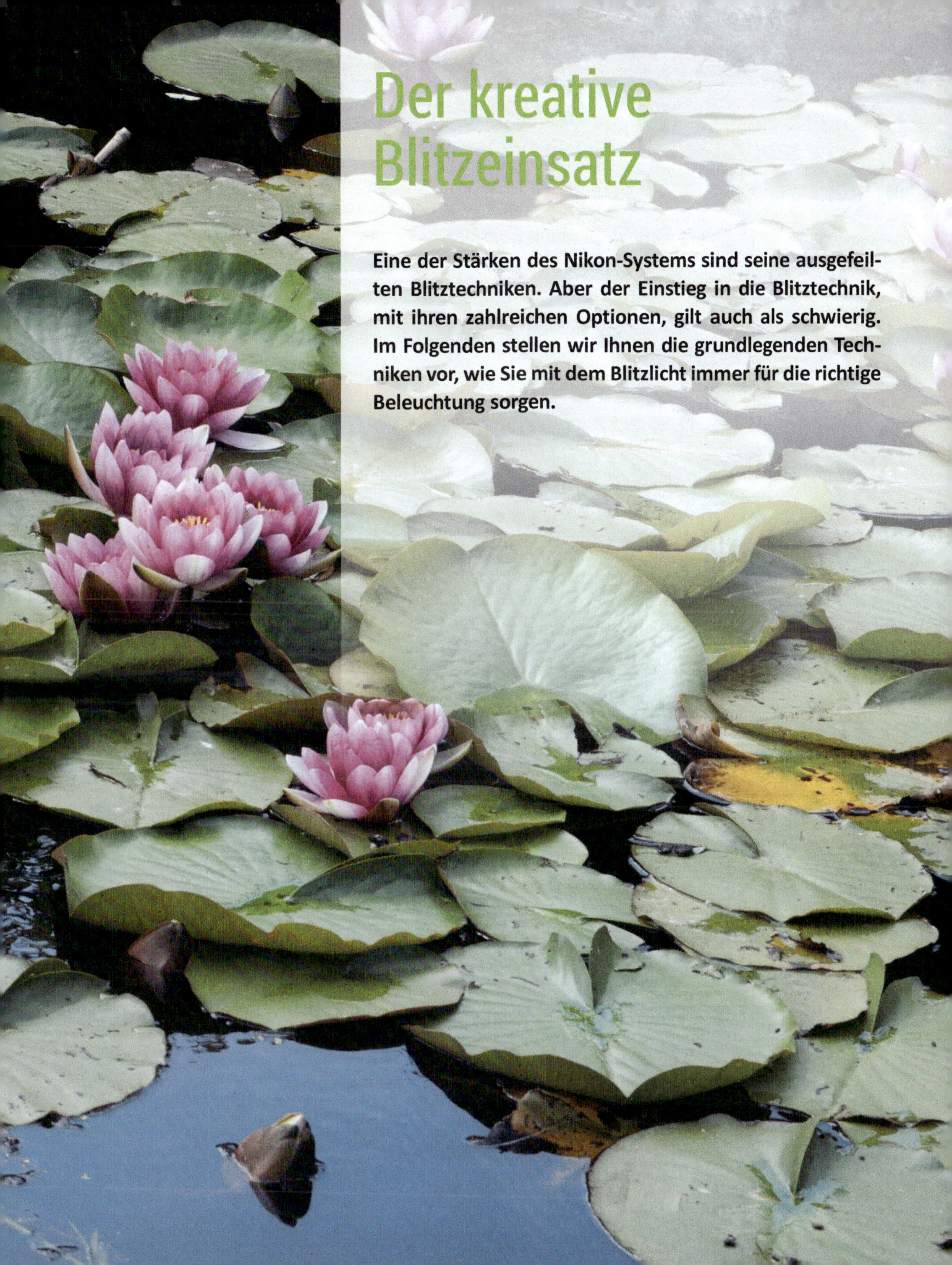

Der kreative Blitzeinsatz

Eine der Stärken des Nikon-Systems sind seine ausgefeilten Blitztechniken. Aber der Einstieg in die Blitztechnik, mit ihren zahlreichen Optionen, gilt auch als schwierig. Im Folgenden stellen wir Ihnen die grundlegenden Techniken vor, wie Sie mit dem Blitzlicht immer für die richtige Beleuchtung sorgen.

Wenn Sie Ihre D3300 nur in der Vollautomatik betreiben, entscheidet die Kamera darüber, wann und wie der Blitz verwendet wird. Zum Teil gilt das auch für die Motivprogramme. Vor allem übernimmt die D3300 die alleinige Entscheidung über die Stärke des eingesetzten Blitzlichts.

26 mm | f/6,3 | 1/60 s | ISO 1600 | interner Blitz

▶ *Auch in solchen Situationen versucht die Vollautomatik, die Szene mit dem integrierten Blitz aufzuhellen, was natürlich nicht funktioniert. Das Motiv ist viel zu weit entfernt.*

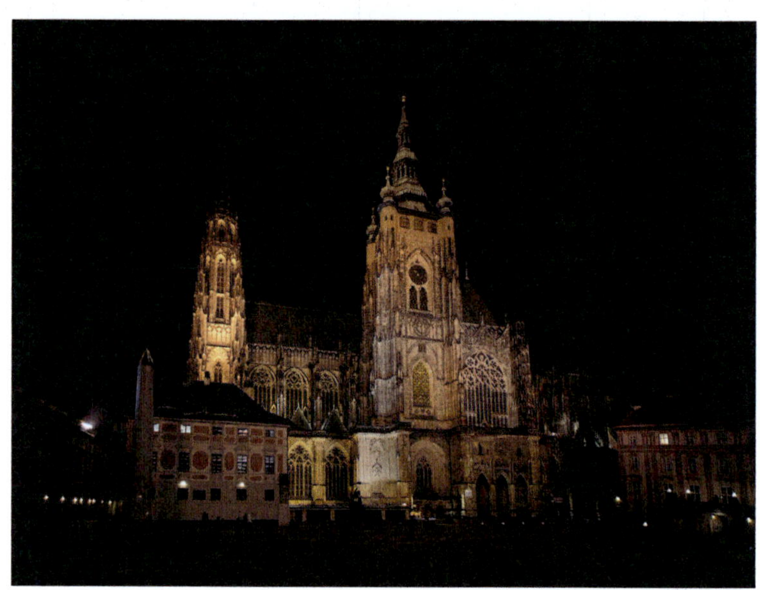

TTL oder i-TTL in der D3300?

Vielleicht ist Ihnen im ***Aufnahme***-Menü unter dem Punkt ***Integriertes Blitzgerät*** aufgefallen, dass Sie nur zwischen ***TTL*** und ***Manuell*** wählen können. Auch wenn im Menü nur TTL steht, ist damit stets die moderne i-TTL-Messung gemeint, die alte TTL-Messung ist aus den DSLRs völlig verschwunden.

Wenn Sie aber in den Belichtungssteuerungen P, S, A oder M und auch zum Teil in den Motivprogrammen selbst die Kontrolle über den Blitz übernehmen, bekommen Sie ein vielseitigeres Instrument, das besser auf die aktuelle Situation angepasst werden kann.

8.1 Der interne Kamerablitz

Der kleine interne Blitz der Nikon D3300 ist eine feine Sache. Seine Leistung ist zwar eher bescheiden, trotzdem kann er in erstaunlich vielen Situationen gewinnbringend eingesetzt werden. Seine große Stärke kann der interne Blitz auf kurze Entfernungen ausspielen. Als Faustregel können Sie sich merken, dass die Reichweite für etwa drei Meter ausreichend ist, in Einzelfällen kann es auch noch etwas mehr sein. Vor allem zum Aufhellen von Porträtaufnahmen kann der Aufklappblitz gut verwendet werden. Als alleinige Lichtquelle in der Dunkelheit ist er eher ungeeignet, selbst wenn das Motiv nicht weit entfernt ist. Der Blitz ist zu nah an der Kamera positioniert und kann nur frontal eingesetzt werden, was fast zwangsläufig zu harter Schattenbildung führt.

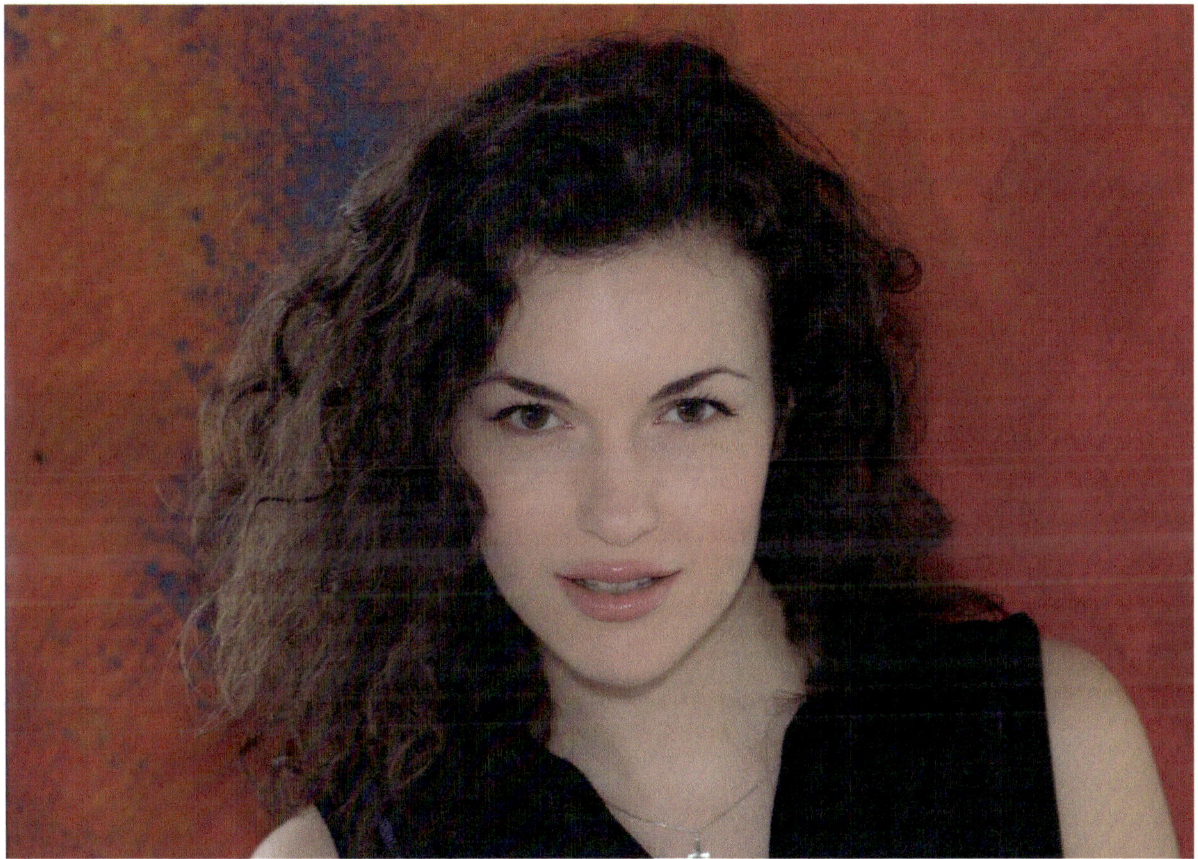

85 mm | f/2,8 | 1/60 s | ISO 100 | interner Blitz

▲ *Als Aufhellblitz leistet der Aufklappblitz der D3300 gute Arbeit. Allerdings entstehen selbst beim leichten Aufhellen unvermeidliche Schatten unter der Kinnpartie. Abhilfe kann ein Reflektor schaffen.*

Die einzige Kontrollmöglichkeit über den Blitz haben Sie in den Automatikprogrammen über den Blitzmodus. Dort können Sie aber bestenfalls den Blitzmodus auf *Automatisch*, *Auto + Rote-Augen-Reduzierung* sowie *Blitz aus* stellen. Einzig im Programm *Nachtporträt* ist noch die *Langzeitsynchronisation* mit und ohne *Rote-Augen-Reduzierung* einstellbar. Die Langzeitsynchronisierung steuert die Belichtung derart, dass ein Gleichgewicht gehalten wird zwischen einem Hauptmotiv im Vordergrund und einer schwachen Beleuchtung im Hintergrund. So können natürliche Lichtstimmungen erhalten werden. In den Programmen *Sport* und *Landschaft* steht der Blitz nicht zur Verfügung.

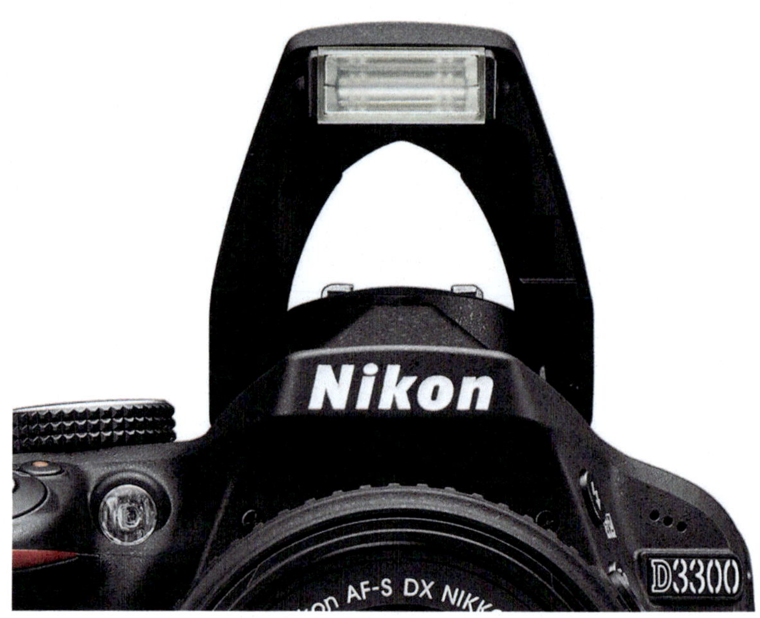

▶ *Das eingebaute Blitzgerät hat einen festen Leuchtwinkel und kann daher nicht an die Brennweite der Objektive angepasst werden. Sein Leuchtwinkel richtet sich nach dem Blickwinkel eines 16-mm-Objektivs im DX-Modus. Wenn Sie ein Objektiv mit geringerer Brennweite verwenden, werden die Randbereiche schwächer ausgeleuchtet. Setzen Sie ein Objektiv mit größerer Brennweite ein, müssen Sie mit einer verringerten Leuchtweite rechnen, da das interne Blitzgerät seinen Leuchtwinkel nicht anpassen kann.*

Alternative Wahl der Blitzmodi

An der D3300 können die Blitzmodi über das schon bekannte Displaymenü mit der Taste ⓘ eingestellt werden oder alternativ, indem die Blitztaste ⚡ unter dem internen Blitz gedrückt gehalten und mit dem vorderen Einstellrad der gewünschte Blitzmodus gewählt wird.

In den Programmen P, S, A und M müssen Sie den Blitz grundsätzlich über die Taste ⚡ manuell ausklappen, damit er zündet. In diesen Programmen stehen noch einige weitere Einstellungsmöglichkeiten zur Verfügung.

Durch Druck auf die Taste ⓘ können Sie nachfolgend im Menü *Blitzmodus* zwischen den Modi *Aufhellblitz* und *Langzeitsynchronisation*, jeweils mit und ohne *Rote-Augen-Reduzierung*, oder auch eine *Langzeitsynchronisierung auf den 2. Verschlussvorhang* (Slow Rear) wählen. Blitzen auf den zweiten Verschlussvorhang macht Bewegungen durch einen Wischeffekt sichtbar, mehr dazu ab Seite XXX.

Eine weitere schöne Einstellungsmöglichkeit ist die Blitzbelichtungskorrektur. Obwohl der integrierte Blitz mit einer aufwendigen Automatik ausgestattet ist, gibt es Situationen, in denen man etwas mehr oder weniger Blitzlicht haben möchte. Dann wechseln Sie mit der Taste *i* ins Menü und wählen ***Blitzbelichtungskorrektur***. Dort können Sie die Blitzintensität in 0,3-LW-Stufen zwischen +1,0 LW und –3,0 LW einstellen. Für die Blitzbelichtungskorrektur brauchen Sie einiges an Erfahrung, deshalb sollten Sie bei passender Gelegenheit immer wieder einmal mit dieser Einstellung experimentieren.

24 mm | f/11,0 | 1/200 s | ISO 400 | interner Blitz

▼ *Die Bronzeplastik in Budapest soll gegen das Sonnenlicht aufgenommen werden und ist zudem recht dunkel. Das kann die Kamera nur mit dem internen Blitzlicht meistern.*

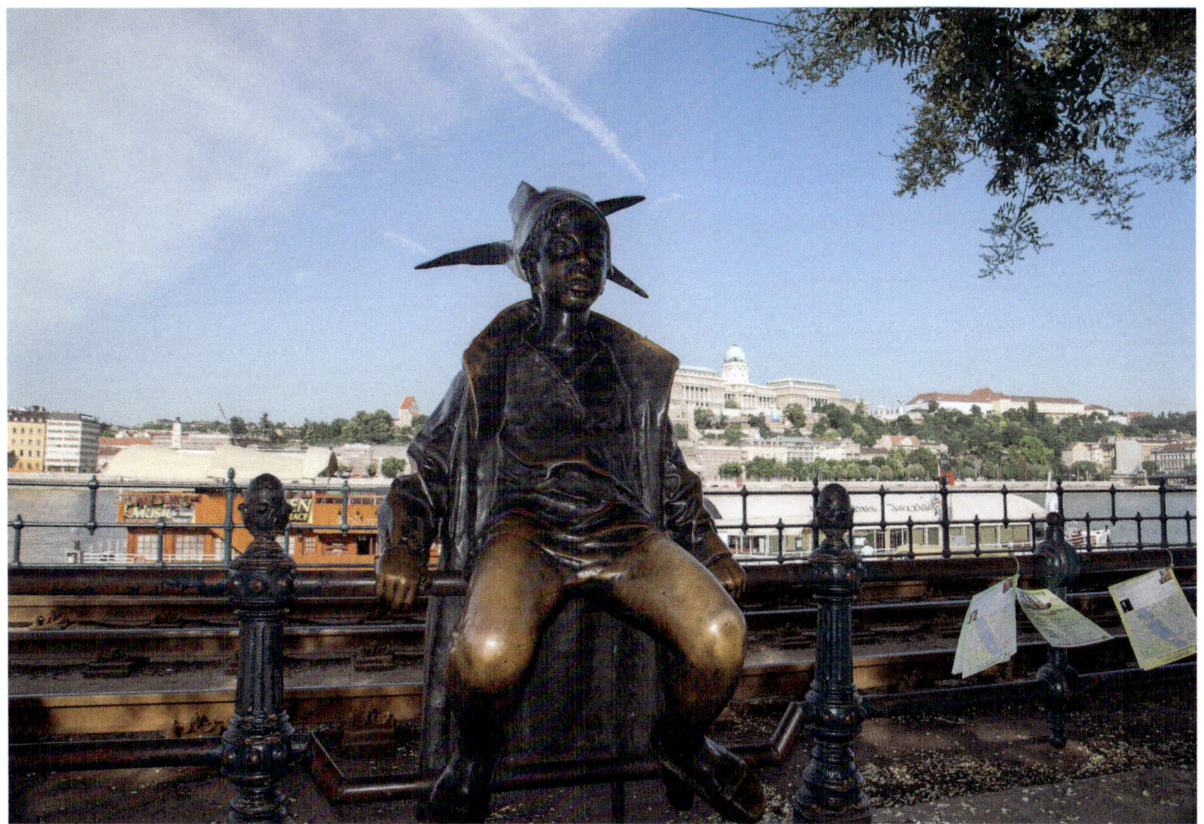

Als Aufhellblitz in Gegenlichtsituationen ist der eingebaute Blitz geradezu unersetzlich, denn ihn haben Sie selbst in unerwarteten Situationen immer dabei, während Sie gerade bei hellem Licht nicht unbedingt ein externes Blitzgerät eingepackt haben.

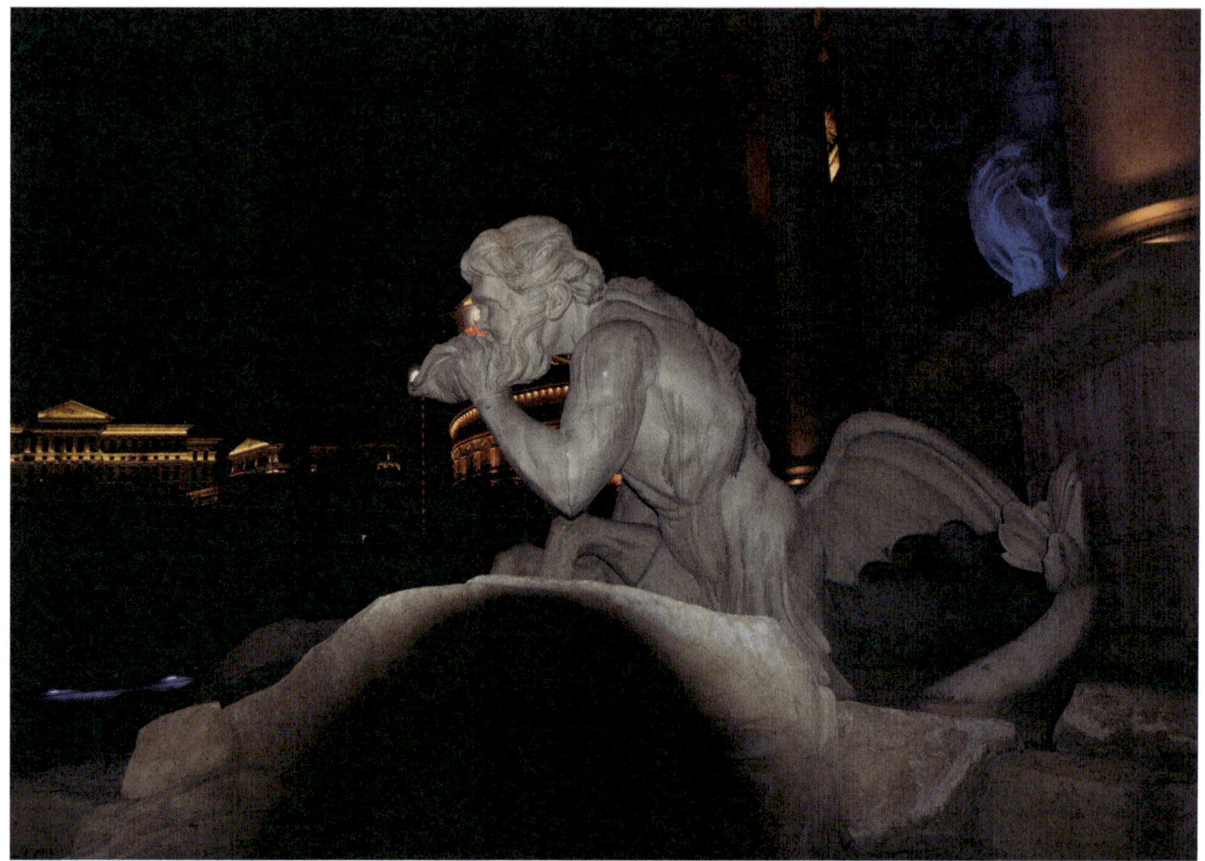

▲ *Ein klassischer Fehler beim Blitzen: Bei einem Nachtspaziergang durch Las Vegas war nur der interne Blitz verfügbar. Es ergab sich ein unschöner Schatten durch die Gegenlichtblende des Objektivs. Dies wäre mit einem externen Blitzgerät nicht passiert, da es höher steht und über die Gegenlichtblende hinwegleuchtet.*

ISO-Automatik und Blitz – ein gutes Team

Wenn sie optimal eingestellt ist, ist die ISO-Automatik der D3300 in Verbindung mit den Belichtungssteuerungen P, S, A und M ein sehr gutes Mittel, in wechselnden Lichtsituationen die dauernde Anpassung der ISO-Werte zu vermeiden. Dabei sollten Sie allerdings die maximale Grenze für die ISO-Automatik sinnvoll festlegen, beispielsweise auf ISO 1600. Zugleich bestimmen Sie auch die längste Verschlusszeit, ab der diese Automatik eine ISO-Stufe hochschaltet.

Bei Verwendung der ISO-Automatik in der Programmautomatik P oder der Zeitautomatik A beim Blitzen regelt die D3300 die ISO-Werte sehr schnell hoch. Das liegt an der Voreinstellung für die *Längste Belichtungszeit* von 1/60 s.

Mit Blitz- und Bildstabilisationseinsatz können Sie die *Längste Belichtungszeit* aber deutlich auf 1/15 s oder sogar auf 1/8 s herunterregeln.

Blitzleistung manuell regeln?

Nur in den Belichtungssteuerungen M, A, S und P können Sie in die Blitzsteuerung Ihrer D3300 eingreifen. Ansonsten wird immer das TTL-Verfahren angewendet, bei dem die D3300 über Messblitze, die Bruchteile einer Sekunde vor dem Foto ausgesendet werden, die Blitzwirkung misst und in eine optimale Belichtung einberechnet. Dagegen können Sie in den Belichtungssteuerungen im ***Aufnahme***-Menü statt des TTL-Verfahrens auch eine manuelle Steuerung der Blitzleistung über ***Aufnahme/Integriertes Blitzgerät/Manuell*** auswählen und manuelle Blitzleistungen festlegen. Diese Steuerung gilt nur für das interne Blitzgerät. Das ist dann sinnvoll, wenn Sie das interne Blitzgerät nicht als Beleuchtung, sondern als Trigger für eine durch Licht ausgelöste Blitzanlage nutzen wollen.

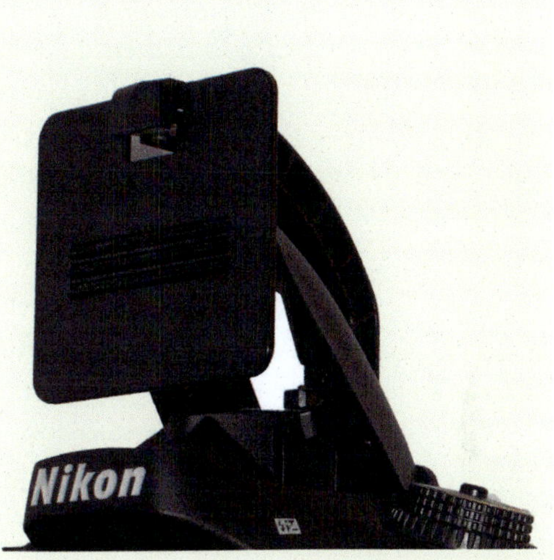

Wenn Sie den internen Blitz zum Schalten einer Blitzanlage nutzen wollen, regeln Sie ihn manuell über das ***Aufnahme***-Menü auf den niedrigsten möglichen Wert, um ihn als Störquelle zu eliminieren. Noch besser geht das mit dem SG-3-Vorsatz, der nur IR-Licht durchlässt und genau für diese Aufgabe konzipiert ist.

Andere Blitze auslösen

Um Ihre D3300 als Steuergerät für das Nikon-eigene **C**reative **L**ighting **S**ystem (CLS) einzusetzen, benötigen Sie ein Blitzgerät, das **A**dvanced **W**ireless **L**ighting (AWL) beherrscht, wie z. B. das SB-700 oder das SB-910. Damit können dann auch andere Blitzgeräte mit dem vollen Funktionsumfang gesteuert werden. Der interne Blitz hat, anders als bei z. B. der Nikon D7100, diese Fähigkeit nicht.

Benötigen Sie das Blitzlicht auch als alleinige Lichtquelle oder möchten Sie spezielle Lichtsituationen meistern, empfiehlt es sich, ein externes Blitzgerät anzuschaffen. In der Makrofotografie taucht z. B. das Problem auf, dass sich das Motiv eventuell nah vor dem Objektiv befindet und so bei Verwendung des internen Blitzes ein Schatten vom Objektiv auf das Motiv geworfen wird.

8.2 Mehr Lichtleistung mit externen Blitzgeräten

Der interne Blitz der D3300 bietet mit einer Leitzahl von 12 eine annehmbare Leistung, in der Praxis stößt er aber dennoch schnell an seine Grenzen. Selbst der kleinste Nikon-Systemblitz, der SB-300, besitzt bereits eine Leitzahl von 18. Nikon hat mit SB-400, SB-700 sowie SB-910 verschiedene Blitzgeräte im Angebot, die sich in Ausstattung und Leistung deutlich unterscheiden.

Alle haben neben der Blitzleistung noch andere wesentliche Vorteile. Zum einen sitzen sie deutlich weiter von der optischen Achse entfernt und produzieren daher weitaus seltener den gefürchteten Rote-Augen-Effekt als der eingebaute Blitz der D3300, zum anderen erlauben sie Ihnen indirektes

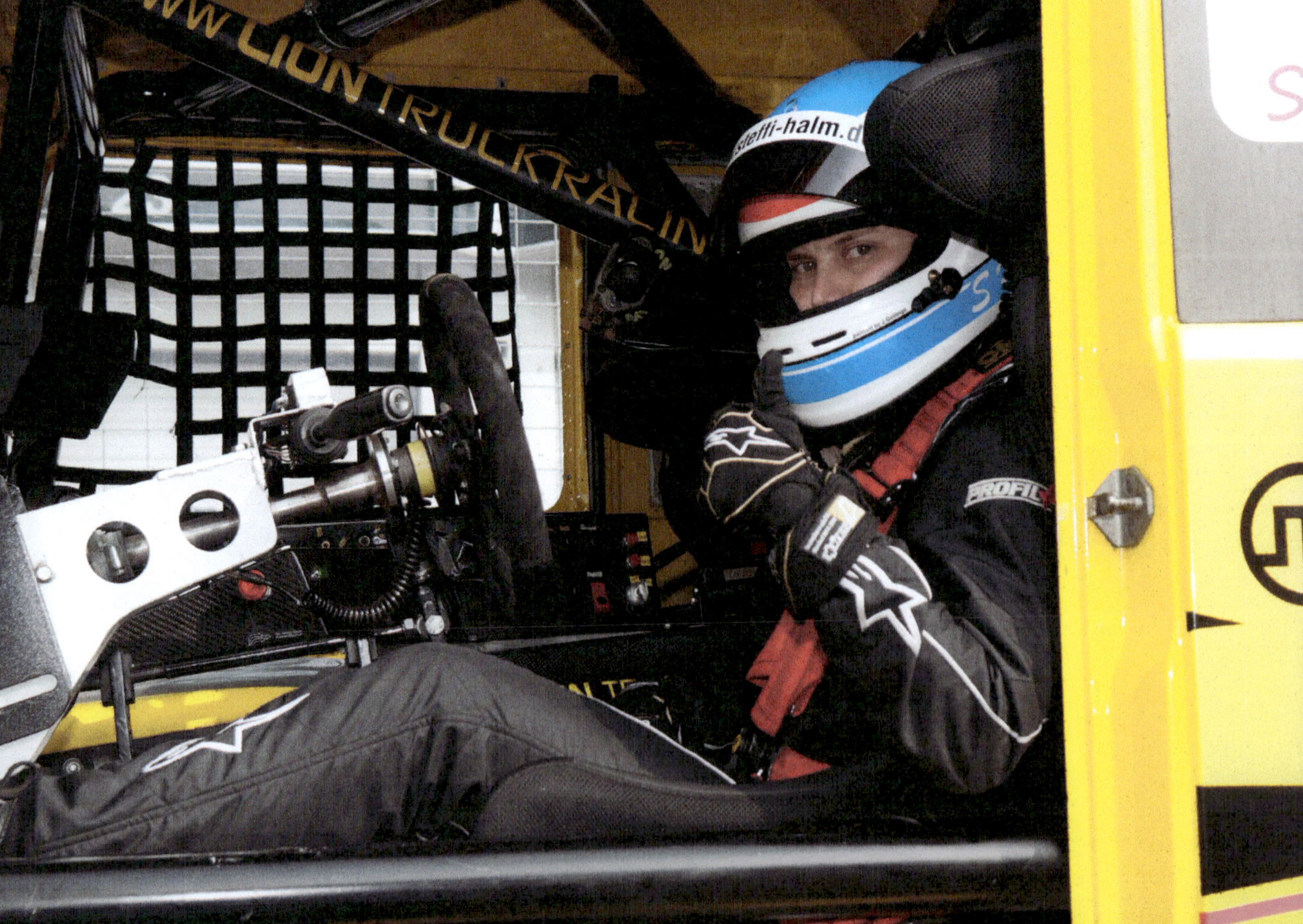

38 mm | f/5,0 | 1/200 s | ISO 800 | Blitzeinsatz

▼ *Um den Rennfahrer in der Kabine bei hellem Sonnenlicht richtig belichten zu können, ist das Blitzlicht unverzichtbar.*

oder im Fall von SB-700, SB-900 und SB-910 auch drahtlos gesteuertes Blitzen.

Ein paar grundlegende Informationen zum Blitz

Die Lichtquelle eines Blitzes – eine Xenon-Blitzröhre – brennt in einer sehr kurzen Zeit ab. Sie ist normalerweise um ein Vielfaches kürzer als die Verschlusszeit der Belichtung. Deshalb hat z. B. die Belichtungszeit praktisch keinen Einfluss auf die Blitzleistung, sondern nur auf die Einbeziehung von Hintergrundlicht. Moderne Systemblitze besitzen einen Reflektor, der den Winkel des ausgesendeten Lichtkegels bestimmt. Wie groß die Projektionsfläche dieses Lichts ist, hängt außerdem von der Entfernung zwischen dem Blitzgerät und der angeleuchteten Fläche ab.

Man sollte sich darüber im Klaren sein, dass die Lichtintensität des Blitzes mit dem Quadrat der Entfernung überproportional schnell abnimmt. Anders ausgedrückt: Wenn die Entfernung zum Motiv von einem Meter auf zwei Meter verdoppelt wird, nimmt die Lichtintensität um das Vierfache ab. Steigt die Entfernung auf drei Meter, sinkt die Lichtintensität auf ein Neuntel.

Aus diesem Grund kann man z. B. mit nur einem Blitzgerät ein Motiv im Vordergrund und gleichzeitig den Hintergrund nur dann gut ausleuchten, wenn lediglich ein geringer Entfernungsunterschied vom Motiv zum Hintergrund vorliegt und möglichst ein vergleichsweise großer Abstand zum Blitz. Schon eine Differenz von 2 m zum Hintergrund macht einen beträchtlichen Belichtungsunterschied aus. Umgekehrt kann der Hintergrund dunkler dargestellt werden (sogar völlig schwarz), wenn das Motiv sehr nah am Blitz und relativ weit vom Hintergrund entfernt ist.

Durch Unterschiede im Reflexionsverhalten – wenn Sie z. B. ein helles Objekt vor einem dunklen Hintergrund fotografieren – verstärkt sich die Diskrepanz in der Ausleuchtung ebenfalls stark. Sie brauchen also für Motive/Motivbestandteile in unterschiedlicher Entfernung und mit unterschiedlichem Reflexionsverhalten in einem Bild jeweils spezifische Lichtquellen, gegebenenfalls also mehrere Blitzgeräte. Eine einfache Möglichkeit, eine etwas tiefere und gleichzeitig gleichmäßigere Ausleuchtung zu erzielen, ist das indirekte Blitzen. Dabei wird das Blitzlicht z. B. gegen eine weiße Zimmerdecke oder -wand gerichtet. Das Licht wird dadurch breiter gestreut und kann so einen größeren Entfernungsbereich gleichmäßig abdecken.

Reichweitensteuerung mit Zoomreflektoren

Zu Beginn der Blitzentwicklung waren die Reflektoren fest eingebaut und konnten nur einen Ausleuchtwinkel des Blitzgeräts definieren, wie es ja auch beim internen Blitzgerät Ihrer D3300 der Fall ist. Mit der Zeit wurden zunächst manuell verstellbare Reflektoren eingeführt, deren Leuchtwinkel sich durch eine longitudinale Verstellung des Reflektors regulieren ließen, die dann noch mit Motoren versehen wurden. Damit ließ sich eine Anpassung der Blitzausleuchtung an den Aufnahmewinkel der jeweils verwendeten Objektive erreichen. Die Reflektoren, die mit dieser Technik ausgestattet sind, werden in Anlehnung an die Zoomobjektive Zoomreflektoren genannt.

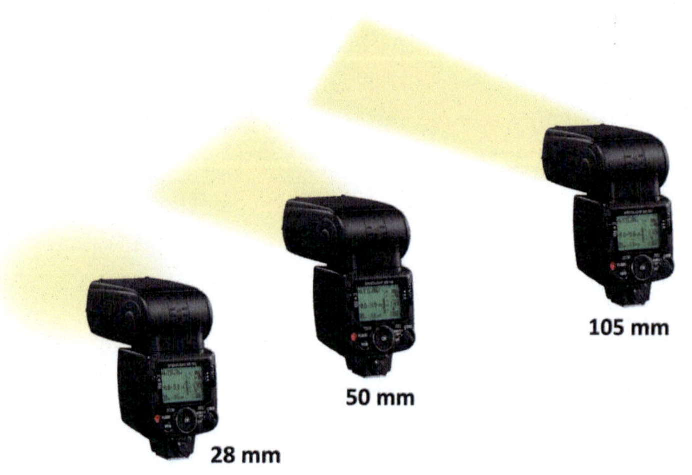

▶ *Schema: Veränderung des Lichtkegels in Abhängigkeit von der Brennweite.*

Um dem Fotografen die Beurteilung des jeweils resultierenden Leuchtwinkels zu ermöglichen, machen die Anbieter Angaben entsprechend der ausgeleuchteten Objektivbrennweite. So können die meisten Blitzgeräte für Ausleuchtwinkel mit Brennweiten von 28 bis 85 mm oder gar 105 mm eingestellt werden. Diese Werte sind auch ein Qualitätsmerkmal, denn je größer die Variabilität der Ausleuchtung ist, desto flexibler lässt sich der Blitz einsetzen.

Die Leitzahl zeigt die Blitzreichweite

Die Reichweite des Blitzlichts ist die Distanz, in der ein Motiv vollständig ausgeleuchtet werden kann. Die Blitzreichweite hängt allein von der Leuchtkraft und der Lichtbündelung durch den Reflektor ab, nicht aber von der Leuchtdauer. Für diesen Wert wurde der Begriff der **L**eit**z**ahl (LZ) eingeführt, sie ermöglicht einen direkten Vergleich verschiedener Blitzgeräte.

Die Leitzahl gibt die effektive Reichweite des Blitzlichts bei einer angegebenen Lichtempfindlichkeit und einer eingestellten Blende an. Da sich die effektive Lichtleistung einer Blitzröhre mit ihrer Temperatur ändert, wird diese Leitzahl bei einer Temperatur von 21 °C gemessen.

Die Blitzleistung ist zwar nicht vom ISO-Wert abhängig, allerdings bestimmt natürlich auch der ISO-Wert an der Kamera, ob ein Bild noch ausreichend belichtet wird oder nicht. Die Leitzahlen werden deshalb immer für eine ISO-Referenz, meist ISO 100, angegeben.

Änderung der Reichweite durch den Zoomreflektor

Die tatsächliche Reichweite eines Blitzgeräts hängt neben der Blitzleistung von der Stellung des Reflektors ab. Sie müssten für jede Reflektorstellung die dazugehörige effektive Leitzahl anhand komplizierter Formeln umrechnen.

Einfacher ist es allerdings, für jedes Blitzgerät spezifische Tabellen zu benutzen, die eine einfache Ermittlung des Werts ermöglichen. Die folgende Tabelle zeigt die effektiven Leitzahlen für ein Nikon-SB-700-Blitzgerät bei ISO 100:

Nikon SB-700 (ISO 100)	
Brennweite Reflektor	**LZ**
8 mm	14 (mit Streuscheibe)
24 mm	28
28 mm	31
35 mm	33
50 mm	36
70 mm	38

Mischen Sie Blitzlicht und Umgebungslicht

Es wurde bereits mehrfach angesprochen, dass es in vielen Situationen nicht gewünscht ist, einen einzelnen Blitz als alleinige Lichtquelle zu nutzen. Allzu leicht kann das Blitzlicht die Atmosphäre und die eventuell noch vorhandene Lichtstimmung verändern, und das meist nicht zum Besseren.

Ein geeigneteres Verfahren besteht darin, das noch vorhandene Licht mit dem Blitzlicht harmonisch zu ergänzen. Stellen Sie sich so eine Aufnahme aus zwei Teilen bestehend vor: Ein Teil des Bilds wird durch Blitzlicht illuminiert und der andere durch das Umgebungslicht.

Sie können über eine manuelle Steuerung von Blende, Zeit und Blitz erstaunliche Effekte erzielen, doch solche Tricks setzen viel Erfahrung voraus, wenn sie komplett von Hand eingestellt werden müssen. Viel einfacher geht es in der D3300 mit zwei eingebauten Blitzverfahren:

Slow: die Langzeitsynchronisation

Die Langzeitsynchronisation *Slow* kombiniert den Aufhellblitz für das Hauptmotiv mit einer längeren Belichtungszeit, um Umgebungslicht mit ins Bild zu bringen.

Slow ermöglicht es Ihnen, z. B. bei schwachen Lichtverhältnissen oder bei Nachtaufnahmen sowohl das Vordergrundmotiv als auch den Hintergrund ausreichend zu belichten. Das Blitzgerät wird direkt nach dem Öffnen des Verschlusses ausgelöst.

Den Blitzmodus *Slow* können Sie entweder an der Kamera oder am Blitzgerät selbst einstellen. Im Kameradisplay sehen Sie dann *Slow* eingeblendet. Je nachdem, ob Sie ein unbewegtes oder ein sich bewegendes Hauptmotiv aufnehmen, bieten sich interessante Gestaltungsmöglichkeiten.

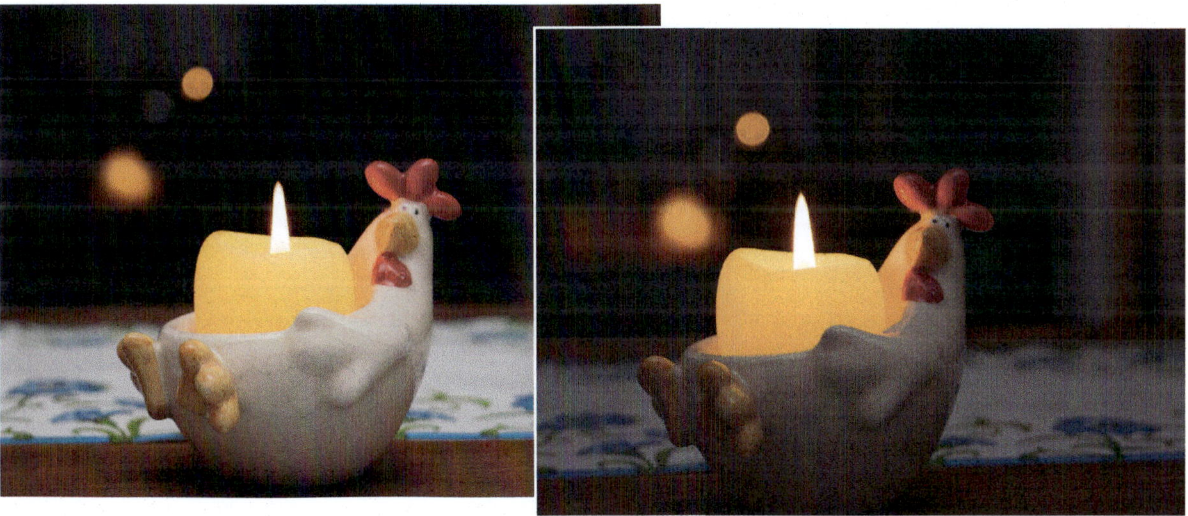

▲ *Im normalen Blitzmodus (oben) wird das Hauptmotiv im Vordergrund deutlich stärker betont. Im Blitzmodus Slow (unten) versucht die Kamera, mehr Umgebungslicht und die Stimmung der Situation mit einzufangen.*

Sie können die Langzeitsynchronisation in allen Aufnahmemodi verwenden. In der Automatikeinstellung bestimmt die Kamera selbstständig die Anteile von Blende und Belichtungszeit, wobei die Belichtungszeit immer länger gewählt wird als die vorgegebene Blitzsynchronzeit. Bei der manuellen Einstellung geben Sie alles selbst vor, achten Sie dabei aber immer auf das Histogramm, um eventuell zu korrigieren. Sie können auch die Blendenautomatik wählen, sodass die Kamera nur die Verschlusszeit einstellt. Vergleichen Sie das Histogramm in den Modi P und S, sehen Sie, dass die Verteilung im Histogramm ähnlich ist. Allerdings wird Ihre Verschlusszeit umso kürzer, je kleiner die Blende ist, sodass der Langzeiteffekt nicht mehr erkennbar ist. In dem Fall sollten Sie lieber eine größere Blende wählen.

Info zur Langzeitbelichtung

Die Belichtungszeit kann bei der Langzeitbelichtung unter Umständen so lang werden, dass die Gefahr einer Verwacklung gegeben ist. Daher ist es sinnvoll, ein Stativ zu verwenden oder die Kamera sicher abzustützen.

Bei der Langzeitbelichtung wird das Hauptmotiv über den Blitz belichtet und quasi eingefroren. Für Lichtquellen, die sich linear bewegen, ist das Verfahren aber eher nicht geeignet, durch die lange Belichtungszeit entstehen unscharfe Schlieren vor dem Motiv auf dem Bild. Fotografieren Sie so ein vorbeifahrendes Auto mit eingeschalteten Scheinwerfern im Dunkeln, werden Sie beim Zünden des Blitzes einen hellen, eingefrorenen Umriss des Autos einfangen.

Da aber die Belichtung (ohne Blitz) noch weitergeht, werden die Lichtspuren der Lichtquellen weiter aufgenommen und sind im Bild als Leuchtspuren vor dem Auto zu sehen. Das entspricht nicht unseren Sehgewohnheiten, denn wir gehen davon aus, dass ein Auto vorwärts fährt, und erwar-

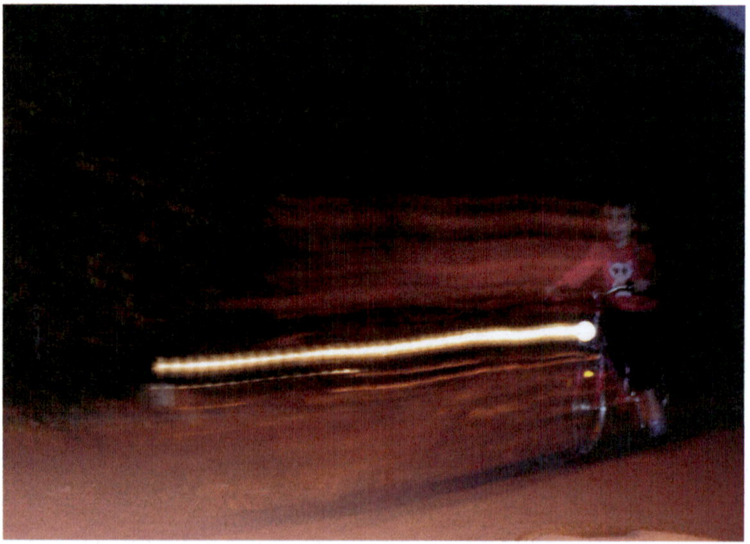

24 mm | f/4 | 1,6 s | ISO 400 | SB-900

▶ *Die Lichtspur des Fahrrads zeigt in Fahrtrichtung, was nicht den normalen Sehgewohnheiten entspricht.*

ten daher eher nach hinten gerichtete Spuren. Der Bildeindruck wirkt unnatürlich.

Anders sieht es aus, wenn Sie eine nicht lineare Bewegungsspur einfangen möchten, beispielsweise einen Tänzer, der zwischendurch öfter seine Bewegungsrichtung ändert. In diesem Fall ist es egal, ob die Spuren nach vorne oder hinten zeigen.

Rear: die Synchronisation des Blitzes auf den zweiten Verschlussvorhang

Sie können bei der Langzeitbelichtung den Zündzeitpunkt des Blitzes auch verändern. In dieser Einstellung löst das Blitzgerät erst zum Ende der Belichtungszeit aus. Dazu stellen Sie den Blitzmodus *Rear* ein, und die Kamera zündet automatisch den Blitz erst am Ende der Belichtungszeit. Einen gut erkennbaren Effekt erreicht diese Einstellung natürlich nur bei längeren Belichtungszeiten.

Während Sie bei der Langzeitbelichtung auf den ersten Verschlussvorhang das Motiv ohne Probleme abbilden können, stellt sich bei der Rear-Methode das Problem, dass Sie die

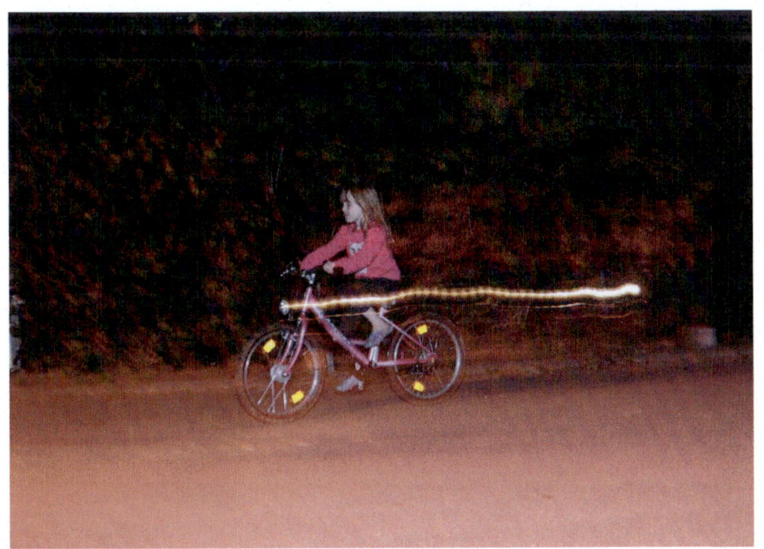

24 mm | f/4,0 | 1,6 s | ISO 400 | SB-900

◀ *Das Blitzgerät befindet sich hier im Rear-Modus, daher wird der Blitz zum Ende der Belichtungszeit gezündet und erzeugt ein scharfes Bild des Fahrrads. Die Lichtstrahlen werden aber als Lichtspuren gegen die Fahrtrichtung abgebildet.*

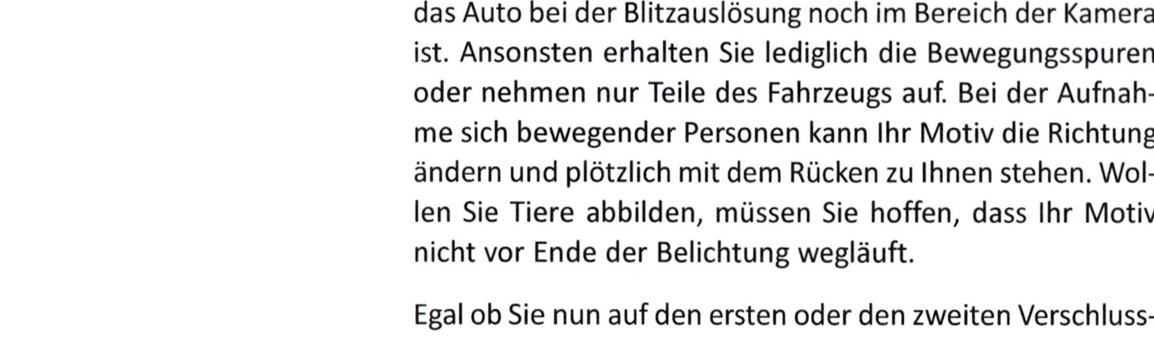

Bewegung im Voraus abschätzen müssen. Wenn Sie ein fahrendes Auto blitzen möchten, müssen Sie sicher sein, dass das Auto bei der Blitzauslösung noch im Bereich der Kamera ist. Ansonsten erhalten Sie lediglich die Bewegungsspuren oder nehmen nur Teile des Fahrzeugs auf. Bei der Aufnahme sich bewegender Personen kann Ihr Motiv die Richtung ändern und plötzlich mit dem Rücken zu Ihnen stehen. Wollen Sie Tiere abbilden, müssen Sie hoffen, dass Ihr Motiv nicht vor Ende der Belichtung wegläuft.

Egal ob Sie nun auf den ersten oder den zweiten Verschlussvorhang belichten, ein bei beiden vorkommender willkommener Effekt ist, dass durch den höheren Anteil des Umgebungslichts die Farben weicher wirken und nicht mehr kühl und leicht blau wie bei einem hohen Blitzlichtanteil. Bei Aufnahmen in Innenräumen mit Kunstlicht wird das Licht orange bis grünlich.

Den externen Blitz als überwiegende Lichtquelle nutzen

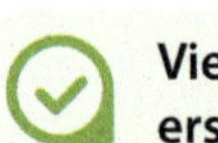

Viele Testbilder vor dem ersten echten Einsatz

Gerade wenn Sie die D3300 frisch bekommen haben, lohnt es sich, sich mit dem Blitzverhalten vertraut zu machen. Wenn Sie Ihre Kamera häufig mit einem Blitzgerät verwenden, werden Sie mit der Zeit ein Gefühl dafür entwickeln, inwieweit Sie die Einstellungen vorwählen müssen und wo Sie besser nachkorrigieren.

Soll das Blitzlicht als alleinige Lichtquelle dienen, spielt das Umgebungslicht keine Rolle mehr. Sie müssen nur noch die Belichtung des Motivs allein durch den Blitz steuern, damit entfallen etwa Probleme durch Mischlicht, das Farbstiche erzeugen kann und eine große Herausforderung für den Weißabgleich darstellt.

Die Standardsituation dafür ist das Porträt, bei dem durch eine offene Blende nicht nur ein schönes Bokeh erreicht, sondern durch eine kurze Belichtungszeit und das Blitzlicht auch ein dunkler Hintergrund erzielt wird.

Für schwierige Blitzlichtsituationen müssen Sie Ihren Blitz einschießen. Warten Sie nicht erst, wenn Sie ein Event fotografieren möchten, bis es losgeht, sondern machen Sie rechtzeitig Testbilder, um die Blitzwirkung zu prüfen und gegebenenfalls den Blitz herunterzuregeln.

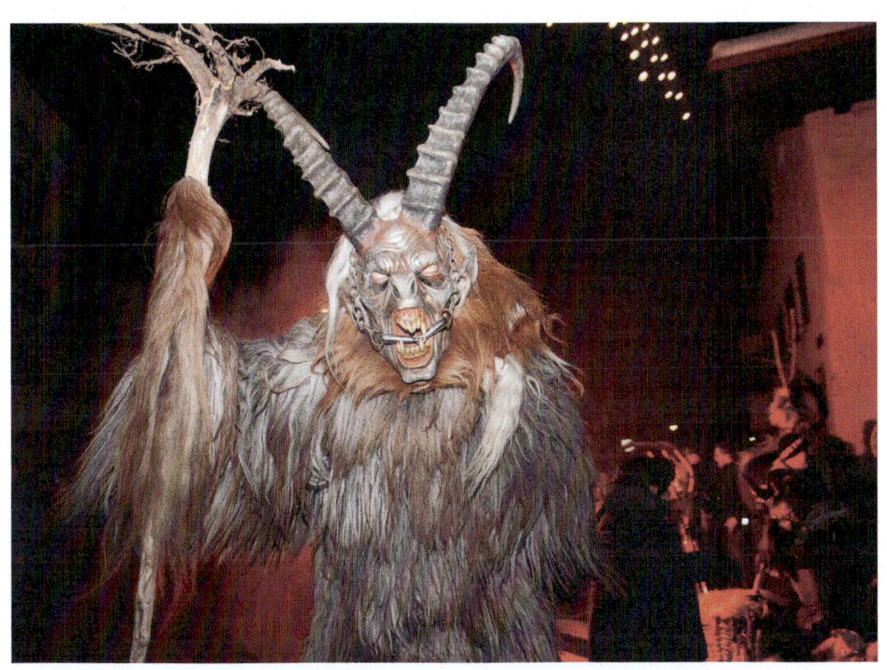

55 mm | f/6,3 | 1/20 s | ISO 800 | SB-700

◀ *Hier ist das Blitzlicht unbedingt notwendig, um den Maskenmann aus der bunten Gegenlichtumgebung herauszuholen. Das ungeregelte Blitzlicht lässt ihn aber in der eigentlich dunklen und gespenstischen Umgebung viel zu hell erscheinen.*

55 mm | f/6,3 | 1/30 s | ISO 800 | SB-700

▼ *Wird um 1,3 LW heruntergeregelt, zeigen die Bilder die Figuren in der originalen Umgebung wunderbar gruselig. Und auch die Fackel wird nicht vom Blitzlicht erschlagen.*

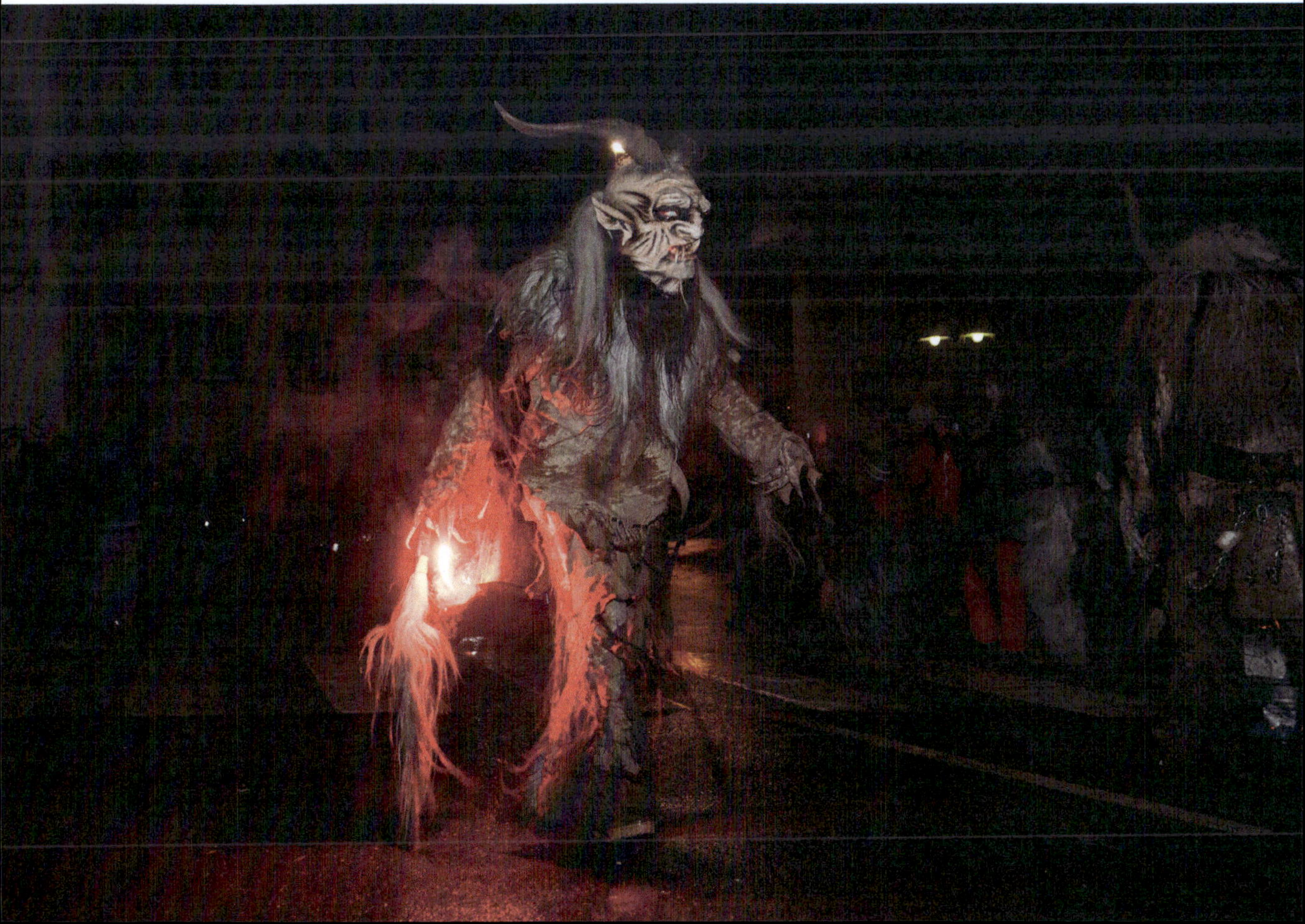

Mit einem akrobatisch anmutenden Druck auf die Blitztaste und der Taste für die Belichtungskorrektur kann mit dem Wahlrad die Blitzbelichtungskorrektur eingestellt werden. Es geht natürlich auch einfacher im Displaymenü mit der Taste . Bei externen Blitzgeräten gibt es zumeist eine Leistungsregelung am Blitz, die dann besser zu nutzen ist, um die Lichtmenge zu regeln.

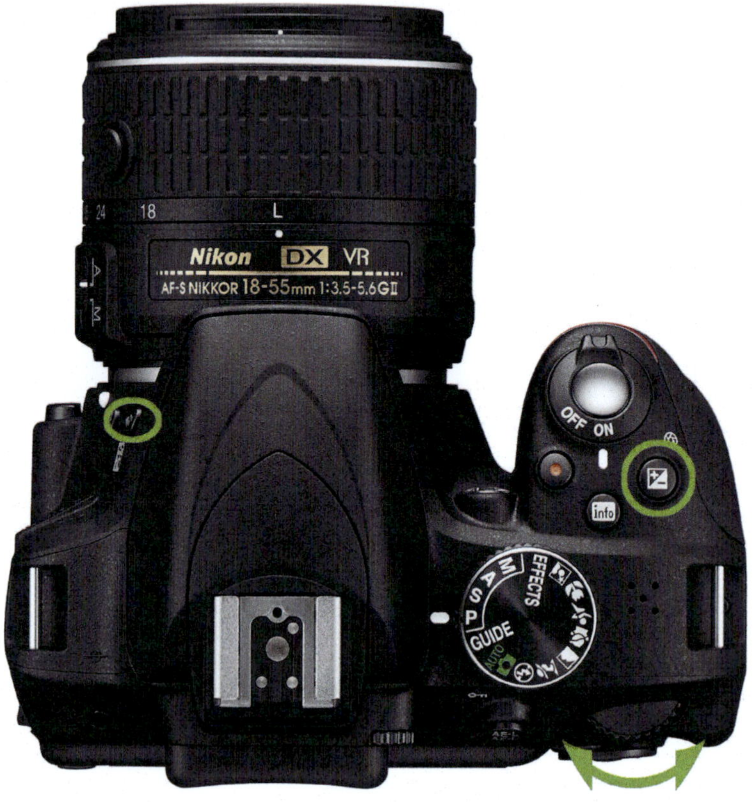

Gezielt aufhellen mit Blitzlicht

Im vorherigen Abschnitt war der Blitz die vorherrschende Lichtquelle, allerdings ist das Blitzlicht als alleiniges Licht eher die Ausnahme. Häufiger wird das Blitzlicht zur Aufhellung oder zur Ergänzung des Umgebungslichts genutzt.

Ein Klassiker ist das Porträt im Gegenlicht, bei dem Sie das Blitzlicht verwenden, um vor allem die Gesichtspartie besser zu beleuchten, als dies durch das Umgebungslicht geschehen kann.

In einer Gegenlichtsituation wird die Umgebung gut ausgeleuchtet, aber das Gesicht liegt im Schatten, und die Person kann bei starkem Gegenlicht sogar nur noch als schwarze Silhouette erscheinen.

Hier stellt sich das häufig auftauchende Problem, dass entweder nur das Gesicht oder die Umgebung korrekt wiedergegeben werden kann. Durch gezieltes Aufhellen – quasi einem Gegenlicht zur Sonne – lassen sich die Schatten reduzieren, und die Gesamtbeleuchtungssituation wird wieder ausgeglichen. Starke Sonne oder auch andere Lichtquellen können auch von oben oder der Seite vor allem an der Nase und am Kinn unschöne Schatten z. B. auf den Hals und die Oberlippe werfen.

Ein leichter Aufhellblitz kann da Abhilfe schaffen. Allerdings muss die Blitzleistung genau abgewogen werden, um die Lichtcharakteristik der Umgebung zu erhalten. Ist sie zu gering, bleiben die Schatten zu dunkel, ist sie zu groß, verschwinden die Kontraste im Gesicht, sodass es fahl und flach erscheint.

Dies macht Ihre D3300 mit dem internen Blitzgerät oder einem zusätzlichen Systemblitz von Haus aus schon sehr gut. Anhand des Monitorbilds und des Histogramms entscheiden Sie dann, ob Sie den Blitz etwas herunter- oder heraufregeln wollen, um die von Ihnen gewünschte Bildwirkung zu erzielen.

Zur Korrektur stehen Ihnen zwei Möglichkeiten offen: die Korrektur direkt am Blitz oder die Korrektur an der Kamera. An der Kamera arbeiten Sie am einfachsten mit der Blitzbelichtungskorrektur. Denken Sie allerdings daran, dass Ihre D3300 beide Korrekturen verwendet und nicht gegeneinander abgleicht. Prüfen Sie also Ihre Einstellungen, um unerwünschte Doppelkorrekturen zu vermeiden.

Einen schwarzen Hintergrund beim Blitzen erzeugen

Für eine effektvolle Blitzlichtaufnahme wird oft vergessen, dass nicht nur das Hauptmotiv zum Bildeindruck beiträgt, sondern die Hintergrundgestaltung mindestens genauso wichtig ist. Ein unruhiger Hintergrund kann vom Motiv ablenken, vor allem bei kleinen Motiven wie Blüten, Insekten oder Pflanzen, während ein dunkler Hintergrund Strukturen betont und kräftige Farben noch mehr hervorhebt.

Um mithilfe des Blitzes den Hintergrund möglichst dunkel erscheinen zu lassen, sollten die folgenden Kriterien eingehalten werden:

- Abstand vom Blitz zum Motiv möglichst kurz wählen.
- Abstand vom Motiv zum Hintergrund möglichst groß wählen.
- Belichtungszeit kurz wählen (beeinflusst nur den Hintergrund).
- Blende möglichst weit schließen, ISO-Wert herunterregeln.

Um den Hintergrund heller zu gestalten, gelten dann im Wesentlichen die umgekehrten Regeln. Bedenken Sie aber, dass z. B. der Blitz nicht zu weit vom Motiv entfernt werden darf, da er sonst praktisch keine Wirkung mehr zeigt.

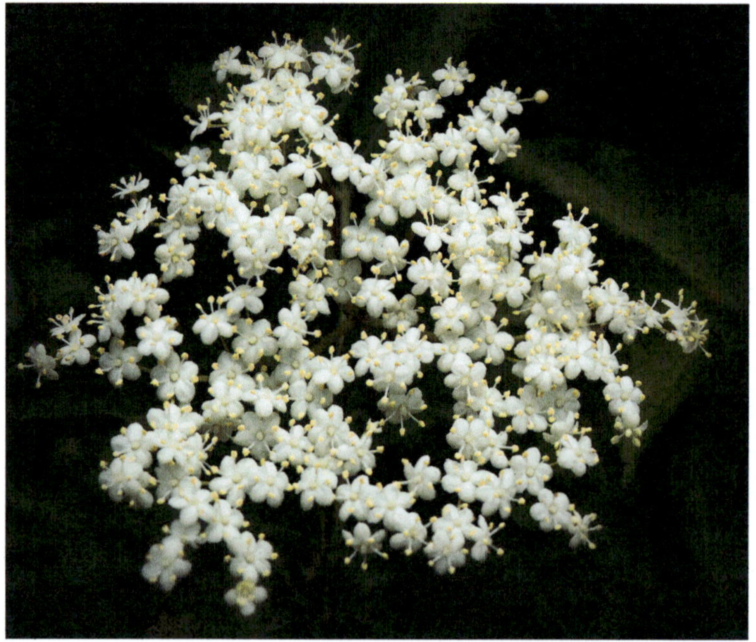

60 mm | f/6,3 | 1/200 s | SB-700 –0,7 LW
▶ *Mit einem dunklen Hintergrund und hellem Licht können Sie ein Motiv besonders herausheben. Dazu müssen Sie mit dem Blitz möglichst nah ans Motiv heran.*

8.3 Die Kunst des Lichtformens

Mit dem Blitzlicht hat der Fotograf die Möglichkeit, eigenes Licht zu schaffen und dieses Licht seinen Bedürfnissen entsprechend anzupassen. Letzteres geht in weit höherem Maß als z. B. mit Sonnenlicht. Im Folgenden sollen einige der grundlegenden Möglichkeiten vorgestellt werden.

Das Blitzlicht streuen

Umgebungslicht wird in unseren Regionen meist stark gestreut und erzeugt so einen weicheren Eindruck als z. B. die pralle Mittagssonne mit harten Schlagschatten in vielen südlichen Urlaubsländern.

Das direkt auf das Motiv gerichtete Blitzlicht erzeugt, wenn es stark ist, ebenfalls gern eine flache, harte Bildwirkung und tiefe Schatten. Das können Sie vermeiden, indem Sie das Blitzlicht indirekt einsetzen oder weich umformen.

Dazu empfehlen sich verschiedene Vorgehensweisen. Man kann im Fachhandel kleine Diffusoren kaufen oder sie auch selbst herstellen. Ein solcher Diffusor streut das Licht und macht es dadurch weicher.

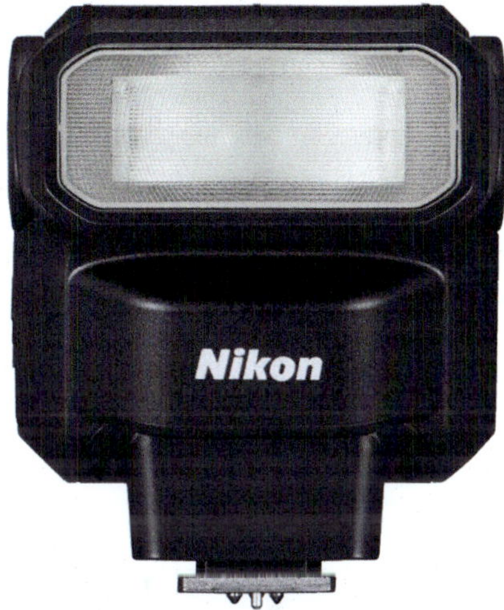

▲ *Der kleine SB-300 ist besonders kompakt und handlich, kann aber nur um bis zu 120° geneigt und nicht gedreht werden. Ein Blitzen gegen die Decke ist also möglich, Wände können nur schwer genutzt werden. (Bild: Nikon)*

Besser ist aber ein Systemblitz mit schwenk- und drehbarem Kopf. Diese Systemblitze können gedreht werden, sodass das Blitzlicht auf eine Fläche, idealerweise die weiße Decke oder eine Wand, fallen kann, reflektiert wird und erst dann auf das Motiv trifft.

Durch das indirekte Licht werden die harten Schatten aufgehellt, und der größere Reflexionswinkel des Lichts sorgt für weiche, besser ausgeleuchtete Fotos. Allerdings sollte man einige Dinge bedenken, beispielsweise müssen Sie auf die Farbe von Wand oder Decke achten. Oft sind Wände Decken nicht rein weiß, sondern haben einen leicht wärmeren Ton.

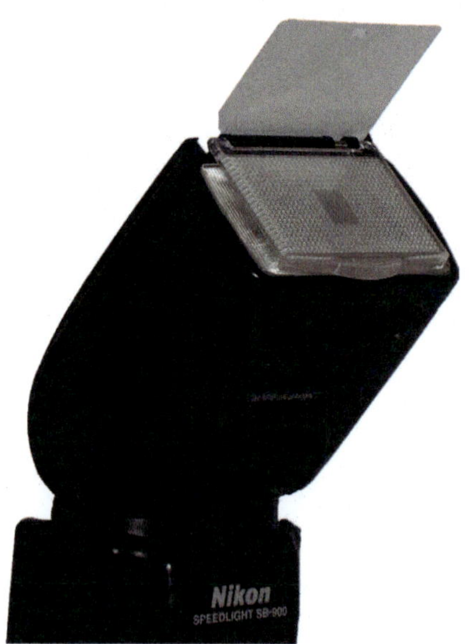

▲ *Einige Blitzgeräte, wie das hier gezeigte Nikon SB-910, haben einen dreh- und schwenkbaren Kopf und besitzen zusätzlich eine schwenkbare Streuscheibe.*

Das Licht nimmt dann ebenfalls diese Färbung an. Außerdem sollten Sie schauen, welchen Weg das Blitzlicht zurücklegen muss, um reflektiert zum Motiv zu gelangen. Bei sehr hohen Decken kann die Reichweite des Blitzes zu klein sein, sodass nicht mehr genügend Licht beim Motiv ankommt.

Hinzu kommt noch, dass die zur Reflexion genutzte Fläche selbst zusätzlich Licht schluckt. Sie müssen daher vorher abschätzen, ob die Leistung des Blitzgeräts ausreicht.

In der Praxis hat es sich auch bewährt, das Licht nicht senkrecht zur Decke zu schicken, sondern sogar leicht nach hinten zu blitzen. Wenn es Vorsprünge oder Ecken in den Zimmern gibt, hilft nur ausprobieren, um festzustellen, auf welche Wand der Blitz gerichtet und in welchem Winkel er verstellt werden muss.

Wenn die Situation kein indirektes Blitzen erlaubt, müssen Sie andere Tricks nutzen, um ein weiches Licht zu formen. Eine einfache Möglichkeit, das Licht für Porträts weicher zu gestalten, sind sogenannte Bouncer. Bouncer gibt es in einer Fülle von Formen und Ausführungen – von der simplen Plastikkappe bis hin zu ausgeklügelten Systemkonstruktionen für weit über 100 Euro.

Bouncer haben auch wieder die Aufgabe, das Licht zu streuen, um es weicher zu machen und die Gefahr von Spitzlichtern – das sind punktuelle, starke Reflexionen – zu verringern. Die Wirkung von Bouncern und weiteren Diffusoren ist leider oft nur im unmittelbaren Nahbereich einigermaßen überzeugend.

Den einzigen wirklichen Vorteil, den sie bieten, ist ihre meist uneingeschränkte Mobilität. Sie sind aber einfach zu klein und zu nah am Blitz, um das Licht wirklich effektiv streuen zu können.

Bouncer und Diffusoren können durch ihren meist unmittelbaren Einsatz vor dem Blitz bei intensivem Einsatz auch

Eine noch breitere Ausleuchtung durch Vorsatzscheiben

Einige Blitzgeräte besitzen spezielle Vorsatzscheiben, um eine noch weitere Ausleuchtung zu gewährleisten. Doch je breiter die Ausleuchtung ausfällt, desto geringer wird auch die Reichweite des Lichts, da ja nur eine definierte Leuchtstärke zur Verfügung steht. Mit einer Vorsatzscheibe hat der Blitz daher seine geringste Reichweite.

ein Wärmeproblem auslösen oder forcieren. Die Wärme der Blitzröhre kann nicht mehr so gut abgegeben werden, der Blitz heizt sich auf. Bessere Blitzgeräte bieten eine automatische Thermoüberwachung, die den Blitz abschaltet, wenn er zu heiß wird. Günstige Modelle haben diese Sicherung jedoch nicht immer, und Sie müssen selbst auf die Temperatur achten.

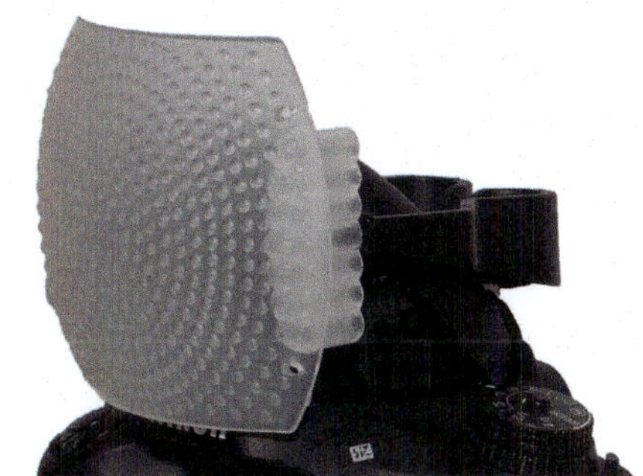

Mit dem richtigen Weißabgleich blitzen

Ist das Blitzlicht die beherrschende Lichtquelle, müssen Sie den Weißabgleich auf das Blitzlicht abstimmen. Nutzen Sie aber das Blitzlicht nur zum Aufhellen, ergibt sich eine Mischlichtsituation aus Blitzlicht und Umgebungslicht. Wenn die Einstellung Ihrer Nikon D3300 für den Weißabgleich auf *Automatik* steht, wird die Kamera versuchen, den Weißabgleich am Umgebungslicht auszurichten.

Können Sie Ihr Hauptmotiv ohne Blitzlicht nicht richtig belichten, ist das Blitzgerät die beherrschende Lichtquelle in der Mischlichtsituation, und Sie sollten den Weißabgleich manuell auf *Blitz* einstellen.

Kreativ blitzen in einer Kunstlichtumgebung

Wenn Sie Personen vor einem beleuchteten Hintergrund anblitzen, kann ein weiterer Effekt auftreten: Mit der Einstellung *Blitz* für den Weißabgleich erscheint auf dem Bild das Vordergrundmotiv in relativ neutralen Farben. Der Hintergrund wird jedoch, wenn er mit Glühlampenlicht beleuchtet ist, einen rötlichen Farbstich erhalten, bei einer Hintergrundbeleuchtung mit Leuchtstoffröhren, ergibt sich ein bläulicher Farbstich. Als Ergebnis haben Sie eine starke Abweichung, die Sie durchaus auch kreativ nutzen können.

Sicherer ist es, wenn Sie Ihre Bilder als NEF speichern, so haben Sie die Möglichkeit, bei der späteren Nachbearbeitung den Weißabgleich zu korrigieren. Sowohl ViewNX2 als auch Adobe Photoshop Elements bieten verschiedene Einstellungsmöglichkeiten wie Kunstlicht und Blitz, aber auch einen nachträglichen manuellen Weißabgleich an. So können Sie bei Mischlicht immer noch einen akzeptablen Kompromiss erzielen.

Geht es nicht gerade um Porträts, können Sie beispielsweise bei Makroaufnahmen auch einfach mal die Farbtöne verstärken und das Bild gezielt verfremden. Das kann unter Umständen zu interessanten neuen Bildgestaltungsmöglichkeiten führen.

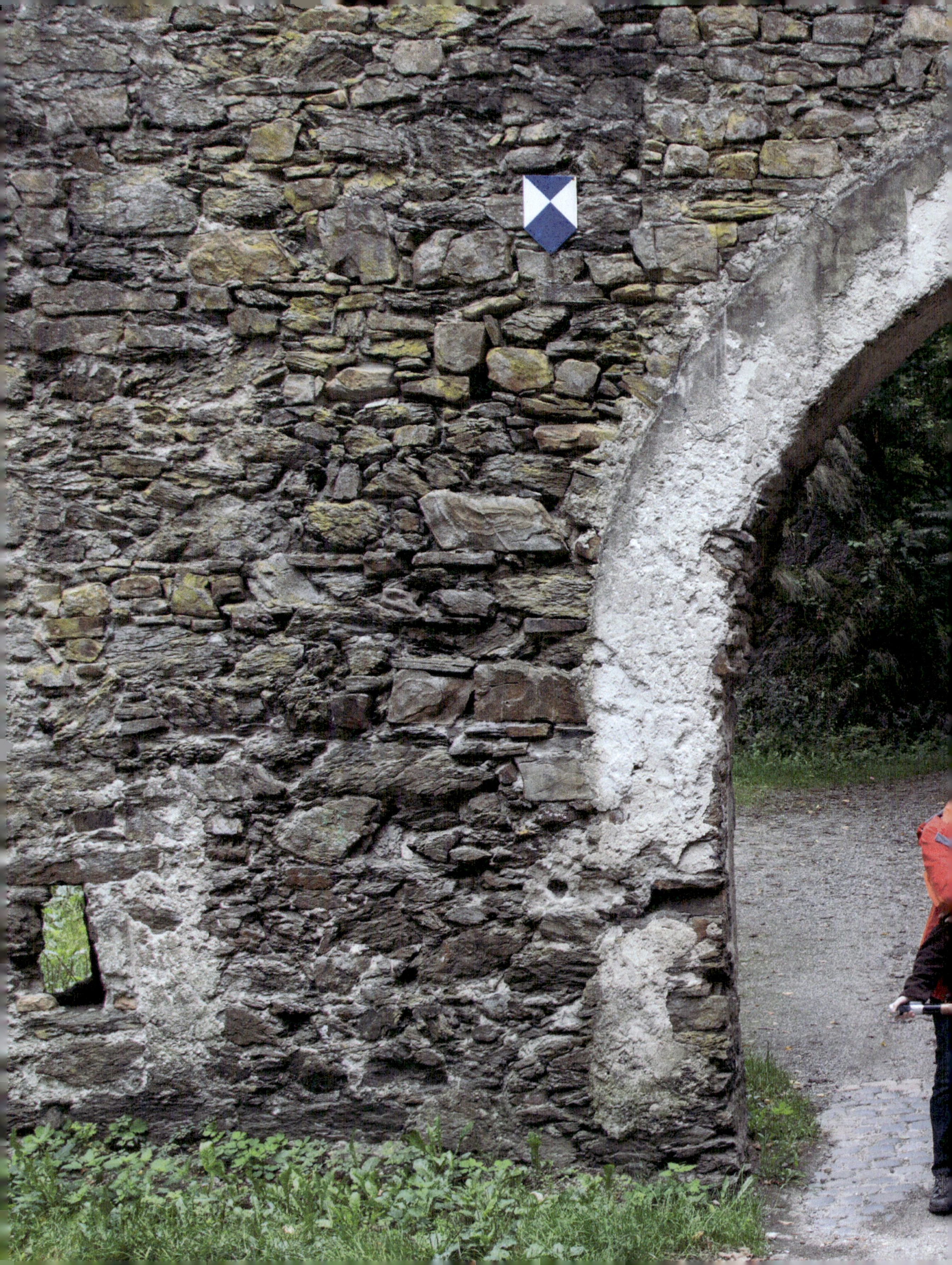

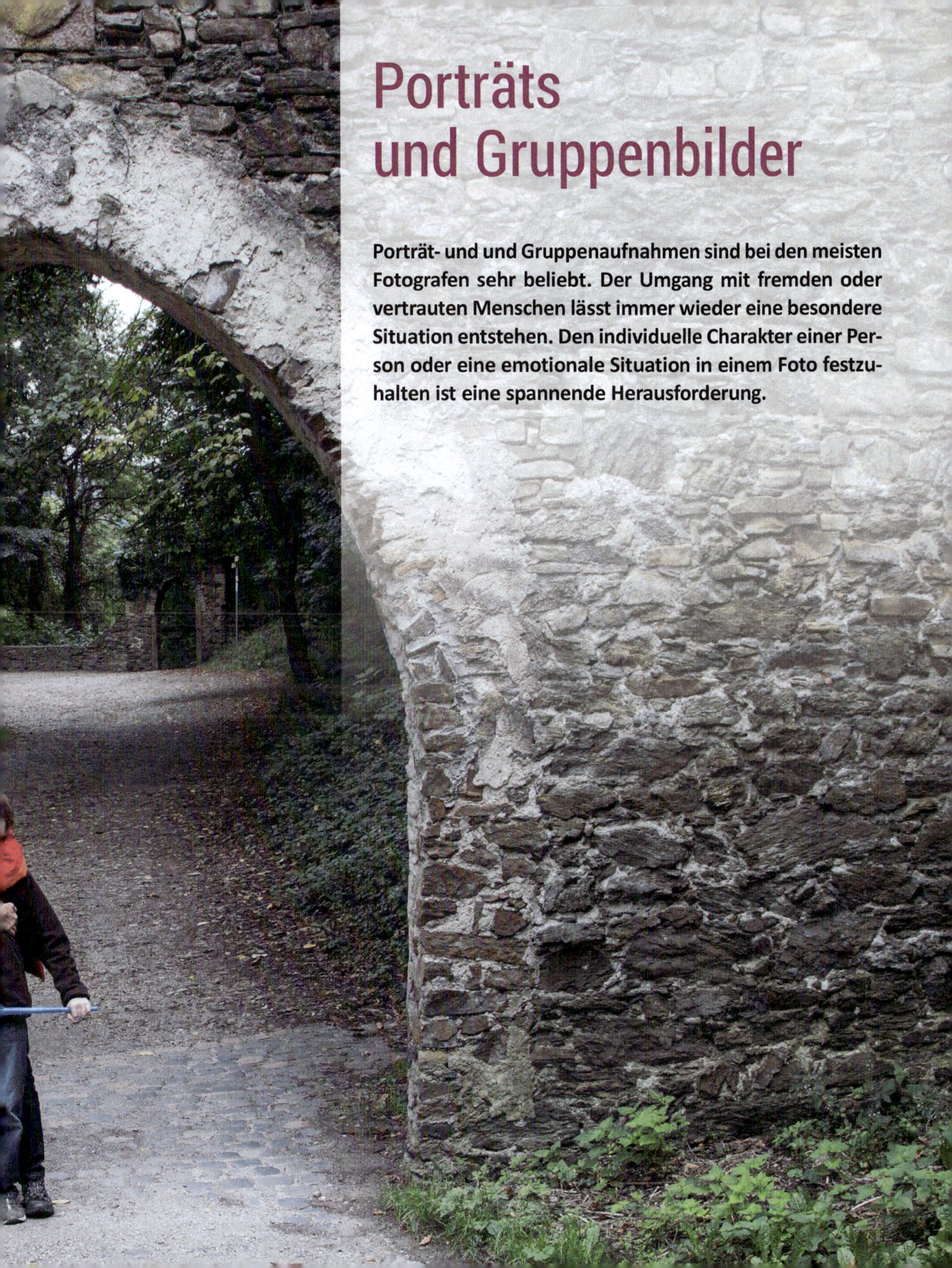

Porträts und Gruppenbilder

Porträt- und und Gruppenaufnahmen sind bei den meisten Fotografen sehr beliebt. Der Umgang mit fremden oder vertrauten Menschen lässt immer wieder eine besondere Situation entstehen. Den individuelle Charakter einer Person oder eine emotionale Situation in einem Foto festzuhalten ist eine spannende Herausforderung.

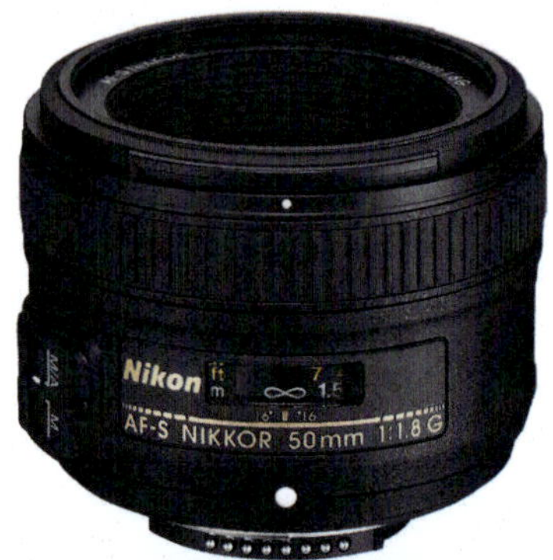

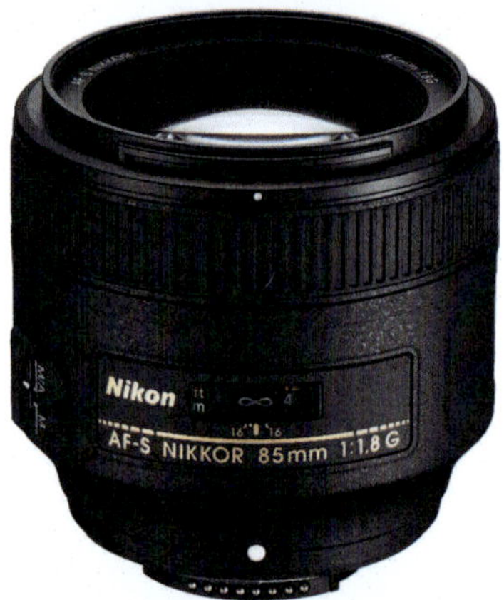

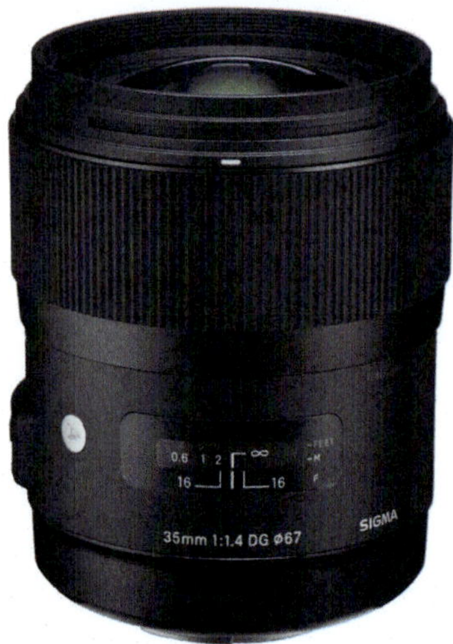

▲ *Drei hervorragende Vertreter der Porträtfestbrennweiten: das AF-S NIKKOR 50 mm und 85 mm f/1,8 und das Sigma 35 mm f/1,4 DG Art.*

Viele Fotografen möchten den Menschen mit seinem individuellen Ausdruck, seinem Charakter und seinen Besonderheiten in den Mittelpunkt ihrer fotografischen Arbeit stellen. Porträts stellen in vielerlei Hinsicht hohe Anforderungen an das Können der Kamera und des Fotografen.

Oftmals reagieren Menschen auf Porträts, besonders auf ihre eigenen, ausnehmend kritisch und empfindsam. Hautfarben sind z. B. berüchtigt dafür, selbst kleinste Farbverschiebungen schonungslos zutage zu fördern. Auch Perspektive und Ausdruck wollen perfekt eingefangen sein, um die Betrachter und letztlich auch den Fotografen zufriedenzustellen.

9.1 Die besten Objektive für Porträtaufnahmen

An das Handwerkszeug des Porträtfotografen werden dementsprechend hohe Anforderungen gestellt. Bewährt haben sich Festbrennweiten, die eine sehr geringe Verzerrung, hohe Schärfe und eine sehr gute Farbwiedergabe gewährleisten. Typische Festbrennweiten liegen bei etwa 50 mm und 85 mm bezogen auf das Kleinbildformat. Für die D3300 bedeutet dies, dass Brennweiten von etwa 35 mm und 50 mm eingesetzt werden. Sollen Gesichter formatfüllend abgebildet werden oder möchten Sie einfach einen etwas größeren Abstand zum Motiv einhalten, ist auch ein 85-mm-Objektiv am Sensor der D3300 noch eine gute Wahl.

Preiswerte Festbrennweiten mit Offenblende f/1,8

Wenn Sie sich für Objektive mit Festbrennweite entscheiden, können Sie gegenüber lichtstarken Zoomobjektiven viel Geld sparen. Das wohl beste Preis-Leistungs-Verhältnis stellen die Festbrennweiten mit einer maximal geöffneten Blende von f/1,8 dar. Diese Objektive kosten oft nur die Hälfte oder noch weniger als ihre lichtstärkeren Kollegen mit f/1,4.

Alle führenden Hersteller bieten ausgezeichnete Festbrennweiten in diesem Bereich. Um die optimale Freiheit für die Gestaltung mit der Schärfentiefe zu gewährleisten und um ein Gesicht schön herausmodellieren zu können, ist eine geringe Schärfentiefe ein wunderbares Mittel.

Daher wird in der Porträtfotografie gern mit einer Lichtstärke von f/2,8 oder weniger gearbeitet. Sehr gut eignen sich auch lichtstarke Makroobjektive als Porträtobjektive. Viele Makroobjektive besitzen eine Anfangsblende von f/2,8, mit der bereits eine hervorragende Hintergrundunschärfe erzielt werden kann.

Unterstützt wird die geringe Schärfentiefe an Makroobjektiven noch durch die meist etwas höhere Brennweite und deren sehr geringen Mindestabstand zum Motiv.

Attraktive Porträts mit dem Kitobjektiv

Wenn Sie gleich erste Versuche in der Porträtfotografie unternehmen wollen und noch keine speziellen Objektive haben, können Sie auch ansehnliche Ergebnisse mit dem Kitobjektiv erzielen. Stellen Sie die Brennweite auf etwa 50 mm und öffnen Sie die Blende so weit wie möglich – ca. f/5,6. Positionieren Sie Ihr Model relativ weit vor einem Hintergrund, am besten gut 5 m oder mehr. Dann werden Sie bereits erste schöne Aufnahmen mit unscharfem Hintergrund erzielen.

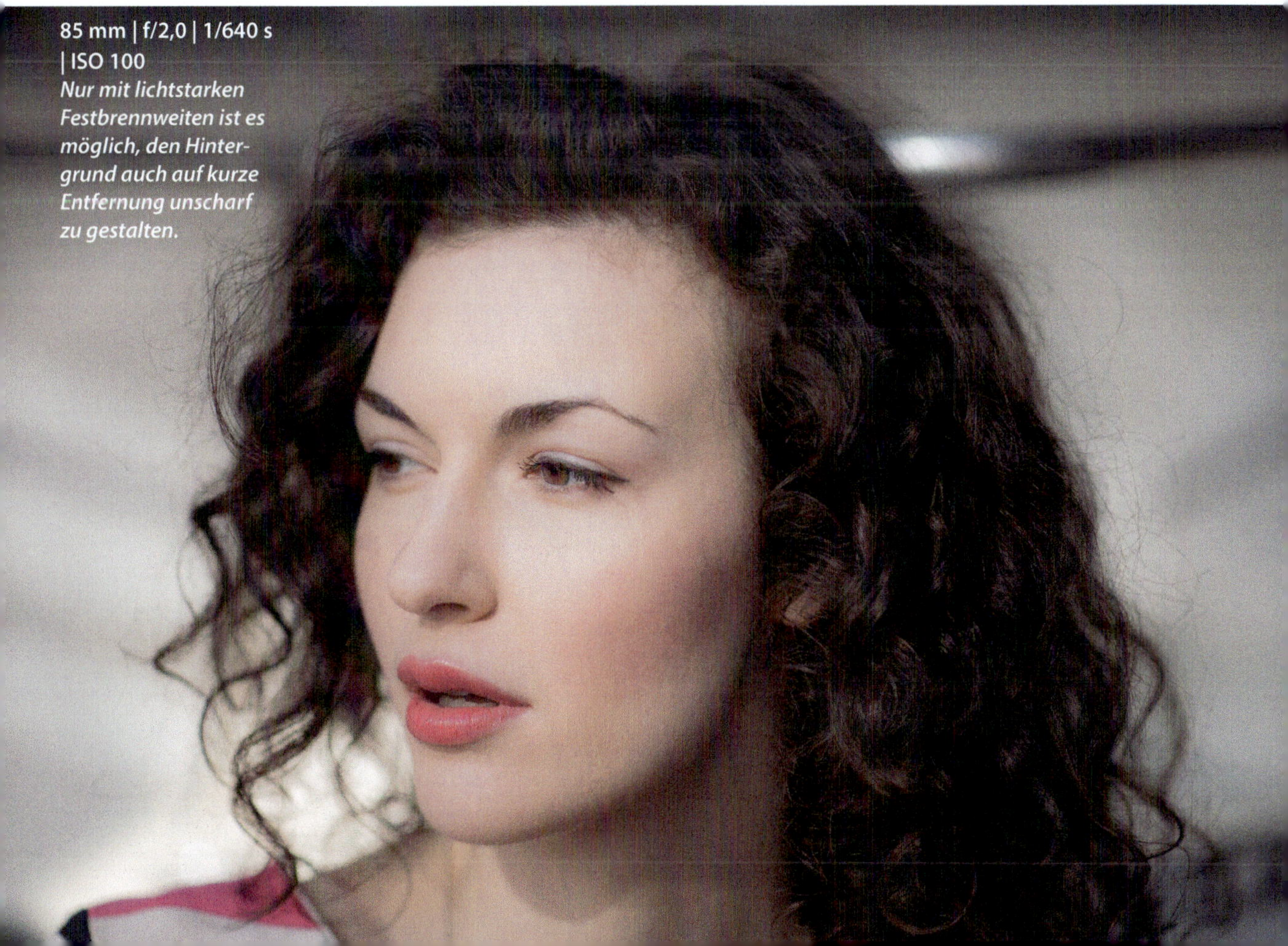

85 mm | f/2,0 | 1/640 s | ISO 100
Nur mit lichtstarken Festbrennweiten ist es möglich, den Hintergrund auch auf kurze Entfernung unscharf zu gestalten.

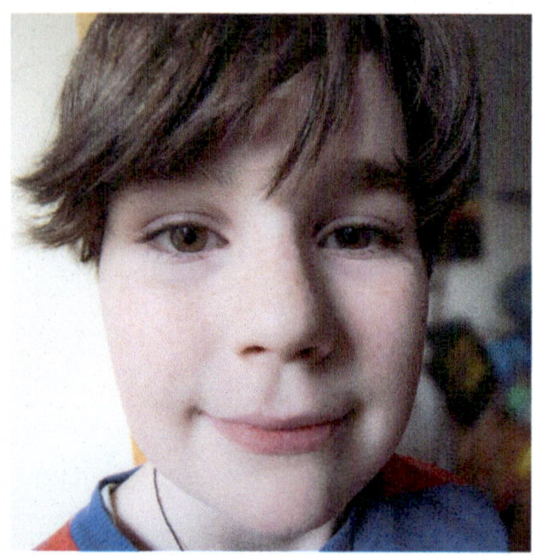

12 mm | f/4,5 | 1/40 s | ISO 600
▲ *Porträtaufnahmen aus der Nähe mit einem Weitwinkelobjektiv sind aufgrund ihrer Verzerrungen keine gute Idee und eignen sich höchstens als Spaßfoto.*

24 mm | f/6,3 | 1/100 s | ISO 100
▼ *Für Gruppenfotos können gut leichte Weitwinkelobjektive genutzt werden.*

Sind Ihnen Festbrennweiten anfangs noch zu unflexibel und haben Sie auch noch keinen Bedarf an Makroobjektiven, können Sie bedenkenlos zu lichtstarken Zoomobjektiven greifen. Empfohlen werden aber schon Objektive mit einer möglichst durchgehenden Offenblende von f/2,8. Typische Vertreter sind die Objektive 24-70 mm und 70-200 mm f/2,8.

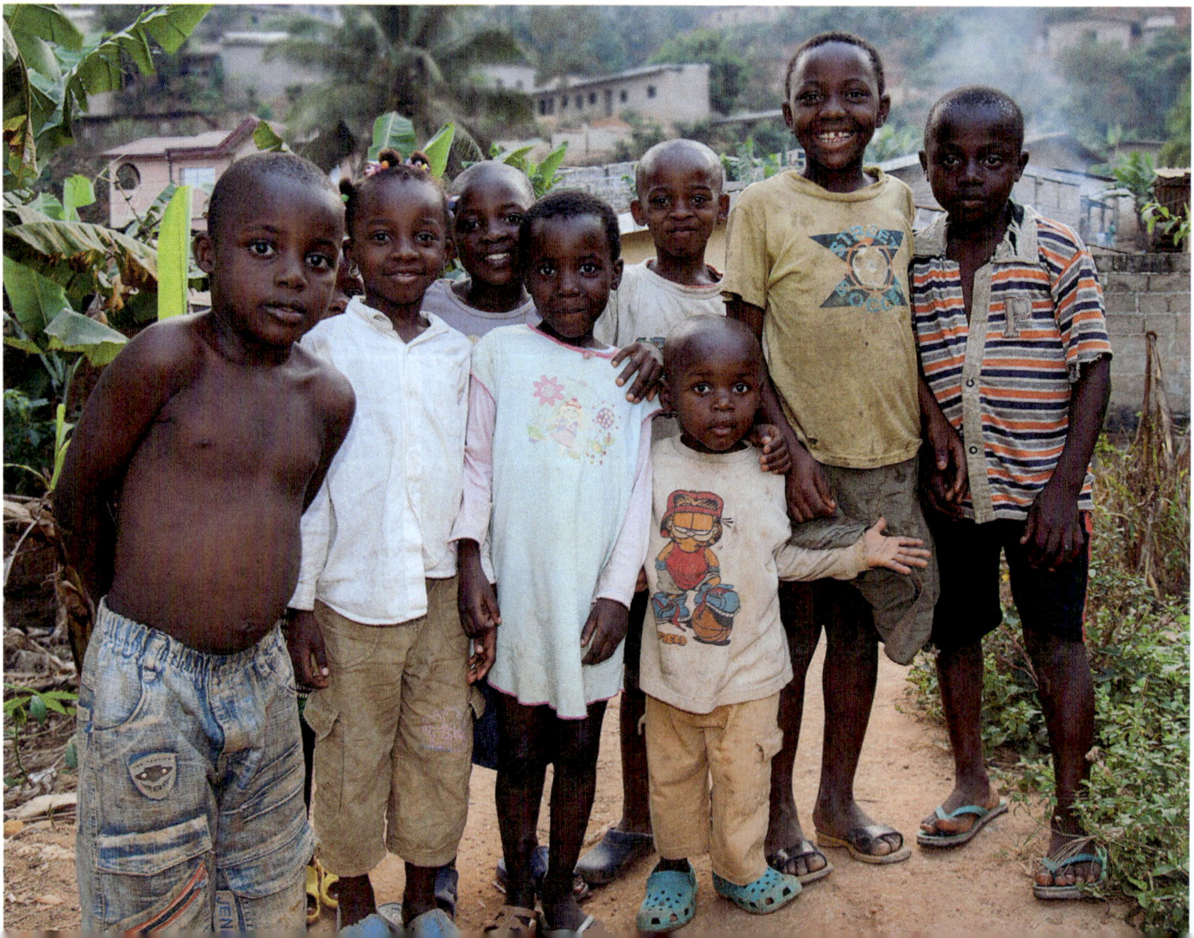

Für Porträtaufnahmen eignen sich Weitwinkelobjektive aufgrund ihrer oft ausgeprägten Neigung zur Verzerrung nicht. Für Gruppenbilder sind Weitwinkelbrennweiten allerdings manchmal notwendig, um nicht einen riesigen Abstand zur Gruppe einnehmen zu müssen. Dass Weitwinkelobjektive eine vergleichsweise hohe Schärfentiefe besitzen, spielt bei Gruppenaufnahmen keine allzu große Rolle. Die Mitglieder einer porträtierten Gruppe halten selten alle genau die gleiche Entfernung zum Fotografen ein, weshalb eine sehr geringe Schärfentiefe gar nicht gewünscht ist. Gruppen können zumindest im Freien auch weit vor einem störenden Hintergrund positioniert werden.

9.2 Die optimale Schärfe richtig setzen

Wer bereits Übung im Umgang mit der D3300 hat, kann mit der manuellen Belichtungssteuerung M optimal arbeiten und gibt keine Freiheiten aus der Hand. Für alle anderen wird bei vorwiegend statischen Aufnahmen die Zeitautomatik A für eine perfekte Blendenkontrolle empfohlen. In diesem Modus wird die Blende vom Fotografen gewählt, und die Kamera liefert einen passenden Belichtungswert dazu.

Wenn Sie für dynamische Aufnahmen, wie spielende Kinder, lieber die Blendenautomatik S oder die Programmautomatik P einsetzen wollen, denken Sie daran, dass Sie die Schärfentiefe nicht mehr direkt beeinflussen können. Trotzdem können diese Modi dann die bessere Wahl sein.

Wohin genau mit der Schärfe?

Eine offene Blende erzeugt eine selektive Schärfe, die Sie genau auf das Hauptmotiv legen sollten. Eine herausragende Stellung für die Schärfe in einem Porträtfoto nehmen natürlich die Augen ein. Sind die Augen in einem Porträt nicht scharf, ist die Aufnahme meistens verdorben. Wenn Sie sich dann vor Augen halten, dass bei einem 50-mm-Objektiv, einer Blende von f/1,8 und einem Abstand von einem Meter zum Modell die Schärfentiefe bei nur noch wenigen Zentimetern liegt, wird deutlich, wie genau der Fokuspunkt gesetzt werden muss. Es sollte deshalb auf jeden Fall mit der AF-Messfeldsteuerung ***Einzelfeld*** gearbeitet werden. Nur so können Sie den Fokuspunkt präzise auf die Augen legen.

▶ *Mit der AF-Messfeldsteuerung* ***Einzelfeld*** *können Sie den Fokuspunkt genau setzen.*

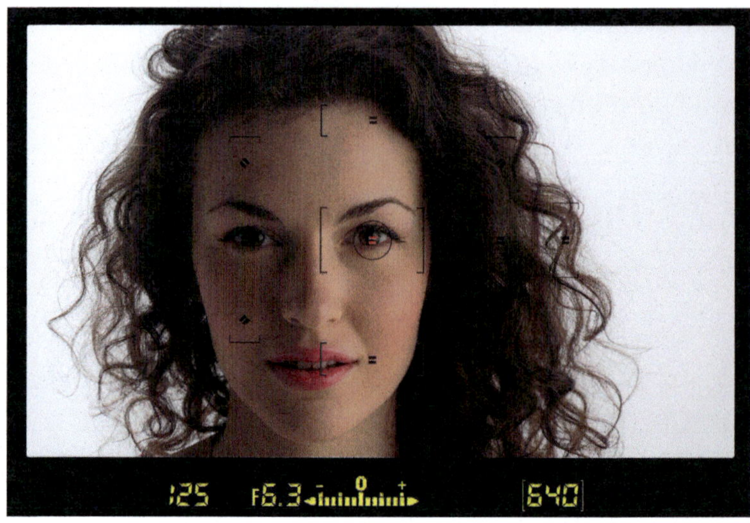

Sollen herumtobende Kinder oder Haustiere porträtiert werden, kann die AF-Messfeldsteuerung auch einmal auf ***Dynamisch*** umgestellt werden. Die automatische Messfeldsteuerung sollte aber nicht eingesetzt werden. Zu schnell wird in diesem Modus der Fokus nicht optimal gesetzt.

DoF Calculator einsetzen

Um die Schärfentiefe realistisch einschätzen zu können, sollten Sie einen **D**epth **o**f **F**ield **C**alculator (DoF Calculator) einsetzen. Früher waren das umständliche Listen, heute brauchen Sie nur noch ein Smartphone oder Tablet mit einer geeigneten App.

In iTunes oder im Google Play Store suchen Sie einfach nach „DoF" und installieren dann eine passende App. Die Bedienung ist selbsterklärend, auch in Englisch.

Sie müssen auch nicht bei jedem einzelnen Foto erst einmal die Schärfentiefe berechnen. Aber wenn Sie ein gewisses Gefühl dafür haben, um welche Schärfebereiche es bei den Aufnahmen in etwa geht, werden Ihnen sicher viel weniger unscharfe Aufnahmen den Spaß verderben.

Empfehlen kann ich für Android-Geräte z. B. den DoF Calculator von Cunning Dog Software, für den es auch eine deutsche Übersetzung gibt. Außerdem ist er kostenlos erhältlich.

Für das iPad gibt es z. B. den sehr einfach aufgebauten Simple DoF Calculator von Dennis van den Berg.

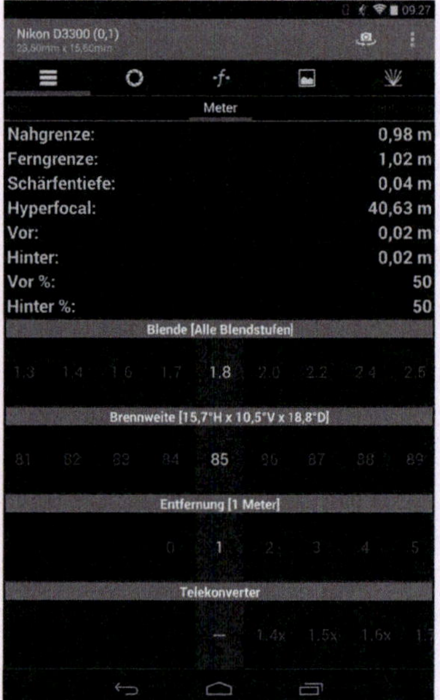

9.3 Weitere wichtige Kameraeinstellungen

Für Porträtaufnahmen gelten grundsätzlich die gleichen Kriterien für die Wahl des geeigneten ISO-Werts wie für andere Aufnahmen auch. Vielleicht sollten Sie die Grenzen noch etwas enger fassen, da Porträtbilder sehr empfindlich gegen Störungen jeder Art sind. In der Porträtfotografie wird allerdings auch häufig mit gutem Licht, dem Blitz und/ oder einem Stativ gearbeitet. Hohe ISO-Werte sind dann gar nicht nötig.

Einstellungen bis ISO 800 sind mit der D3300 absolut beherrschbar. Höhere ISO-Werte sollten allerdings, wann immer möglich, vermieden werden.

Die D3300 beherrscht zwar eine leistungsfähige Rauschreduzierung, sie ist aber in der weit überwiegenden Anzahl der Situationen unnötig. Selbst wenn die Rauschreduzierung auf ***Aus*** steht, wird sie automatisch bei Bedarf zugeschaltet. Sie fällt dann aber sehr moderat aus und nicht so stark wie in der Stellung ***Ein***.

Wer seine Fotos gern später nachbearbeitet, wählt für Porträtaufnahmen die Picture-Control-Einstellung ***Neutral***. Alle anderen können zum Bildstil ***Porträt*** greifen. Letzterer optimiert die natürlichen Texturen der Haut und versucht, sanfte Übergänge zu erzielen.

Soll im RAW-Format fotografiert werden, kann der Weißabgleich auf ***Automatisch*** (***AUTO***) eingestellt werden. Das RAW-Format erlaubt den späteren leichten und schnellen Weißabgleich im Bild ohne Einschränkungen. Im JPEG-Format muss der Wert für den Weißabgleich dynamisch ermittelt werden und richtet sich nach der vorherrschenden Beleuchtung. Wenn Sie im hellen Tageslicht den Weißabgleich auf ***Bewölkter Himmel*** einstellen, erhalten Sie in den Fotos einen etwas wärmeren, mit der Einstellung auf ***Schat-***

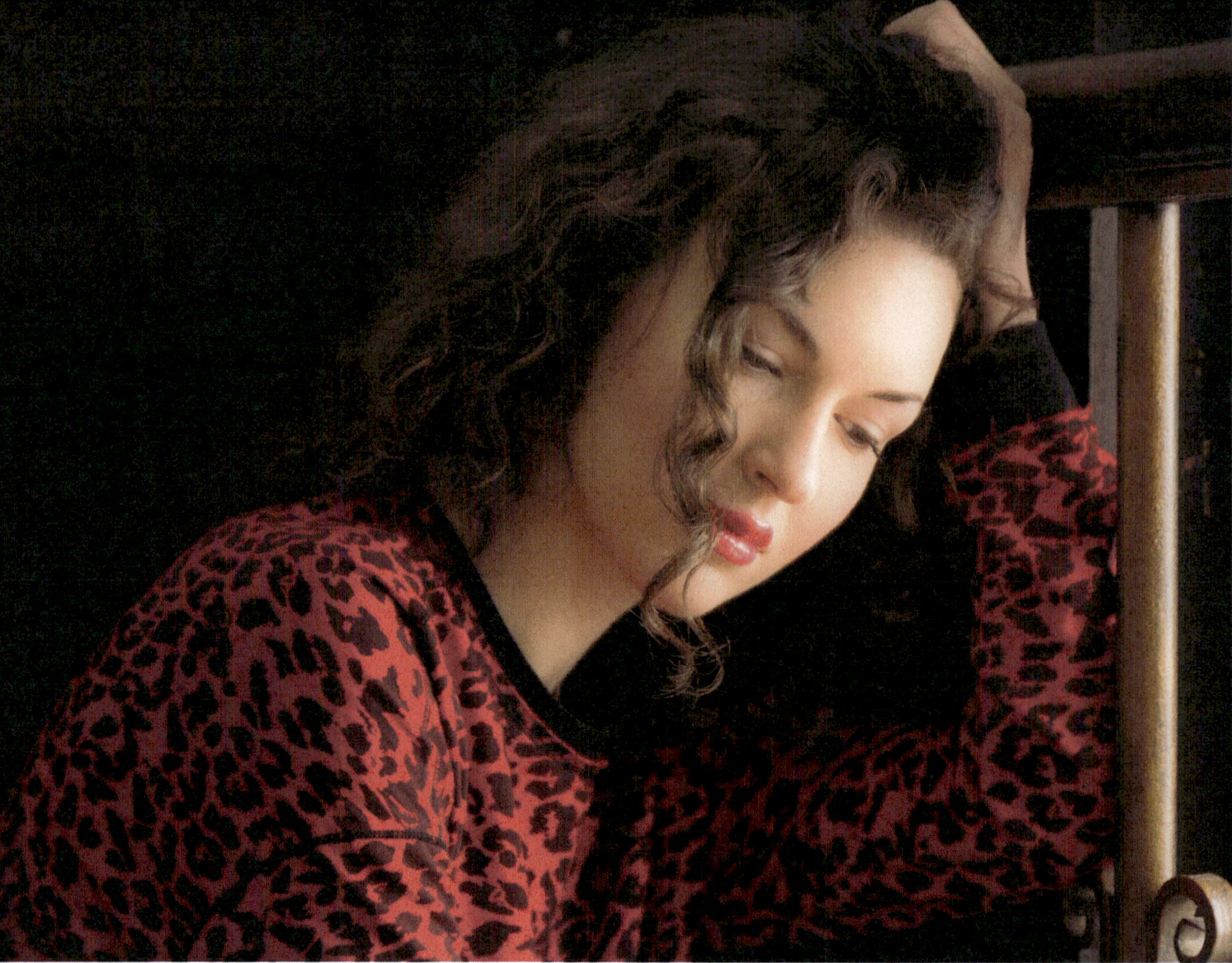

50 mm | f/2,8 | 1/60 s | ISO 100
▲ *Durch eine getönte Scheibe auf der rechten Seite fiel sehr warmes Licht auf das Gesicht und ließ die Rottöne geradezu leuchten.*

ten einen deutlich wärmeren Farbton. Die Einstellung auf ***Leuchtstofflampen*** bewirkt eine kühle Färbung des Bilds und kann je nach gewünschtem Effekt z. B. gut in High-Key-Fotos eingesetzt werden. Die Frage nach der Einstellung für die Belichtungsmessung kann nicht eindeutig beantwortet werden. In formatfüllenden Porträtaufnahmen von Einzelpersonen ist die mittenbetonte Messung eine gute Wahl. Soll mehr von der Umgebung einbezogen werden, leistet die unverwüstliche Matrixmessung ebenfalls gute Dienste. Die Spotmessung eignet sich vorwiegend für Detailaufnahmen. Letztlich ist ein Blick auf das Histogramm notwendig, um die optimale Belichtungseinstellung zu ermitteln.

Direktes und indirektes Blitzen

Das interne Blitzgerät Ihrer D3300 erlaubt Ihnen nur das direkte Blitzen, was die Gesichter oft hart und flach erscheinen lässt. Mit einem externen Blitzgerät wie dem SB-910 oder dem SB-700 können Sie das Licht indirekt, d. h. mittels Reflexion über Decken oder Flächen, zum Motiv schicken. Das Licht ist dann weich und hebt die Strukturen hervor. Besser sind natürlich Softboxen oder Schirme, um das Licht für Porträts weich zu machen. Mehr zu diesen Tricks gibt es ab Seite 245 zum Blitzen.

Wenn Sie verteilte Gruppen fotografieren, sollten Sie immer daran denken, dass ein Blitzgerät stets nur eine bestimmte Entfernung direkt anleuchten kann. Gruppen sollten Sie daher, wann immer es geht, indirekt blitzen. Dazu brauchen Sie ein externes Blitzgerät für Ihre D3300.

Praxistipps Porträtfotografie

Das Ziel eines guten Porträts ist es, neben der reinen Darstellung des Äußeren einer Person auch das Wesen bzw. die Persönlichkeit des porträtierten Menschen zum Ausdruck zu bringen. Das Gesicht der zu porträtierenden Person steht deshalb immer im Mittelpunkt der Aufnahme. Doch die Gestaltung deckt eine sehr große Bandbreite ab. Auch die Abbildung eines ganzen Menschen in einem charakteristischen Umfeld kann genauso ein Porträt sein wie ein Close-up, das nur noch Ausschnitte zeigt. Das Ziel liegt darin, das Charakteristische der porträtierten Person herauszuarbeiten.

Sie sind jedoch nicht nur als Fotograf, sondern auch als Gestalter der Situation gefragt. Nicht immer kennt man den oder die zu Porträtierenden aus seinem persönlichen Umfeld. In dem Fall ist es hilfreich, zuerst eine Beziehung zum Modell aufzubauen und zu besprechen, welches Ziel mit dem jeweiligen Fotoshooting erreicht werden soll.

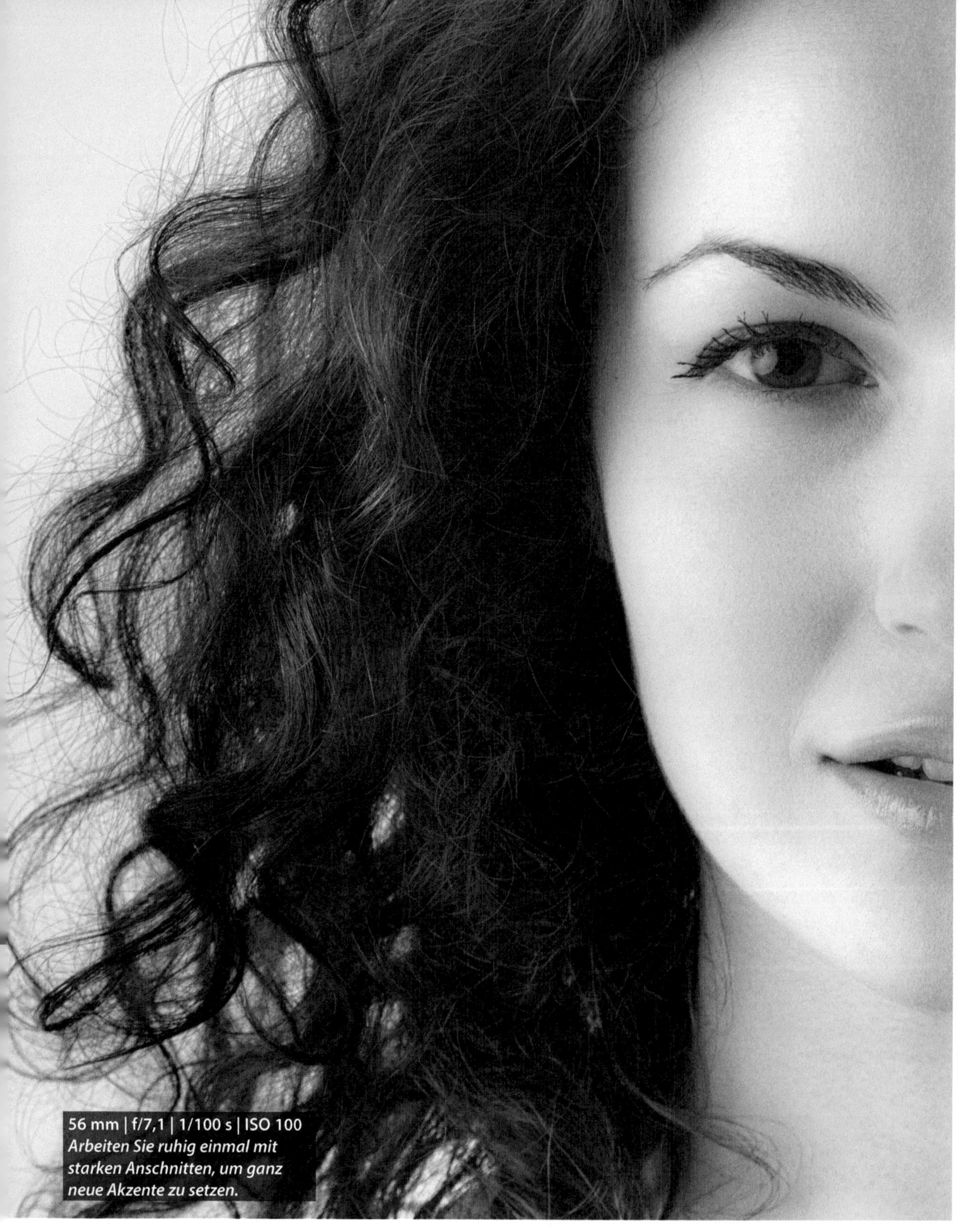

56 mm | f/7,1 | 1/100 s | ISO 100
Arbeiten Sie ruhig einmal mit starken Anschnitten, um ganz neue Akzente zu setzen.

Letztlich ist alles, was dem Fotografen und dem Modell gefällt und Spaß macht, auch möglich in der Umsetzung. Meistens ist weiches Licht für ein Porträt vorteilhaft. Das Fotografieren an bewölkten Tagen oder im Schatten kommt dem sehr entgegen.

Ein Tag mit strahlendem Sonnenschein zieht Fotografen zwar geradezu magisch an, für Porträts führt das direkte Sonnenlicht aber meist zu unvorteilhaften tiefen Schatten und zu harten Flächen im Gesicht. Wenn Sie also im Sonnenlicht fotografieren wollen, sollten Sie unbedingt einen möglichst großen Diffusor und einen Helfer zur Hand haben. Aber keine Regel ohne Ausnahmen. Ein Männerporträt kann durchaus harte Schatten und hohe Kontraste vertragen, es kommt wie immer auf die gewünschte Bildaussage an.

Gegenlichtaufnahmen können sehr reizvoll sein, sie benötigen allerdings etwas Übung. Für den Anfang empfiehlt es sich, Gegenlichtaufnahmen am frühen Vormittag oder am Abend anzugehen. Das Licht ist dann nicht allzu grell, und man kann leichter stark ausgebrannte Bildteile vermeiden.

85 mm | f/2,8 | 1/320 s | ISO 100
▼ *Ein paar Schritte in den Schatten machen das Licht an einem sonnigen Tag viel weicher und schmeichelhafter für die Haut.*

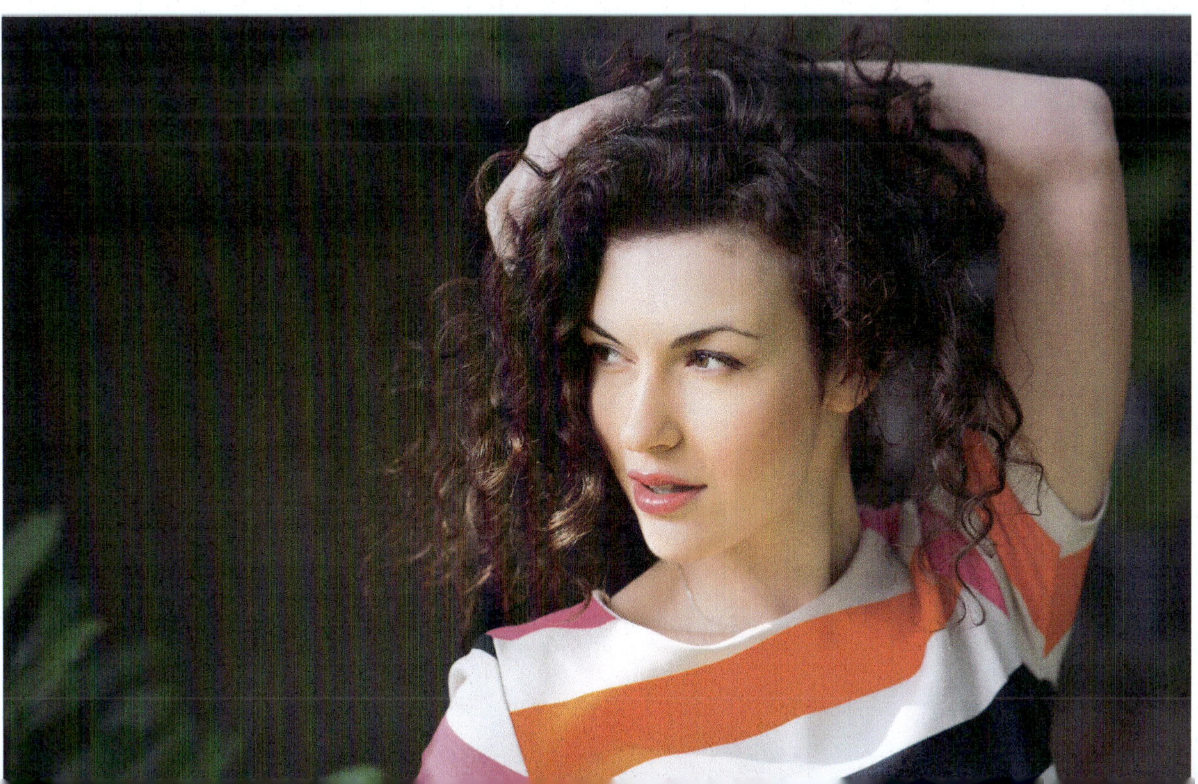

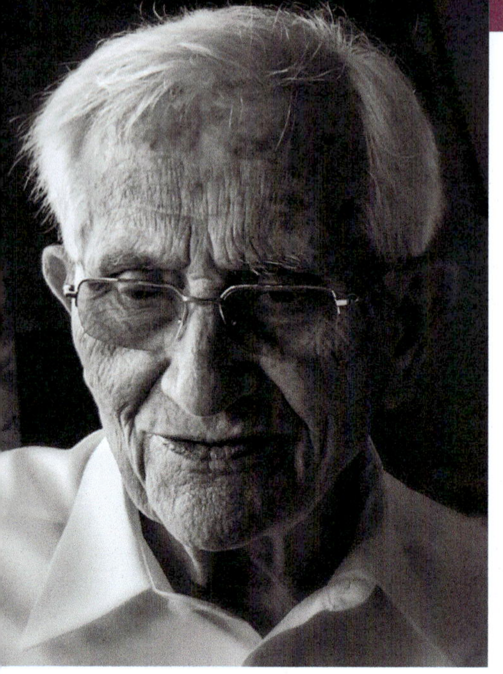

28 mm | f/6,3 | 1/60 s | ISO 400

▲ *Ein Charakterporträt wirkt oft besonders gut als Monochrombild, und das muss nicht unbedingt reines Schwarz-Weiß sein.*

Letzteres versucht jeder Fotograf bei den meisten Gelegenheiten penibel zu vermeiden. Aber auch hier gilt: keine Regel ohne Ausnahme.Je nach Lichteinfall wird die Belichtungssteuerung der D3300 durch das helle Gegenlicht irritiert. Wird die Matrixmessung verwendet, liegt das Gesicht häufig im tiefen Schatten und wird unterbelichtet. Wird hingegen die mittenbetonte oder die Spotmessung eingesetzt, frisst der Hintergrund schnell völlig aus. Das beste Gegenmittel ist ein Aufhellblitz oder ein Reflektor. Weiße Reflektoren geben ein neutrales und natürliches Licht, Goldreflektoren machen das Licht wärmer, und silberfarbene ergeben einen kühlen Farbton. Ist gerade kein Reflektor zur Hand, können zur Not auch andere reflektierende Flächen eingesetzt werden, wie z. B. Styroporplatten.

Schwarz-Weiß-Fotografie arbeitet besonders subtil mit dem Spiel aus Licht und Schatten. Ein genauer Blick auf weiche Schattenverläufe ist deshalb Pflicht bei dieser beliebten Art der Fotografie. Auch in diesem Fall gilt, dass das RAW-Format mehr Möglichkeiten bietet als das JPEG-Format. Spitzlichter und tiefe Schatten können besser nachträglich bearbeitet werden. Mit dem Herunterregeln der Klarheit kann in vielen RAW-Konvertern die Haut samtig glatt gestaltet werden. Mit dem Regler ***Klarheit*** werden im RAW-Konverter gezielt die Mitteltöne beeinflusst, ohne die sehr hellen und dunklen Partien zu berühren. Feine Texturen und Unreinheiten auf der Haut können so verschwinden, ohne dass ein Eindruck von Unschärfe im Gesamtbild entsteht. Für Aufnahmen von Kindern benötigt man vor allem Geduld und Einfühlungsvermögen. Eine gute

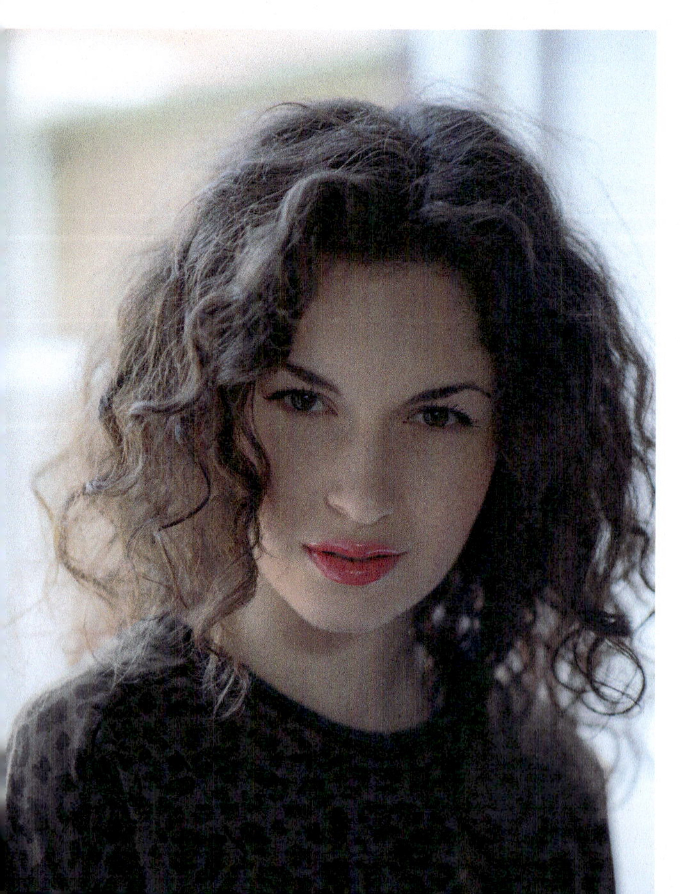

85 mm | f/1,8 | 1/80 s | ISO 100

◄ *Gegenlichtaufnahmen benötigen etwas Übung, um den Hintergrund nicht völlig ausfressen zu lassen und das Gesicht nicht mit Schatten zu verdunkeln. Ein Reflektor leistet da oft wahre Wunder.*

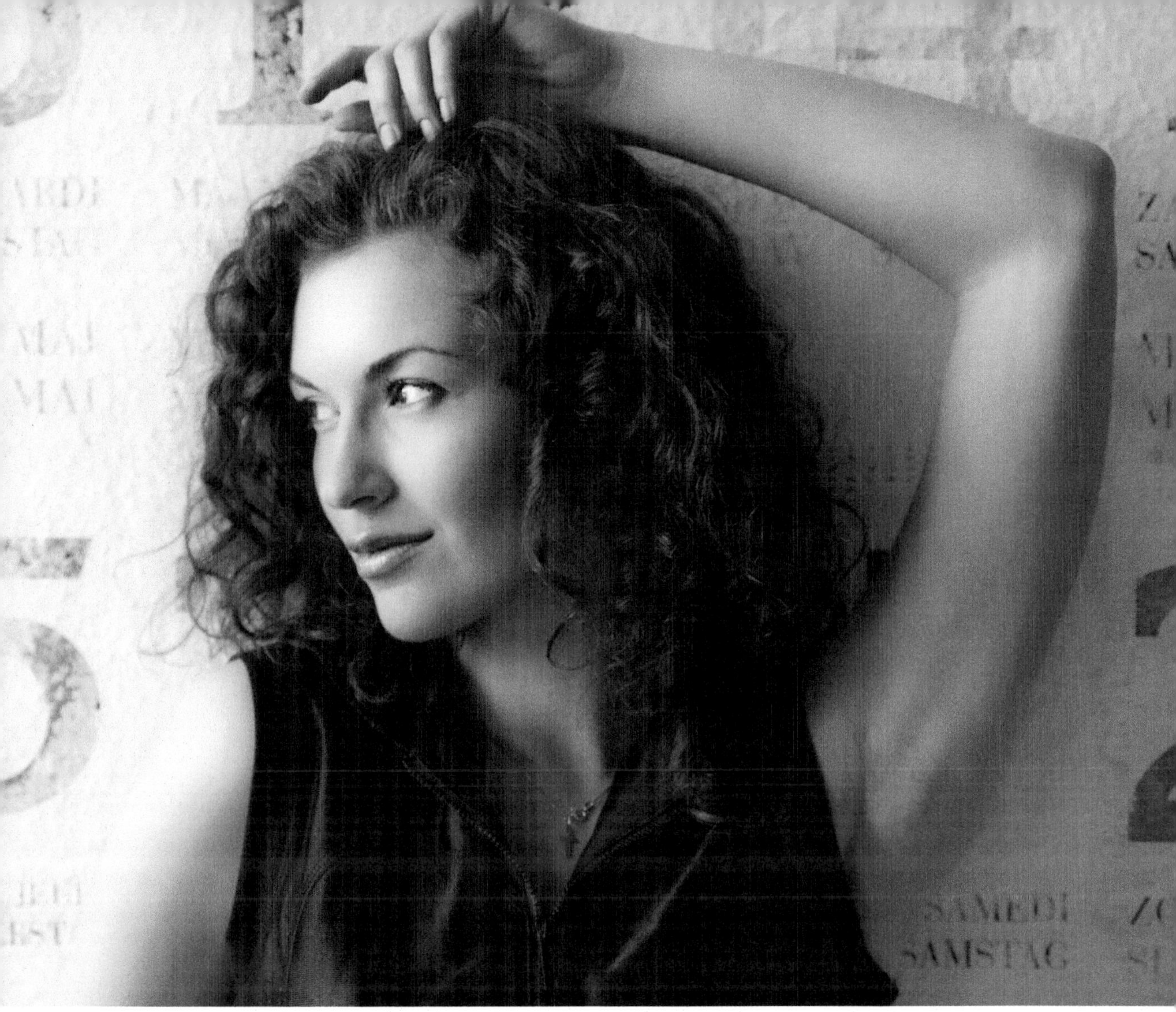

44 mm | f/3,5 | 1/30 s | ISO 100
▲ *Weiche Schattenverläufe durch ein seitliches Fenster an einem bewölkten Tag geben dem Bild seinen starken Ausdruck.*

Hilfe kann darin bestehen, dass man sich zu den Kindern setzt und sie zuerst nur beobachtet. Die Kinder werden wahrscheinlich ihre Aufmerksamkeit bald wieder anderen Dingen zuwenden und können so ohne künstliche Posen in ihrem Spiel fotografiert werden. Eine weitere Möglichkeit ist es, mit einer höheren Brennweite mehr Abstand zu wahren, damit sich die Kinder nicht beobachtet fühlen und sich ganz natürlich geben. Im Anschluss eine kurze Zusammenfassung der zentralen Tipps:

- Bei Aufnahmen im Freien sind die Morgen- oder Abendstunden zu bevorzugen, weil hartes Mittagslicht unvorteilhafte Schatten von oben ergibt, gegen die Sie anblitzen müssen.

- Seien Sie wählerisch mit Hintergründen. Zumeist sind Bokehs und ein ruhiger Hintergrund besser, wenn keine direkte Aussage damit verbunden ist.
- Porträtobjektive können gnadenlos jeden Makel der Haut ans Licht bringen. Legen Sie Wert auf das richtige Make-up und setzen Sie sehr weiches Licht ein. Eine leichte Überbelichtung kann Hautunreinheiten verschwinden lassen.
- Mit der Blende können Sie in sehr kleinen Stufen die selektive Schärfe gezielt einsetzen. Nutzen Sie die Möglichkeit, die Ihnen dabei lichtstarke Objektive bieten.

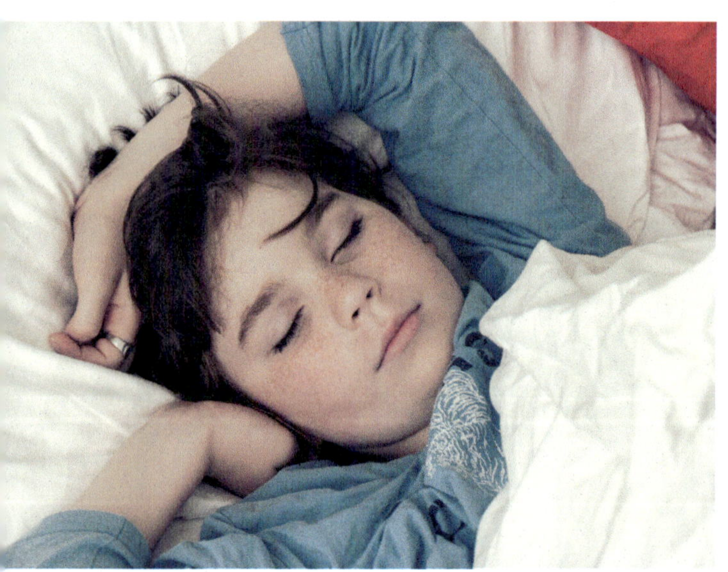

60 mm | f/6,3 | 1/40 s | ISO 200

▲ *So ruhig und entspannt sind Kinder vor der Kamera nicht immer.*

- Das Gesicht ist stets der Mittelpunkt. Messen Sie daher immer dort die Belichtung.
- Kinder sind häufig keine sehr geduldigen Motive. Bringen Sie genug Zeit und Geduld mit. Sie reagieren nicht gut auf Anweisungen des Fotografen und müssen motiviert werden.
- Bilder gelingen in der Umgebung der Kinder oft besser als in einer ungewohnten Studioatmosphäre.
- Gehen Sie mit der Kamera auf die Augenhöhe der Kinder. Bilder von oben sind nicht nur unästhetisch, sondern vermitteln auch eine unangenehme „Überlegenheitsbotschaft".
- Verzichten Sie auf den Weitwinkel. Dessen Tendenz, das Motiv zu verbreitern, wirkt vor allem bei den ohnehin etwas breiteren Kindergesichtern unangenehm.

Üben, üben, üben – macht Spaß und bringt Sie weiter.

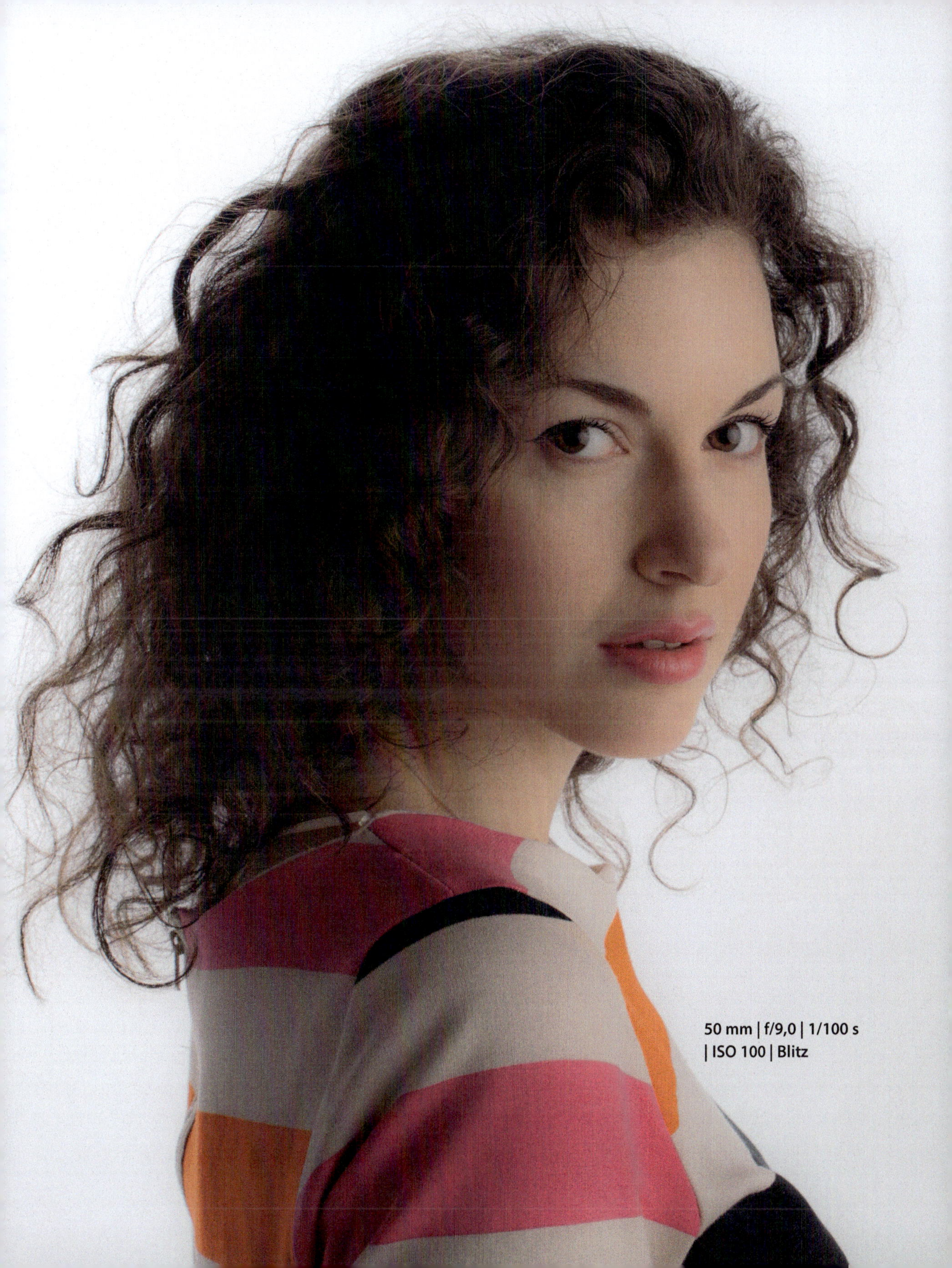

50 mm | f/9,0 | 1/100 s | ISO 100 | Blitz

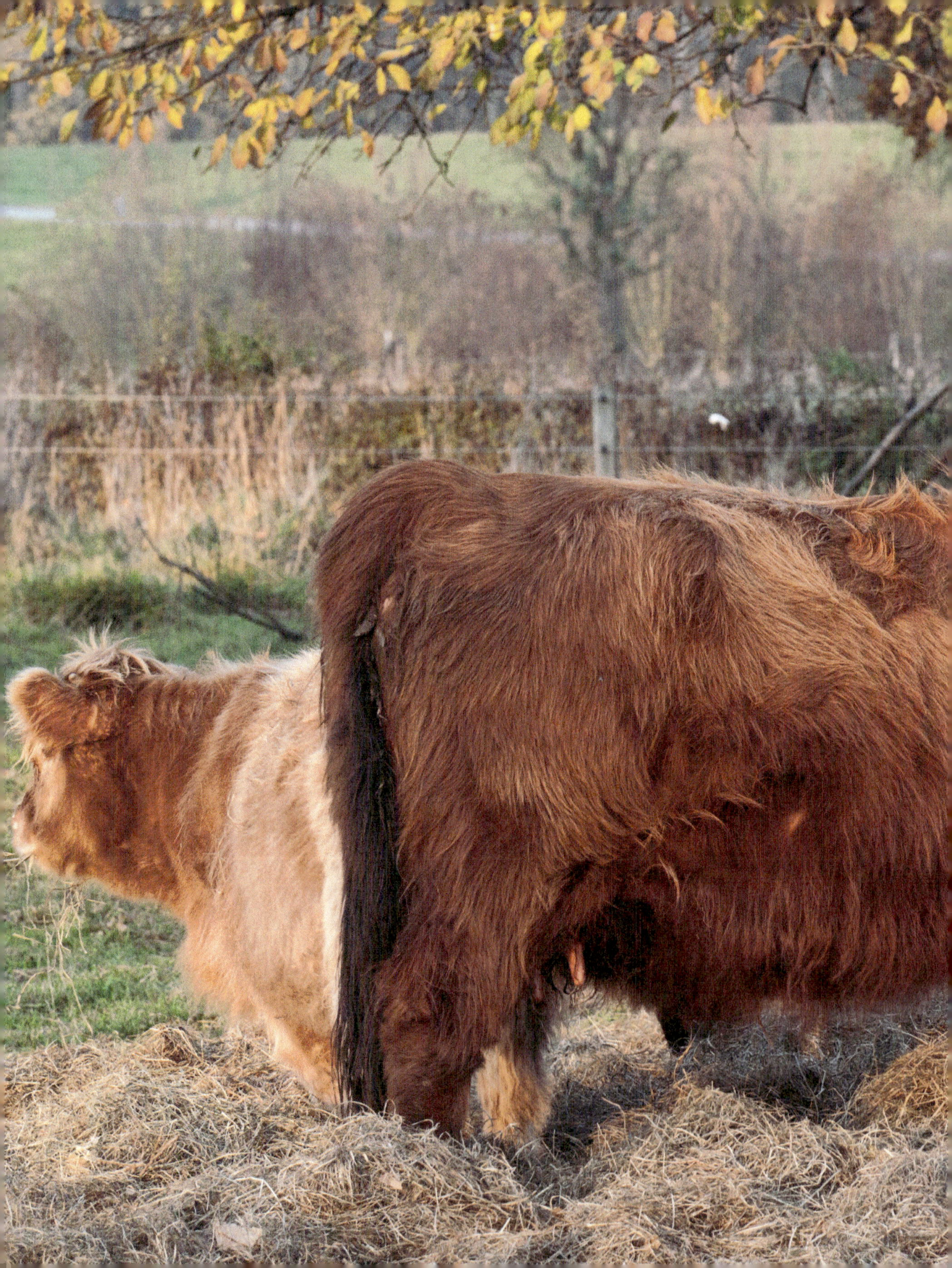

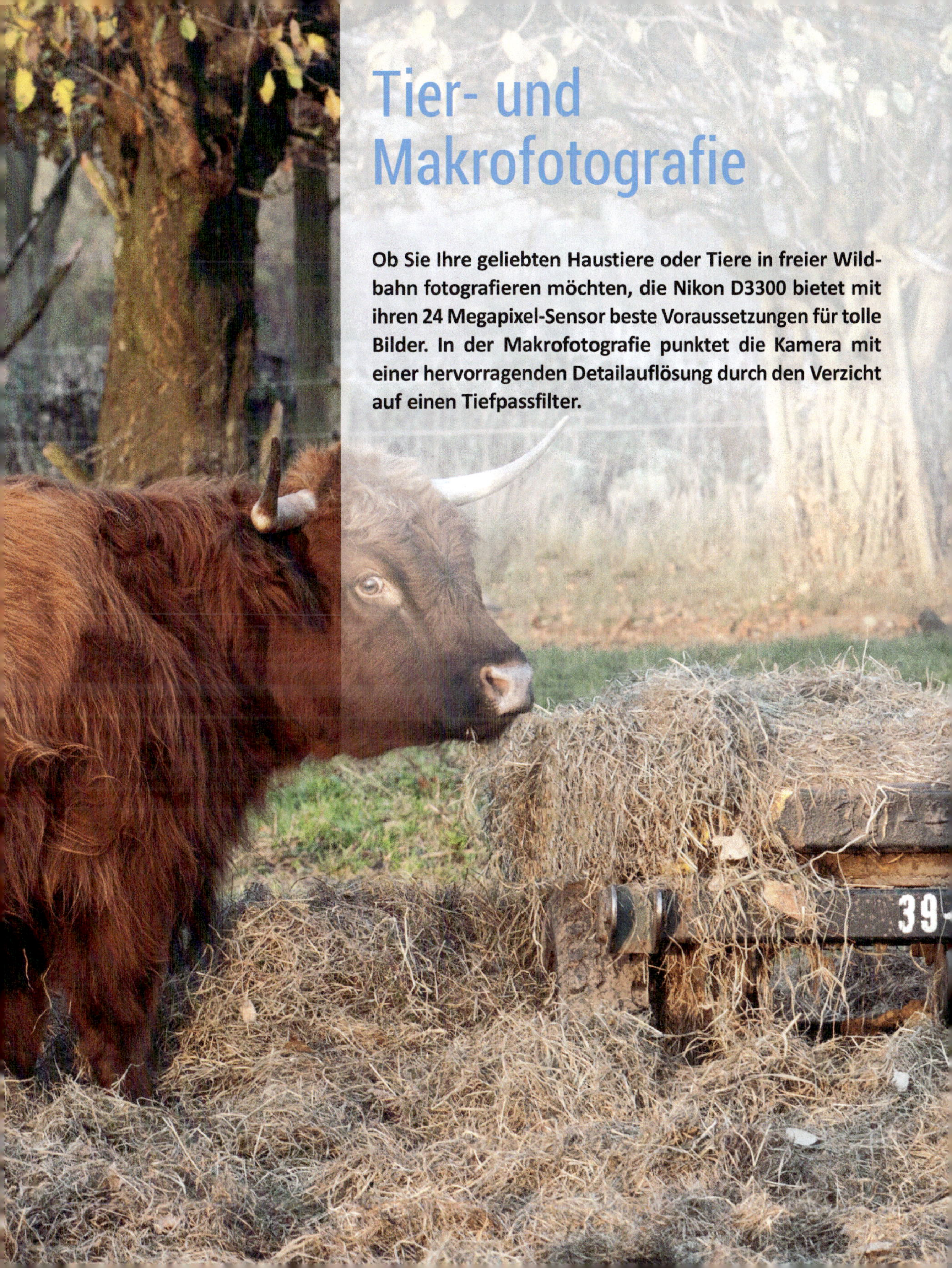

Tier- und Makrofotografie

Ob Sie Ihre geliebten Haustiere oder Tiere in freier Wildbahn fotografieren möchten, die Nikon D3300 bietet mit ihren 24 Megapixel-Sensor beste Voraussetzungen für tolle Bilder. In der Makrofotografie punktet die Kamera mit einer hervorragenden Detailauflösung durch den Verzicht auf einen Tiefpassfilter.

39

Ihre D3300 ist ganz sicher eine wunderbare Kamera für die Natur- und Makrofotografie, in diesem Bereich kann sie alle ihre Stärken ausspielen. Der DX-Sensor bietet durch seinen Crop-Faktor etwas mehr Vergrößerung, und eine Auflösung von 24 Megapixeln stellt genug Spielraum für nachträgliche Ausschnittvergrößerungen zur Verfügung. Der fehlende Low-Pass-Filter erhöht die Schärfe und Detaildarstellung.

105 mm | f/5,0 | 1/30 s | ISO 1600

▼ *Solche Bilder sind durchaus mit Porträtaufnahmen vergleichbar und werden mit fast denselben Einstellungen erstellt. Eine offene Blende sorgt für eine geringe Schärfentiefe, die das Tier in sanfte Unschärfe bettet.*

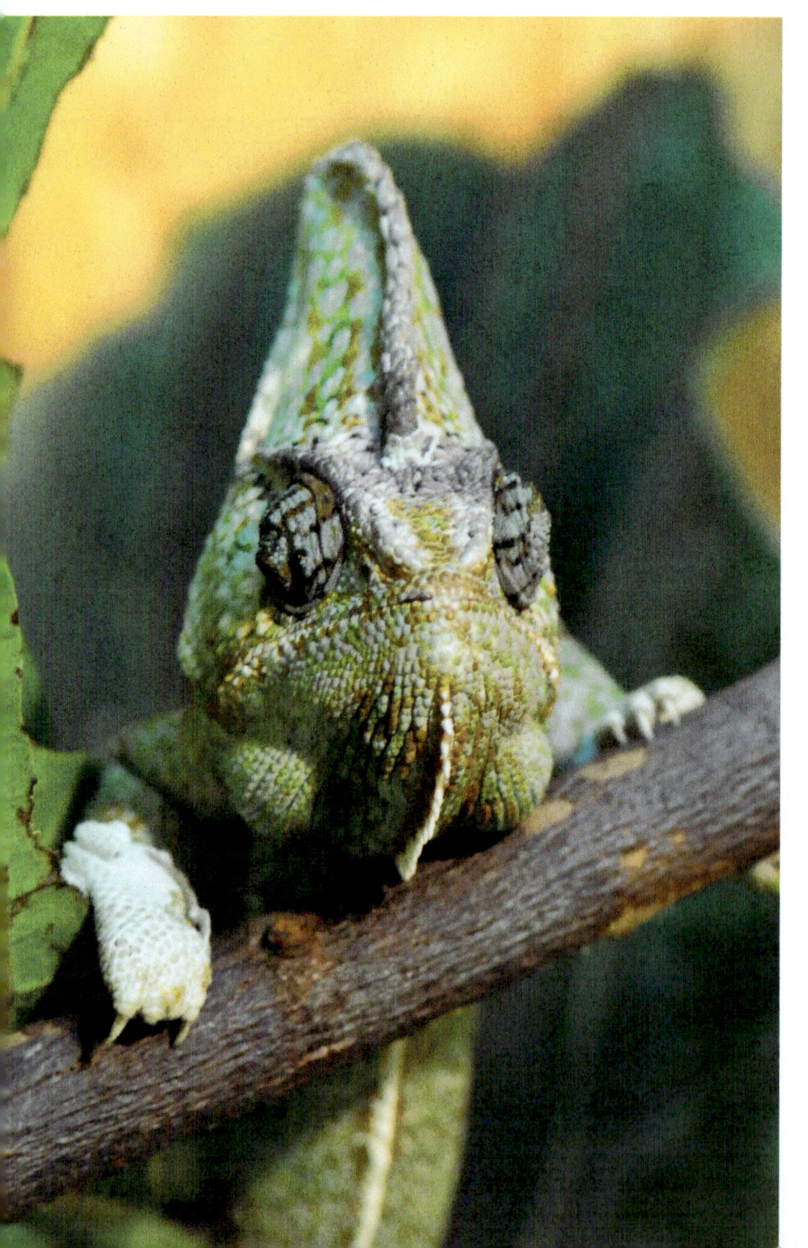

Die faszinierendsten Tierbilder zeigen die Geschöpfe möglichst in einer natürlichen Umgebung. Das ist bei etwas exotischeren Tieren nicht so ohne Weiteres möglich, und auch für einheimische Tiere in freier Wildbahn benötigt man häufig eine Ausrüstung, die die Möglichkeiten vieler Amateurfotografen übersteigen. Aber es gibt ausgezeichnete Alternativen. Sehr beliebt sind nach wie vor die eigenen vierbeinigen oder gefiederten Freunde im Haus. Auch Terrarien und Aquarien liefern schöne Motive.

Dann gibt es noch in jeder größeren Stadt Zoos, Tiergehege oder Vogelwarten, und im eigenen Garten oder auf der Wiese gilt es, die vielen kleinen Tierchen zu entdecken, die oft unbemerkt unsere nächste Umgebung bevölkern. Auch dort können sehr schöne Fotos gemacht werden, und man arbeitet sich so gut in das Thema Tierfotografie ein. Mit Tierfotos ist es ein wenig wie mit Fotos von Kindern, man braucht viel Geduld und Einfühlungsvermögen und muss sich damit abfinden, dass Kinder und Tiere ihren eigenen Kopf haben.

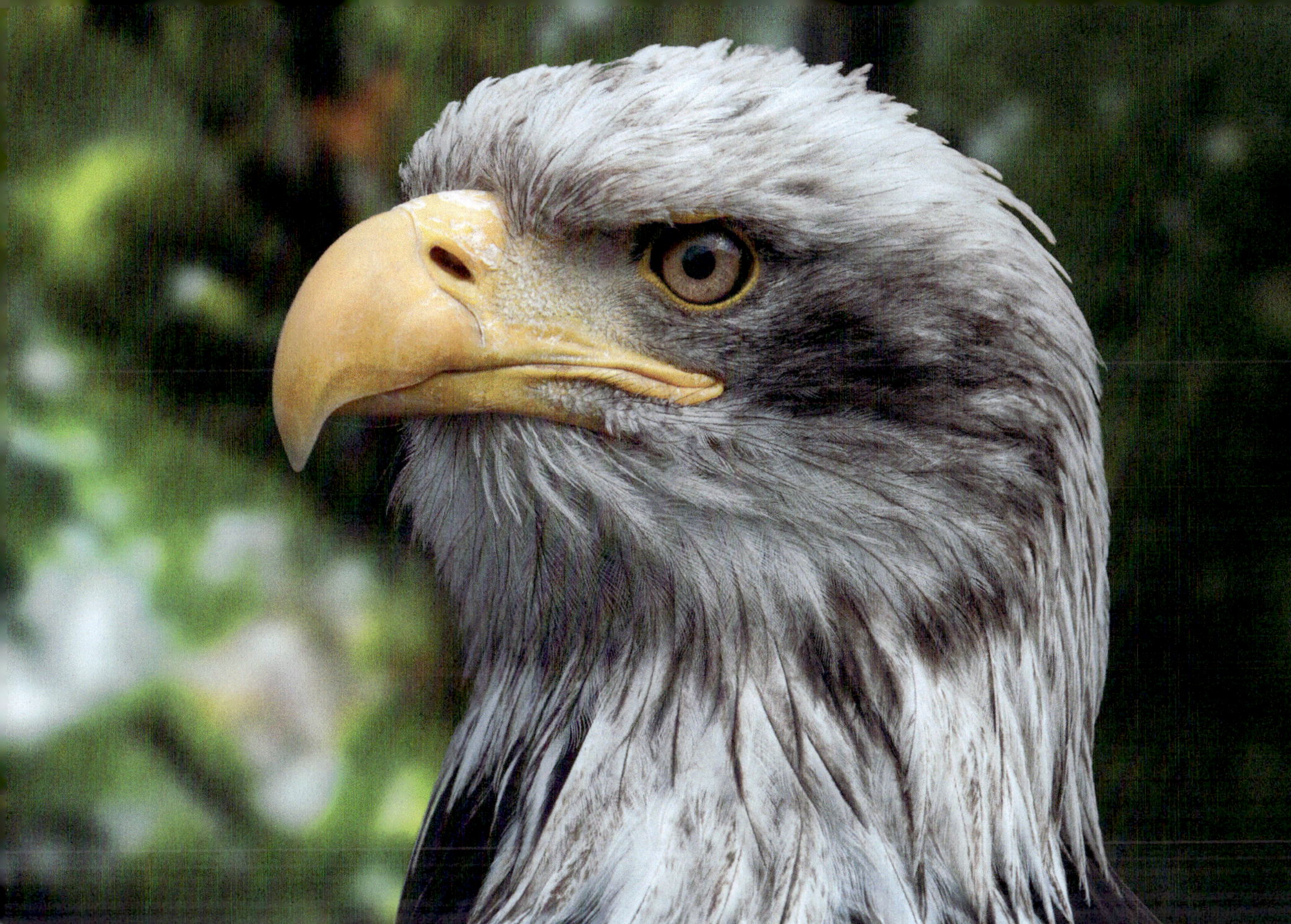

200 mm | f/5,6 | 1/2000 s | ISO 100
▲ *In Vogelparks kommt man sehr nahe auch an große Greifvögel heran.*

10.1 Tiere in der Natur oder im Zoo

Zoos sind ein wunderbarer Raum, um sich als Naturfotograf mit spezieller Ausrüstung vertraut zu machen und um das Verhalten von Tieren kennenzulernen. Es finden sich sehr viele unterschiedliche und exotische Tiere auf vergleichsweise engem Raum, und in vielen zoologischen Gärten ist die Sicht auf die Tiere optimiert. Trotzdem sollten Sie natürlich immer die Ruhezeiten der Tiere beachten und auch scheue Wesen in ihrem Verhalten respektieren. Blitzen Sie die Tiere niemals direkt an – einer der Gründe, um die Vollautomatik nicht zu nutzen. Bei Ihren eigenen Haustieren können Sie vielleicht einmal eine Ausnahme machen, wenn Sie indirekt blitzen oder einen guten Diffusor benutzen. Man wird mit Tieren nicht zu jeder Zeit unbedingt genau das Foto bekommen, was man eigentlich haben wollte. Dennoch finden sich immer wieder andere spannende und faszinierende Situationen, mit denen Sie vorher gar nicht gerechnet hatten.

Sie benötigen im Zoo nicht ganz dieselbe Ausrüstung wie auf einer Safari, aber auch im Zoo kommen Sie nicht an alle Tiere wirklich nahe heran. Also sind mittlere Teleobjektive eine gute Wahl. Um diese richtig nutzen zu können, sollten Sie zumindest ein Einbein-, besser noch ein stabiles Dreibeinstativ verwenden. Allerdings sind Zoos, zumal die großen und bekannten, stark besuchte Einrichtungen, und Sie werden mit einem ausladenden Dreibeinstativ nicht immer nur verständnisvolle Blicke ernten.

135 mm | f/4,0 | 1/400 s | ISO 100
▼ *Im Zoo stören häufig Gitter im Vorder- und Hintergrund oder andere unschöne Hintergründe. Deshalb kann es sehr hilfreich sein, die Blende möglichst weit zu schließen, um Unschärfe zu erzeugen.*

Wenn Sie vielleicht morgens als Erster den Zoo betreten, haben Sie nicht nur das beste Licht, sondern meistens auch viel Raum für die Fotografie. Ein trüber Tag an einem gewöhnlichen Werktag verspricht ebenfalls nicht ganz den

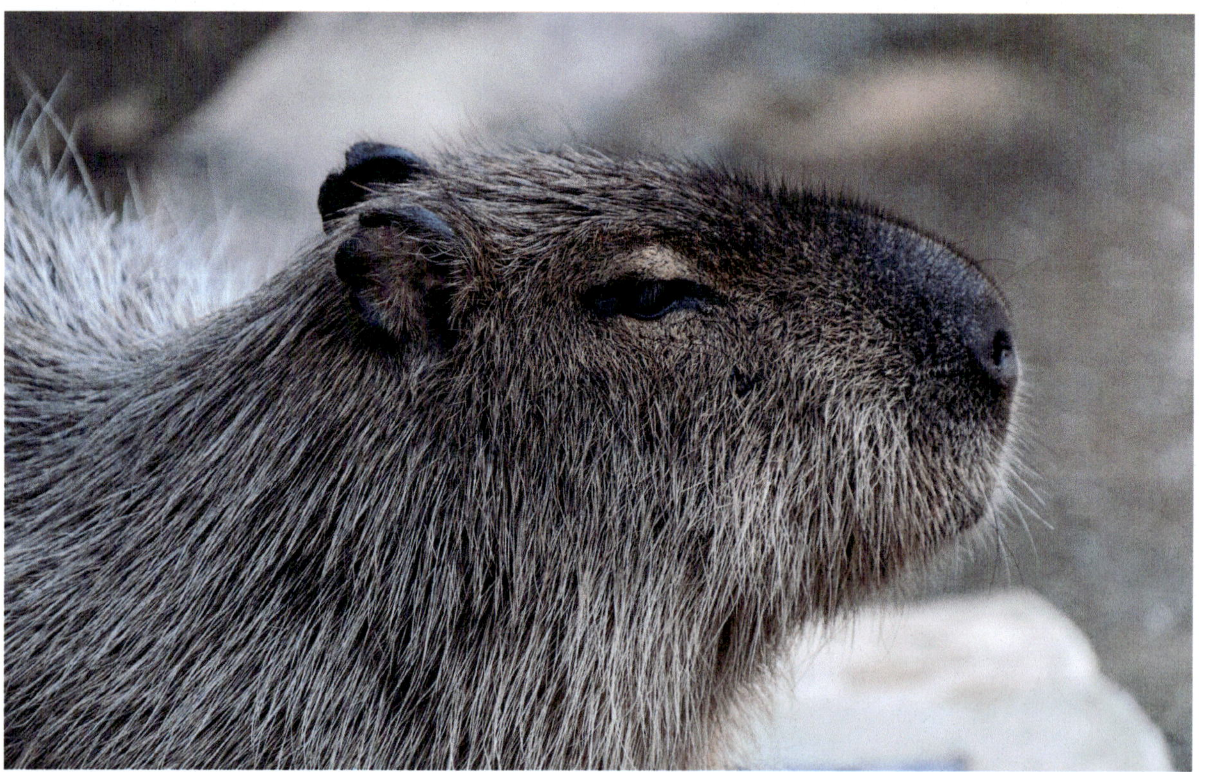

Trubel, der an einem sonnigen Sonntag zu erwarten ist. Wenn Sie den Zoo bereits kennen, sollten Sie sich auch den Luxus erlauben, nur bestimmte Tierarten für eine Fotosession auszusuchen. Dann haben Sie mehr Zeit und Muße, sich einen guten Standort zu sichern und abwarten zu können. Gleichzeitig ist es aber sinnvoll, flexibel auf Alternativen eingehen zu können. Als ich an einem frühen Mittwochmorgen in Köln die Leoparden fotografieren wollte, ließen sich die eleganten Tiere leider gar nicht blicken, sodass mir nichts anderes übrig blieb, als mich anderen Zoobewohnern zuzuwenden.

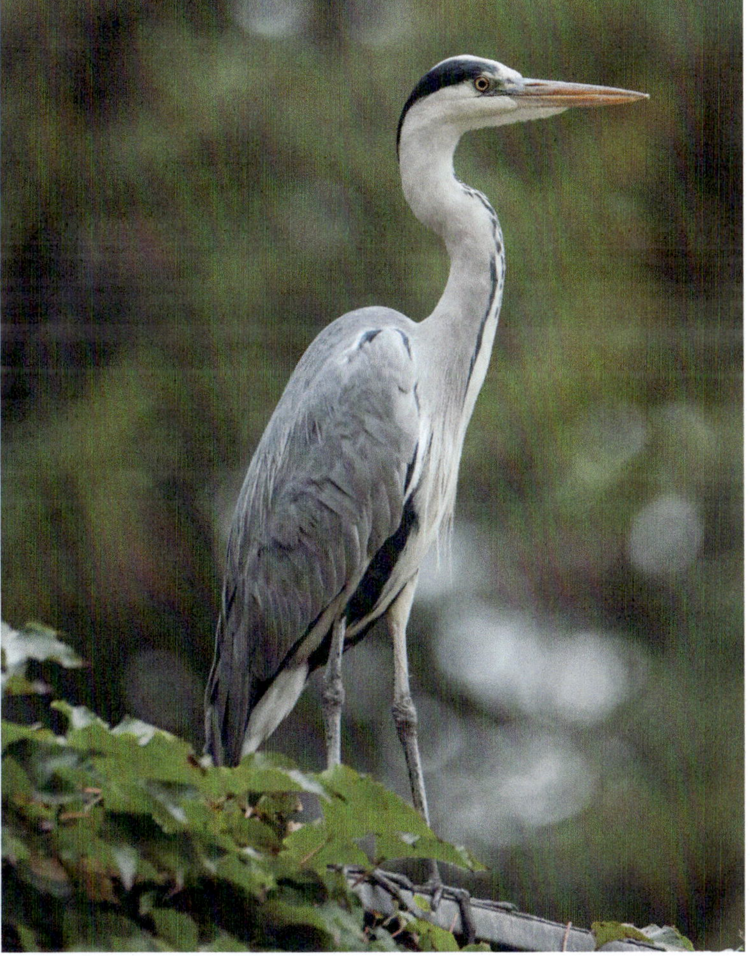

280 mm | f/8,0 | 1/400 s | ISO 400

◀ *Durch die hohe Brennweite und den vergleichsweise großen Abstand zum Hintergrund kann dieser auch noch bei Blende f/8,0 unscharf gemacht werden.*

Viele Absperrungen in Zoos können den ungehinderten Blick auf die Tiere schon einmal erschweren. Wenn Sie z. B. Vögel durch einen Maschendrahtzaun fotografieren wollen, können Sie diesen nahezu unsichtbar machen und gleichzeitig dem Autofokus das Leben erleichtern. Setzen Sie dafür einfach das Objektiv direkt auf dem Zaun auf. Er wird dann im Bild fast nicht mehr zu sehen sein, und auch der Autofokus versucht nicht, anstatt auf die Vögel auf den Zaun scharf zu stellen. Sie sollten die Streulichtblende bei diesen Experimenten normalerweise auf dem Objektiv belassen, um die Linse vor Beschädigungen zu schützen. Das Ganze funktioniert natürlich nur, wenn die Maschen des Zauns groß genug sind und der Draht entsprechend dünn ist, einen Versuch ist es aber immer wert.

185 mm | f/8,0 | 1/80 s | ISO 800

▶ *Wenn die Entfernungen groß genug sind, reicht auch eine mittlere Blende für die Freistellung aus. Wird das Objektiv auf den Zaun der Voliere aufgesetzt, ist er im Bild meist nicht mehr zu sehen.*

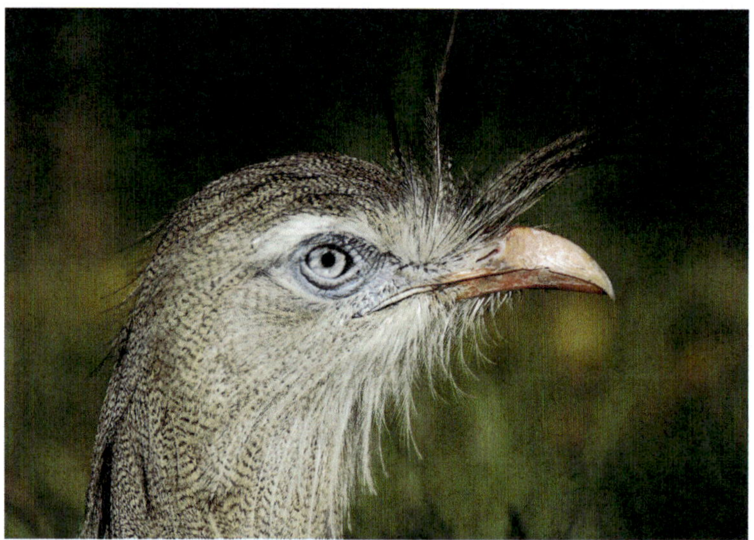

Objektive zur Tierfotografie

Für Tieraufnahmen im Zoo kommen Sie mit einem 70-200-mm-Objektiv schon gut zurecht. Für bestimmte Tiere oder für formatfüllende Aufnahmen sind dann 300 mm notwendig. Um die Tiere im Zoo möglichst gut vom Hintergrund freizustellen, empfiehlt sich eine Lichtstärke von f/4,0 oder besser. Derartige Objektive sind zwar recht teuer in der Anschaffung, wenn Sie allerdings auf den Geschmack gekommen sind, ist die Investition sehr gut angelegt.

Bis es so weit ist, können Sie durchaus günstigere Objektive einsetzen, beispielsweise das Nikon AF-S NIKKOR 70-300 mm f/4,5-5,6 G VR oder das optisch wunderbare Tamron 70-300 f/3,5-5,6. Vielleicht schaffen Sie es auch, störende Hintergründe einfach durch einen Perspektivwechsel auszublenden.

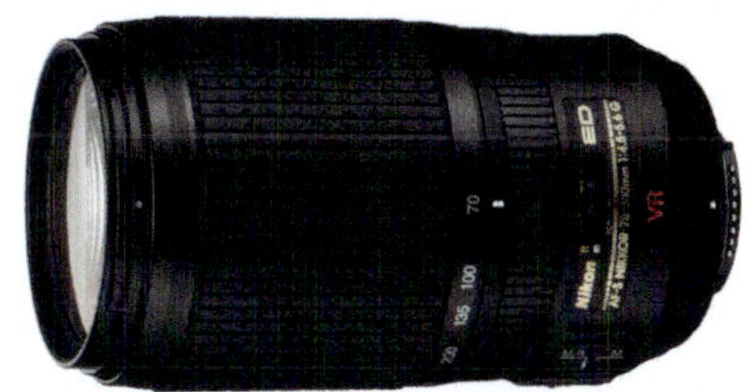

▲ *Das AF-S NIKKOR 70-300 mm f/4,5-5,6 G VR. (Bild: Nikon)*

Superzooms, die neben dem Telebereich auch noch einen Teil des Weitwinkels abdecken, können wir nicht ohne Einschränkungen empfehlen.

Für Haus- und Zootiere, an die Sie deutlich näher herankommen, eignen sich natürlich auch Standardbrennweiten im Bereich von 50 bis 100 mm. Auch für Aufnahmen, in denen mehr von der Umgebung mit ins Bild einbezogen werden soll, sind diese Brennweiten besser geeignet.

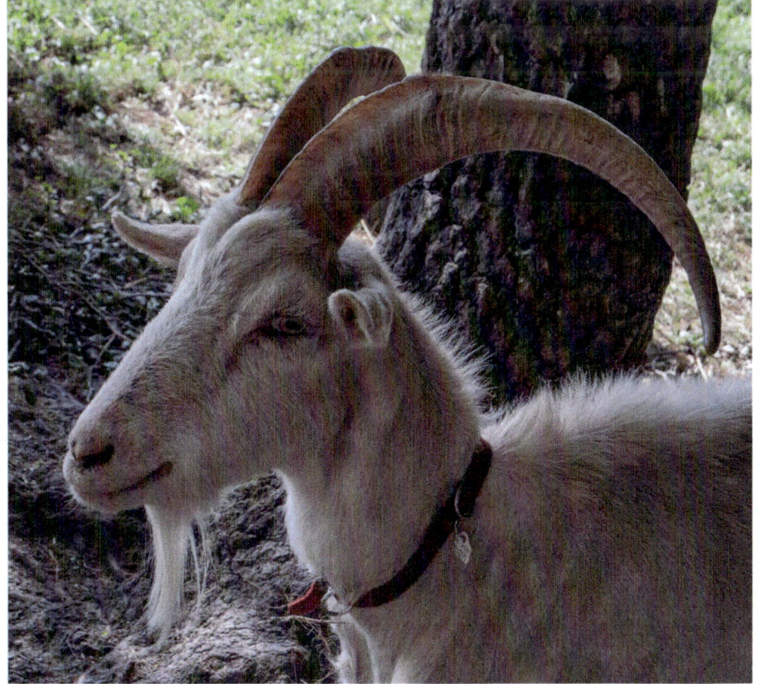

70 mm | f/7,1 | 1/80 s | ISO 200

◄ *Tiere vor einem hellen Hintergrund müssen meistens mit geringer Blitzleistung etwas aufgehellt werden. Besser und für die Tiere angenehmer ist ein Reflektor.*

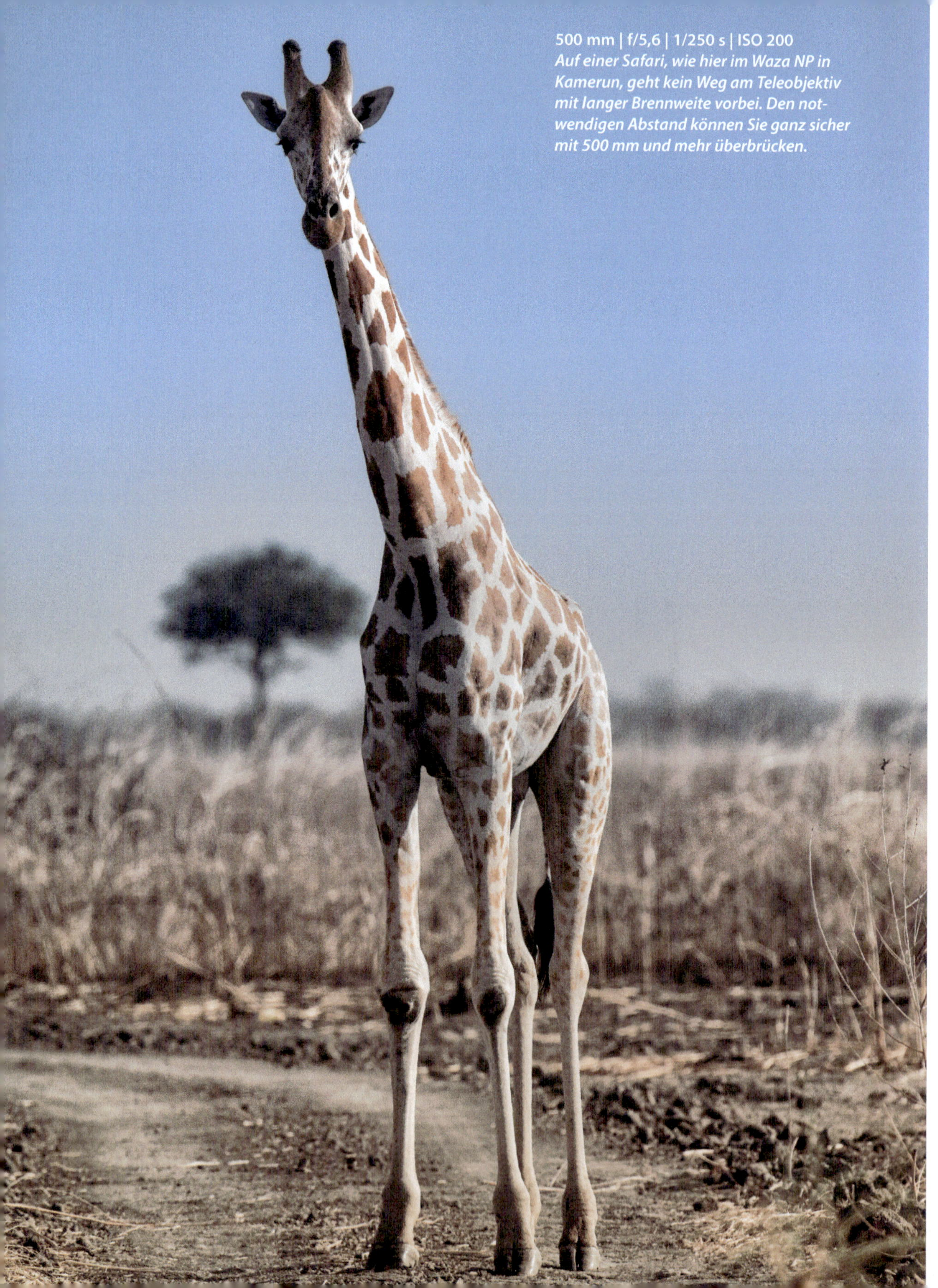

500 mm | f/5,6 | 1/250 s | ISO 200
Auf einer Safari, wie hier im Waza NP in Kamerun, geht kein Weg am Teleobjektiv mit langer Brennweite vorbei. Den notwendigen Abstand können Sie ganz sicher mit 500 mm und mehr überbrücken.

Wollen Sie hingegen Tiere in freier Wildbahn fotografieren, geht es eigentlich erst bei Objektiven mit einer Brennweite von 300 mm los. Wirklich gut zu gebrauchen sind 500 mm bis 600 mm. An einem Crop-Sensor können Sie solche Brennweiten noch erreichen, ohne den Gegenwert eines Kleinwagens zu investieren.

Exkurs Telekonverter

Gute und lichtstarke Objektive können auch mit einem Telekonverter aufgerüstet werden. Ein Telekonverter wird zwischen Kamera und Objektiv geschraubt und erhöht die Brennweite in der Regel um den Faktor 1,4 oder 2,0. Mit einem 300-mm-Objektiv können so also 600 mm Brennweite erreicht werden.

Die einfache Lösung aller Probleme sind Telekonverter jedoch nicht. Sie können die Abbildungsleistung des Objektivs deutlich verschlechtern, das muss man am konkreten Objektiv ausführlich testen. Außerdem schlucken Telekonverter Licht, und zwar um den gleichen Faktor, um den sie die Brennweite bzw. den Blickwinkel verändern. Beim Nikon TC 20E III sind das dann schon zwei Blendenstufen.

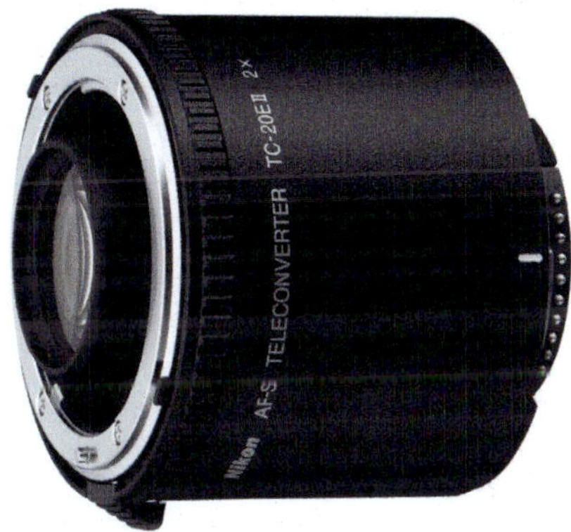

▲ *Der sehr gute Nikon-Telekonverter AF-S TC-20E III. (Bild: Nikon)*

Aus einem 70-200 mm f/2,8 wird dann ein 140-400 mm f/5,6. An der D3300 mit APS-C-Sensor sind das schon effektive 600 mm, mit denen man komfortabel arbeiten kann. An einem günstigen Objektiv wie dem schon erwähnten AF-S NIKKOR 70-300 mm f/4,5-5,6 G VR würden aus 300 mm f/5,6 mit dem Zweifach-Konverter ein 600 mm mit einer kleinsten Blende von f/11.

Eine solche Kombination ist nicht ohne Weiteres sinnvoll einzusetzen, zumal an vielen Objektiven mit relativ geringer Lichtstärke plus zusätzlichem Telekonverter der Autofokus nicht mehr korrekt arbeitet. Eine hohe durchgehende Lichtstärke ist also Voraussetzung, um einen Telekonverter zweckmäßig einsetzen zu können.

Gute Telekonverter sind nicht preiswert, sie kosten schon ein paar Hundert Euro. Das ist aber im Vergleich zu einem Objektiv mit 400 mm Brennweite noch ausgesprochen günstig. Für das Nikon-Objektiv AF-S VR 80-400 mm 4,5-5,6G ED müssen Sie zum Beispiel noch über 2.000 Euro hinlegen.

260 mm | f/6,3 | 1/400 s | ISO 200

▶ *Wenn Sie etwas mehr Abstand halten wollen, benötigen Sie eine höhere Brennweite.*

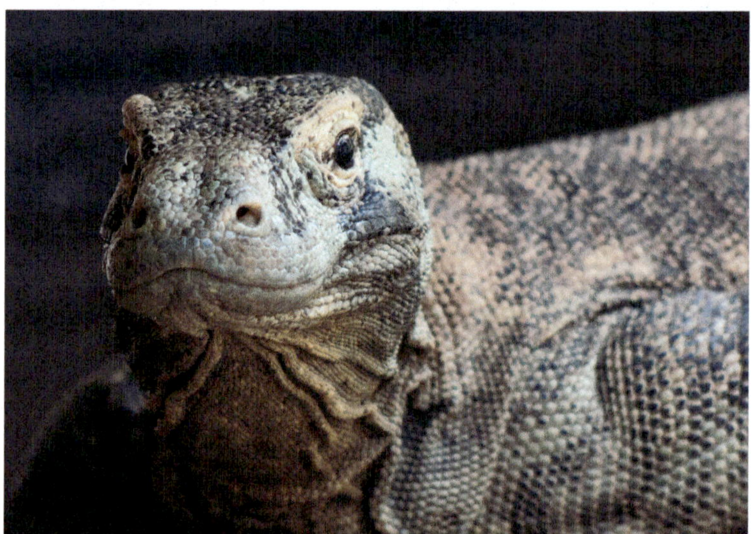

Die richtigen Einstellungen an der D3300

In der Naturfotografie empfiehlt es sich, die Farben in ihrer ganzen Pracht herausstellen. Am besten nutzen Sie dazu die Picture-Control-Einstellung *Brillant*. Diese hebt die Farben und die Schärfe an. Besonders Brauntöne wirken sonst schnell etwas flau.

In der Tierfotografie werden Sie häufig nicht um die Nachbearbeitung am Computer herumkommen, daher ist das RAW-Format auch die geeignetere Wahl.

Für die Zoo- und Safarifotografie sind die Motivprogramme nur sehr bedingt geeignet und die Vollautomatik gar nicht. Am ehesten lässt sich noch das Programm *Sport* oder *Kinder* einsetzen, die Bewegungen am besten einfangen.

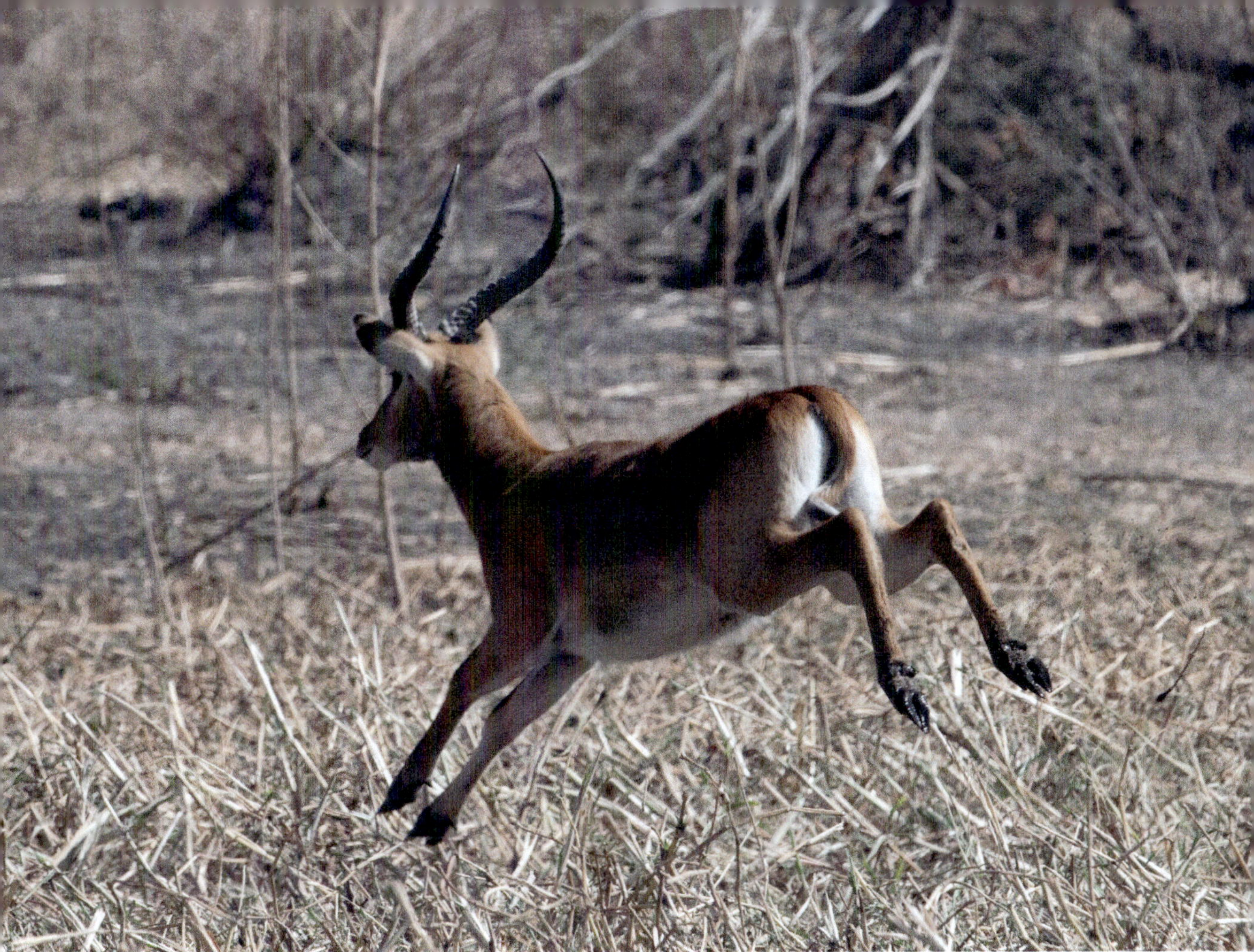

500 mm | f/ 5,6 | 1/400 s | ISO 400

▲ *Auf der Flucht sind diese Tiere wirklich schnell und fordern den Autofokus Ihrer Kamera.*

Das Programm ***Kinder*** wird den Hintergrund eher unschärfer zeichnen im Vergleich zum Sportprogramm. Die Zeitautomatik A eignet sich hervorragend für Landschaften, Fauna oder sich langsam bewegende Tiere wie z. B. Elefanten. Schnelle Bewegungen können Sie am besten mit der Blendenautomatik S beherrschen. Das gilt nicht nur für Tiere auf der Flucht, sondern auch für den Fall, dass Tiere fortgesetzt schnelle Bewegungen ausführen, wie z. B. Pinguine und viele Vögel.

Wenn Sie an einer richtigen Belichtung über die gesamte Bildfläche hinweg interessiert sind, wenn also die Umgebung möglichst gut mit in das Bild integriert werden soll, leistet die Matrixmessung der D3300 sehr gute Dienste.

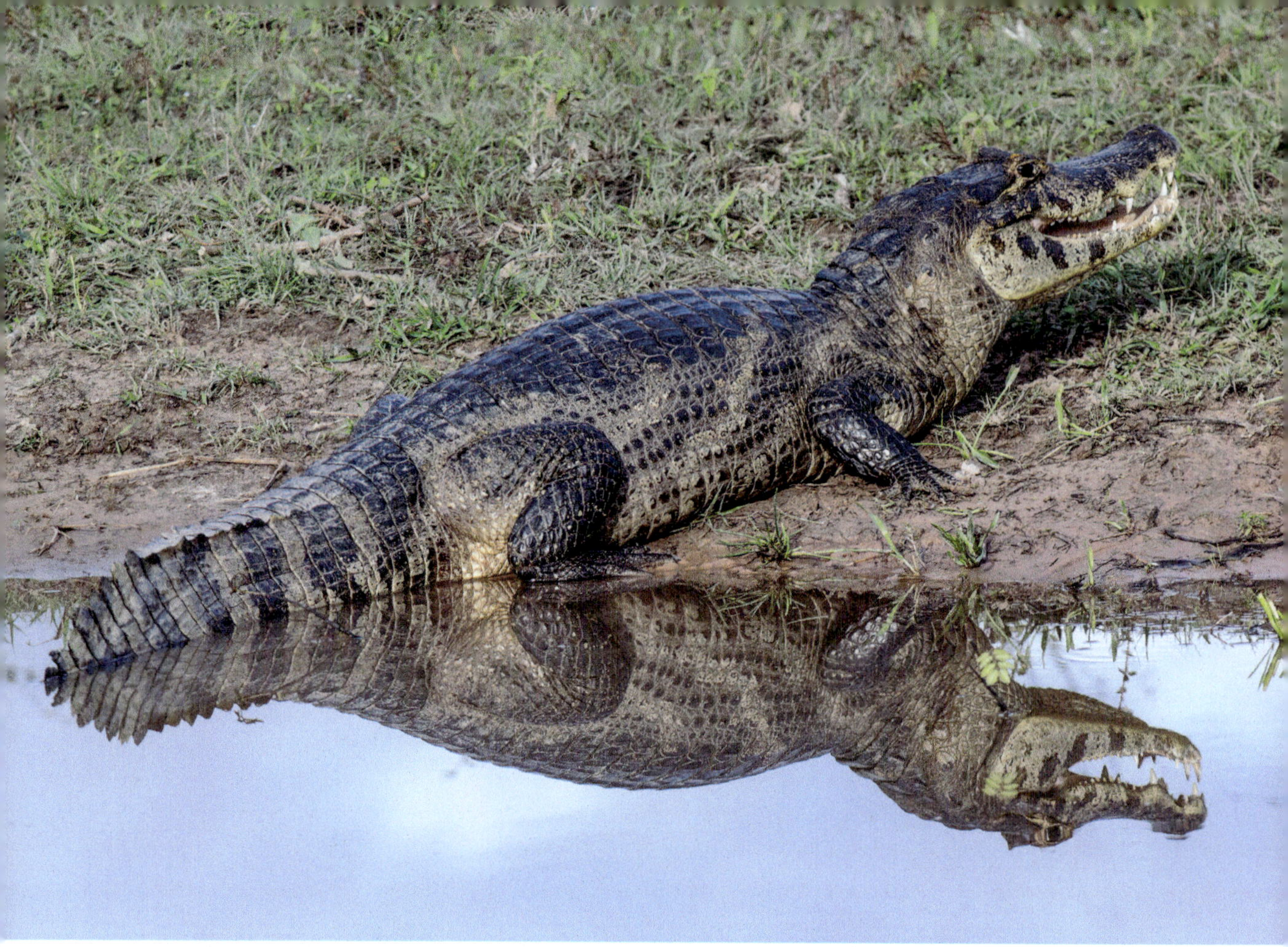

300 mm | f/7,1 | 1/600 s | ISO 100

▲ *Wenn sich die Tiere nicht bewegen, kann auch gut mit den Automatikprogrammen gearbeitet werden.*

Hohe ISO-Wert und Rauschen

Um für Tiere in Bewegung eine möglichst kurze Belichtungszeit zu erreichen, müssen Sie in vielen Situationen die ISO-Werte hochsetzen. Auch in der Makrofotografie geraten Sie hinsichtlich des Rauschverhaltens schnell in einen Teufelskreis: Um eine brauchbare Schärfentiefe zu erzielen, müssen Sie stark abblenden, dies erhöht die nötige Belichtungszeit, und Sie werden einen höheren ISO-Wert wählen müssen.

Doch oft stehen Tiere im Gegenlicht oder zeigen unter praller Sonne harte Schatten. Wenn Sie dann keine Gelegenheit haben, sich besser zum Licht zu positionieren, ist die mittenbetonte Belichtungsmessung oder noch öfter die Spotmessung die bessere Wahl. Den Autofokus können Sie eigentlich immer in der Einstellung AF-C mit Einzelfeldsteuerung belassen.

Die hohen ISO-Werte fördern das Rauschen, dem die Nikon D3300 mit einer Rauschunterdrückung zu begegnen versucht. Für Haustiere oder Tiere im Zoo bzw. in freier Wildbahn ist das meist unproblematisch. In der Makrofotografie geht es aber gerade um feinste Details, und mit genau denen geht die Rauschunterdrückung nicht immer ganz zimperlich um.

10.2 Faszinierende Makrofotos

Dieses Genre kann sich nicht nur schnell in eine „schöne Sucht" nach dem Winzigen auswachsen, sondern leicht auch zu einer kostspieligen Materialschlacht werden. Ganz sicher spezielle Objektive, aber auch Zwischenringe, Balgengeräte, Nahlinsen und Blitzgeräte gesellen sich schnell zur Makroausrüstung.

Mit Nahlinsen noch näher ran

Für den günstigen Einstieg in die Fotografie kleiner Dinge eignen sich hochwertige Nahlinsen. Sie können sie für jeden

300 mm | f/4,0 | 1/400 s | ISO 400

▼ *Nicht immer braucht es spezielle Makroobjektive, um kleine Tiere nah heranzuholen. Das geniale AF-S NIKKOR 300 mm f/4,0 hat an der D3300 eine hohe Auflösung schon bei offener Blende. Die Schärfentiefe wird aber sehr gering.*

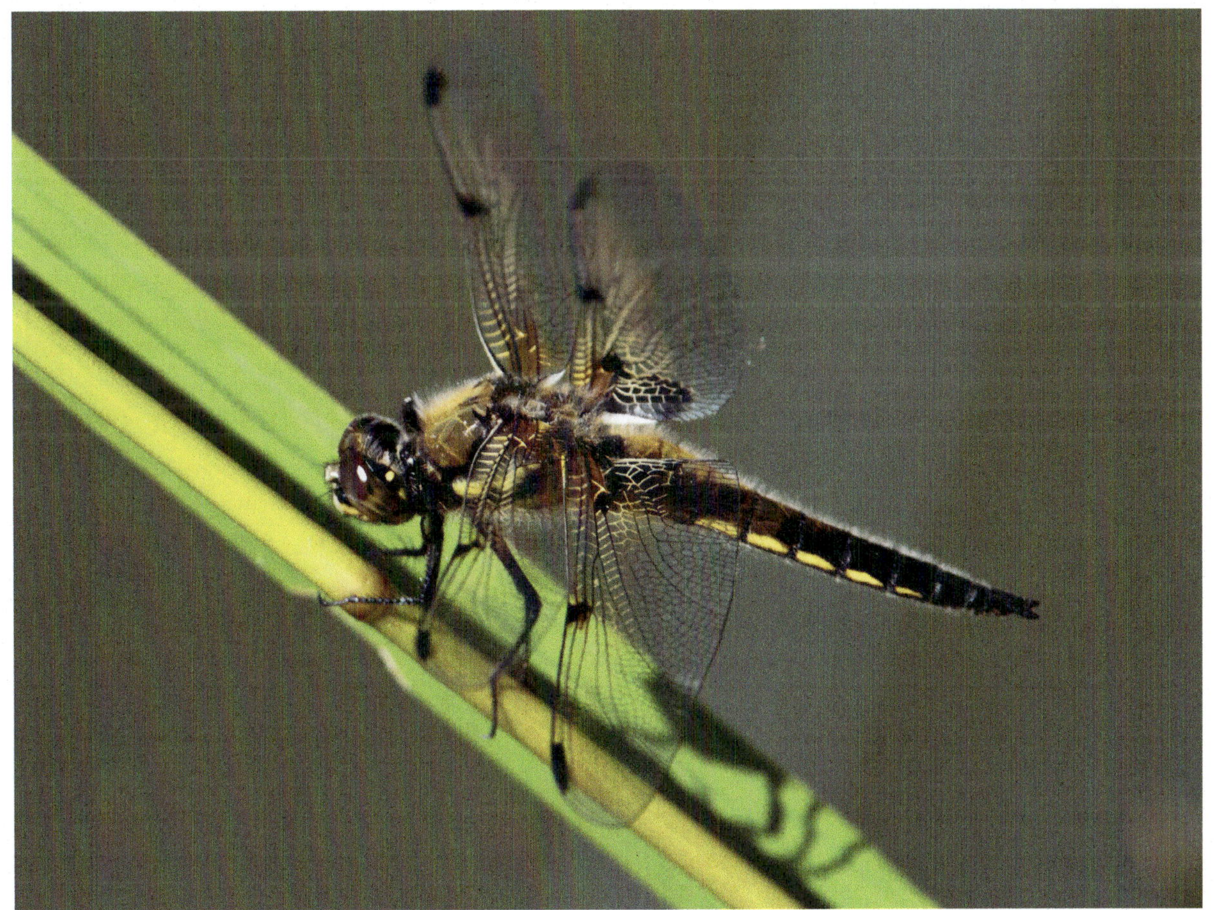

Objektivdurchmesser ganz normaler Objektive bekommen. Nahlinsen reduzieren den Mindestabstand zum Motiv und können so den Abbildungsmaßstab erhöhen.

Günstig, aber nicht billig kaufen

Nahlinsen sind Präzisionslinsen, die für eine gute Qualität auch einen erheblichen Fertigungsaufwand erfordern. Dies gilt vor allem für die Achromate. Ungeachtet ihrer guten optischen Qualität sollten Sie auch bei hochwertigen Vorsatzlinsen zugunsten einer tadellosen Wiedergabe auf Kombinationen von mehr als zwei Nahlinsen verzichten. Nahlinsen von Nikon gehören sicher zu den teuersten, aber auch zu den besten auf dem Markt.

Einen 1:1-Abbildungsmaßstab erreichen Sie damit meistens zwar nicht, aber sie geben Ihnen eine prima Möglichkeit, einmal in den Bereich hineinzuschnuppern. Die kleinen und leichten Nahlinsen passen auch in die allerkleinste Fototasche, sodass man immer für kleine Dinge gerüstet ist, auch wenn man gerade kein Makroobjektiv dabeihat. Diese Linsen verkürzen die Brennweite des Objektivs wie ein Brillenglas, und ihr Verkürzungseffekt wird in Dioptrien angegeben. Gute Werte für Ihr Normalobjektiv sind +1 bis +4 Dioptrien (Nikon gibt das für seine Nahlinsen als T0 bis T4 an).

Um eine noch stärkere Brechkraftänderung zu erreichen, verwendet man Linsenkombinationen. Diese müssen aber noch zusätzlich in ihrem unterschiedlichen Brechungsverhalten für Farben korrigiert werden. Dieser Brechungsfehler wird **c**hromatische **A**berration genannt (AC) und äußert sich in Farbsäumen an Motivkanten, die vor allem bei großen Abbildungsmaßstäben stören. Aufgrund dieser Korrektur werden die zusammengesetzten Nahlinsen auch gern Achromate genannt. Sie ermöglichen Werte bis +10 Dioptrien. Sie sind erheblich teurer, und die optische Korrektur eines Normalobjektivs reicht für den erzielbaren Abbildungsmaßstab eigentlich nicht mehr aus. Sie werden dann mit Unschärfe konfrontiert.

Mit Achromaten können Sie sehr gut preisgünstige 50-mm-Makroobjektive aufrüsten. Bei längeren Brennweiten sollten Sie nur Nahlinsen verwenden, die der Hersteller dafür freigegeben hat oder selbst anbietet, da hier die Bildfehler sonst deutlich ansteigen. Sicher funktionieren auch andere Fabrikate, doch das können Sie nur durch Austesten erfahren.

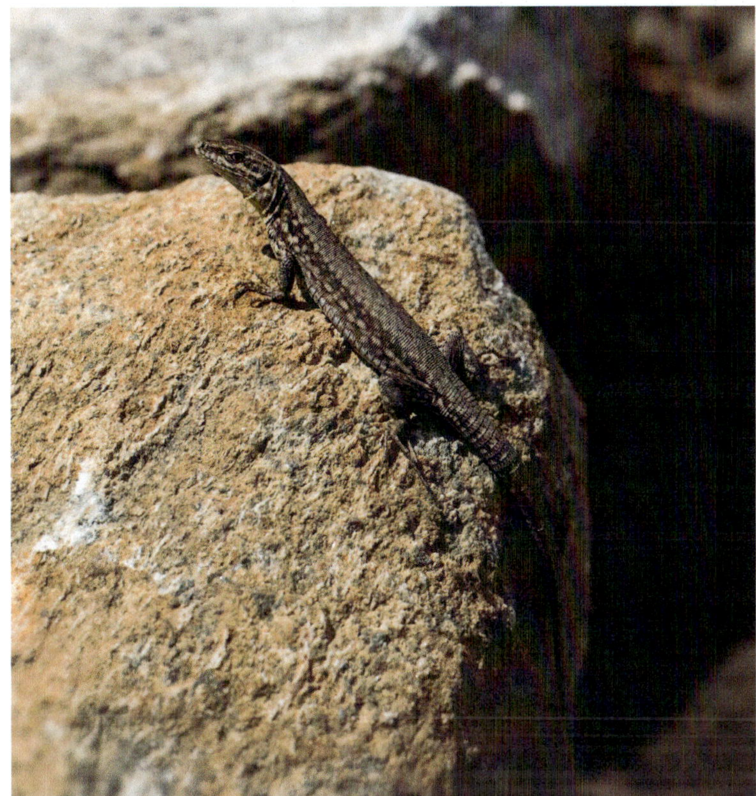

150 mm | f/7,1 | 1/400 s | ISO 100

▲ *Diese kleine Eidechse war sehr scheu, deshalb kam das Sigma 150 mm f/2,8 gerade recht, um einen großen Abstand einzuhalten. Auch die sehr geringe Schärfentiefe wird bei einem größeren Abstand zum Motiv besser.*

Die Funktionen der D3300, wie Belichtungssteuerung und Autofokus, werden durch Nahlinsen nicht beeinträchtigt. Der Nachteil bei der Verwendung derartiger Linsen ist aber, dass sie nur für jeweils einen Filterdurchmesser geeignet sind und lediglich mithilfe von Adapterringen angepasst werden können.

Für experimentierfreudige Fotografen: der Retroadapter

Eine weitere günstige Möglichkeit, um an gute Makrofotos zu kommen, bieten die Retroadapter. Mit deren Hilfe kön-

Balgen und Zwischenringe als weiteres Zubehör

Ihre Makroausrüstung können Sie mithilfe sogenannter Balgen erweitern, bei denen sich die Auszugsverlängerung stufenlos über eine Schienenkonstruktion einstellen lässt. Leider müssen Sie dabei auf die Belichtungsmessung in der Kamera verzichten.

Balgen erfordern immer den Einsatz eines Stativs und natürlich unbewegte Motive. Balgen werden von den verschiedensten Herstellern angeboten. Da kein Glas zum Einsatz kommt, gibt es keine prinzipiellen Qualitätsunterschiede zwischen den Anbietern. Die Balgen müssen nur absolut lichtdicht sein.

Zwischenringe arbeiten nach dem gleichen Prinzip, sind aber auf eine feste Länge eingestellt. Meist wird ein Satz von drei Ringen mit unterschiedlichen Auszugsverlängerungen angeboten.

Die Ringe können auch kombiniert werden. Der große Vorteil der Zwischenringe ist, dass die elektrischen Messwerte bis zu einem gewissen Grad leicht an die Kamera übertragen werden können, der Autofokus also z. B. funktionieren kann. Je nach Bauart der Zwischenringe und konkreter Kombination funktioniert das aber nicht immer problemlos.

Bedenken Sie, dass die resultierende Ausschnittvergrößerung die Auflösungsfähigkeiten des Objektivs erheblich fordert. Daher ist solches Zubehör nur für leistungsstarke Objektive sinnvoll. Beide Lösungen schlucken auch viel Licht, die Lichtmenge, die den Sensor trifft, wird also deutlich geringer.

nen Sie Objektive verkehrt herum an die Kamera ansetzen. Das funktioniert nach dem gleichen Prinzip, als wenn Sie am falschen Ende in ein Fernglas blicken. Der Nachteil von Retroadaptern ist, dass die komplette Steuerelektronik keinen Kontakt mehr zur Kamera hat. Deshalb muss alles recht umständlich von Hand eingestellt werden, auch z. B. die Blende. Außerdem muss dem Motiv sehr nah auf die Pelle gerückt werden, was nicht immer möglich ist. Wer sich trotz all dieser Hindernisse mit den Adaptern beschäftigen will, wird mit sehr guter Abbildungsqualität belohnt und findet im Internet zahlreiche Gleichgesinnte mit Tipps und Hinweisen zum Beispiel unter *www.traumflieger.de/desktop/retroadapter/retroadapter.php*.

150 mm | f/11,0 | 1/250 s | ISO 100

▼ *Mit dem Sigma-Objektiv 150 mm f/2,8 wird bei kurzem Motivabstand die Schärfentiefe sehr gering. Dann muss man sich entscheiden, welche Bereiche scharf werden sollen.*

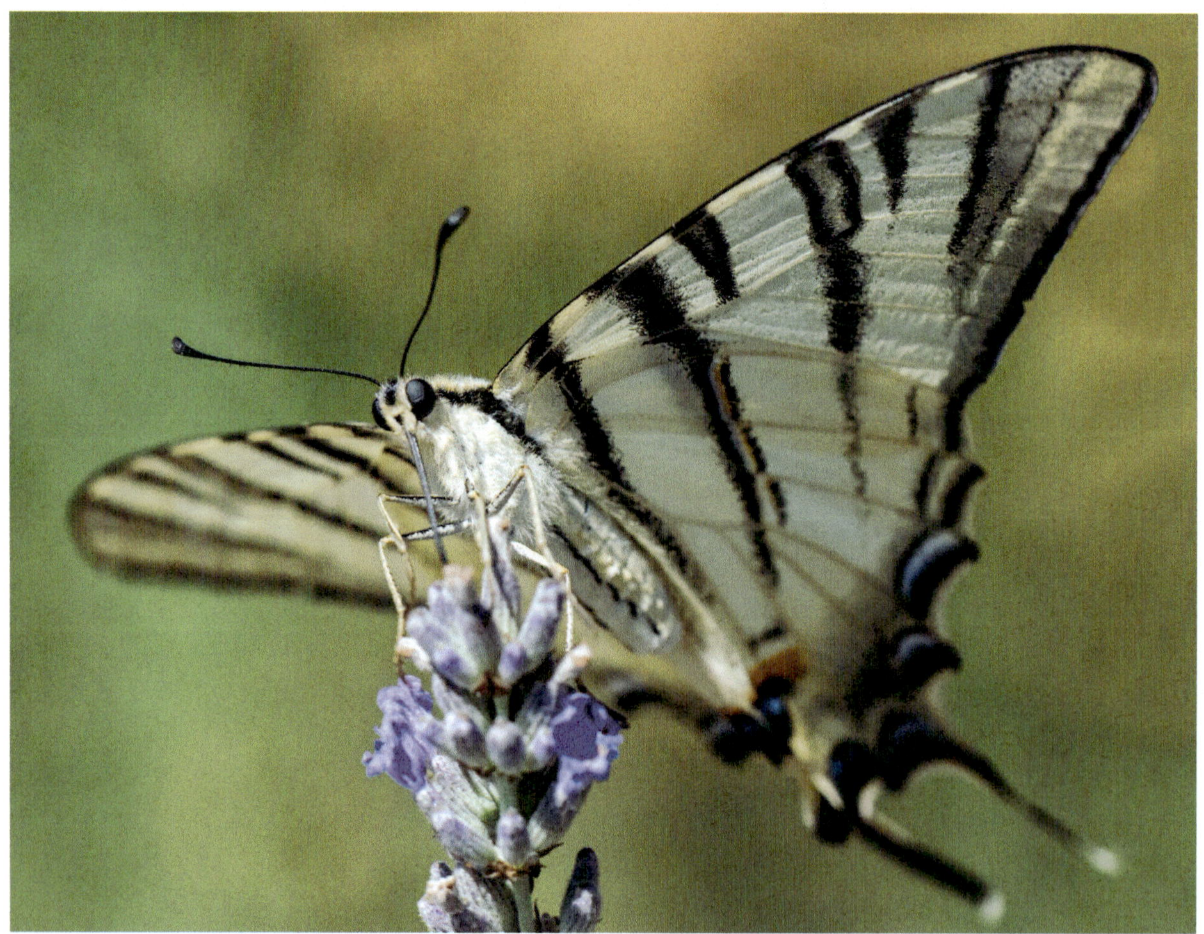

Spezialisierte Makroobjektive

Spezielle Objektive für die Makrofotografie, die sogenannten Makroobjektive, können mit einem besonders geringen Objektabstand eingesetzt werden und ermöglichen dadurch einen besonders großen Abbildungsmaßstab, beispielsweise 1:2 (die Abbildung ist halb so groß wie das Objekt) oder 1:1 (das Objekt wird in Originalgröße auf der Filmebene abgebildet). Bei Abbildungsmaßstäben von mindestens 1:4 wird ein Objektiv als makrofähig bezeichnet. Normale Objektive erzielen maximale Abbildungsmaßstäbe im Bereich von 1:7 bis 1:9.

Echte Makroobjektive für Nikon-Kameras sind aktuell ausschließlich Festbrennweiten. Makroobjektive lassen sich meist stark abblenden. In manchen Fällen sind die hohen Blendenwerten notwendig, um bei Abbildungsmaßstäben von 1:1 und darunter noch eine brauchbare Schärfentiefe zu erzielen. Mehr Informationen zu geeigneten und empfehlenswerten Makroobjektiven finden Sie in Kapitel 7.8 „Makroobjektive“ ab Seite 217.

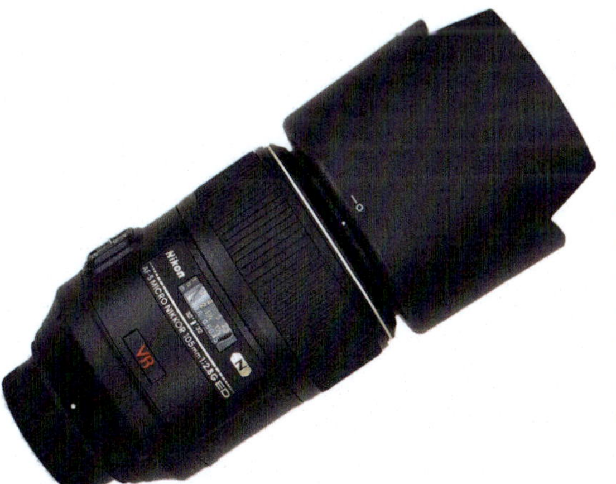

◂ *Nikon hat mit dem AF-S NIKKOR 105 f/2,8 eine absolute Spitzenlinse im Programm. Doch auch Tamron und Sigma bieten mit 105 mm und 90 mm exzellente Makrolinsen an, die durchaus preiswerter sind.*

Makroobjektive mit weniger als 60 mm Brennweite eignen sich kaum für Tiermakros, weil Sie damit fast immer zu nah an die Tiere heranmüssen, und beim Unterschreiten der

Der Abbildungsmaßstab

Der Abbildungsmaßstab bezeichnet das Verhältnis zwischen der Größe des Motivs, also seiner realen Größe, und der optischen Abbildung. Die Bezeichnungen in den technischen Daten der Objektive beziehen sich auf den Vollformatsensor.

Gute Makroobjektive besitzen einen Abbildungsmaßstab von 1:1. Ist das Motiv also z. B. 15 mm groß, wird es mit 15 mm auch auf dem Sensor erscheinen.

Liegt eine Verkleinerung vor, ist beim Abbildungsmaßstab von z. B. 1:2 der darzustellende Gegenstand doppelt so groß wie seine Abbildung.

Sehr hochwertige Objektive besitzen auch einen vergrößernden Abbildungsmaßstab von beispielsweise 2:1. Dann ist die Abbildung doppelt so groß ist wie der Gegenstand. Der Abbildungsmaßstab wird umso größer, je geringer der Abstand zum Objekt wird und je länger die Objektivbrennweite ist.

Jedes Objektiv hat eine individuelle Naheinstellgrenze (der Mindestabstand zum Motiv), unter der es nicht mehr fokussieren kann. Der Objektabstand kann also nicht beliebig gering werden. Ein Objektiv besitzt deshalb einen maximalen Abbildungsmaßstab.

Nicht ganz offiziell bezeichnet man Aufnahmen mit einem Abbildungsmaßstab zwischen etwa 1:10 und 1:1 als typische Nahaufnahmen, Makroaufnahmen liegen zwischen 1:3 und 5:1, und jenseits von 5:1 beginnt die Mikrofotografie.

Fluchtdistanz ist das Motiv schnell weg. Wenn Ihre Lieblingsmotive Pflanzen, Mineralien oder andere eher statische Objekte sind, sind diese Objektive eine preisgünstige und hochqualitative Wahl. Makroobjektive mit mehr als 150 mm Brennweite sind etwas für Spezialisten und weitaus teurer als die mittleren Brennweiten.

NEF, das Makrobildformat

Nutzen Sie insbesondere in der Makrofotografie das RAW-Format (Nikon-Nomenklatur: NEF), um auch alle Detailreserven der Kamera ausschöpfen zu können. Die höhere Datentiefe der RAW-Daten bietet hinsichtlich Dynamikumfang und Farben deutlich mehr Spielraum als das JPEG-Format.

So können Sie später dunklere Bereiche, beispielsweise die Augen eines Insekts, noch deutlich mehr aufhellen, als es beim 8-Bit-JPEG der Fall ist. Wenn Sie allerdings kein RAW-Freund sind und fertige JPEGs direkt aus der Kamera bevorzugen, sollten Sie versuchen, ohne die Rauschunterdrückung auszukommen oder sie zumindest nur schwach einzustellen. Die Picture-Control-Konfiguration *Brillant* zeigt dabei für Makrobilder eine gute Wirkung, da die Kontrastanhebung und die Farbbetonung die Details besser herausarbeiten.

Sozusagen als Zwischenlösung bietet es sich alternativ an, RAW + JPEG aufzunehmen, sodass Sie gegebenenfalls schon mal gute Ergebnisse vorliegen haben, die Sie zu einem späteren Zeitpunkt noch mal gesondert bearbeiten können.

Makros brauchen viel Licht

Das eingebaute Blitzgerät Ihrer D3300 ist für einen Mindestabstand von 30 cm zum Motiv konzipiert und nur für das Aufhellen geeignet. Durch seine starre Position sehr nah an der Kamera kann der Blitz sehr kurze Distanzen gar nicht und weitere nur unzureichend ausleuchten. Schnell produziert er starke Schlagschatten, zudem beleuchtet er das Motiv direkt von vorn und kann so die Objekte optisch abflachen. All diese Gründe sprechen gegen den Einsatz des integrierten Blitzes in der Makrofotografie.

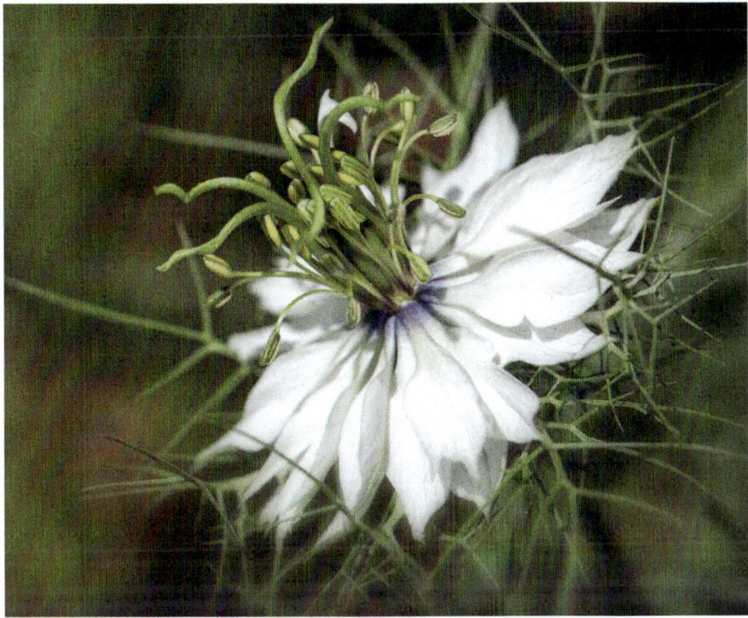

105 mm | f/8,0 | 1/640 s | ISO 100

◄ *Wenn der Hintergrund zu unruhig ist, kann man versuchen, in der Bildbearbeitung etwas mehr Unschärfe zu erzeugen.*

Wenn Sie keinen Ring- oder Makroblitz verwenden wollen, leistet auch ein übliches externes Blitzgerät mit einer kleinen Softbox, die das Licht weich modelliert, gute Dienste. Die erhöhte Position auf der Kamera ermöglicht einen etwas besseren Winkel auf das Motiv als der eingebaute Blitz. Dazu lassen sich professionelle Blitzgeräte auf eine gesenkte Kopfposition (ca. –7°) einstellen. Mit wenig zusätzlicher Investition können Sie auch entfesselt blitzen und die Blitze frei im Raum positionieren.

Spezielle Makroblitze werden sehr nah am Objektiv eingesetzt. Entweder sind es Ringblitze, die am Objektiv angeschraubt werden, oder man nutzt externe Blitze mit Kabel (entfesseltes Blitzen), die mit speziellen Blitzhaltern objektivnah befestigt werden. Damit lässt sich das Makromotiv besonders gut beleuchten.

▶ *Das Nikon-R1-Blitzsystem funktioniert drahtlos und stellt momentan wohl eine der besten Makroblitzlösungen dar. Allerdings benötigen Sie beim Einsatz an der D3300 das Steuergerät SU-800, da die D3300 mit ihrem internen Blitz keine Master-Funktion ausüben kann.*

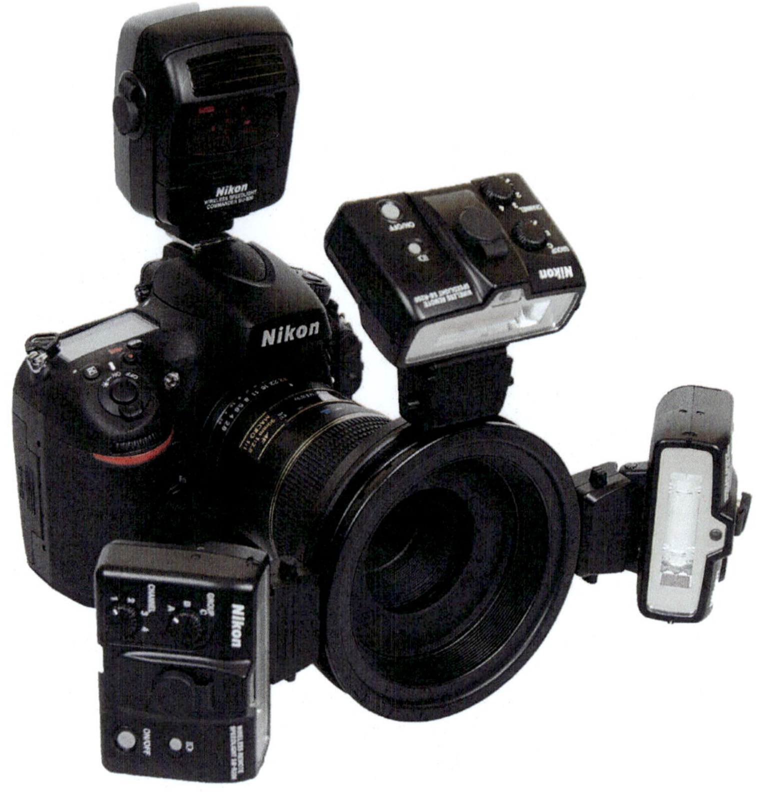

Spezielle Techniken beim Fokussieren

Die kleinen Motive sind auch für den Autofokus der D3300 sehr anspruchsvoll. Bereits kleinste Verschiebungen des Fokuspunkts können durch die sehr geringe Schärfentiefe

Live-View statt Sucherlupe einsetzen

Wenn Sie keine Sucherlupe haben, nutzen Sie die Live-View. Mit der Taste können Sie das Live-View-Bild stark vergrößern und die Schärfe dann genau kontrollieren. Manchmal ist es dann auch notwendig, den recht kleinen Bildausschnitt mit dem Steuerkreuz zu verschieben. Mit der OK-Taste im Steuerkreuz kommen Sie mit einem Tastendruck wieder in die Normalansicht ohne Zoom. Die Schärfentiefe können Sie, ebenso wie die Helligkeit, in der Live-View nicht kontrollieren. Das Display bietet für diese Parameter nur optimierte Einstellungen.

der Makroobjektive die Bildaussage empfindlich stören. Die Verwendung dynamischer Felder ist wenig hilfreich. Nutzen Sie am besten nur die AF-Messfeldsteuerung *Einzelfeld*.

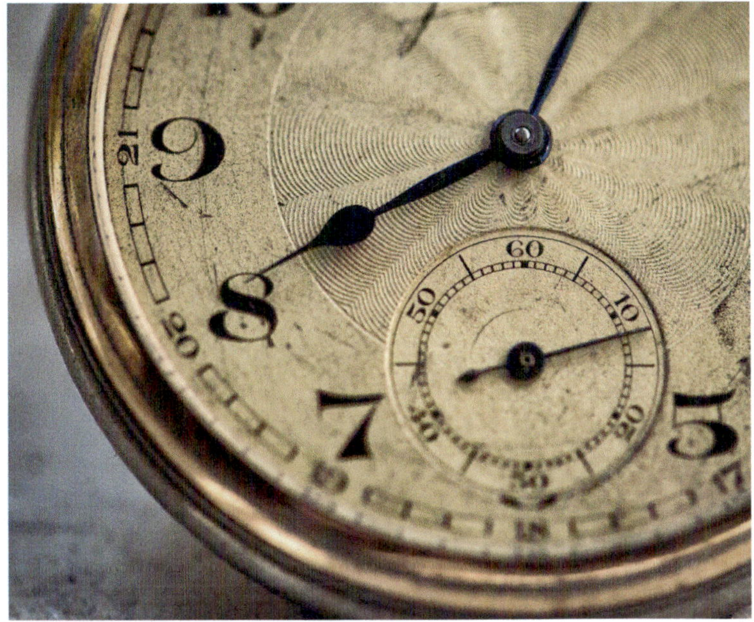

105 mm | f/7,1 | 1/80 s | ISO 100

◀ *Das Motiv eines Makrofotos muss nicht automatisch krabbeln. Wer einmal in die Welt der kleinen Dinge eingetaucht ist, sieht seine Umgebung plötzlich mit anderen Augen.*

Scharfstellen ohne Autofokus

Stellen Sie zuerst eine kleine Blende ein, beispielsweise f/13,0. Wenn Sie Ihre D3300 auf einem Stativ z. B. auf eine Blüte ausgerichtet haben, fokussieren Sie grob den gewünschten Fokuspunkt an und schalten den Autofokus dann ab. Anschließend stellen Sie die Schärfe exakt mit dem Fokusring am Objektiv ein. So kommen Sie schnell und effektiv zu einer präzisen Schärfe. Ob die Schärfentiefe bereits ausreicht, muss dann auf jeden Fall noch einmal kontrolliert werden.

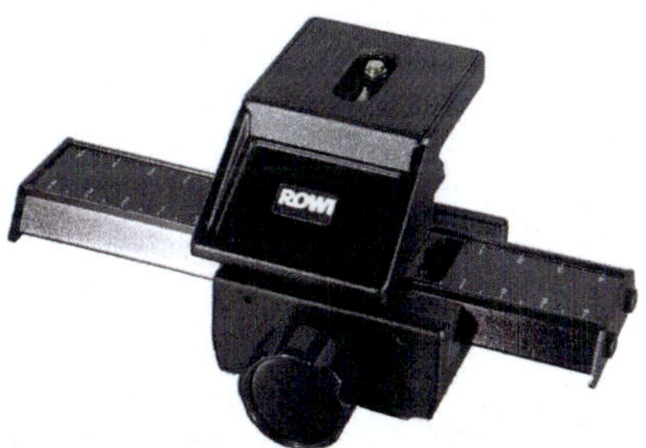

▲ *Mit einem solchen Schlitten können Sie die Kamera längs verschieben und so feinfühliger manuell fokussieren, als es mit vielen Fokusringen am Objektiv möglich ist. Sie sollten allerdings den Schlitten direkt mit der Kamera verbinden und keinen Batteriegriff dazwischenstecken.*

An manchen Objektiven arbeitet der Fokusring nicht so feinfühlig, wie es für die Scharfstellung im (Zehntel-)Millimeterbereich wünschenswert ist. Dann können Einstell- oder auch Kreuzschlitten weiterhelfen. Auf ihnen wird die Kamera fest montiert, und der Schärfebereich wird grob mit dem Objektiv angefahren. Dann wird die Schärfe durch ein Verstellen des Schlittens exakt eingestellt. Dieses Verfahren ist bei guten Schlitten meist deutlich genauer und besser zu reproduzieren. Kreuzschlitten können zusätzlich seitwärts bewegt werden. Ein umständliches seitliches Verrücken des gesamten Stativs samt Kamera kann so leicht vermieden werden.

Manuell freihändig fokussieren ohne Stativ

Nicht immer ist ein Dreibeinstativ zur Hand, oder es lässt sich situativ nicht nutzen. Wenn dann noch der AF nicht zuverlässig arbeitet, können Sie die Fokussiertechnik des Einstellschlittens von Hand nachahmen. Sie kann auch mit einem Schulter- oder Einbeinstativ kombiniert werden: Geben Sie im Programmmodus A oder M eine gewünschte Blende und im manuellen Modus die Zeit vor und stellen Sie

105 mm | f/10,0 | 1/640 s | ISO 100

▼ *Solche Bilder gegen den hellen Hintergrund profitieren sehr von einem Aufhellblitz.*

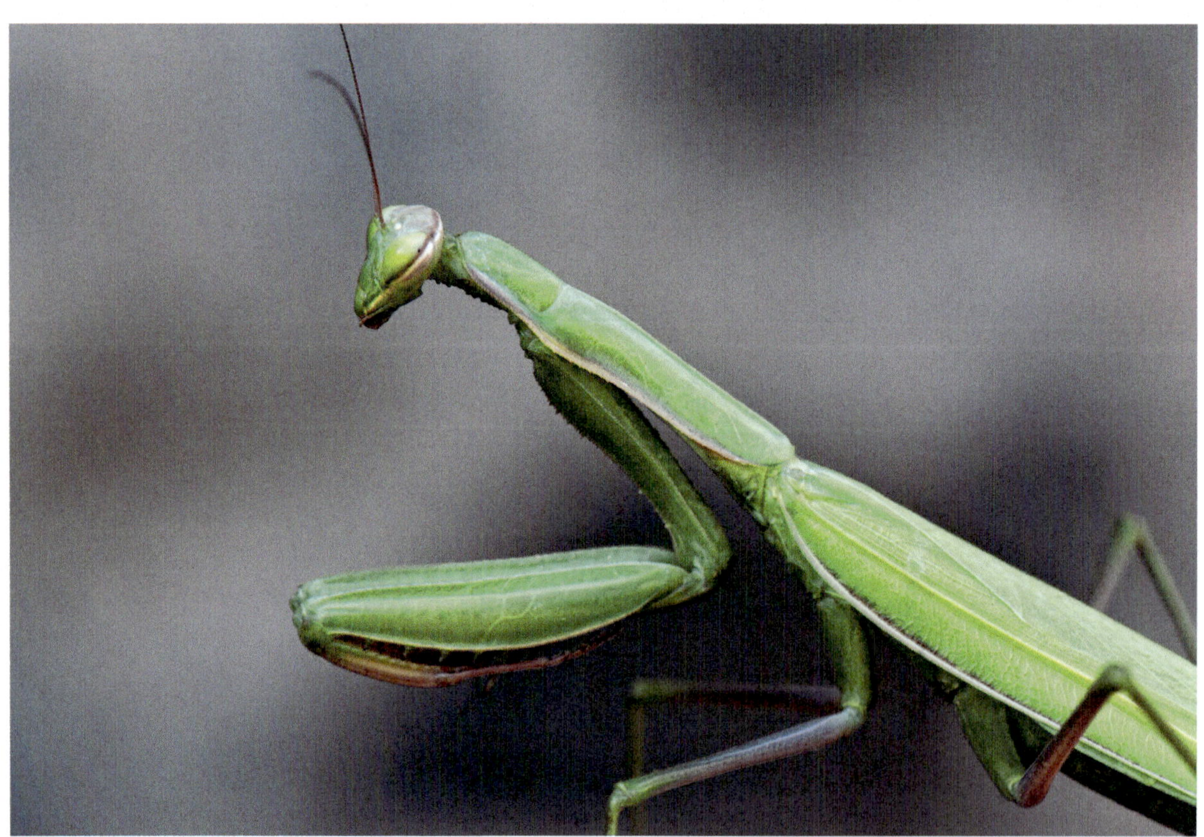

das Objektiv auf manuelle Fokussierung ein. Am Fokusring des Objektivs wird die Schärfe voreingestellt. Durch sehr vorsichtige Abstandsänderungen mit der Kamera kann dann die Schärfe exakt eingestellt werden. Sinnvoll ist es dabei, nicht nur den Kopf zu bewegen, sondern die Ellenbogen fest an die Brust zu pressen und den ganzen Oberkörper vor- und zurückzubewegen. Dies verringert die Gefahr des Verwackelns.

Autofokushilfe mit Zusatzlicht

Herrscht wenig Licht, kann die kleine AF-Hilfsleuchte der Kamera bei größeren Makroobjektiven ein Objekt nah an der Linse nicht beleuchten und hilft daher nicht weiter. Eine kleine Taschenlampe oder eine Videoleuchte kann hier ein AF-Licht stellen, wenn der Blitz kein Einstelllicht bietet.

Beugungseffekte limitieren die Abblendung

Sie werden schnell feststellen, dass die Schärfentiefe im Nahbereich allen Tricks zum Trotz schnell absinkt. Der Schärfentiefebereich verdoppelt sich aber, wenn sich auch der Blendenwert verdoppelt. Das heißt, um aus 1 cm die doppelte Schärfentiefe von 2 cm zu erzielen, muss um zwei Stufen abgeblendet werden, also z. B. von Blende f/8 auf f/16, damit hat sich der Blendenwert verdoppelt. Behalten Sie dabei den Wert für die förderliche Blende im Hinterkopf, blenden Sie also möglichst nicht stärker als bis Blende 16 ab, denn darüber sinkt die Bildqualität durch Beugungseffekte stark ab. An vielen Objektiven ist bereits ab etwa Blende f/11 eine leichte Verschlechterung der Auflösung zu erkennen. Da dem Auge im Makrobereich oft der Vergleich der Konturenschärfe zwischen Objekt und Bild fehlt, kann auch bei starker Abblendung eine subjektiv gute Bildschärfe erreicht werden. Es werden Details sichtbar, die mit unbewehrtem Auge oft überhaupt nicht wahrgenommen werden können. Daher tolerieren wir dann einen solchen leichten allgemeinen Schärfeverlust. Echte Makroobjektive bieten noch Abblendungen bis 1:32 und mehr.

Die Grundeinstellungen zur Makrofotografie

Um Ihre D3300 ideal für die Makrofotografie einzurichten, berücksichtigen Sie folgende Tipps.

Mit der ISO-Automatik nutzen Sie die Möglichkeit, flexibel auf die Umgebung zu reagieren, ohne das Verhältnis von Blende und Belichtung ändern zu müssen.

Sie ist oft die einzige Möglichkeit, um Makroaufnahmen frei aus der Hand heraus aufzunehmen. Begrenzen Sie die Einstellung auf ISO 800, um keinesfalls Details zu verlieren. In höheren Einstellungen wird auch die Rauschunterdrückung aggressiver und kann Details deutlich reduzieren. Die Lichtmenge durch einen Blitz zu vergrößern, ist besser, als die ISO-Zahl zu erhöhen.

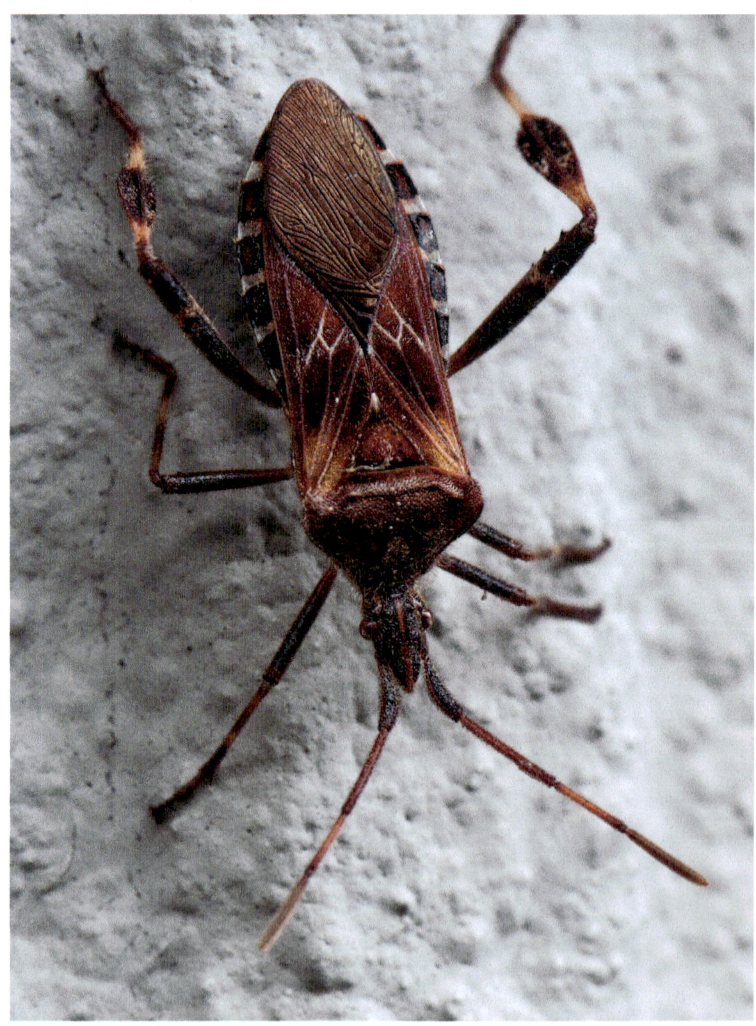

105 mm | f/11,0 | 1/20 s | ISO 400

▶ *Die Struktur der Flügel konnte bei diesem geduldigen Gesellen sehr schön vom Stativ aus herausgearbeitet werden.*

Arbeiten Sie vom Stativ aus, was fast immer, zumindest aus Sicht der Bildqualität, die bessere Wahl ist, können Sie den ISO-Wert manuell auf niedrige Werte einstellen. Auf dem Stativ sollte auch die Bildstabilisatortechnologie (VR) abgeschaltet werden, sie ist auf dem Stativ überflüssig.

In Bodennähe oder auf Mauern etc. arbeiten Sie am besten mit einem Bohnensack und eventuell mit einem Winkelsucher. Der Bohnensack ist meist ein Stoff- oder Lederbehälter, in dem locker Kunststoffkügelchen (und meist keine Bohnen) eingefüllt sind. Sie können die Kamera dann sehr gut in unmittelbarer Bodennähe einsetzen. Das Füllmaterial passt sich der Kamera und dem Untergrund gut an und kann auch Erschütterungen dämpfen.

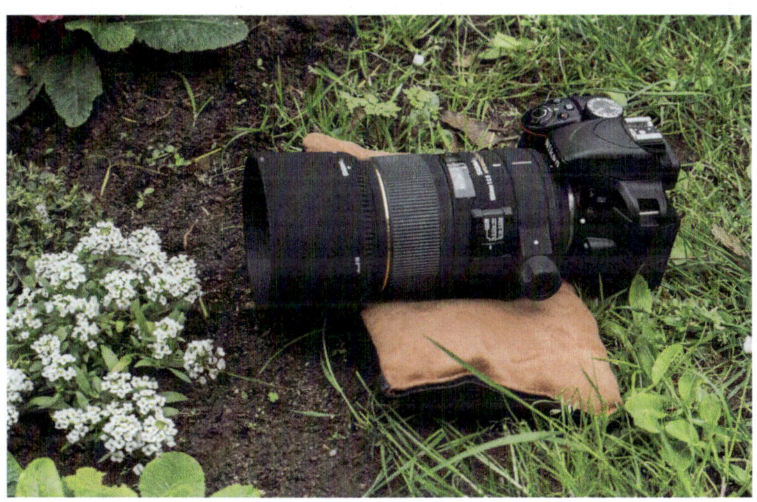

◄ *Mit einem praktischen Bohnensack können unebene Flächen ausgeglichen werden, und die Kamera hat z. B. auf Mauern einen sichereren Halt. Er schützt vor Kratzern und dämpft Erschütterungen.*

Ein Winkelsucher erleichtert den Blick durch den Sucher in Bodennähe. Da die D3300 kein klappbares Display hat, kann auch die Live-View nicht so gut als Alternative dienen. Einen Winkelsucher bekommen Sie hin und wieder auch gut auf dem Gebrauchtmarkt.

In der Natur- und Makrofotografie wird auch gern einmal in Bodennähe fotografiert. Bei feuchtem Wetter bewährt sich dann eine wasserfeste Unterlage, wie z. B. eine Isomat-

Live-View-Modus ist nur eingeschränkt verwendbar

Das Arbeiten mit dem Live-View-Modus ist manchmal angenehmer, vor allem für die Beurteilung der Schärfe. Die Belichtung und die Schärfentiefe können mit ihm jedoch nicht wirklich beurteilt werden, da das Monitorsignal für beste Sichtbarkeit aufbereitet wird. Da die D3300 auch keine Abblendtaste besitzt, müssen Sie die Schärfentiefe im aufgenommenen Bild mit der Zoomtaste  beurteilen.

te. Damit werden Sie weder nass vom Tau noch schmutzig, wenn Sie sich einmal auf den Boden legen wollen.

Verwenden Sie praktisch immer die AF-Messfeldsteuerung *Einzelfeld*, um den Schärfepunkt ganz genau festlegen zu können. Alle anderen Messfeldsteuerungen ergeben in der Makrofotografie wenig Sinn.

Fotografieren Sie im RAW-Modus, damit die Bilder später noch optimal aufbereitet werden können.

Wenn das Motiv allein im Mittelpunkt der Aufnahme stehen soll, setzen Sie die mittenbetonte Belichtungsmessung oder die Spotmessung ein. Dann ist zumindest das Motiv korrekt belichtet. Soll mehr vom Umfeld bewusst mit ins Bild einbezogen werden, kann die Matrixmessung die bessere Wahl sein.

Nutzen Sie auf einem Stativ einen Fernauslöser oder den Selbstauslöser mit zwei oder fünf Sekunden Vorlaufzeit, um Erschütterungen der Kamera durch das Auslösen mit dem Finger zu reduzieren. Unter *System/Selbstauslöser* können Sie eine individuelle Selbstauslöser-Vorlaufzeit zwischen zwei und zwanzig Sekunden einstellen.

Blenden Sie bis zur förderlichen Blende ab, nur so ist eine maximale Schärfentiefe zu erreichen, ohne bei bewegten Motiven die Belichtungszeit zu vernachlässigen.

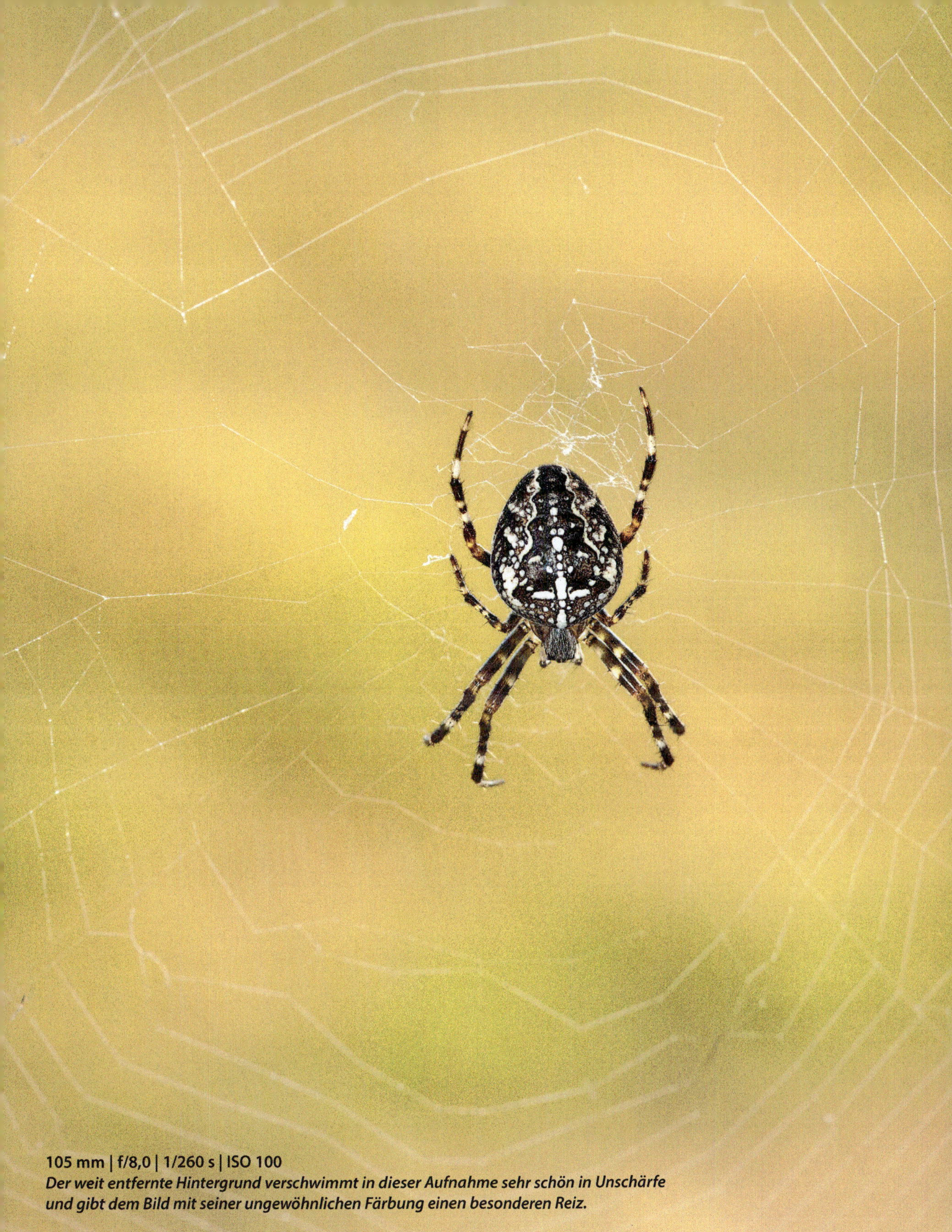

105 mm | f/8,0 | 1/260 s | ISO 100
Der weit entfernte Hintergrund verschwimmt in dieser Aufnahme sehr schön in Unschärfe und gibt dem Bild mit seiner ungewöhnlichen Färbung einen besonderen Reiz.

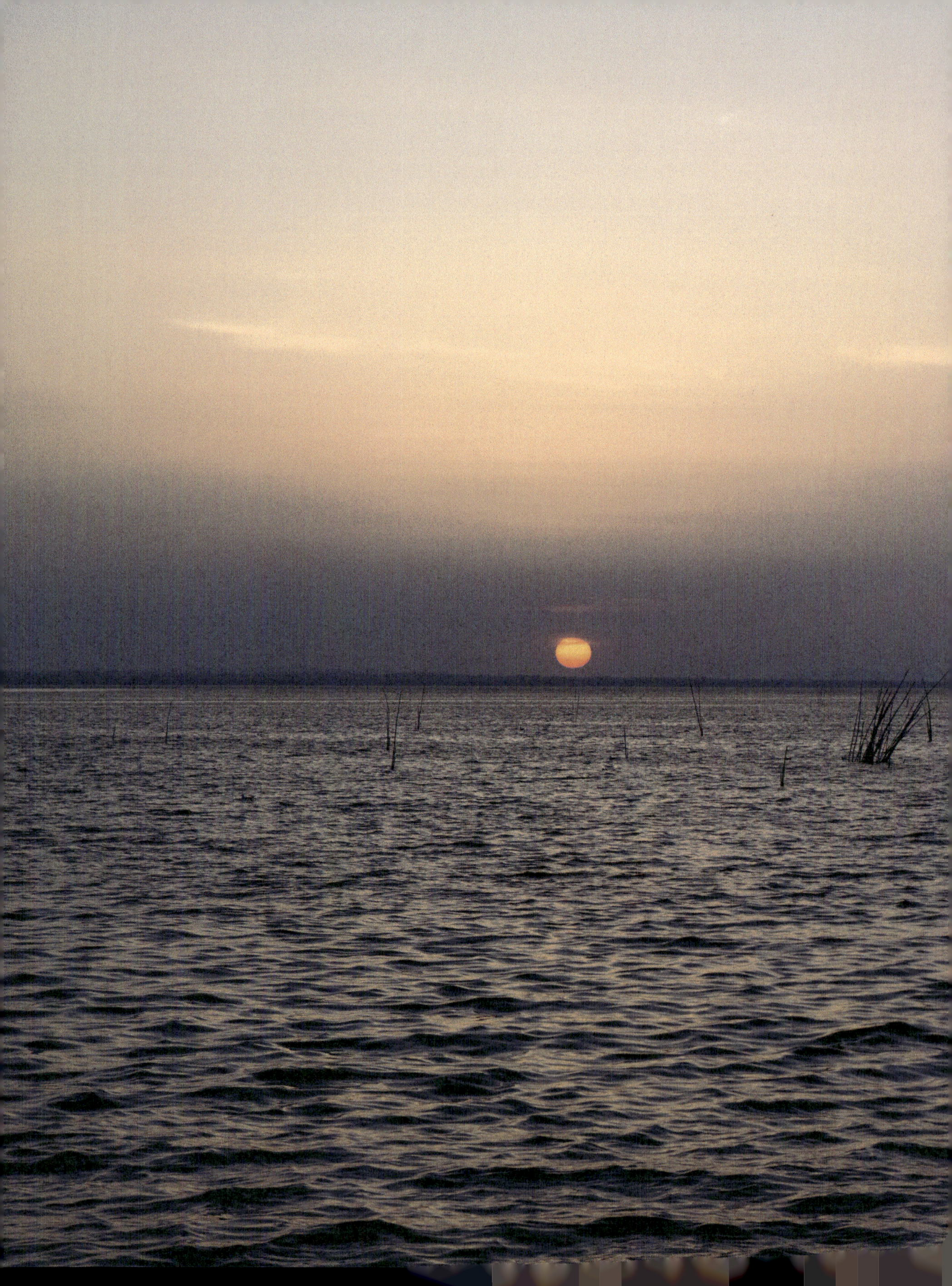

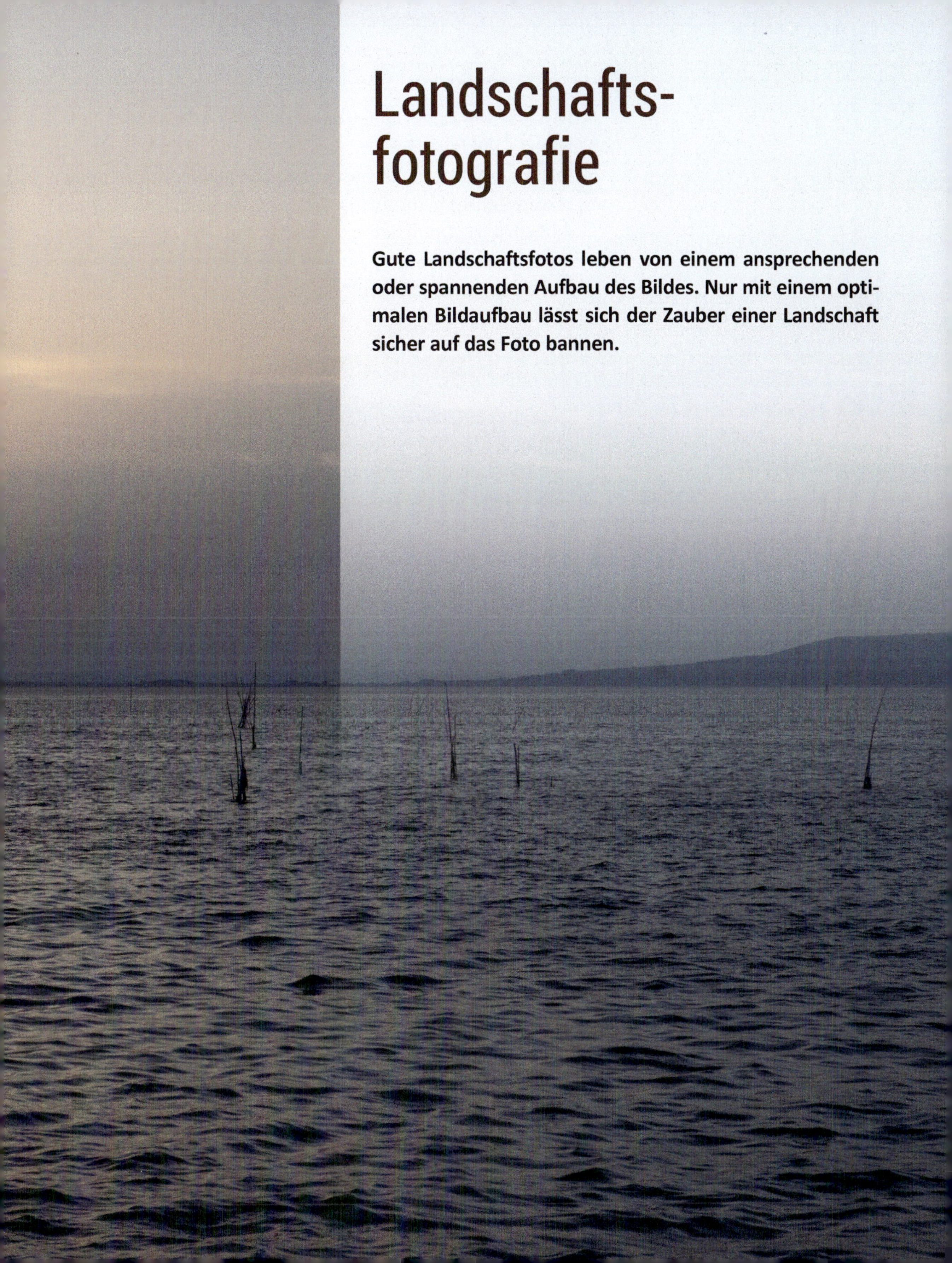

Landschafts-fotografie

Gute Landschaftsfotos leben von einem ansprechenden oder spannenden Aufbau des Bildes. Nur mit einem optimalen Bildaufbau lässt sich der Zauber einer Landschaft sicher auf das Foto bannen.

Fast alle Menschen, die gern reisen oder auch nur in heimatlichen Gefilden wandern, lassen sich von den Landschaften inspirieren. Die Landschaftsfotografie gehört zu den beliebtesten Genres in der Fotografie, aber sicherlich nicht zu den einfachsten. Denn jeder Fotograf möchte einen Teil der Gefühle und Stimmungen, die er vor Ort erlebt oder empfindet, seinen Bildern mit auf die Reise geben.

11.1 Planen Sie Ihre Bilder!

Das Internet bietet Ihnen eine Fülle von Möglichkeiten, schon vor Antritt einer Reise die besten Motivpunkte zu suchen. Onlinedienste wie Bing Maps oder Google Maps zeigen Orte und interessante Gebäude. Viele Nutzer stellen eigene Bilder ein, die Ihnen eine erste Orientierung bieten können.

38 mm | f/5,0 | 1/160 s | ISO 100
▼ *Der leichte Nebel betont noch die Morgenstimmung dieser Landschaft.*

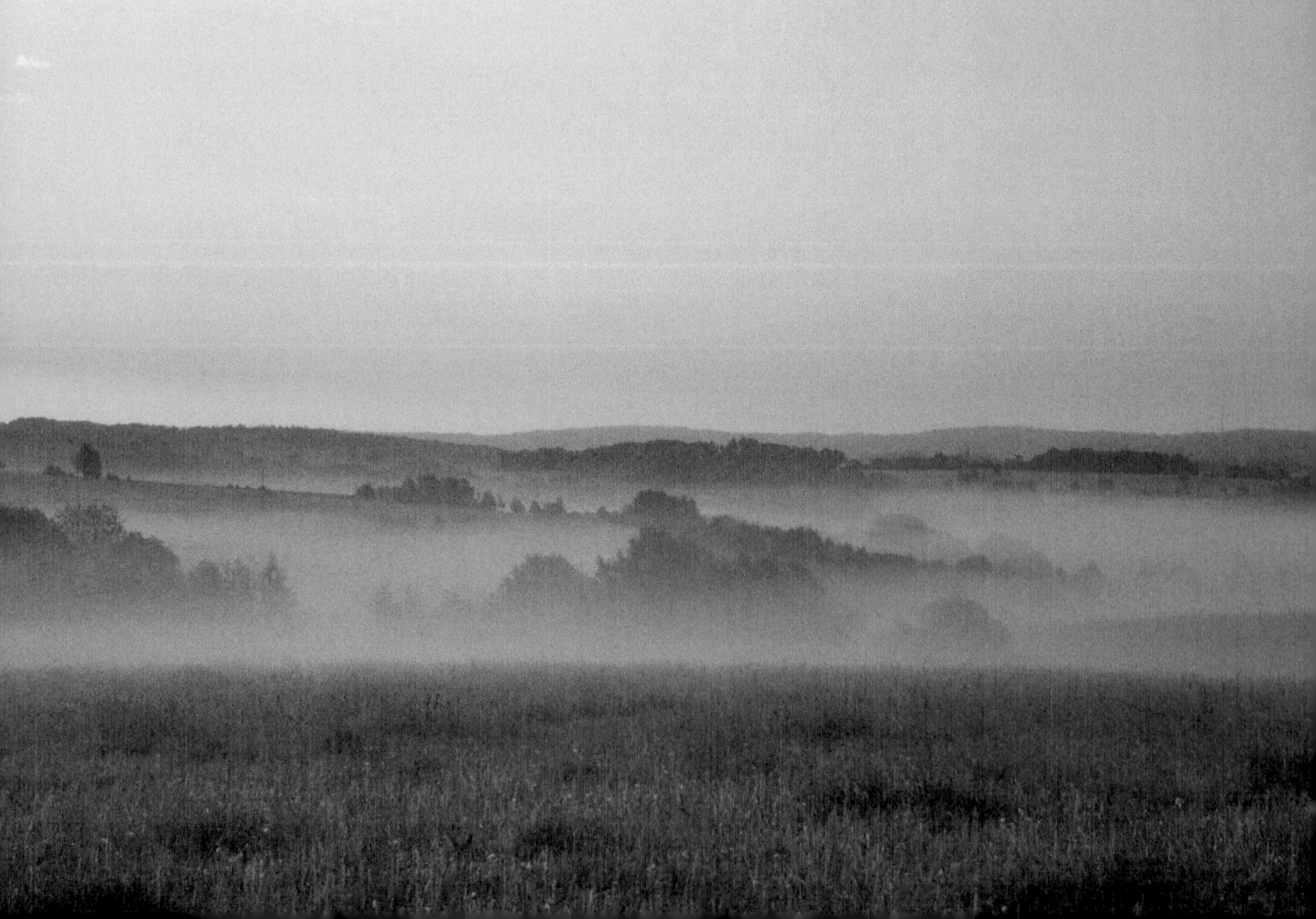

Doch die Onlinedienste bieten noch mehr. Informationen wie Sonnenstand nach Uhrzeit, Wetterlagen, Sonnenaufgangs- und -untergangszeiten und vieles mehr liefern interessante Informationen für eine Fotosession. Wo habe ich einen freien Blick auf einen Sonnenuntergang? Wo steht die Sonne um fünf Uhr? Viele dieser Fragen lassen sich bereits im Vorfeld klären.

Mit einer klugen Festlegung der Route können Sie Ihre Bildplanung schon vorher gestalten und haben dann vor Ort mehr Zeit, sich den Details der gelungenen Landschaftsfotografie zu widmen.

11.2 Welche Objektive sind nötig?

Ihr Kitobjektiv bietet Ihnen eine Brennweite von 18 mm Ihnen eine kürzeste Brennweite , was 27 mm an einer Vollformatkamera entspricht. Das ist oft zu wenig Weitwinkel. Gerade für die Landschaftsfotografie lohnt die Anschaffung von Weitwinkelobjektiven. Im Kapitel zu den Objektiven finden Sie eine Auswahl derer, die zur D3300 passen.

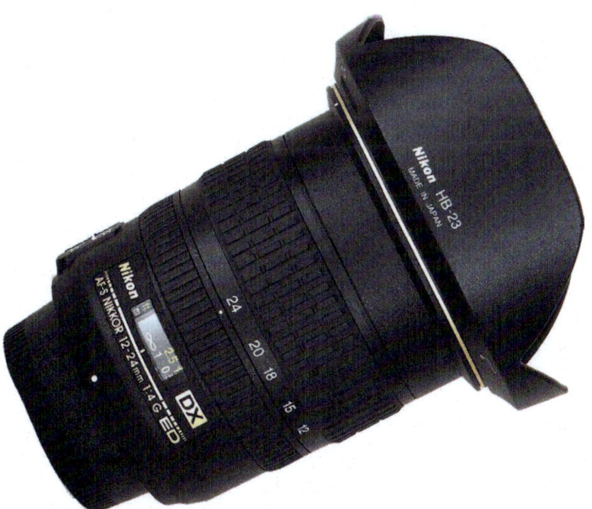

▲ *Die typischen 12-24-mm-Objektive reichen für die Landschaftsfotografie aus, 10 mm werden nur selten benötigt.*

D3300-Panoramamodus oder am Computer zusammensetzen?

Der Panoramamodus der Nikon D3300 reicht nur für einfache Panoramen aus und liegt immer im JPEG-Format vor. Als engagierter Landschaftsfotograf werden Sie aber sicher die Vorteile des NEF-Rohformats am Computer nutzen wollen. Da ist es sicher besser, vom Stativ aus eine passende Serie an NEF-Bildern zu machen und zu Hause mit perfekter Software ein wirklich hochwertiges Panorama zu erstellen.

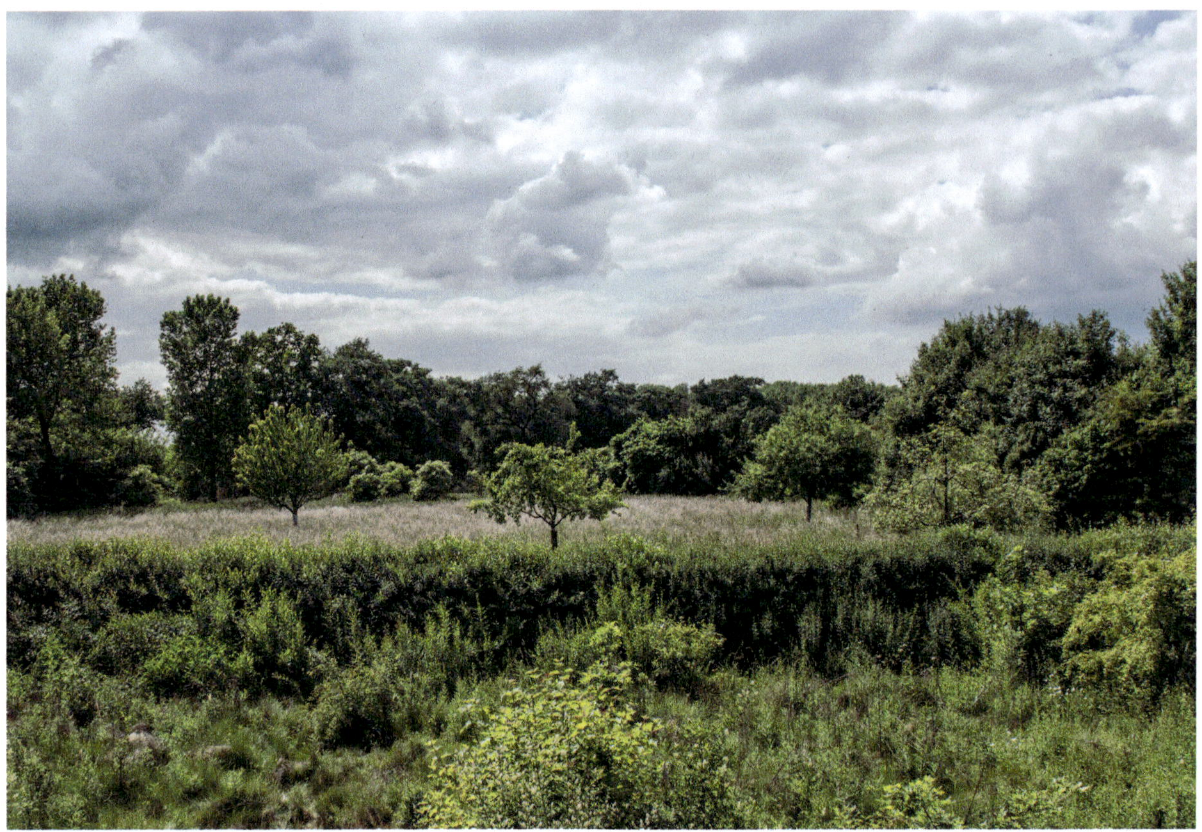

24 mm | f/8,0 | 1/800 s | ISO 200

▲ *Ein bewölkter Himmel kann durch Streuung eine sehr hohe Gesamthelligkeit erzeugen. Gleichzeitig sind aber die Kontraste zwischen Himmel und Landschaft nicht mehr so hoch wie bei einem wolkenlosen Himmel.*

11.3 Die optimalen Einstellungen für die Kamera

Natürlich hat Ihre D3300 das Motivprogramm ***Landschaft*** an Bord. Doch wollen Sie mehr aus Ihren Motiven herausholen, ist zumeist die Zeitautomatik A die beste Wahl. Denn der wichtigste technische Faktor bei der Landschaftsfotografie ist die Wahl der richtigen Blendeneinstellung.

Wollen Sie Schärfe im Bild nur partiell bzw. selektiv oder durchgängig? Das entscheiden Sie natürlich vor Ort und nach Gefühl. Die Motivprogramme lassen Ihnen da keine Wahl, aber die Belichtungssteuerungen A und P fordern diese Entscheidung sogar von Ihnen.

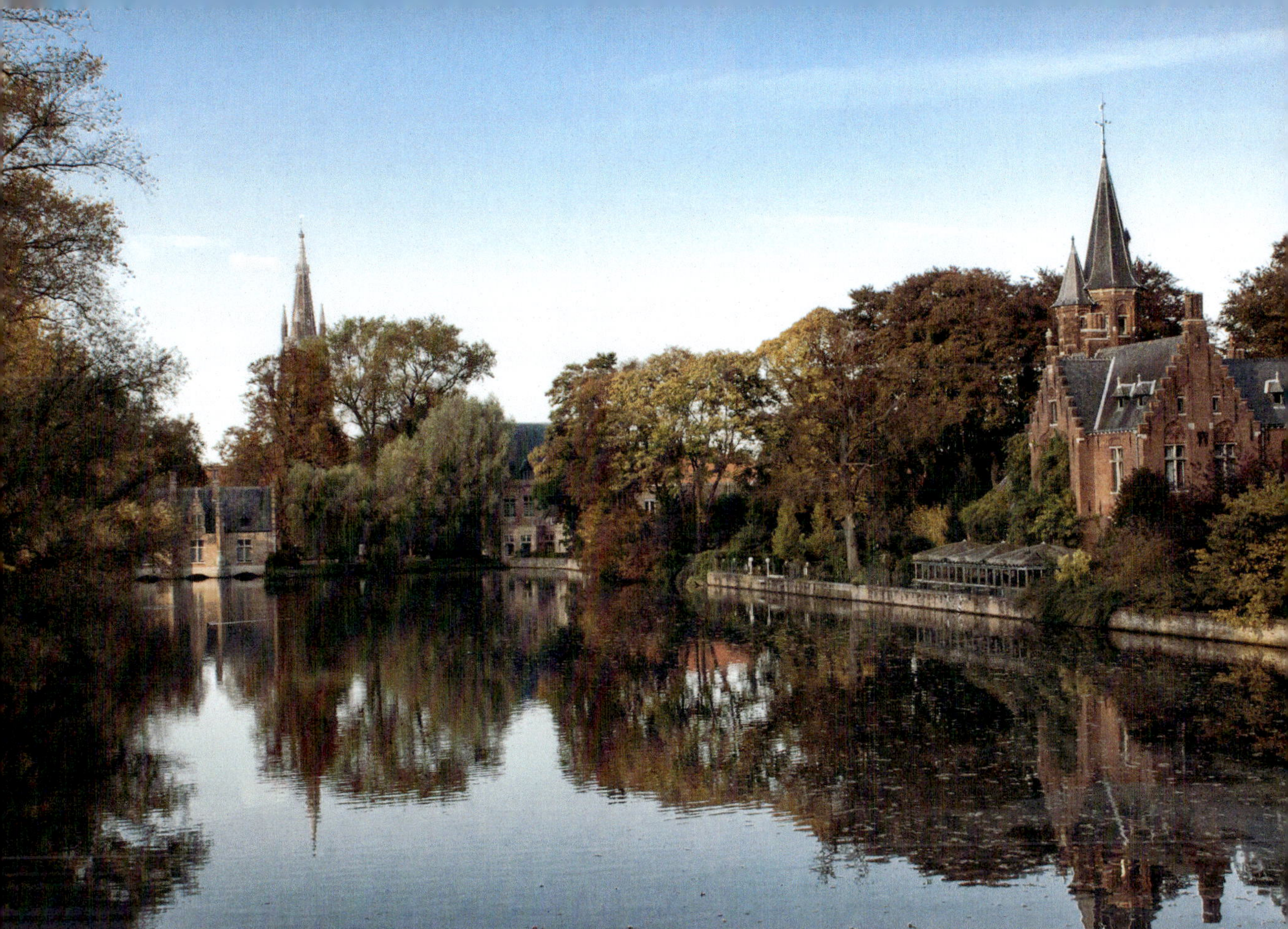

31 mm | f/11,0 | 1/180 s | ISO 200
▲ *Eine durchgehende Schärfe vom Vordergrund bis in den Hintergrund erzielen Sie durch eine geschlossene Blende. In solchen Situationen benutzen Sie eine Blende von f/8,0 an aufwärts.*

In der Landschaftsfotografie macht die Matrixbelichtungsmessung der D3300 einen wirklich guten Job. Nur bei extremen Kontrasten können Sie mit der mittenbetonten Messung gezielter arbeiten.

11.4 Bildaufbau und Perspektive

Fast immer steht die Suche nach einem etwas erhöhten Standpunkt im Vordergrund, da sich von dort aus meist die besseren Perspektiven schaffen lassen. Wenn Sie eine Stelle ausgewählt haben, schätzen Sie einmal die perfekte Bildhöhe ab. Gehen Sie etwas in die Knie und schauen Sie durch den Sucher. Vielleicht bekommen Sie so schöne Vordergrundmotive besser mit ins Bild. Und Sie sollten auch gleich den richtigen Standplatz für Ihr Stativ auswählen, denn ohne Stativ geht in der anspruchsvolleren Landschaftsfotografie meistens nichts. Viele Fotografen der klassischen Landschaftsfotografie versuchen, stets alles Menschengemachte aus dem Bild auszuschließen und so die Illusion einer unberührten Natur zu erzeugen. Sollte das auch Ihre Intention sein, müssen Sie in den meisten Gegenden sehr wählerisch mit dem Bildausschnitt sein, um auch wirklich alles herauszuhalten, was dazu nicht passt. Die moderne Landschaftsfotografie versucht indes bewusst, auch die menschlichen Einflüsse als Teil der Dokumentation mit einzubeziehen.

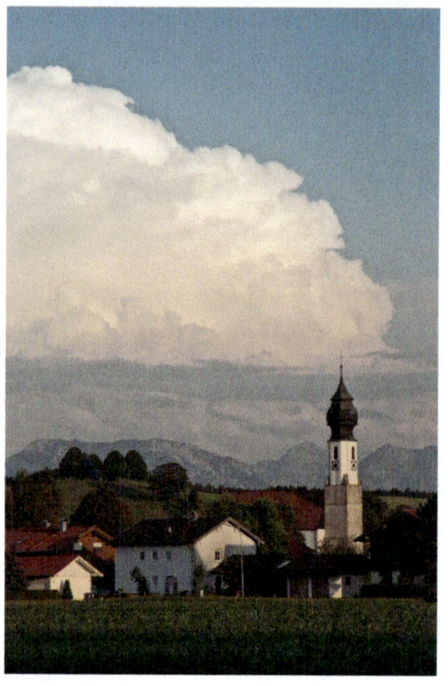

45 mm | f/16 | 1/100 s | ISO 200

▲ *Dieses idyllische Dorf in der Abendsonne wirkt im Breitformat eher unruhig. Zu viele Gebäude machen die Orientierung im Bild mühsam. Im Hochformat kann der Blick eher auf dem Kirchturm ruhen. Die Wolken sehen deutlich dramatischer aus.*

Landschaften komponieren

Sie können Landschaftsfotos nach den unterschiedlichsten Regeln komponieren und schneiden. Eine der grundlegendsten Entscheidungen ist z. B., ob eine Landschaft im Breit- oder Hochformat fotografiert wird. Es liegt zwar in der Natur der Sache, das Landschaften häufiger im Breitformat abgelichtet werden, aber nicht immer ist das die beste Wahl.

Viele Fotografen haben einen ausgesprochenen Hang zur mittigen Platzierung des Hauptmotivs, und sicherlich ist das auch grundsätzlich eine gute Möglichkeit. Die mittige Platzierung vermittelt eine gewisse Harmonie und Ruhe, die viele Menschen ansprechend finden. Zu viel Harmonie und Ruhe droht aber in Langeweile abzurutschen. Deshalb sollten Sie auch andere, vielleicht sogar extreme Perspektiven ausprobieren. Die wohl bekannteste Grundregel ist die des Goldenen Schnitts oder dessen Vereinfachung, der Drit-

Der Goldene Schnitt

Mathematisch formuliert, lautet die Regel für den Goldenen Schnitt: Die längere Teilstrecke a verhält sich zur kürzeren Teilstrecke b wie die Gesamtstrecke a + b zur längeren Teilstrecke a. Wer jetzt in Geometrie nicht so genau aufgepasst hat, kann sich die Näherungswerte 3:5 oder 8:13 merken. Noch einfacher ist die Drittel-Regel, in der das Bild jeweils in der Breite und der Höhe in drei gleich große Abschnitte unterteilt wird.

tel-Regel. Bei Letzterer werden Höhe und Breite in jeweils drei gleiche Abschnitte unterteilt.

Die markanten Konturen in der Landschaft, z. B. der Horizont, können dann entlang der Linien angeordnet werden. Die D3300 kann bei aktivierter Live-View über die Taste (info) zwar Gitterlinien zur leichteren Orientierung einblenden, allerdings handelt es sich um ein 4 x 4-Gitter und ist von Nikon in erster Linie für Videoaufnahmen vorgesehen.

Sie können das Drittel-Gitter auch dazu nutzen, das Hauptmotiv außermittig, also mehr an den Rand zu rücken. Die Fotos erscheinen dann interessanter und mit mehr Spannung. Statt der harmonischen Linienführung können auch die Felder der Drittel-Regel genutzt werden.

Das Haus mit dem großen Garten wurde aus der Mitte an den rechten Rand verlegt. Der Bildaufbau gewinnt durch diese einfach anzuwendenden Regeln schon deutlich.

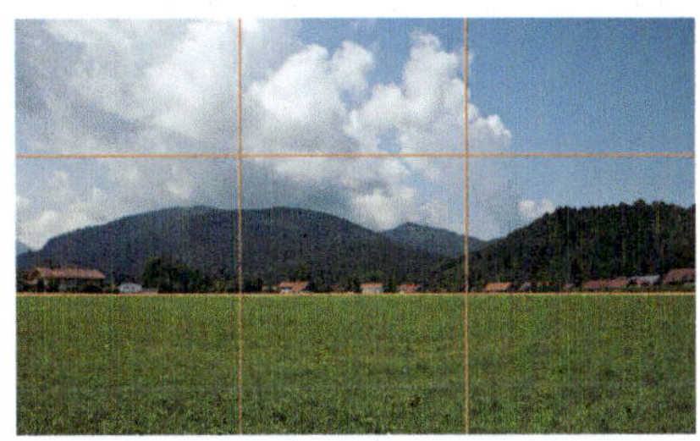

20 mm | f/11,0 | 1/250 s | ISO 100
▲ *Himmel, Wiese und Mittelteil des Bilds teilen sich jeweils etwa ein Drittel des Bilds. Das Foto wirkt harmonisch und ruhig.*

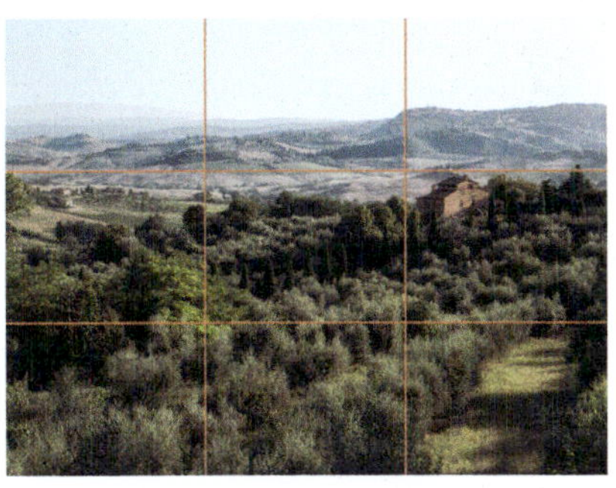

50 mm | f/8,0 | 1/160 s | ISO 400
▲ *Wird ein Orientierungspunkt mehr an den Rand gerückt, wie in diesem Bild das Haus, wirkt das Bild interessanter.*

Diagonalen für Spannung im Bild

Sehr beliebt und spannend sind Diagonalen im Bild oder miteinander korrespondierende Motivbestandteile, vor allem wenn diese Motivbestandteile geometrische Figuren bilden.

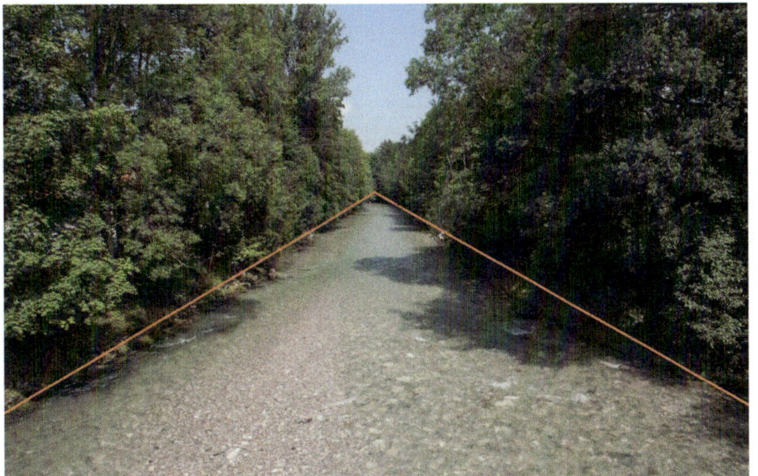

68 mm | f/4,0 | 1/125 s | ISO 200
◄ *Achten Sie darauf, dass diagonale Linien im Bild möglichst in den Bildecken herauskommen.*

Wenn Sie im Bild eine schräge Perspektive einsetzen möchten, legen Sie das Bild nicht nur etwas schief. Das sieht dann meist wie ein verunglückter Schnappschuss aus. Wenn schon geneigt, dann richtig. Lassen Sie die Diagonalen, z. B. eine gerade Straße, Feldbegrenzungen oder einen Flusslauf, in die Bildecken laufen. Das sieht fast immer gut aus und ergibt sehr ansprechende Bilder.

16 mm | f/13,0 | 1/80 s | ISO 100

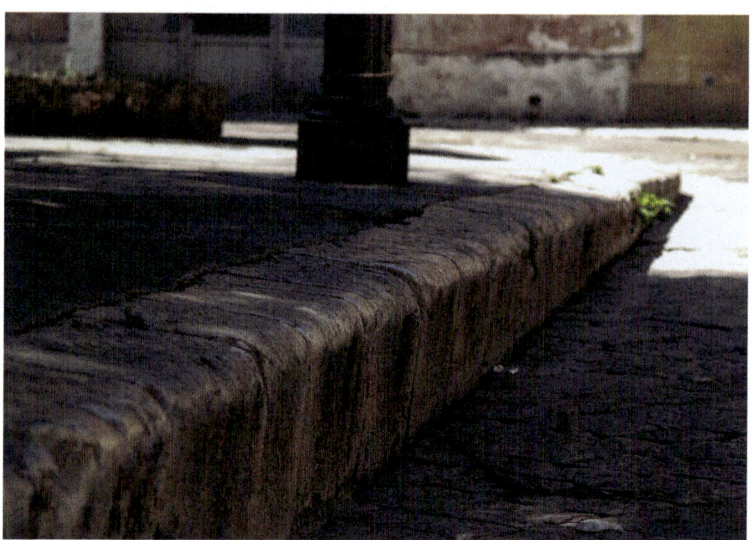

Spiegelungen als wunderbares Thema

Wo immer Wasser fließt, lassen sich auch Spiegelungen finden. Würden Sie sonst die Drittel-Regel oder den Goldenen Schnitt als Stilmittel verwenden, dürfen Spiegelungen ruhig auch symmetrisch ausfallen. Auf dem Bild mit der Spiegelung wird auch ein anderes Problem der Landschaftsfotografie deutlich. Nicht immer ist das Wetter so, wie wir es uns wünschen. Professionelle Fotografen würden wahrscheinlich so oft zu diesem See fahren, bis Lichtfärbung, Lichteinfall, die Sicht und viele andere Details optimal passen. Für uns Normalmenschen ist das leider kaum möglich. Vor allem im Urlaub muss man so manche Gelegenheit beim Schopfe packen und das Beste daraus machen.

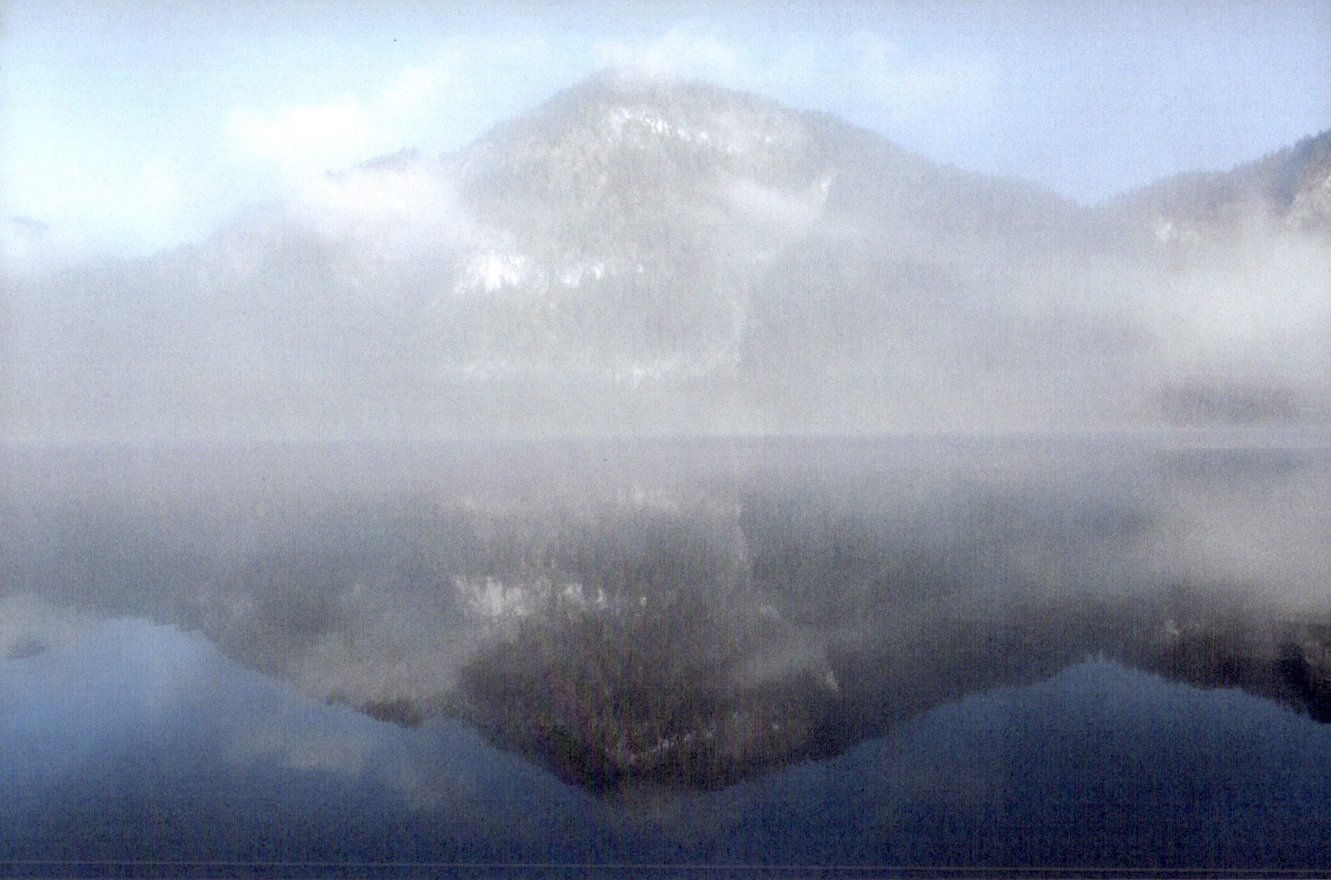

22 mm | f/11 | 1/125 s | ISO 200
▲ *Eigentlich langweilig: Die Schnittkante zwischen See und Berg ist gleichzeitig die Bildmitte. Hier aber passt es.*

11.5 Die Lichtstimmungen

Die Lichtstimmungen hängen von vielen Parametern ab, z. B. Wolkenbildung, Dunst, Stand der Sonne u. v. a. m. Ein relativ konstanter Charakter des Lichts wechselt mit der Tageszeit. Da lohnt ein kleiner Streifzug durch die Lichtstimmungen und was Sie fotografisch daraus machen können.

Der Tag beginnt mit der Morgenstimmung, die durch eine schräg stehende Sonne und eine besondere Farbgebung Landschaften schön zur Geltung bringt.

Um eine solche sehr frühe Morgenstimmung richtig einfangen zu können, ist das Stativ unerlässlich. Die D3300 würde ohne Ihr Eingreifen das Bild viel zu lang belichten und die Lichtstimmung verderben. Damit die Kamera das Bild nicht völlig eingraut, müssen Sie 1 bis 2 Blenden unterbelichten. Entweder Sie nutzen die manuelle Belichtungsteuerung M und die Lichtwaage oder mit der Zeitautomatik A die Belichtungskorrektur.

16 mm | f/13,0 | 8 s | ISO 100

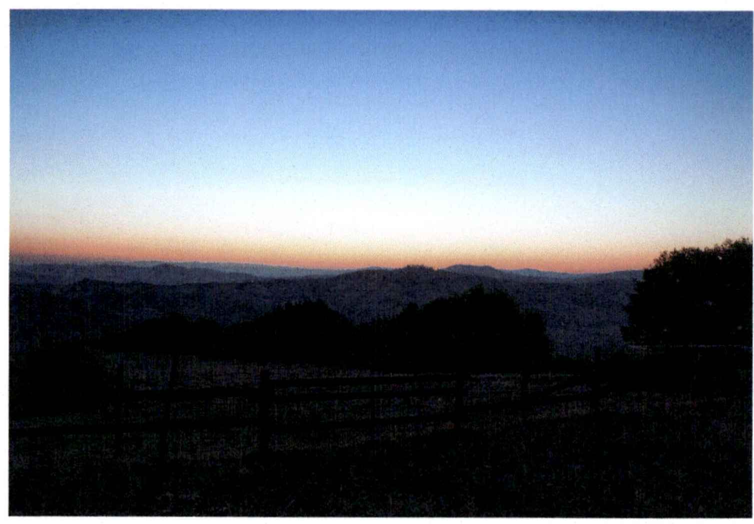

Der späte Morgen bringt noch eine andere nützliche Lichtstimmung mit sich, das Seitenlicht, auch gern Streiflicht genannt.

Polfilter

Ein Polfilter lässt nur das Licht einer Schwingungsebene durch. Die Effekte sind eine deutlich verminderte Reflexion von nicht metallischen Oberflächen, also z. B. Glas oder Wasser, und sattere Farben des Himmels und von Pflanzen. Am effektivsten arbeitet der Polarisationsfilter, wenn er im Winkel von 90° zur Sonne angewandt wird. Für die Nikon D3300 benötigen Sie einen zirkularen Polfilter. Ein Nebeneffekt des Polfilters ist eine Reduzierung der Lichtmenge, die auf den Sensor fällt.

Es betont wunderbar die Strukturen und setzt schöne Kontraste gegen den Morgennebel. Das schafft Ihre D3300 mit Matrixmessung und Programmautomatik absolut locker. Ganz anders beim Gegenlicht. Hier zeigt die D330 gern eine Tendenz zur Unterbelichtung. Damit Ihnen die Wüstenlandschaft durch das Gegenlicht nicht im Dunkeln „absäuft", müssen Sie mit einer positiven Belichtungskorrektur über die Taste dagegenhalten.

Hartes Mittagslicht macht die Strukturen flach und vernichtet die Kontraste. Aber vielleicht ist auch genau das die Wirkung, die Sie erzielen wollen? Der kleine Salzwassersee im Death Valley in Nevada heißt Bad Water. Das harte Mittagslicht macht die Szenerie noch härter, und der wolkenlose Himmel betont die Wüstensituation. Mit einem Polfilter können Sie den Himmel noch satter gestalten und so die Wirkung weiter verbessern. Am späten Nachmittag ändert sich das Licht. Es wird weicher und bringt Formen und Farben wunderbar zur Geltung. Und wie schon beim Sonnenaufgang, so müssen Sie auch beim Sonnenuntergang korrigierend eingreifen. Nur dann fallen Ihre handgemachten Bilder besser aus als die mit dem Motivprogramm ***Sonnenuntergang*** gemachten. Trotz des schwachen Lichts sollten Sie eine relativ weit geschlossene Blende nutzen, um genug Schärfentiefe zu erzeugen. Eine negative Belichtungskorrektur von 1 bis 2 Blenden verbessert oft die Lichtstimmung.

Fließende Gewässer

Sollen fließende Gewässer fotografiert werden, ist es manchmal ein schöner Effekt, wenn das Wasser durch eine lange Belichtungszeit weichgezeichnet wird. An einem normalen, hellen Tag benötigt man für lange Belichtungszeiten einen Neutralgrau- oder auch Neutraldichtefilter. Diese Filter gibt es in den unterschiedlichsten Stärken und Größen. Ihre einzige Funktion sollte darin bestehen, weniger Licht auf den Sensor der Kamera zu lassen, nur so können tagsüber lange Belichtungszeiten zwischen einer Sekunde und mehreren Minuten erreicht werden. Einige Filter haben die unangenehme Eigenschaft, vor allem bei hohen Belichtungszeiten einen Farbstich ins Bild zu bringen.

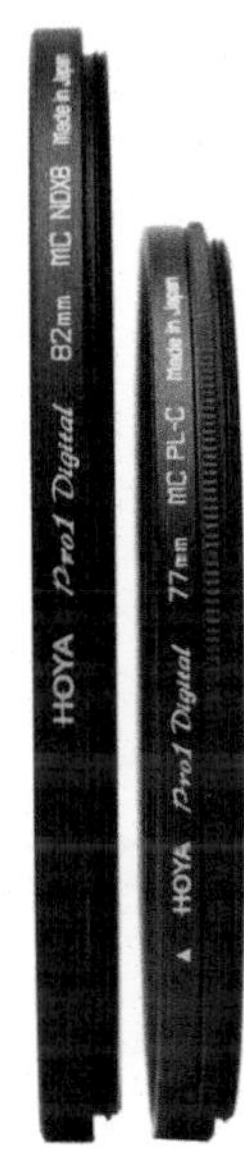

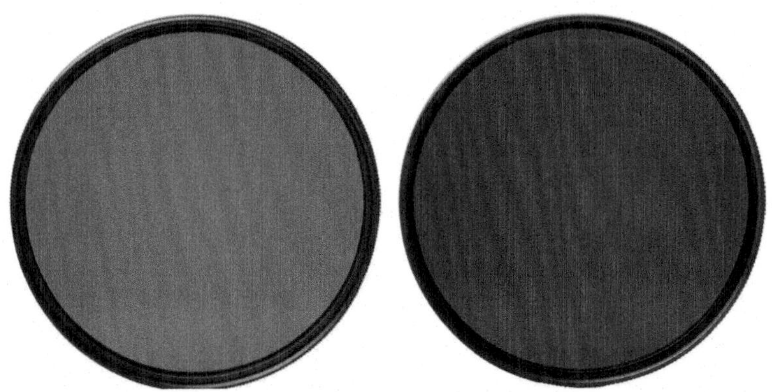

◀ *Rein äußerlich unterscheiden sich Pol- und Neutraldichtefilter kaum. Erst ein genauer Blick auf den Filterrand zeigt das drehbare Element im Polfilter. Hilfreich ist natürlich auch die Beschriftung ;-).*

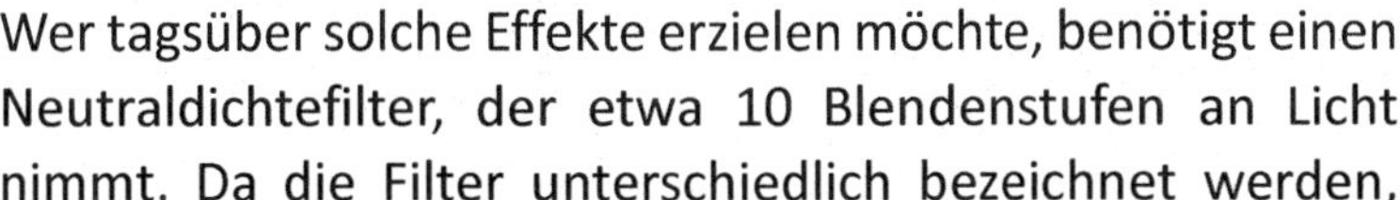

Wer tagsüber solche Effekte erzielen möchte, benötigt einen Neutraldichtefilter, der etwa 10 Blendenstufen an Licht nimmt. Da die Filter unterschiedlich bezeichnet werden, sollte man sich vor dem Kauf genau informieren. Ein Filter, der 10 Blendenstufen entspricht, wird als ND 3,0, ND3 oder auch ND x1000 bezeichnet.

Der erste Wert von 3 bzw. 3,0 bezieht sich auf die logarithmische Dämpfungsskala und ist der eigentlich korrekte Wert. Der Wert x1000 richtet sich nach dem Verlängerungsfaktor der Verschlusszeit. Wenn Sie also im Handel z. B. einen ND-x8-Filter erwerben, wird das sehr häufig ein Filter sein, der einen echten ND-Wert von lediglich 0,9 hat, was nur drei Blendenstufen entspricht.

Solche Filter reichen meistens nicht aus. Wie man in den beiden Vergleichsbildern schön sehen kann, kommt es nicht darauf an, die Belichtungszeit einfach nur möglichst lang zu machen. Das Wasser im zweiten Bild wird grau und flächig und wirkt dadurch sehr unnatürlich. Das erste Bild, mit einer Sekunde Belichtungszeit, kann das Wasser zwar nicht so stark weichzeichnen, entspricht aber viel eher unseren Sehgewohnheiten.

Denken Sie auch daran, dass alle beweglichen Objekte im Bild bei diesen Belichtungszeiten verwischen, also z. B. auch Blätter und Zweige etc. Es sollte also möglichst ein windstiller Tag sein.

Bild links: **36 mm | f/11,0 | 1 s | ISO 200**
Bild rechts: **36 mm | f/11,0 | 4 s | ISO 200**
Wird die Belichtungszeit zu lang, erscheint das Wasser künstlich und bleiern.

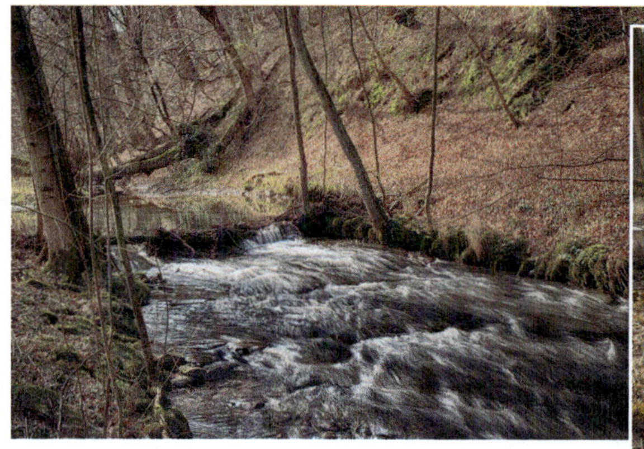

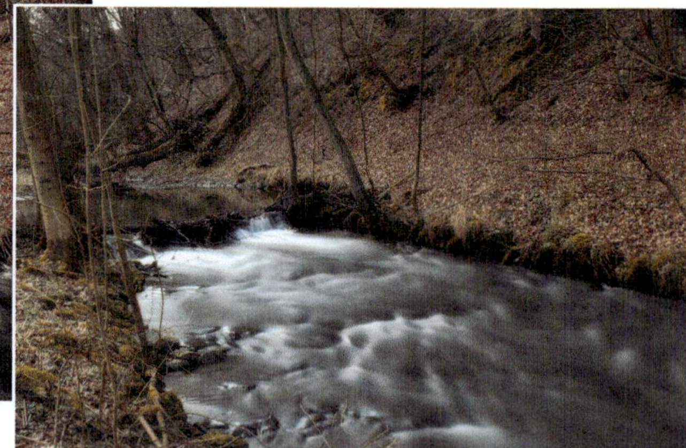

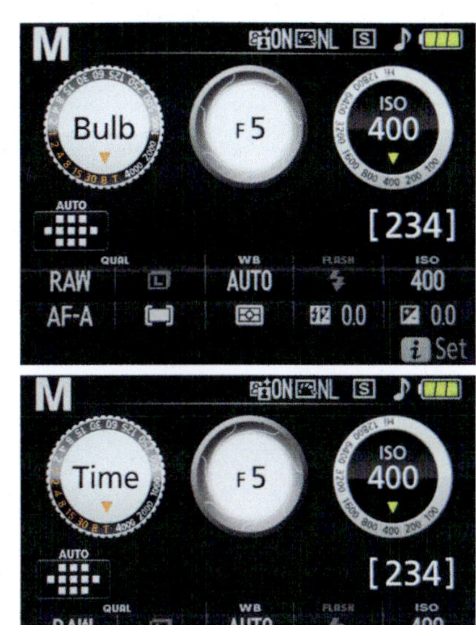

▶ *Im* ***Bulb****-Modus wird so lange belichtet, wie der Auslöser bzw. der Fernauslöser gedrückt gehalten wird. Im Modus* ***Time*** *wird so lange belichtet, bis der Auslöser ein zweites Mal betätigt wird (oder jeweils maximal 30 Minuten).*

Der Einsatz eines stabilen Stativs und ein Fernauslöser sind ebenfalls Pflicht bei diesen Aufnahmen. Der ISO-Wert sollte in der Regel fest auf ISO 100 eingestellt werden. Das Aufnahmeprogramm ***Landschaft*** können Sie nicht benutzen, da Sie dort keine ausreichende Kontrolle über die Belichtungszeit haben.

Aufnahmen bis 30 Sekunden können Sie am besten in der Blendenautomatik S durchführen. Benötigen Sie eine noch längere Belichtungszeit, lässt sich das nur im manuellem Modus M einstellen. Wenn Sie die Belichtung auf den Wert ***Bulb*** bzw. ***Time*** stellen, müssen Sie eine Uhr zu Hilfe nehmen, um die Belichtungszeit zu steuern.

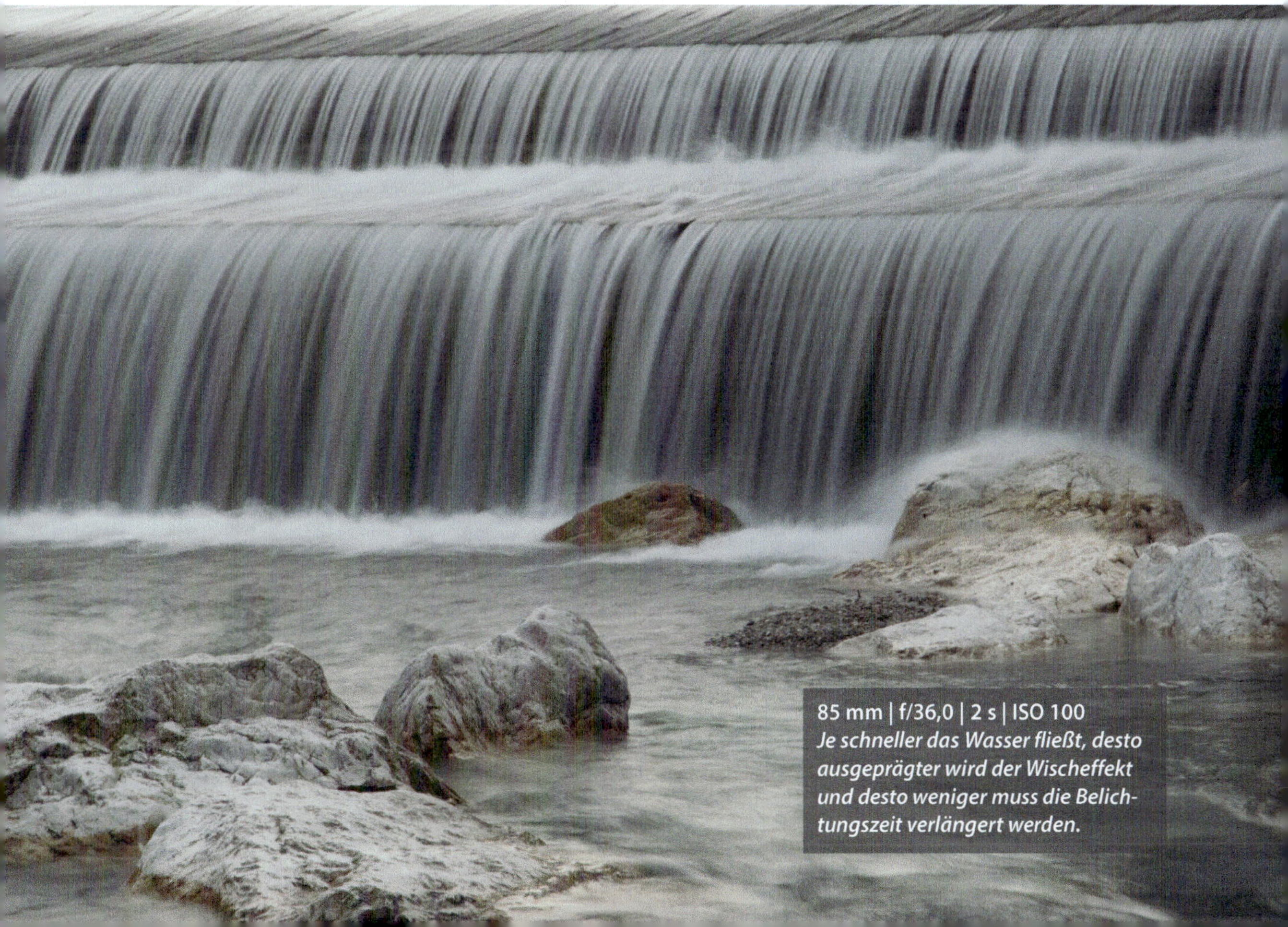

85 mm | f/36,0 | 2 s | ISO 100
Je schneller das Wasser fließt, desto ausgeprägter wird der Wischeffekt und desto weniger muss die Belichtungszeit verlängert werden.

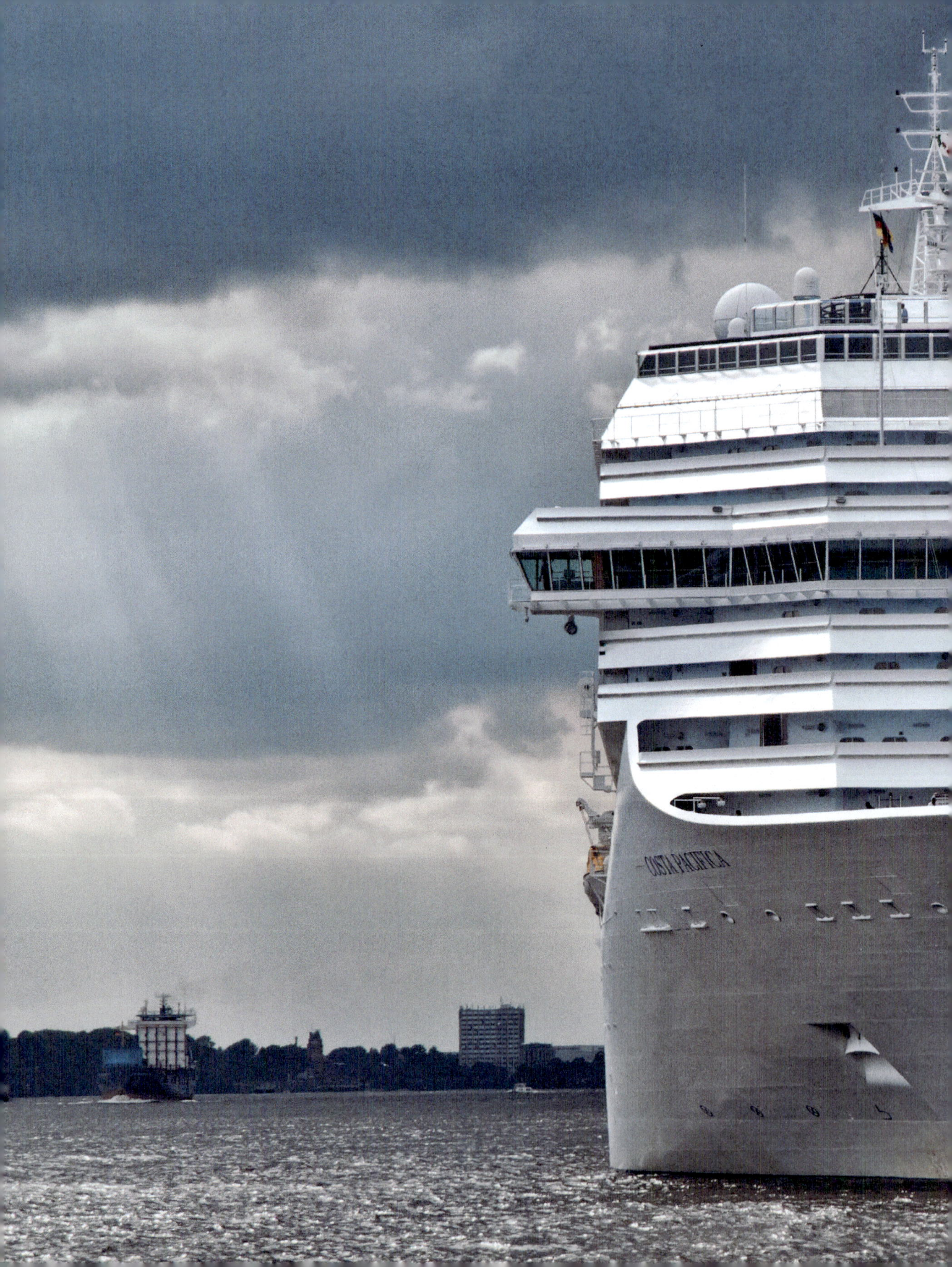
COSTA PACIFICA

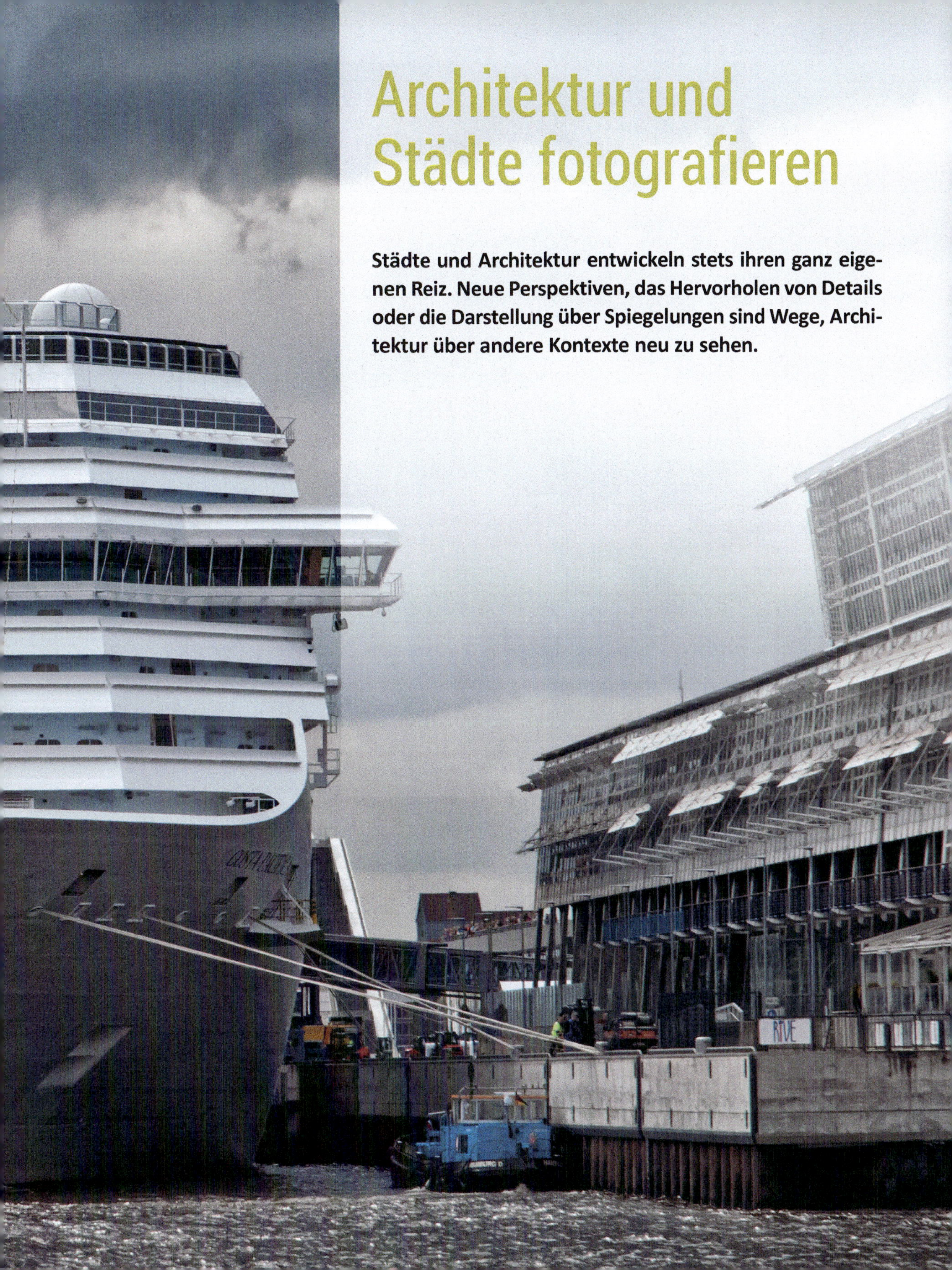

Architektur und Städte fotografieren

Städte und Architektur entwickeln stets ihren ganz eigenen Reiz. Neue Perspektiven, das Hervorholen von Details oder die Darstellung über Spiegelungen sind Wege, Architektur über andere Kontexte neu zu sehen.

Nicht nur auf Reisen nimmt die Architekturfotografie einen besonderen Stellenwert ein, da sie einerseits der Dokumentation dient und andererseits eine eigene fotografische Kunstform darstellt. In der Dokumentation legen die Fotografen großen Wert auf eine hohe Detailliertheit sowie eine maßstabgerechte Darstellung, daher kommen in der professionellen Architekturfotografie zumeist Mittelformat- oder Großformatkameras zum Einsatz. Um der dokumentarischen Genauigkeit Genüge zu tun, müssen perspektivische Effekte vermieden werden. Ein richtiger Abstand in Höhe und Distanz mindert nicht nur die perspektivischen Effekte, er verringert leider auch oft die perspektivischen Freiheitsgrade. Nur selten stehen sehenswerte Gebäude wirklich frei, und so bleibt nur wieder der Griff zum Weitwinkelobjektiv, das die Perspektive tendenziell stark verzerrt.

22 mm | f/8,0 | 1/240 s | ISO 100 | Polfilter

▼ *Sicherlich eines der am meisten fotografierten touristischen Highlights in Europa, die Fischer-Bastei in Budapest. Die optimalen Proportionen von Höhe und Breite, die Diagonalen und der Bergfried, als zentrales Element in der Mitte platziert. So kommt alles zur Geltung.*

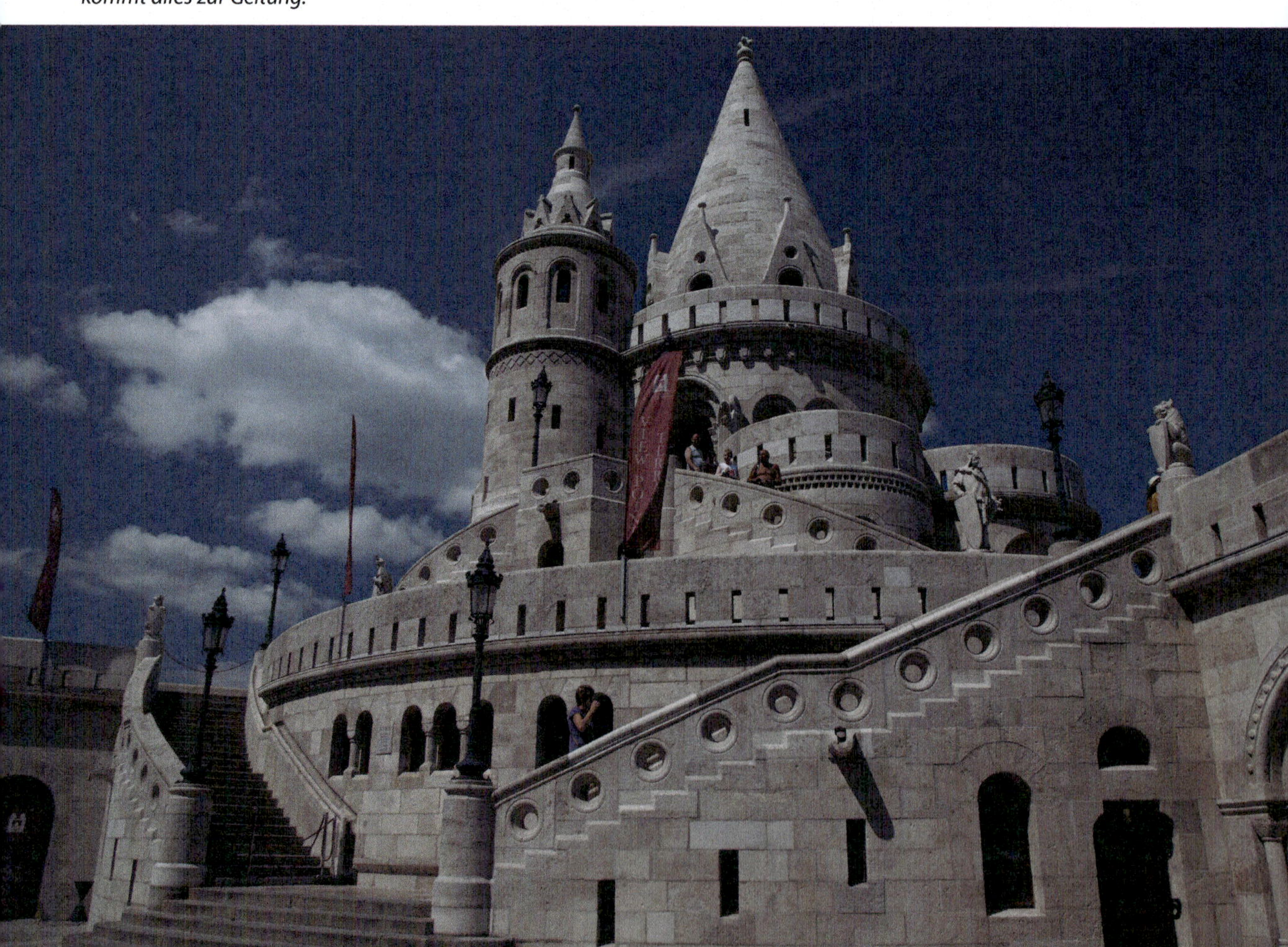

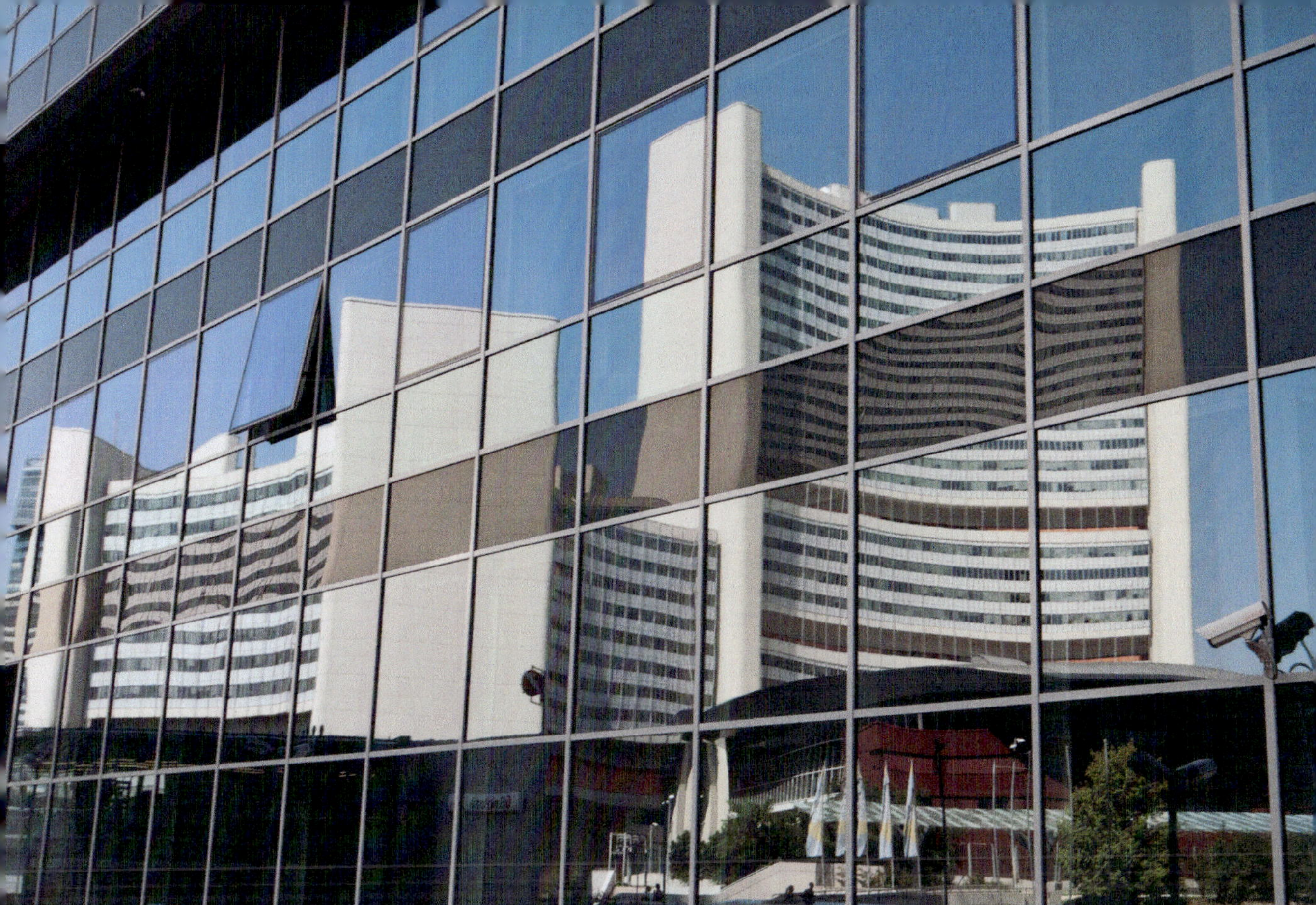

22 mm | f/8,0 | 1/200 s | ISO 100

▲ *Eines der interessanten Themen in der Architekturfotografie sind Spiegelungen. In den Glasbauten der Uno-City in Wien kann man solche Bilder bei gutem Wetter finden.*

Eine andere Herangehensweise ist es, die Besonderheiten einer Architektur kreativ herauszuarbeiten, ohne dabei allzu großen Wert auf eine maßstabgerechte Darstellung zu legen. Neue Perspektiven, das Hervorholen von Details oder die Darstellung über Spiegelungen sind Wege, Architektur über andere Kontexte neu zu sehen.

Nur wenigen ist es vergönnt, ein Architekturobjekt extra für eine Aufnahme beleuchten zu dürfen oder zu können. Sie müssen sich also weitgehend auf das vorhandene Tages- oder Kunstlicht einlassen.

Das Spiel von Licht und Schatten kann einen großen Unterschied bedeuten, und Sie sollten sich Zeit lassen, um genau zu der Tageszeit zu fotografieren, zu der die für Ihre Bildaussage beste Beleuchtung herrscht.

16 mm | f/5,6 | 1/13 s | ISO 400 | –0,3 korrigiert

▶ *Spiegelungen können Sie auch schön mit speziellen Perspektiven kombinieren, um Höhen oder Linien zu betonen.*

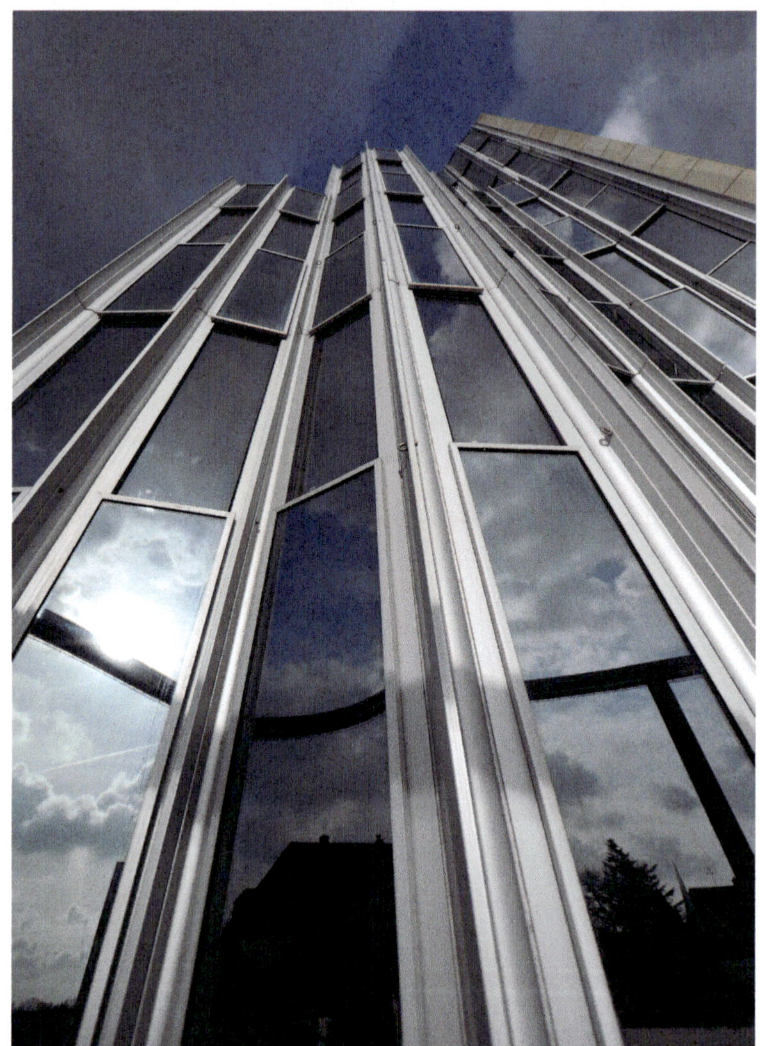

Schieflagen vermeiden

Vor allem bei Architekturaufnahmen ist die Ausrichtung der Kamera von großer Bedeutung. Um unserem typischen Sehverhalten entgegenzukommen, sollten sich die Linien rechtwinkliger Bauwerke auch an den Kanten des Sucherbilds ausrichten. Stellen Sie also nur dann Gebäude „schief" ins Bild, wenn Sie das auch unbedingt als Bildwirkung erzielen wollen. Schon ein leichtes Verkippen der Kamera ist bei solchen Bildern unübersehbar.

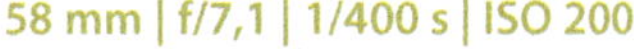

58 mm | f/7,1 | 1/400 s | ISO 200

▼ *In der Stadt sieht man auch immer wieder reizvolle Details.*

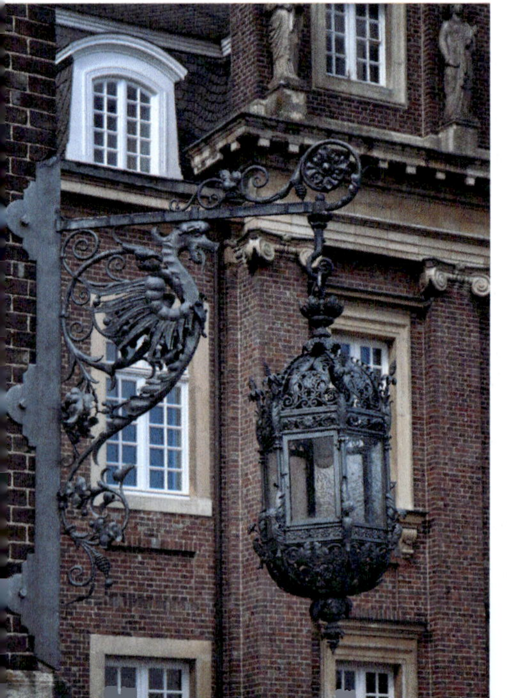

Natürlich können Sie bei einem einfach konturierten Gebäude den Himmel später leicht in Adobe Photoshop austauschen, aber besser ist es, ihn zu fotografieren. Allerdings erhöhen ein blauer Himmel und Sonnenschein in Verbindung mit einem eher dunklen Gebäude auch den Kontrastumfang der Motivsituation.Eine Möglichkeit der Umsetzung ist z. B., die Struktur einer dunklen, fast schwarzen Silhouette vor einem hellen Himmel darzustellen – so wie es auch das Spezialprogramm der D3300 in dem EFFECTS-Modus *Silhouette* versucht.

12.1 Größe vermitteln

Sie wollen dem Betrachter vermitteln, wie groß ein Gebäude ist? Dann sind Weitwinkelobjektive ein geeignetes Mittel. Doch ohne Größenvergleich fehlt dem Betrachter oft ein Bezugspunkt, und er kann die Größen nicht wirklich abschätzen.

Active D-Lighting einschalten

Bei der Architekturfotografie ergeben sich sehr oft Situationen mit hohem Dynamikumfang. Gute Dienste leistet hier die Active D-Lighting-Funktion Ihrer D3300.

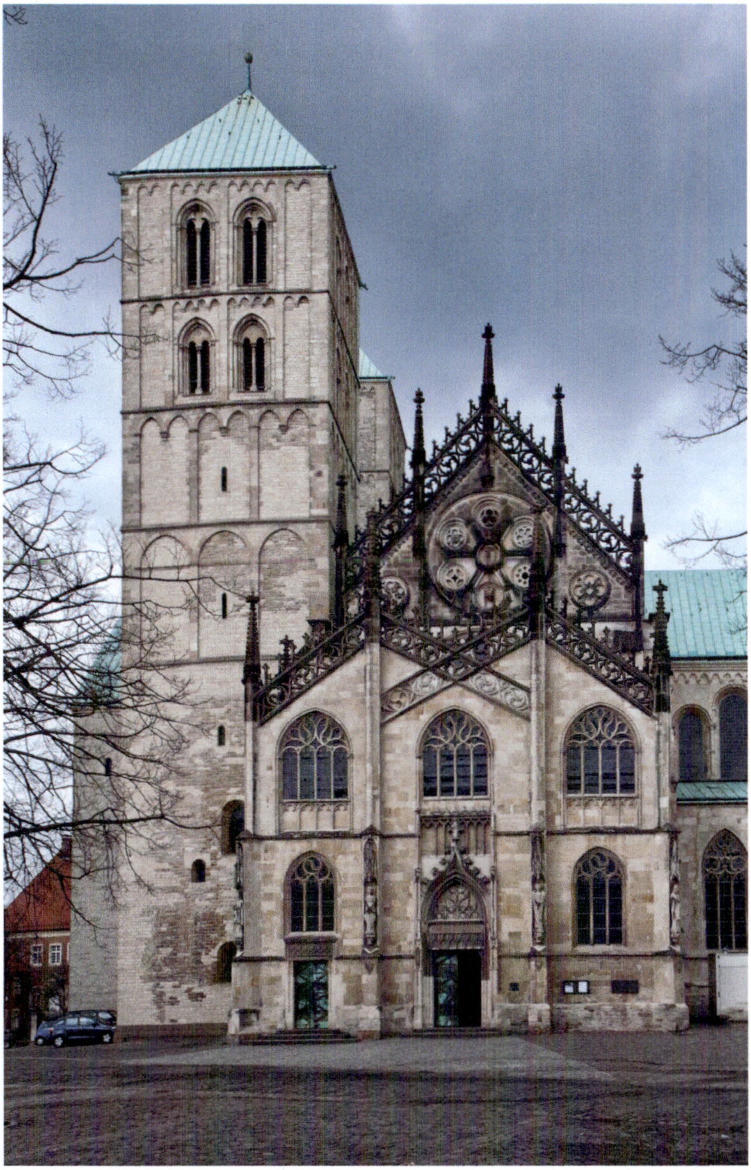

25 mm | f/14,0 | 1/60 s | ISO 400

◂ *Die geparkten Autos unten links am Fuß des Münsteraner Doms geben eine Vorstellung von dem massiven Umfang des Turms.*

12.2 Die richtige Tageszeit

Nicht nur Landschaften kommen zur blauen Stunde am Morgen oder im warmen Abendlicht erst richtig zur Geltung. Die tief stehende Sonne betont Strukturen und Linien, lässt sie plastischer erscheinen und gibt ihnen eine angenehme Farbstimmung. Die steile Mittagsonne hingegen macht sie flacher, nimmt ihnen die Plastizität und erschlägt die Farben.

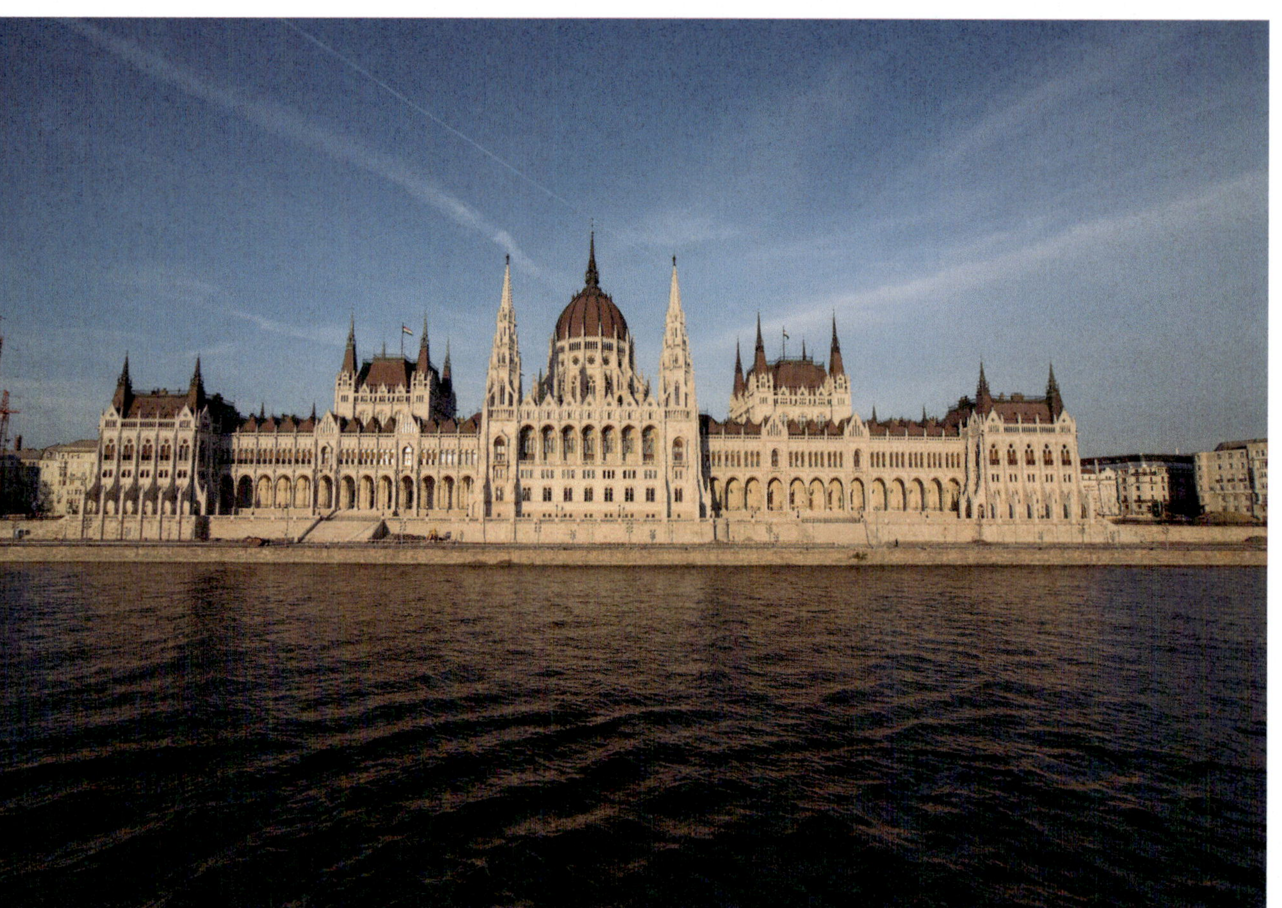

16 mm | f/9 | 1/100 s | ISO 200

▲ *Das Parlament von Budapest gehört sicher zu den spektakulärsten Bauwerken in Europa. Im warmen Abendlicht, vom Schiff aus fotografiert, kommt es wunderbar zur Geltung.*

Um möglichst ungestört von den vielen umherwimmelnden Menschen in einer Stadt seine Aufnahmen machen zu können, empfiehlt es sich, die sehr frühen Morgenstunden oder den späteren Abend zu nutzen. Manchmal hilft auch schlechtes Wetter, um die Straßen leer zu fegen, und man kann zwischen zwei Regengüssen fotografieren. Wenn das noch nicht weiterhilft, wartet man vielleicht auf das nächste Wochenende oder den nächsten Feiertag, um sich früh auf den Weg zu machen, wenn andere noch ausschlafen.

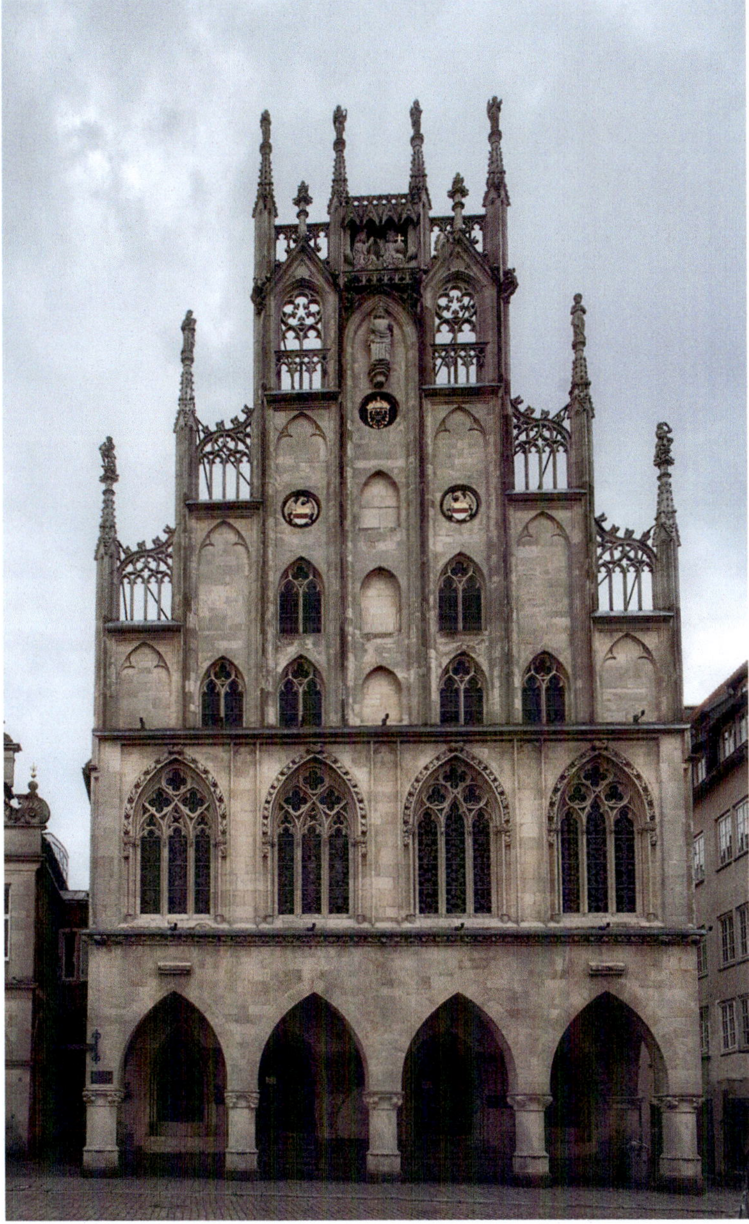

19 mm | f/11,0 | 1/250 s | ISO 300

◀ *Ein bewölkter Himmel erzeugt schönes weiches Licht. Wenn dann hinter dem Fotografen noch die Sonne hervorkommt, ergeben sich erstklassige Lichtstimmungen.*

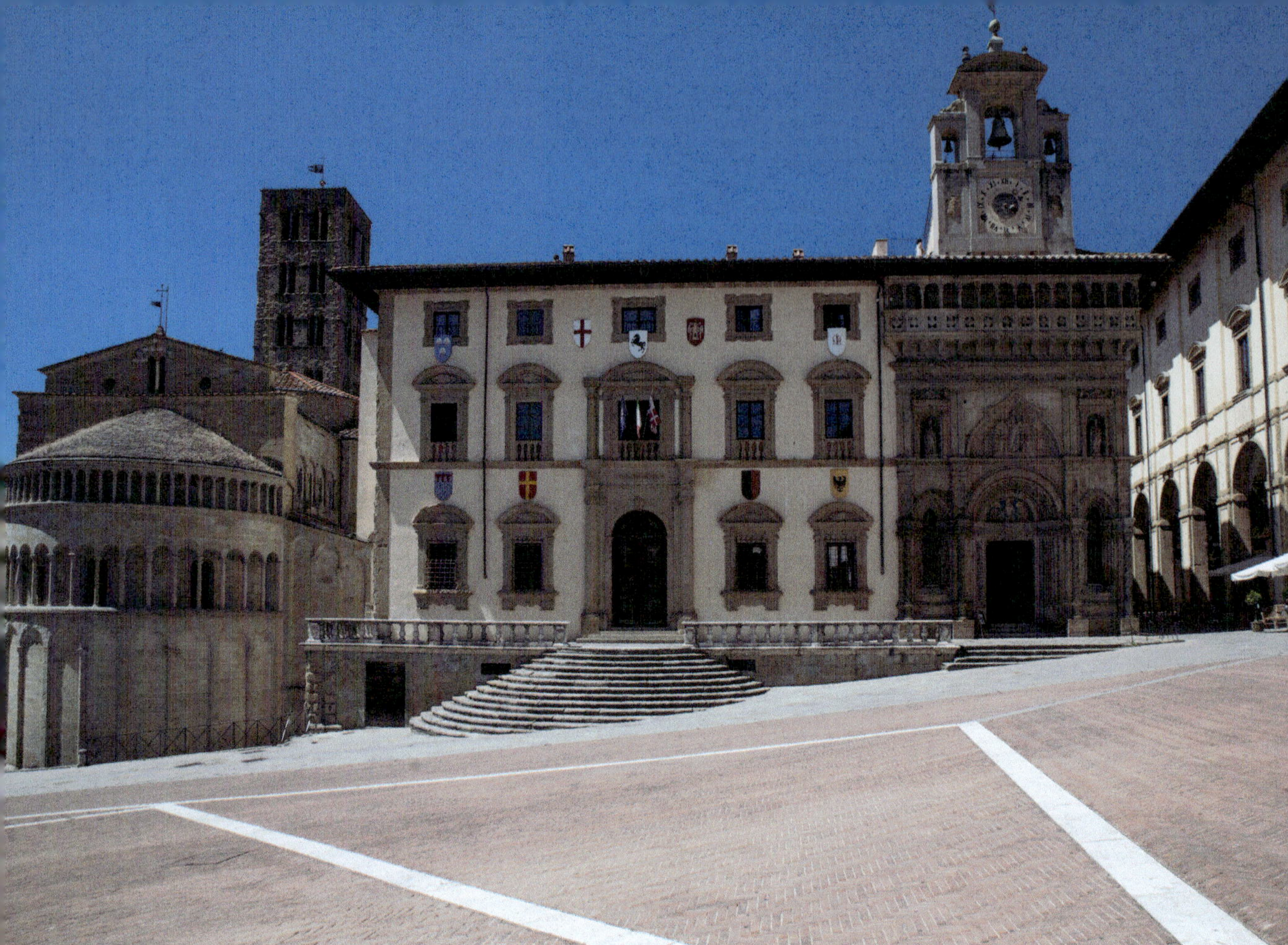

24 mm | f/8,0 | 1/400 s | ISO 100

▲ *Die Mittagszeit mit fast 40 °C im Schatten kann auch Vorteile haben und selbst die Touristen vertreiben.*

Im Urlaub sind viele Touristen über die Mittagszeit aktiv. Zuerst wird ausgeschlafen, und bis man vor Ort ist, geht es schon auf die Mittagszeit zu. Zu dieser Zeit sind aber in den Städten die Schatten tief und das Licht ungemein hell und hart.

Daher sollte sich der Fotograf lieber am späten Nachmittag auf den Weg machen, wenn das Licht bereits weicher wird.

Als Alternative kommt der im Sommer sehr frühe Morgen infrage. Wer es schafft, sich zeitig aus dem Bett zu schwingen, wird mit sanftem Licht und manchmal auch leeren Straßen belohnt.

12.3 Das Problem der stürzenden Linien

Wenn die Projektion auf der Sensorebene nicht absolut parallel zu den vertikalen bzw. horizontalen Linien des fotografierten Gebäudes liegt, werden diese „einstürzen" und/oder „fluchten", also sich im Endlichen treffen, anstatt parallel zu verlaufen. Ein Mittel dagegen ist es, die Kamera exakt horizontal zu halten und genügend Abstand einzuhalten. Dies schränkt allerdings die Gestaltungsmöglichkeiten ein, und eventuell wird der Vordergrund einfach zu groß.

Nikon bietet zur Korrektur stürzender Linien spezielle Tilt-Shift-Objektive an. Diese Objektive sind sehr teuer, denn an die Qualität des Linsensystems eines Shift- oder TS-Objektivs werden sehr hohe Anforderungen gestellt. Ein größerer Bildkreis ist vonnöten, um beim Verschieben eine Vignettierung zu verhindern. Die Verschiebung bedingt auch, dass Randunschärfe in die Mitte wandern können und so die Bildwirkung noch mehr schwächen.

Festbrennweiten mit geringer Verzerrung

Zoomobjektive weisen in ihrem unteren Brennweitenbereich meist eine ausgeprägte kissen- oder tonnenförmige Verzerrung auf. Vor allem unterhalb von etwa 30 mm. Festbrennweiten können einfacher korrigiert werden und besitzen deshalb in der Regel eine deutlich geringere Verzerrung.

Es gibt aber auch Tilt-Shift-Objektive anderer Hersteller, die durchaus mithalten können und etwas preiswerter sind. Aus der Ukraine kommt das Shift-Objektiv 35 mm PCS ARAST F 1:2,8. Es hat keine Autofokusfunktion und keine CPU. Sie benötigen daher einen Belichtungsmesser.

In Auflösung und Schärfe kommt es deutlich nicht an die Nikon-Objektive heran, doch kostet es dafür auch nur einen Bruchteil davon.

12.4 Die Objektivfehler kennen und ihnen begegnen

Leider weisen nahezu alle Weitwinkelobjektive optische Fehler in Form von kissen- und tonnenförmigen Verzeichnungen auf. Um diese zu minimieren, versuchen Sie, einen größeren Abstand zu halten und das eventuell mit etwas mehr Brennweite zu kompensieren. Ab 35 mm wird das Verhalten zumeist spürbar besser. Wenn Sie die Wahl haben, nutzen Sie deshalb ein Weitwinkelobjektiv mit möglichst geringer Verzeichnung, denn Sie wollen die ohnehin fluchtenden Linien ja nicht auch noch verkrümmen.

Trotzdem sind für die Architekturfotografie immer Festbrennweiten die erste Wahl, weil diese zumeist besser korrigiert sind als die Zoomobjektive.

Nicht immer optimal sind Superweitwinkelobjektive, denn nur wenige Objektive unterhalb von 17 mm sind so gut auskorrigiert, dass die Gebäudelinien am Bildrand nicht stark verkrümmt werden.

Wenn Sie weder eine passende Perspektive finden, um stürzende Linien zu vermeiden, noch eines der teuren Spezialobjektive besitzen, bleibt nur die Entzerrung mit der elektronischen Bildbearbeitung.

Elektronisch gerade rücken

Bildbearbeitungsprogramme wie Adobe Photoshop bieten in gewissen Grenzen die Korrektur perspektivischer Verzerrungen an. Die elektronische Korrektur hat ihre Grenzen, wenn die Verzeichnung sehr stark ist und das Bild viel Tiefe hat. In diesem Bildbeispiel konnte sie aber noch heilend eingreifen.

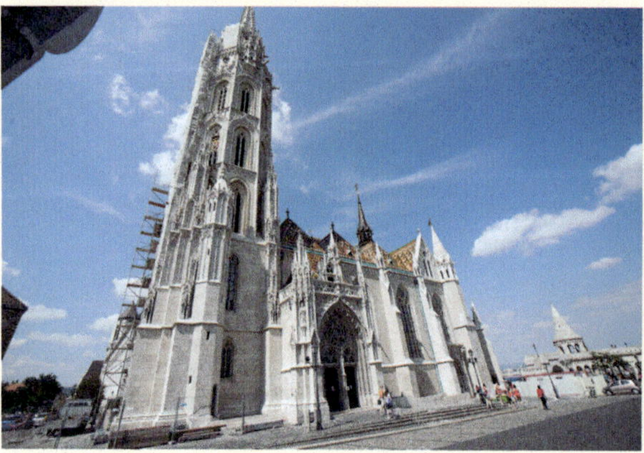

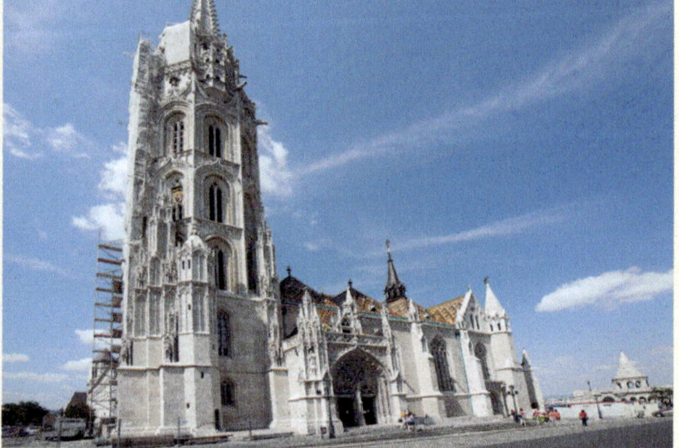

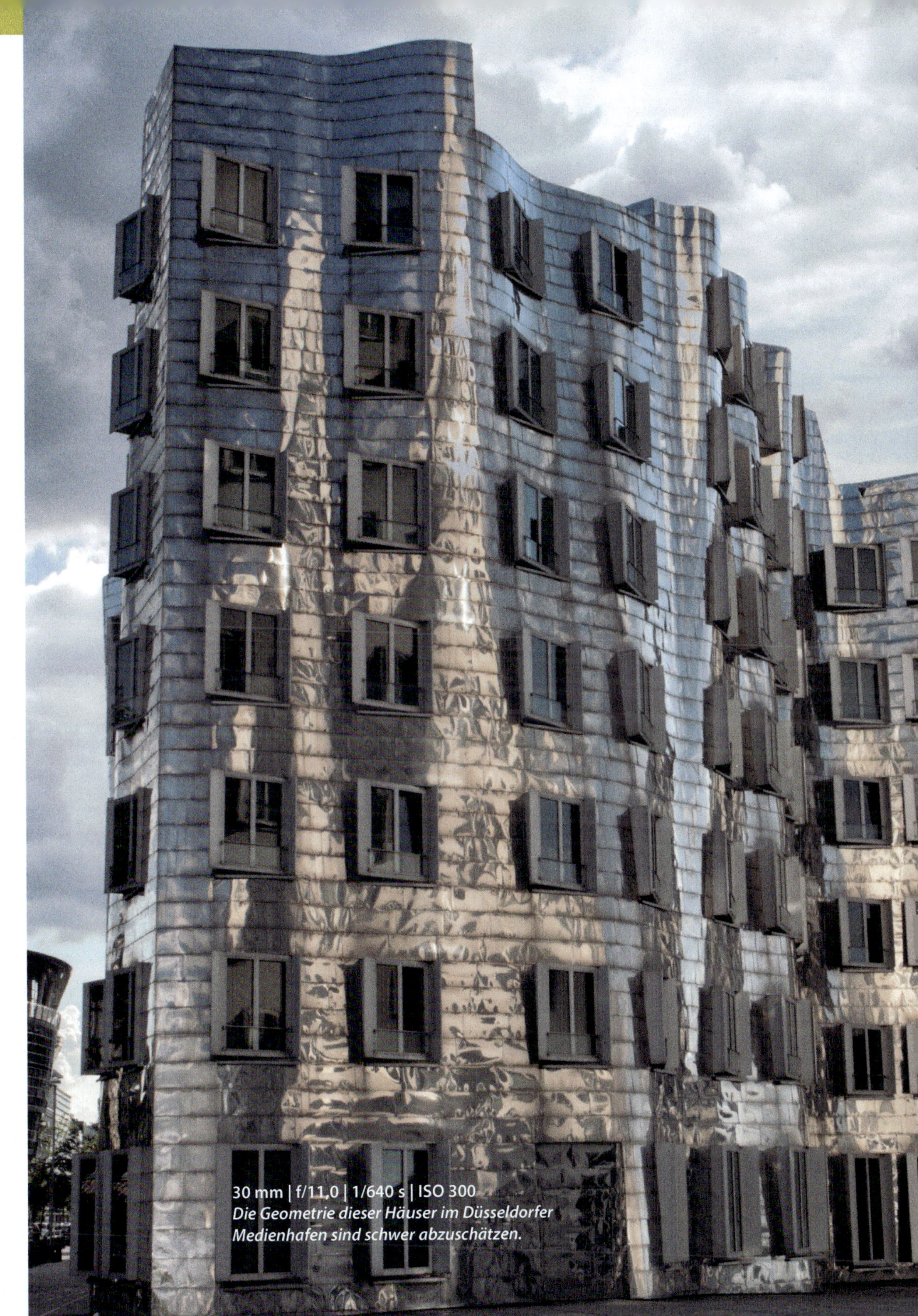

30 mm | f/11,0 | 1/640 s | ISO 300
Die Geometrie dieser Häuser im Düsseldorfer Medienhafen sind schwer abzuschätzen.

12.5 Immer nur Schärfentiefe?

Architekturfotografie ist Stativfotografie

Ein Stativ gibt Ihnen hier wesentlich mehr Handlungsfreiheit, denn es erlaubt längere Belichtungszeiten und damit ein stärkeres Abblenden.

Um ein Gebäude in seinen Tiefen darstellen zu können, brauchen Sie Schärfentiefe. Gelobt sei das Weitwinkel, denn mit einem 10-24-mm-Objektiv müssen Sie bei Weitem nicht so weit abblenden wie mit einer Telebrennweite. Der Preis dafür ist bei den meisten Objektiven, dass die Verzeichnung größer ist.

Versuchen Sie zunächst einmal, den größtmöglichen Abstand zum Motiv zu gewinnen, um mit mehr Telebrennweite dem Verzeichnungsproblem zu entgehen. Mit der Abblendtaste können Sie die Blendenwirkung gut abschätzen, um die förderliche Blende für die Aufnahmesituation zu finden. Dabei werden Sie normalerweise mindestens Blende 8 benötigen.

46 mm | f/6,3 | 1/250 s | ISO 300

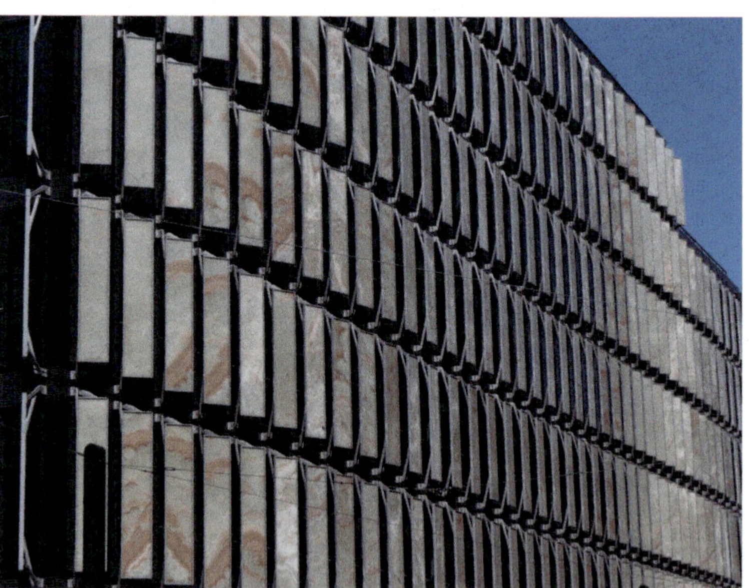

Doch auch eine selektive Schärfe ist ein tolles Stilmittel, um Details herauszuarbeiten. Das bieten die Weitwinkelobjektive nur bedingt. Hier sind mittlere Brennweiten mit hoher Lichtstärke die bessere Wahl. Das erklärt auch, warum Nikons Tilt-Shift-Objektive recht lichtstark ausgeführt sind, obwohl man nach landläufiger Meinung in der Architekturfotografie für eine höhere Schärfentiefe immer abblendet. Spielen Sie ruhig mit der Schärfentiefe, sie bietet auch in diesem Genre neue Sichtweisen.

12.6 Architektur auch innen

Nicht nur die äußeren Ansichten bieten interessante Motive, oft sind Gebäude von innen mindestens ebenso interessant. Jedoch: Gerade in begrenzten Räumen ist es besonders schwer, die richtige Perspektive zu finden, und je mehr Weitwinkel Ihnen das gewählte Objektiv bietet, desto hilfreicher ist es.

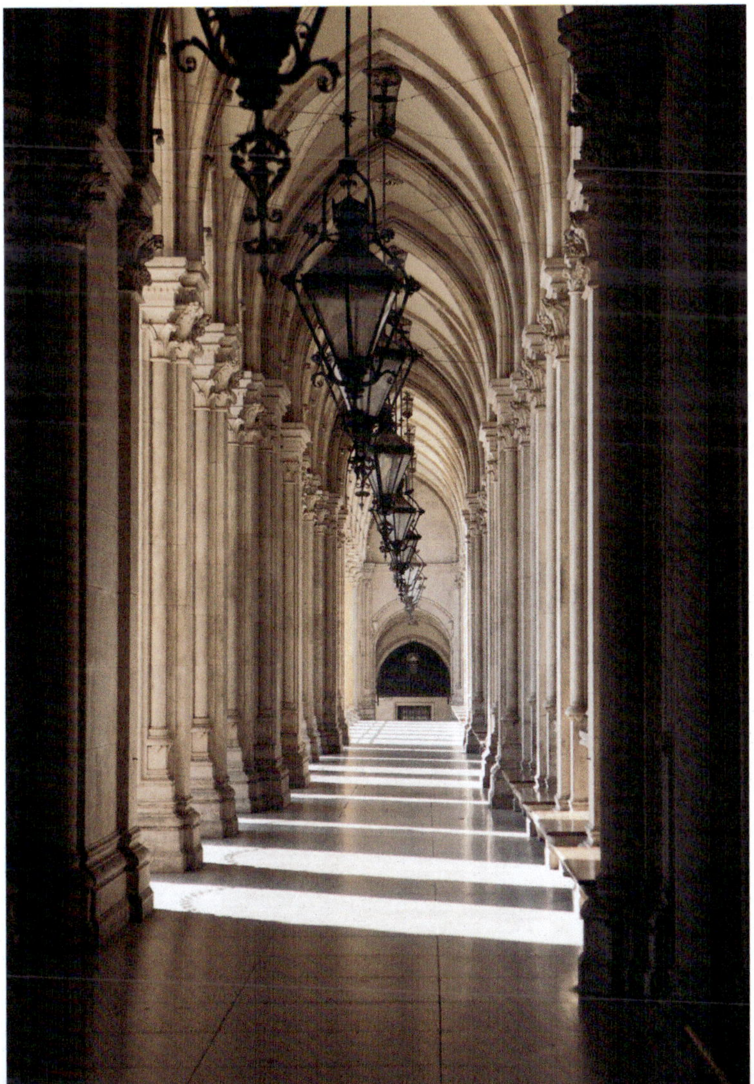

16 mm | f/8 | 1/25 s | ISO 1600

◀ *Nicht nur von außen bieten Architekturmotive Interessantes. Und weil etwas Blende notwendig ist für die Schärfentiefe, bleibt am Ende nur noch eine ruhige Hand.*

Schwierige Fenster

Bei Innenaufnahmen werden die Fenster oft zum Problem. Am helllichten Tag sind sie sehr viel heller als die Innenräume. Daraus entsteht ein extrem hoher Dynamikumfang, der im einfachsten Fall in Spitzlichtern endet, und die Fenster werden zu grellweißen Flecken im Bild.

In solchen Fällen sind ein oder mehrere Blitzgeräte die richtige Maßnahme. Wenn Sie die Lichtmenge im Raum erhöhen, verringert sich automatisch der vorhandene Dynamikumfang. Zudem kann eine Mischung aus Kunstlicht im Inneren und Tageslichteinfall durch die Fenster den automatischen Weißabgleich verwirren. Daher sollten Sie bei solchen Aufnahmen eine Graukarte einsetzen, um einen manuellen Weißabgleich durchführen zu können.

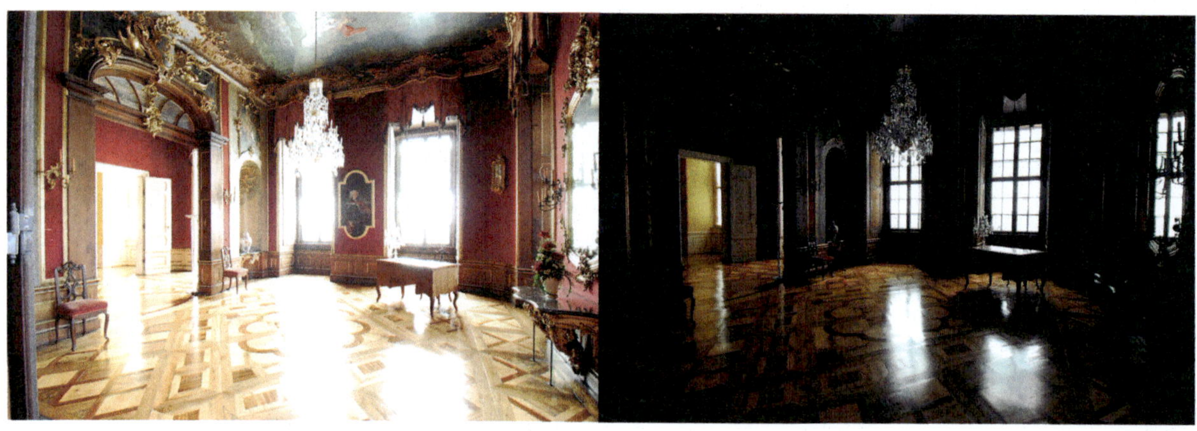

▲ *Solch extremen Kontrasten sind selbst moderne Digitalkameras mit einer einzelnen Aufnahme nicht gewachsen.*

Helles Licht durch die Fenster täuscht die Kamera. Die Matrixmessung erzeugt dann ein sehr helles Bild. Am besten haben Sie die Fenster natürlich im Rücken, um den Dynamikumfang zu verringern und das einfallende Licht nutzen zu können.

Mit der Spotmessung auf die Fenster ergibt sich ein völlig anderes Bild desselben Raums im Schloss von Weimar. Wenn Sie Innenaufnahmen machen, sollten Sie ruhig einmal mit der Kamera und einem starken Weitwinkel vor Augen etwas im Raum wandern. Denn es braucht wirklich jahrelange Übung, um die Bildwirkung bei der Innenraumfotografie vorausahnen zu können.

Neben den Platzverhältnissen machen zumeist die Lichtverhältnisse den Schwierigkeitsgrad bei solchen Aufnahmen aus.

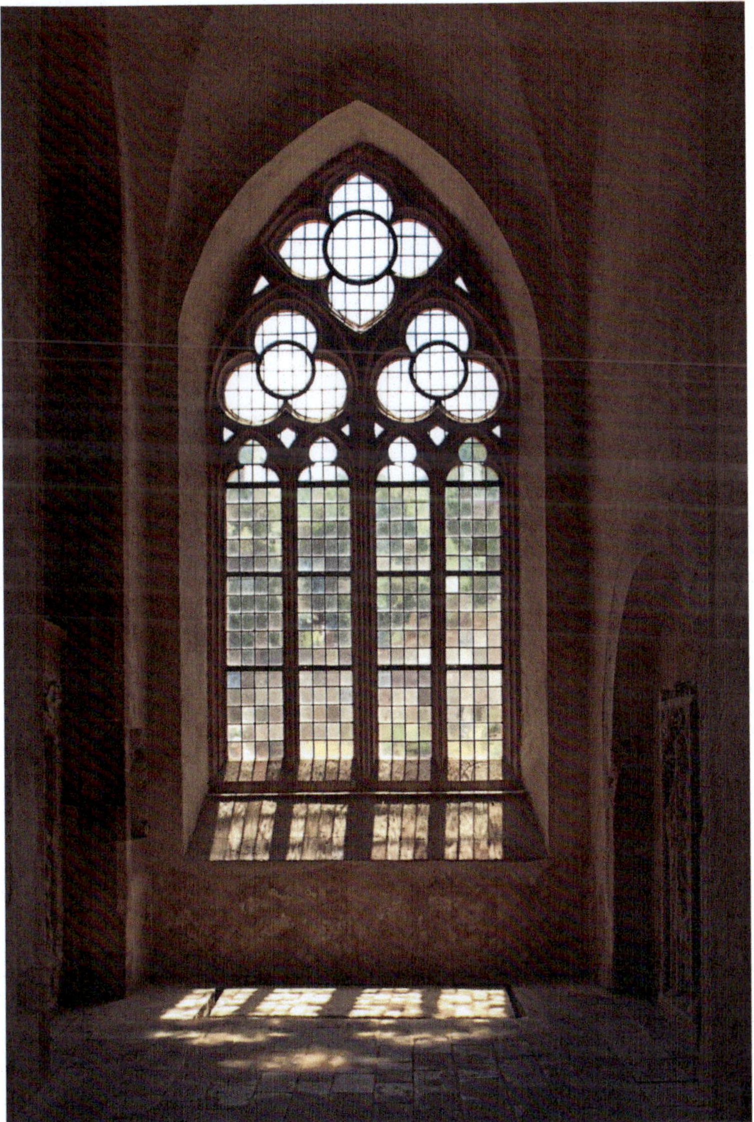

19 mm | f/7,1 | 1/25 s | ISO 300

◀ *Um einen Ausgleich zwischen dem sehr hellen Fenster und dem dunklen Innenraum herzustellen, wurde in diesem Fall nur das unmittelbare Umfeld des Fensters mit in die Aufnahme einbezogen.*

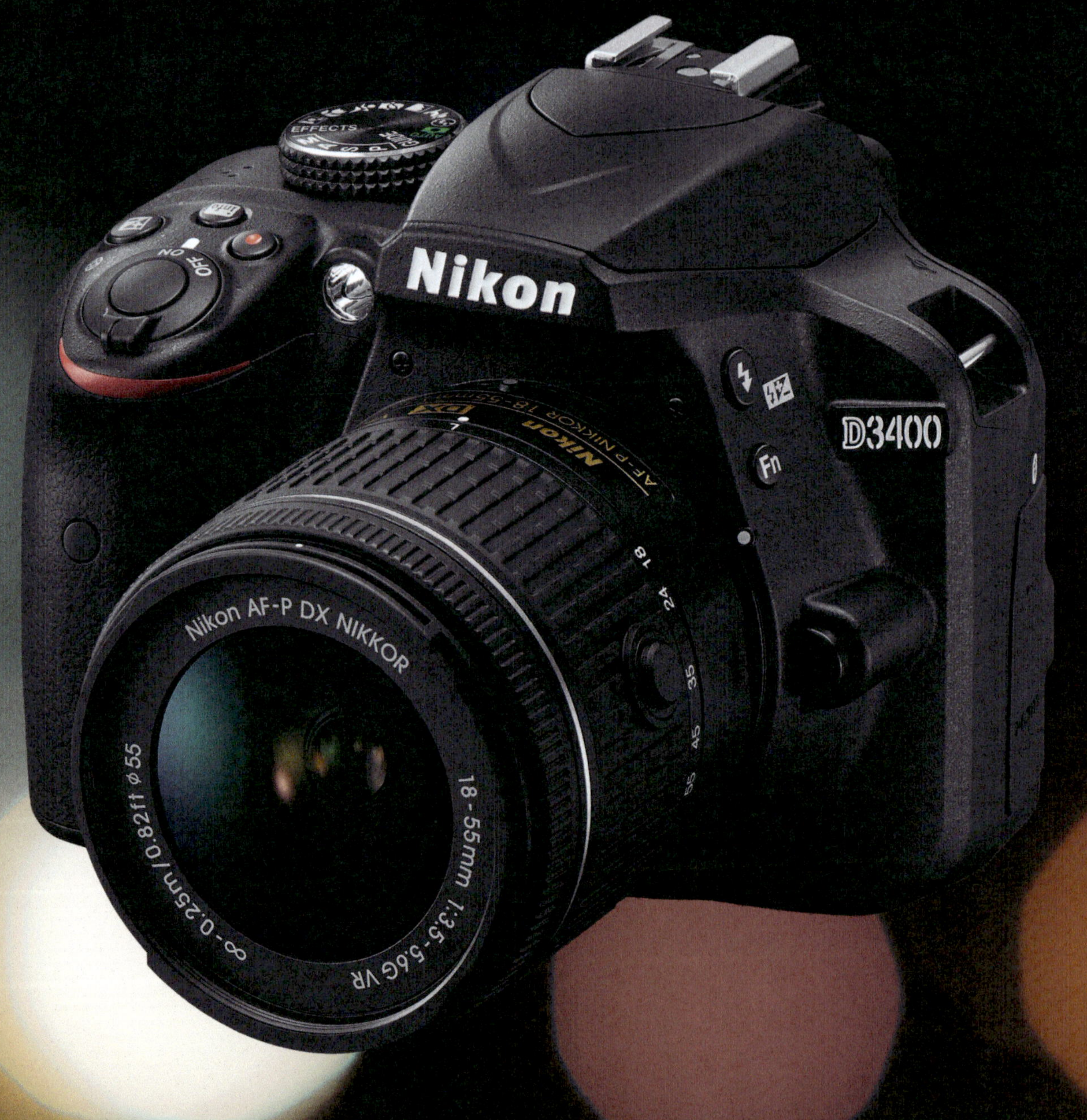
Nikon
D3400
Fn
EFFECTS
OFF ON
Nikon AF-P DX NIKKOR
18-55mm 1:3.5-5.6G VR
∞-0.25m/0.82ft ⌀55
AF-P NIKKOR 18-55mm
18
24
35
45
55

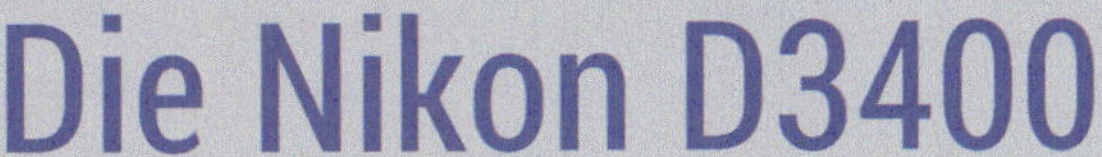

Die Nikon D3400

Mit der D3400 hat Nikon seiner beliebte 3000er Linie ein sanftes Update zukommen lassen. Die Kamera ist weiterhin sehr kompakt und sogar noch ein paar Gramm leichter geworden als das Vorgängermodell. Auch die konsequente Umsetzung einer besonders einsteigerfreundlichen Bedienung ist ebenfalls etwas weiter optimiert worden.

Derzeit werden sowohl die D3300 wie auch die D3400 im Handel verkauft und nachdem Sie sich für den Kauf einer D3400 entschieden haben, stellen Sie sich wahrscheinlich die Frage, was sich denn nun im Vergleich zum Vorgängermodell, der D3300, geändert hat. Um es auf den Punkt zu bringen, sehr viel ist es nicht, aber aus unserer Sicht gibt es zumindest einen echten Unterschied, nämlich die Bluetooth-Funktionalität mit der Anbindung an die SnapBridge App. Damit können Sie soeben erstellte Fotos direkt an Ihr Smartphone oder Tablet schicken.

Um dieser und den anderen kleineren Änderungen gerecht zu werden, wurde dieser Zusatzeinleger zum D3300 Buch angefertigt und deckt damit die Dinge ab, die sich an der Kamera geändert haben. Der Rest des Buches ist sowohl für die D3300 wie auch für die D3400 zu gebrauchen, denn Menüs, Tastenbelegung und sämtliche Funktionen, die nicht im Einleger erwähnt werden, weisen keine oder nur minimale, selbsterklärende Unterschiede zur D3300 auf.

13.1 Die Unterschiede in der Übersicht

Um Ihnen eine schnelle Übersicht über die Unterschiede zwischen der D3300 und der D3400 zu geben, sollen an dieser Stelle die Abweichungen kurz zusammengetragen werden.

- Der sehr gute **24 Megapixel-Sensor** der D3300 ist auch in der D3400 verbaut worden. Die Gesamtpixelzahl hat sich nur nominell um 0,06 Megapixel verringert. Das hat aber keinerlei Auswirkungen auf die Bildgröße bzw. die Bildauflösung, da ist alles beim Alten geblieben.
- Die **Ultrasonic Sensor-Reinigung** ist scheinbar verschwunden. Jedenfalls wird sie im Handbuch nicht mehr erwähnt und der entsprechende Menüeintrag ***Bildsensor-Reinigung*** ist nicht mehr vorhanden (im Buch Seite 33 unten). Das ist etwas schade, da eine automatische Reinigung des

Sensors eine feine Sache ist und meiner Erfahrung nach den Sensor tatsächlich länger sauber hält.

Der Sensor kann aber auch problemlos hin und wieder z.B. mit einem Blasebalg angepustet werden und in hartnäckigen Fällen auch manuell gereinigt werden. Wir beschreiben im Abschnitt „13.4 Den Sensor reinigen“ ab Seite 359 in einer Schritt-für-Schritt-Anleitung, wie man dabei vorgehen sollte.

- Drei der **Spezialeffekte**, nämlich **Farbzeichnung**, **HDR-Gemälde** und **Einfach-Panorama** mit ihren weiteren Optionen, wie im Buch ab Seite 58 beschrieben, wurde ebenfalls im Menü entfernt und stehen nicht mehr zur Verfügung. Die ersten beiden Effekte Farbzeichnung und *HDR-Gemälde* wird wohl kaum jemand vermissen, die Ergebnisse waren doch etwas übertrieben gezeichnet und wenig ansehnlich.

  Der *Panorama-Effekt* war aber in der einen oder anderen Situation sehr nützlich.

- Wer bisher die Annehmlichkeiten des **DPOF-Formats** nutzte, wird mit der Nikon D3400 umdenken müssen. Das Digital Print Order Format (kurz DPOF) wird nicht weiter unterstützt. Mit dem Format können zusätzliche Informationen zu den Fotos auf die Speicherkarte geschrieben werden, wie z.B. die Anzahl der Kopien, das Papierformat oder die Bildorientierung. Diese Informationen werden dann von kompatiblen Druckern oder Belichtungsdiensten ausgewertet.

- Neu hinzugekommen ist nun die **Picture Control Einstellung Ausgewogen**.

  Die Konfiguration *FL Ausgewogen (Flat)* verwende ich nur in wenigen Situationen und ist eher etwas für Spezialisten. Verwendet wird es vor allem in Situationen, in denen schon von Anfang an feststeht, dass die Fotos umfangreich nachbearbeiten werden sollen. Ebenfalls

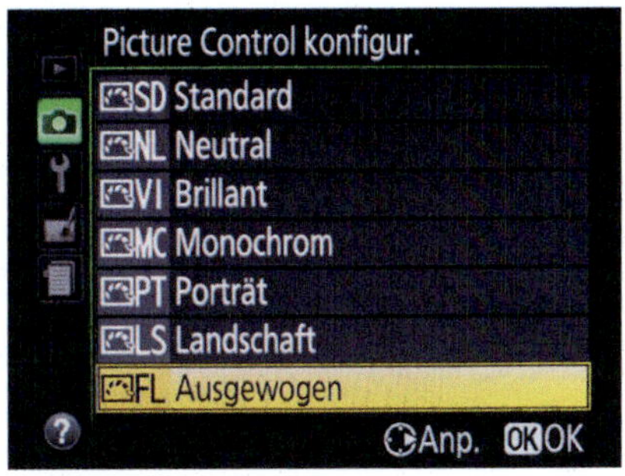

▲ *Picture Control FL Ausgewogen*

in Konstellationen, in denen auch das letzte Quäntchen Tonwertumfang erhalten werden soll, kann die Konfiguration sinnvoll eingesetzt werden.

Videofilmer werden das kontrastärmere Ausgangsmaterial in der Einstellung *FL Ausgewogen* eher zu schätzen wissen, da man es besser nachbearbeiten kann.

Mehr zum Einsatz der Picture Controls erfahren Sie im Kapitel 1.3.

- Die **Belichtungskorrektur** ist jetzt zusätzlich in den Motivprogrammen Porträt, Landschaft, Kinder, Sport, Nahaufnahme und Nachtporträt verfügbar. Mit der Belichtungskorrektur (im Buch z. B. auf S. 93 und 124ff) können Sie die von der Kamera vorgeschlagene Belichtung verändern. Negative Werte dunkeln das Bild ab, positive Werte hellen es auf.

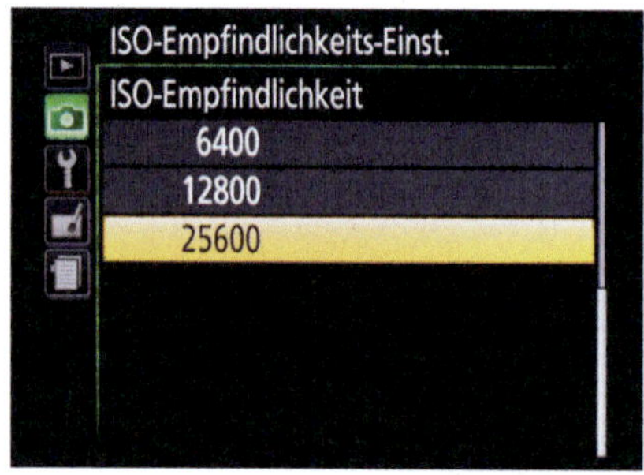

▲ *Einstellung ISO-Empfindlichkeit*

- Die **ISO-Empfindlichkeit** kann jetzt standardmäßig bis ISO 25600 hochgesetzt werden. Da das an der D3300 ebenfalls über die Einstellung Hi 1 (entsprechend ISO 25600) ging, ist das eigentlich nur eine Änderung im Menüeintrag. Vergleichen Sie dazu Seite 110 im Buch.

- Die **Leitzahl** und damit die Leistung des integrierten Blitzes (im Buch ab Seite 236) hat sich geringfügig von ca. 12 (D3300) auf ca. 7 (D3400) verringert. Im manuellen Modus M erreicht der integrierte Blitz der D3400 eine Leitzahl von etwa 8. Sie sollten den integrierten Blitz deshalb in erster Linie zum leichten Aufhellen von Porträtaufnahmen einsetzen und weniger um Szenen in stockdunkler Nacht aufzuhellen (vergl. Sie im Buch ab Seite 252).

- Dafür ist die **Blitzbelichtungskorrektur** jetzt – wie die Belichtungskorrektur – auch in den Motivprogrammen Porträt, Landschaft, Kinder, Sport, Nahaufnahme und Nachtporträt der D3400 verfügbar. Entsprechend wird mit der Blitzbelichtungskorrektur die von der Kamera vorgeschlagene Blitzbelichtung verändert. Wird die Blitzleistung erhöht, kann z. B. ein Motiv deutlicher von einem dunklen Hintergrund abgehoben werden. Wird die Leistung verringert können z. B. Überstrahlungen und Spitzlichter vermieden werden (Vergl. Sie im Buch Seite 239).

- Die **Anschlüsse** der D3400 wurden entschlackt, dem Anschlussfeld auf der linken Seite fehlt jetzt der **Zubehöranschluss** und der Anschluss für das **externe Mikrofon**. Der USB-Anschluss ist jetzt als gängiger USB 2 Micro B ausgeführt.

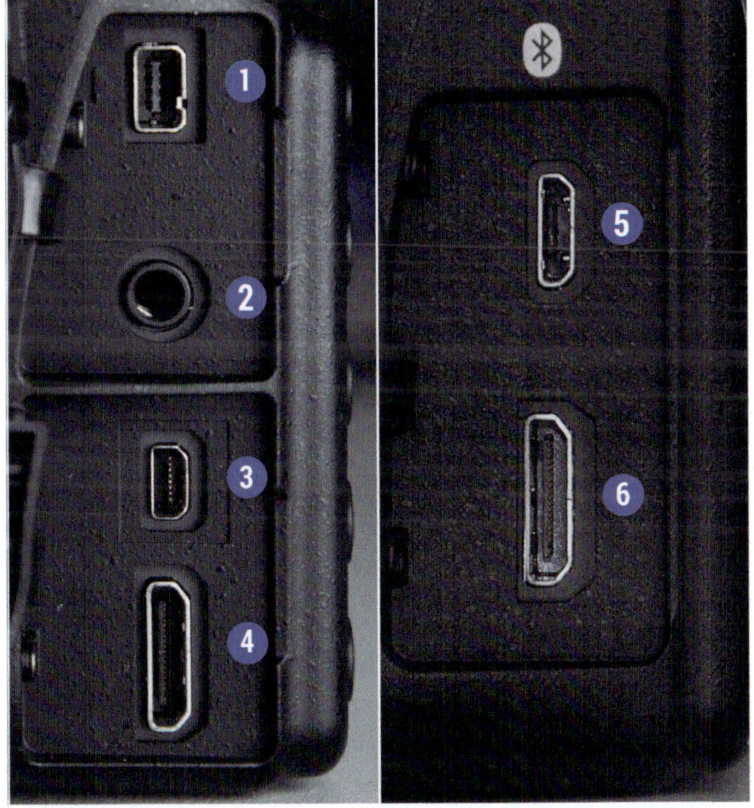

1 Zubehöranschluss

2 Mikrofonanschluss

3 USB-A/V-Anschluss

4 Mini-HDMI-Anschluss

5 USB 2 Micro B Anschluss

6 Mini-HDMI-Anschluss (Typ C)

◄ *Links die Anschlüsse der D3300 und rechts die der D3400. Über den Anschlüssen der D3400 ist das Bluetooth-Logo zu sehen.*

Kann man den Zubehöranschluss sicherlich noch verschmerzen, so werden vor allem die Videofilmer den Mikrofonanschluss gewiss vermissen. Das interne Mikrofon ist zwar nicht schlecht, durch die Integration ins Gehäuse werden aber häufig störende Kamerageräusche, wie z. B. das automatische Fokussieren, ebenfalls aufgezeichnet. Nur entkoppelte, externe Mikrofone können in jeder Situation einen sauberen Ton aufnehmen. Außerdem entfällt die Option Stereoton aufzunehmen, da das interne Mikrofon nur in Mono aufnimmt.

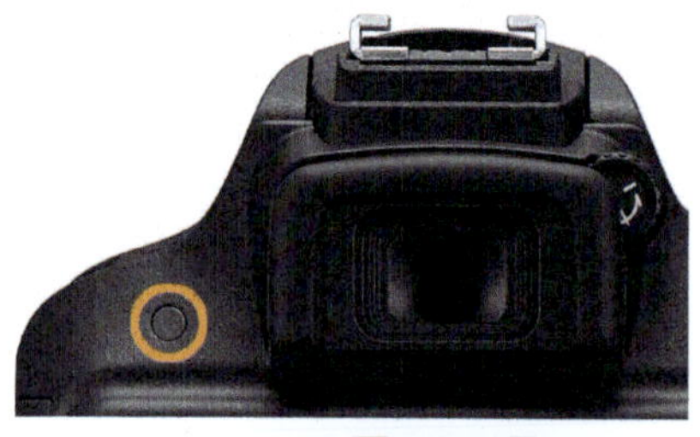

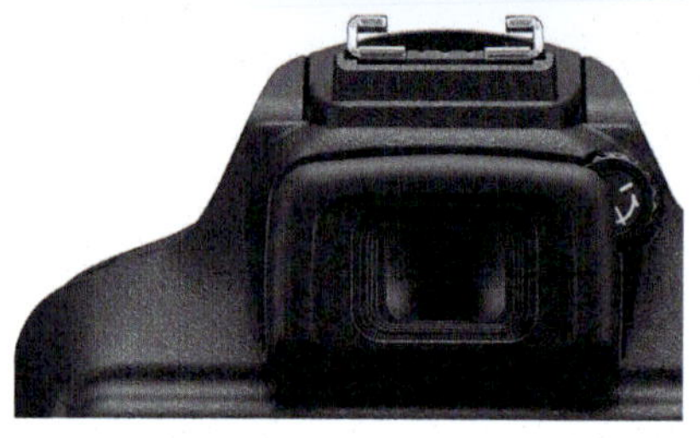

▲ *An der D3300 (oben) ist auch auf der Rückseite ein Infrarot-Sensor verbaut, bei der D3400 (unten) fehlt er.*

- Weggefallen ist auch der **Infrarot-Sensor** für die **Fernsteuerung** ML-L3 auf der Rückseite. Der Sensor auf der Vorderseite ist noch vorhanden, sodass Selfies, Gruppen und Familienfotos, auf denen der Fotograf zu sehen ist, weiterhin aufgenommen werden können. Wichtig ist die doppelte Ausführung, da der Infrarot-Sensor eine direkte Sichtverbindung zur Fernsteuerung benötigt.

  Landschafts- und Makrofotografen werden ihn deshalb eher vermissen, da sie hinter der Kamera stehen. Sie können sich jedoch leicht mit einer Kabelfernbedienung oder einer einfachen Funkfernsteuerung Ersatz besorgen. Eine Funkfernsteuerung hat zudem den großen Vorteil, dass sie keine Sichtverbindung benötigt und in der Regel eine wesentlich höhere Reichweite besitzt als eine Infrarotfernsteuerung.

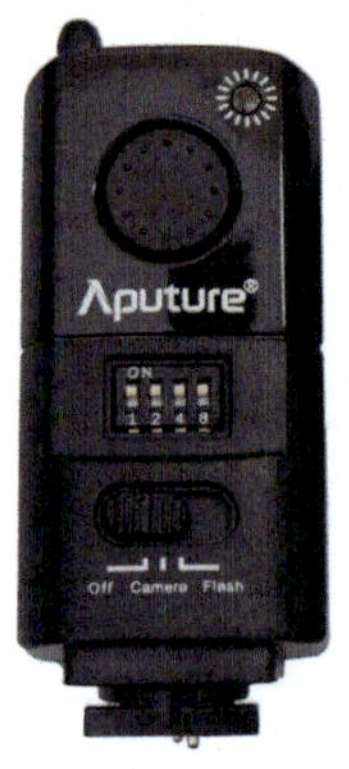

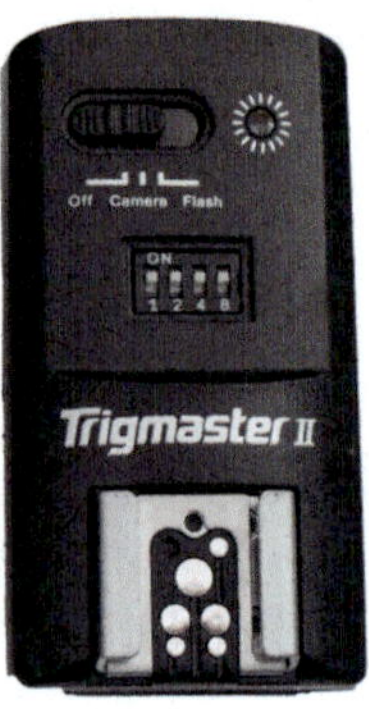

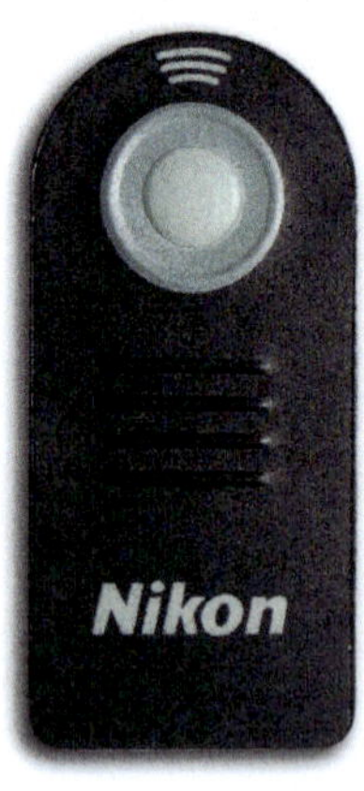

▶ *Im Bild links ist eine typische, preiswerte Funksteuerung abgebildet. Sie kann sowohl die Kamera auslösen, wie auch einen externen Blitz steuern. Rechts ist die Fernsteuerung Nikon ML-L3 zu sehen.*

Im **Wiedergabe-Modus** sind ein paar Funktionen hinzugekommen und die ***Panorama-Wiedergabe*** ist weggefallen. Hinzugekommen sind: ***Zoom auf Gesichter***, ***Beschneiden bei Zoomwiedergabe***, ***Bildinformationen*** und ***Positionsdaten***. Die einzelnen Funktionen werden über die ⓘ-Taste aufgerufen und sind nur Verfügbar, wenn auch entsprechende Informationen vorliegen, also z.B. Gesichter im Bild erkannt werden oder Positionsdaten aufgezeichnet wurden. Wie Positionsdaten z. B. von einem Smartphone via SnapBridge übernommen werden können, wird ab Seite 341 erklärt. Für die „Zoom-Funktionen" muss zusätzlich mindestens eine Stufe ins Bild eingezoomt sein.

- Sehr erfreulich ist die jetzt deutlich höhere **Akkureichweite**. Konnten in der D3300 schon beachtliche 700 Aufnahmen (nach CIPA-Standard) gemacht werden, so sollen es jetzt rund 1200 Aufnahmen sein. Da werden die allermeisten Systemkameras blass vor Neid.
- Die Einstellmöglichkeiten in der **Informationsanzeige**, die mit der ⓘ-Taste aufgerufen wird, ist etwas erweitert worden. Jetzt kann über dieses Menü das Active D-Lighting (ADL) eingeschaltet und ein Picture Control gewählt werden.

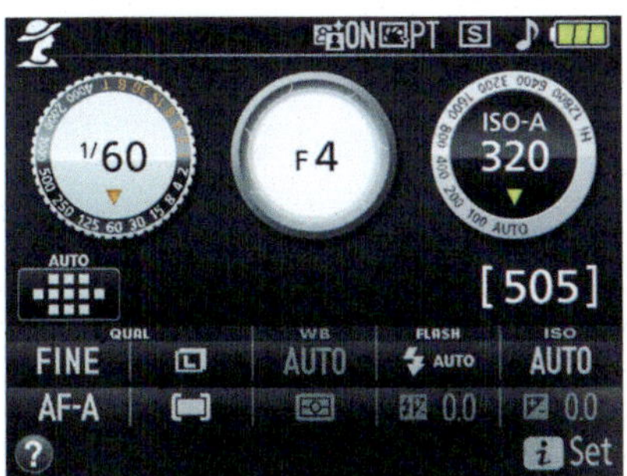

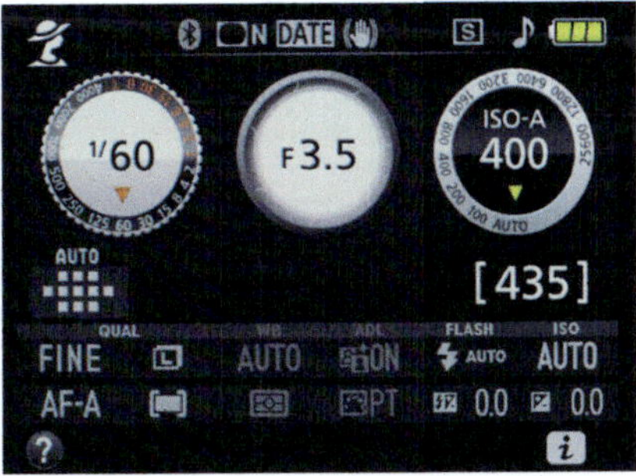

▲ *Links die Ansicht der D3300 und rechts die Ansicht der D3400 mit den beiden neuen Einträgen (im Modus Porträt). Zusätzlich wird in der obersten Leiste die Aktivität einiger neue Funktionen eingeblendet, wie z. B. Bluetooth oder der Flugmodus.*

Die Einstellungen können nach einem Druck auf die ⓘ-Taste verändert werden (z. B. im manuellen Modus).

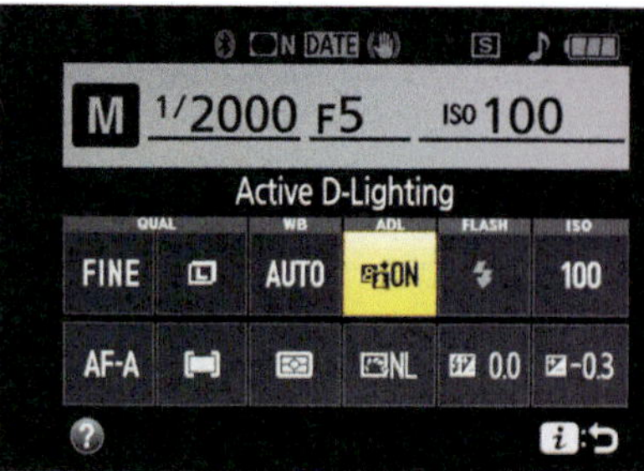

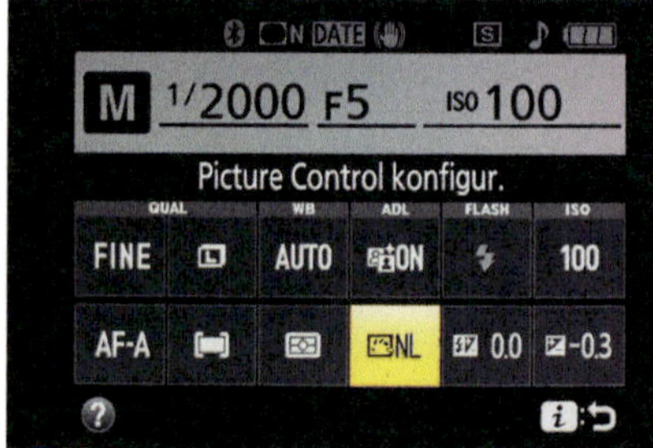

Active-D-Lighting wird im Buch ab Seite 131 beschrieben. Die Picture Controls stellen wir ausführlich im Abschnitt „Die Picture Controls optimal nutzen" auf Seite 350 vor.

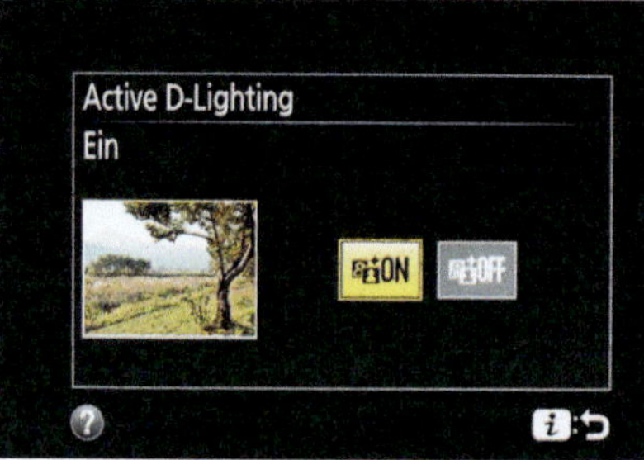

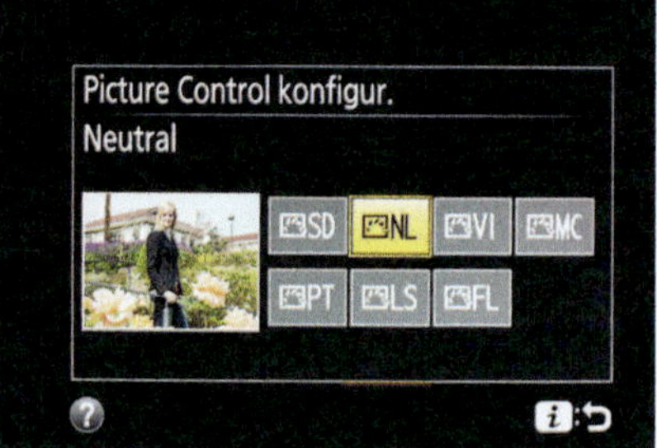

Das waren auch schon die relevanten Änderungen und Unterschiede zwischen den beiden Kameras. Darüber hinaus haben sich auch einige Menüeinträge minimal verändert. Aber so geringfügig, das die Änderungen weitestgehend selbsterklärend sind und nur eine ganz leicht unterschiedliche Anordnung bzw. Anzeige der Elemente betreffen, die Funktionalität aber identisch erhalten geblieben ist.

Nikon hat auch eines der **Kit-Objektive** geändert, es ist jetzt das AF-P DX NIKKOR 18–55 MM 1:3,5–5,6 G VR. Der neue Schrittmotor von Nikon arbeitet etwas schneller und eignet sich ideal für Filmaufnahmen. Bei den Filmaufnahmen soll der Motor praktisch ohne Antriebsgeräusch den Fokus verlagern können. Das ist wichtig, da die D3400 ja kein externes Mikrofon mehr unterstützt.

Wenden wir uns jetzt noch den im Text schon angesprochenen Funktionen zu, die ausführlicher besprochen werden sollen. Zuerst wird die wichtigste Änderung überhaupt vorgestellt, die Bluetooth-Verbindung zur SnapBridge-App.

13.2 Bluetooth-Verbindung zum Smartphone oder Tablet

Die Nikon D3400 kann eine permanente Bluetooth-Verbindung zur SnapBridge-App auf Ihrem Smartphone oder Tablet halten. So ist es möglich, automatisch komprimierte JPEG-Fotos (2 Megapixel) von der Kamera auf das Smartphone oder Tablet zu senden. Diese können dann einfach weiter z. B. zu Facebook oder per Mail versandt werden. RAW-Daten können nicht übertragen werden, dafür ist die Bluetooth-Verbindung zu langsam.

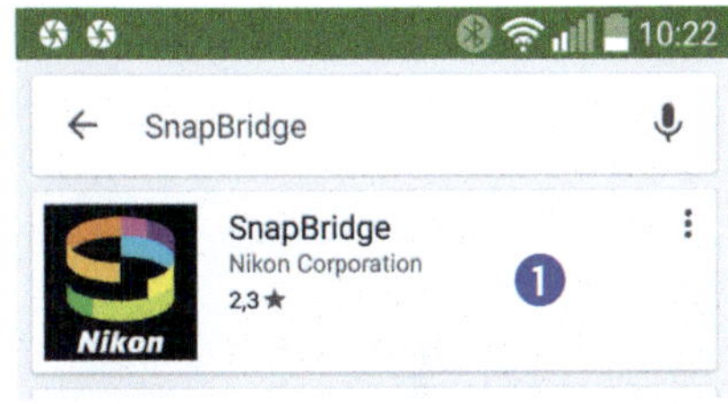

Im Folgenden beschreibe ich die Einrichtung unter Android auf einem Smartphone. Die Einrichtung ist denkbar einfach und in zehn Minuten erledigt.

1. Laden Sie sich aus dem App-Store Google Play *SnapBridge* herunter und installieren es.
2. Öffnen Sie SnapBridge und nicken Sie die Lizenzvereinbarungen ab.
3. Wenn Sie Bluetooth auf dem Smartphone/Tablet noch nicht aktiviert haben, fragt die App automatisch nach der Erlaubnis Bluetooth einzuschalten. Sollte das auf Ihrem Gerät nicht der Fall sein, müssen Sie die Bluetooth-Verbindung manuell einschalten. An der Kamera wird die Verbindung mit *System*/*Bluetooth*/*Netzwerkverbindung*/*Aktivieren* eingeschaltet. Anschließend wartet die App auf den Eingang eines entsprechenden Verbindungsgerätes.
4. Aktivieren Sie nun an der Kamera den Menüpunkt *System*/*Mit Smart-Gerät verbinden* und bestätigen Sie mit der OK-Taste. Auf dem Kamera-Monitor wird dann Folgendes eingeblendet:
5. Wechseln Sie wieder zur App. Dort sollte jetzt der Kameraname erscheinen, der mit *D3400_.....* beginnt. Tippen Sie auf den Namen. Anschließend wird ein

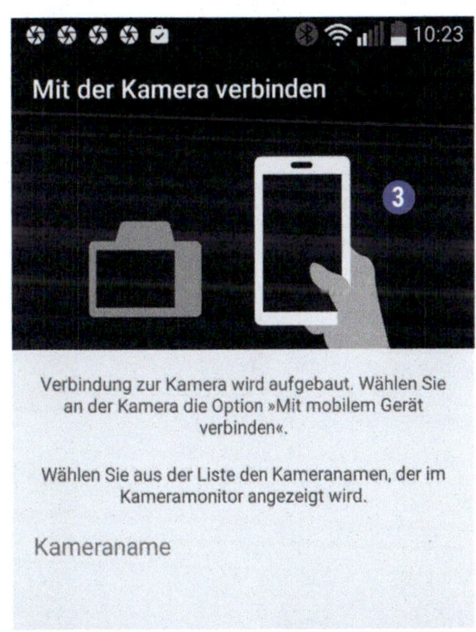

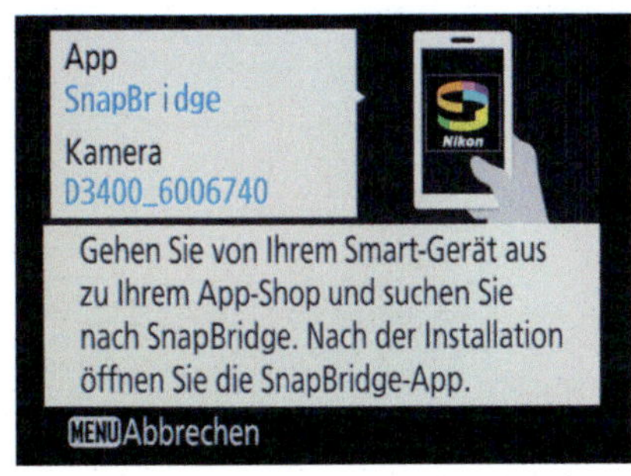

Authentifikationscode eingeblendet, der auf dem Smart-Gerät und der Kamera identisch sein muss. Wenn das so ist, bestätigen Sie das Tastenfeld *Koppeln*. Die Verbindung zur Kamera wird dann hergestellt.

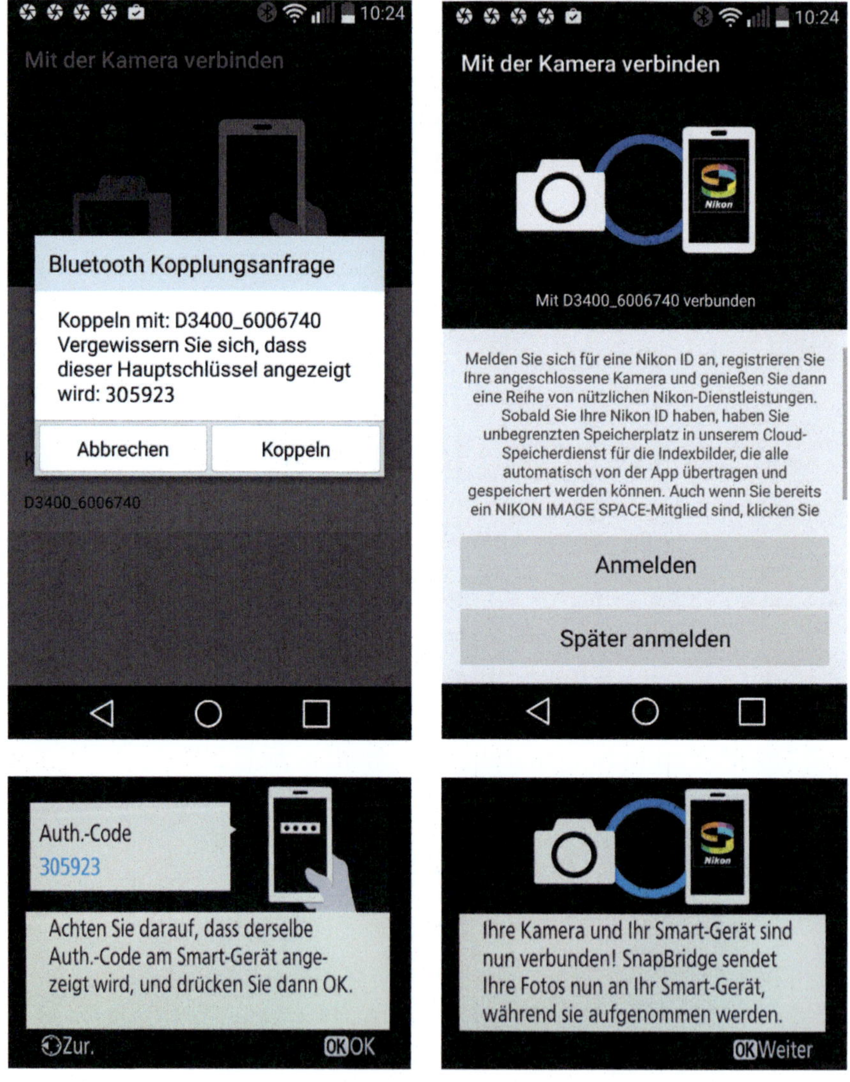

▲ *Die Anmeldeprozedur läuft auf dem Smart-Gerät und der Kamera parallel ab.*

Sie können sich jetzt gleich mit einer Nikon-ID anmelden bzw. bei den Nikon-Diensten registrieren lassen, um entsprechende Nikon Dienste wie z.B. Nikon Image Space in Anspruch zu nehmen. Bestätigen Sie aber im Moment *Später anmelden*. Die anschließenden Einführungsbildschirme können Sie lesen oder gleich wegwischen. Zuletzt bestätigen Sie mit der *OK*-Taste an der Kamera die Verbindung.

6 Jetzt können Sie an der D3400 oder dem Smart-Gerät einstellen, ob Positionsdaten vom Smart-Gerät übernommen werden und Datum & Uhrzeit synchronisiert werden sollen. Auf dem Smart-Gerät muss für die Positionsdatenübermittlung entsprechend ein GPS-Empfänger vorhanden und eingeschaltet sein. Falls Sie z.B. im Urlaub die Zeitzone wechseln, wird die Kamera Datum und Uhrzeit automatisch via Smart-Gerät ebenfalls korrekt umstellen.

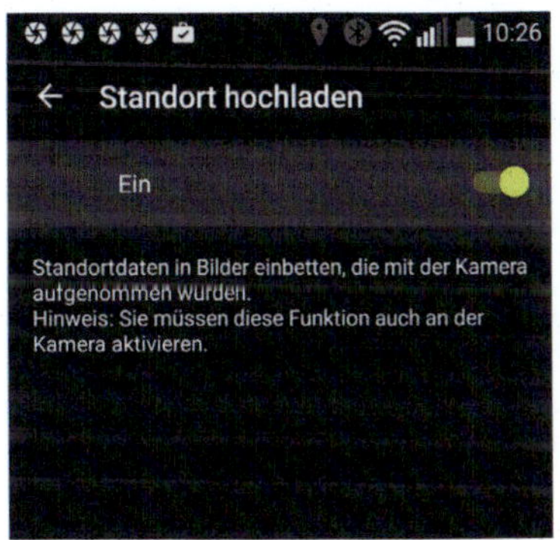

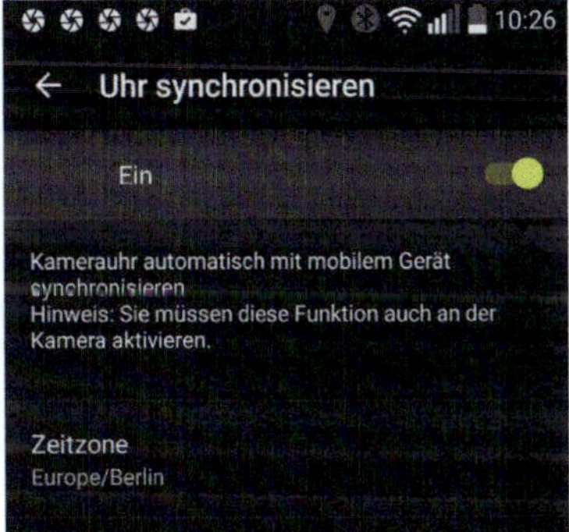

7 Jetzt ist die Verbindung fertig eingerichtet und steht Ihnen zur Verfügung.

Die Reichweite der Bluetooth-Verbindung beträgt je nach Umgebung etwa 10 Meter oder weniger. Wird die Kamera ausgeschaltet oder entfernen Sie sich mit der Kamera aus der Umgebung des Smart-Geräts, so wird die Verbindung automatisch wieder aufgenommen, wenn Sie die Kamera wieder einschalten bzw. sich zurück in den Empfangsbereich der Bluetooth-Verbindung begeben.

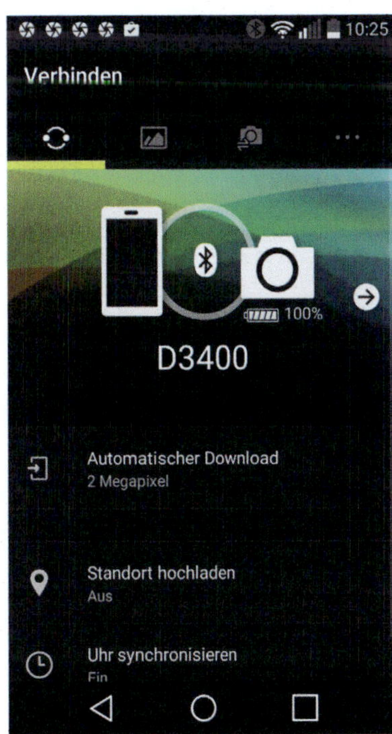

Grundeinstellungen an der Kamera

Wenn Sie bedarfsweise die Verbindungen der Kamera komplett beenden wollen, wählen Sie am einfachsten die Einstellung *System*/*Flugmodus*/*Aktivieren*. Die Bluetooth-Verbindung benötigt zwar nur wenig Strom, aber wenn Sie keine Daten übertragen wollen, sollten Sie auch die Verbindung zum Gerät kappen. Wenn der Flugmodus wieder deaktiviert wird, stellt die Kamera die Verbindung zum Smart-Gerät automatisch wieder her und sendet die Fotos auf der Speicherkarte.

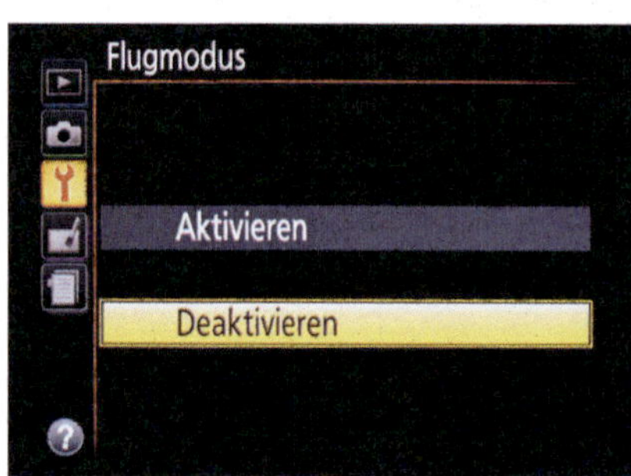

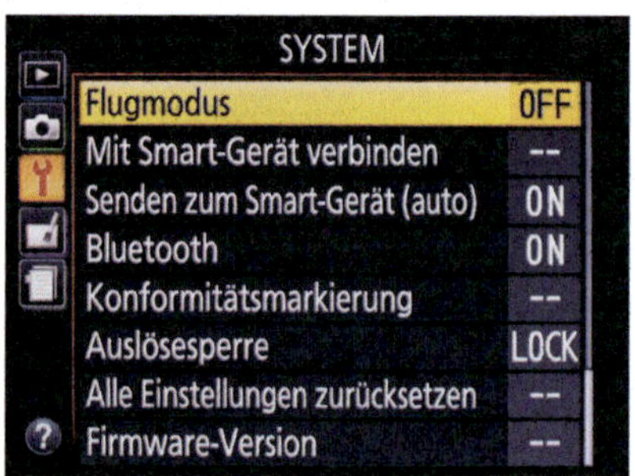

Falls Sie nur das automatische Senden der Bilder zum Smart-Gerät beenden wollen, wählen Sie *System*/*Senden zum Smart-Gerät (auto)*/*Aus*. Zu guter Letzt können Sie natürlich auch die Bluetooth-Verbindung via *System*/*Bluetooth*/*Netzwerkverbindung*/*Deaktivieren (OFF)* beenden.

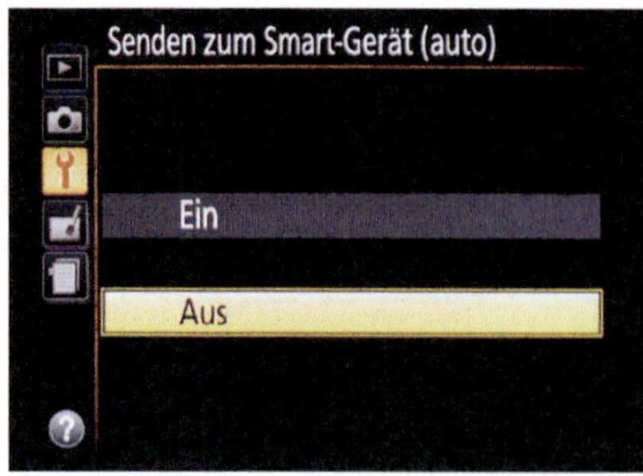

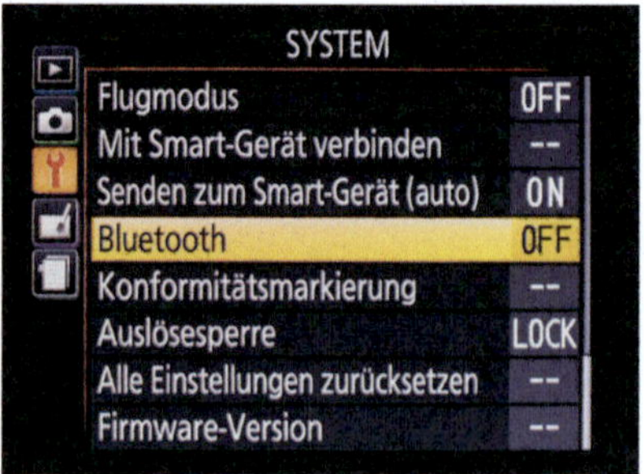

Unter dem Menüpunkt *System*/*Bluetooth* können Sie auch noch die Gepaarten Geräte kontrollieren oder auch wechseln. Die Option *Senden wenn ausgeschaltet* können Sie ebenfalls an dieser Stelle deaktivieren.

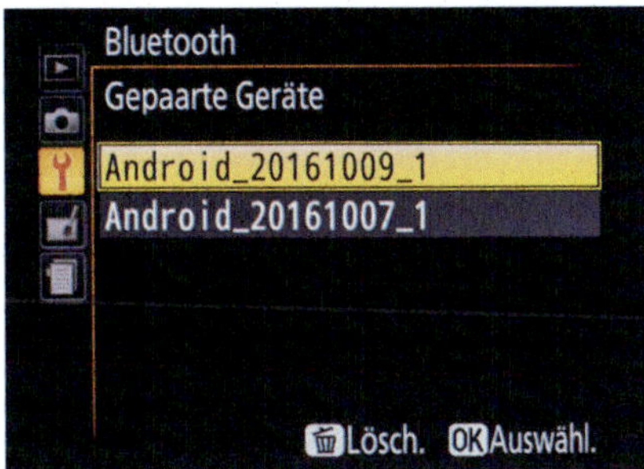

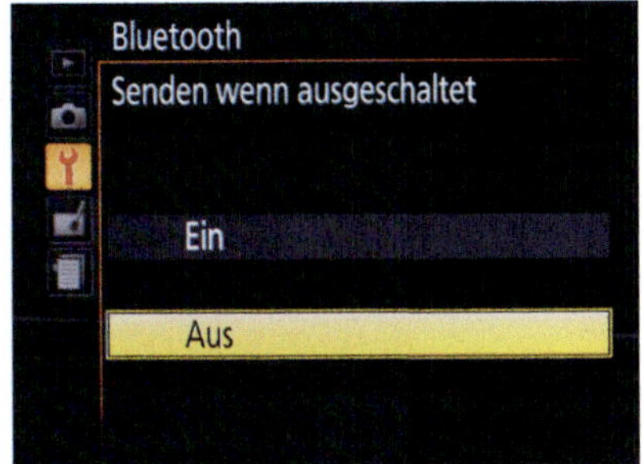

▲ *Die Namen der gepaarten Geräte sind leider nicht gerade intuitiv.*

Bluetooth ist immer aktiv

Wenn die Verbindung zur SnapBridge-App einmal eingerichtet ist und Sie nichts weiter ändern, ist die Bluetooth-Verbindung immer aktiv. Sogar, wenn Sie die Kamera ausschalten, bleibt sie erhalten und sendet evtl. Fotos an Ihr Smart-Gerät, wenn die Kamera nach der Aufnahme einiger Bilder z. B. direkt ausgeschaltet wurde. Wenn Sie bei ausgeschalteter Kamera keine Übermittlung der Fotos wünschen, hilft nur der Umweg über ***System/Bluetooth/ Senden wenn ausgeschaltet/Aus*** oder die Unterbrechung der Verbindung.

Konfigurieren der SnapBridge

Sie können einige Parameter auch in der SnapBride-App konfigurieren. Dabei kommt es zu einigen Überlappungen mit den Kameraeinstellungen. Sie können z. B. den automatischen Download der Fotos sowohl in der Kamera, wie auch in der App ein- bzw. ausschalten. Das macht dennoch Sinn, da Sie sowohl mehrere Kameras mit einem Smart-Gerät verwalten können, wie auch eine Kamera mit mehreren Smart-Geräten.

SnapBridge ist in vier Bereichen organisiert: *Verbinden*, *Galerie*, *Kamera* und *Sonstiges*.

- **Verbinden**: Unter diesem Punkt können Sie die Kamera wechseln, falls Sie zwei Kameras besitzen, die SnapBridge unterstützen. Unter der Option Automatischer Download können Sie den selbigen aktivieren und deaktivieren. Die Downloadgröße der übertragenen Fotos von 2 Megapixeln können Sie mit der D3400 nic ht ändern, das ist den Kameras mit schnellerem Wi-Fi vorbehalten. Einzelne Fotos können Sie aber auch in voller Auflösung übertragen, dies wird auf Seite 348 beschrieben.

Falls Sie sich beim Nikon Image Space angemeldet haben, können Sie einen weiteren ***automatischen Upload*** vom Smart-Gerät zum Cloud-Dienst aktivieren. Um unnötiges Datenvolumen und evtl. Kosten zu vermeiden, sollten Sie dann ebenfalls die Option ***Nur hochladen, wenn Verbindung über Wi-Fi besteht***. Das Smart-Gerät wird dann die Fotos nur per WLAN hochladen und nicht über eine Datenverbindung (siehe Bild links).

Mit der Option ***Standort hochladen*** werden die Fotos auf dem Smartphone mit GPS-Standortdaten versehen.

Der Punkt ***Uhrzeit synchronisieren*** gleicht Datum und Uhrzeit des Smart-Gerätes mit der Kamera ab.

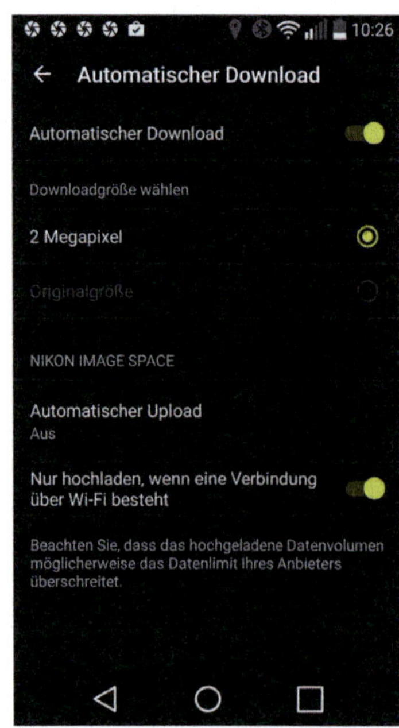

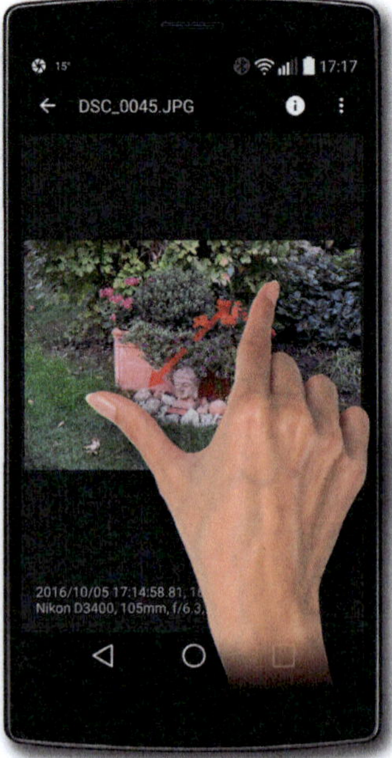

- **Galerie** ▣: In der Galerie-Ansicht werden die übertragenen Fotos als kleine Vorschaubilder angezeigt. Durch einen einfachen Tipp wird ein Vorschaubild auf dem gesamten Screen vergrößert. Ein weiteres Zoomen ist mit der Spreizung zweier Finger möglich (siehe Bild rechts auf der vorherigen Seite).

  Wollen Sie einzelne Fotos markieren geht das über zwei Wege: Sie tippen ein Bild an und lassen den Finger ein bis zwei Sekunden auf dem Bild liegen. Anschließend können Sie beliebige Fotos mit einem Fingertipp markieren. Zweitens können Sie über das Menü ⋮ oben rechts gehen und *Auswählen* antippen. Markierte Fotos können Sie dann löschen 🗑 oder zu anderen Diensten übertragen ◁.

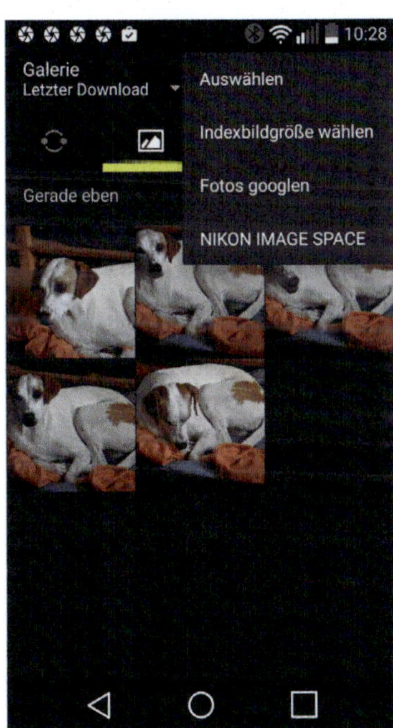

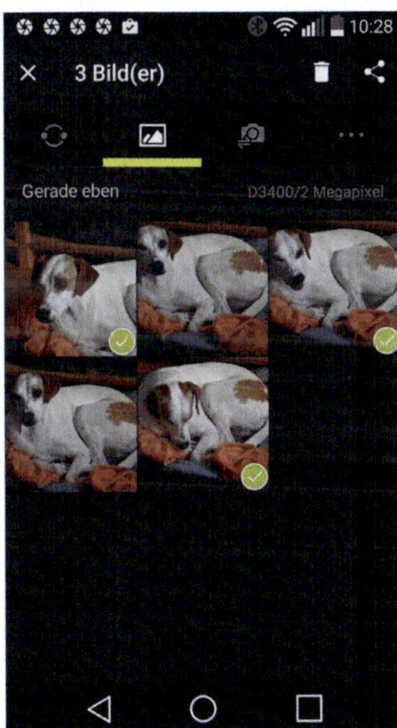

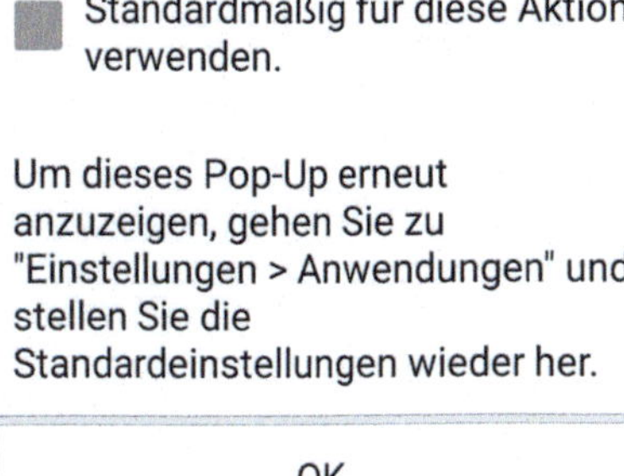

An weiteren Diensten wird eine große Auswahl angeboten, die allerdings teilweise von der Konfiguration Ihres Smart-Gerätes abhängt. Ich empfehle zum jetzigen Zeitpunkt die Option *Nur Diesmal* zu wählen und nicht *Immer* bzw. keinen Haken an der Option *Standardmäßig für diese Aktion verwenden*, sonst können Sie den Dienst nicht mehr so ohne weiteres wechseln.

Im Beispiel haben wir Facebook als Dienst ausgewählt und eines der Fotos auf unseren Account hochgeladen.

▶ *Links die Auswahl möglicher Dienste und rechts die Übertragung auf einen Facebook-Account.*

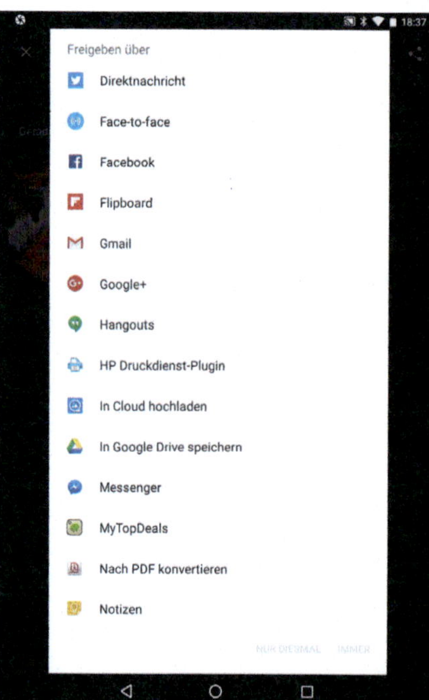

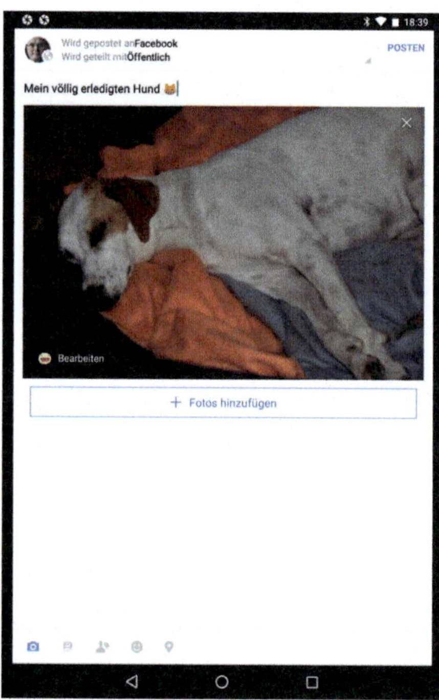

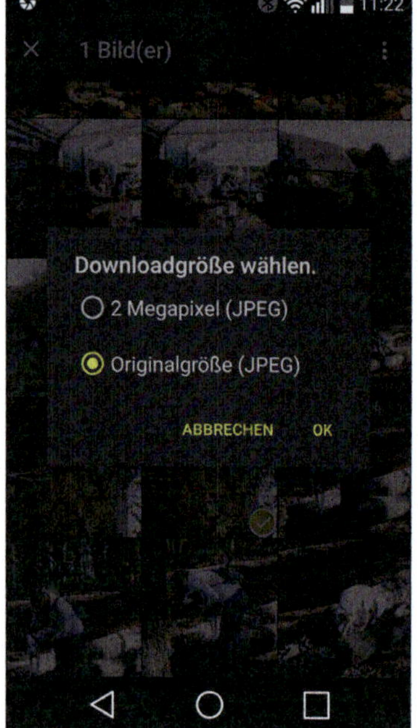

- **Kamera**: In diesem Reiter können Sie die Kamera-Fernauslösung leider nicht aktivieren. Es kommt nur eine Meldung, dass dazu eine Wi-Fi/WLAN-Verbindung notwendig ist.

  Ein interessanter Punkt ist hingegen ***Ausgewählte Bilder herunterladen***. Dort können Sie analog zum Galerie-Modus Fotos markieren und von der Kamera herunterladen. Es gibt aber eine Besonderheit. Wenn Sie über das Menü oben rechts in der Ecke gehen und ***Ausgewählte Bilder herunterladen*** antippen, erhalten Sie die Option Fotos in ***Originalgröße (JPEG)*** herunterzuladen.

  Da aber die Bluetooth-Verbindung für Bilder in Originalgröße doch etwas langsam ist, sollten Sie entsprechend sparsamen Gebrauch von dieser Option machen.

- **Sonstiges**: Auf dem letzten Reiter befindet sich ein Sammelsurium verschiedenster Optionen. Am interessantesten dürfte die Option *Zusatzinformationen hinzufügen* sein. Dort können den übertragenen Fotos einige Informationen direkt ins Bild geschrieben werden. Zur Verfügung stehen *Bildinformation*, *Kommentar*, *Logo*, *Aufnahmezeitpunkt* und *Benutzerdefinierte Typen*.

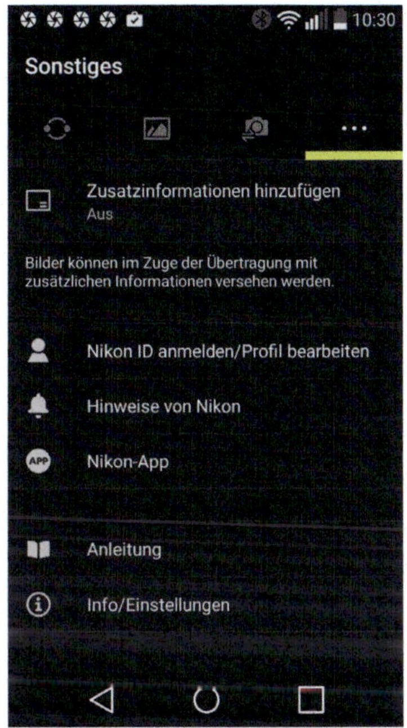

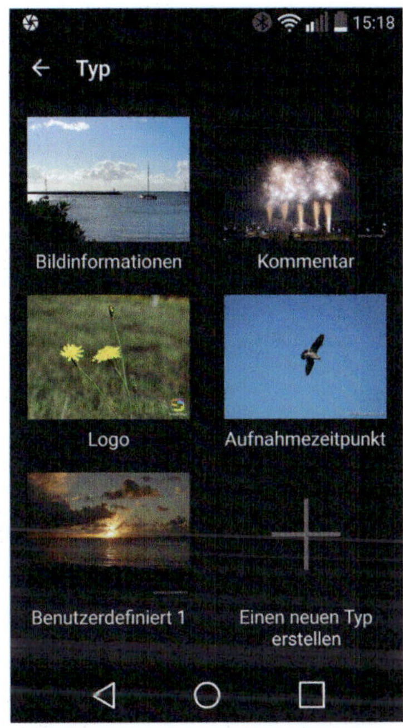

Ein Kommentar kann leider nur 20 Zeichen lang sein, sollte in vielen Fällen aber schon genügen. Als Logo stehen nur vorgefertigte SnapBridge Logos zur Verfügung, neue konnte ich mit der Version 1.0.2.3002 nicht erstellen. Vielleicht wird das später noch nachgeholt. Die Zusatzinformationen werden standardmäßig in die rechte untere Bildecke geschrieben. Bei einigen Typen lässt sich aber auch eine andere Ecke auswählen.

▼ *Beispiele für die Typen Bildinformation und Kommentar.*

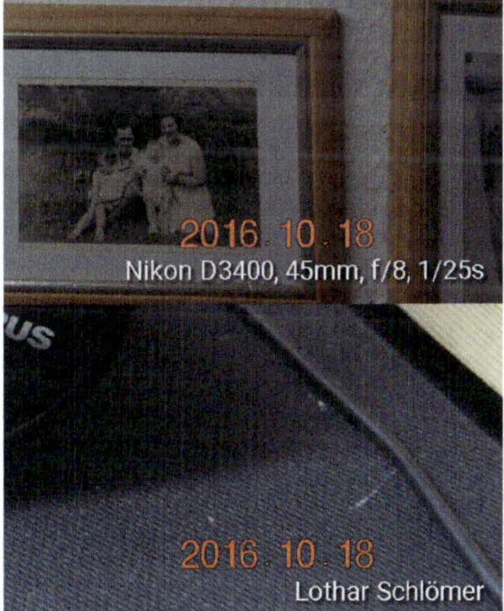

Wenn Sie die Anmeldung am Nikon Image Space bei der Ersteinrichtung von SnapBridge übersprungen haben, können Sie die Anmeldung unter *Nikon ID anmelden/ Profil bearbeiten* jetzt nachholen bzw. Ihre Profildaten ändern.

Die restlichen Optionen beziehen sich auf einige Informationen zu Nikon.

13.3 Die Picture Controls optimal nutzen

Die Picture-Control-Einstellungen sind eine Art Presets bzw. Voreinstellungen, die festlegen, wie ein Foto entwickelt wird. Der Fotograf kann zwischen sieben Picture Control Konfigurationen wählen: Standard, Neutral, Brillant (Vivid), Monochrome, Porträt (Portrait), Landschaft (Landscape) und Ausgewogen (Flat). Die Namen der einzelnen Konfigurationen sind schon weitgehen selbsterklärend, werden aber etwas später noch genauer vorgestellt. Die Picture Control Einstellungen sind in der D3400 nicht neu, aber sind durch die Konfiguration Ausgewogen (Flat) ergänzt worden. Wir nehmen das zum Anlass, die Arbeitsweise der Einstellungen noch einmal etwas genauer zu betrachten.

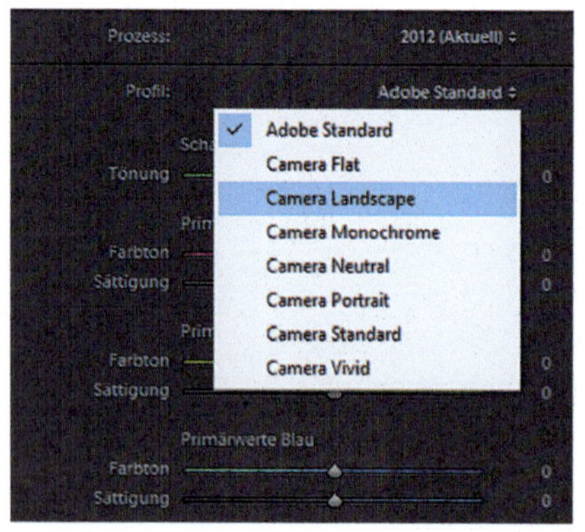

▲ *Lightroom simuliert die Picture Controls.*

Picture Control Einstellungen in RAW-Daten werden nur in den Nikon eigenen Softwareprodukten voll unterstützt. Andere RAW-Konverter ignorieren sie einfach bzw. Lightroom versucht die Picture Controls zu simulieren. Dazu wird im Abschnitt Kamerakalibrierung das voreingestellte Adobe Standard Profil durch ein entsprechendes Preset ersetzt. Das Ergebnis wird aber nur mehr oder weniger ähnlich ausfallen.

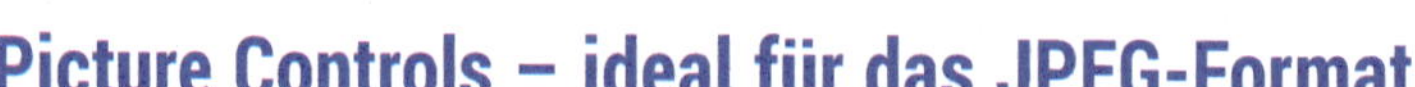

Picture Controls – ideal für das JPEG-Format

Für Fotografen, die vorwiegend im JPEG-Format fotografieren, sind die Picture Controls allerdings ein mächtiges Instrument, ihren Fotos bereits in der Kamera einen individuellen Schliff zu geben. In vielen Fällen mag der geschickte Einsatz der Picture Controls eine spätere Nachbearbeitung der Fotos überflüssig machen oder zumindest helfen, sie auf ein Minimum zu reduzieren.

Mit Picture Control die Bildaufbereitung kontrollieren

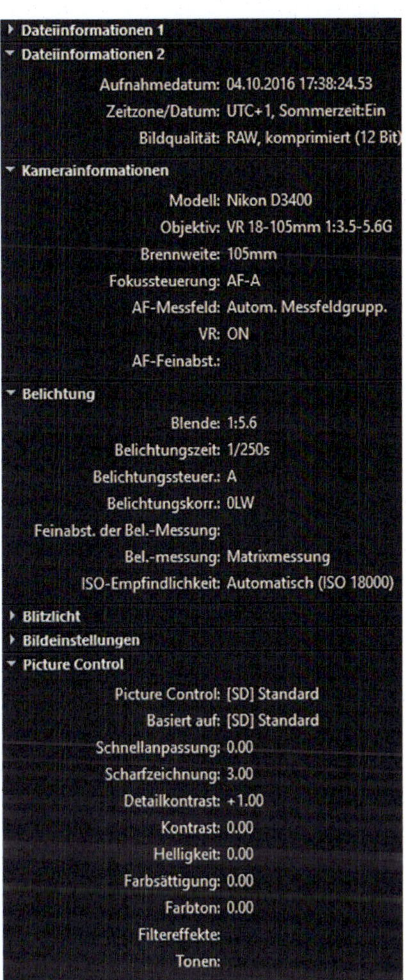

Die Picture-Control-Einstellungen in der Nikon D3400 vermitteln dem Bildprozessor, wie die Rohdaten in das anzuzeigende Bild umzuwandeln sind.

Da die D3400 ein ausgezeichnetes Display besitzt, das eine wirklich brauchbare erste Beurteilung der aufgenommenen Fotos erlaubt, ist eine entsprechend gute Aufbereitung und Anzeige der Aufnahmen natürlich Pflicht. Welche Picture-Control-Konfiguration zum Einsatz kam und welche Einstellungen vorgenommen wurden, können Sie sich z. B. in ViewNX-i anzeigen lassen.

Die Picture-Control-Konfigurationen rufen Sie entweder über das Menü *AUFNAHME*/*Picture Control konfigur.* oder über die entsprechende Option im Menü der i-Taste auf.

Die Konfigurationen haben verschiedene Grundcharakteristika der Bildanmutung: ***Standard***, ***Neutral***, ***Brillant***, ***Monochrom***, ***Porträt***, ***Landschaft*** und ***Ausgewogen***. Die Konfiguration Ausgewogen setzt noch unterhalb der Einstellung Neutral an und nimmt praktisch keine Änderungen an den RAW-Daten vor. Sie ist die beste Basis für spätere umfassende Bearbeitungen des Ausgangsmaterials. Dazu etwas weiter unten noch nähere Details.

Picture Control für JPEG und Video

Die Picture-Control-Profile sind vor allem für Fotografen wichtig, die gerne im JPEG-Format fotografieren, und für Videofilmer. Alle Einstellungen der PC-Profile werden direkt in das JPEG- bzw. MOV(H.264)-Format abgespeichert und können nicht mehr direkt geändert werden. Die Profile stellen damit ein umfangreiches Werkzeug für das Feintuning der Bildeigenschaften dar, wenn man sie denn nutzen will.

Im RAW-Format können, zumindest mit den Nikon-eigenen Softwareprodukten, die Einstellungen der Picture-Control-Profile auch im Nachhinein noch geändert werden. RAW-Konverter von Drittanbietern ignorieren die Einstellungen oder versuchen sie zu simulieren.

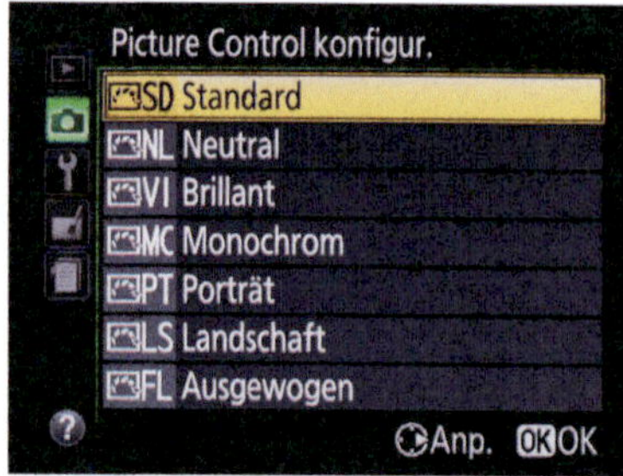

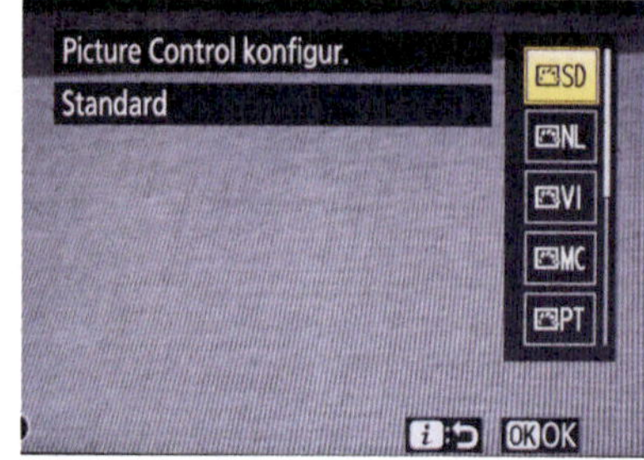

▲ *Im Register* ***AUFNAHME*** *finden Sie den Eintrag* ***Picture Control konfigur****. Sie bekommen in der Live-View auch gleich eine Vorschau auf die Wirkung einer veränderten Bildschirmdarstellung.*

Einmal eingestellt bleiben die Picture Controls in der Kamera auch nach dem Aus- und wieder Einschalten erhalten. Daran sollten Sie denken, wenn Sie die Einstellungen einmal vorübergehend ändern wollen.

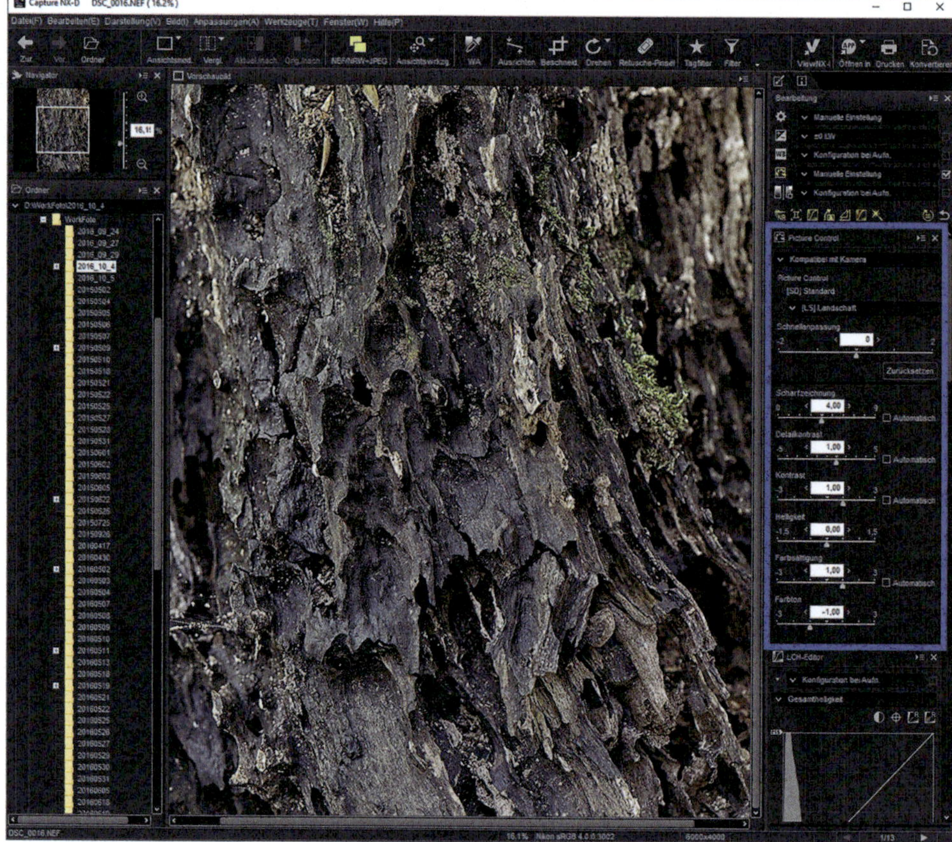

▶ *Die Picture Controls von RAW-Daten können auch nachträglich z. B. in Capture NX-D verändert werden. Es können auch ganz andere Profile zugeordnet werden.*

Jedes Picture-Control-Preset enthält zusätzlich eine Reihe einstellbarer Parameter, die sehr fein abgestuft individuell konfiguriert werden können. Für die Scharfzeichnung, den Detailkontrast und globalen Kontrast, die Helligkeit, die Farbsättigung und den Farbton können diese Anpassungen vorgenommen werden. Sie können also die Picture-Control-Einstellungen noch ganz nach Ihrem Geschmack anpassen. Dazu müssen Sie die entsprechende Konfiguration auswählen und mit dem Multifunktionswähler nach rechts in die Anpassung wechseln.

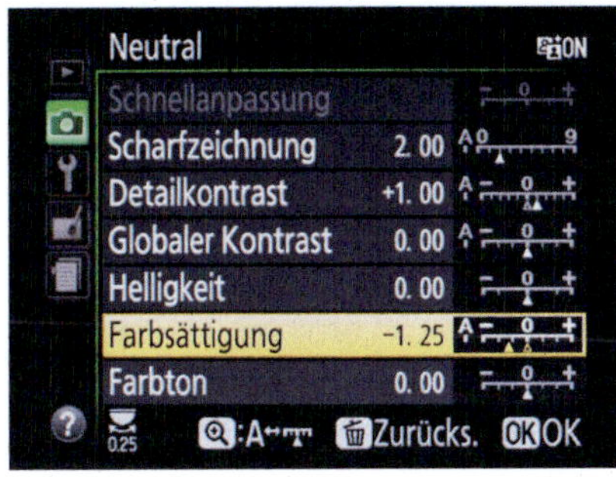

Mit dem Multifunktionswahlrad können Sie mit einem Druck nach links oder rechts die Einstellungen schnell um ganze Einheiten oder alternativ mit dem vorderen Einstellrad in feinen Schritten um 0,25 Einheiten verschieben.

Als Alternative zu den fest vorgegebenen Werten steht in den Einstellungen für Scharfzeichnen, Detailkontrast und globaler Kontrast sowie Farbsättigung noch ein Automatikmodus *A* zur Verfügung. In diesem Fall steuert die Kamera den Parameter, abhängig von der fotografischen Szene und dem Motiv, eigenständig. Ausgewählt wird der Automatikmodus mit der Taste . Die Informationen von Nikon dazu sind derzeit etwas spärlich. Es wird nur das Beispiel einer Landschaftsaufnahme bei bewölktem Himmel angeführt. Die Einstellung *A* (Auto) für die Parameter ***Globaler Kontrast*** und/oder ***Sättigung*** soll unter Umständen zu lebhafteren und klareren Aufnahmen führen.

Die Picture-Control-Einstellungen (außer ***Neutral***, ***Ausgewogen*** und ***Monochrom***) verfügen auch noch über eine Schnellanpassung. Mit ihr können auf die Schnelle mehrere Parameter gleichzeitig verändert werden. Die Schnellanpassung kann nur mit dem Multifunktionsrad und nur in fünf ganzen Schritten, von -2 bis +2, eingestellt werden. Negative Werte führen zu eher zarten und weichen Aufnahmen und positive zu kräftigeren Bildern.

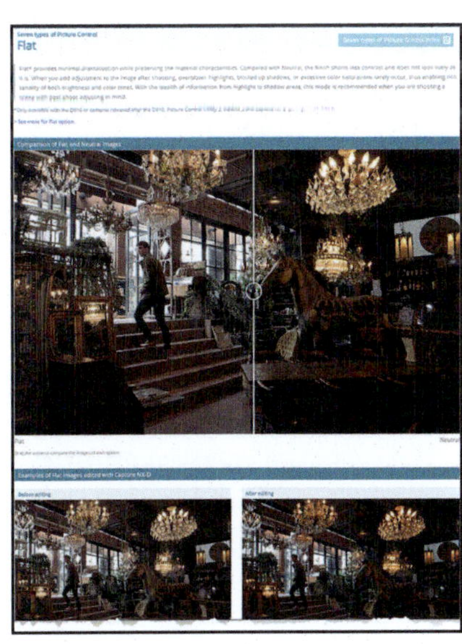

▲ *Auf der Website von Nikon können Änderungen der Picture-Control-Einstellungen direkt ausprobiert werden.*

Um die Auswirkungen der geänderten Einstellungen zu prüfen, machen Sie am besten eine Anzahl von Probeaufnahmen und vergleichen diese mit den Standardeinstellungen. Nikon bietet unter http://imaging.nikon.com/lineup/microsite/picturecontrol eine englischsprachige Seite an, die viele der Picture-Control-Einstellungen näher erläutert und auch interaktiv veränderbare Vorschauen der Einstellungen am Beispiel zeigt.

Die Konfiguration ***Monochrom*** bietet darüber hinaus noch Parameter für die ***Filtereffekte*** sowie ***Tonen***.

▶ *Die Filtereffekte sind der analogen Fotografie nachempfunden: Y (**Y**ellow), O (**O**range) und R (**R**ed) betonen den Kontrast im Schwarz-Weiß-Foto. Er nimmt in der Reihenfolge Y → O → R zu. So kann z. B. die Helligkeit des Himmels gemildert werden, was zu etwas dunkleren Bildern führt. Die Wirkung des G(**G**reen)-Filters wird gerne zum leichten Abdunkeln von Porträtaufnahmen genutzt. Es lässt die Hauttöne etwas kräftiger erscheinen.*

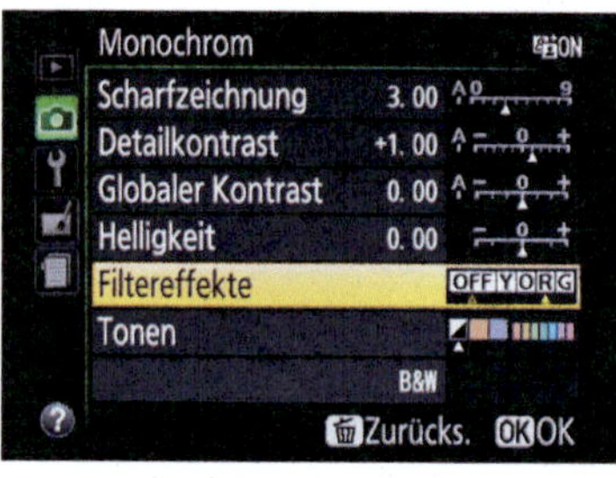

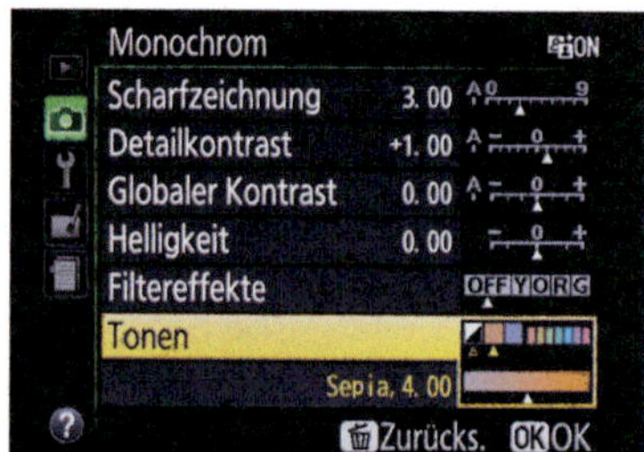

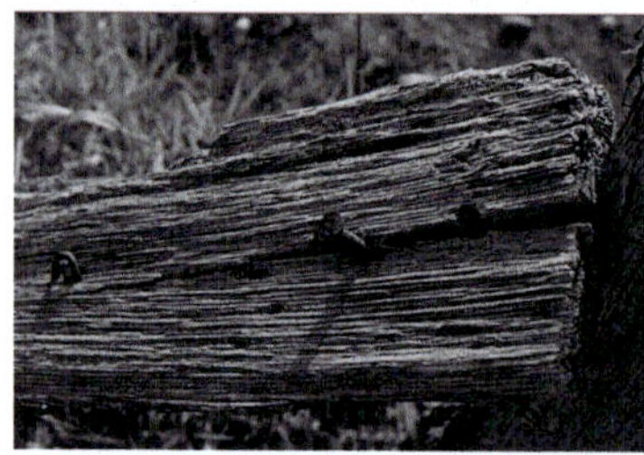

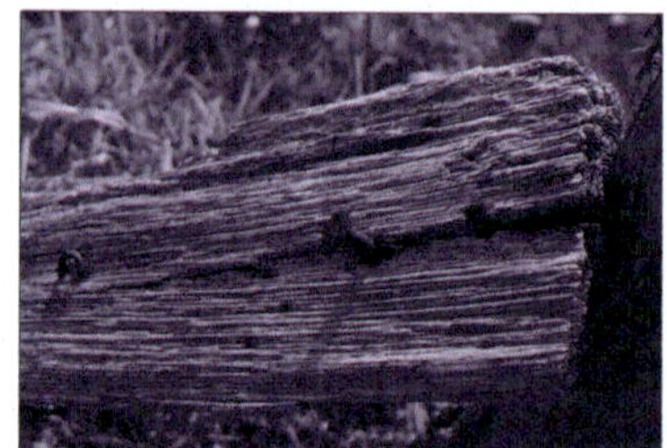

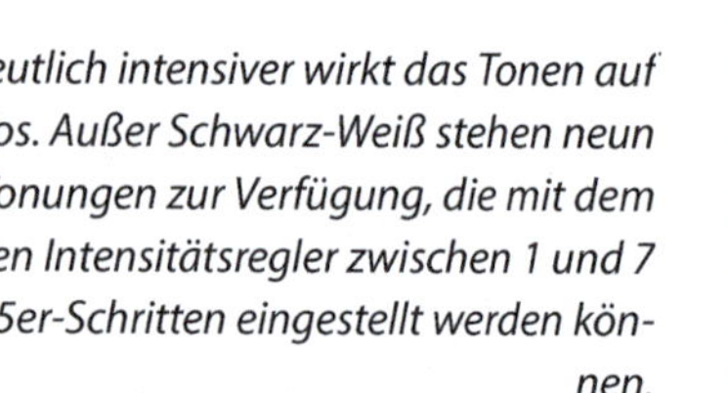

▶ *Deutlich intensiver wirkt das Tonen auf Fotos. Außer Schwarz-Weiß stehen neun Tonungen zur Verfügung, die mit dem unteren Intensitätsregler zwischen 1 und 7 in 0,25er-Schritten eingestellt werden können.*

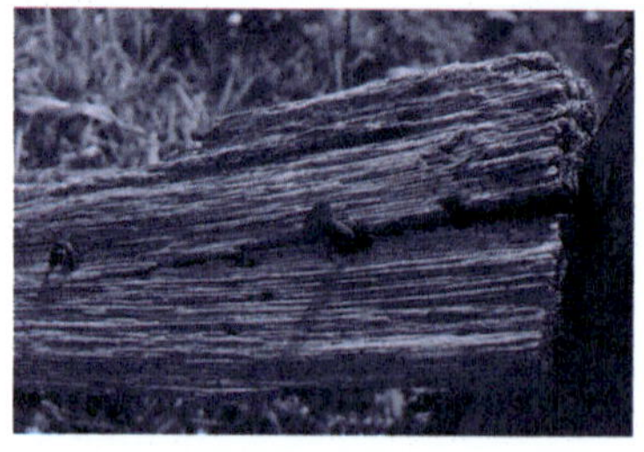

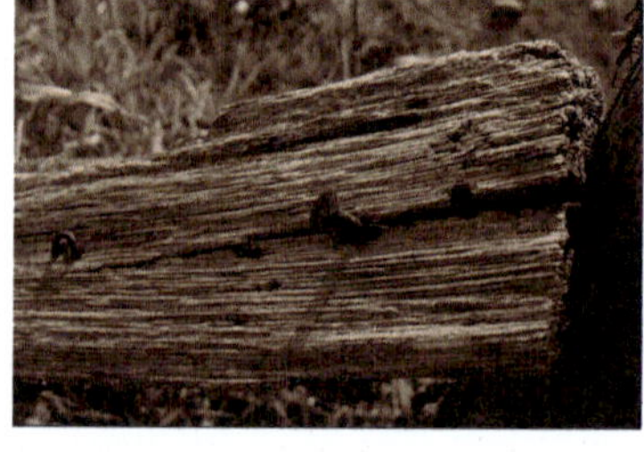

Wenn Sie eine der Standardkonfigurationen angepasst und gespeichert haben, erscheint rechts neben dem Picture-Control-Kürzel ein kleiner Stern. So bekommen Sie immer einen Hinweis angezeigt, dass die Einstellung verändert wurde.

Die Bildwirkung der Basis-Picture-Controls im Überblick

Nikon hat der D3400 einen Grundstock an Picture-Control-Konfigurationen mitgegeben: *Standard*, *Neutral*, *Brillant*, *Monochrom*, *Porträt*, *Landschaft* und *Ausgewogen*. Diese Modi können Sie auch nicht löschen, sie gehören zur Grundeinstellung.

Picture Control Standard (SD)

Dieser Bildoptimierungsparameter ist eine neutrale Vorgabe. Er dient dazu, Ergebnisse zu erzielen, die keine grundlegenden Veränderungen enthalten und gleichzeitig eine möglichst korrekte Darstellung erzeugen. Die Bilder erscheinen ein klein wenig weich, weil die Schärfung zurückgenommen ist und auch der Kontrast nicht angehoben wird.

Empfohlene Verwendung: Bilder, die mit der Einstellung *Standard* optimiert wurden, sind eigentlich universell verwendbar. Sie können z. B. auf einem Tablet-PC oder einem Flat-Screen-Fernseher mit hoher Leuchtkraft durchaus schon präsentiert werden. Aufgrund der geringen Anhebung von Farben und Kontrast eignen sich die Bilder eher weniger für den Ausdruck oder die Präsentation auf Geräten mit wenig eigener Brillanz, wie zum Beispiel auf einem Projektor.

Picture Control Neutral (NL)

In der Einstellung *Neutral* werden der Kontrast und die Farben im Bild nicht mehr angehoben und es wird auch kaum geschärft. Damit wird das JPEG-Bild fast unverändert generiert. Es eignet sich gut, um alle wichtigen Nachbearbeitungen später in der Bildbearbeitung am PC zu erledigen.

Empfohlene Verwendung: Diese Bilder dienen daher auch kaum der Präsentation, sondern eher der Weiterverarbeitung. Da sie nahezu unverfälscht sind, sind sie als NEF und bedingt als JPEG eine perfekte Grundlage für die Weiterverarbeitung mit Software wie Photoshop oder Nikon Capture NX-D.

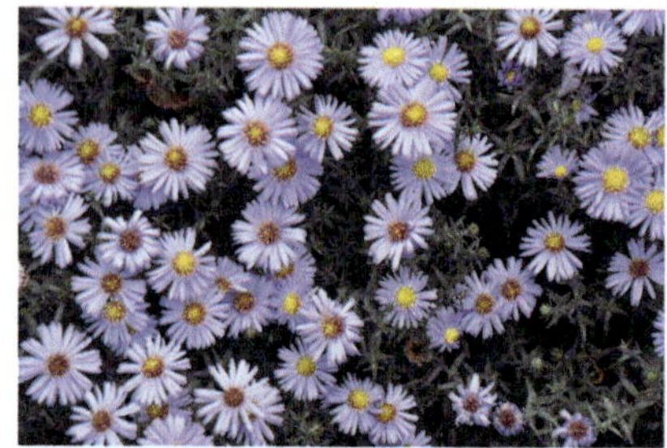

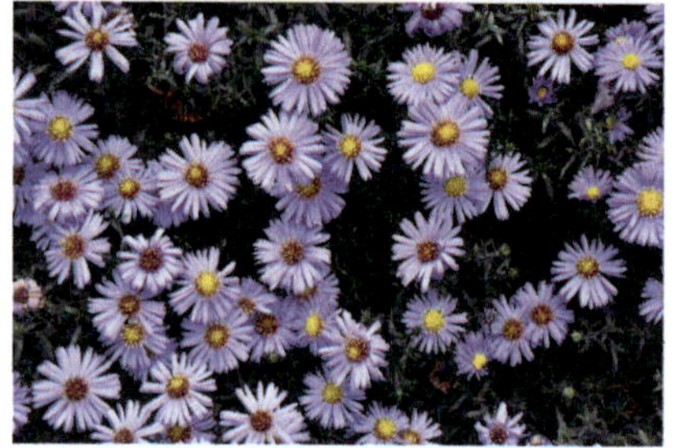

▲ *Eine Szene im Vergleich der zwei Picture Controls Standard (oben) und Brillant (unten). Die nachträgliche Anwendung ist bei NEF-Dateien problemlos mit Nikon ViewNX-i bzw. Picture Control Utility 2 möglich.*

Picture Control Brillant (VI)

Mit dieser Einstellung wird die Sättigung der Farben Rot und Grün erhöht, der Kontrast verstärkt, und die Bilder werden geschärft. Beim JPEG-Format sind diese Bearbeitungen später am PC kaum noch reversibel (die Abkürzung VI steht übrigens für vivid, engl. für lebendig).

Empfohlene Verwendung: Diese Picture-Control-Konfiguration sollten Sie wählen, wenn Sie die JPEGs aus der Kamera direkt ausdrucken oder mit einem Medium mit geringer Eigenbrillanz, etwa einem Projektor, darstellen wollen.

Wenn Sie Landschaften oder Fotos mit einem hohen Anteil der natürlichen Farben Grün und Blau aufnehmen, ist die Picture-Control-Konfiguration Landschaft die bessere Wahl.

Picture Control Monochrom (MC)

Bei dieser Konfiguration können Sie noch spezielle Filtereffekte aussuchen, die bei der Generierung des monochromen Bildes angewendet werden. Diese stellen Sie genau so ein, wie Sie die anderen Parameter in der Kamera bearbeiten können, damit sie beim nächsten Bild zum Einsatz kommen. Oder Sie wenden sie am PC auf NEF-Bilder an, um nachträgliche Effekte zu erzeugen.

Diese Picture-Control-Konfiguration zur Bildoptimierung ist recht umfangreich und unterstützt auch die Anwendung von ***Filtereffekte*** und ***Tonen*** auf die Aufnahmen. Die Ergebnisse sind bei behutsamer Handhabung schon recht gut.

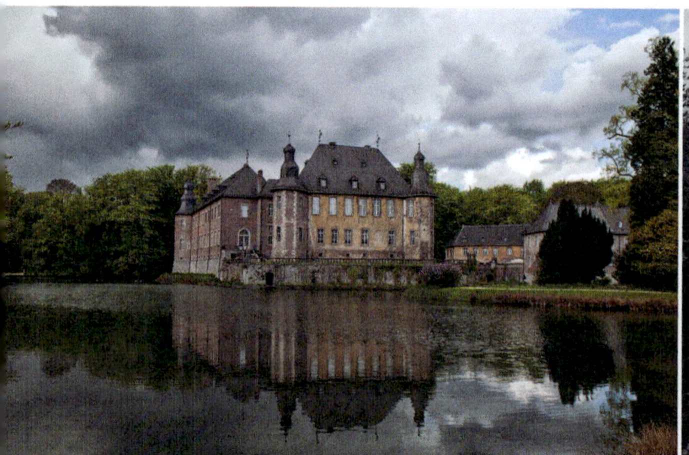

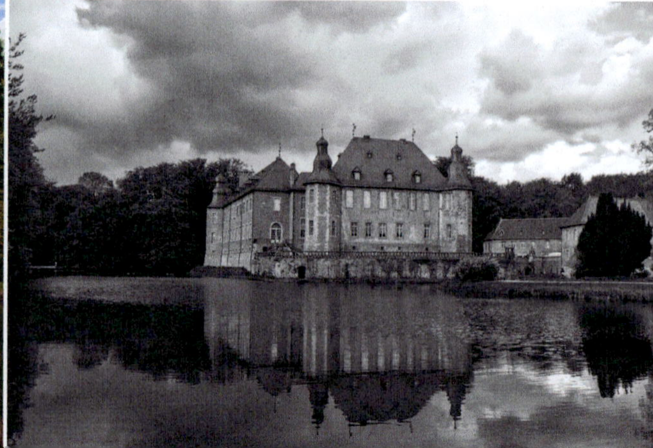

Picture Control Porträt (PT)

Die Hauttöne werden bei dieser Einstellung betont, der Kontrast wird etwas erhöht und die Schärfung zurückgenommen. Die Bilder wirken weich, aber stimmig in den Farben, wie es bei den meisten Porträts üblich ist. Wenn Sie aber z. B. an einem Charakterkopf Altersfalten oder andere Gesichtskonturen betonen wollen, ist diese Picture-Control-Konfiguration eher ungeeignet.

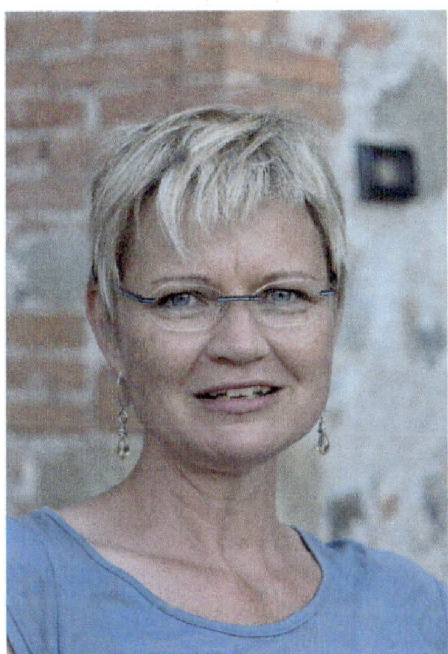

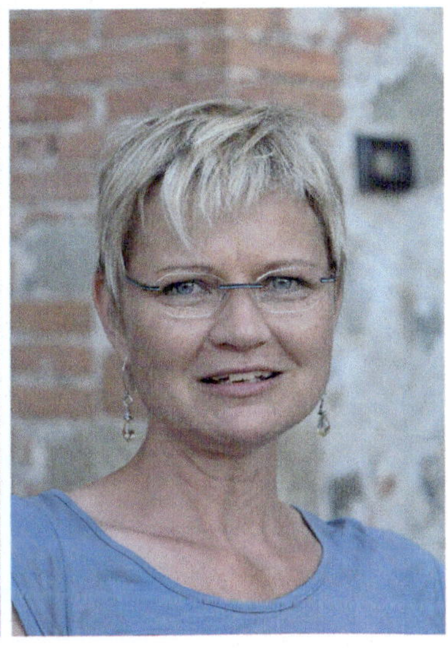

◄ *Im direkten Vergleich von einem Bild, das mit der Picture-Control-Konfiguration **Neutral** aufbereitet wurde, und einem mit der Option **Porträt**, zeigen sich subtile Unterschiede. Die Hauttöne werden schön betont.*

Empfohlene Verwendung: Porträts verlangen nach einer feinen und perfekten Nachbearbeitung. Daher ist diese Konfiguration eher geeignet, eine sofortige Beurteilung zu ermöglichen und eine mögliche Option aufzuzeigen, was Sie nach einer intensiveren Nachbearbeitung noch erreichen können. Oder Sie müssen sofort nach der Aufnahme JPEG-Bilder herausgeben, dann ist diese Picture-Control-Konfiguration eine gute Wahl. In jedem Fall sollten Sie dann aber eine Doppelspeicherung von JPEG- und NEF-Daten vornehmen, um später noch bessere Versionen erzeugen zu können.

Picture Control Landschaft (LS)

Bei der Fotografie von Landschaften oder Architekturmotiven wollen Sie ja zumeist die Details herausarbeiten, Kanten oder Kontraste betonen. Daher werden die Farbtöne der Natur, vor allem Blau und das helle Grün, betont, die Kontraste angehoben, und das Bild wird leicht geschärft.

Empfohlene Verwendung: Die Verwendung ist die gleiche wie beim Stil ***Brillant***, jedoch wegen der anderen Farbbetonung speziell auf Landschaften ausgerichtet.

▼ *Das Picture Control Landschaft sättigt die Farben, vor allem Blau und Grün. Das Bild wird insgesamt etwas abgedunkelt, der Kontrast steigt.*

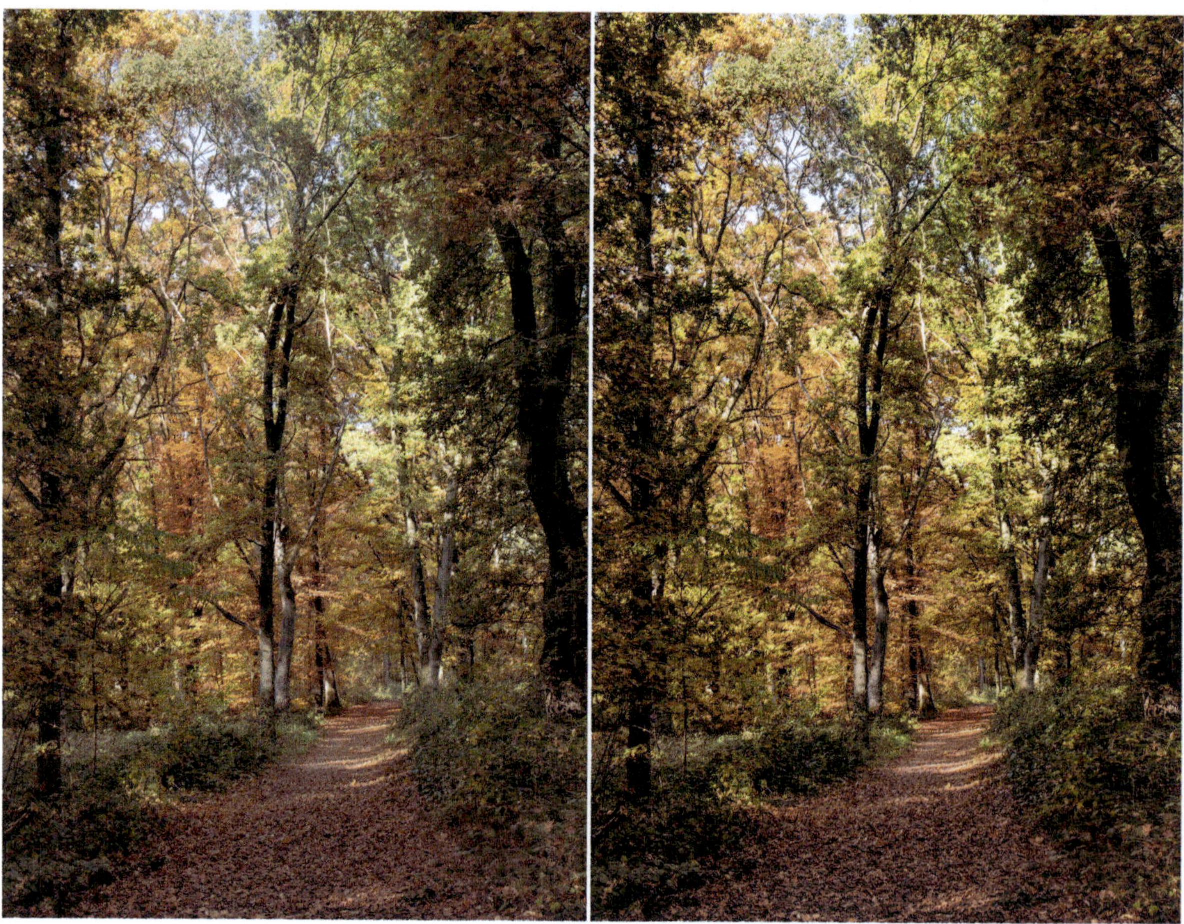

Picture Control Ausgewogen (FL)

Der Stil *Ausgewogen (Flat)* entwickelt das RAW-Ausgangsmaterial unter minimaler Aufbereitung. Dieses Picture Control weist also im gewissen Sinne die größte Nähe zum (RAW-) Originalmaterial auf. Die Bilder wirken weniger lebhaft und erscheinen eher etwas flau. Es bewahrt aber eine reiche Tonalität in den Helligkeitsabstufungen und Farbtönen.

Empfohlene Verwendung: Der Stil *Ausgewogen* ist das optimale Ausgangsmaterial, wenn Sie den Stil der Entwicklung in der Bildbearbeitung maximal selbst bestimmen wollen. Feinste Abstufungen in Farbe, Helligkeit und Texturen können optimal herausgearbeitet werden. Insbesondere, wenn Sie einen eigenen kreativen Stil anwenden wollen. Das gilt nicht nur für Fotos, sondern auch für Filmaufnahmen.

13.4 Den Sensor reinigen

Die Nikon D3400 unterstützt nicht mehr die regelmäßige, automatische Sensorreinigung. Sie brauchen sich deshalb aber keine allzu großen Sorgen zu machen, jedenfalls dann nicht, wenn Sie nicht ständig die Objektive an Ihrer Kamera in staubiger Umgebung wechseln müssen.

Die Sensorreinigung gut überlegen

Die Sensorreinigung ist in jedem Fall nur etwas für Menschen, die ein gewisses handwerkliches Geschick besitzen und feinfühlig mit den empfindlichen Materialien umgehen können. Alle anderen sollten lieber den Fotofachdienst für die Sensorreinigung in Anspruch nehmen. Bei Nikon selbst kostet aktuell z. B. ein Inspektionsservice für digitale Spiegelreflexkameras ca. 49,- Euro, zuzüglich Versandkosten für registrierte Kameras und ca. 79,- Euro, zuzüglich Versandkosten für unregistrierte Kameras.

Nehmen Sie diese Empfehlung bitte ernst, es kann in diesem Buch keinerlei Gewähr für eventuelle Beschädigungen jedweder Art an der Kamera übernommen werden.

Zuerst wird eine Trockenreinigung vorgestellt, die man häufiger anwenden kann und schon eine gute Wirkung entfaltet.

Die Sensor-Trockenreinigung

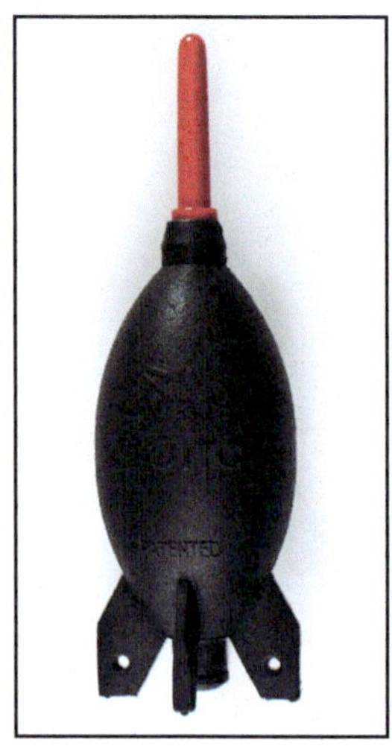

▲ *Ein typischer Blasebalg für die DSLR-Reinigung.*

Dazu benötigen Sie einen speziellen Blasebalg, wie er überall im Internet oder beim Fotofachhändler zu bekommen ist. Die Blasebälge bekommt man in fast jeder Preisklasse, wirklich teuer sind aber selbst die guten nicht. Ein Klassiker ist z. B. der Giottos GTAA1900 Super Rocket-air. Im Prinzip wird mit seiner Hilfe einfach der Sensor etwas abgepustet um losen Staub und andere Verunreinigungen vom Sensor zu entfernen. Je länger Verunreinigungen auf dem Sensor liegen, umso fester bleiben sie auf ihm haften, lautet dazu eine einfache Faustregel.

Laden Sie zunächst den Akku vollständig auf und setzen ihn wieder in die Kamera ein. Nehmen Sie dann das Objektiv von der Kamera und schalten Sie sie ein. Halten Sie die Kamera mit dem Bajonett nach unten, damit möglichst kein Staub eindringen kann. Gehen Sie in das Menü ***System*** und schalten die Bluetooth-Verbindung mit ***Bluetooth/Netzwerkverbindung/Deaktivieren*** aus (falls erforderlich).

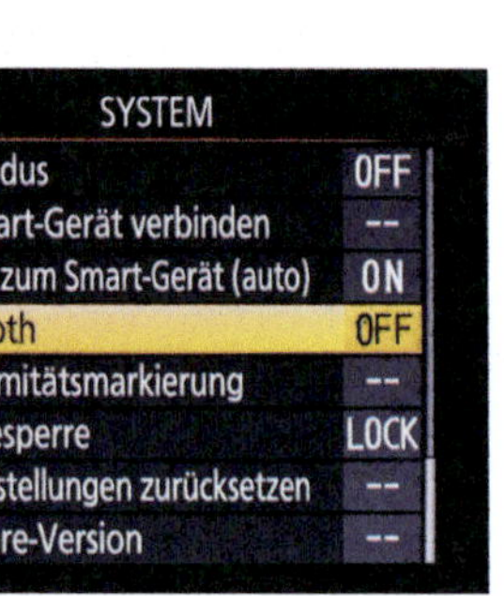

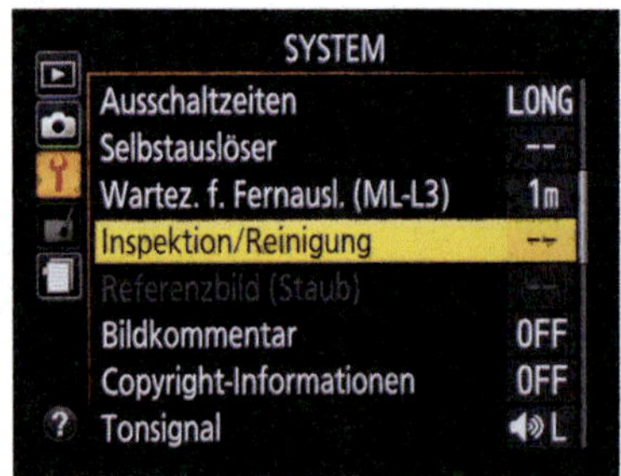

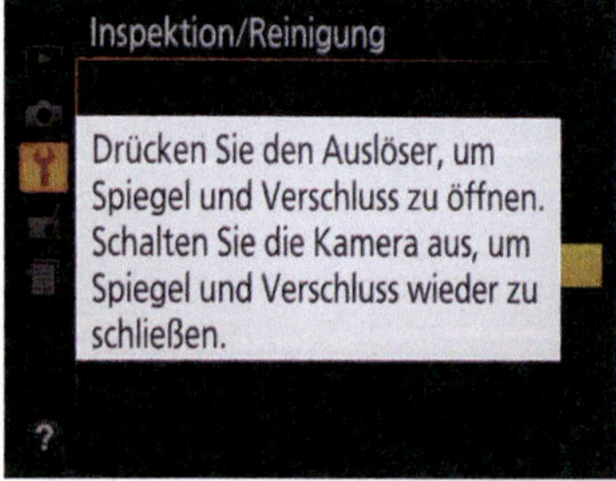

Dann wechseln Sie in das Menü ***System/Inspektion/Reinigung/Spiegel hochklappen***. Wenn Sie diesen Punkt mit der ***OK***-Taste bestätigen, erscheint noch ein Hinweistext zum weiteren Vorgehen.

Wenn Sie jetzt den Auslöser drücken klappt der Spiegel hoch und der Verschluss öffnet sich, die beide noch den Sensor verdecken, und zwar solange, bis Sie die Kamera ausschalten oder der Akku leer ist. Deshalb sollte der Akku auch immer voll aufgeladen sein für diesen Reinigungsvorgang. Mindestens der Spiegel könnte schwer beschädigt werden, wenn er mitten im Reinigungsvorgang plötzlich herunterklappen würde.

Drehen Sie die Kamera jetzt mit dem Bajonett nach oben. Der Spiegel ist hochgeklappt und Sie sehen direkt auf den Sensor.

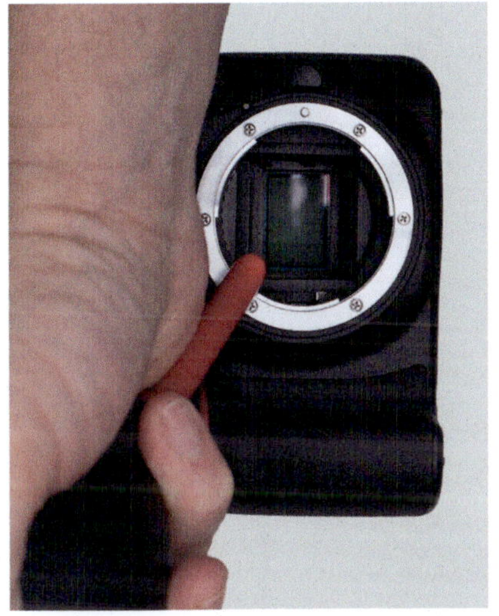

Fassen Sie den Blasebalg am besten so, das die Spitze nur wenig aus Ihrer Hand hervorschaut. Das ist deshalb sinnvoll, damit nicht die recht lange Spitze des Blasebalgs versehentlich unkontrolliert in den Spiegelkasten ragen kann und evtl. den Sensor beschädigt.

Stützen Sie den Handballen auf dem Kameragehäuse ab, so haben Sie mehr Kontrolle über die Bewegungen. Blasen Sie jetzt einige Male von einer Ecke aus über den freiliegenden Sensor. Gehen Sie mit Gefühl vor, damit die Spitze nicht durch das Drücken und Verformen des Blasebalgs auf den Sensor gelangen kann.

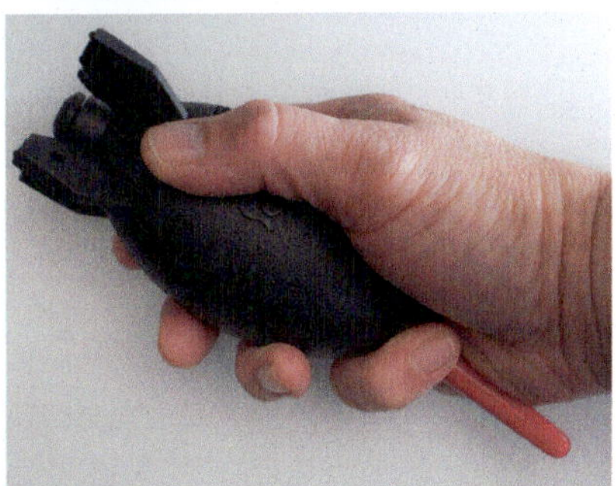

Im Prinzip war es das schon. Schalten Sie unmittelbar nach dem Reinigungsvorgang die Kamera wieder aus und setzen anschließend ein Objektiv an, damit der Spiegelkasten wieder geschützt ist.

Diese Reinigung kann z. B. regelmäßig alle zwei bis drei Monate erfolgen, abhängig davon, wie oft die Objektive gewechselt werden.

Die Sensor-Nassreinigung

Die Nassreinigung ist anspruchsvoller, eignet sich aber auch für hartnäckigeren Schmutz auf dem Sensor. Zuerst müssen Sie sich das Handwerkzeug besorgen. Unter dem Stichwort „Sensor Swabs" finden Sie im Internet eine Vielzahl von Anbietern dazu. Ich selbst habe bisher Produkte von Visible Dust und VSGO eingesetzt und war mit den Ergebnissen soweit zufrieden. Achten Sie bitte darauf, dass das Produkt für die D3300 bzw. die D3400 geeignet ist.

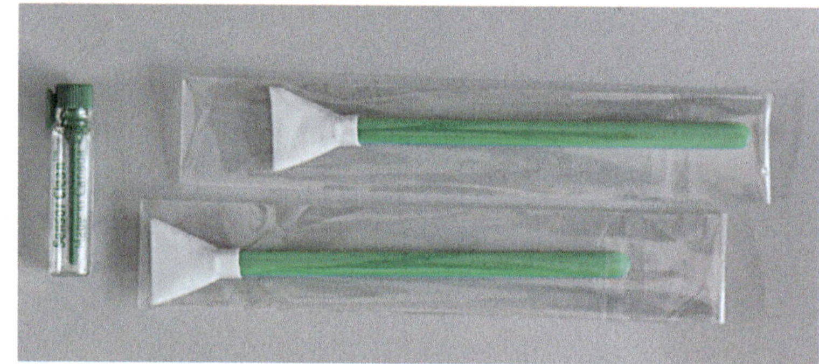

▶ *Die Sensor Swaps gibt es in unterschiedlichen Breiten. Die Breite für APS-C bzw. 1,5x sollten die richtigen für die D3300 bzw. D3400 sein. In einem kleinen Fläschchen wird eine spezielle Reinigungsflüssigkeit mitgeliefert.*

Wenn Sie die Swabs vorliegen haben, muss die Kamera noch, wie bei der Trockenreinigung, präpariert werden. Suchen Sie sich einen möglichst staubfreien und gut ausgeleuchteten Arbeitsplatz. Laden Sie den Akku vollständig auf und setzen ihn wieder in die Kamera ein. Nehmen Sie dann das Objektiv von der Kamera und schalten Sie sie ein. Halten Sie die Kamera mit dem Bajonett nach unten, damit möglichst kein Staub eindringen kann. Gehen Sie in das Menü System und schalten die Bluetooth-Verbindung mit ***Bluetooth*/*Netzwerkverbindung*/*Deaktivieren*** aus (falls erforderlich).

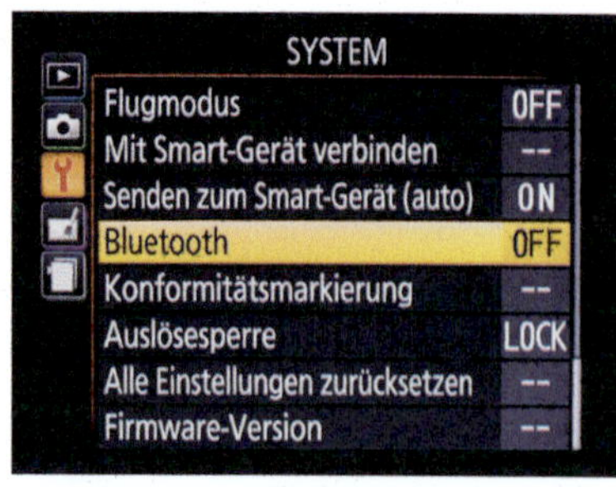

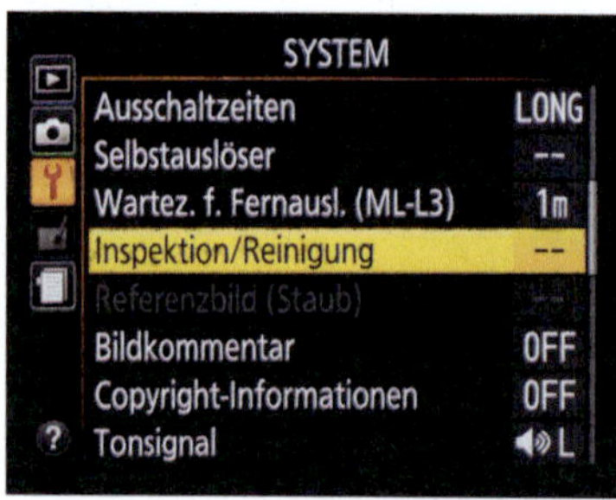

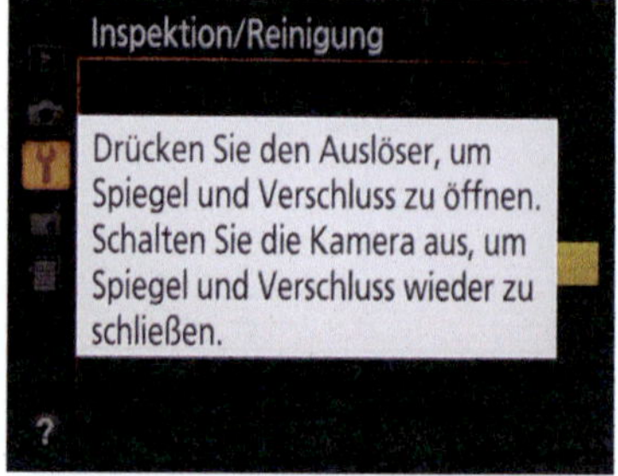

Dann wechseln Sie in das Menü ***System***/***Inspektion***/***Reinigung***/***Spiegel hochklappen***. Wenn Sie diesen Punkt mit der *OK*-Taste bestätigen, erscheint noch ein Hinweistext zum weiteren Vorgehen.

Wenn Sie jetzt den Auslöser drücken, klappt der Spiegel hoch und der Verschluss öffnet sich, die zuvor noch den Sensor verdeckten und zwar solange, bis Sie die Kamera ausschalten oder der Akku leer ist. Deshalb sollte der Akku auch immer voll aufgeladen sein für diesen Reinigungsvorgang. Mindestens der Spiegel und der Verschluss könnten schwer beschädigt werden, wenn der Spiegel mitten im Reinigungsvorgang plötzlich herunterklappen bzw. geschlossen würde.

Drehen Sie die Kamera jetzt mit dem Bajonett nach oben. Der Spiegel ist hochgeklappt, der Verschluss geöffnet und Sie sehen direkt auf den Sensor.

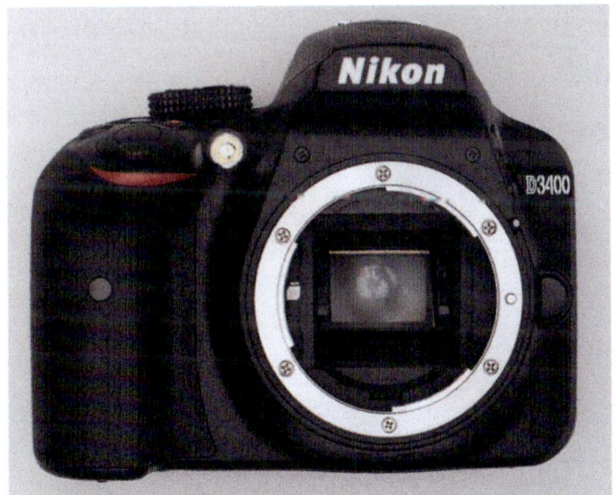

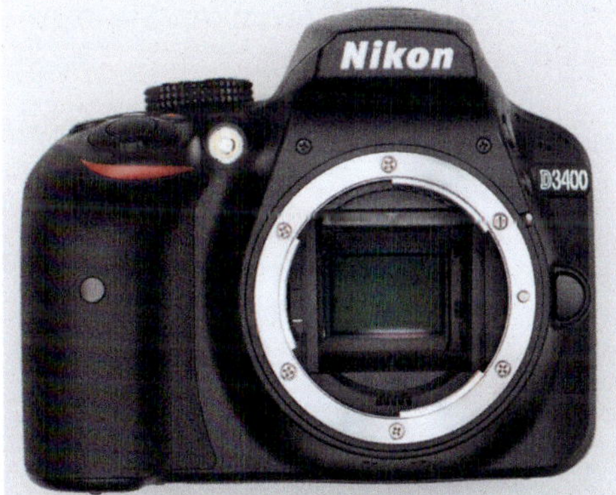

▲ *In der linken Abbildung ist der Spiegel noch vor dem Sensor. Im rechten Bild ist der Spiegel hochgeklappt, der Verschluss geöffnet und der Sensor (im Bild grün) liegt frei.*

Entpacken Sie jetzt einen Sensor Swap und benetzen Sie die fordere Kante des Swaps mit etwa drei Tropfen der zugehörigen Reinigungsflüssigkeit (bitte auch die Anwendungsvorschrift des jeweiligen Produktes beachten). Im Idealfall hat der Swap exakt die Sensorbreite. Dann können Sie z.B. am linken Rand des Sensors ansetzen und zügig mit ganz leichtem Druck einmal über den Sensor wischen. Sollten noch

Partikel auf dem Sensor zu erkennen sein, drehen Sie den Swap einmal um und ziehen Sie ihn mit der anderen Seite noch einmal in gleicher Weise über den Sensor. Sie sollten jede Seite des Swaps nur einmal einsetzen, da sonst bereits aufgenommene Verschmutzung zurück auf den Sensor gelangen könnte. In manchen Fällen ist der Swap etwas schmaler als der Sensor. In diesem Fall sollten Sie darauf achten, das der Swap keine Schlieren an den Rändern hinterlässt.

Was im Text nur etwas umständlich zu beschreiben ist kann man sich z. B. auf YouTube in der Praxis anschauen. Wenn Sie auf YouTube „dslr sensorreinigung“ o. ä. eingeben, erhalten Sie einige Videos zum Thema. Die meisten dieser Videos finde ich persönlich ziemlich lang und umständlich. Um einmal zu sehen, wie der Swap über den Sensor gefahren wird, sind sie aber doch nützlich.

Denken Sie bitte daran zügig, aber ohne Hast zu arbeiten. Denn eine offene Kamera ist natürlich anfällig für weiteren Staub, der praktisch überall zu finden ist.

Nach der Reinigung schalten Sie zuerst die Kamera wieder aus und setzen dann gleich ein Objektiv an, damit der Spiegelkasten vor weiterem Staub geschützt ist.

Symbole

A

B

C

D

E

F

G

N

O

P

R

S

T

U

V

W

Z